LE GUIDE DU PRISONNIER

Observatoire international des prisons
Le guide du prisonnier
ISBN 2-7071-4168-2

Conception graphique : Gameiro graphique – tél. 01 43 32 36 29
Mise en page : OIP – Franck Suazo-Martin / fr.a.nck@tiscali.fr
Crédit photos : Claudine Doury, Ludovic Marin, Aimée Thirion
Crédit dessins : Jean-Claude Bouvier

Ont collaboré à la rédaction de cette édition du guide :
Alice Becker, François Bès, Jean-Claude Bouvier, François Carlier, Philippe Carrière, Stéphanie Coye, Anne-Julie Deniel, Sarah Dindo, Benoît Eymery, Martine Joanin, Isabelle Mansuy, Patrick Marest, Gabriel Mouesca, Céline Pépin, Hugues de Suremain, Zina Rouabah

Remerciements particuliers :
Henri Leclerc, (Ligue des droits de l'homme, LDH), Michaël Janas et Eric Martin (Association nationale des juges de l'application des peines, ANJAP), Martine Herzog-Evans, Eric Péchillon et Sophie Péchillon

Rédaction de la seconde édition, 2000 :
Bernard Bolze, Jean-Claude Bouvier, Sarah Dindo, Martine Herzog-Evans, Patrick Marest, Eric Péchillon, Eric Plouvier, Hugues de Suremain

Rédaction de la première édition, 1996 :
Bernard Bolze, Jean-Claude Bouvier, Patrick Marest, Eric Plouvier

Observatoire international des prisons
31 rue des Lilas - 75019 Paris
Tél : 01 44 52 87 90 – Fax : 01 44 52 88 09
e-mail : contact@oip.org
site internet : www.oip.org

Observatoire international des prisons

LE GUIDE DU PRISONNIER

La Découverte

PRÉFACE

Cette troisième édition du guide poursuit le même objectif que les deux premières mais dans un environnement bouleversé.

L'OIP a voulu mettre à la disposition de tous ceux qui, à un titre quelconque, sont intéressés par les conditions de vie en prison un document accessible réunissant les faits et la loi. Le but était aussi, même surtout, de donner à ceux qui sont privés de liberté une arme pour faire respecter leurs droits. L'édition 2004, animée des mêmes intentions, répond à ces deux impératifs.

Cependant, elle intervient dans un environnement bien différent. En effet, la surpopulation carcérale résultant objectivement d'une politique brutale et bornée a atteint un niveau sans précédent qui transforme la vie quotidienne dans les prisons en une épreuve humiliante de chaque instant qui pousse à la violence et au suicide.

Par un très étrange paradoxe, c'est au moment où la vie matérielle suscite le plus de haine et de désespoir que le principe défendu par l'OIP depuis l'origine est enfin proclamé et reconnu. Les personnes privées de liberté conservent tous les droits que les juges ne leur ont pas retirés.

Le droit pénitentiaire est devenu une réalité manifestée de manière éclatante à travers l'évolution de la jurisprudence administrative et la loi du 9 mars 2004. Désormais, qu'il s'agisse des sanctions disciplinaires, des terribles abus de la mise à l'isolement, du maintien des liens familiaux, de l'aménagement et de la fin de la peine, il y aura un juge pour statuer. En théorie, le système de l'irresponsabilité et de l'arbitraire pénitentiaires a pris fin.

La théorie n'est pas la pratique car il y a mille manières de contourner la loi ou d'en retarder l'application et nous sommes loin encore de ce contrôle extérieur et indépendant capable de rappeler à chaque instant à l'administration pénitentiaire qu'elle n'est pas le maître des esprits et des corps meurtris provisoirement confiés à sa garde. Destiné à entrer dans chaque cellule de chaque prison, ce nouveau guide n'est pas fait pour obtenir des faveurs par la supplique mais pour permettre à tous, prévenus ou condamnés, d'opposer à la honte et au découragement la force de son droit.

Thierry Lévy

AVANT-PROPOS

Publié initialement aux Editions de l'Atelier en 1996 puis réédité en 2000, ce *Guide du prisonnier* paraît aujourd'hui aux Editions La Découverte qui ont pris le relais des Editions François Maspéro. C'est dans cette maison d'édition que *Droits du détenu & droits de la défense* (rédigé par l'avocat W.F. Ziwie), l'ancêtre du présent ouvrage, est paru en 1979. Un retour aux sources.

Cette troisième édition du *Guide du prisonnier* était devenue plus que nécessaire. Parce qu'il importe de mettre à disposition de celles et ceux qui l'auront en main une information actualisée qui intègre les dernières modifications réglementaires ou législatives. Parmi celles-ci, la loi du 9 mars 2004 portant « adaptation de la justice aux évolution de la criminalité ».

Le *Guide du prisonnier* retrace le parcours de la personne privée de liberté du premier au dernier jour de sa détention. A chaque étape, ses questions. Elles sont au nombre de 774 et concernent autant les problèmes matériels rencontrés par l'homme ou la femme incarcéré que les possibilités de recours contre les abus et mauvais traitements dont il ou elle peut être l'objet. A chaque étape, comment essayer d'en sortir : sortir de la soumission à une autorité absolue qui s'exerce en dehors des regards et contrôles extérieurs ; sortir d'une détention provisoire qui ne devrait être qu'exceptionnelle ; sortir d'une peine avant son terme, car des mesures d'accompagnement favorisent le retour dans la collectivité. A chaque question, une réponse. Elle rappelle la règle de droit, la confronte à son application réelle dans un lieu où l'on s'en affranchit souvent sans scrupule. Elle explique les possibilités de recours, qui restent limités mais en plein essor, et gagneraient à être davantage utilisés. Témoignages, analyses, articles de presse… viennent illustrer les questionnements comme les errements d'une société trop longtemps restée aveugle sur ses lieux d'enfermement. Pour se repérer dans une matière dense et parfois aride, un index figure en annexe, ainsi que les adresses utiles, celles qui permettent de s'orienter dans le monde judiciaire et pénitentiaires, celles également des prisons.

SOMMAIRE

LE GUIDE DU PRISONNIER

ENTRER EN PRISON

D'une prison à l'autre, les conditions de détention varient considérablement. Les maisons d'arrêt, les centres de détention ou les maisons centrales ont des régimes de détention différents. Chaque type d'établissement est prévu pour accueillir certaines catégories de détenus en fonction de leur statut pénal (prévenu, condamné...) et de leur « personnalité » (dangerosité présumée ou avérée du détenu, comportement vis-à-vis de l'autorité pénitentiaire...). D'autres critères peuvent aussi entrer en ligne de compte comme le type d'infraction (affaires de mœurs, terrorisme...) ou la durée de la peine restant à subir au moment de la décision (suivant que le « reliquat » est inférieur ou non à un an). Pour appréhender le monde carcéral, il est nécessaire de connaître les différents statuts de prisonniers, d'identifier les catégories d'établissements et de personnels de l'administration pénitentiaire... Une description de la première journée en prison permet d'emblée de repérer quels sont les droits du nouvel arrivant.

Les statuts du prisonnier

Tout prisonnier, qu'il soit prévenu ou condamné, ne peut être incarcéré qu'en vertu d'une décision prise par un juge judiciaire (ordonnance de mise en détention provisoire, jugement, etc.). Il existe plusieurs catégories pénales : certains détenus sont « prévenus » (ils ne sont pas encore jugés définitivement) ; d'autres sont « condamnés » (ils purgent une peine prononcée définitivement). Une minorité de détenus sont des « contraints judiciaires » (ils ont fini de purger leur peine mais restent incarcérés car ils n'ont pas payé une amende au Trésor public) ou des détenus « sous écrou extraditionnel » (arrêtés en France mais dont un pays demande l'extradition).

Qui est considéré comme détenu ? 1

Sont considérées comme « détenues » les personnes faisant l'objet d'une mesure privative de liberté à l'intérieur d'un établissement pénitentiaire ou celles placées sous surveillance électronique en exécution d'une peine privative de liberté. Ces dernières sont en effet inscrites au registre d'écrou de la prison dont dépend le centre de surveillance électronique. Les personnes placées en garde à vue ou dans un centre de rétention administrative ne sont donc pas détenues, même si privées de la liberté d'aller et venir. Au 1er février 2004, 60 905 personnes étaient détenues en France (métropole et outre-mer), parmi lesquelles 369 sous bracelet électronique. 1 706 placements sous surveillance électronique ont été accordés entre le début de l'expérimentation à l'automne 2000 et février 2004.

Article D.50 du Code de procédure pénale. Direction de l'administration pénitentiaire, Statistique mensuelle de la population écrouée en France, *situation au 1er février 2004.*

L'illusion électronique

Dans la mesure où la surveillance électronique « capture » des clientèles qui ne seraient pas normalement incarcérées, le soulagement des problèmes liés à la surpopulation est relativement faible. [...] De façon générale, les études démontrent qu'il n'est pas certain que les programmes d'assignation à domicile sous surveillance électronique soient plus efficaces, dans la réduction du taux de récidive et du non-respect des conditions, que les interventions moins encadrantes telles que les programmes de surpervision intensive et la probation régulière. [...] La surveillance électronique peut apparaître comme une panacée mais la plus grande contribution de la technologie serait plutôt de donner à la population le sentiment d'une sécurité factice et illusoire, en occultant la nécessaire et essentielle contribution de l'humain dans l'entreprise d'aider les personnes contrevenantes à devenir des citoyens qui vivent harmonieusement dans le respect des lois d'une collectivité.

JC. Dallaire, P. Lalande, Surveillance électronique : solution ou panacée, *Rapport de la Direction générale des services correctionnels, ministère de la sécurité publique, Québec, 2000.*

2 Qu'est-ce qu'un détenu « prévenu » ?

Dans les établissements pénitentiaires, le terme de « prévenu » désigne les personnes en « détention provisoire », à savoir celles qui n'ont pas fait l'objet d'une condamnation définitive. Certaines ne sont pas encore passées en jugement : elles sont mises en examen et incarcérées en vertu d'une décision du juge des libertés et de la détention ou en attente de passer devant un tribunal correctionnel ou une cour d'assises. D'autres ont déjà été jugées une première fois : elles ont exercé une voie de recours contre leur condamnation (opposition, appel ou pourvoi en cassation). Au 1er janvier 2004, les prisons françaises comptaient 21 749 prévenus, qui représentaient 36,7 % de la population détenue.

Article D.50 du Code de procédure pénale. Direction de l'administration pénitentiaire, Statistique mensuelle de la population détenue en France, *situation au 1er janvier 2004.*

3 Qu'est-ce qu'un détenu « condamné » ?

Tous les détenus qui ont fait l'objet d'une décision ayant acquis un caractère définitif sont désignés comme des « condamnés ». Une décision de justice devient définitive lorsque toutes les voies de recours prévues par la loi ont été utilisées par le détenu ou lorsque les délais pour former ces recours sont écoulés. Au 1er janvier 2004, les prisons françaises comptaient 37 497 condamnés, qui représentaient 63,3 % de la population détenue.

Articles 491, 568 et D.50 du Code de procédure pénale. Direction de l'administration pénitentiaire, Statistique mensuelle de la population détenue en France, *situation au 1er janvier 2004.*

4 Quelle est l'importance de la distinction entre « prévenus » et « condamnés » ?

Les différentes catégories pénales ne relèvent pas du même régime de détention. D'une part, les prévenus et les condamnés à des courtes peines sont incarcérés en principe dans les maisons d'arrêt et sont soumis à un régime de détention distinct de celui des condamnés à des moyennes ou longues peines (en centre de détention ou maison centrale). D'autre part, les décisions qui les concernent ne relèvent pas des mêmes autorités. Le prévenu devra obligatoirement s'adresser aux autorités judiciaires pour obtenir sa mise en liberté, des permis de visite pour ses proches, etc. S'agissant des condamnés, des juridictions particulières, les juges ou tribunaux de l'application des peines, sont compétents pour accorder les mesures d'individualisation de la peine (réductions de peines, semi-liberté, libération conditionnelle…). Enfin, leurs permis de visite sont délivrés par le chef d'établissement pénitentiaire.

Articles 714 à 717, 722, D.64, D.403 du Code de procédure pénale.

Moins de prévenus, plus de condamnés

La proportion de prévenus a diminué depuis 1984, année où l'on a instauré le débat contradictoire entre le juge d'instruction, le parquet et la défense avant toute mise en détention provisoire. Le taux de prévenus est ainsi passé de 52 % en janvier 1984 à 35 % en 2000. L'application de la loi du 15 juin 2000 « renforçant la protection de la présomption d'innocence et les droits des victimes » a, dans un premier temps, accentué cette tendance. Au 1er janvier 2002, la population carcérale comptait ainsi 1/3 de prévenus. [...] Si le nombre de condamnés a été multiplié par 1,3 entre 1990 et 2000, celui des condamnés à une peine correctionnelle de « 5 ans et plus » a été multiplié par 1,8, ce à quoi s'ajoutent désormais plus de 600 condamnés à perpétuité. Une telle situation explique l'importance prise dans les débats sur la prison de la question de l'aménagement des peines, des libérations anticipées et particulièrement de la libération conditionnelle.

Pierre Tournier et France-Line Mary-Portas, Statistiques pénales : infractions, mesures et sanctions, *Répertoire de droit pénal et de procédure pénale, Encyclopédie juridique Dalloz, décembre 2002.*

Qu'est-ce qu'un détenu « contraint judiciaire » ? 5

La contrainte judiciaire, mesure d'exécution forcée des peines pécuniaires, est appelée à remplacer progressivement la « contrainte par corps » suite à la loi du 9 mars 2004 « *portant adaptation de la justice aux évolutions de la criminalité* ». Cette mesure permet au juge de l'application des peines d'ordonner la prolongation de l'incarcération du condamné au-delà de la fin de sa peine, en cas de non-paiement d'une ou plusieurs peines d'amende (y compris les amendes fiscales ou douanières) prononcées lors de la condamnation à une peine d'emprisonnement. Si le détenu ne s'est toujours pas affranchi de sa dette à la fin de l'exécution de la contrainte, celle-ci reste due. Dans tous les cas, cette mesure ne peut pas être prononcée contre les condamnés qui justifient de leur insolvabilité.

Articles 706-31, 749 à 762 du Code de procédure pénale.

Qu'est-ce qu'un détenu « sous écrou extraditionnel » ? 6

Le prisonnier sous écrou extraditionnel est celui qui a été arrêté sur le territoire français et pour lequel un pays étranger demande une extradition, parce qu'il fait ou a fait l'objet de poursuites sur son territoire. Le temps de l'examen de la demande, la personne peut être incarcérée en France. La demande d'extradition doit faire l'objet d'un avis rendu par la chambre de l'instruction. Si son avis est défavorable, l'extradition ne peut être accordée. En cas d'avis favorable, le Premier ministre, après avis du ministre de la Justice, peut prendre un décret autorisant l'extradition. Cette décision peut faire l'objet d'un recours pour excès de pouvoir devant les juridictions administratives dans un délai d'un mois.

Articles 696 à 696-41 du Code de procédure pénale.

Les établissements pénitentiaires

Les établissements pénitentiaires sont les lieux d'exécution des peines privatives de liberté. Ils se caractérisent par une très grande hétérogénéité, tant en ce qui concerne la vétusté et l'architecture que la dimension de leurs locaux et donc le nombre de détenus accueillis. Le parc pénitentiaire compte 190 prisons, parmi lesquelles 109 ont été construites avant 1920, dont 23 avant 1830. 45 établissements pénitentiaires sont installés dans des anciens couvents ou casernes désaffectés. Entre 1989 et 1992, 25 établissements ont été construits dans le cadre du « programme 13 000 » d'Albin Chalandon (12 850 places effectivement créées). Ce sont des prisons « à gestion déléguée », c'est-à-dire dont la gestion a été en partie confiée à des entreprises privées. Dans le cadre d'un « programme 4 000 » prévu depuis 1996, six nouvelles prisons d'une capacité d'environ 600 places devaient être construites d'ici la fin de l'année 2003. Seuls trois établissements (Le Pontet, Seysses et Liancourt) ont depuis ouvert leurs portes. En 2002, la « loi d'orientation et de programmation de la Justice » a prévu la création de 13 200 nouvelles places d'ici 2007, parmi lesquelles 2 400 dédiées à de nouvelles modalités d'incarcération (nouveau type d'établissements pour mineurs et centres de détention à sécurité allégée pour les condamnés en fin de peine). Si un tel programme était mené à terme, il porterait la capacité d'accueil des prisons françaises à près de 62 000 places, soit une augmentation de plus de 20 %.

Le CPT réprouve l'inflation immobilière

A la différence des responsables politiques qui soutiennent que l'augmentation de la population carcérale s'explique principalement par l'aggravation de la délinquance, les hauts responsables de l'administration pénitentiaire ont clairement fait entendre que le surpeuplement carcéral était avant tout lié à une politique pénale répressive, correspondant à une tendance de l'opinion publique souhaitant plus de sévérité. [...] Depuis sa première visite en France en 1991, le CPT n'a cessé de mettre en évidence les problèmes affectant le système pénitentiaire, en particulier les maisons d'arrêt, en termes de surpeuplement et de mauvaises conditions de détention. Cela étant, l'augmentation de la capacité d'accueil du parc pénitentiaire ne doit pas être la première et principale réponse au problème du surpeuplement comme suggéré par le ministre de la Justice, mais doit être une mesure avant tout destinée à contribuer à l'amélioration de la qualité de la détention, par exemple, pour réaliser l'objectif reporté de l'encellulement individuel. [...] Pour sa part, le CPT est convaincu qu'aucun progrès réel ne pourra être accompli sans réduction immédiate et drastique du surpeuplement.

Comité européen pour la prévention de la torture, Rapport au gouvernement de la République française relatif à la visite effectuée en France du 11 au 17 juin 2003, *31 mars 2004.*

Quelles sont les différentes catégories d'établissements pénitentiaires ? 7

Les établissements pénitentiaires se répartissent en cinq catégories : les maisons d'arrêt, les maisons centrales, les centres de détention, les centres de semi-liberté et les centres pour peines aménagées. Au 1er février 2004, l'on dénombre 119 maisons d'arrêt, 58 établissements pour peines (5 maisons centrales, 25 centres de détention, 28 centres pénitentiaires) et 13 centres autonomes de semi-liberté. A cela s'ajoute un établissement public de santé national à Fresnes, qui représente à lui seul une catégorie spécifique, entre hôpital et prison. Les « centres pénitentiaires » ne représentent pas une catégorie supplémentaire : ils rassemblent des unités relevant de différentes catégories (le plus souvent, un quartier « maison d'arrêt » associé à un quartier « centre de détention », « maison centrale » ou « centre pour peines aménagées »). Au 1er février 2004, les 48 605 places de prison se décomposent ainsi : 31 549 en maisons d'arrêt, quartiers maison d'arrêt, centres de semi-liberté autonomes et non autonomes, 14 603 en centre de détention et quartiers centre de détention, 2 289 en maison centrale et quartiers maison centrale, 164 en quartiers centre pour peines aménagées.

Circulaire ministère de la Justice n°B 402, 30 avril 1985. Chiffres clés de l'administration pénitentiaire, *juillet 2003. Direction de l'administration pénitentiaire,* Statistique mensuelle de la population écrouée en France, *situation au 1er février 2004.*

Qu'est-ce qu'une maison d'arrêt ? 8

La maison d'arrêt est l'établissement dans lequel sont placées les personnes en détention provisoire et, « *de façon exceptionnelle* », les condamnés à des peines de moins d'un an ou dont le reliquat à effectuer n'excède pas un an. Mais le caractère exceptionnel du placement des condamnés en maison d'arrêt n'est pas respecté en pratique. Il arrive même souvent que des personnes condamnées définitivement y attendent plusieurs années leur affectation en établissement pour peines. En maison d'arrêt, les détenus doivent être hébergés en cellule individuelle de jour comme de nuit, « *dans toute la mesure où la distribution des lieux le permet* ». En pratique, ce sont les prisons les plus surpeuplées et la règle d'une cellule par détenu n'est pas respectée. Néanmoins, l'emprisonnement individuel reste obligatoire pour les prévenus à l'égard desquels l'autorité judiciaire a prescrit une interdiction de communiquer ou un placement à l'isolement. En théorie, les détenus incarcérés pour la première fois doivent également être séparés des « récidivistes », les condamnés séparés des prévenus et les détenus de moins de 21 ans séparés des plus âgés. Ces règles sont très inégalement appliquées. Dans tous les cas, le choix des détenus à placer en commun et leur répartition à l'intérieur de chaque maison d'arrêt incombent personnellement au chef d'établissement, sauf dans les grands établissements où il peut en déléguer la tâche aux sous-directeurs ou aux surveillants-chefs. Au 1er février 2004, 44 384 personnes étaient détenues dans les 119 maisons d'arrêt et les 22 quartiers maison d'arrêt, qui totalisaient une capacité opérationnelle de 31 549 places. Ce qui signifie que 71,2 % de la population détenue était incarcérée dans des établissements sujets à une surpopulation moyenne de 140,7 %.

Articles D.83 à D.86 et D.89 à D.91 du Code de procédure pénale, note de la direction de l'administration pénitentiaire du 19 février 1982. DAP, Statistique mensuelle de la population écrouée en France, *situation au 1er février 2004.*

A six dans quinze mètres carrés

Désormais les détenus cohabitent souvent à six ou sept dans une même cellule de quinze mètres carrés. Il faut imaginer ce que c'est. Des lits superposés, sans échelle (pour des raisons de sécurité), sur lesquels les détenus âgés doivent être hissés par leurs compagnons de cellule, quand ils sont de bonne composition. Des hommes qui dorment sur des matelas à même le sol. L'impossibilité de se tenir debout en même temps. Des armoires qu'il faut partager. « *Quand on ouvre la porte le matin, on ne sait jamais ce que l'on va trouver. Ils étouffent. La confrontation est permanente* », dit Jean-Luc Lefranc. Tout peut déclencher un incident : un bout de pain tombé par terre, un détenu qui n'a pas tiré la chasse après avoir utilisé les toilettes, l'odeur insupportable dans une promiscuité poisseuse.

Agathe Logeart, « Nantes : la révolte des matons », Le Nouvel Observateur, *18 mars 2004.*

9 Qu'est-ce qu'un établissement pour peines ?

Les centres de détention et les maisons centrales sont des établissements pour peines, c'est-à-dire des prisons réservées aux personnes condamnées définitivement, ayant une peine de privation de liberté à purger. Les maisons centrales sont les établissements les plus sécuritaires, tandis que les centres de détention sont davantage tournés vers la réinsertion sociale des condamnés. L'affectation dans l'un ou l'autre de ces établissements est décidée en fonction de la dangerosité du détenu, sa personnalité et le projet d'exécution de la peine. De tels critères, éminemment flous, laissent planer un doute quant aux garanties offertes au détenu lors de la procédure d'affectation. Au 1er février 2004, 16 152 personnes étaient détenues dans les 58 établissements pour peines qui totalisaient une capacité opérationnelle de 17 056 places.

Article D.70 du Code de procédure pénale. DAP, Statistique mensuelle de la population écrouée en France, *situation au 1er février 2004.*

10 Qu'est-ce qu'un centre de détention ?

Au 1er février 2004, le « parc pénitentiaire » comptait 25 centres de détention et 24 quartiers centre de détention. Le centre de détention est un établissement dans lequel les moyennes et longues peines de prison sont exécutées, dans le cadre d'un régime orienté vers la réinsertion. Il n'existe plus qu'une catégorie de « centres de détention », la distinction entre centres de détention régionaux et centres de détention nationaux ayant été supprimée en septembre 2002. Pour favoriser leur resocialisation, les détenus des centres de détention peuvent bénéficier de permissions de sortir dès le tiers de leur peine (contre la moitié habituellement), qui peuvent durer cinq jours (au lieu de trois), voire dix jours une fois par an. Ils sont également autorisés à téléphoner au moins une fois par mois aux membres de leur famille ou aux titulaires d'un permis de visite. Enfin, ils sont soumis à l'isolement de nuit, c'est-à-dire qu'ils doivent pouvoir bénéficier d'une cellule individuelle. La plupart des centres de détention prévoient par ailleurs dans leur règlement intérieur l'ouverture des cellules en journée et la possibilité pour les détenus de circuler librement dans leur quartier. Un « régime différencié » en fonction de la dangerosité du détenu et de son évolution dans le temps voit néanmoins le jour dans ces établissements, certains bâtiments adoptant un régime plus strict, proche de celui des maisons centrales. D'abord appliqué à Neuvic et Uzerche, sa généralisation a été annoncée par la Chancellerie le 14 mars 2003.

Articles 717, D.71, D.72, D.97, D.146, D.417 et D.448 du Code de procédure pénale. DAP, Statistique mensuelle de la population écrouée en France, *situation au 1er février 2004.*

Qu'est-ce qu'une maison centrale ? 11

Les maisons centrales sont les établissements dotés d'un système de sécurité renforcé dans lesquels s'exécutent des longues peines de prison. On y retrouve les détenus considérés par l'administration pénitentiaire comme « dangereux » ou « difficiles ». Certaines maisons centrales (ou quartiers maison centrale) comportent des conditions de sécurité optimum (Clairvaux, Arles, Lannemezan, Saint-Maur, Moulins-Yzeure...), d'autres présentent un degré de sécurisation légèrement inférieur (Ensisheim, Saint-Martin-de-Ré, Poissy...). En théorie, le régime de sécurité renforcé doit néanmoins permettre de préserver et de développer les possibilités de réinsertion sociale des condamnés. Les personnes incarcérées en maison centrale font l'objet d'une période d'accueil et d'observation d'une durée maximale de quinze jours. Les détenus doivent être placés en cellule individuelle, sauf indication médicale ou à titre provisoire en raison de la distribution des locaux. Ils peuvent être réunis en journée pour leurs activités. Les mouvements de détenus sans accompagnement ne sont en principe pas tolérés en maison centrale. Enfin, les détenus ne bénéficient pas de permissions de sortir régulières comme en centre de détention. Au 1er février 2004, le « parc pénitentiaire » comptait 5 maisons centrales et 8 quartiers maison centrale.

Articles D.70, D.71, D.94 à D.95-1 du Code de procédure pénale. DAP, Statistique mensuelle de la population écrouée en France, *situation au 1er février 2004.*

Fermeture des cellules dans les centrales

« Les mesures prises au printemps dernier dans les maisons centrales consistant à fermer les portes des cellules dans la journée seront maintenues et rapidement mises en oeuvre dans les derniers établissements où elles ne sont pas encore appliquées », a précisé le directeur de l'Administration pénitentiaire (AP), Didier Lallement. La France compte une dizaine de maisons centrales dont cinq à sécurité renforcée : Lannemezan (Hautes-Pyrénées), Clairvaux (Aube), Arles

(Bouches-du-Rhône), Saint-Maur (Indre) et Moulins-Yzeure. Ce plan avait été annoncé par la Chancellerie en février 2003 dans le cadre d'une série de mesures décidée à la suite d'incidents dans les prisons, en particulier des évasions. La fermeture des portes des cellules dans la journée avait commencé par Moulins-Yzeure en avril 2003. Les portes des cellules restent fermées dans la journée dans les maisons d'arrêt, où se trouvent les personnes détenues à titre préventif ou celles purgeant de courtes peines. Elle sont en revanche ouvertes dans les centres de détention, où se trouvent des personnes condamnées mais ayant de bonnes perspectives de réinsertion. Cette pratique consiste à laisser ouvertes les portes des cellules à l'intérieur de blocs fermés (20 à 50 détenus), permettant la libre circulation des prisonniers et une vie sociale. Cette tolérance était parfois étendue, à leur demande, aux détenus des maisons centrales, considérés comme dangereux. Néanmoins, divers incidents, rackets, violences, tentatives d'évasion, ont amené l'administration pénitentiaire à mettre fin à cette pratique, toutefois encore en vigueur dans certaines centrales. « *La suppression de cette libéralité qui était un élément de vie sociale permettant aux détenus de se retrouver et de leur éviter d'être seuls dans leur cellule face à eux-mêmes est symptomatique de la politique pénitentiaire du gouvernement qui propose une mesure d'urgence à chaque fois qu'il y a un incident* », a déclaré à l'AFP un représentant de l'OIP, François Carlier. « *Cela conduit à une spirale infernale qui dégrade le huis clos hostile entre détenus et surveillants et rend le temps carcéral encore plus inutile* », a-t-il ajouté.

AFP, 25 et 26 novembre 2003.

12 Qu'est ce qu'un centre pour peines aménagées ?

Créés en avril 2002, les centres pour peines aménagées (ou quartiers assimilés) reçoivent des condamnés bénéficiant d'une mesure de semi-liberté ou d'un placement à l'extérieur, ainsi que des condamnés dont le reliquat de peine est inférieur à un an. Le régime de ces centres repose sur des actions d'insertion organisées à l'intérieur et à l'extérieur de l'établissement. Il ne permet pas de recevoir des visites de l'extérieur mais comporte des permissions de sortir pouvant aller jusqu'à cinq jours en vue du maintien des liens familiaux ou de la préparation de la réinsertion. En raison de cette absence de parloirs, l'affectation dans ces centres ne peut être décidé sans l'accord du condamné. En revanche, les détenus ont la possibilité de téléphoner aux personnes de leur choix. Deux quartiers « centre pour peines aménagées » fonctionnent au 1er février 2004 dans les centres pénitentiaires de Marseille et de Metz.

Articles D.72-1, D.97-1, D.145, D.146-1, D.417 du Code de procédure pénale. DAP, Statistique mensuelle de la population écrouée en France, *situation au 1er février 2004.*

13 Qu'est-ce qu'un centre ou quartier de semi-liberté ?

Les 13 centres de semi-liberté (établissements autonomes) et les 111 quartiers de semi-liberté (intégrés aux établissements pénitentiaires), accueillent les condamnés auxquels a été accordée une mesure de semi-liberté ou un placement à l'extérieur sans surveillance, lorsqu'ils ne sont pas placés dans des centres ou quartiers pour peines aménagées. La semi-liberté et le placement à l'extérieur sans surveillance sont des modalités d'exécution de la peine permettant à un condamné d'exercer une activité professionnelle, de suivre un enseignement, une formation ou un traitement médical à l'extérieur de la prison, dans des conditions proches de la liberté. Le détenu rentre en détention soit chaque soir, soit chaque week-end, selon des modalités fixées par le juge de l'application des peines.

Articles 723, D.70 du Code de procédure pénale. DAP, Statistique mensuelle de la population écrouée en France, *situation au 1er février 2004.*

Des établissements spécifiques sont-ils prévus pour les femmes détenues ? 14

Les femmes détenues, au nombre de 2 279, représentent 3,8 % de la population carcérale au 1er février 2004. Elles sont obligatoirement incarcérées dans des locaux séparés de ceux des hommes, ne permettant aucune communication avec eux. Hommes et femmes peuvent être détenus soit dans des établissements distincts, soit dans des quartiers séparés d'une même prison. Sur 190 établissements pénitentiaires, 64 accueillent des détenues en 2004, parmi lesquels trois maisons d'arrêt spécialisées pour femmes, à Fleury-Mérogis, Rennes et Versailles. Dans les autres maisons d'arrêt, quelques cellules ou un quartier leur sont réservés. Trois établissements pour peines peuvent accueillir des femmes condamnées à des moyennes ou longues peines. Ils sont tous situés dans la moitié Nord de la France (Rennes, Bapaume et Joux-la-ville), ce qui pose d'importants problèmes de maintien des liens familiaux. Quatre établissements sont autorisés à accueillir des détenues mineures (Fresnes, Lyon Montluc, Marseille et Versailles), mais aucun quartier spécifique ne leur est réservé, si bien qu'elles cohabitent avec les majeures. Dans l'ensemble des maisons d'arrêt, les femmes prévenues et condamnées sont également mélangées.

Articles D.222 et D.248 du Code de procédure pénale, DAP, Statistique mensuelle de la population écrouée en France, *situation au 1er février 2004.*

Des conditions de détention spécifiques sont-elles prévues pour les femmes ? 15

Le Code de procédure pénale ne prévoit pas de régime de détention spécifique pour les femmes. Les détenues se voient appliquer la même réglementation que les hommes, à l'exception des femmes enceintes et des mères incarcérées avec leur enfant de moins de 18 mois, qui doivent en principe bénéficier d'un régime de détention approprié. En pratique, les femmes subissent cependant les effets de leur faible nombre lorsqu'elles sont détenues dans le « quartier femmes » d'un établissement prévu pour des hommes. Dans ce cas, elles ont souvent accès à un nombre limité d'activités et restent la majorité du temps en cellule. A la différence des hommes, les femmes détenues ne doivent être surveillées que par des personnes de leur sexe ; le personnel masculin n'a en principe accès au quartier des femmes que sur autorisation du chef d'établissement. En pratique, le personnel des prisons de femmes est composé depuis quelques années de gradés hommes. Mais ils ne sont généralement pas directement au contact des détenues et n'interviennent dans le cadre d'incidents qu'accompagnés d'une surveillante. Ils ne doivent pas circuler dans les couloirs, regarder dans les œilletons, ni effectuer les fouilles.

Articles D.222 et D.400-1 du Code de procédure pénale.

Les femmes résistent au crime

La présence des femmes tout au long du processus, de l'arrestation jusqu'à la condamnation, est beaucoup plus faible que celle des hommes. [...] Elles bénéficient d'un taux d'acquittement en général deux fois supérieur (au moins) à celui des hommes. La répartition des peines diffère également : moins d'emprisonnement ferme chez les femmes et plus d'amende, de peine de substitution ou de dispense de peine. Cela s'explique en grande partie par la structure des infractions moins souvent sanctionnées par l'incarcération. Moins visible, moins agressive, la délinquance féminine fait moins peur. Les juges tiendraient également compte de leur rôle familial : la représentation de la mère reste un statut valorisant pour les femmes. Mais ce « traitement paternaliste/bourgeois » n'est pas toujours aussi favorable qu'on le pense. [...] Il semble que les femmes profitent d'une réaction sociale discriminatoire pour les petits délits (sorties nombreuses avant le déferement, acquittements plus fréquents, peines plus courtes que leurs complices...). Elles subissent un traitement plus défavorable lorsqu'elles sont condamnées pour une infraction grave (condamnations et peines effectives plus longues).

Corinne Rostaing, La relation carcérale. Identités et rapports sociaux dans les prisons de femmes, *PUF, 1997.*

16 Des établissements spécifiques sont-ils prévus pour les mineurs détenus ?

Les mineurs détenus, au nombre de 770, représentent 1,3 % de la population carcérale au 1er février 2004. Les mineurs doivent être obligatoirement séparés des adultes et placés dans un quartier ou un local spécial. Cette règle est en pratique respectée pour les mineurs hommes, mais pas pour les femmes. Cette condition d'hébergement n'implique pas forcément la création de quartiers pour mineurs, mais leur regroupement dans des cellules contiguës, le plus à l'écart possible du reste de la population carcérale. Au 1er février 2004, 69 établissements pénitentiaires reçoivent des mineurs, parmi lesquels 4 centres pour jeunes détenus (CJD) à Aix-Luynes, Bordeaux-Gradignan, Fleury-Mérogis et Osny. La loi Perben prévoit également l'ouverture de 400 places en établissement pénitentiaire spécialisé pour mineurs d'ici la fin 2007. Ces nouveaux établissements seront adaptés à l'âge des mineurs, ils seront distincts des autres prisons et auront une capacité d'accueil limitée (40-60 places) afin de préserver une dimension éducative. Ainsi, est-il prévu que le mineur suive un certain nombre d'activités (scolarité, formation professionnelle, activités socioculturelles), encadrées par une équipe pluridisciplinaire constituée de personnels de l'administration pénitentiaire et de la protection judiciaire de la jeunesse. Les éducateurs devront établir des contacts réguliers avec les parents du mineur pour les informer et les impliquer dans l'action entreprise auprès de leur enfant. L'accueil des familles devra également être favorisé et l'aménagement des parloirs adapté. Autre catégorie, celle des détenus âgés de 18 à 21 ans, appelés les « jeunes majeurs ». Ils doivent également être placés en théorie dans un quartier distinct de celui des adultes. Mais il n'existe pas de quartier qui leur soit réservé en pratique. Les mineurs devenant majeurs au cours de la détention peuvent, sur décision du chef d'établissement et après avis de l'équipe, être maintenus au quartier des mineurs jusqu'à 21 ans maximum à condition qu'une prise en charge spécifique soit nécessaire et que des places soient disponibles. Ils ne partagent alors jamais une cellule avec un mineur. En dehors de ces cas, aucun jeune majeur ne peut en principe être affecté au quartier des mineurs.

Article D.519 du Code de procédure pénale, articles 11 et 20-2 de l'ordonnance du 2 février 1945, circulaire DAP du 4 février 1994. DAP, Statistique mensuelle de la population écrouée en France, *situation au 1er février 2004.*

Des conditions de détention spécifiques sont-elles prévues pour les mineurs ? 17

Les mineurs doivent en principe être placés en cellule individuelle, sauf contre-indications. Leur régime de détention doit en principe faire une large place à l'éducation et la formation professionnelle. Le règlement intérieur de l'établissement doit prévoir des dispositions particulières à cet effet. En outre, les personnels de surveillance affectés aux quartiers des mineurs doivent l'être en fonction de compétences particulières. En pratique, ce sont presque exclusivement des surveillants volontaires, et souvent spécialisés dans les activités sportives. Depuis 2003, des éducateurs de la protection judiciaire de la jeunesse (PJJ) ont été associés à titre expérimental à la prise en charge des mineurs en détention. Ils interviennent lors de la phase d'accueil (entretien, information famille) et suivent le mineur tout au long de la détention, préparant son dossier d'aménagements de peine. Quant aux conseillers d'insertion et de probation, ils pilotent et mettre en œuvre les activités proposées aux mineurs incarcérés. Les jeunes majeurs doivent également faire l'objet d'un régime de détention particulier. Ils doivent bénéficier, en principe, d'une cellule individuelle. Ils peuvent néanmoins être placés avec d'autres détenus de leur âge, soit pour motif médical, soit en raison de leur personnalité. Leur régime de détention doit faire une large place à l'éducation, à la formation professionnelle et aux activités.

Articles D.515 à D.517 du Code de procédure pénale, circulaire DAP du 4 février 1994, ordonnance du 2 février 1945, note DAP n° 211 du 24 mars 2003 relative à l'intervention des éducateurs de la PJJ en quartiers mineurs.

Dans un roman de Dickens

Bien souvent, les maisons d'arrêt n'ont pas été construites en prenant en compte cette nécessité de disposer de locaux spécifiques pour l'accueil des mineurs détenus. De telle sorte qu'il est fréquent que le « quartier mineurs » se limite à quelques cellules isolées du reste de la détention par une grille. L'étanchéité entre ces quartiers de mineurs et les autres parties des maisons d'arrêt est loin d'être parfaite. Nombre d'installations sont communes, en particulier l'unité de soins ; [...] le quartier disciplinaire des établissements est commun aux majeurs et aux mineurs... D'une manière générale, les déplacements de détenus au sein des établissements permettent difficilement d'éviter les contacts entre majeurs et mineurs [...]. Par ailleurs, condamnés et prévenus mineurs étant mélangés, les condamnés ne bénéficient pas de tous les droits qui sont accordés aux condamnés majeurs notamment en ce qui concerne les communications avec l'extérieur. Mais il y a plus grave. La commission d'enquête a visité le quartier des mineurs des prisons de Lyon. La situation qu'elle y a constaté est véritablement une « humiliation pour la République » (titre du rapport de la commission d'enquête sénatoriale sur les prisons). Les locaux sont terriblement dégradés, le surpeuplement y est parfois tel que la commission a rencontré un mineur couchant sur une paillasse à même le sol. Toutes sortes de trafics y prospèrent, la séparation entre majeurs et mineurs étant virtuelle. Les efforts d'un personnel pénitentiaire très méritant ne peuvent suffire à compenser une telle situation. Le quartier des mineurs des prisons de Lyon est plus digne d'un roman deCharles Dickens que de la France du vingt-et-unième siècle.

Sénat, Délinquance des mineurs. La République en quête de respect, *Rapport de la Commission d'enquête sur la délinquance des mineurs, 27 juin 2002.*

18 Qu'est ce qu'un centre éducatif fermé ?

Les centres éducatifs fermés sont des établissements publics ou des établissements privés habilités, chargés d'accueillir des mineurs de 13 à 18 ans, placés en application d'un contrôle judiciaire ou d'un sursis avec mise à l'épreuve. La prise en charge des mineurs est confiée dans la plupart des cas aux services de la protection judiciaire de la jeunesse, ces centres ne dépendent donc pas de l'administration pénitentiaire (ce ne sont pas des établissements pénitentiaires). Au sein de ces centres, les mineurs font l'objet des mesures de surveillance et de contrôle permettant d'assurer un suivi éducatif et pédagogique renforcé et adapté à leur personnalité. La violation des obligations auxquelles le mineur est astreint en vertu des mesures qui ont entraîné son placement dans le centre peut entraîner, selon le cas, son incarcération.

Article 33 de l'ordonnance du 2 février 1945.

Les personnels de l'administration pénitentiaire

Le personnel pénitentiaire comporte les personnels de surveillance, les personnels administratifs et de direction, ainsi que les personnels d'insertion et de probation (service social pénitentiaire). Ils sont soumis à un statut très contraignant, puisqu'ils doivent non seulement se soumettre aux obligations générales des fonctionnaires mais aussi à un statut spécial qui leur interdit notamment le droit de grève.

Quelle est la mission de l'administration pénitentiaire ? 19

L'administration pénitentiaire a deux fonctions essentielles : la garde des personnes privées de liberté par décision de justice et la réinsertion sociale des détenus. Une loi du 22 juin 1987 dispose ainsi que « *le service public pénitentiaire participe à l'exécution des décisions et sentences pénales et au maintien de la sécurité publique. Il favorise la réinsertion sociale des personnes qui lui sont confiées par l'autorité judiciaire. Il est organisé de manière à assurer l'individualisation des peines* ». Dans l'exercice de ses missions, le service public pénitentiaire doit assurer le respect de la dignité inhérente à la personne humaine à l'égard de toutes les personnes qui lui sont confiées.

Articles D.188 et D.189 du Code de procédure pénale, décret n° 98-1099 du 8 décembre 1998, décret n° 60-898 du 24 août 1960, décret n° 72-852 du 12 septembre 1972.

Quelles sont les différentes catégories de personnels de l'administration pénitentiaire ? 20

La principale catégorie de personnels pénitentiaires regroupe l'ensemble des fonctionnaires placés par décret sous statut spécial : personnel de direction, personnel administratif, personnel technique et de formation professionnelle, personnel d'insertion et de probation, personnel de surveillance. Ce dernier comporte deux corps différents : celui des surveillants et gradés ; celui des chefs de service pénitentiaire. Les autres fonctionnaires de l'administration pénitentiaire sont soit régis par des statuts interministériels (essentiellement d'autres personnels administratifs), soit dépendent directement du ministère de la Justice (personnels de service social), soit appartiennent à des corps interministériels (personnels infirmiers), soit sont des agents non titulaires de l'Etat. Les médecins et enseignants exerçant en détention ne sont pas des personnels pénitentiaires. Les premiers dépendent depuis 1994 du ministère ou secrétariat à la Santé ; les seconds de l'Education nationale.

Article D.196 du Code de procédure pénale, décret n° 2001-730 du 31 juillet 2001.

21 Quelles interdictions s'imposent à tout personnel pénitentiaire ?

En toutes circonstances, les membres du personnel doivent adopter un comportement qui ait une bonne influence sur les détenus et suscite leur respect. Il leur est interdit de se livrer à des actes de violence sur les détenus, d'user à leur égard de dénominations injurieuses, et même de les tutoyer, d'être grossier ou familier. Les personnes exerçant en détention ne sont pas autorisées à fumer en dehors des lieux spécialement prévus à cet effet ni de boire de l'alcool à l'intérieur de la détention ou d'y apparaître en état d'ébriété. Il est également interdit aux personnels d'occuper sans autorisation des détenus pour leur service particulier, de recevoir de leur part aucun don ou avantage, de se charger pour eux d'aucune commission ou d'acheter ou vendre quoi que ce soit pour leur compte. Les membres du personnel ne peuvent faciliter ou tolérer aucune transmission de correspondance ou communication irrégulière, ni agir auprès des détenus pour influer sur leurs moyens de défense ou sur le choix de leur avocat. Enfin, ils sont tenus au secret professionnel et doivent à ce titre faire preuve de « *discrétion* » pour tous les faits, informations ou documents dont ils ont connaissance dans l'exercice de leurs fonctions.

Articles D.119, D.220 du Code de procédure pénale, article 26 de la loi du 13 juillet 1983 portant droits et obligations des fonctionnaires.

Le statut très spécial des personnels pénitentiaires

En qualité de fonctionnaires de l'Etat, les personnels sont d'abord soumis au statut général de la fonction publique de l'Etat. Par ailleurs, membres d'une administration en charge de sécurité publique, qui implique que les agents qui y participent supportent certaines contraintes particulières et bénéficient en contrepartie d'avantages spécifiques, les personnels sont aussi régis par un statut spécial qui déroge sur certains points au statut général de la fonction publique. [...] S'agissant des personnels de l'administration pénitentiaire, la nature très particulière des missions de sécurité publique qui sont les leurs a conduit à renforcer l'obligation d'assurer un service effectif permanent en leur interdisant l'exercice du droit de grève. [...] En dehors même du service, le devoir de réserve est l'obligation faite au fonctionnaire de ne pas tenir des propos ou adopter une attitude qui puissent faire douter de son aptitude à exercer les fonctions qui lui sont confiées ou jeter le discrédit sur son administration. Par exemple, un fonctionnaire qui prend publiquement position contre la politique gouvernementale, alors qu'il n'est investi d'aucun mandat politique ou syndical, commet un manquement à l'obligation de réserve passible de sanction disciplinaire.

Mémento des droits et obligations des personnels pénitentiaires, *DAP, ministère de la Justice, 1998.*

22 Quel est le rôle d'un chef d'établissement ?

Le chef d'établissement pénitentiaire est chargé de mettre en œuvre la politique définie par le ministère de la Justice pour la prise en charge des personnes faisant l'objet d'une mesure de privation de liberté. Il élabore le règlement intérieur de l'établissement et doit veiller à une stricte application des instructions relatives au maintien de l'ordre et de la sécurité intra-muros. A ce titre, le directeur préside la commission de discipline de l'établissement. Il est également tenu pour personnellement responsable des incidents ou des évasions imputables à sa négligence ou à l'inobservation des règlements (il est passible d'une sanction administrative dans ces cas). Par ailleurs, le chef d'établissement détermine l'organisation du travail des différents personnels pénitentiaires. Sous son autorité, le ou les chef(s) de détention fixe(nt) les activités à assurer, les locaux à contrôler, la programmation des rondes à effectuer et adresse(nt) aux surveillants des recommandations spéciales, notamment pour signaler un détenu dangereux ou à observer particulièrement. Le directeur doit coordonner l'action des différents personnels et faciliter l'échange d'informations sur les modalités d'application des régimes de détention. En ce sens, il doit organiser régulièrement des réunions de synthèse au sein de l'établissement. Enfin, le directeur est tenu d'assurer l'information des détenus et de recueillir leurs éventuelles observations et suggestions. Il est chargé de la répartition des détenus au sein de l'établissement et doit accorder une audience à tout détenu qui présente une requête ou une plainte, s'il considère que le motif invoqué est suffisant.

Articles D.216-1, D.255, D.257-1, D.259, D.265 et D.276 du Code de procédure pénale, décret n°98-655 du 29 juillet 1998.

Quel est le rôle d'un directeur régional des services pénitentiaires ? 23

Le supérieur hiérarchique du chef d'établissement est le directeur régional des services pénitentiaires. Il est chargé de mettre en œuvre la politique du ministre de la Justice en matière pénitentiaire au niveau régional, de diriger l'activité des services pénitentiaires situés dans sa circonscription géographique et d'organiser les relations avec les autorités judiciaires et administratives. Il existe neuf directions régionales de l'administration pénitentiaire (Bordeaux, Dijon, Lille, Lyon, Marseille, Paris, Rennes, Strasbourg, Toulouse) auxquelles il convient d'ajouter la mission des services pénitentiaires d'Outre-mer.

Décret n°98-803 du 8 septembre 1998.

Quel est le rôle des surveillants et des gradés ? 24

Le corps des surveillants et des gradés comprend deux grades : celui de surveillant et surveillant principal ; celui de premier surveillant. Les surveillants prennent le titre de surveillant principal lorsqu'ils atteignent le sixième échelon de leur grade. Les surveillants et surveillants principaux sont chargés de maintenir l'ordre et la discipline dans les établissements et d'assurer la garde des détenus. Ils sont en principe associés aux modalités d'exécution de la peine et aux actions préparant la réinsertion. Les premiers surveillants sont quant à eux chargés de l'encadrement des surveillants et surveillants principaux. Ils assurent des tâches de coordination et d'animation et participent à la définition et la mise en œuvre des mesures de sécurité. Dans les locaux de détention, le personnel de surveillance est tenu au port de l'uniforme et ne doit pas être armé. Seuls les agents assurant la garde à l'extérieur des bâtiments peuvent être armés. Le nombre de personnels de surveillance est passé de 9 868 au 1er janvier 1980 à 23 065 au 1er janvier 2004 (+ 139 %). Dans le même temps, le nombre de détenus est passé de 35 655 à 59 246 (+ 66 %). Il y a, selon l'administration pénitentiaire, 40 surveillants en moyenne pour 100 détenus. En réalité, il n'y a jamais 40 surveillants en activité au même moment, compte tenu des horaires de travail, des congés, de l'affectation de certains surveillants en dehors de la détention, etc.

Articles D.216 à D.218 et D.267 du Code de procédure pénale, décret n°93-1113 du 21 septembre 1993.

La démobilisation des surveillants

Avec un surveillant pour deux cents détenus comme à la Santé, les relations entre le personnel et les détenus sont complètement inexistantes. Le surveillant fait de l'hôtellerie : ouverture de porte, fermeture de porte, bonjour, bonsoir. Il représente le pouvoir, cristallise toutes les haines. Il faut savoir que souvent on devient surveillant par hasard. Des jeunes gens, comme tous ceux qu'on peut connaître, issus des grandes régions en crise, passent plusieurs concours : police, impôts, préfectures. Pour échapper au chômage, pour travailler. Souvent ils sont très qualifiés : les dernières promotions de l'École nationale comptaient 80 % de bacheliers sur lesquels 40 % avaient Bac+2. En se frottant ensuite à la réalité, ils sont complètement écœurés. Un travail de réinsertion, avec un contenu social fort n'existe pas dans le métier de surveillant, parce qu'il y a trop de détenus. Le métier est tellement peu intéressant que la démobilisation est complète. La seule réussite du service public pénitentiaire, c'est la garde. Ce n'est pas très reluisant. La formation, en douze mois, est riche, mais elle est en complet décalage avec la réalité : quand on arrive avec le sentiment qu'on va pouvoir faire un travail avec un contenu social fort, on perd vite ses illusions. Et on fuit, dès la première année après l'école, ou on passe des concours pour en sortir. [...] Les surveillants ne sont pas des « matons, réacs, fachos ». Les dérives, chez le personnel, touchent une minorité, comme ailleurs. Des affaires ont été difficiles à percer parce que l'organisation était telle que, de haut en bas, tout le monde était coupable. Les personnels de direction, la hiérarchie quasiment militaire constituent un monde où rien ne doit transpirer.

Alexis Grandhaie, secrétaire général CGT-pénitentiaire, L'Humanité, *21 janvier 2000.*

25 Quel est le rôle des chefs de service pénitentiaire ?

Le corps des chefs de service pénitentiaire (CSP) comprend deux grades : celui de deuxième classe, et celui de première classe. Les CSP de deuxième classe assurent, sous l'autorité du chef d'établissement et du personnel de direction, des fonctions de coordination des activités relatives à l'exécution des peines et à la sécurité générale des établissements. Ils sont chargés de l'encadrement des gradés et surveillants et peuvent éventuellement suppléer les chefs d'établissement en qualité d'adjoint. Les CSP de première classe assurent les fonctions de chef d'établissement dans les prisons d'une capacité inférieure ou égale à 200 places. Ils peuvent être adjoints du chef d'établissement ou chef de détention dans les établissements d'une capacité plus importante.

Décret n°93-1113 du 21 septembre 1993.

Quel est le rôle du greffe judiciaire ? 26

Chaque établissement pénitentiaire comporte un service appelé le « greffe judiciaire ». Les personnels y ont la responsabilité – sous l'autorité du chef d'établissement – de la légalité de l'incarcération (ils gèrent les formalités d'écrou) et de l'actualisation permanente de la situation pénale et administrative des détenus (ils calculent des dates de libération et sont chargés de la mise en œuvre des décrets de grâces collectives et des lois d'amnistie). Par ailleurs, ils enregistrent et contrôlent tous les mouvements d'entrée et de sortie de la population détenue (hospitalisations, transferts…). Enfin, le service du greffe est chargé de recevoir et transmettre les recours du détenu (courriers ou requêtes) aux juridictions compétentes.

Articles D.148 à D.166, D.284, D.313-1, D.314 et D.314-1 du Code de procédure pénale, circulaires du 3 mai 1991 et du 5 juillet 1996.

Filtrer l'information

Le cahier d'observation du surveillant, véhicule formel de l'information, a la particularité d'être un moyen personnalisé de transmission des informations. Il s'agit d'un cahier nominatif dans lequel le surveillant engage sa responsabilité personnelle. Il date et signe les observations qu'il y inscrit. Dans ces conditions, les surveillants peuvent manifester quelque réticence à remplir ces cahiers. Il existe en particulier une règle de conduite, commune à l'ensemble des surveillants, qui consiste à ne transmettre parmi les informations recueillies que celles qui ne risquent pas de mettre en cause la personne qui les signale, ou un collègue, ou encore un supérieur hiérarchique.

Antoinette Chauvenet, Françoise Orlic, Georges Benguigui, Le monde des surveillants de prison, *PUF, 1994.*

Quel est le rôle des conseillers d'insertion et de probation ? 27

Pour mettre en œuvre l'objectif de réinsertion qui lui est assigné, l'administration pénitentiaire dispose au 1er janvier 2004 de 2 107 conseillers d'insertion et de probation (CIP) répartis au sein de 102 services pénitentiaires d'insertion et de probation (SPIP). Dans chaque département, un SPIP est ainsi chargé de favoriser l'accès aux droits et aux dispositifs d'insertion aussi bien pour les détenus en milieu fermé, que pour les personnes qui lui sont confiées par l'autorité judiciaire en milieu ouvert (sursis avec mise à l'épreuve, travaux d'intérêt général, libérations conditionnelles…). Les CIP sont placés sous l'autorité du directeur du SPIP, cadre pénitentiaire dépendant du directeur régional de l'administration pénitentiaire. En détention, les CIP ont pour fonction de favoriser le maintien des liens familiaux et sociaux des détenus et de préparer leur réinsertion sociale. Ils sont responsables de l'organisation des activités socioculturelles et sportives, ainsi que de la formation professionnelle. Les détenus rencontrent un travailleur social à leur arrivée et peuvent être en principe, au cours de leur détention, reçus par celui-ci à leur demande ou sur convocation. Cependant, le travailleur social apprécie l'opportunité de recevoir un détenu ou d'effectuer les démarches qu'il sollicite. Il n'a pas l'obligation de répondre aux demandes d'un détenu. Dans la pratique, le faible nombre de conseillers d'insertion et de probation et d'assistants sociaux permet rarement de faire face aux requêtes des détenus dans un délai raisonnable. En effet, selon l'administration pénitentiaire, on compte en moyenne cent détenus pour un travailleur social. Pour effectuer leurs entretiens dans des conditions garantissant la confidentialité, les travailleurs sociaux disposent de locaux spécifiques et d'un libre accès durant la journée aux locaux de détention. Ils peuvent s'entretenir avec un détenu dans sa cellule et correspondre avec lui librement sous pli fermé. Tenus au secret professionnel, les travailleurs sociaux doivent néanmoins fournir à l'autorité judiciaire ou aux services de l'administration pénitentiaire, chaque fois que la demande leur en est faite ou à leur initiative, les éléments permettant une meilleure individualisation des peines. Ils sont ainsi chargés de procéder à des vérifications sur la situation matérielle, familiale et sociale des détenus, d'élaborer des avis ou rapports pour les personnes condamnées dont la situation est examinée. Enfin, ils doivent s'assurer pour les personnes libérées de la continuité des actions d'insertion engagées.

Articles D.189, D.460 à D.465, D.572 à D.587 du Code de procédure pénale, décret n° 99-276 du 13 avril 1999, arrêté du 7 juin 1999.

Travailleurs sociaux repris en mains

Témoins de premier plan de ce système à broyer les plus faibles, les travailleurs sociaux de la Pénitentiaire sont muselés (pour la plupart) par le statut spécial. Au moins les laissait-on travailler relativement en paix jusqu'à la réforme des SPIP, avec un manque de moyens cruel, mais avec la liberté d'organiser leur travail à leur guise. Leur déontologie, tacite mais largement répandue, voulait qu'ils interviennent dans le sens de la responsabilisation de l'individu, de la restauration de sa dignité et de sa liberté, ainsi que de sa réinsertion sociale, citoyenne, familiale... Si insatisfaisant qu'ait été notre bilan en termes de résultats, il semble que c'était encore trop pour les tenants du libéralisme le plus barbare ! La réforme des SPIP – dont Didier Lallement dit, dans un déni de réalité consternant, qu'elle est positive – a instauré un véritable cloisonnement entre nos services et le JAP, là où existait auparavant une collaboration étroite et fructueuse dans l'immense majorité des cas. Cette réforme a également accru de manière dramatique la production purement paperassière des services, sans que la cohérence ni même la lisibilité de l'action des SPIP y ait gagné quoi que ce soit. Au contraire... Que dans le même temps se soit opérée une reprise en mains autoritaire des personnels sociaux ne saurait être un hasard.

Slavic Bloch, La lettre d'infos des travailleurs sociaux de la CGT, *novembre 2003.*

La première journée de prison

Le ministère de la Justice a dénombré 77 832 incarcérations dans l'ensemble de ses établissements situés en métropole au terme de l'année 2003. La personne privée de liberté subit ce qui est désormais appelé le « choc de l'incarcération » lors de son écrou. Etre assimilé à un numéro, subir sa première fouille à nu, découvrir l'enfermement... sont autant d'épreuves pour les « arrivants » ou « entrants ». Ils vont suivre les formalités de la mise sous écrou, être placés en cellule d'attente et rencontrer plusieurs personnes dont le médecin et le directeur de l'établissement. Ils vont se voir retirer la plupart des objets qu'ils ont sur eux, à l'exception de leur alliance et de leur montre.

28

Que se passe-t-il à l'arrivée en prison ?

Quel que soit son statut, tout détenu passe sa première journée en maison d'arrêt. Avant qu'un agent du greffe de l'établissement procède aux formalités de la mise sous écrou, l'arrivant est systématiquement soumis à une fouille intégrale. Un numéro d'écrou est alors attribué au détenu, qui devra le rappeler dans toutes ses correspondances et dans tout acte de la vie quotidienne. Il est ensuite placé en « cellule d'attente » (cellule prévue pour accueillir les arrivants) jusqu'au moment de son affectation dans une cellule ordinaire. Le détenu doit avoir la possibilité de se laver et des vêtements peuvent en principe lui être fournis s'il le demande. Il doit rapidement être mis en mesure d'informer ses proches de son incarcération par courrier. Dans le cas d'un détenu mineur qui ne préviendrait pas sa famille, le chef de l'établissement doit avertir lui-même les parents ou le représentant légal, ainsi que les services de la protection judiciaire de la jeunesse.

Article D.284 du Code de procédure pénale.

Perdre son identité d'homme libre

Le rituel d'admission est nécessairement dégradant, quelle que soit la manière dont il est accompli par les surveillants, que ceux-ci tentent de rassurer devant un désarroi manifeste ou qu'ils traitent le lot d'arrivants comme une nouvelle fournée à dispatcher en détention. Parqué dans une cellule d'attente le plus souvent exiguë, le nouveau venu sera « libéré » pour suivre un parcours prescrit : conduit au greffe, il devra se soumettre aux formalités anthropométriques (empreintes digitales, photo), répondre aux questions qui permettent au fonctionnaire de remplir sa fiche pénale, recenser tous les objets de valeurs qu'il a avec lui (bijoux, argent, chèques) et ses papiers d'identités qui seront laissés en dépôt à la « caisse » de l'établissement jusqu'à sa sortie. Puis il sera accompagné au « vestiaire » et, là, il verra chacun de ses effets personnels fouillés et inventoriés, et il comprendra vite, devant l'étalage de morceaux de son intimité, qu'en prison l'usuelle distinction entre ce qui relève du privé et du public n'a plus cours. Il sera dessaisi des vêtements et autres objets qu'il n'est pas autorisé à conserver en cellule et ceux-ci seront remisés au vestiaire de l'établissement, sorte de cimetière temporaire de son identité d'homme libre.

Dominique Lhuilier, avec Aldona Lemiszewska, Le choc carcéral. Survivre en prison, *Bayard, 2001.*

29 Quelles sont les conditions de détention au « quartier arrivants » ?

Le Code de procédure pénale prévoit que le détenu doit être placé seul en cellule d'attente. Mais au 1er juillet 2003, seuls 75 des 139 établissements ou quartiers de type « maisons d'arrêt » disposaient d'une ou plusieurs « cellules arrivants », ce qui représentait un total de 700 places. En réalité, les détenus partagent souvent cette cellule à deux ou trois, parfois même à six, en raison de la surpopulation des maisons d'arrêt et des risques de suicide accentués dans les premières 48 heures. L'arrivant peut aussi être placé avec un codétenu à sa demande ou si le juge d'instruction le précise.

Article D.284 du Code de procédure pénale.

30 Qu'est-ce que le registre d'écrou ?

Le registre d'écrou permet de vérifier la légalité de la détention de la personne incarcérée et de veiller à ce que les personnes libérables ne soient pas maintenues en prison. Il est tenu par le chef d'établissement ou par un fonctionnaire chargé du greffe.

Articles 724 et D.148 du Code de procédure pénale.

31 Qu'est-ce que l'acte d'écrou ?

Un acte d'écrou est dressé pour toute personne conduite dans un établissement pénitentiaire. Il constate la remise de la personne à l'établissement pénitentiaire, la date et la nature du titre de détention (acte judiciaire qui permet d'incarcérer la personne), ainsi que l'autorité dont émane ce titre. Il est signé par le chef de l'établissement et le chef d'escorte. La mise sous écrou s'effectue au greffe de la prison. Il s'agit de vérifier l'identité du détenu (prise de photos et d'empreintes, inscription au livre des entrées et ouverture d'un dossier personnel). La date de la sortie du détenu, ainsi que la décision ou le texte de loi motivant la libération, fera également l'objet d'une mention sur l'acte d'écrou.

Article D.149 du Code de procédure pénale.

32 Le détenu peut-il se laver dès son arrivée ?

Le détenu doit pouvoir prendre une douche à son arrivée dans l'établissement. Elle peut avoir lieu soit à l'occasion de la fouille réalisée au moment de l'écrou, soit dans les locaux d'hébergement au moment du placement en cellule. En cas d'incarcération nocturne, la douche peut éventuellement être reportée au lendemain matin, mais le détenu doit en être avisé. Une trousse de toilette comprenant des produits d'hygiène corporelle (un rouleau de papier hygiénique, une savonnette, une brosse à dents, un tube de dentifrice…) doit être remise à tout entrant. Les arrivants peuvent conserver les vêtements qu'ils portent sur eux, sauf décision contraire de l'administration pénitentiaire (pour des raisons d'ordre public ou de propreté) ou de l'autorité judiciaire (dans l'intérêt de l'instruction). A leur demande, l'administration peut également leur fournir des sous-vêtements et des vêtements si l'établissement dispose d'un vestiaire.

Articles D.284, D.348, D.357 et D.358 du Code de procédure pénale, note AP 85.17 62 du 26 avril 1985 relative à l'hygiène corporelle des détenus, circulaire JUSE9840034C du 29 mai 1998.

Comme dans une basse-cour

En sortant du bureau du juge d'instruction, on a roulé pendant plus d'une heure. Un tas de questions me turlupinait : avec qui je vais me retrouver en cellule, mon codétenu sera-t-il calme ou violent, comment sont les gardiens, est-ce que la nourriture est aussi dégueulasse que l'on dit, est-ce propre... Une fois arrivé à Bonneville (en Haute-Savoie), dans la cellule qui était prévue pour deux, il y avait trois gars, dont un qui dormait par terre. Avec moi qui arrivais, nous étions quatre dans 9 m². Quant aux formalités d'écrou, c'est quand ils m'ont pris mes bijoux et en voyant l'insalubrité des locaux que j'ai compris que je ne devais plus compter sur ma fierté et mon image, qu'à présent je pouvais m'asseoir dessus et attendre. Je l'ai compris dès que j'ai passé la porte et que ces messieurs de l'Administration pénitentiaire m'ont appelé soit par mon numéro d'écrou, soit par mon nom de famille. J'étais arrivé dans une basse-cour où je ne pouvais compter que sur moi, à voir les cafards, les rats et les détenus qui tapaient aux portes et gueulaient aux fenêtres à toute heure du jour et de la nuit.

Christophe B., maison d'arrêt de Douai, Dedans dehors, *n°33, septembre 2002.*

Quelles personnes le détenu doit-il obligatoirement rencontrer à son arrivée ? 33

Le jour de son arrivée ou, au plus tard, le lendemain, chaque détenu doit être visité par le chef de l'établissement pénitentiaire ou par un de ses subordonnés immédiats. Dans le cadre de la prévention du suicide, un entretien individuel doit également être mené par le chef de détention auprès de chaque arrivant. Le gradé remplit une « fiche de signalement » sur la base des propos tenus par le détenu, de son observation personnelle et des éléments contenus dans le dossier individuel. Cette fiche est transmise aux services médical, psychologique, social et intégrée au dossier individuel. Dans « *les plus brefs délais* », le détenu venant de l'état de liberté doit en outre être soumis à un examen médical, notamment afin de repérer toute maladie contagieuse ou évolutive qui nécessiterait des mesures d'isolement ou des soins urgents. A l'occasion de cet entretien, le détenu peut signaler toute maladie impliquant le suivi d'un traitement. « *Dès que possible* », le détenu doit par ailleurs recevoir la visite d'un membre du service pénitentiaire d'insertion ou de probation (travailleurs sociaux). Il peut signaler à ce service les démarches à effectuer auprès de sa famille (pour obtenir du linge par exemple) ou d'éventuels problèmes de garde d'enfant. Enfin, le détenu doit être informé de la faculté qui lui est donnée de recevoir la visite du ministre de son culte. La liste des détenus arrivants qui ont déclaré leur intention de pratiquer leur religion est communiquée à l'aumônier chaque fois qu'il se rend à l'établissement.

Articles D.285, D.436, D.460 du Code de procédure pénale, circulaire JUSE9840034C du 29 mai 1998, circulaire JUSE0240075C du 26 avril 2002.

34 Que contient le dossier pénitentiaire ?

Un dossier individuel est constitué pour tout détenu. Ce dossier le suit pendant toute sa détention, même en cas de changement d'établissement. Il contient tous les renseignements concernant son identité, son titre de détention, etc. et se voit complété au fur et à mesure de la période d'incarcération (sanctions disciplinaires prononcées à l'encontre du détenu, régime de détention auquel il est soumis, travail et activités qu'il effectue, rapports médicaux et rapports du SPIP...).

Article D.155 du Code de procédure pénale.

35 Qu'est-ce que le dossier « spécial » ou « d'orientation » ?

Un dossier spécial est ouvert pour tout condamné ayant fait l'objet d'une procédure d'orientation, à savoir ceux dont le temps d'incarcération restant à subir est supérieur à un an (trois mois pour les mineurs) au moment de la condamnation. Ce dossier est divisé en quatre parties : judiciaire, pénitentiaire, socio-éducative, personnelle et médicale. La partie judiciaire comprend l'extrait de jugement ou d'arrêt de condamnation et la notice individuelle rédigée par le ministère public. Cette notice comporte des renseignements concernant l'état civil du condamné, sa profession, sa situation familiale, ses moyens d'existence, son degré d'instruction, sa conduite habituelle, sa moralité et ses antécédents judiciaires, l'exposé des faits, les éléments de nature à aggraver ou à atténuer la culpabilité de l'intéressé, ainsi que la liste des coauteurs ou complices éventuels. La partie pénitentiaire du dossier contient les renseignements sur le comportement du détenu en détention, au travail, pendant les activités, les décisions administratives prises à son égard, les renseignements sur son compte nominatif, ses sanctions disciplinaires, ainsi que toutes les mesures de réinsertion sociale engagées. La troisième partie du dossier contient des éléments ou documents recueillis par les travailleurs sociaux. Dans la dernière partie, sont rassemblés les résultats d'enquêtes, examens et expertises auxquels il a pu être procédé sur la personnalité, l'état médical, psychiatrique et psychologique, la situation matérielle, familiale ou sociale du condamné. Les pièces du dossier qui ont un caractère strictement médical ou social sont en principe couvertes par le secret professionnel. Mais la confidentialité n'est de fait pas toujours respectée, de nombreux intervenants ayant accès à ce dossier au sein de la détention.

Articles D.75, D.155 à D.159, D.162 à D.165 du Code de procédure pénale, circulaire JUSE9840006C du 19 décembre 1998.

Confidentialité bafouée

Un surveillant ne cesse de m'insulter et de me menacer verbalement depuis mon arrivée en ces lieux. J'ai été mis en examen pour une affaire de viol. Ce gardien a une fâcheuse tendance à dévoiler les détails de ma procédure et à apporter son propre jugement à mes codétenus de cette maison d'arrêt de Caen, en me qualifiant selon ses propres termes de « sale pointu ». Ne pouvant tolérer de tels propos, même dans ma situation, j'ai avisé la direction de ces lieux. Seul effet de cette démarche : l'agent en question étant de service à mon étage le lendemain, s'est octroyé le droit, à l'heure de la douche, d'inscrire sur l'étiquette de ma porte de cellule où il y a mon nom « balance ». Quand il est en service de nuit, il prend le plus grand des plaisirs à frapper dans la porte de ma cellule et à m'insulter : « alors, enculé de pointu, tu n'es pas encore pendu ? ». Ma plainte a été rejetée par le tribunal administratif. Combien de mes codétenus ont mis fin à leur vie, suite à des acharnements injustifiés, sans solution pour le détenu ?

Paul D., maison d'arrêt de Caen, Dedans dehors, *OIP, mai 1999.*

Que deviennent les objets en possession du détenu lors de son arrivée en prison ? 36

La plupart des objets dont le détenu est porteur à son entrée lui sont retirés pour être conservés par l'administration. Ainsi les détenus ne peuvent-ils conserver leur argent liquide et leurs objets de valeur, à l'exception de leur alliance et de leur montre. Les sommes d'argent sont inscrites au compte nominatif ouvert pour le détenu au moment de l'écrou, sauf s'il en demande la consignation ou l'envoi à un tiers. Les détenus pourront utiliser cette somme au cours de leur incarcération pour leurs achats en cantine (magasin de la prison). Si le détenu entrant est porteur de médicaments, le médecin doit en être immédiatement avisé afin de décider de l'usage qui doit en être fait. Les objets et bijoux sont pris en charge par le comptable ou le préposé. Après inventaire, ils sont inscrits sur un registre spécial au compte de l'intéressé pour lui être restitués à sa sortie. L'administration peut refuser de prendre en charge certains objets ou bijoux en raison de leur valeur ou de leur volume. Les détenus sont invités à s'en défaire à leurs frais, soit en les envoyant à leur famille, soit en les faisant remettre à un notaire ou toute personne agréée par l'administration pénitentiaire, soit en les vendant par l'intermédiaire d'une personne mandatée à cet effet. Si l'administration pénitentiaire n'est pas en mesure de restituer au moment de la sortie les biens qu'elle avait pris en dépôt, la valeur d'estimation de l'objet perdu doit être remise au détenu ou à ses ayants droit.

Articles D.318, D.319, D.335 à D.337 du Code de procédure pénale.

ÊTRE JUGÉ

JCB

En attendant son jugement, la personne poursuivie devrait en principe rester libre, si nécessaire être placée sous contrôle judiciaire, exceptionnellement mise en détention provisoire. Il en va tout autrement en réalité. Près de quatre détenus sur dix sont des prévenus. En trois ans, le nombre de personnes incarcérées au titre de la détention provisoire a augmenté de 36 %, passant en métropole de 15 000 (janvier 2001) à 20 000 (janvier 2004). Trois incarcérations sur quatre résultent d'un placement en détention provisoire. Parmi celles-ci, la moitié est décidée par le juge d'instruction, l'autre moitié provient de la procédure de comparution immédiate. La personne placée en détention provisoire est fortement handicapée pour préparer sa défense : les rencontres avec son avocat seront plus rares, l'accès à l'information plus difficile. Il sera également désavantagé du simple fait de comparaître prisonnier, sans avoir eu les moyens d'initier sa réinsertion ou l'indemnisation de ses victimes. Enfin, la personne poursuivie est largement tributaire de la personnalité des policiers chargés de l'enquête, puis, le cas échéant, du juge de l'information qui sera parfois tenté d'instruire exclusivement à charge, ou encore du président du tribunal ou de la cour d'assises qui maîtrisera plus ou moins le dossier, et restera plus ou moins impartial. Avec la procédure du plaider coupable, le procureur dispose désormais d'un outil qui lui épargne les investigations et les débats tendant à la manifestation de la vérité. La personne mise en cause se trouvera confrontée au dilemme d'user de tous ses moyens de défense ou d'accepter une peine présentée comme plus courte que celle qui pourrait résulter d'un jugement ordinaire. La loi « Perben II » du 9 septembre 2002 ayant modifié un nombre très important d'articles du Code de procédure pénale, les indications données dans le présent chapitre sont valables à compter du 1er octobre 2004, date d'entrée en vigueur de la plupart des dispositions de la loi nouvelle.

La détention provisoire

Définie par la loi comme devant être l'exception, la détention provisoire est trop souvent prononcée au détriment du contrôle judiciaire et au mépris de la présomption d'innocence. Véritable peine sans jugement, la détention provisoire constitue de nos jours une grave atteinte aux libertés fondamentales. Le régime de la détention provisoire a été plusieurs fois remanié ces dernières années.

Qu'est-ce que la détention provisoire ?

37

La détention provisoire est le fait de placer en prison avant son jugement une personne soupçonnée d'avoir commis un crime ou un délit. Selon la loi, la détention provisoire est une mesure exceptionnelle qui déroge au principe du maintien en liberté. En effet, toute personne suspectée ou poursuivie est présumée innocente tant que sa culpabilité n'a pas été établie par un tribunal. La personne qui n'a pas été jugée doit donc en principe rester libre. Cependant, en raison des nécessités de l'instruction ou à titre de mesure de sûreté, elle peut être astreinte à une ou plusieurs obligations du contrôle judiciaire. Lorsque celles-ci sont considérées insuffisantes, la personne peut être placée, à titre exceptionnel, en détention provisoire.

Article préliminaire et article 137 du Code de procédure pénale.

Présomption d'innocence

La difficulté majeure tient à l'erreur, toujours possible. Tant que la décision définitive n'a pas été rendue après un débat complet, égal, contradictoire et honnête, le suspect peut très bien n'être qu'un citoyen innocent, inquiété à tort suite à ces coïncidences qui font généralement sourire les juges et désespérer les historiens. Pour rappeler aux magistrats cette donnée première, a été élaboré il y a deux siècles ce superbe principe qu'est la présomption d'innocence. Il est un rappel à l'ordre permanent, une exigence constante et générale qui impose à l'ensemble des acteurs de la justice pénale un devoir de modération et de prudence. Quels que soient les indices réunis, le juge doit toujours avoir à l'esprit qu'il est peut-être en train de se tromper. Il doit donc toujours choisir, pour le suspect, avant le jugement définitif, la solution la moins contraignante. L'application de ce principe devrait conduire à un nombre dérisoires de détention avant jugement. Il n'en est rien. La présomption d'innocence a la beauté et la faiblesse des maximes incrustées au fronton des palais. Elles éblouissent à l'extérieur, on ne les voit plus à l'intérieur. Dans la bousculade du quotidien, dans le confort des habitudes installées depuis si longtemps, d'autres règles s'appliquent, un autre idéologie règne : L'erreur n'est, somme toute, pas si fréquente. Quant aux suspects, ils mentent si souvent. La population, elle, demande à être protégée rapidement contre la criminalité et supporte mal la remise en liberté des suspects. La prison a peut-être des effets pernicieux mais elle fait réfléchir et elle conduit souvent à l'aveu...

Serge Portelli & Sophie Clément Mazetier, « Moins de détention provisoire », Dedans dehors, *n°17, janvier 2000.*

38 Quels peuvent être les motifs d'un placement en détention provisoire ?

La détention provisoire ne peut être ordonnée ou prolongée que si elle constitue l'unique moyen :
- de conserver les preuves ou les indices matériels ;
- d'empêcher soit une pression sur les témoins ou les victimes, soit une concertation frauduleuse entre personnes mises en examen et complices ;
- de protéger la personne mise en examen ;
- de garantir le maintien à la disposition de la justice de la personne mise en examen ;
- de mettre fin à l'infraction ou de prévenir son renouvellement ;
- de mettre fin à un trouble exceptionnel et persistant à l'ordre public provoqué par la gravité de l'infraction, les circonstances de sa commission ou l'importance du préjudice qu'elle a causé. Une seule de ces circonstances suffit pour placer la personne en détention, mais la décision doit expliquer de manière précise en quoi cette circonstance existe.

Article 144 du Code de procédure pénale.

39 Qui peut être placé en détention provisoire ?

Le placement en détention provisoire n'est possible que si la personne mise en examen encourt une peine criminelle ou correctionnelle d'une durée égale ou supérieure à trois ans d'emprisonnement ou si elle s'est soustrait à une obligation du contrôle judiciaire.

Articles 143-1 du Code de procédure pénale.

40 Un mineur peut-il être placé en détention provisoire ?

Mesure exceptionnelle pour les majeurs, la détention provisoire l'est a fortiori pour les mineurs. Il n'est possible d'y recourir à leur égard que si elle est indispensable et qu'il s'avère impossible de prendre toute autre disposition. Un mineur âgé de moins de 13 ans au moment des faits ne peut en aucun cas être incarcéré. Un mineur âgé de 13 à 16 ans ne peut être placé en détention provisoire qu'en matière criminelle, pour une durée de six mois renouvelable une fois. Toutefois, en matière correctionnelle, le mineur de 13 à 16 ans pourra être placé en détention provisoire s'il s'est soustrait aux obligations du contrôle judiciaire, c'est-à-dire s'il n'a pas respecté les conditions d'un placement en centre éducatif fermé. En ce cas, la détention provisoire ne pourra dépasser une durée de quinze jours renouvelable une fois, ou d'un mois, renouvelable une fois, si le délit pour lequel il est poursuivi est passible de dix ans d'emprisonnement. Les mineurs qui ont entre 16 et 18 ans peuvent être placés en détention provisoire, en matière criminelle pour une durée qui, après prorogation ne peut en aucun cas dépasser deux ans. En matière correctionnelle, leur placement en détention provisoire n'est possible que s'ils sont poursuivis pour un délit passible d'une peine d'au moins trois ans d'emprisonnement ou s'ils ont manqué à une obligation quelconque du contrôle judiciaire. Si le délit pour lequel le mineur est poursuivi lui fait encourir une peine supérieure à sept ans, la détention ne peut, après prorogation, dépasser un an. Si le délit est passible d'une peine inférieure ou égale à sept ans, la durée de la détention est limitée à un mois, renouvelable une fois seulement. Cette détention ne peut avoir lieu que dans un quartier ou un établissement spécialisé, dans lequel la présence d'éducateurs est assurée. Les mineurs de moins de 16 ans ne doivent être placés que dans des établissements garantissant un isolement complet d'avec les majeurs.

Articles 11, 11-1 et 11-2 de l'ordonnance du 2 février 1945 relative à l'enfance délinquante.

Quel est le régime particulier applicable au parent d'un enfant de moins seize ans ? 41

Lorsque la personne exerce l'autorité parentale exclusive sur un enfant de moins de seize ans qui réside chez elle habituellement, le placement ou la prolongation de la détention provisoire ne peuvent être ordonnés sans qu'aient été saisis la protection judiciaire de la jeunesse (PJJ) ou le service pénitentiaire d'insertion ou de probation (SPIP). Ceux-ci doivent rechercher et proposer toutes les mesures propres à éviter que la santé, la sécurité et la moralité du mineur ne soient mises en danger ou que les conditions de son éducation ne soient gravement compromises. Ces dispositions visent à assurer la prise en charge de l'enfant dont le parent est incarcéré. Elles ne sont pas applicables en cas de crime, en cas de délit contre un mineur ou de non-respect des obligations du contrôle judiciaire.

Article 145-5 du Code de procédure pénale.

Qui décide du placement en détention provisoire ? 42

C'est au juge des libertés et de la détention (JLD) que revient la décision de placement en détention provisoire. Ce magistrat, spécialement désigné pour exercer cette fonction au sein du tribunal, peut néanmoins être remplacé en cas d'empêchement par le magistrat du siège le plus ancien dans le grade le plus élevé. Lorsque le juge d'instruction a l'intention de placer en détention une personne mise en examen, il saisit le JLD par une ordonnance motivée et lui transmet le dossier avec les réquisitions écrites du procureur de la République. Le JLD décide alors, par une ordonnance motivée, soit le maintien de l'intéressé en liberté, soit son placement sous contrôle judiciaire, soit enfin son placement en détention. L'ordonnance de placement en détention doit être motivée par référence aux critères limitatifs énoncés par le Code de procédure pénale. Elle doit également comporter les considérations indiquant en quoi le placement sous contrôle judiciaire s'avère insuffisant. Cette ordonnance est notifiée à la personne du mise en examen qui en reçoit copie intégrale. Lorsque le procureur a réclamé le placement en détention du mis en examen et que le juge d'instruction estime que cette mesure n'est pas justifiée, il doit rendre une ordonnance motivée dont le procureur pourra faire appel. Dans certaines circonstances, le procureur peut saisir directement le JLD, alors même que le juge d'instruction n'a pas sollicité le placement en détention du mis en examen. Il en est ainsi dans les affaires criminelles ou dans les affaires correctionnelles passibles d'une peine de dix ans de prison. Il est à noter concernant le placement en détention provisoire d'un mineur que le juge des libertés et de la détention (JLD) doit, sauf exception, être saisi par le juge des enfants ou le juge d'instruction. Par ailleurs, c'est au JLD qu'il revient de statuer tant sur les prolongations de la détention que sur les refus opposés par le juge d'instruction aux demandes de mise en liberté. Un système de vidéoconférence peut être utilisé pour éviter que le détenu ne soit extrait de l'établissement pénitentiaire.

Articles 137-1 137-3, 137-4 et 706-71 du Code de procédure pénale, articles 11 et 12 de l'ordonnance du 2 février 1945 relative à l'enfance délinquante.

43 Comment le juge des libertés et de la détention prend-t-il sa décision ?

Saisi par une ordonnance motivée du juge d'instruction (ou du juge des enfants), le juge des libertés et de la détention fait comparaître la personne mise en examen, assistée de son avocat si elle en a déjà désigné un. Le JLD peut alors recueillir les observations de la personne mise en examen. Au vu des éléments du dossier, le juge lui indique s'il envisage de la placer en détention provisoire. Si c'est le cas, il l'informe que sa décision ne pourra intervenir qu'à l'issue d'un débat contradictoire (le juge entendra les réquisitions du procureur puis les observations de la personne ou de son avocat) et qu'elle a le droit de demander un délai pour préparer sa défense. Si la personne n'est pas assistée d'un avocat, le JLD l'avise qu'elle a le droit d'en choisir un ou de demander qu'il lui en soit désigné un d'office. L'avocat, choisi ou « commis », pourra consulter le dossier et avoir un entretien avec elle avant le débat. La personne mise en examen (ou son avocat) peut demander que les débats soient publics. Le juge doit statuer sur ce point par une ordonnance motivée. Il devra faire de même sur la décision de placement en détention. Lorsque la personne mise en examen (ou son avocat) sollicite un délai pour préparer sa défense, le juge des libertés et de la détention peut ordonner son incarcération pour une durée qui n'excède pas quatre jours ouvrables, au terme de laquelle elle comparaîtra de nouveau. Le mis en examen ne peut pas faire appel de cette décision. Si, à l'inverse, le juge décide de ne pas incarcérer la personne durant ce délai, elle est mise en liberté jusqu'à sa nouvelle comparution. Le service de la Protection judiciaire de la jeunesse présent dans chaque tribunal de grande instance qui dispose d'un tribunal pour enfants est consulté avant toute réquisition ou décision de placement en détention d'un mineur et propose une solution éducative. De même, une enquête sociale rapide s'impose lorsque le mis en examen a moins de 21 ans et encourt une peine qui ne dépasse pas cinq ans d'emprisonnement.

Articles 81 et 145 du Code procédure pénale, 11 et 12 de l'ordonnance du 2 février 1945 relative à l'enfance délinquante

Poursuite du mouvement antérieur

L'introduction du juge des libertés et de la détention ne semble entraîner que la poursuite du mouvement antérieur : s'il y a effectivement moins de mandats de dépôt dans le cadre de l'instruction en chiffres absolus, c'est par suite d'une diminution du nombre d'affaires et de personnes susceptibles d'y être soumises, mais l'introduction du juge des libertés et de la détention n'a pas rendu proportionnellement moins fréquent le recours à la détention provisoire dès lors que le juge d'instruction est saisi. En tout cas pas de façon massive. D'ailleurs ceci est confirmé par le résultat des débats contradictoires : en 2001, la fréquence relative des mandats de dépôt à l'issue de ces débats devant le juge des libertés et de la détention revient au niveau des années antérieures observé pour les débats devant le juge d'instruction, après l'écart observé en 2000. Cette fréquence est légèrement plus élevée qu'avant pour le débat contradictoire *ab initio*, mais plus faible pour le débat différé.

Commission nationale de suivi de la détention provisoire, Rapport au garde des Sceaux sur la détention provisoire, *mai 2003.*

Peut-on faire appel d'un placement en détention provisoire ? 44

Hormis le cas de l'incarcération de quatre jours maximum résultant d'un délai demandé par le mis en examen (ou son avocat) pour préparer sa défense, la personne détenue peut faire appel de toutes les ordonnances de placement en détention provisoire. Elle peut le faire immédiatement à l'issue du débat contradictoire ou dans les dix jours à compter de la notification de la décision. La déclaration d'appel doit être adressée par l'avocat au greffier du tribunal de grande instance ou peut être effectuée par le détenu auprès du chef de l'établissement pénitentiaire qui la transmet au greffe de la juridiction. L'appel n'est pas suspensif. La personne reste détenue le temps que la chambre de l'instruction rende sa décision. La chambre de l'instruction doit alors se prononcer dans les plus brefs délais et au plus tard dans les dix jours, faute de quoi, la personne concernée est d'office mise en liberté, sauf circonstances insurmontables et imprévisibles ou si des vérifications concernant sa demande ont été ordonnées. Toutefois, ce délai est prolongé de cinq jours, lorsque la personne a demandé à comparaître personnellement. Le délai part du lendemain du jour où cette déclaration a été transcrite sur le registre prévu par la loi.

Articles 186, 187-1, 194,199, 502 et 503 du Code de procédure pénale, Cour de cassation, 8 février 1996.

Quelle est la procédure rapide pour faire appel d'un placement en détention provisoire ? 45

La procédure du « référé-liberté » permet un examen rapide de l'ordonnance de placement en détention provisoire par le président de la chambre de l'instruction. Pour pouvoir l'exercer, la personne détenue doit avoir adressé sa demande en même temps que l'appel, lui-même intervenu immédiatement après le débat contradictoire devant le juge des libertés et de la détention (JLD), ou au plus tard le lendemain de la décision de placement en détention. L'avocat qui en fait la demande peut présenter oralement ses observations. Le président doit statuer au plus tard le troisième jour ouvrable suivant la demande par une ordonnance non motivée qui n'est pas susceptible de recours. S'il estime que l'ordonnance du JLD ne répond pas à l'un des motifs légaux du placement en détention provisoire, il peut décider la remise en liberté de la personne, éventuellement assortie d'un contrôle judiciaire. Dans ce cas, la chambre de l'instruction n'aura pas à examiner l'appel. A l'inverse, s'il confirme la décision de placement, il doit renvoyer l'examen de l'appel à la chambre de l'instruction qui doit se prononcer dans les dix jours. La personne détenue peut demander que sa demande soit examinée par la chambre de l'instruction elle-même, et non par son seul président. La chambre doit alors statuer sur le référé-liberté suivant les mêmes modalités, au plus tard le cinquième jour ouvrable suivant la demande.

Articles 187-1 et 187-2 du Code de procédure pénale.

46 Quelle est la durée de la détention provisoire en matière correctionnelle ?

Lorsque la personne mise en examen n'a pas déjà été condamnée soit à une peine criminelle, soit à une peine correctionnelle de plus d'un an sans sursis et qu'elle encourt une peine inférieure ou égale à cinq ans - ces deux conditions étant cumulatives - la détention provisoire ne peut pas excéder quatre mois. Dans les autres cas, la détention peut être prolongée, à titre exceptionnel, de quatre mois en quatre mois, dans la limite d'une année. Toutefois, elle peut être portée à deux ans lorsque les faits ont été commis (en totalité ou en partie) à l'étranger, ou encore lorsque la personne est poursuivie pour trafic de stupéfiants, terrorisme, association de malfaiteurs, proxénétisme, extorsion de fonds ou pour une infraction commise en bande organisée et qu'elle encourt une peine égale à dix ans d'emprisonnement. Pour toute prolongation de quatre mois, le juge des libertés et de la détention (JLD) se prononce par ordonnance motivée, après débat contradictoire, l'avocat ayant été convoqué. La loi du 9 septembre 2002 permet un allongement ultime de la détention provisoire au-delà des deux ans. En effet, à titre exceptionnel, lorsque les investigations du juge d'instruction doivent être poursuivies et que la mise en liberté de l'intéressé causerait pour la sécurité des personnes et des biens un risque d'une particulière gravité, la chambre de l'instruction, saisie par une ordonnance motivée du JLD peut prolonger l'incarcération pour une durée de quatre mois. La détention provisoire en matière correctionnelle peut donc durer, selon les cas et au maximum, quatre mois, un an ou deux ans et quatre mois. Lorsque la durée de la détention provisoire excède huit mois en matière délictuelle, les décisions du JLD ordonnant sa prolongation ou rejetant la mise en liberté doivent comporter les raisons particulières qui justifient la poursuite de l'information, et son délai prévisible d'achèvement.

Articles 145-1 et145-3 du Code de procédure pénale.

Quelle est la durée de la détention provisoire dans le cadre de la comparution immédiate ? 47

La comparution immédiate est une procédure qui permet au procureur de la République de traduire sur le champ la personne mise en examen devant le tribunal correctionnel. Le tribunal peut décider de renvoyer l'affaire à une audience ultérieure et ordonner le placement en détention provisoire. Dans ce cas, le jugement sur le fond doit être rendu dans un délai de deux mois à compter de la première comparution. Ce délai est porté à quatre mois, à la demande du mis en examen, lorsque la peine encourue est supérieure à sept ans d'emprisonnement. En cas d'appel sur le jugement de condamnation et si la personne reste détenue, la cour d'appel doit statuer dans les quatre mois.

Articles 397-3 et 397-4 du Code de procédure pénale.

Quelle est la durée de la détention provisoire en matière criminelle ? 48

La personne mise en examen ne devrait pas, selon le principe affirmé par le Code de procédure pénale, être maintenue en détention provisoire au-delà d'un an. Toutefois, passé ce délai, la détention peut être prolongée par périodes de six mois, sur ordonnance du juge des libertés et de la détention (JLD) rendue après convocation de l'avocat et débat contradictoire. L'ordonnance du JLD doit contenir les éléments particuliers qui justifient la poursuite de l'information et le délai prévisible de son achèvement. Lorsque la peine encourue est inférieure à vingt ans, la durée de la détention provisoire ne peut excéder deux ans. Elle est de trois ans dans les autres cas. Cependant, les délais sont portés respectivement à trois et quatre ans lorsque l'un des faits constitutifs de l'infraction a été commis hors du territoire national. Le délai de détention provisoire est également de quatre ans lorsque le mis en examen est poursuivi pour plusieurs crimes contre les personnes ou contre la nation, l'Etat et la paix publique, ou pour trafic de stupéfiants, terrorisme, proxénétisme, extorsion de fonds ou crime en bande organisée. De plus, lorsque tous ces « plafonds » ont été atteints, le délai peut encore être prorogé de quatre mois par une décision de la chambre de l'instruction, au motif que les investigations du juge doivent encore être poursuivies et que la mise en liberté causerait un risque d'une particulière gravité à la sécurité des personnes et des biens. Cette prolongation de quatre mois peut être renouvelée une seule fois. Il est à noter que tous ces délais concernent uniquement la durée de l'information et n'entrent plus en ligne de compte après la décision de clôture de la procédure par le juge d'instruction, à partir de laquelle courent de nouveaux délais pour que la personne détenue soit jugée.

Articles 145-2 et145-3 du Code de procédure pénale.

Allongement des durées moyennes

Chacune des sources statistiques concernant la détention provisoire fournit des éléments à propos de sa durée. Les estimations fournies ne sont pas concordantes en niveau mais elles indiquent toutes un allongement des durées moyennes.

Cependant cette multiplicité de données ne permet pas de faire un bilan précis des diverses modifications législatives réduisant les délais de détention provisoire. La statistique pénitentiaire peut être mobilisée pour obtenir une estimation de la durée moyenne de détention avant jugement définitif. [...] Selon ce calcul, la durée moyenne de détention avant jugement définitif passe de 2,9 mois en 1980 à 4,3 mois en 2000. [...] Sont inclus dans cette catégorie les condamnés incarcérés immédiatement après un jugement en comparution immédiate (qui resteront « prévenus » au sens pénitentiaire jusqu'à la fin du délai ou de la procédure d'appel) et tous les condamnés attendant un jugement en appel. La statistique des condamnations permet de calculer des durées moyennes de détention avant jugement avec plus de précision. [...] L'ensemble de référence n'est plus le même : les personnes placées en détention provisoire et finalement non condamnées ne sont pas comptées, pas plus que les condamnés incarcérés avant que la condamnation soit définitive. On obtient une durée moyenne de détention avant jugement généralement supérieure à la précédente : en 2000, la durée moyenne de détention avant jugement pour les condamnés définitifs ayant connu cette mesure serait de 5,5 mois. Au-delà de cette divergence, les deux tendances de long terme sont assez voisines et l'augmentation en quinze ans est attestée.

Commission nationale de suivi de la détention provisoire, Rapport au garde des Sceaux sur la détention provisoire, *mai 2003.*

49 Que se passe-t-il en cas de requalification des faits ?

Si, en cours d'instruction, il apparaît que la qualification criminelle ne peut plus être retenue, le juge d'instruction peut remettre en liberté la personne mise en examen. S'il souhaite qu'elle demeure incarcérée, il doit saisir le juge des libertés et de la détention (JLD) qui statuera, dans un délai de trois jours, en appliquant les dispositions relatives à la détention en matière correctionnelle. Si, à l'inverse, il apparaît que les faits poursuivis sous une qualification correctionnelle sont susceptibles de constituer un crime, la détention provisoire se trouve soumise aux règles applicables en matière criminelle.

Articles 146 et 118 du Code de procédure pénale.

50 Qu'est ce que le principe du « délai raisonnable » ?

La détention provisoire ne doit pas excéder une durée raisonnable au regard de la gravité des faits reprochés à la personne mise en examen et de la complexité des investigations nécessaires à la manifestation de la vérité. Le juge d'instruction doit ordonner la mise en liberté immédiate de la personne dès lors que les conditions justifiant la détention provisoire ne sont plus remplies. S'appuyant sur la Convention européenne des droits de l'homme, la Cour européenne de Strasbourg a condamné de nombreuses fois la France pour des durées de détention provisoire trop longues. En effet, la Convention prévoit que « *Toute personne arrêtée ou détenue a le droit d'être jugée dans un délai raisonnable ou libérée pendant la procédure* ». Dans ses décisions, la Cour de Strasbourg considère ainsi que « *les raisons plausibles de soupçonner la personne arrêtée d'avoir commis une infraction constituent une condition sine qua non du maintien en détention, mais au bout d'un certain temps, cela ne suffit plus. La Cour apprécie si les motifs invoqués pour le maintien en détention continuent à légitimer la privation de liberté. Ces motifs doivent être "suffisants", "pertinents" et justifiés par une "diligence particulière" des autorités nationales compétentes pour la poursuite de la procédure* ». Dans chaque arrêt, la Cour examine l'ensemble des conditions du placement en détention provisoire (le risque de pression sur les témoins, le risque de fuite, l'insuffisance d'un contrôle judiciaire, la préservation de l'ordre public) et apprécie à partir de quand le maintien en détention ne répond plus à ces critères. Les modifications législatives intervenues en 2000 ont eu pour objectif de soumettre la procédure française à ces exigences. Il n'en reste pas moins que toutes les prolongations « exceptionnelles » risquent encore, dans bien des cas de poser problème au regard de la jurisprudence de la Cour européenne.

Articles 5-3 de la Convention européenne des droits de l'homme et des libertés fondamentales et 144-1 du Code de procédure pénale.

Avant jugement, peut-on saisir la Cour européenne pour une détention provisoire trop longue ? 51

Le mis en examen n'a pas à patienter jusqu'à la fin de la détention provisoire pour saisir la Cour européenne des droits de l'homme. Il doit cependant avoir préalablement présenté des demandes de mise en liberté aux juridictions compétentes. Il est indispensable qu'il ait tenté tous les recours prévus par la loi française (appel et cassation) à l'encontre des refus de libération provisoire. La Cour doit être saisie au plus tard dans les six mois de la cessation de la détention provisoire, qu'elle résulte d'une remise en liberté ou de la condamnation par la juridiction de jugement (cour d'assises ou tribunal correctionnel). Enfin, la détention provisoire d'une personne condamnée qui a fait appel de la sentence n'est pas prise en compte par la Cour. Il convient de noter que la procédure suivie devant la Cour européenne n'entraîne pas la libération immédiate de celui qui subit une détention excessive. La Cour ne fera que condamner l'Etat français à des dommages-intérêts. Il appartient aux autorités nationales de prendre les mesures individuelles adéquates propres à mettre un terme à la violation constatée de la Convention et d'en effacer les conséquences.

En attente d'être jugée, elle est déjà victime

La situation des prévenus est ingérable, en ce sens qu'une personne exécute de fait une peine qui n'a pas été prononcée. Elle ne comprend donc plus ce qu'est la peine, mais elle est exposée comme victime. En attente d'être jugée, elle est déjà victime. Dès lors, elle est incapable d'assurer la responsabilité de son délit, d'accompagner l'instruction, c'est-à-dire d'adopter une position constructive avec le juge dans la découverte de la vérité. Elle est incapable d'assumer son acte, car elle est mise en opposition frontale et violente avec l'institution. Parce quelle est déjà considérée comme coupable, mais surtout, parce qu'elle n'est pas encore coupable, elle est victime. Avec les prévenus, il est impossible de gérer la peine ni de rien entreprendre, d'autant que les inscriptions scolaires, les formations professionnelles ou le travail ne sont pas possibles, puisque les détenus sont en situation d'attente et se rendent régulièrement à l'instruction. Tout ce que la prison génère comme ruptures est pour eux injuste et rien, par conséquent, ne peut se construire. Dès lors qu'ils sont condamnés, même pour de courtes peines, on peut dans les maisons d'arrêt, entreprendre quelque chose, car la peine a du sens. Elle a été prononcée et elle s'applique.

Nicolas Frize, Ligue des droits de l'homme, audition du 23 mars 2000, Commission d'enquête de l'Assemblée nationale, juillet 2000.

52 Quand peut-on demander une mise en liberté ?

La décision de placement en détention ayant dans tous les cas un caractère provisoire, une mise en liberté peut à tout moment être demandée par la personne détenue qui n'est pas définitivement condamnée. Est considérée comme telle, la personne qui n'est pas encore passée en jugement ou qui a intenté un recours (appel, opposition, pourvoi en cassation) à l'encontre de la condamnation.

Article 148-1 du Code de procédure pénale.

53 Comment faire une demande de mise en liberté ?

La demande de mise en liberté peut être effectuée par l'avocat de la personne détenue ou par la personne elle-même. Une demande effectuée directement doit prendre la forme d'une déclaration auprès du chef d'établissement pénitentiaire. En pratique, la personne détenue doit généralement signaler au surveillant d'étage qu'elle entend déposer une demande de mise en liberté (ou exercer une voie de recours), puis elle est convoquée par le greffe de la prison pour signer le document officiel constatant la déclaration. Ce document est ensuite adressé au greffe de la juridiction compétente. La requête ne doit pas obligatoirement être motivée mais il est préférable qu'elle le soit. En effet, la personne détenue a d'autant plus de chances d'obtenir sa mise en liberté qu'elle aura tenu compte des motifs mentionnés dans la décision de placement en détention provisoire ou de prolongation. Ces ordonnances lui sont toutes notifiées. La personne devra convaincre la juridiction saisie que les conditions légales de la détention provisoire ne sont pas ou plus remplies, que son dossier et sa personnalité imposent la remise en liberté. Dans la pratique, les juridictions saisies examineront, notamment, les éléments suivants : la durée de la détention provisoire accomplie, la date prévisible de l'audience à venir, la gravité de l'infraction reprochée et le degré de responsabilité du mis en examen. Les garanties de représentation, c'est-à-dire les éléments de fait qui permettent de penser que les risques de fuite sont limités (emploi, caution, attaches familiales et sociales solides), sont également déterminantes dans la décision.

Articles 144, 148, 148-6, 148-7 et D.153 du Code de procédure pénale.

54 Quelles sont les juridictions compétentes pour statuer sur une demande de mise en liberté ?

La juridiction compétente pour statuer sur une demande de mise en liberté diffère en fonction de la juridiction qui poursuit ou qui juge et du moment de la procédure. Le juge d'instruction, le juge des libertés et de la détention, la chambre de l'instruction (en appel d'une décision de refus du JLD ou directement), la Cour d'assises, le tribunal correctionnel, la chambre des appels correctionnels sont compétents suivant les cas pour se prononcer sur une demande de mise en liberté.

Articles 137-1 et 148-1 du Code de procédure pénale.

Les pratiques des magistrats

Pour les faits les plus graves, meurtres par exemple, un magistrat hésite peu à enfermer à titre provisoire un notable dans la région. Mais pour un fait plus bénin, un échange de coups avec des fonctionnaires de police après une infraction au Code de la route par exemple, la différence sociale entre les individus pourra être déterminante – n'entre pas en ligne de compte la seule richesse financière, plusieurs types de capitaux peuvent se cumuler. Ainsi, pour cette altercation avec les forces de l'ordre, un jeune homme sans emploi, hébergé à l'hôtel ou chez une amie, a de fortes chances d'être envoyé en prison provisoire, ou encore d'être jugé en comparution immédiate, et peut être condamné à une peine de prison ferme. Pour la même infraction, un jeune homme du même âge, mais diplômé et fonctionnaire ou cadre d'entreprise, logé dans un petit appartement à son nom, offert par ses parents, sera volontiers laissé libre de rentrer chez lui, de reprendre son travail le lendemain, et devra se présenter sur convocation à l'audience du tribunal, où il sera condamné à payer une amende et des dommages et intérêts à la victime ; quant à l'éventuelle peine de prison, elle sera le plus souvent assortie de sursis. Les raisons pour lesquelles le magistrat envoie le premier en prison sont compréhensibles : sans domicile fixe, il risque de « s'évanouir dans la nature » si on ne le garde pas « sous main de justice » jusqu'au procès. On peut comprendre aussi les raisons qui plaident pour le sursis du jeune cadre d'entreprise : il s'agit de ne pas casser une carrière professionnelle pour quelques coups échangés avec les policiers, et par son travail et son logement, il offre de bonnes « garanties de représentation ». Mais, là encore, on voit que, quand il s'agit des délits les moins graves, on envoie plus aisément en prison les plus démunis (en travail, en domicile, en famille, en argent...) que les plus favorisés.

Philippe Combessie, « Prisons : quelles alternatives ? », Panoramiques, *janvier 2000.*

Comment faire une demande de mise en liberté en cours d'instruction ? 55

La demande de mise en liberté doit être adressée en règle générale au juge d'instruction qui, dès réception, doit en aviser le procureur dans les plus brefs délais. Le magistrat instructeur peut accueillir favorablement la requête et décider de remettre en liberté la personne, au besoin sous contrôle judiciaire. Dans le cas contraire, il doit transmettre la demande au juge des libertés et de la détention (JLD), accompagnée de son avis motivé et ce, dans les cinq jours qui suivent la communication du dossier au procureur. Le JLD statue ensuite dans les trois jours de la transmission. Toutefois, lorsqu'au jour de la réception de la demande, il n'a pas encore été statué sur une précédente demande (ou sur un appel à l'encontre d'une précédente ordonnance de refus), les délais ne commencent à courir qu'à compter de la décision rendue à l'égard de celle-ci (ou de celui-ci). En cas de pluralité de demandes, il peut être répondu par une décision unique. Si les délais ne sont pas respectés, la personne mise en examen peut saisir directement la chambre de l'instruction (laquelle doit statuer dans les vingt jours). A défaut, la mise en liberté doit intervenir d'office, sauf si des vérifications concernant la demande ont été ordonnées.

Article 148 du Code de procédure pénale.

56 Peut-on faire appel d'une décision de rejet de mise en liberté ?

La personne détenue peut faire appel d'une ordonnance du juge des libertés et de la détention (JLD) refusant sa mise en liberté. La déclaration d'appel doit être effectuée dans les dix jours de la notification de la décision, par l'avocat auprès du greffier du tribunal de grande instance ou par le détenu auprès du greffe de la prison qui la transmet à la juridiction. En pratique, la plupart des ordonnances de placement en détention et de prolongation sont confirmées par la chambre de l'instruction. Il ne faut donc pas négliger l'effort d'explication au niveau du juge d'instruction et du JLD.

Articles 186, 502 et 503 du Code de procédure pénale.

57 Le procureur peut-il faire appel d'une décision de mise en liberté ?

Le procureur peut faire appel des décisions de mise en liberté qui émanent du juge d'instruction ou du juge des libertés et de la détention (JLD). Le délai d'appel est de cinq jours pour le procureur de la République et de dix jours pour le procureur général. En dépit de l'appel, la personne est normalement libérée et demeure en liberté jusqu'à ce que la chambre de l'instruction ait pris une décision. Toutefois, le président de la chambre de l'instruction a la possibilité d'ordonner l'incarcération provisoire de la personne pour une durée qui ne peut excéder quatre jours ouvrables jusqu'à la réunion de la chambre de l'instruction. Si la chambre de l'instruction infirme la décision du juge d'instruction ou du JLD, la personne se retrouve alors incarcérée de nouveau.

Articles 185 et 201 du Code de procédure pénale

58 Qu'est qu'un « référé-détention » ?

Lorsqu'une ordonnance de mise en liberté est rendue par le juge d'instruction ou le juge des libertés et de la détention (JLD) contre l'avis du procureur, elle lui est immédiatement notifiée. Pendant un délai de quatre heures, la personne mise en examen ne peut être remise en liberté, sauf si le procureur fait savoir qu'il ne s'oppose pas à sa libération immédiate. Le procureur peut dans ce délai faire appel de l'ordonnance en saisissant dans le même temps le premier président de la cour d'appel, en vue que celui-ci suspende la décision de mise en liberté.

La personne détenue et son avocat sont avisés qu'ils peuvent déposer des observations écrites. Le premier président de la cour d'appel statue au plus tard le deuxième jour ouvrable par une ordonnance motivée qui n'est pas susceptible de recours. A sa demande, l'avocat peut présenter des observations orales devant ce magistrat. Pendant cette durée, la personne reste détenue. Si le premier président estime que le maintien en détention est manifestement nécessaire, les effets de l'ordonnance de mise en liberté sont suspendus, jusqu'à ce que la chambre de l'instruction statue, dans les dix jours de l'appel du parquet. Faute pour le procureur d'avoir formé le référé-détention dans le délai de quatre heures, l'ordonnance de mise en liberté est transmise au chef d'établissement et la personne est mise en liberté, sauf si elle est également détenue dans le cadre d'une autre affaire. Il en est de même si le premier président de la cour d'appel ou la chambre de l'instruction ne statuent pas dans les délais impartis.

Article 148-1-1 et 187-3 du Code de procédure pénale

Peut-on adresser une demande de mise en liberté directement à la chambre de l'instruction ? 59

Lorsque la personne détenue n'a pas comparu depuis au moins quatre mois devant le juge d'instruction et que l'instruction n'est pas terminée, elle peut adresser une demande de mise en liberté directement à la chambre de l'instruction. Cette demande doit être déposée par l'avocat au greffe de la chambre de l'instruction ou faire l'objet d'une déclaration par le détenu auprès du greffe de l'établissement pénitentiaire. La chambre de l'instruction statue dans les vingt jours de sa saisine.

Article 148-4 du Code de procédure pénale.

« Vous avez jugé bon de demander votre mise en liberté ? Et pourquoi ? »

Amara, 18 ans, est en détention provisoire à la prison des Baumettes. « *Votre affaire doit être jugée la semaine prochaine et, malgré cette proximité, vous avez jugé bon de demander votre mise en liberté ? Et pourquoi ?* », s'étonne le président. Amara dit : « *parce que la prison, c'est la misère.* » Le juge a un rictus : « *Mais monsieur, je dirais que c'est bien le but ! Qu'on y soit mal, que ce soit dur à supporter, justement, c'est pour qu'on n'ait plus jamais envie d'y retourner !* » Et Amara est renvoyé aux Baumettes.

Dominique Simonnot, Justice en France, une loterie nationale, *Ed. de La Martinière, 2003.*

Comment se déroule la procédure devant la chambre de l'instruction ? 60

L'avocat a la possibilité de déposer, au plus tard la veille de l'audience, un document écrit argumentant la demande (mémoire), ce qu'il est recommandé de faire. S'il en fait préalablement la demande au président de la chambre de l'instruction, l'avocat peut également présenter ses observations le jour des débats. La personne détenue a le droit de comparaître, à condition d'en avoir fait la demande. Sa requête doit impérativement être jointe à la déclaration d'appel ou à une demande de mise en liberté directement adressée à la chambre de l'instruction. S'agissant d'un appel d'une ordonnance rejetant une demande de mise en liberté, si la personne a déjà comparu devant la chambre de l'instruction moins de quatre mois auparavant, le président de cette juridiction peut refuser sa comparution personnelle par une décision motivée qui n'est pas susceptible de recours. La chambre de l'instruction dispose de quinze jours pour statuer (dix jours lorsqu'il s'agit d'un appel sur une ordonnance de placement en détention). En cas de comparution de la personne détenue, ce délai est porté à vingt jours. La chambre de l'instruction dispose également de vingt jours pour statuer lorsqu'elle a été saisie par le détenu du fait que le juge des libertés et de la détention (JLD) ne s'est pas prononcé dans les délais. A défaut d'une décision de la chambre de l'instruction dans ce délai, la personne concernée est mise en liberté, sauf si des vérifications concernant sa demande ont été ordonnées ou « *circonstances imprévisibles et insurmontables* ». La cour d'appel peut confirmer ou infirmer l'ordonnance du JLD.

Articles 148, 194 et 199 du Code de procédure pénale.

61 Peut-on se pourvoir en cassation contre un rejet de mise en liberté de la chambre de l'instruction ?

L'arrêt de la chambre de l'instruction donnant lieu au maintien ou au retour en détention peut faire l'objet d'un pourvoi en cassation de la part de la personne détenue, dans les cinq jours de la notification. La déclaration de pourvoi doit être effectuée au greffe de la chambre de l'instruction par l'avocat, ou auprès du chef de l'établissement pénitentiaire par le détenu. Le procureur adresse ensuite le dossier du mis en examen à la Cour de cassation. La chambre criminelle doit statuer dans les trois mois de la réception du dossier à la Cour de cassation, faute de quoi la personne est remise en liberté.

Articles 567-2, 568, 587, 576 et 577 du Code de procédure pénale.

62 Comment faire une demande de mise en liberté dans le cadre d'une comparution immédiate ?

Lorsque la personne a été placée en détention provisoire dans le cadre d'une comparution immédiate, la demande de mise en liberté doit être adressée par l'avocat au greffe du tribunal correctionnel. Le président du tribunal peut refuser la comparution personnelle de l'intéressé, puisqu'il a déjà forcément comparu moins de quatre mois auparavant. Le tribunal doit statuer dans les dix jours à compter de la réception de la demande. En cas de dépassement du délai, la personne détenue est d'office remise en liberté. En cas de rejet de la demande, elle peut faire appel devant la chambre des appels correctionnels dans un délai de 24 heures à compter de la notification de la décision. La déclaration d'appel devra être adressée par l'avocat au greffe du tribunal correctionnel ou être effectuée par le détenu auprès du greffe de la prison.

Articles 148-2, 501, 502 et 503 du Code de procédure pénale.

Un moyen de pression et une pré-peine

La détention provisoire constitue pour beaucoup - je le dis avec modération mais avec certitude - un moyen de pression dans le cadre de l'instruction et une pré-peine. Des personnes mises en examen ne reverront leur dossier que dans un, deux ou trois ans. La tentation du juge est donc de faire exécuter les six mois de détention préventive possibles. Je ne dis pas que c'est conscient dans l'organisation mentale du juge, mais c'est un fait : il s'agit d'une pré-peine. Cette pré-peine est particulièrement dommageable au regard des droits de la défense. Se défendre lorsqu'on est en prison est particulièrement difficile. Partir à 6 heures du matin de Fleury-Mérogis, menotté, pour être conduit et attendre jusqu'à 14 heures ou 15 heures dans les locaux de la souricière du palais de Justice de Paris n'est certes pas une partie de plaisir. Lorsqu'on arrive devant le juge, surtout dans des affaires complexes qui nécessitent la pleine possession de ses moyens, la situation est très difficile.

Jean-René Farthouat, président du Conseil national des Barreaux, audition du 5 avril 2000, Commission d'enquête du Sénat, juillet 2000.

Doit-on être maintenu en détention lorsque l'instruction prend fin ? 63

En matière correctionnelle, lorsque l'information est terminée, c'est-à-dire au jour où le juge d'instruction prend une ordonnance de renvoi devant le tribunal, la détention provisoire prend théoriquement fin. Mais le juge d'instruction a la possibilité de prolonger la détention provisoire par une ordonnance spécialement motivée. Cette ordonnance entraîne le maintien en détention pour une durée de deux mois. Le tribunal doit alors examiner l'affaire dans ce délai. Toutefois, si l'audience ne peut se tenir avant l'expiration de ce délai, le tribunal peut à titre exceptionnel, par une décision spéciale et motivée, ordonner la prolongation de la détention pour deux mois. Cette décision peut être renouvelée une fois (ce qui équivaut à une détention de six mois maximum entre l'ordonnance de renvoi et le jugement). La comparution de la personne détenue est de droit si elle (ou son avocat) en fait la demande. Si elle n'a pas été jugée à l'issue de cette prolongation, elle est remise en liberté. En matière criminelle, l'ordonnance de mise en accusation rendue par le juge d'instruction autorise une détention jusqu'au jugement. L'accusé doit toutefois comparaître devant la cour d'assises en principe dans l'année qui suit la fin de l'instruction. Toutefois, la chambre de l'instruction peut ordonner la prolongation de la détention pour une durée de six mois, renouvelable une fois (ce qui équivaut à deux années de détention au total). Par ailleurs n'y a plus de délai spécifique pour la comparution devant la cour d'assises d'appel après condamnation par la cour d'assises de première instance. Il faut savoir que, dans la pratique, les juges ont très largement recours aux dispositions qualifiées d'« exceptionnelles ». La personne détenue peut faire appel de l'ordonnance de mise en accusation devant la cour d'assises qui, par elle même, prolonge la détention provisoire en matière criminelle. S'agissant d'un renvoi devant le tribunal correctionnel, la personne peut faire appel de l'ordonnance distincte la maintenant en détention. Dans les deux cas, la chambre de l'instruction statue. Cependant, lorsqu'elle est renvoyée devant le tribunal correctionnel, la personne détenue peut avoir intérêt à faire directement une demande de mise en liberté devant ce même tribunal.

Articles 141-1, 148-1, 179 et 181 du Code de procédure pénale.

64 Peut-on demander une mise en liberté une fois l'instruction terminée ?

La personne détenue peut demander la liberté provisoire après la clôture de l'instruction, mais le juge des libertés et de la détention (JLD) cesse d'être compétent. La juridiction compétente devient à ce stade le tribunal correctionnel, la chambre de l'instruction ou la cour d'assises, suivant que l'infraction constitue un délit ou un crime, et le moment de la demande. Ces juridictions peuvent utiliser un système de vidéoconférence pour éviter que le détenu ne soit extrait de l'établissement pénitentiaire.

Articles 148-1 et 706-71 du Code de procédure pénale.

65 Comment faire une demande de mise en liberté une fois l'instruction terminée, en matière correctionnelle ?

La personne détenue peut adresser au tribunal correctionnel une demande de mise en liberté. Cette demande prend la forme d'une déclaration soit au greffe de la maison d'arrêt (par le détenu) soit au greffe de la juridiction (par l'avocat). Le tribunal correctionnel rend sa décision dans les dix jours à compter de la réception de la demande, faute de quoi la personne est d'office remise en liberté. Toutefois, lorsqu'au jour de la réception de la demande, il n'a pas encore été statué sur une précédente demande, le délai ne commence à courir qu'à compter de la décision rendue à l'égard de celle-ci. En cas de pluralité de demandes, le président du tribunal peut refuser la comparution personnelle du détenu.

Articles 148-1 et 148-2 du Code de procédure pénale.

Pourquoi une peine avant le procès ?

Il s'agit là d'un paroxysme d'anti-sens ! Voilà une incarcération qui engloutit les conclusions futures de l'instruction dans un formidable préjugé, niant par avance le travail d'investigation du juge. Si le besoin de mise à disposition de la justice se transforme en incarcération (expression aboutie et délibérée de la condamnation pénale), si la nécessité de protéger les victimes et les témoins, de prévenir la récidive dans l'attente de l'établissement de la culpabilité, se transforme en incarcération (mesure punitive forte), c'est bien la preuve que le juge se substitue à sa mission contradictoire de construction, d'élaboration, d'instruction et d'élucidation impartiale. Il la neutralise en la faisant se court-circuiter, en prononçant la culpabilité avant de l'établir, en appliquant son propre jugement sans que quiconque l'ait jamais sollicité. Le juge se joue de lui-même, au vu et au su de tous. [...] L'objectif est de chercher par tous les moyens à instaurer un rapport de force, à fonder l'instruction sur un conflit, c'est-à-dire à prolonger le conflit né du délit en montant les deux parties l'une contre l'autre (déclaration d'hostilité annulant toute possibilité de collaboration), dans l'hypothèse naïve d'obtenir un résultat par l'intimidation, la confusion, la menace et la souffrance. Dans cette opposition frontale préalable, violente et illégitime avec l'institution, le prévenu est tout au contraire mis sur la défensive, c'est-à-dire dans une situation idéale d'incapacité à assumer la responsabilité de son délit, à accompagner l'instruction, à adopter une position constructive vis-à-vis de lui-même et *a fortiori* du juge. Comme il lui est d'ailleurs impossible de gérer sa détention, d'entreprendre de lui donner une cohérence à travers une inscription scolaire, une formation professionnelle, un travail (la rupture sociale est totale et subite), il se place en position de réaction face au conflit annoncé, revêt le costume du condamné qu'on lui tend et commence de retenir et de travestir ce qu'on voudrait lui « arracher ».

Nicolas Frize. Le sens de la peine. Etat de l'idéologie carcérale. *Editions Léo Scheer, 2004.*

Un recours est-il possible en cas de refus de mise en liberté du tribunal correctionnel ? 66

Le jugement du tribunal correctionnel rejetant la demande de mise en liberté peut faire l'objet d'un appel, mais celui-ci doit être impérativement formé dans les vingt-quatre heures de la décision. La déclaration d'appel doit être effectuée par l'avocat au greffe du tribunal correctionnel qui a rendu la décision attaquée, ou par la personne détenue auprès du chef de l'établissement pénitentiaire qui la transmettra. La cour d'appel doit statuer dans les vingt jours.

Articles 148-2, 501, 502 et 503 du Code de procédure pénale.

Comment faire une demande de mise en liberté une fois l'instruction terminée, en matière criminelle ? 67

Entre le moment où le juge d'instruction clôture son dossier et celui où le prévenu est jugé (ou, s'il y a eu un appel, après l'arrêt de renvoi devant la cour d'assises rendu par la chambre de l'instruction), la demande de mise en liberté est examinée par la cour d'assises lorsqu'elle tient sa session, ou autrement par la chambre de l'instruction. En effet, la cour d'assises est une juridiction qui ne siège pas en permanence. Ordinairement, une cour d'assises est composée de trois magistrats et de neuf jurés. Cependant, lorsqu'elle statue sur une demande de mise en liberté, seuls les magistrats professionnels siègent au sein de cette juridiction. Dans l'examen de la demande, la cour doit rechercher si la mise en liberté n'est pas de nature à « *nuire au bon déroulement du procès, à la manifestation de la vérité ou à la mise à exécution, en cas de condamnation, de la sanction prononcée* ». La requête doit être adressée par l'avocat au greffe de la cour d'appel ou de la cour d'assises. Le détenu peut également effectuer sa demande auprès du greffe de la prison. La cour d'assises doit statuer dans les dix jours à compter de la réception de la demande, la chambre de l'instruction dans les vingt jours, faute de quoi le prévenu est d'office remis en liberté. S'il n'a pas encore été statué sur une précédente demande de mise en liberté, le point de départ de ces délais est fixé au jour où la décision est rendue par la juridiction compétente.

Articles 148-1, 148-2, 148-6 et 148-7 du Code de procédure pénale, chambre criminelle de la Cour de cassation, 24 septembre 1998.

68 Un recours est-il possible en cas de refus de mise en liberté de la cour d'assises ou de la chambre de l'instruction ?

Un arrêt de rejet de la cour d'assises ou de la chambre de l'instruction peut faire l'objet d'un pourvoi en cassation dans les cinq jours de la notification de la décision au prévenu. La Cour de cassation doit se prononcer dans les trois mois de la réception du dossier de l'intéressé, faute de quoi celui-ci est remis en liberté.

Article 568 du Code de procédure pénale.

69 Peut-on faire une demande de mise en liberté en attendant le réexamen de l'affaire par la cour d'appel ?

Lorsque la personne détenue a été jugé en premier instance et attend l'examen de son appel, elle peut faire une demande de mise en liberté devant la chambre des appels correctionnels de la cour d'appel. Celle-ci doit statuer dans les deux mois à compter de la réception de la demande. Toutefois, lorsqu'au jour de la réception de la demande, il n'a pas encore été statué sur une précédente demande de mise en liberté ou sur l'appel d'une précédente décision de refus de mise en liberté, le délai de deux mois ne commence à courir qu'à compter de la décision rendue par la juridiction compétente. Faute de décision à l'expiration de ce délai, le prévenu est d'office remis en liberté.

Article 148-2 du Code de procédure pénale.

70 Peut-on faire une demande de mise en liberté lorsque la cour d'appel a rendu son arrêt sur le fond de l'affaire ?

Une demande de mise en liberté n'est possible que si un pourvoi en cassation est formé contre l'arrêt de la cour d'appel ayant prononcé une peine d'emprisonnement. La Cour de cassation étant une juridiction qui statue sur des questions de droit et non sur des questions de fait, la demande de mise en liberté sera examinée par la cour d'appel. Celle-ci doit statuer dans les quatre mois à compter de la réception de la demande, faute de quoi la personne est remise en liberté.

Articles 148-1 et 148-2 du Code de procédure pénale.

Et là, il n'y a pas de chiffres disponibles...

Les détentions provisoires suivies d'une ordonnance de non lieu sont dénombrées dans l'une des sources statistiques (répertoire de l'instruction) : en 2000, cette configuration représenterait 760 cas pour la métropole et les DOM. [...] Pour les acquittements et relaxes, il n'y a tout simplement pas de données disponibles. Les sources relatives à l'instruction ne sont plus concernées et les statistiques pénitentiaires ne décomptent que les prévenus libérés à la suite d'un acquittement ou d'une relaxe : soit 289 en 2000 selon la source FND [statistique pénitentiaire] (annuaire 2002) et 397 selon la source statistique trimestrielle (rapport 2000 de l'administration pénitentiaire). Mais on peut être relaxé ou acquitté après avoir été remis en liberté avant jugement. Et là, il n'y a pas de chiffres disponibles... La sous-direction de la statistique, des études et de la documentation de la direction de l'administration générale et de l'équipement de la Chancellerie se livre à une estimation, annuelle depuis l'étude sur la détention provisoire, et publiée dans l'annuaire statistique : pour 2000, sont proposées [...] un total de 289, ce qui coïncide avec le chiffre du FND, ce faisant on ignore purement et simplement le cas des acquittements et relaxes après mise en liberté. Connaissant la fréquence des ordonnances de mise en liberté et des renvois devant le tribunal correctionnel sans maintien en détention, cela ne doit pas être si rare [...] La comparaison des comptages au niveau des condamnations réalisés au niveau des entrées en prison (environ 35 000 condamnations précédées d'une détention en 2000) et des comptages réalisés au niveau des entrées en prison (environ 39 000 entrées avant jugement selon le FND) laisse la possibilité d'un chiffre supérieur.

Commission nationale de suivi de la détention provisoire, Rapport au garde des Sceaux sur la détention provisoire, *mai 2003.*

Peut-on faire une demande de mise en liberté lorsque la cour d'assises a rendu son arrêt ? 71

Lorsque la cour d'assises rend un arrêt de condamnation, il n'est possible de demander la mise en liberté que si la personne détenue a fait appel de cette décision. La cour d'assises saisie en appel, ou la chambre de l'instruction, dans l'intervalle des sessions, doit se prononcer dans les deux mois de la réception de la demande. Toutefois, lorsqu'au jour de la réception de la demande, il n'a pas encore été statué sur une précédente demande de mise en liberté, le délai de deux mois ne commence à courir qu'à compter de la décision rendue par la juridiction compétente. Faute de décision à l'expiration de ce délai, il est mis fin à la détention provisoire. En cas de condamnation rendue par la cour d'assises d'appel, il est encore possible de faire une demande de liberté si l'on a formé un pourvoi en cassation. Dans ce cas, seule la chambre de l'instruction est compétente. Elle doit statuer dans les quatre mois de la demande.

Articles 148-1 et 148-2 du Code de procédure pénale.

Peut-on faire une demande de mise en liberté lorsque la Cour de cassation a rendu son arrêt ? 72

Si la Cour de cassation confirme l'arrêt de la cour d'assises, la personne est considérée comme jugée définitivement. Il n'est donc plus possible de demander une mise en liberté. Lorsque la cassation est prononcée (c'est-à-dire si l'arrêt de la cour d'assises a été infirmé), c'est la cour d'assises devant laquelle l'affaire a été renvoyée (ou la chambre de l'instruction hors cession de cette cour d'assises) qui est compétente pour recevoir les demandes de mise en liberté.

Article 148-1 du Code de procédure pénale, chambre criminelle de la Cour de cassation, 26 octobre 1993.

73 Quelles sont les conséquences des mandats décernés par les autorités judiciaires françaises ?

Le juge d'instruction peut, selon les cas, décerner un mandat de recherche, de comparution, d'amener ou d'arrêt. Le mandat de comparution a pour objet de mettre en demeure la personne visée de se présenter devant le juge à la date et à l'heure indiquées. La personne arrêtée en vertu d'un mandat de recherche est placée en garde à vue. Celle qui est arrêtée en vertu d'un mandat d'arrêt ou d'amener est conduite dans les 24 heures de son arrestation devant le juge d'instruction, après avoir le cas échéant été conduite en maison d'arrêt (mandat d'arrêt). Elle ne pourra être entendue que comme témoin assisté ou mise en examen, c'est à dire être, si elle le souhaite, assistée d'un avocat choisi ou commis d'office qui aura eu connaissance du dossier. Si le mandat d'arrêt est exécuté après que le juge d'instruction ait terminé son information, la personne est présentée par le procureur devant le juge des libertés et de la détention (JLD) qui peut ordonner sa détention provisoire pour les motifs - et selon les modalités - habituels, par une ordonnance susceptible d'appel. Elle doit alors comparaître devant la juridiction dans les mêmes délais que ceux prévus après l'ordonnance de renvoi du juge d'instruction, indiqués plus haut. Le mandat de dépôt est l'ordre donné par le JLD au chef d'établissement pénitentiaire de recevoir et de détenir la personne à l'encontre de laquelle il est décerné. Le tribunal correctionnel peut également décerner un mandat de dépôt « à la barre » quelle que soit la peine prononcée (en cas de comparution immédiate) ou si la peine prononcée est au moins égale à un an (dans les autres cas). Le tribunal correctionnel et la cour d'assises peuvent dans certaines circonstances décerner un mandat d'arrêt en vue de faire conduire la personne devant le procureur.

Articles 70, 122, 125, 127, 131, 133, 133-1, 135-1 à 135-3, 141-2, 179, 397-4 et 465 du Code de procédure pénale.

Des poursuites simplifiées et accélérées au sein de l'Union européenne

Le Sénat a adopté mercredi le projet de loi de révision constitutionnelle créant un mandat d'arrêt européen, dans les mêmes termes que les députés, ouvrant ainsi à ce texte le chemin de sa validation définitive par le congrès de Versailles. [...] Le texte, approuvé par l'UMP-UC et le PS, mais contre lequel a voté le PCF, complète l'article 88-2 de la Constitution relatif aux transferts de compétence dans le cadre de la Constitution européenne par un alinéa soulignant « *que la loi fixe les règles relatives au mandat d'arrêt européen en application des actes pris sur le fondement du traité de l'Union européenne* ». [...] « *Le mandat d'arrêt européen - qui sera mis en place au 1er janvier 2004 - se définit comme une décision judiciaire émise par un Etat membre en vue de l'arrestation et de la remise par un autre Etat membre d'une personne recherchée pour l'exercice de poursuites pénales ou pour l'exécution d'une peine ou d'une mesure de sûreté privative de liberté* », a souligné le ministre de la Justice. Pour trente-deux infractions graves - terrorisme, traite des êtres humains, pédopornographie, trafic de drogue, corruption notamment -, il s'agira de substituer au système actuel de l'extradition, qui relève du pouvoir exécutif, une procédure entièrement judiciaire. [...] Les poursuites seront ainsi simplifiées et accélérées au sein de l'Union européenne. La création du mandat d'arrêt européen, prévue au conseil européen de Tampere, en octobre 1999, avait été accélérée à la suite des attentats du 11 septembre 2001. Le dispositif a fait l'objet d'une décision-cadre le 13 juin 2002. Le projet de loi constitue la quatrième révision constitutionnelle liée à la construction européenne, après celles de 1992 pour le Traité de Maastricht, 1993 pour les accords de Schengen, et 1999 pour le Traité d'Amsterdam.

Claude Lévy, AFP, Mandat d'arrêt européen : feu vert pour une adoption par le congrès, *22 janvier 2003.*

Qu'est-ce que le mandat d'arrêt européen ? 74

Le mandat d'arrêt européen est une décision émise par une autorité judiciaire d'un Etat de l'Union européenne (appelé Etat membre d'émission) en vue de l'arrestation et de la remise par l'autorité judiciaire d'un autre Etat membre (Etat membre d'exécution), d'une personne recherchée afin que des poursuites pénales soient exercées ou qu'une peine ou une mesure de sûreté privative de liberté soit mise à exécution. Le mandat d'arrêt européen permet la remise de personnes recherchées pour des faits punis d'une peine supérieure ou égale à un an d'emprisonnement, ou condamnées à une peine égale ou supérieure à quatre mois. La personne arrêtée doit être remise aux autorités requérantes dans un délai de trois mois après son arrestation. La personne recherchée en vertu d'un mandat d'arrêt européen doit être conduite devant le procureur général dans les 48 heures de son arrestation. Le procureur ordonne son incarcération à moins qu'il n'estime que sa représentation à tous les actes de la procédure est suffisamment garantie. La personne visée par le mandat doit comparaître devant la chambre de l'instruction dans les cinq jours. Cette juridiction est compétente pour se prononcer sur une demande de mise en liberté et statue sur l'exécution du mandat d'arrêt européen et la remise de la personne aux autorités de l'Etat qui a délivré ce mandat. Le mandat d'arrêt international perdure en matière d'extradition de droit commun. La chambre de l'instruction est compétente pour statuer sur la détention de la personne ainsi arrêtée et ses demandes de liberté jusqu'à la décision du gouvernement autorisant l'extradition.

Articles 695-11 à 695-51, 696 à 696-43 du Code de procédure pénale.

Peut-on être remis en liberté après une décision de la Cour européenne des droits de l'homme ? 75

Quand la Cour européenne des droits de l'homme a jugé qu'une personne avait été condamnée en violation des dispositions de la Convention européenne des droits de l'homme, il est possible de demander le réexamen de la décision pénale définitive. Une commission spéciale composée de magistrats de la Cour de cassation décide alors s'il convient que l'affaire soit à nouveau jugée. Cette commission peut décider de la suspension de l'exécution ou du maintien en détention, mais alors la décision de la juridiction de renvoi doit intervenir dans l'année, faute de quoi le condamné est libéré. En attendant d'être à nouveau jugé, la personne est considérée comme étant placée en détention provisoire. Elle peut demander sa mise en liberté à la juridiction saisie conformément aux règles vues précédemment.

Articles 626-1 à 626-7 du Code de procédure pénale.

76 Quelles sont les dispositions en matière d'indemnisation des détentions provisoires ?

Une personne qui a fait l'objet d'une détention provisoire peut demander à être indemnisée lorsque la procédure se solde par une décision de non-lieu, de relaxe ou d'acquittement, devenue définitive. L'indemnité est due au titre de la réparation du préjudice moral et matériel subi à l'occasion de la détention provisoire.

Article 149 et suivants du Code de procédure pénale.

77 Dans quels cas l'indemnisation est-elle impossible ?

Aucune indemnisation n'est due lorsque la décision de non-lieu, de relaxe ou d'acquittement dont bénéficie la personne a pour seul fondement la reconnaissance de son irresponsabilité assise sur des troubles psychiques, une amnistie postérieure au placement en détention provisoire ou lorsque la personne a fait l'objet d'un tel placement pour s'être librement et volontairement accusée ou laissée accusée à tort en vue de faire échapper l'auteur des faits aux poursuites. Il en est de même lorsque la décision résulte de la prescription de l'action publique intervenue après la libération de la personne dès lors qu'elle était en même temps détenue pour une autre affaire.

Article 149 du Code de procédure pénale.

78 Comment demander une indemnisation ?

Lorsque la décision de non-lieu, de relaxe ou d'acquittement lui est notifiée, la personne est avisée de son droit de demander une indemnisation. L'indemnité est allouée par le premier président de la cour d'appel dans le ressort de laquelle a été prononcée la décision. Le magistrat doit être saisi dans un délai de six mois après que la décision est devenue définitive. Pour que l'indemnisation soit effective, il faut constituer avec soin un dossier avec le maximum de pièces établissant tant le préjudice matériel (perte de revenus, frais de défense, frais de la famille pour rendre visite au détenu) que le préjudice moral. Les débats ont lieu en audience publique, sauf opposition du requérant. A sa demande, il est entendu personnellement ou par l'intermédiaire de son avocat. Le premier président de la cour d'appel statue par une décision motivée.

Articles 149, 149-1 et 149-2 du Code de procédure pénale.

Préjudice économique et moral après un non-lieu

Deux frères ont obtenu une indemnisation mardi auprès de la Cour d'appel de Nancy pour 17 mois passés en détention dans une affaire de meurtre d'un jeune homme de 23 ans près de Neufchâteau (Vosges) en 1995, a-t-on appris mercredi auprès de leurs avocats. Les deux hommes, Pascal, 43 ans, et Jean-Marc G., 42 ans, ont obtenu respectivement 32.190 et 31.000 euros pour préjudice économique et moral. Les frères G. demandaient chacun plus de 100.000 euros. Les deux hommes étaient soupçonnés d'avoir tué en 1995 le jeune Johann Hoffmann, 23 ans. Le jeune homme avait été découvert agonisant dans une forêt près de Neufchâteau par un promeneur. Il est décédé des suites de ses blessures trois jours après. Mis en examen pour « homicide volontaire » et incarcérés après dix mois d'enquête, les deux suspects sont restés 17 mois en prison. Leur détention provisoire devenant trop longue, ils ont été libérés. Le 2 février 2002, un non-lieu avait été prononcé dans l'affaire en raison de l'absence d'éléments dans le dossier d'instruction permettant un renvoi devant la cour d'assises des Vosges. Aucune charge n'a été retenue contre les deux frères, dont les avocats avaient demandé des analyses scientifiques complémentaires ayant contribué à leur mise hors de cause. Les véritables auteurs du meurtre n'ont pas été arrêtés.

AFP, Deux frères indemnisés pour 17 mois de prison dans une affaire de meurtre, *2 juillet 2003.*

Un recours est-il possible contre la décision d'indemnisation ? 79

Les décisions prises par le premier président de la cour d'appel peuvent, dans les dix jours de leur notification, faire l'objet d'un recours devant une Commission nationale d'indemnisation des détentions provisoires. Cette Commission statuant souverainement, sa décision ne sera, quant à elle, susceptible d'aucun recours, de quelque nature que ce soit. Néanmoins, elle devra être motivée et rendue en audience publique.

Articles 149-3 et 149-4 du Code de procédure pénale.

Avoir un avocat

Si l'avocat représente souvent le seul recours d'un prévenu pour comprendre le déroulement de l'instruction, le procès, voire la condamnation, le justiciable reste très inégalement défendu selon les ressources financières dont il dispose. Il faut garder à l'esprit le fait que le choix de l'avocat est libre et que l'on peut en changer à tout moment.

80 Quels sont les principes régissant la profession d'avocat ?

La profession d'avocat est une « profession libérale et indépendante ». Cela signifie que l'avocat exerce librement sa profession, sans être soumis à aucune hiérarchie. Tout avocat bénéficie de certaines prérogatives et est tenu à certains devoirs particuliers destinés à sauvegarder l'indépendance et la dignité de la profession. Ainsi, il est tenu au secret professionnel : ce qu'il a pu apprendre dans l'exercice de sa fonction ne doit jamais être divulgué. C'est pour tout avocat non seulement une obligation sanctionnée disciplinairement et pénalement, mais également un droit, en ce sens que l'avocat doit refuser de témoigner en justice sur des faits dont il aurait eu connaissance dans l'exercice de ses fonctions. L'avocat bénéficie de certaines immunités : immunité de la parole et des écrits (les paroles prononcées à la barre et les écrits en rapport avec la défense ne tombent pas sous le coup de la loi pénale qui réprime l'injure, la diffamation ou les outrages) ; inviolabilité relative du cabinet (perquisitions strictement encadrées) ; inviolabilité de la correspondance échangée entre l'avocat et son client.

Articles 1er de la loi n°71-1130 du 31 décembre 1971 (modifié par la loi n°9061259 du 31 décembre 1990), 226-13 du Code pénal, 41 de la loi du 29 juillet 1881.

Les avocats redoutés

Il faut voir la méfiance des juges d'instruction à l'égard des avocats. Nous sommes vus comme des ennemis, c'en est parfois caricatural. J'ai entendu les mots de « avocat-écran », « avocat-barrière », et, à la limite, « avocat-complice ». On oublie qu'un avocat est aussi un auxiliaire de justice. Que craignent-ils ? Sans doute pas le débat contradictoire instauré par Robert Badinter, qui, la plupart du temps, ne sert strictement à rien. Car à partir du moment où le juge organise un débat, il a déjà l'intention de mettre en détention, et c'est d'ailleurs ce que prévoit la loi. Les avocats n'ont pas la prétention de croire que c'est la magie de leur verbe qui va renverser la vapeur. On n'arrive pas à 10 % d'inversion de tendance. Il faut faire des prodiges, et surtout avoir des conditions exceptionnelles : d'abord un délit – ne parlons pas d'un crime – de faible gravité, un client avec un parcours rectiligne, toutes les garanties de représentation, etc. À l'inverse, les juges, eux, n'ont pas beaucoup à se fatiguer : ils cochent quelques cases d'un imprimé pour motiver une mise en détention.

Jean-Louis Pelletier, « Présumé coupable », Dedans dehors, *n° 11, janvier 1999.*

L'assistance d'un avocat est-elle obligatoire ? 81

Sauf en matière criminelle, l'assistance d'un avocat n'est pas obligatoire, mais elle est conseillée. En dépit du fait que la personne poursuivie est la mieux placée pour connaître, apprécier et choisir ses moyens de défense, il est difficile, en l'état de la procédure, de mettre en œuvre une défense efficace sans l'aide d'un avocat. Qu'il s'agisse de prouver l'innocence ou d'atténuer la responsabilité, la démonstration doit reposer sur une connaissance exhaustive du dossier, tenir compte du point de vue de l'accusation, être cohérent avec les faits et s'appuyer sur des éléments matériels. L'ensemble des actes de l'information étant soumis à des formes prescrites par le Code de procédure pénale, il appartient à l'avocat de s'assurer de leur régularité.

Quel est le rôle de l'avocat avant le procès ? 82

L'avocat est le seul à avoir un accès complet et permanent au dossier, lequel contient la totalité des déclarations transcrites par les enquêteurs, des auditions et interrogatoires effectués par le juge d'instruction ainsi que la totalité des constatations matérielles et des expertises techniques. La communication de pièces du dossier à la personne mise en examen ne pouvant se faire qu'avec l'accord du juge d'instruction, il est important de s'assurer que l'avocat a pris effectivement connaissance de l'ensemble du dossier. L'avocat suit le déroulement de l'instruction et peut solliciter par écrit l'accomplissement d'actes de la procédure : interrogatoire du prévenu, audition d'un témoin, confrontation, transport sur les lieux, production d'une pièce utile à l'information, complément d'expertise ou contre-expertise. Il vérifie également les conditions de détention et la régularité de la procédure et doit soulever toutes les nullités de l'information susceptibles de conduire à l'annulation de tout ou partie de la procédure. L'avocat s'entretient du dossier avec le prévenu, afin d'en réduire les zones d'ombre, les incohérences et élaborer une stratégie. Il assiste son client devant le juge d'instruction, le prépare aux interrogatoires en lui rappelant le contenu de ses déclarations à la police et en lui indiquant que s'il peut changer le contenu de ses déclarations, il devra expliquer et justifier les raisons des contradictions ou modifications contenues dans ses nouvelles déclarations. Les avocats des parties peuvent poser directement des questions aux personnes entendues en leur présence, et aussi présenter des observations. Une préparation effective des interrogatoires (élaboration de questions à l'aide des pièces du dossier) pourra favoriser le débat contradictoire. L'avocat est enfin en relation avec le juge d'instruction dans les affaires pour lesquelles une information est ouverte : il peut s'entretenir avec lui du dossier et l'informer d'une demande de mise en liberté.

Articles 82-1, 114, 114-1, 120, 167 et 170 du Code de procédure pénale.

83 Quel est le rôle de l'avocat pendant le procès ?

L'avocat prépare son client à l'audience, réunit les pièces utiles, fait citer, si nécessaire, des témoins à décharge. Il assiste son client à l'audience. Il peut comme le parquet, mais à la différence du prévenu ou de l'accusé et de la partie civile, intervenir directement, sans passer par le président, pour poser des questions aux témoins, experts et parties. L'avocat plaide et informe son client des délais de recours.

Articles 312 et 442-1 du Code de procédure pénale.

« Un barrage absolu contre l'équilibrage des droits de la défense et de l'accusation en France »

Les avocats du barreau de Lyon ont lancé jeudi un appel, auquel s'est associé Robert Badinter, pour une harmonisation des droits de la défense en Europe, dénonçant les lacunes de la France par rapport à d'autres pays de l'Union. « *Nous nous targuons d'être le pays des droits de l'Homme, mais les droits de la défense sont bien inférieurs en France à ceux garantis ailleurs* », a déclaré à la presse le bâtonnier, Philippe Genin, citant le cas de l'Italie où l'avocat est admis dès le début de la garde à vue. Présidant le colloque au cours duquel a été lancé cet appel, à l'occasion de la rentrée solennelle du barreau de Lyon, l'ancien président du Conseil constitutionnel et ancien ministre socialiste Robert Badinter a évoqué « *un barrage terrible, absolu, contre l'équilibrage des droits de la défense et de l'accusation en France* ». « *On a coutume de traiter le citoyen justiciable en mineur constitutionnel* », a-t-il ajouté. La société française « *n'est pas encline à remettre entre les mains de ces justiciables des droits qui sont nécessaires à leur défense* », a-t-il poursuivi. Il a appelé de ses vœux une intégration des droits de la défense dans une Charte des droits fondamentaux. « *C'est le droit international et plus exactement le droit communautaire qui a tiré, tout au long de ces dernières années, le droit interne vers plus de démocratie* », a assuré Me Genin. « *C'est un appel symbolique pour que les avocats (des pays de l'Union) définissent une doctrine des droits de la défense et la soumettent au suffrage des députés (européens)* », a précisé un des avocats lyonnais, Me François Saint-Pierre.

AFP, Les avocats de Lyon pour des droits de la défense harmonisés en Europe, *11 décembre 2003.*

84 Quel est le rôle de l'avocat après le procès ?

L'avocat n'a pas l'obligation de suivre son client au terme de la phase judiciaire. Mais il garde la possibilité de surveiller l'exécution de la peine et d'intervenir en cas de manquements aux droits de son client ou pour appuyer ses demandes (demande de transfert, etc.). Il peut également assister son client lors des débats qui précèdent toute décision (octroi, ajournement, refus, retrait ou révocation des mesures de placement à l'extérieur, semi-liberté, fractionnement et suspension de la peine et libération conditionnelle) par le juge de l'application des peines (ou du tribunal de l'application des peines et la chambre de l'application des peines de la cour d'appel). Il peut également assister le détenu devant les juridictions

régionale et nationale de la libération conditionnelle. Enfin, il peut assurer la défense devant les commissions de discipline des établissements pénitentiaires.
Articles 712-6, 712-7, 712-13 du Code de procédure pénale.

Quand et comment peut-on choisir son avocat ? 85

Toute personne a droit aux conseils d'un avocat, soit choisi, soit commis d'office. Dans bon nombre d'affaires, la visite de l'avocat est permise dès le début de la garde à vue, puis de nouveau à la 24ème heure en cas de prolongation. Mais dans les affaires de criminalité organisée elle n'a lieu qu'à la 48ème heure, puis à la 72ème. Dans les affaires de terrorisme ou d'infraction à la législation sur les stupéfiants, elle a lieu pour la première fois à la 72ème heure. S'il est informé à ce stade de la nature de l'infraction et de la date présumée de sa commission, l'avocat n'a cependant pas le droit de prendre connaissance du dossier au cours de la garde à vue. La personne placée en garde à vue peut désigner l'avocat de son choix. Si elle n'est pas en mesure d'en désigner un ou si l'avocat choisi ne peut être joint, elle peut demander qu'un avocat lui soit désigné d'office. Le bâtonnier est informé de cette demande par tous moyens et sans délai par l'officier de police judiciaire. A l'issue de la garde à vue, la personne poursuivie conserve le droit d'être assistée par un avocat quelque soit la procédure choisie par le parquet. Dans le cas où une information est ouverte, si un débat contradictoire est organisé, le prévenu peut faire part au juge d'instruction du nom de l'avocat choisi qui est, en principe, appelé par téléphone sur le champ. Il peut également solliciter un avocat commis d'office, qui ne sera pas celui intervenu en garde à vue. Pour la suite de la procédure, si le prévenu souhaite que l'avocat commis d'office qui l'a assisté (lors de sa mise en examen et du débat contradictoire qui s'ensuit) le soit à nouveau, il doit s'entendre avec lui. L'avocat s'adresse alors au bâtonnier en indiquant qu'il accepte d'être commis d'office jusqu'à la fin de la procédure. En cours d'instruction, si la personne poursuivie est détenue et souhaite désigner un avocat de son choix, cette désignation peut être effectuée par déclaration auprès du chef d'établissement. Elle peut également résulter d'une lettre adressée à l'avocat qui fera la déclaration auprès du juge en remettant tout ou partie de la lettre. A cet égard, il est prudent, lorsque l'on souhaite désigner un avocat et que, dans le même temps, on lui expose diverses considérations, de joindre à cette lettre un deuxième document mentionnant simplement « *Je vous demande d'assurer ma défense dans l'affaire actuellement instruite par le juge X...* ». Le choix exprimé dans la lettre de désignation doit être confirmé par déclaration au directeur de l'établissement dans un délai de quinze jours. Si un autre avocat a été préalablement désigné, il faut préciser si le second interviendra avec le premier ou s'il le remplacera. Dès que l'avocat a accompli la déclaration au juge en remettant la lettre de désignation, il peut rendre visite à la personne détenue et se faire communiquer le dossier. Lorsque, à l'issue de la garde à vue, le procureur donne une date d'audience à la personne qui lui est présentée ou décide de sa comparution immédiate, il l'informe qu'elle peut choisir un avocat ou demander un avocat commis d'office qui aura accès au dossier avant l'audience et pourra s'entretenir avec elle. A l'audience même, à défaut d'avoir choisi un avocat, la personne détenue peut se voir attribuer d'office un avocat choisi dans la salle par le président. Si, après avoir demandé un avocat commis d'office, le détenu veut désigner un avocat « payant », il devra alors rétribuer son premier avocat : l'avocat d'office n'est en effet, rétribué par l'Etat qu'à condition d'avoir mené sa mission à son terme. En matière de procédure sur reconnaissance préalable de culpabilité, la présence de l'avocat (choisi ou commis d'office) ayant eu connaissance du dossier et s'étant entretenu avec son client est obligatoire.

Articles 63-4, 115, 145 et 393, 497 et suivants du Code de procédure pénale.

Le CPT regrette que le dialogue avec les autorités françaises bute sur la question de l'accès à un avocat dès le tout début de la privation de liberté

En effet, depuis 1996, le CPT recommande de modifier les dispositions pertinentes résultant du régime dérogatoire applicable aux personnes gardées à vue poursuivies du chef de criminalité organisée, de terrorisme et de trafic de stupéfiants, afin de garantir que toutes les personnes contraintes de rester avec les forces de l'ordre aient le droit à l'accès à un avocat dès le tout début de leur privation de liberté. Loin de suivre les recommandations du Comité sur ce point, les autorités françaises ont choisi, dans le projet de loi portant adaptation des moyens de la justice aux évolutions de la criminalité, de maintenir ce régime dérogatoire. En effet, le projet, tel qu'adopté le 8 octobre 2003 par le Sénat en première lecture, prévoit que les personnes soupçonnées de crimes et délits aggravés de proxénétisme, de crimes aggravés d'extorsion, crimes de destruction, dégradation et détérioration d'un bien commis en bande organisée, délits d'association de malfaiteurs pourront seulement bénéficier de l'accès à un avocat à compter de la 36ème heure de garde à vue. Celles soupçonnées de crimes et délits de trafic de stupéfiants, de crimes et délits constituant des actes de terrorisme ne pourront prétendre quant à elles à l'accès à un avocat qu'à compter de la 72ème heure de garde à vue. La délégation s'est longuement entretenue avec les autorités nationales sur cette question sans pour autant entendre d'arguments convaincants justifiant le maintien et l'élargissement de ce régime dérogatoire. Qui plus est, il convient de souligner que la délégation du CPT a encore recueilli au cours de ses entretiens avec des personnes détenues des allégations de mauvais traitements physiques au moment de l'interpellation et pendant la garde à vue par des membres de la police. Dans ses rapports précédents, le CPT s'est longuement expliqué sur l'importance qu'il y a à reconnaître le droit à l'accès à un avocat à toutes les personnes privées de liberté par les forces de l'ordre pour quelque motif que ce soit (cf. paragraphe 32 du rapport relatif à la visite de 2000 ; paragraphe 39 du rapport relatif à la visite de 1996) dès le début de leur garde à vue ainsi que sur les modalités d'exercice de ce droit permettant de tenir compte de la nécessité de préserver les intérêts légitimes de l'enquête policière (qui semble être la préoccupation principale des autorités françaises). Il considère dès lors pouvoir faire l'économie d'une répétition. Le CPT en appelle aux autorités françaises pour qu'elles renoncent au régime dérogatoire de garde à vue en ce qui concerne l'accès à un avocat et qu'elles reconnaissent enfin à toutes les personnes privées de liberté par les forces de l'ordre - pour quelque motif que ce soit - l'accès à un avocat (sans qu'il s'agisse nécessairement de l'avocat de leur choix) dès le début de leur privation de liberté.

Comité européen pour la prévention de la torture, Rapport au gouvernement de la République française relatif à la visite effectuée en France du 11 au 17 juin 2003, *31 mars 2004.*

Qu'est-ce qu'un avocat commis d'office ? 86

C'est un avocat qui s'est inscrit sur une liste de volontaires désireux d'être désignés dans le cadre des gardes à vue, des comparutions immédiates, des mises en examen et, de façon générale, pour les procédures correctionnelles ou criminelles. L'avocat commis d'office est en principe rémunéré au titre de l'aide juridictionnelle. Au Barreau de Paris, ce règlement intervient par l'intermédiaire de la caisse de règlements pécuniaires des avocats (CARPA) qui reçoit une dotation annuelle correspondant à la contribution de l'Etat à la rétribution des avocats inscrits au Barreau. L'avocat commis d'office peut néanmoins recevoir des honoraires si la personne poursuivie ne peut ou ne veut pas bénéficier de l'aide juridictionnelle : la commission d'office est alors transformée en désignation.

Comment bénéficier de l'aide juridictionnelle ? 87

En cas d'insuffisance de ressources, la personne poursuivie a droit à l'aide juridictionnelle, laquelle peut être totale ou partielle selon un barème de ressources établi chaque année. Au 1er janvier 2004, le plafond des ressources donnant droit à l'aide totale était de 830 euros par mois et celui de l'aide partielle de 1 244 euros par mois. A ces montants, s'ajoutent 149 euros pour chacune des deux premières personnes à charge et 94 euros à partir de la troisième. La demande est instruite par le bureau d'aide juridictionnelle établi au siège de chaque tribunal de grande instance. Si la demande d'aide juridictionnelle est admise, les honoraires de l'avocat ainsi que les frais de copie du dossier sont pris en charge par l'Etat. Le bénéficiaire de l'aide juridictionnelle peut choisir son avocat sous réserve que ce dernier soit d'accord. L'avocat désigné au titre de l'aide juridictionnelle reçoit une rémunération déterminée par le règlement intérieur de chaque barreau. Sont admis au bénéfice de l'aide juridictionnelle les personnes physiques de nationalité française et les ressortissants des Etats membres de la Communauté européenne. Les personnes de nationalité étrangère résidant habituellement et régulièrement en France sont également admises au bénéfice de l'aide juridictionnelle. L'aide juridictionnelle peut être accordée à titre exceptionnel aux personnes ne remplissant pas les conditions précédentes, lorsque leur situation apparaît particulièrement digne d'intérêt au regard de l'objet du litige ou des charges prévisibles du procès. Enfin, l'aide juridictionnelle est accordée sans condition de résidence aux étrangers lorsqu'ils sont mineurs, témoins assistés, mis en examen, prévenus, accusés, condamnés ou parties civiles, ainsi qu'aux personnes faisant l'objet de l'une des procédures prévues aux articles 18 bis, 22 bis, 24, 35 bis et 35 quater de l'ordonnance du 2 novembre 1945 relative aux conditions d'entrée et de séjour des étrangers en France.

Articles 2 à 4 de la loi n°91-647 du 10 juillet 1991.

Les admissions à l'aide juridictionnelle

En 2002, 765 000 décisions ont été rendues par les bureaux d'aide juridictionnelle (BAJ), 689 000 admissions et 76 000 rejets essentiellement motivés par un montant de ressources supérieur au plafond. Les aides juridictionnelles accordées se répartissent en 358 000 admissions au titre de contentieux civils (52 % des admissions), 290 000 au titre des affaires pénales (42 %) et 41 000 au titre des affaires administratives ou relatives aux conditions d'entrée et de séjour des étrangers (6 %). En matière pénale, les admissions ont connu de fortes variations, avec une diminution de 7 % entre 2000 et 2001 (20 000 admissions de moins). Cette évolution est vraisemblablement liée au ralentissement de l'activité des tribunaux correctionnels (les jugements hors intérêts civils ont diminué de 4 %) et des tribunaux de police (les jugements ont diminué de 14 %) et à la baisse du nombre de détentions provisoires (-14 % entre 2000 et 2001). Entre 2001 et 2002, les admissions pénales ont progressé de 9 % (24 000 admissions de plus) : les procédures nouvelles (juges de l'application des peines, compositions pénales et mesures alternatives) ont généré à elles seules 6 000 admissions supplémentaires entre 2001 et 2002 ; le nombre de détentions provisoires est revenu à son niveau de 2000 et l'augmentation des aides juridictionnelles accordées à l'occasion d'un débat contradictoire explique l'essentiel de la hausse. [...] Les procédures nouvelles liées à la loi du 15 juin 2000 (introduites en 2001 dans le répertoire de l'aide juridictionnelle) ont généré 2 700 admissions supplémentaires en 2001 et près de 9 000 en 2002 (7 000 pour des procédures liées à l'application des peines et 2000 pour des compositions pénales et des mesures alternatives aux poursuites).

Henri Bodet et Christianne Poutet, « Les admissions à l'aide juridictionnelle en 2002 », Infostat Justice, *mai 2003.*

88 Faut-il choisir un avocat pénaliste ?

Comme dans tous les autres domaines du droit, il vaut mieux choisir en matière pénale un avocat qui a une certaine pratique et donc une certaine expérience de la procédure et des audiences pénales. Un tel avocat est en mesure de veiller à la régularité de la procédure. Il est en principe plus apte à apprécier la pertinence ou non des indices pesant sur le mis en examen ou le prévenu et définir une ligne de défense. Néanmoins, choisir un avocat pénaliste ne signifie pas forcément choisir un personnalité « médiatique », qui, s'il justifie d'une expérience, d'une notoriété et d'une efficacité, n'est pas forcément disponible : un avocat moins renommé, dès lors qu'il a une certaine pratique du pénal, pourra constituer un choix tout aussi judicieux.

Combien coûte un avocat ? 89

S'il ne peut bénéficier de l'aide juridictionnelle, le détenu - ou sa famille ou toute autre personne - devra régler les frais et honoraires de l'avocat. Aucune tarification n'est en vigueur : les honoraires sont donc négociés et fixés librement par convention entre l'avocat et son client. Toutefois, l'avocat est en principe tenu de respecter un équilibre entre le montant des honoraires et l'importance de la prestation fournie, ainsi qu'apporter une aide régulière et éclairée. Selon l'article 11 du règlement intérieur du Barreau de Paris, l'avocat doit informer son client des modalités de détermination de ses honoraires, qui peuvent être forfaitaires, et fixés en fonction du temps consacré à l'affaire, du travail de recherche, de la nature et de la difficulté de l'affaire, de l'incidence des frais et charges du cabinet auquel appartient l'avocat, de la notoriété, de l'ancienneté et de la spécialisation de ce dernier. Les engagements pris par l'avocat dans le cadre de la convention d'honoraires dont les termes doivent être fixés avant son intervention, sont placés sous le contrôle du Conseil de l'ordre du Barreau auquel il appartient. En cas de non-respect par l'avocat de ses engagements ou d'une contestation de ses honoraires, le client peut saisir le bâtonnier de l'ordre des avocats, qui rendra une décision arbitrale, elle-même susceptible d'un recours devant la cour d'appel.

Connaître son dossier

La préoccupation permanente de la personne détenue doit être de connaître avec précision le contenu du dossier réalisé par la police ou par le juge d'instruction. En effet, il lui permettra d'assurer sa défense tant devant le magistrat instructeur qu'au moment du procès. Cependant, la défense reste encore en position d'infériorité dans la procédure de communication du dossier. Le dossier bénéficie du secret et ne doit en principe pas être communiqué à des personnes extérieures à l'affaire, afin de respecter le principe de la présomption d'innocence et l'efficacité de l'instruction.

La personne poursuivie a-t-elle connaissance du dossier de la procédure ? 90

Bien que cette situation soit anormale, le contenu du dossier pénal n'est accessible ni à la personne poursuivie ni à son avocat avant l'intervention du juge d'instruction. Cela signifie que, durant la garde à vue, la personne soupçonnée d'avoir commis une infraction ou d'y avoir participé ignore tout des faits qu'on lui reproche, des déclarations des témoins et des personnes qui l'accusent ainsi que des constatations réalisées par les enquêteurs. Cette situation, gravement préjudiciable aux droits de la défense, prend fin au moment de la présentation au juge d'instruction. Lors de cette présentation, la personne poursuivie a le droit d'être assistée par un avocat. Celui-ci dispose alors d'un court délai pour prendre connaissance du dossier et en communiquer le contenu à la personne poursuivie. Cette dernière n'est pas obligée de répondre sur le champ aux questions du juge d'instruction ; elle peut préférer attendre d'avoir une meilleure connaissance du dossier. Il existe par conséquent, durant la garde à vue, un droit au silence même si ce droit n'est pas précisé à l'intéressé.

Articles 114 et 116 du Code de procédure pénale.

Huit siècles de tradition inquisitoriale

Re-civiliser les procédures pénales conduit par le jeu des mots à évoquer la « civilisation » de certaines procédures en les restituant au champ de la procédure civile mais aussi à évoquer les conditions dans lesquelles se déroule la procédure pénale et notamment la garde à vue. Huit siècles de tradition inquisitoriale conduisent à isoler un suspect dans une absence totale de contacts, quasi totale d'avocats, dans des conditions souvent révoltantes et indignes d'inconfort, de sommeil, d'alimentation, d'hygiène. Ce passage à « l'attendrisseur » conduit des personnes souvent responsables à s'abandonner aux enquêteurs.

Conseil économique et social, Avis sur la judiciarisation de l'économie, *adopté le 10 mars 2004.*

91 Comment la communication du dossier de la procédure est-elle effectuée ?

Après la première comparution devant le juge d'instruction, la procédure est mise à tout moment à la disposition des avocats durant les jours ouvrables, sous réserve des exigences du bon fonctionnement du cabinet d'instruction. La totalité des pièces du dossier doit être adressée aux avocats au plus tard quatre jours ouvrables avant chaque interrogatoire. Il faut noter que les pièces correspondants aux actes effectués par les policiers mandatés par le juge (commission rogatoire) sont souvent tardivement versées au dossier. Or, le procureur et le juge d'instruction en reçoivent le plus souvent un rapport verbal détaillé. La défense se trouve ainsi grandement défavorisée.

Article 114 du Code de procédure pénale.

92 Le détenu peut-il recevoir copie du dossier de la procédure ?

La communication du dossier au détenu doit être systématiquement demandée. L'avocat doit donner au juge la liste des pièces dont il désire délivrer une copie à la personne mise en examen. Le juge d'instruction, au vu de cette liste, peut s'opposer à cette communication. Sa décision doit être prise dans les cinq jours suivant la demande. Elle est susceptible d'appel. A défaut de réponse dans le délai de cinq jours, la communication est réputée autorisée. Quand le détenu reçoit communication de pièces du dossier, il est informé que la diffusion à quiconque en est interdite.

Article 114 du Code de procédure pénale.

L'instruction

L'instruction - ou l'information - est la phase de la procédure pendant laquelle l'enquête judiciaire va être réalisée. Le juge d'instruction qui la mène est censé réunir les éléments à charge et à décharge concernant la personne mise en examen. En réalité, la défense se trouve une fois encore en position d'infériorité au cours de l'enquête.

La mise en place du traitement en temps réel

A partir du milieu des années 1980, on observe une baisse régulière du nombre absolu d'affaires soumises à l'instruction sur fond de stagnation des affaires poursuivies. [...] Cette baisse est accompagnée entre 1985 et 1994 d'une hausse en chiffres absolus des affaires poursuivies en comparution immédiate. Dans l'ensemble des affaires poursuivies par les parquets, ces procédures représentent une part croissante pendant la même période. [...] Cette hausse participe de la mise en place du traitement en temps réel dans la plupart des parquets des juridictions de taille importante. Mais, au-delà de l'objectif de traitement rapide des affaires, le couple instruction avec mandat de dépôt / comparution immédiate reste la façon d'opérer une forme de présélection des personnes les plus susceptibles d'être condamnées à de l'emprisonnement ferme.

Commission nationale de suivi de la détention provisoire, Rapport au garde des Sceaux sur la détention provisoire*, mai 2003.*

Qu'est ce qu'une information judiciaire (ou instruction) ? 93

L'information est une phase pendant laquelle le juge chargé de l'instruction enquête afin d'établir l'existence d'une infraction, d'en déterminer la qualification (nature juridique de l'infraction) et d'en identifier tous les auteurs et complices. L'information est dirigée par un juge d'instruction, sous le contrôle du procureur de la République. L'instruction est obligatoire en matière criminelle et pour certains délits (dont ceux commis par un mineur). Dans les faits, le procureur doit y recourir lorsque l'affaire est complexe ou lorsque son auteur n'est pas identifié.

Articles 79 du Code de procédure pénale, 5 de l'ordonnance du 2 février 1945 relative à l'enfance délinquante.

Qui décide de l'ouverture d'une information judiciaire ? 94

L'information est ouverte à la demande du procureur de la République après une enquête préliminaire menée par les services de police ou de gendarmerie. La défense se trouve dès lors dans une position d'infériorité puisqu'elle n'a pu exercer aucune influence, ni même exprimer aucune opinion sur la valeur des indices et des témoignages considérés par l'accusation comme des charges.

L'information est confiée à un juge d'instruction désigné par le président du tribunal de grande instance. Ce magistrat n'a donc pas l'initiative de la procédure. En requérant l'ouverture de l'information, le procureur énonce une première qualification des faits en précisant le ou les articles du Code pénal qui les répriment. C'est donc à cet instant qu'un acte sera considéré comme un crime ou un délit, même si cette qualification peut être modifiée au cours de la procédure. Le juge d'instruction reçoit un dossier déjà constitué dans lequel apparaissent souvent des présomptions de culpabilité visant une ou plusieurs personnes. Ce dossier exercera une influence prépondérante et durable sur la suite de la procédure et jusqu'à l'audience. En outre, un particulier peut déclencher une information en déposant une plainte avec constitution de partie civile devant le doyen des juges d'instruction.

Articles 80 et suivants du Code de procédure pénale.

95 Qu'est-ce qu'une mise en examen ?

Il s'agit d'une mise en cause officielle du suspect, qui se voit imputer l'infraction. Le juge d'instruction l'informe des faits pour lesquels il le met en examen et de leur qualification. La mise en examen ne peut intervenir que s'il existe des indices graves ou concordants rendant vraisemblable une participation à l'infraction. A défaut, elle est susceptible d'être annulée, si la demande d'annulation est faite dans les six mois de la notification. La mise en examen ne peut être décidée qu'après l'audition de la personne en présence de son avocat.

Articles 62, 80-1, 116, 173-1 et suivants du Code de procédure pénale.

96 Comment le juge dirige-t-il l'instruction ?

En théorie, le juge d'instruction est strictement impartial ; son objectif étant « la manifestation de la vérité ». Il doit instruire le dossier à charge et à décharge, c'est-à-dire que ses investigations peuvent avoir pour but de démontrer que la personne poursuivie est innocente. La pratique est toute autre. Très souvent, le juge d'instruction conduit l'information en concertation permanente avec le procureur. L'accusation pèse de tout son poids sur le déroulement de l'information, alors que la défense ne dispose que de moyens limités.

Article 81 du Code de procédure pénale.

Le système inquisitoire

Héritier de l'Inquisition, ce modèle a été appliqué strictement en URSS ainsi qu'en France jusqu'en 1897, année où la loi a permis la présence de l'avocat lors de la phase d'instruction. Dans ce modèle théorique, l'Etat concentre la fonction de l'enquête entre les mains d'un fonctionnaire, qui lui est entièrement soumis. L'enquête est secrète et non contradictoire, la défense n'ayant quasiment aucun pouvoir. L'enquête cherche à obtenir des aveux de l'accusé, qui ont une importance prédominante par rapport aux autres formes de preuves. Aujourd'hui, le système inquisitoire n'est pas appliqué strictement, chaque pays ayant progressivement introduit des droits à la défense qui les rapprochent du système accusatoire. La France, qui a gardé un système d'inspiration inquisitoriale en y insufflant progressivement plus d'accusatoire, a choisi de confier l'enquête soit à l'accusation (le procureur dans le cadre de l'enquête préliminaire), soit à un juge indépendant pour les affaires plus complexes (le juge d'instruction). Celui-ci peut procéder « *à tous les actes d'information qu'il juge utiles à la manifestation de la vérité* ». La défense, qui a accès au dossier, n'a aucun pouvoir d'enquête propre mais elle peut demander au juge certaines investigations, qu'il peut toujours refuser. A l'issue de l'instruction, le juge décide seul de renvoyer ou non la personne devant un tribunal. En confiant l'enquête à un juge indépendant, chargé d'instruire « *à charge et à décharge* », le système français a pour but de préserver l'égalité des citoyens face à la Justice. Il fait ainsi le pari que l'instruction sera aussi bien menée selon qu'on est puissant ou misérable.

Cécile Prieur, Le Monde, *26 mars 1999.*

Quels sont les actes que le juge d'instruction peut accomplir ? 97

Le juge d'instruction peut accomplir tous les actes d'information qu'il juge utiles à la manifestation de la vérité. Il peut ainsi faire procéder à des perquisitions (recherches d'indices au domicile d'une personne), à des expertises, entendre des personnes, ordonner des écoutes téléphoniques. En cas de crime, une enquête de personnalité devra être effectuée : elle permet de recueillir un grand nombre de renseignements sur la vie du mis en examen. Elle est facultative en matière correctionnelle. Le magistrat exécute lui-même certains de ces actes mais en confie d'autres à des officiers de police judiciaire pour qu'ils les accomplissent en son nom (commission rogatoire). Les expertises sont effectuées par des techniciens inscrits sur la liste des experts.

Articles 94, 100, 102, 114 et 156 du Code de procédure pénale.

Comment se déroule un interrogatoire devant le juge d'instruction ? 98

Le juge d'instruction doit aviser l'avocat des interrogatoires à venir au plus tard cinq jours ouvrables avant leur date. Ce court délai ne permet pas toujours au défenseur d'en informer la personne détenue et de lui rendre visite. Le juge d'instruction n'est pas tenu de faire connaître à l'avance le contenu de l'interrogatoire ni du fait qu'il s'agira (ou non) d'une confrontation. Le juge ne communique pas davantage la liste des questions qu'il envisage de poser. Les interrogatoires sont conduits par le juge de manière directive et ne permettent pas à la personne interrogée de s'exprimer en toute liberté. D'une part, le détenu ne peut pas obliger le juge à prendre en considération tel ou tel aspect de l'affaire auquel celui-ci ne veut pas s'intéresser. D'autre part, les propos du détenu dans le cadre de l'interrogatoire ne sont que partiellement pris en compte ; ses réponses aux questions étant dictées par le juge au greffier. Or, seuls les propos consignés dans le procès-verbal ont une véritable existence juridique. En toute hypothèse, le détenu doit impérativement relire avec la plus grande attention le procès-verbal constatant ses déclarations, et le cas échéant, le faire rectifier. Il ne peut être contraint de le signer. Le procès-verbal ne sera pas nul pour autant, sauf si le refus de signature n'y est pas mentionné. La loi prévoit que le juge d'instruction peut utiliser un système de vidéoconférence pour l'interrogatoire ou l'audition d'une personne détenue.

Articles 106, 114 et 121 du Code de procédure pénale, Chambre criminelle de la Cour de cassation, 5 mars 1985.

99 L'avocat du détenu peut-il intervenir au cours de l'interrogatoire ?

Les avocats peuvent poser directement des questions aux personnes entendues en leur présence et aussi présenter de brèves observations. Le juge d'instruction peut néanmoins les interrompre ou s'opposer à ce que certaines questions soient posées, s'il considère qu'elles nuisent « *au bon déroulement de l'information* ». Si le juge refuse de poser une question, il doit le mentionner au procès-verbal. En cas de désaccord avec la décision du juge sur ce point, des conclusions écrites peuvent être déposées qui sont jointes au dossier. Un début de débat contradictoire pourra donc s'instaurer, à condition que l'avocat ait réellement préparé l'interrogatoire.

Article 120 du Code de procédure pénale.

100 Comment préparer un interrogatoire ?

Deux conditions doivent être remplies pour améliorer la préparation des interrogatoires. Le détenu doit tout d'abord bien connaître le contenu des déclarations qu'il a faites à la police. Cela ne pourra être le cas qu'avec l'aide d'un avocat disposant d'une copie des pièces du dossier. En second lieu, la personne interrogée peut à tout moment modifier ses déclarations ; elle devra alors être prête à expliquer les raisons des contradictions, modifications ou même nuances que contiendront ses nouvelles déclarations. Si des difficultés matérielles n'ont pas permis au détenu de relire ses déclarations ou de prendre connaissance de celles des personnes impliquées ou appelées à témoigner, il peut demander un report de son interrogatoire. Il peut s'agir par exemple d'un retard dans la délivrance des copies de pièces demandées par l'avocat ou bien de l'attente de la décision du bureau d'aide juridictionnelle. En cas de rejet du report de la part du juge, le détenu a la possibilité de refuser de répondre aux questions, à la condition expresse d'avoir pris soin de réitérer et motiver sa demande au moment de l'interrogatoire.

Le système accusatoire

Ce modèle est pratiqué dans les pays anglo-saxons, et a été adopté, en 1989, par l'Italie. Dans ces pays, le pouvoir d'enquête est confié, non pas aux juges, mais à la police qui agit sur le contrôle du procureur. Lors de l'enquête, le juge n'intervient que pour accorder ou refuser à la police le droit d'effectuer des investigations attentatoires aux libertés (perquisitions, saisies, écoutes téléphoniques...). Dès que la police retient une personne contre son gré, elle doit l'informer immédiatement de son droit à l'assistance d'un avocat. Les avocats peuvent donc intervenir dès le stade de l'enquête policière, tant pour défendre leurs clients que pour mener, parallèlement à la police, leurs propres investigations. A l'issue de l'enquête policière, le procureur ne peut faire comparaître un accusé devant un tribunal qu'après avoir justifié devant un juge du sérieux des charges qu'il a rassemblées. Le juge décide alors, après avoir entendu la partie poursuivante et la défense, s'il y a lieu ou non d'organiser un procès. Lors de l'audience, l'accusation et la défense plaident à armes égales, le juge tranchant au regard des débats. Le système accusatoire, qui offre en théorie beaucoup de garanties à la défense, n'est pas exempt de critiques. Il nécessite en effet un système d'aide juridique efficace, afin que les plus démunis puissent bénéficier d'une défense de qualité au même titre que les plus riches qui peuvent s'accorder le recours de cabinets d'avocats. Il est, d'autre part, perverti par le système du « plea bargaining » ou « pattiggamento » en Italie, qui consiste, pour les accusés, à accepter de plaider coupable contre l'assurance d'obtenir une peine réduite. L'existence de ces accords, qui interviennent dans 80 % à 95 % des procédures aux Etats-Unis, empiètent sur les droits de la défense. Lors du procès, le débat sur la culpabilité est en effet totalement occulté, le juge n'ayant plus qu'à se prononcer sur le niveau de la peine.

Cécile Prieur, Le Monde, *26 mars 1999.*

Qu'est-ce qu'une confrontation ? 101

La confrontation est l'audition commune du mis en examen avec une ou plusieurs autres personnes (partie civile, témoins, autres mis en examen) en vue de comparer leurs points de vue. En général, le juge d'instruction ne reste pas neutre et intervient activement dans le déroulement de l'entretien. Il interroge le mis en examen sur les contradictions apparaissant entre les différentes versions et cherche souvent à provoquer des réponses pouvant démontrer sa culpabilité. L'avocat peut poser aussi des questions pendant la confrontation.

Article 114 du Code de procédure pénale.

Qu'est-ce qu'une expertise ? 102

Une expertise est une opération réalisée par un spécialiste en vue d'éclairer le juge et les parties sur une question technique. Il peut s'agir d'une expertise balistique afin de déterminer par exemple l'arme qui a été utilisée, d'une expertise toxicologique pour connaître les substances qui ont été ingérées par la victime, d'une expertise graphologique, psychiatrique, etc. C'est le juge d'instruction qui décide du recours à l'expertise et désigne l'expert qui y procédera dans un délai imparti, qui peut exceptionnellement être prolongé. Au cours de l'expertise, la personne poursuivie peut demander au juge que certaines recherches soient réalisées ou que certaines personnes nommément désignées soient entendues.

Articles 159 et 161 du Code de procédure pénale.

Comment est réalisée une expertise psychiatrique ? 103

En matière psychiatrique, l'expert peut poser au mis en examen toutes les questions nécessaires à l'accomplissement de sa mission. Les médecins et psychologues experts peuvent poser des questions en l'absence du juge et de l'avocat. Dans son rapport d'expertise, le psychiatre doit décrire les opérations qu'il a effectuées et exposer ses conclusions. Il doit déterminer si la personne mise en examen présente des troubles psychiatriques, évaluer son état de dangerosité, son degré de responsabilité et son accessibilité à une sanction pénale. Les conclusions rendues par les experts psychiatriques ont un impact important sur les magistrats et les jurés.

Articles 164, 165 et 166 du Code de procédure pénale.

« Un procès uniquement destiné aux médias et aux victimes »

Le ministre de la Justice Dominique Perben a proposé lundi à Lyon que des procès soient organisés même quand les accusés sont qualifiés d'irresponsables par les psychiatres, afin de « *ne pas escamoter l'acte criminel* » ni « *oublier les victimes* ». Le garde des Sceaux a expliqué qu'il ne voulait plus « *que la justice s'arrête* » , c'est-à-dire qu'un suspect obtienne un non-lieu, « *dès lors qu'un expert a établi l'existence de troubles mentaux chez (cet) individu auteur présumé de crimes ou de délits* » . Il propose l'organisation d'un procès au cours duquel le malade serait déclaré auteur des faits mais ne serait pas sanctionné. Pour M. Perben, ce n'est pas parce que « *la sanction pénale n'a pas de sens dans le cas de malades mentaux* » qu'il faut « *escamoter l'acte criminel et oublier la victime* ». Actuellement, le code pénal prévoit qu'un individu dont le discernement était « *aboli* » au moment des faits « *n'est pas pénalement responsable* » . Il peut bénéficier d'un non-lieu prononcé par le juge d'instruction et est placé d'office dans une unité de soins dont il ne pourra sortir que sur avis médical. [...] Le Dr Michel Dubec, psychiatre régulièrement désigné comme expert, s'interroge sur l'utilité d'un « *procès uniquement destiné aux médias et aux victimes* » . « *S'il n'y a pas de sanction, le procès ne sert à rien, on dénature la fonction judiciaire* », estime-t-il. Le psychiatre estime que les propositions du ministre de la Justice n'auront qu'un effet à la marge puisque, selon lui, « *moins de 0,5% des dossiers pénaux se terminent par un non-lieu pour irresponsabilité* » et « *les cas de récidive sont quasi-inexistants* » .

Cécile Baraille, AFP, M. Perben souhaite que même les accusés malades mentaux soient jugés*, 15 décembre 2003.*

104 Peut-on contester les conclusions d'une expertise ?

Après le dépôt du rapport d'expertise, le juge d'instruction fixe un délai aux parties pour présenter des observations ou demander soit un complément d'expertise, soit une contre-expertise. Ce délai ne peut être inférieur à 15 jours, ou un mois s'agissant d'une expertise comptable ou financière. La demande doit être formulée par écrit et déposée au greffe du juge d'instruction. Elle peut également être effectuée par le détenu sous forme d'une déclaration au greffe de l'établissement pénitentiaire. En pratique, le détenu doit généralement signaler au surveillant d'étage qu'il entend déposer une demande, afin d'être convoqué par le greffe de la prison pour signer le document. Pendant le délai fixé par le juge, l'avocat peut consulter le dossier. Le rapport d'expertise sera intégralement adressé à l'avocat qui le demande.

Articles 81 et 167 du Code de procédure pénale.

Peut-on demander au juge d'instruction d'effectuer certaines investigations ou accomplir certains actes ? 105

Le détenu et son avocat peuvent demander au juge de procéder à tous les actes qui leur paraissent nécessaires à la manifestation de la vérité. Les demandes d'actes doivent être formulées par écrit et déposées au greffe du juge d'instruction. Elles peuvent être effectuées par le détenu lui-même, sous forme de déclarations auprès du greffe de la prison. Les demandes doivent être motivées et porter sur des actes déterminés. Elles peuvent être accompagnées d'une requête tendant à ce que les éventuels transports sur les lieux et auditions se déroulent en présence de l'avocat. Cette dernière disposition très utile obéit aux mêmes règles que les demandes d'actes elles-mêmes, ce qui signifie que le juge n'est pas tenu de la mettre en œuvre.

Articles 81, 82-1, 82-2 du Code de procédure pénale.

Peut-on faire appel du refus du juge d'instruction d'accomplir l'acte demandé ? 106

Le juge d'instruction n'est pas tenu de procéder aux actes sollicités. Il doit cependant informer le mis en examen de son refus par une ordonnance motivée, prise au plus tard dans le délai d'un mois à compter de la réception de la demande. Si le magistrat n'a pas statué dans ce délai, le requérant peut saisir le président de la chambre de l'instruction par une déclaration d'appel faite au greffe du tribunal par l'avocat ou auprès du chef d'établissement pénitentiaire par le détenu. Que le juge d'instruction ait refusé expressément de procéder à l'acte ou qu'il n'ait pas statué dans le délai, le président de la chambre de l'instruction décide par une ordonnance s'il y a lieu ou non de saisir la chambre de l'instruction. Cette ordonnance ne peut pas faire l'objet d'un recours.

Articles 81,186-1, 502 et 503 du Code de procédure pénale.

Les « dommages collatéraux » des chevaliers blancs

Les juges d'instruction sont très populaires et très valorisés dans les médias dont ils sont parfois, il est vrai, les informateurs directs ou indirects. Leur intervention immédiate et très lisible les a transformés en chevaliers blancs. Dans une minorité d'affaires, leur apport reste important. Ces chevaliers blancs ont été en partie désarmés par la loi du 15 juin 2000 qui les a largement dépossédés du pouvoir d'incarcération provisoire. Ce n'est pas la personne du juge d'instruction qui est mise en cause, mais la procédure elle-même qui, en confondant la qualité du juge et les pouvoirs d'investigation sur une même personne, porte atteinte à la présomption d'innocence. Il ne s'agit pas ici de simples « dommages collatéraux » nécessaires à la recherche de la vérité, mais de conséquences inévitables de la procédure d'instruction. Ces juges sont également peu contrôlés et,

lorsqu'une chambre de l'instruction veut le faire comme la loi l'y invite, il se trouve des groupes de juges d'instruction qui se rebellent contre ce pouvoir impensable.
Hubert Dalle et Daniel Soulez-Larivière, Notre justice, Le livre vérité de la justice française. *Robert Laffont, 2002.*

107 Peut-on demander un changement de juge d'instruction ?

Lorsqu'il est manifeste qu'un juge d'instruction ne présente pas l'indépendance ou l'impartialité nécessaires, il peut être dessaisi par décision de la chambre criminelle de la Cour de cassation. La requête « en suspicion légitime » doit être motivée et signée par le détenu lui-même. Elle doit être communiquée aux parties civiles, au procureur de la République et aux autres personnes mises en examen. L'avocat doit impérativement être associé à la démarche. En effet, en cas d'échec, elle risque d'avoir des conséquences fâcheuses sur la conduite de l'instruction par le juge. Le dessaisissement d'un juge d'instruction se produit très rarement.
Articles 6 de la Convention européenne des droits de l'homme et 662 du Code de procédure pénale.

108 Quelle est la durée de l'instruction ?

L'instruction ne doit pas excéder un délai raisonnable, apprécié en fonction de la complexité de l'enquête. Le juge d'instruction ne peut plus poursuivre l'information au-delà de deux ans sans rendre une ordonnance motivée justifiant le dépassement du délai. Les raisons admises sont : la gravité des faits, la complexité des investigations ou l'exercice des droits de la défense. Cette ordonnance est obligatoirement communiquée au président de la chambre de l'instruction qui peut saisir cette juridiction afin que celle-ci vérifie le bien-fondé de la prolongation. L'ordonnance doit être renouvelée tous les six mois. La chambre de l'instruction pourra éventuellement « prendre en main » l'information, ordonner les actes qu'elle estime utiles et, le cas échéant, mettre fin à l'instruction par une décision de renvoi devant la juridiction de jugement ou de non-lieu.
Articles 6 §1 de la Convention européenne des droits de l'homme, 116, 175-1 et 175-2, 201, 202, 204 et 207 du Code de procédure pénale.

109 Peut-on demander la clôture de l'instruction ?

La personne poursuivie peut demander au juge d'instruction de clôturer l'information, à l'expiration d'un délai d'un an en matière correctionnelle et de 18 mois en matière criminelle. Le juge peut établir un calendrier prévisionnel au début de l'information s'il estime que l'instruction peut durer moins longtemps. Le détenu pourra demander la clôture de l'information à l'issue du délai ainsi fixé. La demande pourra également être formulée lorsque aucun acte d'instruction n'a été accompli par le juge pendant un délai de quatre mois. Si le juge accepte de clore l'instruction, il se prononce sur la suite à donner au dossier : renvoi devant la juridiction de jugement ou non-lieu. A l'inverse, s'il ne fait pas droit à la demande, il doit rendre une ordonnance motivée que la personne poursuivie peut soumettre à l'appréciation du président de la chambre de l'instruction. Une nouvelle demande pourra également être présentée au juge d'instruction à l'expiration d'un délai de six mois.

Articles 116 et 175-1 du Code procédure pénale.

« J'ai attendu le verdict des juges durant neuf cent quatre-vingt jours »

Durant plus de deux ans et demi, soit neuf cent quatre-vingt jours, j'ai attendu le verdict des juges, après une enquête qui s'est profondément enlisée et n'a pratiquement rien apporté de nouveau, si ce n'est du trouble et des souffrances supplémentaires pour nous. J'ai été victime de leur insupportable lenteur. [...] Que c'est pénible d'attendre neuf cent quatre-vingt jours, en ayant le sentiment d'avoir été traité comme un simple numéro de dossier et sans avoir pu établir un seul dialogue de cœur avec ceux qui sont responsables de l'enquête, et qui devront me juger en quelques heures. [...] Lorsque la justice vous tombe brutalement dessus, que vous ayez commis des fautes punissables par la loi ou non, vous devez rester à sa disposition, vous vivez psychologiquement comme un otage. Vous avez la tentation journalière de baisser les bras. Une épée de Damoclès placée perpétuellement sur votre tête. Et on va vous laisser longtemps « mijoter », sans nouvelles ! On va vous surveiller, fouiller dans le secret de votre vie, vous suspecter, sans aucune sensibilité ni prévenance. [...] Pourquoi une telle lenteur ? Je n'ai jamais eu de réponse. [...] J'aimerais dire sans esprit de rancune, et avec gravité, qu'il faut moins que cela à une personne mise en examen pour décider de ne plus vivre et de se suicider.

Philippe Auzenet. Quand la justice nous casse. *Ed. Le Sarment, 2001.*

Qu'est-ce qu'une nullité de procédure ? 110

Le non-respect (la violation) d'un texte par le juge d'instruction, par un officier de police judiciaire, etc., expose l'acte en cause à une annulation. Pour entraîner l'annulation de l'acte, la violation doit concerner une formalité importante qui ait causé un dommage à la partie qui l'invoque. La chambre de l'instruction et la Cour de cassation se contentent très souvent dans les faits d'observer que les intérêts du requérant (il s'agit le plus souvent des droits de la défense) n'ont pas été lésés, même dans le cas d'une irrégularité flagrante. La chambre de l'instruction annule néanmoins automatiquement (sans qu'aucune partie n'ait besoin de le demander) certains actes irréguliers. Ainsi, l'annulation de la décision de nomination d'un magistrat à certaines fonctions pourra entraîner l'annulation de tous les actes qu'il a pris. Il peut s'agir également de la violation de certaines formalités applicables aux saisies, aux perquisitions et aux expertises. Le régime des nullités est particulièrement complexe, ce qui oblige les avocats (précaution qu'il faut exiger d'eux) à se montrer particulièrement vigilants, d'autant plus que la jurisprudence de la Cour de cassation est incertaine en la matière. Les actes nuls sont retirés du dossier et classés au greffe de la cour d'appel. Il ne pourra plus y être fait référence.

Article 173 du Code de procédure pénale.

111 Comment présenter une requête en nullité ?

Les requêtes en nullité doivent être motivées et déclarées au greffe de la chambre de l'instruction. Les détenus peuvent les déposer auprès du greffe de la prison. Une copie doit être adressée au juge d'instruction qui transmet le dossier de la procédure au président de la chambre de l'instruction. Celui-ci doit, dans un délai de huit jours après réception du dossier, décider si la requête tombe sous le coup de l'une des causes d'irrecevabilité prévues par la loi. Dans ce cas, la requête ne sera pas examinée. La requête en nullité est irrecevable :

- si elle n'a pas été correctement déclarée ;
- si elle n'est pas motivée ;
- si l'une des parties a déjà invoqué devant la chambre de l'instruction une nullité à l'encontre de la procédure (même si le motif avancé était différent), à moins que le détenu n'ait pas pu avoir connaissance du contenu de ce précédent contentieux ;
- si elle vise des ordonnances susceptibles d'appel ;
- si le délai de vingt jours qui précède la clôture de l'instruction est dépassé ;
- si la nullité demandée concerne l'interrogatoire de première comparution ou les actes antérieurs et n'a pas été invoquée dans les six mois de la notification de la mise en examen. Il peut s'agir des actes accomplis pendant l'enquête préliminaire, la garde à vue ou des réquisitions du procureur de la République. Plus largement, la personne mise en examen est tenue d'invoquer les nullités des actes d'instruction dans les six mois suivant chacun de ses interrogatoires.

Articles 173, 173-1,174 et 175 du Code de procédure pénale.

112 Un recours est-il possible face à une décision d'irrecevabilité ?

La décision sur la recevabilité n'est pas susceptible de recours. Si le président de la chambre de l'instruction n'a pas invoqué dans le délai de huit jours l'une des six causes d'irrecevabilité, les motifs de nullité présentés sont alors examinés par la chambre de l'instruction qui dispose de deux mois à compter de la transmission du dossier pour statuer.

Articles 173 et 194 du Code de procédure pénale.

113 Quel est le rôle de la chambre de l'instruction ?

La chambre de l'instruction est chargée de contrôler le déroulement de l'information, fonction qu'elle remplit en plus de son rôle de juridiction d'appel de certaines des ordonnances du juge d'instruction. Elle vérifie les actes d'information qu'elle peut être amenée à compléter ou à corriger. La chambre se réunit à huis-clos en présence du procureur et des avocats des parties. Elle décide si elle souhaite faire comparaître le détenu, sauf en matière de détention provisoire (auquel cas le détenu comparaît obligatoirement s'il en a fait la demande au moment de saisir la chambre). Les parties peuvent présenter des mémoires, qui doivent être déposés au greffe de la chambre au plus tard la veille de l'audience. Il faut savoir que la chambre de l'instruction est une juridiction traitant beaucoup d'affaires, souvent d'une manière superficielle. Le travail de fond doit être accompli auprès du juge d'instruction. C'est lui qu'il faut convaincre, parce qu'il a la meilleure connaissance du dossier et que la chambre de l'instruction ne se prononce que rarement contre ses décisions.

Articles 185 et suivants, 198 et 199 du Code de procédure pénale.

Qu'est-ce qu'un supplément d'information ? 114

Le supplément d'information est une mesure par laquelle la chambre de l'instruction ordonne les actes d'investigation complémentaires qu'elle juge utiles. Ceux-ci sont confiés à l'un de ses membres ou à un juge d'instruction qu'elle délègue. La chambre de l'instruction dans sa formation habituelle est compétente pour statuer sur la détention provisoire et pour décider du moment où le supplément d'information prend fin.

Articles 205 et 208 du Code de procédure pénale, chambre criminelle de la Cour de cassation, 20 juin 1985.

Quelles sont les formalités préalables à la clôture de l'instruction ? 115

Lorsque le juge d'instruction estime que l'information est terminée, il en avise les parties ainsi que leurs avocats et leur donne un délai de vingt jours pour formuler d'éventuelles demandes. Ces demandes peuvent porter sur de nouvelles investigations, auditions, confrontations, productions de pièces, examens psychologiques et expertises. D'autre part, le détenu peut introduire une requête en annulation contre des actes considérés comme irréguliers. Le juge n'est pas tenu de faire droit à ces demandes, même si elles ont été déposées dans le délai de vingt jours.

Articles 81, 82-1, 156, 175 et 173 du Code de procédure pénale.

Que se passe-t-il à l'expiration du délai de vingt jours ? 116

Lorsque le délai de vingt jours expire, le juge d'instruction prend une « ordonnance de règlement » qui a pour effet de clôturer l'information. Il peut s'agir d'une ordonnance de renvoi devant la juridiction de jugement ou d'un non-lieu. Le détenu ne peut pas faire appel de la décision du juge d'instruction de le renvoyer devant le tribunal correctionnel. En revanche, les ordonnances dites de « mise en accusation » prises par le juge d'instruction (qui ont pour effet de renvoyer l'accusé devant la cour d'assises) peuvent faire l'objet d'un appel. La déclaration d'appel doit être faite par l'avocat au greffe du tribunal de grande instance ou par le détenu, auprès du greffe de la prison. La chambre de l'instruction doit statuer dans les quatre mois de l'ordonnance, faute de quoi le détenu est remis en liberté.

Articles 179, 181, 186-2 du Code de procédure pénale.

Quels sont les effets d'une ordonnance de règlement ? 117

L'ordonnance de renvoi en matière correctionnelle et l'ordonnance de mise en accusation en matière criminelle ont pour effet de dessaisir le juge d'instruction au profit de la juridiction de jugement. L'ordonnance a par ailleurs pour effet de « purifier » la procédure des vices éventuels. Cela signifie qu'à partir de ce moment, ceux-ci ne pourront plus être invoqués. Une ordonnance de non-lieu, qui intervient principalement si les charges sont jugées insuffisantes ou si la personne est considérée comme ayant été en état de démence au moment des faits, met fin à la détention provisoire et à l'instruction. L'ordonnance de non-lieu permet à la personne de demander l'indemnisation de la détention provisoire. Une autre information ne pourra plus être ouverte contre les mêmes faits, sauf si des charges nouvelles sont découvertes, qui n'auraient pas été soumises à l'examen du juge d'instruction.

Articles 179, 181, 188 et suivants du Code de procédure pénale.

Le tribunal

Le tribunal correctionnel se prononce sur les délits, c'est-à-dire les infractions pénales considérées comme moins graves que les crimes. Cette juridiction est à l'origine des courtes et moyennes peines de prison, qui gagneraient souvent à être remplacées par des mesures éducatives (médiation et réparation pénales) des peines d'avertissement (amendes, retrait du permis de conduire…) ou de réinsertion (travail d'intérêt général, injonction de soins…).

118 Qu'est-ce qu'un tribunal correctionnel ?

Le tribunal correctionnel est une formation du tribunal de grande instance compétente en matière de délits. Il est composé d'un président et de deux juges. Toutefois, certaines infractions, dont la liste est établie par la loi, sont jugées par un tribunal composé d'un juge unique, sauf si la peine encourue est supérieure à cinq ans d'emprisonnement. Le président dirige les débats. Il expose les faits faisant l'objet de la poursuite et interroge les prévenus. Le procureur ainsi que les avocats de la défense et des parties civiles peuvent, sous forme de réquisitions ou de conclusions, présenter des demandes écrites auxquelles le tribunal est tenu de répondre dans son jugement. Les conclusions des avocats doivent être enregistrées par le greffier.

Articles 381, 398, 398-1, 401 et 459 du Code de procédure pénale.

119 Quels sont les différents modes de comparution devant le tribunal correctionnel ?

Les mis en examen faisant l'objet d'une ordonnance de renvoi du juge d'instruction devant le tribunal correctionnel comparaissent en qualité de prévenus. Mais, dans le plus grand nombre de cas, la comparution n'a pas été précédée d'une information judiciaire. La comparution est dite volontaire si la personne poursuivie accepte de comparaître sur simple avertissement du procureur de la République sans avoir reçu de citation préalable. Sinon, le procureur de la République fait délivrer une citation à comparaître ou notifier une convocation en indiquant le fait poursuivi, le texte de loi applicable, le tribunal saisi, le lieu, la date et l'heure de l'audience. Le procureur de la République peut aussi interroger lui-même la personne qui lui a été déférée par la police et la convoquer devant le tribunal correctionnel, dans un délai compris entre dix jours et deux mois. Il peut également décider de la conduire directement devant le tribunal (procédure dite de « comparution immédiate »). Dans ce cas, le prévenu a le droit d'être immédiatement assisté par un avocat. Aucune mesure de contrôle judiciaire, ni aucun placement en détention ne pourra être ordonné par le procureur. En revanche, ces décisions pourront être prises par le juge des libertés et de la détention (JLD), après un débat en présence de l'avocat choisi par le prévenu ou désigné par le bâtonnier, et s'appliqueront jusqu'à la comparution à l'audience. Lorsque le prévenu demande à bénéficier d'un délai pour préparer sa défense ou que l'affaire n'est pas en état d'être jugée, cette dernière est renvoyée à une prochaine audience dans un délai compris entre deux et six semaines. Lorsque la peine encourue est supérieure à sept ans d'emprisonnement, le prévenu peut demander que l'affaire soit renvoyée à une audience ultérieure dans un délai compris entre deux et quatre mois. Il existe donc deux types d'audience très différents selon que celle-ci a été précédée ou pas d'une information judiciaire. Si l'audience obéit aux mêmes règles, les délais et les conditions de préparation ne sont pas les mêmes.

Articles 388 et suivants du Code de procédure pénale.

Comment se déroule la procédure en cas de comparution sans instruction préalable ? 120

Lorsque l'audience a lieu sans instruction préalable, le tribunal dispose d'un dossier ne contenant que les procès verbaux de la police et du procureur de la République. De son côté, le prévenu a le droit de faire venir des témoins et de demander des vérifications et des expertises. Cependant, s'il fait l'objet d'une comparution immédiate, il doit se décider sous la pression et avec la crainte de rester détenu en attendant le jugement, qui sera nécessairement reporté pour lui permettre de préparer sa défense. Le délai de comparution devant le tribunal sera alors de deux à six semaines. Dans le cadre de la comparution immédiate, la communication immédiate du dossier est un droit dont la mise en œuvre effective s'exercera, compte tenu de l'urgence, dans des conditions difficiles. Le plus souvent, l'accès du prévenu au dossier se fera par l'intermédiaire de l'avocat choisi ou désigné. Mais le prévenu qui refuserait d'être assisté aurait néanmoins le droit d'obtenir, à ses frais, une copie des pièces de la procédure.

Articles 393, 397-1 et 397-2 du Code de procédure pénale.

La tendance est plus que jamais à la rapidité

S'agissant du traitement de la petite et moyenne délinquance de voie publique, la tendance est plus que jamais à la rapidité. Dans ce domaine, qui constitue une part importante du contentieux pénal et forme le tout-venant des juridictions, les procédures de comparution immédiate se multiplient, qui permettent de traduire devant le tribunal, dans des délais très brefs, l'auteur présumé d'une infraction correctionnelle. Ce n'est pas tant alors, la figure du délinquant qui est au cœur du procès que l'acte qu'il a commis : la personnalité du prévenu n'est souvent abordée que par le prisme du casier judiciaire, ce qui, dès lors qu'il n'est pas vierge, tourne rapidement au désavantage de son possesseur. Les indications sur son histoire personnelle, sur son parcours et son environnement sont absentes, ou invérifiées, faute d'avoir pu être valablement recueillies et exploitées dans le trop court laps de temps qui caractérise la procédure. Ce sont de tels éléments qui permettraient pourtant de prévoir une réelle individualisation de la peine à prononcer, et, partant, d'envisager une alternative crédible à l'incarcération.

Jean-Claude Bouvier, « Pourquoi les juges ne recourent-ils pas davantage aux peines alternatives ? », Panoramiques, *Ed. Corlet, 2000.*

121 L'audience devant le tribunal correctionnel est-elle publique ?

L'audience est en règle générale publique. Le huis-clos peut être ordonné si l'ordre (réactions du public) ou les mœurs (atteintes sexuelles) sont menacés. Contrairement à une idée répandue, les débats ne sont pas enregistrés. Le greffier prend des notes qui ne sont qu'un résumé des déclarations des témoins et des réponses des prévenus. Il a même été jugé que l'absence de notes d'audience n'entraînait aucune nullité.

Articles 400 et 453 du Code de procédure pénale, chambre criminelle de la Cour de cassation, 19 août 1875.

122 Le prévenu peut-il citer des témoins à l'audience ?

Les témoins peuvent être cités, sans limitation de nombre, par toutes les parties. L'absence d'un témoin n'est cependant pas une cause d'irrégularité du procès. En principe, l'audition des témoins n'est possible que s'ils connaissent les faits ou la personnalité du prévenu. Il arrive cependant que le tribunal accepte d'entendre des témoins venus l'éclairer sur des questions d'ordre général. Avec l'autorisation du tribunal, des témoins présents à l'audience sans avoir été cités peuvent également être entendus. Les témoins déposent oralement après avoir prêté serment. Ils peuvent, avec l'autorisation du président, s'aider de documents. Après leur déposition, les témoins répondent aux questions du président et des parties, qui peuvent poser toutes les questions qu'elles jugent nécessaires.

Articles 435 et suivants, 442-1 et 550 et suivants du Code de procédure pénale.

123 Le prévenu peut-il revenir sur ses déclarations au cours de l'audience ?

Le prévenu est libre de revenir sur les déclarations préalablement faites à la police ou lors de l'instruction. Il peut aussi rétracter ses aveux. Cependant, des déclarations nouvelles ne seraient pas seulement inutiles mais nuisibles si elles ne s'appuyaient pas sur des éléments matériels ou des témoignages nouveaux. Le tribunal examine en effet les arguments développés par les parties en se référant systématiquement au dossier établi par la police ou par le juge d'instruction. Il en résulte que les arguments appuyés sur des faits non évoqués dans le dossier seront accueillis avec la plus grande méfiance. Cela signifie que la personne poursuivie a le plus grand intérêt à invoquer au moment de l'instruction, même sous une forme sommaire, la totalité des éléments de la démonstration qu'elle fera à l'audience.

Article 428 du Code de procédure pénale.

« Mandats de dépôt ! »

Les policiers amènent Jean, détenu depuis sept mois. A ses côtés comparaissent Alexandre etYoussef, libres, sous contrôle judiciaire. Ils ont 21 ans, n'ont jamais été condamnés et ont agressé deux jeunes filles pour leur arracher leur sac à main. « *Quelle est votre adresse ?* » demande le président à Alexandre. « *Comment se fait-il que l'huissier ne vous ait pas trouvé ?* » L'avocat intervient : « *Il reçoit tous mes courriers* » Et le juge grince : « *Est-ce à dire que l'employé des postes dispose de plus de moyens d'investigation que les huissiers de justice ?* » Il résume les faits. Les trois passaient la soirée ensemble « *et, pour ne pas rester là sans rien faire, vous avez pensé à agresser des gens pour les voler* ». La sortie du casino de Cassis, une station-service ? Trop difficile. « *Qu'à cela ne tienne, deux jeunes filles passent, on va les attaquer !* », s'emporte le président. « *Alors, des explications ?* » Jean dit : « *Ca a été un coup de folie, je souhaite par-dessus tout reprendre le travail et payer ma dette à la société.* » Le président sourit : « *Court, sobre et bien dit !* » Alexandre bafouille : « *J'ai pas voulu agresser.* » Et Youssef : « *Je suis resté dans la voiture.* » Le juge menace : « *Mais vous aviez du papier collant, c'est sordide, pour masquer les plaques de la voiture. Pourquoi ? Répondez ! Ne me laissez pas comprendre tout seul, cela m'énerve et ensuite...* » Le procureur réclame des peines sévères et deux avocats plaident pour Alexandre et Jean. Le premier a retrouvé du travail tout de suite, le second a une embauche sûre quand il sortira de prison. Leurs familles sont aisées et les entourent. « *Laissez-leur une chance, vous pouvez vous engouffrer dans la voie du sursis.* » Youssef est le seul pauvre de la bande, et c'est la grève des avocats commis d'office. Il bafouille : « *Mon avocat devait venir, je ne le vois pas, je ne comprends pas.* » Il ajoute, égaré : « *Je suis embauché, je regrette.* » Cinq minutes de délibéré. 3 ans, 18 mois et 2 ans pour Jean, Alexandre etYoussef. « *Mandats de dépôt !* » ordonne le président. Les policiers les menottent. Youssef réalise. Il sanglote.

Dominique Simonnot, Justice en France, *Editions de la Martinière, 2003.*

Les débats peuvent-ils être ajournés ? 124

Lorsque les débats ne peuvent pas être terminés au cours de la même audience, ils sont ajournés à une audience ultérieure. En particulier, si le tribunal s'estime insuffisamment éclairé, il peut faire procéder à un supplément d'information, ordonner une expertise ou se rendre sur les lieux de la commission de l'infraction.

Articles 434, 456, 461 et 463 du Code de procédure pénale.

A quel moment intervient la plaidoirie de l'avocat ? 125

Après les débats, les parties ou leurs défenseurs prennent la parole. La partie civile intervient en premier. Ensuite, le procureur formule ses réquisitions. Celles-ci ne constituent qu'une opinion (coupable ou non coupable) et ne contiennent que des demandes (peine proposée). Le tribunal n'est pas lié par les réquisitions du procureur. Le prévenu ou son défenseur ont la parole en dernier. Le rôle du défenseur est de combattre l'opinion du procureur et de s'opposer à ses demandes.

Article 460 du Code de procédure pénale.

126 Le jugement est-il rendu à l'audience ?

Le jugement est rendu soit à l'audience même, soit à une audience ultérieure dont la date doit être communiquée aux parties.

Article 485 du Code de procédure pénale.

127 Qu'est-ce que la relaxe ?

Lorsque le tribunal correctionnel estime que les faits ne constituent pas une infraction ou qu'ils ne sont pas imputables au prévenu, il le relaxe. Le prévenu doit alors être immédiatement remis en liberté, même s'il a été fait appel de la décision par le procureur.

Article 471 du Code de procédure pénale.

128 Quelles peines peuvent être prononcées par le tribunal correctionnel ?

S'il estime que les infractions poursuivies sont constituées, le tribunal prononce la déclaration de culpabilité et détermine la peine. En matière correctionnelle, les peines qui peuvent être prononcées sont : l'emprisonnement pour une durée n'excédant pas dix ans, sauf cas de récidive ; l'amende ; le jour-amende ; le travail d'intérêt général ; les peines privatives de droits ; les peines complémentaires. L'emprisonnement peut être assorti du sursis simple ou du sursis avec mise à l'épreuve. L'amende, le jour-amende (amende payable dans la limite de 1 000 euros par jour et pour une durée qui ne peut excéder 360 jours) ainsi que les peines privatives de droits et les peines complémentaires pour la plupart, peuvent se cumuler avec une peine de prison. La peine de travail d'intérêt général, qui ne peut être inférieure à 40 heures ni supérieure à 210 heures (240 jusqu'au 1er janvier 2005), ne peut être prononcée qu'avec l'accord du prévenu. Elle n'est jamais assortie du sursis. En revanche, le travail d'intérêt général n'est cumulable avec aucune autre peine principale (emprisonnement, amende…). La juridiction de jugement peut, en même temps qu'elle prononce une peine de travail d'intérêt général ou certaines peines alternatives à l'emprisonnement, fixer la durée maximale de l'emprisonnement en cas de non respect des obligations ou interdictions résultant de cette peine.

Articles 131-8 et suivants, 132-31 et 132-40 du Code pénal, 464, 734 et suivants du Code de procédure pénale.

« Les courtes peines sont totalement inutiles »

La question du rapport à la peine et de sa signification pour le condamné se pose également dans le cas de courtes peines. Effectuées dans des maisons d'arrêt trop souvent surpeuplées, dans des conditions de détention insupportables, ces peines ne peuvent être perçues comme un véritable rappel à la loi. Elles sont au contraire souvent vécues par une population jeune, déshéritée et entrée dans un cycle de délinquance, comme la confirmation et l'aboutissement d'un processus définitif d'exclusion de la société. Elles cassent le délinquant sans lui donner les clés de sa réinsertion. A la question de l'utilité des peines inférieures à six mois, Me Francis Teitgen a répondu de manière très symptomatique qu'elles servaient d'abord à rassurer la société ! Il a ajouté à ce sujet : « *Les courtes peines d'emprisonnement n'ont aucun sens ; il n'y a pas de mécanisme de réinsertion possible dans des délais aussi courts, pas de pédagogie possible, pas de formation professionnelle possible. Par conséquent, ces courtes peines sont totalement inutiles.* »

Assemblée nationale, La France face à ses prisons, *rapport de la commission d'enquête sur la situation dans les prisons françaises, juillet 2000.*

Qu'est-ce que le sursis ? 129

Le sursis est une mesure qui suspend, en totalité ou en partie, l'exécution de la peine. Il est susceptible d'être révoqué pendant un certain délai (période d'épreuve). Il existe deux types de sursis. Le sursis simple et le sursis avec mise à l'épreuve.

Articles 132-40 et suivants, 734 et suivants du Code de procédure pénale.

Qu'est ce que le sursis simple ? 130

Le sursis simple suspend l'exécution de la peine et crée une période d'épreuve d'une durée de cinq ans. Il ne peut s'appliquer qu'aux peines d'emprisonnement inférieures ou égales à cinq ans. Il ne peut pas être prononcé à l'égard des personnes ayant été condamnées à une peine privative de liberté au cours des cinq années précédant les faits. A l'issue des cinq ans d'épreuve, si le bénéficiaire du sursis n'a pas été condamné pour un crime ou un délit à une peine sans sursis, la condamnation avec sursis est considérée comme inexistante et disparaît du casier judiciaire. A l'inverse, toute nouvelle condamnation à une peine d'emprisonnement ou de réclusion criminelle dans le délai de cinq ans révoque le sursis.

Articles 132-29 et suivants du Code de procédure pénale.

Le condamné peut-il être dispensé d'une révocation du sursis ? 131

Le tribunal peut dispenser le condamné de la révocation du sursis par une décision spéciale rendue à l'audience. S'il ne l'a pas fait, il peut prendre cette décision ultérieurement sur une demande de dispense présentée par le condamné. La requête est adressée au procureur de la République. Elle est examinée en présence du condamné ou de son avocat. La décision de rejet du tribunal correctionnel est susceptible d'appel.

Articles 132-38 du Code pénal, 703 et 735 du Code de procédure pénale.

Qu'est-ce que le sursis avec mise à l'épreuve ? 132

Le sursis avec mise à l'épreuve est un sursis accompagné de mesures de contrôle et d'obligations particulières. Contrairement au sursis simple, il peut être accordé à des personnes déjà condamnées au cours des cinq ans précédant les faits poursuivis. Si la condamnation antérieure est une peine d'emprisonnement avec sursis, la nouvelle condamnation assortie du sursis avec mise à l'épreuve ne révoque pas le sursis antérieur. La période d'épreuve ne peut être inférieure à dix-huit mois ni supérieure à trois ans. Pendant cette période, le condamné est « surveillé » par le juge de l'application des peines ou un agent de probation. Il doit les informer de ses moyens d'existence, de ses changements d'emploi, de ses changements de résidence, de ses déplacements d'une durée supérieure à quinze jours et de tout déplacement à l'étranger.

Articles 132-44 et 739 du Code de procédure pénale.

133 Quelles sont les obligations particulières au sursis avec mise à l'épreuve ?

En plus de ces contrôles, le bénéficiaire du sursis avec mise à l'épreuve peut se voir contraint d'exercer une activité professionnelle, d'établir sa résidence en un lieu déterminé, de suivre un traitement médical, de justifier qu'il contribue à ses charges familiales ou qu'il paye les sommes dues aux parties civiles et au Trésor public. Il peut aussi se voir interdire certaines activités professionnelles, certains lieux, la conduite de certains véhicules, la fréquentation de certaines personnes, des maisons de jeux et des débits de boisson, la détention ou le port d'une arme. Le sursis peut encore être assorti de l'obligation d'accomplir un travail d'intérêt général, (l'accord du prévenu devant alors être recueilli à l'audience) ou un stage de citoyenneté. A partir du 1er janvier 2005, la personne condamnée pour une infraction d'atteinte volontaire à la vie, d'agressions ou d'atteintes sexuelles, pourra se voir interdire la diffusion d'un ouvrage ou d'une œuvre audiovisuelle ayant un rapport avec les faits. Un condamné pourra également avoir obligation de remettre ses enfants entre les mains de la personne à laquelle la justice a confié la garde.

Articles 131-22, 132-45, 132-54 et suivants du Code pénal, 739 du Code de procédure pénale.

Le manque de crédibilité des mesures appliquées dans la communauté aux yeux des magistrats

Parmi les mesures et sanctions exécutées en milieu ouvert viennent très largement en tête les SME (sursis avec mise à l'épreuve), même si leur poids dans l'ensemble des mesures suivies est en diminution depuis plus de dix ans (76 % des mesures en 2000 contre 83 % en 1990). Sursis à exécution d'une peine d'emprisonnement, ils s'accompagnent d'un certain nombre d'obligations imposées au condamné, le délai d'épreuve variant de dix-huit mois à trois ans. [...] La question principale qui se pose, à propos du milieu ouvert, concerne l'effectivité comme l'efficience de ces sanctions toujours plus nombreuses. Par exemple, le délai d'épreuve pour un SME ayant pour point de départ le jour où la condamnation est devenue définitive, la complexité de la mise en œuvre rend parfois l'exécution impossible : temps nécessaire pour que la décision arrive au SPIP, ouverture du dossier, prise de rendez-vous avec le JAP pour notification de la mesure, affectation du dossier à un travailleur social – quand la chose est possible, compte tenu des charges de travail –, convocation du condamné par le travailleur social, mise en place concrète de certaines obligations du sursis. Cette situation peut expliquer le manque de crédibilité de ces mesures appliquées dans la communauté aux yeux de certains magistrats qui préfèreront le caractère concret et l'efficacité – à courte vue ? – de la mise sous écrou.

Pierre Victor Tournier, « L'exécution des peines », Crime et sécurité, l'état des savoirs. *La Découverte, 2002.*

A quel moment la révocation du sursis avec mise à l'épreuve est-elle susceptible d'intervenir ? 134

La révocation du sursis avec mise à l'épreuve peut être ordonnée par le juge de l'application des peines (ou le tribunal) qui a accordé la mesure dans deux hypothèses :
- si le bénéficiaire n'a pas respecté les contrôles et obligations auxquels il est soumis ;
- s'il a été condamné, pendant le délai de l'épreuve, à une peine d'emprisonnement sans sursis.

Le tribunal n'est jamais tenu de prononcer la révocation. Il peut se contenter de prolonger le délai d'épreuve initialement ordonné. Le juge de l'application des peines peut ordonner une incarcération provisoire en cas d'inobservation des obligations.

Articles 132-47 et 132-48 du Code pénal, 742 et 712-18 du Code de procédure pénale.

Qu'est-ce que la dispense de peine ? 135

La dispense de peine est décidée par le tribunal correctionnel après la déclaration de culpabilité : le prévenu est reconnu coupable, mais dispensé de peine. Cette mesure est soumise à trois conditions : le tribunal doit constater le reclassement du prévenu (professionnel, social…), la réparation du dommage et la cessation du trouble causé par l'infraction. Même si ces conditions sont réunies, la dispense de peine n'est jamais automatiquement accordée.

Articles 132-58 et 132-59 du Code pénal, 469-1 du Code de procédure pénale.

Qu'est-ce que l'ajournement de la peine ? 136

Après la déclaration de culpabilité, la juridiction peut décider l'ajournement de la peine, c'est-à-dire fixer une date ultérieure à laquelle il sera statué sur la peine. Le tribunal peut prendre une telle décision après avoir constaté que le reclassement du prévenu était en voie d'être acquis, le dommage en voie d'être réparé et le trouble résultant de l'infraction sur le point de cesser. A la date fixée lors de l'audience, la juridiction peut soit prononcer la peine, soit accorder une dispense de peine, soit ajourner de nouveau. L'ajournement peut aussi être assorti d'une mise à l'épreuve selon les modalités prévues pour le sursis avec mise à l'épreuve.

Articles 132-60, 132-63 et suivants du Code pénal.

137 Qu'est-ce que la récidive légale en matière correctionnelle ?

La récidive légale est une circonstance qui aggrave la peine encourue. Toute réitération de l'infraction ne constitue pas un cas de récidive légale. Pour qu'elle soit retenue, il faut que soient réunies des conditions concernant la première et la seconde infraction commises ; s'y ajoute souvent l'exigence d'un délai entre l'une et l'autre. La récidive en matière correctionnelle obéit aux règles suivantes :
- La première infraction était un crime ou un délit passible d'une peine maximale de dix ans d'emprisonnement. Un nouveau délit également passible de dix ans d'emprisonnement est commis dans un délai de dix ans suite à l'expiration de la première peine. La peine encourue pour le deuxième délit est alors multipliée par deux. Le maximum encouru est donc de vingt ans. La peine encourue est également de vingt ans si la personne en état de récidive a commis dans un délai de cinq ans, une deuxième infraction passible d'une peine comprise entre un et dix ans.
- La première infraction était passible d'une peine inférieure à dix ans d'emprisonnement. L'état de récidive ne peut alors résulter que d'une condamnation prononcée dans les cinq ans suivant l'expiration ou la prescription de la peine précédente. Seuls les délits identiques ou assimilés sont pris en compte, mais il n'est pas nécessaire que les peines encourues soient des peines d'emprisonnement. S'il s'agit de délits et même si la peine encourue est une amende, l'état de récidive est retenu. La peine encourue pour la seconde condamnation est équivalente au double du maximum légal.

Articles 132-9 et 132-10 du Code pénal.

« three strikes and you are out »

C'est un renoncement qui satisfera les juges et le ministre de la Justice : Dominique de Villepin annonce, dans son entretien au *Monde*, l'abandon du projet des « peines planchers » - ces peines minimales automatiques que l'ancien ministre de l'Intérieur, Nicolas Sarkozy, voulait instaurer pour sanctionner les délinquants récidivistes. [...] Jugeant que la loi n'était pas assez dissuasive vis-à-vis des « *délinquants d'habitude* », M. Sarkozy n'avait pas craint de chasser sur les terres du garde des Sceaux en défendant l'idée de sanctions minimales au-dessous desquelles les juges ne pourraient pas aller, avec une obligation de prononcer des peines de prison. Le projet a suscité de vives oppositions dans le monde judiciaire (*Le Monde* du 10 janvier). Il rappelle le « code de fer » de 1791 ou le système de la relégation perpétuelle aux colonies instaurée en 1885. Effectif aux Etats-Unis, un dispositif du même ordre, dit du « three strikes and you are out », a récemment conduit un voleur récidiviste de clubs de golf à la prison à perpétuité. [...]Tenace, M. Sarkozy est revenu à la charge au fil des mois [...] Un de ses proches, Christian Estrosi, député des Alpes-Maritimes et ancien rapporteur du projet de loi sur la sécurité intérieure, a déposé une proposition de loi - cosignée par 180 députés - le 29 janvier 2004. Le dossier a finalement été confié à une mission d'information parlementaire « relative au traitement de la récidive des infractions pénales ». Composée de quatorze députés de la majorité et de l'opposition, celle-ci a été installée le 4 mars. Dirigée par le président de la commission des lois de l'Assemblée nationale, Pascal Clément, elle n'a commencé ses travaux que la semaine dernière et s'apprête à travailler pendant quatre mois.

Nathalie Guibert, « Le ministre renonce aux "peines planchers" chères à Sarkozy », Le Monde, *23 avril.*

Que se passe-t-il lorsque plusieurs infractions sont en concours ? 138

L'état de récidive doit être distingué du cas où les infractions sont en concours. En effet, il ne peut pas y avoir récidive si la seconde infraction a été commise alors que la première condamnation n'était pas définitive. Les infractions sont dites « en concours ». Dans ce cas, les règles applicables sont les suivantes :
- si les différentes infractions sont jugées en même temps, deux peines peuvent être prononcées si elles sont de nature différente (peine d'emprisonnement et peine d'amende par exemple). Mais si les peines encourues sont de même nature (deux peines d'emprisonnement) la juridiction ne pourra prononcer qu'une seule peine, dans la limite du maximum légal de la peine encourue la plus élevée.
- si les différentes infractions sont jugées séparément, les peines s'additionnent jusqu'à atteindre le maximum légal de la peine encourue la plus forte sauf si la juridiction qui prononce la dernière peine décide la confusion totale ou partielle des peines. La confusion peut encore être demandée après que la dernière peine soit devenue définitive, s'il n'a pas déjà été statué à cet égard. Pour cela, il faut saisir la juridiction qui a prononcé au moins l'une des peines afférentes aux infractions en concours. Lorsque la peine a été prononcée par une cour d'assises, la chambre de l'instruction est compétente. La requête peut également être adressée à la juridiction du ressort du lieu de détention de même niveau que celle qui a prononcé l'une des condamnations (tribunal correctionnel, chambre des appels correctionnels ou chambre de l'instruction).

Il convient de prendre garde au fait qu'en cas de confusion, l'exclusion du bénéfice des grâces qui affecterait l'une des peines s'étend à toutes les autres (*Cf. le chapitre « Grâces et amnisties »*).

Articles 132-2 et suivants du Code pénal, 710 du code de procédure pénale, chambre criminelle de la Cour de cassation, 6 juin 2001.

Qu'est-ce que la comparution sur reconnaissance préalable de culpabilité (« plaider coupable ») ? 139

Le plaider coupable est une procédure applicable en matière correctionnelle lorsqu'existe un accord entre la personne mise en cause et le procureur sur les points essentiels du procès pénal : culpabilité, choix de la peine et de son quantum. Pour que cette procédure puisse être mise en œuvre, il faut que le ou les délits commis soient punis d'une peine d'emprisonnement inférieure ou égale à cinq ans. Elle n'est pas applicable aux délits d'homicides involontaires, aux délits politiques et à ceux dont la procédure de poursuite est prévue par une loi spéciale. D'autre part, la personne concernée doit être majeure. Les personnes renvoyées devant le tribunal correctionnel par un juge d'instruction ne peuvent pas faire l'objet d'une procédure de plaider coupable. Si une peine d'emprisonnement ferme est proposée par le procureur, elle ne peut être supérieure à un an ni excéder la moitié de la peine encourue. De même, le montant de l'amende ne peut être supérieur à la moitié de l'amende encourue.

Articles 495-7 à 495-14 du Code de procédure pénale.

140 Comment se déroule la procédure du plaider coupable ?

Lorsque la personne mise en cause reconnaît les faits, et que les conditions indiquées ci-dessus sont réunies, le procureur peut recourir à la procédure du plaider coupable. Ce magistrat peut présenter cette proposition à la personne à l'issue de sa garde à vue ou, sur convocation, lors de sa comparution devant lui. L'intéressé, ou son avocat, peut également solliciter l'application du plaider coupable auprès du procureur, qui décide d'y recourir ou pas. Lorsque cette procédure est mise en oeuvre, le procureur peut proposer à l'intéressé d'exécuter des peines de substitution mais également une peine de prison pouvant aller jusqu'à un an. La reconnaissance de culpabilité et la proposition du procureur doivent obligatoirement intervenir en présence d'un avocat. Celui-ci est choisi par la personne mise en cause ou commis d'office par le bâtonnier. Il a communication du dossier et peut s'entretenir confidentiellement avec la personne concernée avant qu'elle fasse connaître sa décision. La personne est informée qu'elle peut demander à disposer d'un délai de dix jours avant de faire connaître qu'elle accepte ou refuse la ou les peines proposées. S'il propose une peine d'emprisonnement ferme, le procureur précise à la personne s'il entend que cette peine soit immédiatement mise à exécution ou si la personne sera convoquée par le JAP pour que soient déterminées les modalités de son exécution, notamment la semi-liberté, le placement extérieur ou sous bracelet électronique. Lorsque l'intéressé accepte, en présence de son avocat, la peine ou les peines proposées, il est immédiatement présentée devant le président du tribunal. Lorsqu'il demande à bénéficier du délai de réflexion de dix jours, le procureur peut, à titre exceptionnel et si la peine proposée est d'au moins deux mois d'emprisonnement ferme et qu'il a été indiqué qu'elle serait immédiatement exécutée, demander son placement en détention provisoire. La personne est alors présentée devant le juge des libertés et de la détention, assisté de son avocat. Si la détention provisoire et décidée, la personne doit comparaître à nouveau devant le procureur dans un délai compris entre dix et vingt jours. Si la personne refuse la peine qui lui est proposée, ou que le président du tribunal refuse d'homologuer cette peine, le parquet peut saisir le tribunal correctionnel ou requérir l'ouverture d'une instruction.

Articles 495-7 à 495-15 du Code de procédure pénale

141 Comment se déroule l'audience d'homologation devant le président du tribunal dans le cadre du plaider coupable ?

L'audience qui se tient devant le président du tribunal en vue de l'homologation de la peine est publique. Le président du tribunal entend la personne concernée et son avocat. Il n'est pas lié par la proposition du procureur ni par son acceptation par la personne mise en cause. Il lui appartient de s'assurer que l'intéressé a reconnu librement et sincèrement être l'auteur des faits et de vérifier la réalité de ceux-ci. Il doit contrôler qu'ils sont effectivement constitutifs de l'infraction retenue par le parquet, que la peine est justifiée au regard des circonstances des faits, de la personnalité de leur auteur, de la situation de la victime ou des intérêts de la société. En cas de refus d'homologation, la loi prévoit que le procès-verbal de la procédure de comparution sur reconnaissance préalable ne peut être transmis au juge d'instruction ou de jugement. Ni le parquet, ni la partie civile, ni la défense ne pourront faire état des déclarations faites ou des documents remis au cours de cette procédure. En cas d'homologation de la peine proposée, le président rend une ordonnance motivée. La personne concernée peut toujours faire appel de cette décision, dans un délai de dix jours. Le parquet ne peut faire appel que si l'intéressé a lui-même contesté la décision. La cour d'appel ne pourra aggraver la peine homologuée que si le parquet a fait appel.

Articles 495-9 et suivants, 520-1 du Code de procédure pénale, conseil constitutionnel, décision du 2 mars 2004, n°2004-492 DC.

Par qui les prévenus mineurs sont-ils jugés ? 142

Les prévenus mineurs au moment des faits sont jugés par des juridictions spéciales, même s'ils sont majeurs au moment du jugement. Le juge des enfants et le tribunal pour enfants sont tous les deux compétents pour juger les délits commis par des mineurs. Le tribunal pour enfants est également compétent pour connaître des crimes commis par les mineurs de moins de seize ans. Le juge des enfants peut décider de juger lui-même ou de renvoyer l'affaire devant le tribunal pour enfants. Lorsqu'il est amené à juger, il peut prononcer des mesures éducatives mais en aucun cas une condamnation pénale. Le tribunal pour enfants peut, quant à lui, prononcer aussi bien des mesures éducatives, que des sanctions pénales. C'est donc la gravité de la sanction pénale envisagée qui détermine quelle sera la juridiction compétente. Le mineur peut être renvoyé devant le tribunal pour enfants par le juge d'instruction ou par le juge des enfants et, exceptionnellement, par le procureur (procédure de jugement à délai rapproché). Seuls les proches parents, témoins, avocats du barreau de la juridiction et membres de la protection judiciaire de la jeunesse peuvent assister à une audience devant le tribunal pour enfants.

Articles 2, 8, 9, 14, 15 et 16 de l'ordonnance du 2 février 1945 relative à l'enfance délinquante.

La justice des mineurs en France n'est pas particulièrement laxiste

Elle est erratique. [...] Les décisions d'incarcération des mineurs sont prises dans de telles conditions qu'elles manquent de sens pour ceux-ci. Lorsqu'un mineur est placé en détention provisoire, il l'est rarement parce que les nécessités de l'instruction l'exigent, mais beaucoup plus parce que les magistrats estiment nécessaire de donner un coup d'arrêt au processus d'enracinement dans la délinquance. Ainsi, le mineur est incarcéré sans savoir pour combien de temps. Plus tard, intervient le jugement au cours duquel, en règle générale, la juridiction prononce une peine couvrant la durée de détention provisoire déjà effectuée. Convenons qu'un tel système est peu compréhensible.

Sénat, Délinquance des mineurs : La République en quête de respect, *rapport de la commission d'enquête, 2002.*

143 Qu'est-ce que la procédure de jugement à délai rapproché des mineurs ?

Sous certaines conditions, le procureur peut faire traduire un mineur devant le tribunal pour enfants dans un délai qui ne peut être inférieur à dix jours et supérieur à un mois. Si le mineur est âgé de 16 à 18 ans, la peine encourue doit être égale ou supérieure à trois ans en cas de flagrance, et supérieure ou égale à cinq ans dans les autres cas. S'agissant des mineurs de 13 à 16 ans, la peine encourue doit être d'au moins cinq ans d'emprisonnement, sans excéder sept ans. D'autre part, le mineur doit être déjà connu et avoir fait l'objet d'une enquête de personnalité à l'occasion d'une procédure antérieure de moins d'un an. Enfin, l'établissement des faits ne doit nécessiter aucune investigation supplémentaire. Le procureur notifie au mineur les faits qui lui sont reprochés en présence de l'avocat de son choix ou d'un avocat désigné par le bâtonnier. Après avoir recueilli les observations de l'intéressé et de son avocat, il lui notifie la date et l'heure de l'audience de jugement. Le procureur fait ensuite comparaître le mineur devant le juge des enfants afin que celui si statue sur ses réquisitions tendant soit au contrôle judiciaire, soit, concernant les mineurs de 16 à 18 ans, à la détention provisoire. Cette décision, prise à l'issue d'un débat contradictoire en présence de l'avocat, est susceptible d'appel devant la chambre de l'instruction. Le tribunal pour enfants doit statuer dans les délais impartis. Il peut toutefois décider de renvoyer l'affaire à une audience dans le délai d'un mois maximum, notamment pour un complément d'enquête. Le tribunal doit alors, le cas échéant, se prononcer sur le maintien du contrôle judiciaire ou de la détention. Il peut enfin renvoyer le dossier au procureur pour des investigations complémentaires si la gravité ou la complexité de l'affaire le nécessite.

Article 14-2 de l'ordonnance du 2 février 1945 relative à l'enfance délinquante.

144 Qu'est-ce que la procédure de « comparution à délai rapproché » des mineurs ?

Il s'agit d'une procédure prévue en cas de déferrement d'un mineur devant le procureur à l'occasion d'une infraction nouvelle alors que le juge des enfants est déjà saisi pour une autre infraction. En toute matière correctionnelle et quel que soit l'âge du mineur, le procureur peut saisir le juge des enfants pour qu'il décide la comparution de l'intéressé devant le tribunal correctionnel dans un délai de un à trois mois. Toutefois, cette demande n'est possible que si les éléments de personnalité ont été recueillis et que des investigations sur les faits ne sont plus nécessaires. Si le juge fait droit à la demande du procureur, il peut décider de placer le mineur de 16 à 18 ans en détention, selon la procédure décrite ci-dessus. S'il rejette la demande du procureur, il prend une ordonnance motivée dont ce dernier pourra faire appel.

Article 8-2 de l'ordonnance du 2 février 1945 relative à l'enfance délinquante.

La moitié des mineurs délinquants ne récidivent pas une fois majeurs

C'est ce que montre une étude statistique publiée lundi par l'association française des magistrats de la jeunesse et de la famille (AFMJF), la première du genre. Cette étude a été menée dans deux tribunaux pour enfants sur un échantillon de 304 jeunes à Caen et de 91 jeunes à Pau. Ces délinquants ont été suivis jusqu'à l'âge de 22 ans et sur une période allant jusqu'à dix ans. [...] Selon l'étude, 48 % des mineurs délinquants dans le Calvados n'ont plus eu maille à partir avec la justice entre 18 et 22 ans (58 % si l'on inclut les affaires classées sans suite). Le taux est similaire pour les Pyrénées-Atlantiques : 48,4 %. L'étude, dont *Libération* a fait état lundi, montre également qu'une forte majorité de mineurs n'a eu qu'une seule affaire pénale, c'est-à-dire un seul jugement qui peut cependant correspondre à plusieurs infractions. [...] Ce bilan montre en revanche que les multirécidivistes finissent majoritairement en prison : 86 % de ces mineurs les plus délinquants ont été condamnés à une ou plusieurs peines d'emprisonnement ferme durant leur minorité ou leur majorité. [...] Cette étude met également en évidence le fait que les mesures d'assistance éducative ont souvent été tardives ou inexistantes : 26 % seulement des mineurs délinquants avaient bénéficié d'une telle assistance avant de se retrouver devant le juge des enfants pour une infraction pénale. [...] L'étude montre enfin que le problème posé par les mineurs récidivistes n'est pas seulement individuel mais familial : 73 % d'entre eux sont issus de familles délinquantes (parents, frère ou sœur). « *Ce ne sont pas des vilains petits canards qui dysfonctionnent dans la nature mais des jeunes qui baignent dans une culture familiale délinquante. La justice des mineurs est plutôt orientée vers le traitement individuel des jeunes. Il faudrait réfléchir à une approche plus globale qui prenne beaucoup plus tôt en compte le milieu familial* », conclut Françoise Touret de Coucy.

Françoise Michel, AFP, La moitié des mineurs délinquants ne récidivent pas une fois majeurs, *22 septembre 2003.*

La cour d'assises

Juridiction chargée de juger les infractions les plus graves, les « crimes », la cour d'assises est souvent le lieu de procès spectaculaires et de condamnations lourdes. La présence des jurys populaires est à l'origine d'une grande inégalité des condamnations prononcées. Le phénomène de l'allongement des peines qui caractérise la justice pénale ces quinze dernières années concerne en premier lieu les condamnations prononcées par les cours d'assises.

145 Qu'est-ce qu'une cour d'assises ?

La cour d'assises est la juridiction compétente pour juger les « crimes », au sens juridique du terme (par exemple, le viol est un crime), sauf ceux commis par les mineurs âgés de moins de seize ans, qui relèvent du tribunal pour enfants. Cette cour présente un certain nombre de particularités. En premier lieu, elle associe, pour juger les infractions les plus graves, de simples citoyens aux magistrats professionnels. En effet, neuf jurés sont tirés au sort sur les listes électorales afin de former un jury, qui statue dans chaque affaire. Le président de la cour d'assises est quant à lui un magistrat de la cour d'appel. A ses côtés, siègent deux assesseurs qui sont des magistrats de la cour d'appel ou du tribunal de grande instance. L'accusation est représentée par « l'avocat général ». La procédure est orale. Le jury et les assesseurs ne peuvent s'appuyer que sur les propos tenus au cours de l'audience pour se forger une opinion, mais le président a connaissance du dossier. Ce principe de jury populaire fait l'objet de vives critiques. En effet, les jurés n'ont par définition aucune compétence juridique et technique et sont, de ce fait, extrêmement influençables. Il existe par conséquent une grande disparité dans les verdicts que rendent les cours d'assises. Deux crimes identiques jugés le même jour dans deux cours d'assises différentes peuvent conduire à des sentences sans commune mesure.

Articles 232 et suivants du Code de procédure pénale, 9 de l'ordonnance du 2 février 1945 relative à l'enfance délinquante.

Le temps infini des longues peines

Depuis le début des années 1980, le nombre des « longues peines » et des « perpètes » s'est accru dans les prisons françaises : les jurys d'assises prononcent des condamnations de plus en plus lourdes. Et cette tendance ne semble pas près de s'infléchir. Le grand public est peu ou mal informé sur ce sujet et, s'il l'était, n'y verrait sans doute rien à redire. Les détenus purgeant une peine de cinq ans et plus représentaient 37,8 % des condamnés au 19 juillet 1999 contre 24,6 % au 1er juillet 1975. Cette évolution est reflétée et confortée par le nouveau Code pénal entré en vigueur en 1994, tendanciellement plus répressif que le précédent dans certains domaines. Comme le montrent les juristes P. Poncela et P. Lascoumes, dans ce nouveau code, 17,4 % des peines criminelles font encourir aux coupables une RCP ou une réclusion de 30 ans (cela ne valait que pour 14,4 % des cas dans le régime antérieur). Par ailleurs les emprisonnements de 7 à 10 ans représentent désormais 18,3 % des pénalités contre 11,1 % dans le texte abrogé. [...] Bien que le nombre de ces condamnés [à perpétuité] ait crû en valeur absolue (556 au 1er janvier 1999 contre 333 au 1er janvier 1980), ils ne représentaient cependant « que » 1,7 % de la population carcérale à cette date.

Anne-Marie Marchetti, Perpétuités. Le temps infini des longues peines, *Plon, 2001.*

Qu'est-ce que l'interrogatoire préalable de l'accusé ? 146

Le président de la cour d'assises doit procéder à un interrogatoire de l'accusé au moins cinq jours avant le début du procès. Il s'assure alors de son identité, vérifie qu'il a eu signification de la mise en accusation et qu'il est assisté d'un avocat. L'interrogatoire ne doit pas porter sur le fond de l'affaire. Il doit permettre au président de s'informer de la personnalité de l'accusé. Il a lieu hors la présence de son avocat, mais avec l'assistance d'un interprète si nécessaire.

Articles 272, 273 et 275 du Code de procédure pénale.

L'assistance de l'avocat est-elle obligatoire devant la cour d'assises ? 147

L'assistance de l'avocat auprès de l'accusé est obligatoire. Toutefois, l'accusé peut, sur autorisation du président uniquement, se faire assister par un parent ou un ami. Celui-ci reçoit alors de la part du président l'avertissement « *qu'il ne doit rien dire contre sa conscience ou le respect dû aux lois et qu'il doit s'exprimer avec décence et modération* ». Il s'agit là d'une procédure tout à fait exceptionnelle et pratiquement tombée en désuétude. Si l'accusé n'a pas choisi d'avocat, ou si celui-ci ne se présente pas à l'audience, le président en désigne un d'office. Néanmoins, cette désignation n'a plus d'effet si, par la suite, l'accusé désigne lui-même un défenseur. Il peut le faire y compris après l'ouverture des débats.

Articles 274, 275, 317 du Code de procédure pénale.

Un changement d'avocat commis d'office peut-il intervenir à l'audience ? 148

L'avocat commis d'office ne peut refuser sa mission sans faire approuver ses raisons par le président. Le président peut néanmoins commettre d'office un avocat récusé par l'accusé. Si cet avocat refuse la commission d'office pour ne pas aller à l'encontre de la volonté de l'accusé, il commet une faute disciplinaire susceptible d'être sanctionnée. Le président peut alors désigner un nouvel avocat mais il peut aussi passer outre, la Cour de cassation ayant jugé que l'absence de défenseur n'était, dans ce cas de figure, imputable ni à la cour ni au ministère public. Toutefois, le président ne peut pas commettre d'office un avocat sans lui laisser le temps de préparer sa défense et, en particulier, lui refuser un renvoi sans tenir compte de l'importance et de la complexité du dossier. L'accusé insatisfait du choix de l'avocat commis d'office par le président peut lui interdire d'intervenir mais il ne peut pas se prévaloir de cette circonstance pour obtenir la cassation du procès dès lors qu'il n'a pas lui-même choisi un autre défenseur.

Articles 317 du Code de procédure pénale, 6 § 3 de la Convention européenne des droits de l'homme, chambre criminelle de la Cour de cassation.

149 Le dossier de la procédure est-il remis à l'accusé ?

Le dossier criminel est mis gratuitement à disposition de l'accusé mais l'obligation de délivrance gratuite ne porte que sur les procès-verbaux constatant l'infraction, des déclarations écrites des témoins et des rapports d'expertise. A cet égard, la pratique des greffes des chambres de l'instruction est variable mais la plupart d'entre elles délivrent gratuitement la quasi-totalité du dossier. Cependant, l'avocat doit s'assurer que le dossier est complet et demander une copie, à ses frais, de toutes les pièces manquantes. La remise de ce dossier à l'accusé étant de droit, elle n'est précédée d'aucune autorisation judiciaire ou administrative.

Articles 279 et 280 du Code de procédure pénale.

L'acte ou l'homme ?

Les partisans de la punition de l'acte considèrent celui-ci comme absolument déterminant. Dans la gestion du temps de la détention, la recherche d'une juste mesure entre l'acte et la peine conditionne le temps de la sanction. Le temps de la sanction écoulé, l'individu aura réglé sa dette envers la société. En revanche, les partisans de la punition de l'homme considèrent l'acte délictueux ou criminel comme un fait échu sur lequel on ne peut et on ne doit revenir. La sanction doit être résolument tournée vers l'avenir. La question essentielle n'est plus de punir, mais de sanctionner pour que le criminel ne recommence pas. Le système français actuel n'a pas vraiment tranché en faveur de l'une ou l'autre conception ; il faut déplorer que le débat sur le sens de la peine ne soit pas un enjeu du débat politique. [...] Or, l'abolition de la peine de mort en 1981 impose que l'on réfléchisse à la façon de punir les crimes les plus odieux et à ce que l'on attend de la prison. Priver quelqu'un de liberté à perpétuité, c'est le faire mourir lentement ; l'opposition de principe à la peine de mort implique au contraire que la société envisage à terme la réintégration de ceux qui semblent définitivement exclus par l'atrocité ou la répétition de leurs crimes.

Assemblée nationale, La France face à ses prisons, *rapport de la Commission d'enquête, juillet 2000.*

150 L'accusé peut-il révoquer des jurés ?

En audience publique, et avant l'ouverture des débats, le greffier de la cour d'assises fait l'appel des jurés en présence de l'accusé. Le nom de neuf d'entre eux est tiré au sort, ainsi que celui des jurés supplémentaires, qui assisteront aux débats et pourront remplacer les jurés défaillants. Au fur et à mesure du tirage au sort, des jurés pourront être récusés : cinq maximum par la défense, quatre par l'accusation. Chacun dispose de peu d'éléments rationnels pour décider des jurés qu'il rejette. Les seules informations qu'il détient sont le sexe, l'âge et la profession. En général, les avocats de la défense récusent les jurés qui exercent la même profession que la victime, pour éviter toute identification. Pour le reste, ils se fient généralement à l'apparence physique de la personne.

Articles 297 et 298 du Code de procédure pénale.

Qui dirige les débats devant la cour d'assises ? 151

Le président exerce la police de l'audience, c'est-à-dire qu'il veille au bon ordre au cours de l'audience et peut faire expulser les « perturbateurs », y compris l'accusé. Il dirige également les débats, grâce à sa connaissance d'un dossier que les jurés découvrent à travers lui. Le président fixe l'ordre des débats. Il peut, par conséquent, interroger l'accusé sur les faits avant de l'interroger sur sa personnalité et inversement. De la même manière il peut procéder à l'audition des témoins, des experts et des victimes avant ou après l'interrogatoire de l'accusé ou même durant des interruptions de cet interrogatoire qu'il décide.

Articles 283 et 309 du Code de procédure pénale.

Quelle est l'étendue des pouvoirs du président de la cour d'assises ? 152

Le président dispose d'un pouvoir discrétionnaire, qui lui permet de prendre « *toutes mesures qu'il croit utiles pour découvrir la vérité* ». Ainsi, il peut ordonner la production de pièces étrangères à la procédure, de dossiers déjà jugés ou en cours d'information ; il peut aussi désigner un médecin, un technicien, un enquêteur afin de faire vérifier sur le champ un point en discussion. Il peut également entendre, sans leur faire prêter serment, des personnes non citées comme témoins. Enfin, le président peut, à n'importe quel moment de l'audience, décider qu'un supplément d'information est nécessaire et renvoyer l'affaire à une autre session. Deux principes régissent le déroulement des débats et limitent les pouvoirs du président : celui de l'oralité des débats et celui du contradictoire. Le principe de l'oralité des débats implique que les déclarations des témoins régulièrement cités ne peuvent pas être lues avant leur audition. En vertu du principe du contradictoire, les pièces nouvelles doivent être communiquées à toutes les parties qui en font la demande.

Articles 283, 310 et 335 du Code de procédure pénale.

La cour et le jury peuvent-ils manifester leur opinion à l'égard de l'accusé ? 153

Le président, pas plus que les assesseurs et les jurés, ne peuvent manifester leur opinion sur la culpabilité de l'accusé. S'ils le font néanmoins, cette manifestation doit être dénuée d'équivoque pour que soit retenue la violation des droits de la défense. L'avocat doit se faire donner acte des propos qui contiennent une manifestation d'opinion. D'autre part, s'agissant du président, l'interdiction est moins stricte que pour les assesseurs et les jurés. Il peut, par exemple, demander à un policier entendu comme témoin s'il est persuadé de la culpabilité de l'accusé, mais il ne peut pas dire à l'accusé qu'il nie l'évidence.

Articles 311 et 328 du Code de procédure pénale, chambre criminelle de la Cour de cassation, 14 juin 1989.

La sonnerie retentit, l'audience va commencer

Le président, ses assesseurs, la greffière et l'avocat général nous suivent du regard pendant que nous nous installons sur le banc de bois. Je me tourne vers le public pour y repérer Leïla et ma mère, je les aperçois, elles me sourient. Nos avocates, placées juste devant nous, sont plongées dans leur dossier. Nous attendons maintenant la lecture de l'acte d'accusation et le tirage au sort des jurés pour que le procès commence ; ensuite, les choses vont s'enchaîner très vite. Au programme de cette journée, nos curriculum vitae, nos personnalités puis nous passerons à l'affaire du braquage et de l'évasion. [...] Le dernier jour, les dernières heures sont les plus importantes quant à la décision des jurés. C'est là qu'il faut mettre le meilleur de soi-même pour finir sur une bonne impression. La matinée se déroule comme prévu, on fait état de nos vies, de nos parcours explosés. Pascal et moi, on a droit à quelques questions de la part du président qui cherche à approfondir. [...] Les jurés tirés au sort sont en face de nous ; au début leur attention est maximum, ils ont l'impression de jouer un rôle important, être au service de l'Etat, de la loi. Après quelques heures, ils finissent, pour certains, par s'avachir, par décrocher. [...]Tout ça n'est qu'une pièce de théâtre pour le « spectateur juré ». Le ministère public, la partie civile font tout pour retourner le jury contre nous, on essaye de le séduire de toutes les façons possibles pour ne pas être condamnés trop lourdement. Voilà la réalité de cette comédie dramatique. [...] Après la pause déjeuner, l'audience reprend vers 13 h 30, on évoque le braquage et l'évasion dans leur déroulement. Les témoins se succèdent à la barre, ils racontent, font part de leur peur, de leur stress. [...] L'évocation de ces faits a remué le jury, il va falloir rattraper tout ça. Demain est un autre jour, il y aura les témoins de moralité, on passera ensuite très vite à la fin du procès : réquisitoires, plaidoiries de la partie civile puis de la défense ; ensuite, on dira quelques mots et les jurés iront décider de notre sort dans le secret de la salle des délibérés.

Laurent Jacqua, La guillotine carcérale. Silence, on meurt, *Nautilus, 2003.*

154 Qu'appelle-t-on les « conclusions »?

Les conclusions sont des actes par lesquels une partie expose une demande motivée. Les débats n'étant ni enregistrés ni transcrits (le greffier tient un procès-verbal qui mentionne les principaux actes de l'audience mais pas leur contenu), l'accusé et son défenseur ont le droit de déposer des conclusions sur lesquelles la Cour est tenue de statuer. Ces conclusions peuvent être présentées oralement mais il est préférable de les écrire. Les demandes doivent être précises. Le but des conclusions peut être de demander une mesure (audition d'un témoin, d'un expert, transport sur les lieux, etc.) ou de faire constater une irrégularité ou une atteinte aux droits de la défense.

Article 315 du Code de procédure pénale.

Qu'appelle-t-on les « droits de la défense » ? 155

D'une manière générale, les droits de la défense en matière criminelle désignent à la fois ceux de l'accusé et de son avocat. Il s'agit de droits fondamentaux dont la violation peut entraîner la cassation de la condamnation. On peut citer, par exemple, le droit de communiquer librement et secrètement avec son avocat, le droit à l'impartialité des juges, le droit de prendre la parole en dernier, le droit de faire entendre des témoins, de bénéficier de l'assistance gratuite d'un interprète. L'avocat de la défense peut intervenir directement au cours de l'audience pour poser des questions aux témoins, aux experts ou aux parties. L'accusé doit pour sa part toujours passer par l'intermédiaire du président de la cour pour poser des questions.

Articles 278, 312, 329, 344 et 346 du Code de procédure pénale.

Qu'appelle-t-on un « donné acte » ? 156

L'avocat de la défense doit être particulièrement vigilant à l'égard de tous les éléments et les incidents qui pourraient lui permettre d'obtenir l'annulation d'une décision de condamnation. Pour en conserver une trace, l'accusé ou son défenseur peuvent demander au président de lui « donner acte » de n'importe quel fait, déclaration ou omission survenus à l'audience. Le greffier prend acte de l'incident en question. Les demandes se font sous forme de conclusions.

Article 316 du Code de procédure pénale.

A quel moment intervient la plaidoirie de la défense ? 157

La dernière partie du procès d'assises se déroule en trois temps. La parole est donnée en premier lieu à l'avocat des parties civiles, qui doit réclamer une réparation pécuniaire du préjudice subi par son client. Il peut également développer les thèses de l'accusation. Vient ensuite le réquisitoire de l'avocat général (accusation). Après avoir généralement débuté par un rappel des faits, il précise la peine qu'il souhaite voir infliger à l'accusé. L'avocat de la défense intervient en dernier pour tenter de convaincre les jurés de décider l'acquittement ou de faire preuve d'indulgence. L'accusé, quant à lui, est invité à prendre la parole après la plaidoirie de son défenseur.

Article 346 du Code de procédure pénale.

Comment la cour d'assises prend-elle sa décision ? 158

Une fois les débats terminés, la cour (magistrats et jurés) se retire pour délibérer. Elle doit alors se prononcer sur l'innocence ou la culpabilité de l'accusé, et fixer une peine, le cas échéant. La délibération débute par une phase de discussion non encadrée par la loi. Sa durée peut varier entre une demi-heure et six ou sept heures. L'influence du président sur le déroulement de la délibération dépend de sa personnalité. Les neuf jurés et les trois magistrats procèdent ensuite à un vote à bulletin secret. Une majorité de huit voix est nécessaire pour qu'une décision concluant à la culpabilité soit rendue, c'est-à-dire qu'elle suppose l'accord d'au moins cinq jurés. Les bulletins blancs ou nuls sont considérés comme favorables à l'accusé. Ainsi, l'acquittement sera prononcé si cinq bulletins sont blancs ou nuls, quand bien même les sept autres membres de la cour d'assises se seraient prononcés en faveur de la culpabilité. En cas d'acquittement, la personne déclarée non coupable est immédiatement libérée. Elle ne pourra plus être poursuivie pour les mêmes faits. Lorsque la cour a déclaré l'accusé coupable, elle doit fixer la peine qui doit lui être infligée. La décision sur la sanction est prise à la majorité absolue des votants (sept sur douze). Cependant, une majorité de huit voix au moins est nécessaire pour prononcer le maximum de la peine encourue. Le verdict de la cour d'assises n'est pas motivé.

Articles 355 et suivants du Code de procédure pénale.

Le temps du désespoir

Une condamnation à perpétuité signifie en fait dix-huit à vingt-cinq années d'incarcération, parfois moins, parfois plus, jamais moins en tout cas que le temps de « sûreté incompressible » qui l'accompagne. Pendant toutes ces années, rien ne se passera vraiment pour le condamné, rien d'autre que le temps plus ou moins mort de la prison, le temps du désespoir. Une aussi longue attente est parfaitement destructrice. Il est des cas incontestables où la prison a été l'occasion pour un condamné de remettre en chantier sa vie, de se découvrir. Mais ces cas sont très rares. D'une façon tout à fait générale, au contraire, le condamné passe par des phases qui sont à chaque fois l'histoire d'une déstructuration. Elle commence immédiatement après le crime, par la stupeur d'être passé à l'acte, l'incrédulité et un fort sentiment d'irréalité. L'arrestation et l'incarcération en maison d'arrêt sont alors vécues d'abord avec soulagement et presque aussitôt comme un cauchemar insupportable, une invitation au suicide et à l'effondrement. [...] Il verra au cours du procès construire une image de sa personnalité et de son histoire dans lesquelles il ne parviendra pas à se reconnaître, un monstre auquel il est contraint de s'identifier. [...] La suite, c'est le défilement des années, la construction d'une survie à l'intérieur de la prison. L'installation dans un temps interminable, une attente monstrueuse et sans but. [...] Quant à la possibilité d'une réinsertion, elle est annihilée par le désespoir. [...] Leur libération les livre à un monde extérieur dangereux, oublié, bien différent de ce qu'ils en ont connu quinze ou vingt ans plus tôt et d'ailleurs à un tout autre âge.

Alain Cugno, « Une aussi longue attente », Projet, *n°269, 2002.*

159 Quelles peines peuvent être prononcées par la cour d'assises ?

La peine la plus élevée est la réclusion (ou la détention) criminelle à perpétuité. Ensuite viennent la réclusion criminelle et la détention criminelle à temps, qui comprennent trois échelons : trente ans, vingt ans et quinze ans. On appelle détention criminelle la peine qui réprime certains crimes contre les intérêts fondamentaux de la nation. La peine la plus basse que la cour d'assises puisse prononcer est deux ans d'emprisonnement si la peine encourue est la réclusion criminelle à perpétuité, et un an si la peine encourue est la réclusion à temps. Une amende peut s'ajouter à une peine de réclusion ou de détention. La cour qui prononce une peine d'emprisonnement sans sursis d'au moins cinq ans, peut fixer une période de sûreté. La durée de cette période est de la moitié de la peine, et de dix-huit ans pour une réclusion à perpétuité. La cour d'assises peut soit augmenter cette durée (jusqu'au deux tiers de la peine ou jusqu'à 22 en cas de réclusion à perpétuité) soit la réduire. Lorsque le crime jugé est un assassinat d'un mineur de moins de quinze ans accompagné d'un viol, de tortures ou d'actes de barbarie, la cour d'assises a la possibilité de prononcer une période de sûreté de trente ans, voire une « peine incompressible », c'est-à-dire perpétuelle.

Articles 131-1, 132-18, 221-3 et 221-4 du Code pénal.

Qu'est-ce qu'une exemption de peine ? 160

L'accusé peut être reconnu coupable mais exempté de peine. L'exemption de peine est toujours rattachée à la dénonciation de certains crimes ou délits graves. Il s'agit des personnes qui avaient participé comme auteurs ou complices à l'infraction, mais qui ont renseigné par la suite la Justice sur le crime envisagé et sur l'identité des autres auteurs ou complices. L'infraction en question doit avoir échoué. Il en est ainsi pour le terrorisme, l'évasion, la trahison et l'espionnage, la contrefaçon de monnaie ou de billets de banque, d'association de malfaiteurs, du complot et de la délinquance en bande organisée. La juridiction doit exempter la personne lorsque la preuve est rapportée qu'elle a avertie les autorités. Devant la cour d'assises, quand elle est alléguée par la défense, l'exemption de peine doit faire l'objet d'une question spéciale posée à la cour et au jury.

Articles 132-78, 222-6-2, 224-5, 224-8-1, 225-4-9, 225-11-1, 311-9-1, 312-6-1 et suivants du Code pénal, 363 du Code de procédure pénale.

La dérive à l'anglo-saxonne

Autre modification majeure, l'instauration d'un « plaider coupable à la française ». Directement inspirée de la justice américaine, cette disposition permet aux personnes reconnaissant les petits délits qui leur sont reprochés, assistées d'un avocat, de ne pas comparaître devant un tribunal correctionnel, façon de les désengorger, explique-t-on à la chancellerie, et d'être sanctionnées directement par le procureur. Quid des garanties des droits de la défense dans ce cas ? De plus, la mise en place du statut de « repenti », à savoir ceux dont le témoignage aura aidé les enquêteurs ou permis d'éviter un crime ou un délit et qui, en contrepartie, obtiendront soit une réduction soit une exemption de peine, établit la délation en clef de voûte du système judiciaire français. Ces deux innovations, au nom d'une justice plus rapide, remettent de fait en cause toute la philosophie du droit français. Bref, la lente dérive du système inquisitoire à la française vers le système accusatoire à l'anglo-saxonne, avec tous les aspects les plus néfastes qui en découlent, est formalisée. Soulignons également que dans l'Hexagone le parquet est dépendant du pouvoir politique, ce qui inclut la possibilité d'orienter la justice à des fins partisanes.

Sophie Bouniot, « Projet Perben ou la dérive à l'anglo-saxonne », L'Humanité, *14 février 2003.*

161 Qu'est ce qu'une « réduction de peine encourue » ?

Dans les cas prévus par la loi, la durée de la peine privative de liberté encourue par une personne ayant commis un crime ou un délit est réduite si, ayant averti les autorités, elle a permis de faire cesser l'infraction, d'éviter que l'infraction ne produise un dommage ou d'identifier les autres auteurs ou complices. La peine sera par exemple réduite de moitié ou ramenée à vingt ans quand la peine encourue était la réclusion criminelle à perpétuité.

Articles 132-78, 224-5-1, 225-4-8-1, 225-4-9, 225-11-1, 311-9-1, 312-6-1 et suivants du Code pénal.

162 Qu'est-ce que la récidive légale en matière criminelle ?

La récidive légale est une circonstance qui aggrave la peine encourue. Toute réitération de l'acte ne constitue pas un cas de récidive légale. Pour qu'elle soit retenue en matière criminelle, il faut que la première infraction ait été un crime, ou un délit passible de dix ans d'emprisonnement. Si un crime passible de vingt ou trente ans de réclusion est commis par la suite, la peine encourue sera la réclusion à perpétuité. Si le crime commis est passible de quinze ans de réclusion, la peine encourue sera de trente ans de réclusion.

Articles 132-8 à 132-11 du Code pénal.

Les condamnés en état de récidive

Si un délai de cinq ans est approprié pour étudier la récidive en matière délictuelle, il n'en est pas de même pour la récidive en matière criminelle. La recherche d'antécédents pour ce type d'infraction va donc porter sur 18 années de 1984 à 2001 afin de prendre en compte la durée particulièrement longue des procédures ainsi que la durée des emprisonnements prononcés. Sur les 2 933 criminels sanctionnés en 2001, 137 avaient au moins un antécédent criminel sur la période 1984 à 2001. Le taux de récidive criminel s'établit à 4,7 %. Si l'on observe les cohortes de condamnés de 1996 à 2001, ce taux varie de 4,8 % en 1996 à 3,9 % en 2000, avec un nombre assez constant de condamnés récidivistes qui tourne autour de 130 individus par an. Parmi les 137 condamnés récidivistes de 2001, 87 l'ont été pour vol aggravé, 28 pour viol, 11 pour homicide volontaire. Le taux de récidive par type de crime varie de 14,7 % pour les vols aggravés à 1,8 % pour les viols.

Claude Lecomte et Odile Timbart, « Les condamnés de 2001 en état de récidive », Infostat Justice, *juillet 2003.*

163 Qu'est-ce qu'une confusion de peines en matière criminelle ?

La confusion empêche les peines de se cumuler les unes après les autres. Lorsqu'une peine de réclusion criminelle à perpétuité est prononcée, toute autre peine privative de liberté se confond automatiquement avec elle. Il s'agit du seul cas de confusion automatique. Les peines criminelles et les peines correctionnelles se cumulent entre elles, à condition de ne pas dépasser le maximum légal encouru. Lorsque la réclusion à perpétuité, encourue pour l'une des infractions, n'est pas prononcée, le maximum légal est fixé à trente ans pour le cumul des peines. Par exemple, si une personne est condamnée à vingt-cinq ans de réclusion pour assassinat et à sept ans d'emprisonnement pour transport illicite de stupéfiants, les peines cumulées porteront le total à trente ans, et non à trente-deux ans. Cependant, la cour d'assises a la faculté de prononcer la confusion totale ou partielle des différentes peines si celles-ci sont de même nature. Toutes les peines privatives de liberté sont de même nature. Si la cour d'assises ne s'est pas prononcée sur la confusion, le détenu peut adresser une requête au procureur général de la cour d'appel. Celui-ci la transmettra à la chambre de l'instruction. La chambre de l'instruction du lieu de détention peut-être compétente. Il convient de prendre garde au fait qu'en cas de confusion, l'exclusion du bénéfice des grâces qui affecterait l'une des peines s'étend à toutes les autres (*Cf. le chapitre « Grâces et amnisties »*).

Articles 132-4 et 132-5 du Code pénal et 710 du Code de procédure pénale.

Contester une condamnation

Essentielles à l'idée de justice, les voies de recours d'une personne condamnée ne permettent pas toujours dans les faits de réexaminer entièrement l'affaire une seconde ou une troisième fois. Nombre de personnes détenues sont dissuadées de contester un jugement en raison des condamnations souvent plus lourdes prononcées en appel. Par ailleurs, les erreurs judiciaires sont souvent liées à une mauvaise orientation de l'enquête policière effectuée sous la pression de l'opinion et des médias. Enfin, la Justice reconnaît difficilement ses erreurs.

Qu'est-ce qu'une « opposition » ? 164

L'opposition est une voie de recours dont dispose la personne condamnée à l'encontre d'un jugement correctionnel qui a été rendu par défaut. L'opposition peut être engagée contre une décision du tribunal correctionnel, un arrêt de la cour d'appel ou de la Cour de cassation. Elle n'est possible que dans le cas où la personne n'a pas eu connaissance de la citation à comparaître (l'huissier n'a pas pu la lui remettre) et si elle n'a pas été représentée par un avocat devant le tribunal. La procédure à suivre est la même qu'il s'agisse du tribunal correctionnel ou de la cour d'appel. Le délai pour former l'opposition est de dix jours à compter de la date de la signification de la décision. Si le prévenu n'a pas eu connaissance du jugement prononçant sa condamnation, il peut faire opposition pendant toute la durée de la prescription. Le délai de dix jour a alors pour point de départ la date à laquelle la personne a eu connaissance de la décision. Le détenu doit faire opposition lui-même au moyen d'une déclaration auprès du greffe de la prison ; il ne peut pas se faire représenter par un avocat, même muni d'un mandat spécial. L'opposition ne peut être engagée à l'encontre d'un arrêt de la chambre criminelle de la Cour de cassation que lorsque l'auteur du pourvoi a omis de le notifier à l'auteur de l'opposition. L'opposition doit alors être effectuée dans un délai de cinq jours à compter de la notification de l'arrêt de la Cour de cassation. La déclaration d'opposition doit être faite au greffe de la prison.

Articles 489 à 495, 512, 579 et 589 du Code de procédure pénale, chambre criminelle de la Cour de cassation, 7 octobre 1997.

165 Quels sont les effets de l'opposition ?

L'opposition efface le jugement mis en cause. La juridiction qui avait prononcé la condamnation est de nouveau saisie. Si la personne qui a fait opposition ne se présente pas à la nouvelle audience fixée par la citation, la décision initiale reprend toute sa valeur. Si elle comparait, la juridiction est entièrement libre de sa décision mais ne peut aggraver la peine qu'elle avait prononcée au départ.

Articles 494 et 494-1 du Code de procédure pénale.

166 Qu'est-ce qu'un « appel » ?

L'appel est une voie de recours permettant d'obtenir la réformation ou l'annulation d'une décision rendue par le tribunal correctionnel ou la cour d'assises. L'appel peut être engagé par le condamné comme par le ministère public. La partie civile peut également faire appel, mais le recours ne portera alors que sur la réparation pécuniaire qui a été allouée. Lorsque le condamné est seul à avoir fait appel, la juridiction ne peut pas aggraver la sentence. Cependant, cette règle est d'une portée limitée puisque le ministère public peut faire appel en réplique au recours du condamné, ce qu'il fait le plus souvent. Or, dans ce cas, la juridiction d'appel devient libre d'alourdir la peine. Le délai pour faire appel est de dix jours à compter de la décision du tribunal ou de la cour d'assises. Le délai court normalement à compter de la signification de la décision pour les jugements contradictoires à signifier ou rendus par défaut. La déclaration d'appel peut être effectuée par le détenu auprès du greffe de la prison ou par l'avocat au greffe de la juridiction qui a prononcé la condamnation attaquée.

Articles 380-2 et suivants, 497, 498, 500, 502, 503 et 515 du Code de procédure pénale.

Acquitté au terme de son troisième procès

La Cour d'assises de Lyon a acquitté Patrick Dils, jugé pour la troisième fois pour le meurtre de deux enfants commis le 28 septembre 1986 à Montigny-lès-Metz, en Lorraine. Les douze jurés et les trois magistrats l'ont définitivement innocenté de ce crime pour lequel il est en prison depuis quinze ans. Aujourd'hui âgé de 31 ans, Patrick Dils devait être libéré dans la soirée de la prison Saint-Paul de Lyon où il est incarcéré depuis le début du procès, le 8 avril dernier. Mardi, l'avocat général François-Louis Coste avait souligné les doutes pesant sur le dossier, sans cependant requérir explicitement l'acquittement. Les avocats de l'accusé, Bertrand Becker et Jean-Marc Florand, ont plaidé l'acquittement en demandant aux jurés de « *ne pas se préoccuper des conséquences* ». Patrick Dils avait été condamné une première fois à perpétuité en janvier 1989 à Metz, mais cette condamnation avait été annulée en avril 2001 à l'issue d'une procédure de révision qui n'a que cinq précédents au XXe siècle. La cour d'assises de Reims (Marne), saisie du premier procès en révision, l'avait de nouveau condamné à 25 ans de réclusion contre toute attente, en juin 2001, mais Patrick Dils avait fait appel.

Reuters, Patrick Dils acquitté au terme de son troisième procès, *24 avril 2002.*

Comment est examiné l'appel en matière correctionnelle ? 167

Les jugements des tribunaux correctionnels peuvent faire l'objet d'un appel devant la chambre des appels correctionnels. Un désistement d'appel peut intervenir dans le délai d'un mois à compter de l'appel et entraîne la chute de l'appel incident du procureur. La chambre des appels correctionnels est une formation de la cour d'appel, composée de trois magistrats, un président et deux conseillers. Les juges d'appel ne peuvent prendre en compte que les faits qui ont été soumis au tribunal ayant prononcé la condamnation. Il leur est interdit d'élargir leur examen à des faits nouveaux. De la même façon, les parties ne peuvent formuler des demandes nouvelles en appel. Par exemple, les nullités de procédures antérieures au jugement doivent avoir été invoquées devant le tribunal correctionnel. Le prévenu peut cependant citer des témoins, même si ceux-ci ne sont pas intervenus devant le tribunal correctionnel. L'avocat général pourra s'opposer qu'à la citation des témoins déjà entendus par le tribunal. Lorsque la cour d'appel annule le jugement du tribunal pour cause d'irrégularité, elle doit obligatoirement statuer sur le fond de l'affaire, c'est-à-dire se prononcer sur la culpabilité et la peine. La cour d'appel rend soit un arrêt confirmatif maintenant la décision du tribunal correctionnel, soit un arrêt infirmatif modifiant tout ou partie du jugement initial.

Articles 500-1, 510, 513, 515 et 520 du Code de procédure pénale.

Comment est examiné l'appel en matière criminelle ? 168

L'appel d'un arrêt rendu par une cour d'assises est porté devant une autre cour d'assises désignée par la cour de cassation et composée de douze jurés. Il est possible de se désister de son appel, ce qui entraîne la chute de l'appel incident du ministère public. La seconde cour d'assises réexamine l'affaire dans son ensemble. La voix d'au moins sept jurés sur douze sera nécessaire pour retenir la culpabilité de l'accusé ou prononcer à son encontre le maximum de la peine encourue. La seconde cour d'assises ne peut aggraver le sort de l'accusé que si le procureur a fait appel, mais l'appel incident du ministère public est quasiment systématique.

Articles 380-2 et suivants du Code de procédure pénale.

Qu'est-ce qu'un pourvoi en cassation ? 169

Le pourvoi en cassation a pour objet de faire sanctionner par la Cour de cassation les éventuelles erreurs de droit commises dans un jugement ou un arrêt. Pour pouvoir exercer le pourvoi, il faut que l'affaire ait été examinée en appel. Ce recours peut être effectué par toutes les parties (le condamné, le procureur et la partie civile sur la décision de réparation pécuniaire). Cependant, le pourvoi n'est pas possible à l'égard d'une décision d'acquittement. La Cour de cassation se contente de vérifier la conformité à la loi de la décision attaquée et ne remet pas en cause les faits appréciés par les autres juridictions. Elle vérifie cependant que la qualification juridique donnée au fait est exacte. Par exemple, elle analyse l'exposé des faits par lesquels une personne s'est appropriée un bien appartenant à autrui et s'assure que le tribunal et la cour d'appel ont eu raison de considérer qu'il s'agissait d'un vol plutôt que d'une escroquerie. Elle recherche ensuite si la peine prononcée est bien celle prévue par la loi pour l'infraction en cause. Cependant, le Code de procédure pénale précise qu'une erreur de texte applicable ne peut pas donner lieu à la cassation si la peine est justifiée. Or, la Cour adopte une interprétation très large de cette disposition qui lui permet de rejeter un certain nombre de recours.

Articles 567 et 598 du Code de procédure pénale, Chambre criminelle de la Cour de cassation.

170 Comment faire un pourvoi en cassation ?

Le pourvoi doit intervenir dans les cinq jours de la condamnation par une déclaration auprès du greffier de la juridiction qui a rendu la décision attaquée (déclaration écrite et impérativement signée par le détenu) ou directement auprès du greffe de la prison. Cette voie de recours très particulière nécessite l'assistance d'un avocat spécialisé inscrit auprès de la Cour de cassation qui doit être désigné dans le mois qui suit le pourvoi. Elle nécessite également de déposer un mémoire très complet dans le même délai visant l'un des cas prévus par la loi (excès de pouvoir, violation de la loi, incompétence, violation des formes, perte de fondement juridique, contrariété des jugements). Le mémoire peut par exemple invoquer le non respect d'une règle prévue sous peine de nullité, comme le refus dc président de la juridiction de répondre aux conclusions de la défense.

Articles 568, 576, 577, 591 et suivants du Code de procédure pénale.

171 Que se passe-t-il en cas de cassation ?

Si la cassation est prononcée par la Cour, l'affaire est renvoyée à une juridiction du même type que celle qui a rendu la décision irrégulière (cour d'appel, cour d'assises d'appel). Un nouveau procès aura donc lieu. Si la décision a été rendue en appel, la juridiction de renvoi est tenue par l'interdiction d'aggraver la peine si la première cour d'appel saisie l'était également. Si la Cour de cassation rejette le pourvoi, la procédure prend fin et la personne est définitivement condamnée.

Articles 609 et suivants du Code de procédure pénale, Chambre criminelle de la Cour de cassation, 15 mars 1861.

172 Qu'est-ce qu'une requête en révision ?

Contrairement au pourvoi en cassation, la requête en révision à pour objet de réparer une erreur de fait, autrement dit une erreur judiciaire. La révision peut être demandée par le ministre de la Justice, le condamné lui-même ou ses proches s'il est décédé. La requête doit être adressée à la commission de révision des

condamnations, composée de cinq magistrats de la Cour de cassation. La révision peut être demandée dans quatre cas :
- après une condamnation pour homicide, on découvre des pièces qui permettent de supposer que la prétendue victime est vivante ;
- deux individus ou davantage sont condamnés pour la même infraction (dans le cadre de la même affaire) par des décisions contradictoires entre elles ;
- après la condamnation d'une personne, l'un des témoins entendus lors de la procédure est condamné pour faux témoignage ;
- le quatrième cas peut recouvrir une plus grande variété de situations : un fait nouveau faisant douter de la culpabilité du condamné vient à se produire ou à se révéler, alors que la juridiction qui a prononcé la culpabilité n'en avait pas connaissance le jour du procès. Le fait nouveau ne peut résulter d'une nouvelle expertise ni d'une nouvelle opinion technique sur les faits.

Articles 622 et suivants du Code de procédure pénale, chambre criminelle de la Cour de cassation, 28 décembre 1923 et 25 novembre 1991.

Comment la Cour de cassation examine-t-elle la requête en révision ? 173

La commission de révision des condamnations dirige de nouvelles investigations, puis transmet à la chambre criminelle de la Cour de cassation les demandes qui lui paraissent pouvoir être admises. La commission comme la Cour peuvent ordonner à tout moment la suspension de l'exécution de la condamnation. Si la Cour de cassation estime que la demande est mal fondée, elle la rejette par un arrêt motivé non susceptible de recours. Dans le cas contraire, elle annule la condamnation. Elle peut alors décider de renvoyer l'affaire devant une juridiction de jugement. Si l'innocence du condamné est avérée, ce renvoi n'est pas possible. La décision révisée est annulée. La personne obtiendra une réparation pécuniaire de la part de l'Etat, sauf s'il est prouvé que la non présentation de la pièce inconnue des juges lui était imputable.

Articles 623 et suivants du Code de procédure pénale.

Qu'est-ce que la procédure de réexamen des décisions pénales ? 174

La procédure de réexamen des décisions pénales définitives en cas de condamnation par la Cour européenne des droits de l'homme doit être distinguée de la requête en révision. Le réexamen peut être demandé lorsqu'il résulte d'un arrêt rendu par la Cour européenne, à condition que la violation entraîne pour le condamné des conséquences dommageables auxquelles l'indemnisation financière ne peut pas à elle seule mettre un terme. Il s'agit principalement des affaires dans lesquelles la condamnation de la France est intervenue pour violation du droit à un procès équitable (article 6§1 de la Convention européenne des droits de l'homme). Le réexamen pourra être demandé par le ministre de la Justice, le procureur de la Cour de cassation, le condamné ou ses proches s'il est décédé. La demande doit être adressée à la commission de réexamen, qui est composée de sept magistrats de la Cour de cassation. Lorsque celle-ci estime que la violation de la Convention européenne des droits de l'homme rend nécessaire le réexamen de la condamnation, elle renvoie l'affaire devant une juridiction de jugement de même type que celle qui a rendu la décision sanctionnée. Mais elle peut également renvoyer l'affaire devant la formation complète de la Cour de cassation.

Articles 626-1 à 626-7 du Code de procédure pénale.

Condamnée par la CEDH, la justice française réitère

Condamnée par la Cour européenne des droits de l'homme (CEDH) pour un procès qu'elle estimait « inéquitable », la justice française a réitéré mercredi, exactement dans les mêmes termes, son jugement contre Abdelhamid Hakkar, reconnu coupable d'avoir tué un policier en 1984. La peine de réclusion criminelle à perpétuité assortie d'une peine de sûreté de 18 ans prononcée par la Cour d'assises des Hauts-de-Seine est la même que celle délivrée en 1989 par les assises de l'Yonne. Le précédent procès s'était déroulé dans des conditions contestées, ce qui avait valu à la France d'être condamnée en 1997 par la CEDH et l'avait obligée à suspendre la peine. En 2000, la nouvelle loi sur la présomption d'innocence avait rendu cette injonction compatible avec le droit français. Auparavant, les décisions de cours d'assises étaient définitives et les procédures de révisions strictement limitées. Elles sont devenues depuis susceptibles d'appel. Pour Hakkar, la justice avait cependant argué de condamnations postérieures, après trois tentatives d'évasion, pour le maintenir derrière les barreaux. Intelligent, procédurier, connaissant avec précision le code de procédure pénal, Abdelhamid Hakkar, Algérien de 52 ans, avait en 1989 d'abord obtenu un premier report de son procès en raison d'un changement d'avocat. Puis il avait tenté d'obtenir un nouveau report, mais sa demande avait cette fois été refusée et des avocats avaient été commis d'office pour assurer sa défense. L'un d'entre eux, Michel Gasteau, devenu depuis magistrat, est venu au cours du procès de Nanterre témoigner que son client lui avait interdit de le défendre. Avec son collègue de l'époque, qui avait été menacé – « *si tu me défends je te descends* », lui avait dit Hakkar - ils étaient cependant restés mobilisés, se relayant dans le prétoire mais ne plaidant pas. Ce procès avait duré cinq jours, Hakkar avait refusé d'y assister les deux premiers jours avant d'être extrait de force de sa cellule. Le recours en cassation déposé aussitôt après sa condamnation avait été rejeté. Mais les juges européens, saisis en 1995, avaient condamné la France pour non-respect du droit de la défense et du principe d'une justice équitable. Plusieurs députés européens s'étaient alors emparés du dossier dont Jack Lang, qui avait rendu visite à Hakkar à la prison de la Santé. A l'audience de Nanterre, bien qu'affichant un respect des décisions de la CEDH, organe supranational aux décisions desquelles la France a accepté de se plier, la présidente Mme Sabine Foulon et l'avocat général M. Hervé Guarrigues ont insisté sur les freins opposés à la justice par l'accusé, que tout dans le dossier accable. « *Cela ne vous sauvera pas !* » lui a dit M. Guarrigues, avant de requérir la réclusion à perpétuité et 18 ans de sûreté, bien que la nouvelle loi prévoit 30 ans pour le meurtre. Jusqu'au bout les avocats de la défense, Me Thierry Lévy et Me Philippe Sarda, ont espéré de leur côté une peine « *limitée dans le temps* », qu'ils n'ont finalement pas obtenue. Et quelques minutes après le verdict, Abdelhamid Hakkar faisait déjà part de son intention de faire appel, pour être jugé une troisième fois.

■ *AFP,* Condamnée par la CEDH la justice française réitère sa condamnation d'Hakkar, *27 février 2004.*

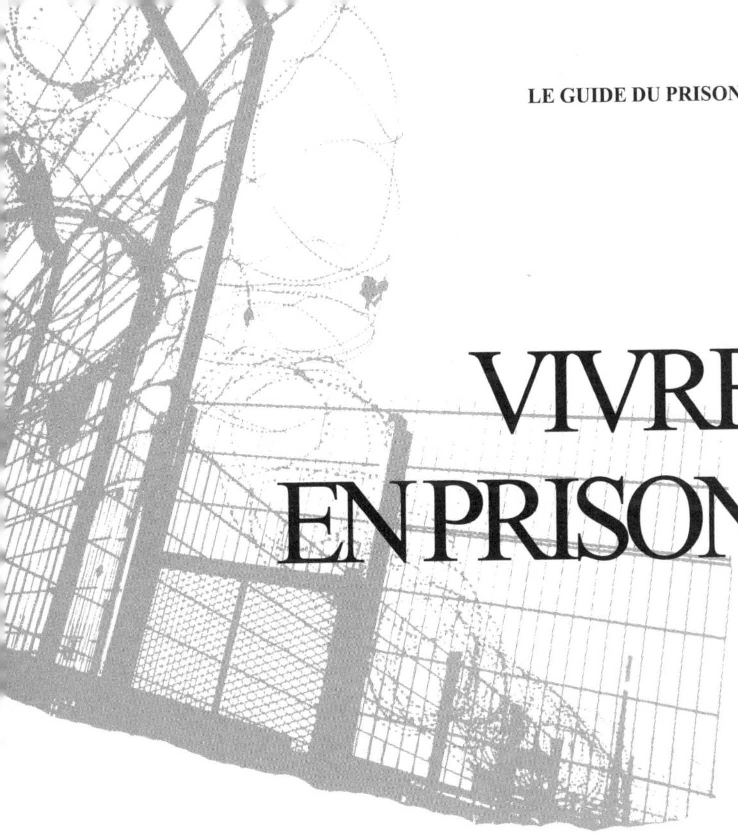

VIVRE EN PRISON

A toute personne détenue s'imposent des règles et des contraintes qui débordent largement le cadre de la privation de la liberté d'aller et venir. L'essentiel de la réglementation applicable aux prisons devrait être contenu dans le Code de procédure pénale. Mais des pans entiers de ce qui fait le quotidien carcéral y sont ignorés ou peu développés, favorisant la prolifération des circulaires et des notes de service de l'administration pénitentiaire. Les déficiences des textes normatifs et les contraintes matérielles liées à chaque établissement ont aussi conduit l'administration pénitentiaire à présenter le règlement intérieur comme la norme de référence pour les détenus. Les personnes incarcérées sont par ailleurs confrontées à des usages, sorte de droit coutumier local qui entre souvent en contradiction avec la réglementation nationale. Enfin, dans bien des cas, l'administration est amenée à écarter des dispositions impératives, rendues matériellement inapplicables pour cause de surencombrement des établissements. L'essentiel des droits des détenus, en matière d'hygiène, d'habillement, d'alimentation, de promenade, d'activités, de liens familiaux, de correspondance, de travail, de formation, de santé y sont exposés dans le cadre d'un droit pénitentiaire émergeant, encore confus et incomplet.

Le règlement intérieur

Véritable loi interne, le règlement intérieur de chaque prison régit l'essentiel de la vie quotidienne dans l'établissement. Il est la norme de référence pour les personnels pénitentiaires, les professionnels intervenant dans l'établissement pénitentiaire et les détenus.

Quelle est la fonction du règlement intérieur ? 175

Chaque prison doit, selon la loi, disposer d'un règlement intérieur qui fixe les règles propres à la vie interne de l'établissement. Ce texte doit en principe assurer aux détenus une information complète et précise sur leurs droits et obligations. Il doit également définir le cadre dans lequel le personnel doit accomplir les tâches qui lui sont confiées. Le règlement intérieur est donc le premier outil d'information pour toutes les personnes présentes en détention (personnels et détenus). En pratique, les règlements intérieurs sont souvent obsolètes, parfois inexistants, et posent trop rarement des règles précises susceptibles de contraindre efficacement l'administration. De plus, l'élaboration de ce texte est souvent l'occasion pour le chef d'établissement « d'adapter » la réglementation nationale en invoquant les particularités locales. Néanmoins, sa marge de manœuvre tend à se limiter, une uniformisation des règlements intérieurs ayant été engagée par la direction de l'administration pénitentiaire.

Article D.255 du Code de procédure pénale, circulaire DAP 88-16 G2 du 27 décembre 1988.

Que contient le règlement intérieur ? 176

Le règlement intérieur reprend les grandes lignes fixées par le Code de procédure pénale sur la vie en détention et détermine les règles spécifiques à l'établissement en ce qui concerne l'organisation de la vie quotidienne. Il comporte en général une dizaine de rubriques : un préambule (rappelant les fonctions du document), l'emploi du temps de l'établissement pénitentiaire, notamment les heures du lever et du coucher, des repas, de la promenade et des activités, les relations autorisées des détenus avec l'extérieur, les procédures d'orientation et de transfert, les règles concernant les quartiers disciplinaires et d'isolement, la gestion du compte nominatif, etc. Très souvent, le règlement intérieur prévoit également des « fiches techniques » qui reprennent et précisent certains aspects de la réglementation, comme les visites, l'entrée et la sortie d'objets, l'aménagement de la cellule, etc.

Article D.247 du Code de procédure pénale.

Source d'incertitude

A la multiplicité des circulaires, s'ajoutent encore les règlements intérieurs, d'ailleurs en la forme juridique de circulaires, dont le contenu varie selon les établissements. On comprend que la Commission nationale consultative des droits de l'homme ait, dans son avis en date du 17 juin 1999, demandé que « *soit entreprise une harmonisation nationale des règlements intérieurs selon des critères généraux établis en fonction des types d'établissements, afin qu'il soit mis un terme à une situation dans laquelle la disparité entre les règlements intérieurs des différents établissements, édictés au gré de chaque direction, entraîne une inégalité dans l'application de la loi* » [...]. Le règlement intérieur est source d'une incertitude dans la connaissance de la norme applicable pour un triple motif. A raison de sa spécificité à chaque établissement qui entraîne des différences de règles entre les établissements, au point de gêner ceux qui, détenus ou surveillants, changent d'établissement ou de provoquer une inégalité entre les détenus sur l'ensemble du territoire de la République. A raison de la densité de ses règles qui ne peut qu'engendrer des difficultés d'appréhension par les détenus dont l'inculture constitue le handicap souvent énoncé. A raison, plus encore, de son absence de publication efficace qui permette à chaque détenu d'en connaître le contenu dans le détail.

Rapport au garde des Sceaux, Amélioration du contrôle extérieur des établissements pénitentiaires, *commission présidée par Guy Canivet, mars 2000.*

177 Comment consulter le règlement intérieur ?

A son arrivée dans un établissement pénitentiaire, tout détenu doit en principe être informé des dispositions essentielles du Code de procédure pénale et du règlement intérieur, en particulier en ce qui concerne la discipline et les possibilités de communication avec l'extérieur. Durant son séjour en détention, le détenu doit ensuite pouvoir prendre connaissance de l'ensemble du règlement intérieur, comme de tous les actes juridiques le concernant. La loi du 12 avril 2000 prévoit en effet que « *les autorités administratives sont tenues d'organiser un accès simple aux règles de droit quel les édictent. La mise à disposition et la diffusion de textes juridiques constituent une mission de service public* ». Le caractère administratif du règlement intérieur implique que son accès doit être également possible pour toutes les personnes (intervenants extérieurs, familles…) soumises aux règles de l'établissement, au moins pour les parties qui les concernent directement. En cas de refus, elles peuvent saisir la Commission d'accès aux documents administratifs (CADA) (*cf. Quatrième partie, faire respecter ses droits*). En outre, l'ensemble des personnels se trouve dans l'obligation de tout mettre en œuvre pour assurer l'information des détenus et recueillir leurs observations et suggestions éventuelles. Des exemplaires du règlement intérieur en nombre suffisant doivent également être placés dans les bibliothèques, afin de permettre aux détenus qui le souhaitent d'en obtenir communication au même titre que d'autres ouvrages. Si un détenu n'est pas en mesure de comprendre le règlement intérieur, une lecture doit lui être faite dans sa langue d'origine, avec l'aide d'un interprète si besoin. Cette disposition n'est presque jamais appliquée en pratique. Mais il existe dans certaines prisons des traductions du règlement ou d'une synthèse dans quelques langues, à demander au service pénitentiaire d'insertion et de probation (SPIP).

Articles D.94, D.256, D.257, D.257-1 du Code de procédure pénale, circulaire DAP 88-16 G2 du 27 décembre 1988, loi n°2000-321 du 12 avril 2000.

Comment est élaboré le règlement intérieur ? 178

Le règlement intérieur est rédigé par le chef d'établissement, après avoir recueilli l'avis des différents personnels ainsi que du juge de l'application des peines. Il doit également soumettre le texte initial, ainsi que toute modification ultérieure, à l'approbation du directeur régional des services pénitentiaires. Lors de leurs déplacements dans les établissements, les directeurs régionaux doivent veiller à ce que le contenu des règlements intérieurs soit conforme, non seulement à l'ensemble des textes en vigueur, mais aussi aux grandes orientations de politique pénitentiaire. Ils doivent également veiller à ce que ces documents soient régulièrement mis à jour et que leur diffusion soit correctement assurée. D'ores et déjà, quelques directions régionales assurent leur rôle d'uniformisation et de contrôle des règlements intérieurs, notamment à travers la diffusion d'un modèle type.

Articles D.216-1, D.255 du Code de procédure pénale, circulaire DAP 88-16 G2 du 27 décembre 1988.

Pour un règlement négociable

A travers le règlement intérieur, le directeur dispose d'un outil, d'un document « de référence » assurant son autorité sur la population pénale, et plus indirectement sur le personnel de surveillance. Légèrement standardisé dans sa présentation, ce texte permet de mettre en lumière la conception de la détention défendue par le directeur, car c'est à lui qu'il revient majoritairement d'orienter le fonctionnement de son établissement, dans les trop rares limites imposées par la catégorie du lieu qu'il dirige. La mise à jour régulière du document et sa diffusion sont des moments privilégiés pour affirmer la conception de l'Etat de droit dans l'enceinte de l'établissement. Il en est de même lorsque le document est délaissé par l'équipe de direction. [...] Telle qu'elle est actuellement conçue, la procédure d'élaboration du règlement intérieur n'est pas véritablement satisfaisante car la concertation prévue reste largement fictive. L'efficacité des réunions de préparation destinées à recueillir les doléances et les souhaits des membres du personnel et des multiples intervenants extérieurs dépendent trop largement de la personnalité du directeur. C'est encore plus le cas lorsque la directive évoque la participation des détenus au moyen de l'instauration « *d'une méthode permettant aux intéressés d'exprimer leur point de vue sur l'aménagement du quotidien* ». Si l'on peut admettre que le choix définitif et la finalisation du document reviennent au chef d'établissement, il faut déplorer un système dont la réussite dépende aussi étroitement de la personnalité d'un seul individu. Touchant directement à la vie quotidienne des détenus, ce type de norme ne doit plus rester dans le domaine de la pure décision unilatérale, mais progressivement passer dans la catégorie des « règles négociées ».

Eric Péchillon et Martine Herzog-Evans, Le droit de l'exécution des peines, problèmes et enjeux d'une discipline juridique en formation, *Mission de recherche Droit et Justice, avril 2003.*

179 Peut-on contester le contenu d'un règlement intérieur ?

Certains passages du règlement intérieur reprennent sans les modifier des articles du Code de procédure pénale. Ces parties sont assimilées à un simple document d'information non contestable devant le juge administratif, car elles ne fixent pas de nouvelles règles et ne servent donc pas à elles seules à motiver une décision. En revanche, lorsque le règlement intérieur fixe des règles spécifiques non prévues par la loi en organisant la vie de l'établissement, il exprime le pouvoir réglementaire du directeur et constitue alors un acte administratif unilatéral. En tant que tel, il peut être contesté soit par un recours gracieux adressé au directeur régional des services pénitentiaires, soit par un recours pour excès de pouvoir auprès du tribunal administratif. Le juge exercera un contrôle de légalité afin de vérifier si le chef d'établissement a respecté dans le règlement intérieur les règles juridiquement supérieures : décrets, lois et Convention européenne des droits de l'homme (*cf. Quatrième partie : faire respecter ses droits*).

La cellule

Le plus souvent de 9 m², la cellule est l'espace confiné dans lequel le détenu passe l'essentiel de son temps en maison d'arrêt, au minimum la soirée et la nuit en établissement pour peines. Au 1er janvier 2002, le parc pénitentiaire français comptait 39 837 cellules, parmi lesquelles 33 991 cellules monoplaces, 3 989 cellules doubles et 1 857 cellules de plus de deux places.

180 Quelle est la surface moyenne d'une cellule ?

85 % des cellules des prisons françaises ont une surface inférieure à 11 m². Or, selon les normes de l'administration pénitentiaire, les cellules d'une superficie inférieure à 11 m² ne peuvent être occupées que par un seul détenu ; une cellule de 12 à 14 m² a une capacité de deux places ; de 15 à 19 m² de trois places ; de 20 à 24 m² de quatre places, etc. Dans la réalité, ces normes ne sont pas respectées dans les maisons d'arrêt et les détenus peuvent être facilement placés à deux ou trois dans une cellule individuelle. Cette situation n'est pas toujours apparente en raison du détournement fréquent de la norme nationale par les autorités locales. Ainsi peut-on entendre de la part d'un directeur que sa maison d'arrêt n'est pas surpeuplée, alors qu'il se base dans sa démonstration sur le nombre de lits et non sur le nombre de places. Il suffirait donc d'ajouter deux lits dans une cellule de 9 m² pour en faire une cellule de trois places !

Circulaire DAP-88G05G du 16 mars 1988.

181 Les détenus sont-ils enfermés seuls ou à plusieurs ?

La réglementation prévoit que tout détenu doit être enfermé dans une cellule individuelle. Au sein des maisons d'arrêt, il peut cependant être dérogé à cette règle dans les cas suivants : si les intéressés en font la demande ; si leur personnalité justifie, dans leur intérêt, qu'ils ne soient pas laissés seuls ; s'ils ont été autorisés à travailler, à suivre une formation professionnelle ou scolaire et que l'organisation de ces activités l'impose ; ou si la distribution intérieure de l'établissement ou le nombre de détenus présents ne le permet pas. Les dispositions légales permettent donc de déroger largement et de façon quasi-systématique à ce principe. En pratique, seuls les condamnés incarcérés dans des établissements pour peines bénéficient généralement d'une cellule individuelle. En maison d'arrêt, lorsque le nombre de cellules est insuffisant, le chef d'établissement désigne les détenus qui peuvent être placés à plusieurs dans le quartier en commun, dans les locaux de désencombrement ou dans les cellules communes. Il peut également décider « *sur avis médical motivé* » de suspendre l'emprisonnement individuel d'un détenu « *notamment pour des raisons d'ordre psychologique* ». Une disposition de la loi du 15 juin 2000 renforçant la protection de la présomption d'innocence, qui devait entrer en vigueur le 15 juin 2003, limitait considérablement les possibilités de dérogations au principe de l'encellulement individuel. Ainsi, la cellule ne devait être partagée qu'à la demande des détenus ou pour faciliter l'organisation des activités de travail. Mais la date d'entrée en vigueur de ces dispositions a été repoussée de cinq ans par la loi du 12 juin 2003 relative à la sécurité routière. Par conséquent, ce n'est qu'à partir du 12 juin 2008 que le principe de l'encellulement individuel pourrait devenir plus difficile à écarter sur la base du nombre de détenus et de la disposition des locaux.

Articles 716, 719, D.83 à D.85 et D.95 du Code de procédure pénale.

L'encellulement individuel enterré sans scrupules

Dans son projet de loi renforçant la lutte contre les infractions routières, la Chancellerie a inséré un article supprimant l'obligation d'assurer l'encellulement individuel des prévenus en maison d'arrêt à partir de juin 2003 [issue de la loi du 15 juin 2000 sur la présomption d'innocence]. La Chancellerie a annoncé, le 24 décembre 2002, qu'elle modifierait cette disposition : « *D'abord parce que, sur le fond, nous ne sommes pas convaincus que ce soit la meilleure solution et parce que c'est matériellement impossible.* » Le chef de cabinet du secrétariat d'Etat aux programmes immobiliers de la Justice, François Werner, a ajouté : « *Il existe des prévenus qu'il ne faut pas laisser seuls les premiers soirs de leur placement en détention* ». Un argument fallacieux puisqu'une dérogation était prévue en cas de demande de l'intéressé de ne pas se retrouver seul en cellule. Un retour en arrière qui a d'ores et déjà déclenché la réaction de deux députés, Jacques Floch (PS) et Christine Boutin (UMP), tous deux membres de la commission d'enquête sur les prisons de l'Assemblée nationale qui avait rendu son rapport en juin 2000. Pour Christine Boutin, « *faire bénéficier chaque détenu d'une cellule individuelle est le fondement de l'humanisation de la prison* ».

OIP, Dedans dehors, *n°36, mars 2003.*

182 Quels détenus doivent être placés en priorité en cellule individuelle ?

Lorsqu'en maison d'arrêt, le régime de l'encellulement individuel ne peut être appliqué, les prévenus pour lesquels l'autorité judiciaire a prescrit une interdiction de communiquer ou un placement à l'isolement doivent être placés en priorité en cellule individuelle. Les détenus de moins de 21 ans doivent également être soumis à l'isolement de nuit, donc placés en cellule individuelle. Néanmoins, soit pour un motif médical, soit « *en raison de leur personnalité* », ils peuvent être placés dans une cellule commune avec d'autres détenus de leur âge.

Articles D.58, D.85 et D.516 du Code de procédure pénale.

183 Quels détenus doivent être séparés ?

La réglementation prévoit qu'il convient d'assurer « *dans la mesure du possible* », l'emprisonnement individuel de certains détenus et, pour les autres, de les séparer par catégories pénales. Ainsi un prévenu, un condamné et un contraint judiciaire (nouvelle appellation de la contrainte par corps) ne peuvent être en principe placés dans une même cellule. Les détenus n'ayant jamais subi de peine privative de liberté (les « primaires ») devraient être séparés de ceux qui ont déjà encouru plusieurs condamnations (les « récidivistes »). Ces règles sont très inégalement respectées en pratique. Enfin, des personnes mises en examen dans la même affaire ne doivent pas être réunies dans une même cellule, même si le magistrat saisi du dossier de l'information n'a pas ordonné leur séparation.

Articles D.59, D.86, D.88 et D.90 du Code de procédure pénale.

184 Un détenu peut-il choisir sa cellule ou demander à en changer ?

La réglementation actuelle n'envisage pas que le détenu puisse choisir sa cellule. En revanche, il a la possibilité de présenter au chef d'établissement une requête pour changer de cellule. Il peut aussi formuler cette demande auprès du chef de détention ou du surveillant responsable du bâtiment. Pour appuyer une requête de changement de cellule, notamment dans les maisons d'arrêt où l'incarcération est très souvent collective, le détenu peut se référer à l'obligation faite au chef d'établissement de prendre « *toutes les précautions utiles pour éviter que la promiscuité entraîne des conséquences fâcheuses* ». Il convient également d'isoler certains détenus de leurs codétenus « *par mesure de précaution ou de sécurité* ». Cette disposition est destinée à assurer la protection au sein de la détention de certaines catégories de détenus (les détenus pour des affaires de mœurs, les policiers et surveillants incarcérés, les détenus célèbres…). Enfin, dans le cas des prévenus, la réglementation stipule qu'ils « *ne doivent pas être réunis contre leur gré avec des condamnés* ».

Articles D.59, D.88, D.89 et D.259 du Code de procédure pénale.

L'administration pénitentiaire fournit-elle un lit par détenu ? 185

Chaque détenu doit disposer d'un lit individuel et d'une literie appropriée. Du fait de la surpopulation sévissant dans la plupart des maisons d'arrêt, certains détenus en surnombre se trouvent néanmoins contraints de dormir sur un matelas posé à même le sol.

Article D.356 du Code de procédure pénale.

Les répercussions du surpeuplement

Les répercussions du surpeuplement dans les maisons d'arrêt visitées étaient très graves : en effet, le seuil d'occupation situé largement au-dessus de 200 % de leur capacité officielle entravait le fonctionnement de tous les secteurs d'activités de ces établissements et avait mis en péril tant la qualité de vie des détenus que les conditions de travail du personnel. A Loos, les conditions matérielles de détention étaient critiques. L'espace de vie moyen alloué aux détenus était réduit à une peau de chagrin : ceux-ci étant confinés à trois dans des cellules de quelque 9 m^2, ou, au quartier des femmes, à quatre, voire même à cinq, dans des cellules de 12 m^2. Dans ce dernier cas, la nuit, l'une d'entre elles devait dormir sur un matelas posé à même le sol. Les sanitaires, où le plus souvent un simple rideau faisait office de porte, ne garantissaient ni l'intimité ni la dignité des détenus, tout particulièrement dans un tel contexte de surpeuplement. [...] A la maison d'arrêt de Toulon, l'on observait une situation à celle de Loos. En effet, sauf au premier étage d'hébergement les détenus considérés comme présentant un risque de sécurité pour l'établissement et au quartier des mineurs, la très grande majorité des cellules (d'environ 10 m^2 à 11 m^2, annexe sanitaire incluse) était triplée. Là encore, des détenus étaient contraints de dormir sur des matelas par terre.

Comité européen pour la prévention de la torture, Rapport au gouvernement de la République française relatif à la visite effectuée en France du 11 au 17 juin 2003, *30 mars 2004.*

Quelles interdictions s'imposent au détenu en cellule ? 186

Le fait de négliger de préserver ou d'entretenir la propreté de sa cellule est une faute passible de 15 jours de cellule disciplinaire (mitard). Dans le cadre de la cellule, d'autres fautes disciplinaires peuvent être reprochées au détenu, comme le fait de « *jeter des détritus ou tout autre objet par les fenêtres de l'établissement* », « *faire un usage abusif ou nuisible d'objets autorisés par le règlement intérieur* » ou « *pratiquer des jeux non autorisés par le règlement intérieur* ». Par ailleurs, le fait d'occasionner des dégâts dans la cellule (« *causer délibérément des dommages aux locaux ou au matériel affecté à l'établissement* »), de refuser une fouille de la cellule (« *refuser de se soumettre à une mesure de sécurité définie par les règlements et instructions de service* ») ou le fait d'y faire trop de bruit (« *provoquer un tapage nocturne de nature à troubler l'ordre de l'établissement* ») peuvent également être sanctionnés.

Articles D.249 à D.251-8 et D.352 du Code de procédure pénale.

187 Quelles activités sont autorisées en cellule ?

Dans tous les établissements, les détenus peuvent être autorisés lorsqu'ils se trouvent dans leur cellule, à se livrer individuellement à des activités de leur choix qui ne portent pas préjudice à l'ordre et à la sécurité. Par ailleurs, les détenus sont autorisés à fumer en cellules communes bien qu'il s'agisse de « *lieux affectés à un usage collectif* ». Cependant, il est recommandé aux chefs d'établissement de réserver, « *dans la mesure du possible* », quelques cellules non fumeurs dans lesquelles seront affectés en priorité les malades et les détenus qui supportent difficilement la cohabitation avec les fumeurs.

Articles D.249-3, D.347, D.449 du Code de procédure pénale, circulaire DAP 84-88 G du 29 octobre 1984 sur l'usage du tabac.

188 Est-il possible d'aménager sa cellule ?

Dans les établissements pour peines (centres de détention et maisons centrales), chaque condamné est autorisé à aménager et décorer sa cellule de façon personnelle. Cependant, ces aménagements ne doivent pas entraîner la modification ou la dégradation des installations immobilières ou mobilières existantes. Ils ne doivent pas non plus constituer une entrave à l'exercice d'une fouille de cellule. Dans les maisons d'arrêt, la latitude laissée aux détenus pour l'aménagement intérieur de la cellule dépend du règlement intérieur. En règle générale, il est interdit d'apposer des objets ou des affiches en dehors d'un cadre prévu à cet effet, d'obstruer l'œilleton, d'étendre du linge ou de déposer des objets sur la fenêtre, d'allumer un feu ou de transformer les installations électriques.

Articles D.254 et D.449 du Code de procédure pénale, circulaire DAP du 28 janvier 1983, mémento du surveillant, DAP, 1999.

189 Quels objets le détenu peut-il conserver en cellule ?

Outre les quelques objets personnels (alliance, photos de famille…) qui ne lui sont pas retirés au moment de l'écrou, le détenu peut conserver en cellule tout objet acheté par l'intermédiaire de la cantine de l'établissement. Il peut également garder les journaux, les périodiques et les livres de son choix (qui n'ont pas fait l'objet d'une saisie ou d'une décision de retenue par le ministère de la Justice), les livres empruntés à la bibliothèque, ceux qu'il aura été autorisé à recevoir de l'extérieur et ceux échangés avec d'autres détenus. Par ailleurs, les détenus sont autorisés à conserver les objets de pratique religieuse et les livres nécessaires à leur vie spirituelle. Sauf décision individuelle du directeur motivée par des raisons d'ordre et de sécurité, tout détenu peut garder à sa disposition des médicaments, matériels et appareillages médicaux selon les modalités prescrites par le médecin intervenant dans l'établissement. Pendant la nuit, les objets laissés habituellement en possession du détenu peuvent lui être retirés pour des motifs de sécurité. Plus généralement, les détenus ne peuvent garder aucun objet ou substance pouvant permettre ou faciliter un suicide, une agression ou une évasion. Ils ne sont pas davantage autorisés à conserver un outil dangereux en dehors des heures de travail.

Articles D.273, D.318, D.335, D.420, D.423, D.439, D.443 et D.444 du Code de procédure pénale.

5,95 m² habitables

La surface totale d'une cellule dans ce bâtiment est de 9,55 m^2, mais la surface « habitable » représente 5,95m^2. Dans la cellule que j'occupe, il y a sur la droite un W-C et un lavabo. Eventuellement un miroir face au lavabo (une cellule sur quatre en sont pourvues). Sinon, il vous en coûtera 1,82 euros pour un petit miroir de 15/20 cm. A droite du lavabo, un muret pour déposer les affaires de toilettes et en dessous, deux porte-serviettes en fer généralement rouillés. Derrière le muret, la literie composée d'un sommier en fer rouillé, d'un matelas en mousse, de deux couvertures (que l'on ne peut changer qu'une fois par an) et de draps changés tous les quinze jours.

Pierre F., maison d'arrêt de Fleury-Mérogis, Dedans dehors, *n°30, mars 2002.*

Qui peut entrer dans la cellule le jour ? 190

L'ensemble des personnels de surveillance peut entrer dans toute cellule en journée. En effet, la présence de chaque détenu doit être contrôlée au moment du lever et du coucher, ainsi que deux fois par jour au moins, à des heures variables. L'aumônier peut également entrer dans les cellules, dont il détient souvent les clefs. Le médecin responsable de l'UCSA (unité de consultations et de soins ambulatoires) est également habilité à visiter les cellules comme l'ensemble des locaux afin de veiller à l'observation des règles d'hygiène collective et individuelle dans l'établissement. Les travailleurs sociaux du SPIP (service pénitentiaire d'insertion et de probation) ont libre accès aux locaux de détention pour les besoins de leur service ; ils peuvent s'entretenir avec les détenus dans des conditions garantissant la confidentialité. Par ailleurs, dans le cadre de leur mission de contrôle, certaines autorités judiciaires et administratives peuvent s'entretenir confidentiellement avec un détenu dans la cellule « *lorsque cette façon de procéder ne présente pas d'inconvénient* ». En ce qui concerne la circulation des détenus, elle est généralement interdite. Dans les maisons d'arrêt et les maisons centrales, les détenus n'accèdent pas librement à leurs cellules et les portes sont fermées durant la journée. Seuls certains centres de détention autorisent les détenus à circuler dans un périmètre et un créneau horaire définis, dans le cadre duquel les portes des cellules restent ouvertes.

Articles D.232, D.271, D.380, D.437 et D.463 du Code de procédure pénale.

Qui peut entrer dans la cellule la nuit ? 191

En l'absence de raisons graves ou de péril imminent, personne ne peut pénétrer dans la cellule la nuit. Le cas échéant, l'intervention de deux membres du personnel au moins est nécessaire, ainsi que celle d'un gradé, seul à posséder les clés en service de nuit. En revanche, les cellules doivent pouvoir être éclairées de l'extérieur pendant la nuit. Des rondes sont effectuées après le coucher et au cours de la nuit suivant un horaire fixé et quotidiennement modifié par le chef de détention, sous l'autorité du chef d'établissement. Elles ont pour objet d'assurer la sécurité et de vérifier la présence de chaque détenu. Cependant, certains établissements ne prévoient pas de rondes entre 1 et 5 heures du matin.

Articles D.270 et D.272 du Code de procédure pénale.

192 Quels sont les horaires d'une journée de prison ?

Les horaires de chaque établissement sont fixés par le règlement intérieur. Ils précisent en particulier les heures du lever et du coucher, des repas, de la promenade et du travail. L'extinction de la lumière est désormais laissée à la discrétion des détenus, à l'exception des mineurs. Les horaires d'une journée doivent tenir compte de la nécessité d'accorder aux détenus un temps suffisant pour leur toilette et leur détente. Les deux principaux repas doivent être espacés d'au moins six heures et la durée pendant laquelle les détenus sont enfermés la nuit dans leur cellule ne peut en principe excéder douze heures. Mais bien souvent, de nuit comme de jour, les détenus sont enfermés dans leur cellule plus de douze heures d'affilée. En règle générale, la journée carcérale est courte. Le détenu se lève vers 7 heures et il réintègre sa cellule aux environs de 18 heures.

Article D.247 du Code de procédure pénale.

Une journée à Fresnes

7 heures. Les deux verrous de l'heure légale sont retirés violemment. Ceux du bas avec le pied. 7 h 10. La porte s'ouvre. Instinctivement, mon corps exécute un tressaillement visible afin d'éviter le « En bas, bougez ! ». C'est le moment où je goûte pleinement le silence relatif avant que le compagnon de cellule n'allume la télévision qui ne s'éteindra plus pendant 15 ou 16 heures. 7 h 30. L'oreille – le seul sens qui ne se dégrade pas – me fait apprécier l'approche du café : un chariot portant deux énormes gamelles en aluminium remplies de liquides chauds qui ne méritent pas vraiment l'appellation de lait et de café. Si un appel est programmé – la messe du samedi, une consultation médicale, un entretien psychologique... – le surveillant l'annonce lors de ce passage. « Soyez prêt pour... ». 8 h 30. Ouverture de la porte pour la promenade de deux heures. Certains jours, il n'y a pas beaucoup d'amateurs. Onze pas de longueur avant de faire demi-tour. Le rectangle de ciel est ourlé de torsades en barbelés papillons. 9 heures. Passage de la cantine. La voix de stentor du cantinier s'entend de loin. « Un oignon, un papier toilette, 2 beurres... ». Entre 9 et 10 heures, passe la « ration » journalière, composée d'un pain par personne, dix grammes de beurre, un yaourt, un fruit cru, une part de fromage. S'il n'y a pas d'appel occasionnel pour un visiteur, le greffe, l'avocat, la porte ne s'ouvrira plus jusqu'à 11 h 30. C'est alors un petit coup de clé ou de main sur le cache-œilleton qui annonce l'arrivée imminente du chariot de la gamelle. Il faut se tenir prêt car tout ira très vite. 13 heures. Changement de service. Rapide ouverture de la porte pour un éventuel échange de bonjour. Jour de parloir. Au « 1er tour ». Je dois me tenir prêt pour 13 h 30. Dès que la porte s'ouvre, je récite les réponses avant les questions : « Pas de montre, pas de tabac, pas de chaîne ou de bijou et j'ai ma carte ». Palpation, contrôle, puis une demi-heure de placard, plus ou moins pénible selon la densité et les rencontres. Le marquage de la main à l'encre fluorescente est le dernier préalable avant de descendre dans la pénombre des petites cabines pour 45 minutes de tendresse ou d'amitié. La fouille à nu, au retour, fait vite rentrer dans la réalité. Retour en cellule. Presque la hâte incompréhensible de retrouver son chez-soi. Entre 15 et 16 heures, la

cellule s'ouvre pour le contrôle des barreaux. Les chocs des barres de fer se répondent d'étage à étage, de division à division. Aux environs de 17 heures, c'est le passage du courrier. 17 h 30. Gamelle du soir selon le rite du midi. Auparavant, ont été glissés sous la porte les bons de cantine livrables sous cinq jours en moyenne. Peu de temps après le passage de la gamelle du soir, les verrous extérieurs sont repoussés.

Michel C., courrier à l'OIP, avril 1998.

L'hygiène

En matière d'hygiène, l'écart entre les textes et la réalité est souvent très important. Alors que des règles précises sont édictées en matière de cubage d'air, d'éclairage, de chauffage, d'aération, de douches... de nombreux établissements se trouvent dans un état de délabrement avancé, laissant place aux moisissures et aux rats.

Quelles sont les règles d'hygiène en détention ? 193

L'incarcération doit en principe être subie dans des « *conditions satisfaisantes d'hygiène et de salubrité* », tant en ce qui concerne l'entretien et l'aménagement des bâtiments que l'application des règles de propreté individuelle. L'ensemble des locaux de détention, et particulièrement ceux qui sont destinés au logement, doivent répondre aux « *exigences de l'hygiène, compte tenu du climat, notamment en ce qui concerne le cubage d'air, l'éclairage, le chauffage et l'aération* ». Dans tout local où les détenus séjournent, les fenêtres doivent être suffisamment grandes pour qu'ils puissent lire et travailler à la lumière naturelle et pour permettre l'entrée d'air frais. La lumière artificielle doit être suffisante pour permettre aux détenus de lire ou de travailler sans altérer leur vue. En pratique, les détenus sont souvent obligés de s'éclairer le jour à la lumière électrique, parfois en raison de la petite taille de la fenêtre, de son emplacement, ou des grillages qui sont ajoutés aux barreaux. Le médecin responsable de l'UCSA (unité de consultations et de soins ambulatoires) doit en principe vérifier que les règles d'hygiène collective et individuelle sont bien respectées dans l'établissement. Le détenu peut donc lui signaler tout problème d'hygiène, puis s'adresser au médecin inspecteur de santé publique de la DASS et enfin au ministre chargé de la santé. Il peut également écrire à l'Inspection générale des affaires sociales (IGAS), qui saisira les autorités concernées (*cf. partie « la médecine générale »*).

Articles D.349, D.350 et D.351 du Code de procédure pénale.

L'hygiène des prisons françaises vue par le CPT

A Loos, [...] les locaux étaient vétustes, mal entretenus, sales, voire pour certains d'entre eux – tels le rez-de-chaussée de la section A ou le cabinait dentaire – insalubres. A de nombreux endroits, la peinture se décollait en raison de l'humidité infiltrant la base des murs. Les locaux des douches étaient mal aérés et la quantité d'eau chaude était insuffisante pour assurer les trois douches hebdomadaires réglementairement prévues par détenu. Des containers débordant d'immondices malodorantes étaient laissés plusieurs heures durant à l'entrée des sections, par là même où étaient acheminés les chariots de repas. Les cours de promenade étaient jonchées de toutes sortes de détritus, tels emballages vides, aliments non consommés ou fruits avariés. [...] A la maison d'arrêt de Toulon, l'on observait une situation similaire [...]. La délégation a recueilli de nombreuses plaintes de la part des détenus selon lesquelles les produits d'entretien étaient disponibles en quantité insuffisante, tout comme les ustensiles de nettoyage (seaux, balais, serpillières, etc.). Les installations de douche n'étaient guère mieux : elles étaient humides et dans un état défectueux pour un certain nombre d'entre elles.

Comité européen pour la prévention de la torture, Rapport au gouvernement de la République française relatif à la visite effectée en France du 11 au 17 juin 2003, *30 mars 2004.*

194 Quelles sont les règles d'hygiène applicables aux douches et aux toilettes ?

Les installations sanitaires doivent être « *propres, décentes et réparties de façon convenable* ». Leur nombre doit être proportionné à l'effectif des détenus. L'application de ces règles varie considérablement d'un établissement à l'autre, certains sanitaires relevant de l'insalubrité et d'autres étant correctement entretenus. Ce sont surtout les locaux de douches dans lesquelles l'hygiène est la moins respectée. Outre celle du directeur de l'établissement, la responsabilité des autorités sanitaires (UCSA, DDASS, IGAS) est engagée dans ce cas (cf. « la médecine générale »). Par ailleurs, de nombreuses cellules comportent encore un W-C sans dispositif de séparation. Mais lorsque l'administration pénitentiaire entreprend des travaux de réfection ou la construction de nouveaux établissements, elle intègre désormais le cloisonnement des toilettes.

Article D.351 du Code de procédure pénale.

195 Quelles sont les dispositions en matière de literie ?

Un lit individuel et une literie appropriée doivent être mis à la disposition de chaque détenu. Ils sont en principe entretenus et renouvelés de manière à en assurer la propreté. Les draps et couvertures doivent être changés avant d'être utilisés par un autre détenu. En pratique, les effets de literie ne sont pas systématiquement remplacés, en particulier au quartier disciplinaire où il n'est pas rare qu'un détenu trouve les draps sales en arrivant. Toutes les cellules des quartiers disciplinaire et d'isolement doivent être pourvues depuis 1997 de matelas et de traversins munis de housses ininflammables, de manière à prévenir les risques d'intoxication liés à la combustion en cas d'incendie. Les matelas doivent comporter deux housses, l'une inamovible, l'autre pouvant être retirée pour être lavée. Enfin, il est possible d'obtenir un double matelas pour des raisons médicales (certificat du médecin à l'appui).

Article D.356 du Code de procédure pénale, note DAP du 21 avril 1997.

Qui est chargé de l'entretien des locaux collectifs ? 196

Dans chaque établissement, des détenus travaillent au « service général » pour maintenir la propreté des locaux à usage collectif. Ils sont choisis de préférence parmi les condamnés sans ressources (indigents). Les prévenus ne peuvent être désignés pour effectuer cette tâche qu'avec l'accord préalable du juge d'instruction chargé de leur dossier. Les détenus du service général doivent nettoyer chaque jour les ateliers, réfectoires, dortoirs, couloirs, préaux, ainsi que tous autres lieux à usage collectif. Dans les établissements à gestion mixte, des entreprises privées sont chargées de l'entretien des locaux.

Articles D.105 et D.352 du Code de procédure pénale.

Envahie par la gale

La maison d'arrêt de Fleury-Mérogis (Essonne) est envahie par la gale. La totalité des matelas a dû être changée au mois de décembre 2001, le linge infesté est régulièrement éliminé, les détenus atteints reçoivent des douches antiparasitaires... Entre le 6 et le 9 janvier, trois nouveaux cas se sont déclarés, l'un au Centre des jeunes détenus, les deux autres au bâtiment D4. Loin d'être grave, cette maladie révèle surtout une situation sanitaire dégradée dans cette maison d'arrêt. L'insalubrité des douches est particulièrement en cause, avec des détritus et de l'eau stagnante au sol, de la mousse et des champignons sur le carrelage et les murs. Niant l'existence des courriers que lui adresse l'OIP depuis 1998, la DDASS considère qu'« *une prison est quand même capable de gérer elle-même ses problèmes de douche* » et qu'elle « *n'a pas à intervenir* », ce que dément de son côté l'Inspection générale des affaires sanitaires, son supérieur hiérarchique.

OIP, Dedans dehors, *n°29, janvier 2002.*

Qui est chargé de l'entretien des cellules ? 197

Chaque détenu doit entretenir lui-même sa cellule ou la place qui lui est réservée dans une cellule commune. Il est tenu de faire son lit et doit maintenir sa cellule dans un état constant de propreté. Le fait de négliger la propreté de sa cellule constitue une faute disciplinaire qui peut être sanctionnée par un maximum de quinze jours de cellule de discipline ou par l'exécution d'un travail de nettoyage des locaux pour une durée maximale de quarante heures. En pratique, cette faute s'avère néanmoins très rarement sanctionnée. L'administration doit en principe fournir aux détenus les produits et ustensiles de nettoyage nécessaires. Un flacon de 120 millilitres d'eau de Javel à 12 degrés doit être remis gratuitement tous les quinze jours à chaque détenu, y compris à ceux placés aux quartiers disciplinaire ou d'isolement. Cette mesure permet aux détenus d'assurer eux-mêmes la désinfection des surfaces et des différents objets utilisés dans la vie courante, mais elle vise aussi à prévenir les maladies transmissibles telles que les hépatites.

Articles D.249-3, D.251-1 et D.352 du Code de procédure pénale, note DAP du 5 novembre 1997.

198 Le détenu doit-il respecter des règles d'hygiène corporelle ?

La propreté est exigée de tous les détenus. Les facilités et le temps convenables doivent en principe leur être accordés pour procéder quotidiennement à leurs soins de propreté. Pour les détenus sans ressources (indigents), le renouvellement de la « trousse d'hygiène entrant » est en principe assuré par l'administration pénitentiaire. Ils doivent s'adresser au chef de détention, à un travailleur social du SPIP (service pénitentiaire d'insertion et de probation) pour pouvoir en bénéficier, ou encore à la « commission d'indigence » lorsqu'elle fonctionne. Les détenus qui disposent de ressources estimées suffisantes doivent quant à eux renouveler leurs produits d'hygiène en les achetant à la cantine de l'établissement. Cependant, la savonnette et le papier hygiénique devraient être systématiquement renouvelés quels que soient les moyens dont dispose le détenu, ce qui est rarement le cas en pratique.

Article D.357 du Code de procédure pénale, circulaire DAP 85.17.62 du 26 avril 1985, note DAP J62 du 18 février 1988, circulaire JUSE0140057C du 20 juillet 2001 relative à la lutte contre l'indigence.

199 Quelle est la fréquence d'accès aux douches ?

Depuis le décret du 8 décembre 1998, le nombre minimum de douches auquel les détenus doivent avoir accès est fixé à trois par semaine, en plus d'une douche prévue après les séances de sport et au retour du travail. En réalité, les trois douches hebdomadaires ne sont pas toujours dispensées, notamment en raison de l'insuffisance des installations sanitaires. Les conditions d'utilisation des douches sont fixées par le règlement intérieur de chaque établissement. Dans certaines prisons, des plages horaires d'accès aux douches sont prévues et les détenus peuvent y accéder librement. Dans d'autres, ils sont appelés à certaines heures et s'y rendent collectivement. Dans les établissements pour peines du « programme 13 000 », le libre accès aux douches est de règle dans les plages horaires pendant lesquelles les détenus peuvent circuler librement. Aucun texte ne prévoit le droit pour le détenu de se doucher seul. Cette possibilité peut lui être accordée exceptionnellement par le chef d'établissement ou un gradé. Le refus de se doucher, même s'il contrevient à l'exigence de propreté imposée aux détenus, ne constitue pas une faute disciplinaire. Cependant, il peut être considéré comme un « refus d'obtempérer » (faute disciplinaire du 3ème degré) si un membre du personnel donne l'ordre à un détenu de prendre une douche.

Articles D.249-3 et D.358 du Code de procédure pénale, note DAP RO843 du 22 octobre 1990.

La CNCDH pour une douche quotidienne

En matière d'hygiène corporelle, la France est en retard par rapport à nombre d'Etats européens. Le Code de procédure pénale prescrit que les détenus doivent pouvoir bénéficier de trois douches par semaine. Cette prescription n'est cependant effective que « *dans toute la mesure du possible* » (art. D. 358 du CPP). Cette règle, *a fortiori* assortie de ce tempérament, n'est plus admissible au vingt-et-unième siècle. Les détenus doivent pouvoir se doucher quotidiennement. D'autre part, l'obligation qui est de fait imposée dans la plupart des établissements de se doucher dans des locaux communs constitue non seulement une atteinte à la pudeur et à l'intimité de la personne, mais encore génère des risques en termes de sécurité. C'est pourquoi la réfection des locaux doit s'accompagner de la construction de cabines de douches individuelles, si possible en cellule.

Commission nationale consultative des droits de l'homme, Etude sur les droits de l'homme en prison*, 11 mars 2004.*

Les vêtements

Le temps du costume pénitentiaire étant révolu, les détenus peuvent porter leurs vêtements personnels, même si des restrictions leur sont encore imposées. Mais plus encore qu'à l'extérieur, les pauvres sont stigmatisés en raison de leur tenue et les vêtements constituent l'un des objets privilégiés du racket.

Peut-on porter ses vêtements personnels en détention ? 200

Tous les détenus peuvent conserver leurs vêtements personnels. Cependant, les prévenus peuvent se les voir retirer sur ordre de l'autorité judiciaire « *dans l'intérêt de l'instruction* ». L'autorité pénitentiaire peut également confisquer ses vêtements à tout détenu « *pour des raisons impérieuses d'ordre ou de propreté* ». Le détenu peut également décider de ne pas conserver ses vêtements personnels en détention. Ils sont alors inventoriés, nettoyés et désinfectés, puis déposés au vestiaire de l'établissement en vue d'être restitués à leur propriétaire à sa sortie.

Articles D.61, D.338 et D.348 du Code de procédure pénale.

Dans quels cas des vêtements peuvent-ils être fournis par l'administration pénitentiaire ? 201

A leur arrivée, les détenus ont le droit d'obtenir si nécessaire des vêtements fournis par l'administration pénitentiaire, notamment des sous-vêtements et une paire de chaussettes en maison d'arrêt. Les condamnés peuvent en outre demander à l'administration de leur fournir des vêtements s'ils craignent de détériorer les leurs par un usage trop fréquent. L'administration doit également mettre à la disposition du prévenu un costume civil en bon état quand il comparaît devant les autorités judiciaires, s'il ne dispose pas de vêtements personnels « convenables ». Les détenus indigents ainsi que ceux âgés de moins de 21 ans ont le droit d'obtenir une tenue de sport s'ils participent régulièrement aux activités physiques et sportives. Enfin, les détenus libérables dépourvus de ressources peuvent demander à l'administration pénitentiaire de leur fournir des vêtements pour leur sortie. Dans tous les cas, les détenus qui souhaitent obtenir des vêtements doivent s'adresser au service social (SPIP).

Articles D.61, D.284, D.348, D.482 et D.517 du Code de procédure pénale, note DAP 970 du 28 février 1995, circulaire JUSE9840034C du 29 mai 1998.

Sans vêtements chauds en plein hiver

De nombreuses personnes incarcérées à la maison d'arrêt de Villepinte (Seine-Saint-Denis) restent sans vêtements chauds en plein hiver. Cette maison d'arrêt accueille régulièrement des personnes arrêtées à l'aéroport de Roissy pour des infractions à la législation sur les stupéfiants ou sur les étrangers. Lorsqu'elles viennent de pays chauds, elles portent des vêtements d'été et sont incarcérées sans autre effet personnel. Chaque semaine, trois ou quatre détenus étrangers dans cette situation arrivent sans aucune ressource à la maison d'arrêt et n'ont donc pas la possibilité de faire des achats par le biais des cantines. Des associations caritatives ont pourtant proposé d'organiser la distribution gratuite de vêtements. Mais l'administration pénitentiaire a estimé que, faute de local spécifique, cette distribution ne pouvait pas avoir lieu. Les personnes concernées doivent donc attendre plusieurs semaines avant que le prestataire privé qui gère la maison d'arrêt (prison dite « 13 000 » à gestion déléguée) ne leur fournisse des habits adaptés aux températures hivernales. Parfois, des codétenus leur prêtent des affaires. Mais, à plusieurs reprises, des détenus n'ont pu se rendre en promenade faute de tenue adéquate pendant plusieurs semaines.

OIP Villepinte, Dedans dehors, *n°41, janvier 2004.*

202 La personne détenue peut-elle recevoir des vêtements de l'extérieur ?

Les détenus sont autorisés à recevoir des vêtements de l'extérieur, sur autorisation du chef d'établissement. Le linge doit être apporté à l'établissement par un proche du détenu, qui ne doit pas nécessairement être en possession d'un permis de visite. Le règlement intérieur fixe la quantité et le type de vêtements autorisés. Ainsi, les chaussures ne sont pas toujours admises, sauf si elles sont orthopédiques. Certaines prisons acceptent que soient apportées une ou deux paires par an. Les détenus peuvent également acheter des vêtements neufs sur catalogue par l'intermédiaire de l'administration, sauf lorsque le chef d'établissement les juge « contraires à la décence ».

Articles D.61, D.348 et D.423 du Code de procédure pénale, note du 8 août 1989 relative à la mise en œuvre de la circulaire sur les règlements intérieurs, circulaire JUSE9840034C du 29 mai 1998.

203 La personne détenue peut-elle être privée de ses vêtements ?

Pendant la nuit, certains vêtements laissés habituellement au détenu peuvent lui être retirés pour des raisons de sécurité. Cependant, une circulaire du 2 avril 1996 relative au régime disciplinaire interdit la pratique consistant à déshabiller entièrement un détenu placé au quartier disciplinaire, même en lui fournissant des sous-vêtements en papier. Par ailleurs, certains vêtements susceptibles de générer des conflits, des rackets (vêtements de marque) ou pouvant être assimilés à l'uniforme du personnel (pantalon bleu marine et chemise bleu clair) peuvent être interdits par le règlement intérieur. Même en l'absence de problèmes de sécurité, certains règlements intérieurs limitent également la quantité d'habits qui peuvent être conservés en cellule : une veste ou un blouson, un manteau ou un imperméable, 4 pantalons ou jupes, 4 chemises ou chemisiers, 6 tee-shirts, 7 slips, une paire de gants, 7 paires de chaussettes, etc.

Article D.273 du Code de procédure pénale, circulaire DAP JUSE9640025C du 2 avril 1996.

Les détenus peuvent-ils laver leur linge ? 204

Les vêtements laissés ou fournis aux détenus doivent être propres et maintenus en bon état ; les sous-vêtements doivent être lavés fréquemment. Aucun vêtement ayant servi à un détenu ne peut être redistribué par l'administration avant d'avoir été préalablement lavé, nettoyé ou désinfecté. Les détenus étant responsables de la propreté de leur linge, l'administration doit en principe doter chaque cellule de la lessive nécessaire. En pratique, ils doivent souvent acheter la lessive en cantine. Par ailleurs, le règlement intérieur fixe les conditions dans lesquelles les détenus peuvent laver leur linge. Dans certains établissements, ils sont autorisés à nettoyer leurs vêtements dans les douches ; dans d'autres, la lessive ne peut avoir lieu qu'en cellule. La plupart des établissements pour peines disposent d'une buanderie où les détenus peuvent faire laver leur linge moyennant une somme d'environ 1 à 2 euros par lessive.

Article D.355 du Code de procédure pénale, circulaire DAP du 26 avril 1985.

Serviettes de toilette indésirables

Les serviettes se voient mises au banc des accusées, interdites dorénavant, après avoir été comme d'habitude confiées aux familles de détenus pour une permission tourbillonnante dans une machine à laver besogneuse, de revenir à leurs utilisateurs, certes condamnés mais pas encore auto-séchants. Deux raisons à cela : premièrement, les spongieux menaçants sont accusés de se laisser imbiber d'alcool au goût anisé, puis de sécher sans lutter sur une corde à linge vacillante, pour enfin se laisser plonger dans un seau d'eau sitôt de retour en détention, et délivrer l'enivrant breuvage. Deuxième raison : la crainte de voir ces textiles inoffensifs collaborer à une évasion éventuelle. Dans le même temps, paradoxalement, restent fidèlement en place, dans les cours de promenade, deux filets de tennis qui, assemblés, nargueraient sans contestation possible une escadre de draps de bain désespérément liés ensemble.

Groupe de détenus, centre de détention de Montmédy (Meuse), Dedans dehors, *n° 35, janvier 2003.*

L'alimentation

Objet de controverses, l'alimentation fournie par l'administration pénitentiaire est d'une qualité très variable. Immangeable selon les uns, identique à n'importe quelle cantine selon les autres… Il est un point sur lequel tous s'accordent : il faut de l'argent pour se nourrir correctement afin d'acheter les compléments à la cantine, « magasin » de la prison.

205 Quelles sont les normes applicables à l'alimentation en prison ?

Les détenus doivent en principe recevoir une alimentation variée, répondant aux règles de la diététique et de l'hygiène, tant en ce qui concerne la qualité que la quantité. Le régime alimentaire distribué devrait tenir compte de l'âge, l'état de santé, la nature du travail et les convictions philosophiques et religieuses des détenus. En réalité, tant quantitativement que qualitativement, les repas s'avèrent souvent insuffisants et les détenus qui le peuvent complètent leur alimentation par des achats en cantine. En outre, lorsque la cuisine est éloignée des cellules, la nourriture peut parvenir froide à certains détenus. Trois repas par jour doivent être distribués, à des heures fixées par le règlement intérieur de la prison. Les deux repas principaux doivent être espacés d'au moins six heures. Dans la plupart des établissements pénitentiaires, les personnes détenues prennent leurs repas en cellule.

Articles D.247, D.342, D.354 du Code de procédure pénale, note DAP du 22 octobre 1990.

La diététique découragée

En théorie, l'alimentation est supervisée par un service diététique, des menus existent qui sont théoriquement équilibrés. Mais la réalité est plus prosaïque. Le budget consacré à l'alimentation de chaque détenu à la maison d'arrêt de Paris-la Santé est de 19,50 F (2,97 euros) pour chaque détenu, pour les trois repas. Une seule diététicienne est employée par l'administration pénitentiaire. Elle exerce à mi-temps à la Direction régionale des services pénitentiaires de Paris (soit pour 27 établissements). Depuis la loi de 1994, la diététique doit être suivie par l'équipe de diététique de l'hôpital de rattachement, avec notamment un suivi des menus. Les diététiciennes de Cochin se sont découragées devant l'absence d'écoute de leurs conseils. Par exemple, il y a trois ans que je réclame, en vain, au moins en « cantine », de la margarine végétale. […] En pratique : menus peu équilibrés, peu de légumes, peu de laitages, peu de poisson, viande réputée « immangeable » par les détenus, « gamelle » froide à l'arrivée dans la cellule, plateau « pillé » à l'arrivée dans la cellule, collations « évaporées » sur le chemin de la cellule.

C. Basin, « Un diabétique privé de liberté, être diabétique à la maison d'arrêt de Paris-La Santé », Journées annuelles de diabétologie, *Médecine-sciences, Flammarion, 2002.*

Une alimentation spécifique est-elle envisagée pour certains détenus ? 206

Les détenus de moins de 21 ans doivent disposer d'un régime alimentaire amélioré par rapport à celui des adultes. Par ailleurs, toute personne détenue doit « *dans la mesure du possible* », pouvoir bénéficier d'un régime alimentaire adapté à ses convictions religieuses, ce qui n'est pas toujours respecté en pratique. Les aumôniers israélites sont autorisés à remettre aux détenus de leur confession un colis de denrées rituelles à l'occasion des fêtes de la Pâque juive, du nouvel an israélite (Rosh-ha-Shana) et du Grand Pardon (Yom Kippour). Il en est de même pour les détenus musulmans : ils peuvent recevoir des colis des imams pour les fêtes de l'Aïd El Fitr (fin du Ramadan) et de l'Aïd El Kebir. A l'occasion de ces différentes fêtes, les denrées rituelles peuvent également être mises en vente en cantine. Enfin, les régimes alimentaires stricts, prescrits par un médecin en raison de maladies comme le diabète ou le cholestérol, doivent être impérativement respectés par l'administration. Si tel n'est pas le cas, le détenu peut adresser un courrier à la DDASS.

Articles D.354 et D.517 du Code de procédure pénale, notes DAP du 6 mars 1972, du 26 juillet 1979, du 11 mars 1993 et du 11 août 1994.

La consommation d'alcool est-elle autorisée en détention ? 207

Depuis le décret du 8 décembre 1998, la vente en cantine de toute boisson alcoolisée est interdite. Seule est désormais admise la vente de bière dite « sans alcool », dont le taux d'alcoolémie est inférieur à 1,2 degré. Le fait de détenir des substances non autorisées par le règlement ou de se livrer à leur trafic, ainsi que le fait de se trouver en état d'ébriété constituent des fautes disciplinaires passibles de 30 jours de quartier disciplinaire.

Articles D.249-2, D.346 du Code de procédure pénale, circulaire JUSE9840005C du 9 décembre 1998.

Fabrication artisanale

Deux couteaux, de la résine de cannabis en petite quantité et un demi-litre d'alcool blanc artisanal sont les modestes saisies réalisées au cours d'une fouille générale des cellules du centre de détention de Toul (Meurthe-et-Moselle) jeudi. « *Les saisies peuvent paraître modestes mais elles interviennent après la découverte plusieurs jours auparavant d'un alambic artisanal permettant la fabrication d'alcool par macération de fruits, de deux armes blanches et d'un téléphone portable* », a indiqué la directrice de la prison, relevant que les détenus étaient désormais plus prudents. La fouille, qui a duré toute la journée jeudi, a mobilisé 128 personnels pénitentiaires de l'établissement – qui compte 361 détenus –, aidés de renforts d'autres centres de la région. Mercredi, une fouille similaire avait été menée à la centrale de Clairvaux (Aube).

AFP, 10 avril 2003.

208 Est-il possible de recevoir des produits alimentaires de l'extérieur ?

L'envoi ou la remise de colis alimentaires à l'intention des détenus est interdite. Cependant, il existe une exception au moment des fêtes de fin d'année : les personnes titulaires d'un permis de visite permanent ou celles ayant obtenu une autorisation du chef d'établissement peuvent remettre (l'envoi reste interdit) un colis de vivres ne dépassant pas les cinq kilos à l'intention d'un détenu. Chaque colis doit être accompagné d'un inventaire complet des denrées qu'il renferme. Les boîtes métalliques et récipients en verre sont prohibés. Par ailleurs, la Croix-Rouge française est habilitée, à l'occasion des fêtes de fin d'année, à faire entrer un colis de denrées aux détenus ne recevant pas de visite mais pour lesquels les familles adressent un chèque de 45 euros à l'association.

Article D.423 du Code de procédure pénale, circulaire DAP E8940075C du 3 novembre 1989, notes AP des 23 octobre et 3 décembre 1990.

La cantine

Secteur souvent opaque de la vie en détention, la « cantine » représente l'unique moyen pour les détenus de procéder à des achats de première nécessité. Sorte de magasin interne, elle est gérée par l'administration pénitentiaire, qui justifie des prix souvent élevés par les frais de fonctionnement engendrés par ce moyen de distribution unique en son genre, en l'absence de concurrence et de contrôle.

209 Qu'est-ce que la « cantine » ?

C'est la « boutique » de l'établissement pénitentiaire où le détenu peut acheter divers objets ou denrées dans la limite de ses moyens financiers (« part disponible » de son compte nominatif). Cette possibilité de « cantiner » s'exerce sous le contrôle du chef d'établissement et dans les conditions prévues par le règlement intérieur qui fixe les jours, heures, modalités des commandes et des livraisons. La possibilité de cantiner peut éventuellement être limitée par le directeur de l'établissement « *en cas d'abus* ». S'il commet une faute disciplinaire, tout détenu peut être sanctionné par la privation pendant une durée maximale de deux mois de tout achat en cantine autre que des produits d'hygiène, de correspondance et de tabac. Le placement en cellule de discipline ou de confinement entraîne la même restriction pendant toute la durée de la sanction.

Articles D.251 à D.251-3, D.323 et D.343 du Code de procédure pénale.

Inégalités et rapports de force

Le système de la cantine entraîne également des effets pervers, en renforçant les inégalités, en suscitant des rapports de force et en favorisant le développement du racket. Tous les intervenants auditionnés par la commission d'enquête ont souligné que l'argent était roi en prison, alors même que sa détention et, *a fortiori*, sa circulation sont interdites. Conformément à l'ancien système de la « pistole », celui qui dispose d'un pécule important pourra donc améliorer sensiblement ses conditions de détention, alors que l'indigent devra se contenter du minimum mis à sa disposition par l'administration pénitentiaire. [...] Si elle crée des inégalités, la cantine favorise aussi le développement de rapports de force, puisque le détenu « riche » va établir sa domination sur les moins argentés qui dépendront de lui pour bénéficier d'une cigarette, d'un timbre ou encore de la télévision. La solidarité entre les détenus étant ce qu'elle est, tout se paie. Celui qui n'a pas d'argent devra donc s'acquitter de sa dette en « rendant service ». Il pourra faire le ménage, mais aussi parfois être contraint de satisfaire d'autres demandes moins avouables de son ou de ses codétenus...

Sénat, Prisons : une humiliation pour la République*, rapport de la Commission d'enquête, juillet 2000.*

Comment faire des achats en cantine ? 210

Périodiquement (en général, une fois par semaine) des bons de cantine sont distribués aux détenus ainsi que la liste des produits disponibles. Les détenus cochent ce qu'ils veulent commander et indiquent leurs nom, prénom, numéro de cellule, date et signature. Les produits leur sont remis ultérieurement.

Quels produits trouve-t-on en cantine ? 211

Les produits vendus en cantine comprennent les denrées d'usage courant qui peuvent être consommées sans préparation. On peut également acheter tout le nécessaire pour correspondre (stylos, papier à lettres, enveloppes, timbres), des produits d'hygiène, des journaux et magazines, du tabac... La vente de certains objets et produits est interdite : les médicaments (ils ne peuvent être délivrés que sur prescription médicale), les boissons alcoolisées, les briquets à molette de type *Bic*, etc.

Articles D.345 et D.346 du Code de procédure pénale, notes Direction de l'administration pénitentiaire du 30 juin 1992, du 14 septembre 1993 et du 20 décembre 1995.

Comment sont fixés les prix des produits vendus en cantine ? 212

Les prix sont fixés périodiquement par le chef d'établissement. Sauf en ce qui concerne quelques produits comme le tabac, le pain et les journaux, ils tiennent compte des frais engagés par l'administration pour la manutention et la préparation. Cette réglementation entraîne d'importantes disparités dans les prix pratiqués dans les établissements pénitentiaires. Selon le rapport de l'administration pénitentiaire sur « la gestion de la cantine des détenus » (septembre 1998), certains établissements calculent les prix des produits de telle sorte à pouvoir assurer d'autres dépenses que celles liées la cantine, comme l'achat de chariots chauffants, de matériel bureautique, de congélateurs, de lave-linge, de photocopieurs. Les prix pratiqués en cantine sont donc très souvent supérieurs à ceux du marché. Dans tous les cas, ils doivent être en principe portés à la connaissance des détenus, c'est-à-dire indiqués sur les bons de commande.

Article D.344 du Code de procédure pénale.

Les détenus de Nanterre font leurs courses au prix fort

C'est du moins ce qu'affirme le groupe local de l'OIP, qui dénonce vigoureusement, minutieuse enquête à l'appui, les tarifs pratiqués à l'intérieur de la maison d'arrêt. Des tarifs « prohibitifs », selon l'Observatoire, en moyenne supérieurs de 27 % aux prix affichés dans le commerce où se fournit la prison. [...] Ainsi, lorsque les confiseries sont facturées au même montant qu'à l'hypermarché où la Siges fait ses emplettes, les laitages accusent une hausse de 46 %, la pâtisserie s'envole jusqu'à 43 % supplémentaires, tout comme les produits ménagers (+ 44 %) et d'hygiène (+ 39 %). « *Le baume de rasage, facturé 21 F (3,20 euros) à l'extérieur de la prison, revient à 40 F (6,10 euros) au détenu nanterrien*, souligne un délégué de l'OIP. *La lessive, elle, vendue en rayon 16,95 F (2,58 euros), coûte 28 F (4,7 euros) à la cantine... La marque est la même, la référence du produit identique, et la grande surface est bien celle où se fournit la Siges.* » Contestant formellement les 27 % de « surtaxe » annoncés par l'OIP, le chef d'unité de la Siges affirme que les prix pratiqués au sein de la maison d'arrêt sont soumis au strict contrôle du ministère de la Justice... « *Mais il est vrai que nos charges sont importantes*, souligne-t-il. *Le personnel, notamment, est rémunéré sur le produit des ventes effectuées à la cantine et nous devons également faire face à des coûts d'approvisionnement conséquents. D'autre part, nous avons peu de clients, donc un faible pouvoir de négociation auprès de notre fournisseur.* »

Cécile Beaulieu, « Nanterre : factures salées pour les détenus », Le Parisien, *12 avril 2001.*

213 Qu'appelle-t-on la « cantine exceptionnelle » et la « cantine extérieure » ?

Prévue dans la plupart des règlements intérieurs, la « cantine exceptionnelle » offre la possibilité d'acheter des produits non proposés sur les bons de cantine par un système de catalogues de vente par correspondance. Ces achats (ordinateurs, livres, lunettes...) nécessitent l'autorisation du chef d'établissement et doivent avoir un caractère d'utilité. Pour le paiement de ces achats exceptionnels, l'administration procède par prélèvement sur le compte nominatif du détenu, qui doit justifier de ressources suffisantes. Quant à la « cantine extérieure », il s'agit de la possibilité pour le directeur de faire acheter par le personnel de l'administration pénitentiaire des objets non accessibles en cantine mais vendus à proximité de l'établissement (cartes postales, vêtements...) à l'intention des détenus qui le demandent.

214 Un recours est-il possible contre les décisions en matière de cantine ?

Les notes internes du directeur définissant la liste des produits ou objets qui peuvent être vendus en cantine, leur prix et les conditions dans lesquelles les détenus peuvent les acquérir n'ont pas le caractère de « mesures d'ordre intérieur ». Ce sont des instructions de service susceptibles d'un recours pour excès de pouvoir devant le juge administratif (*cf. 4ème partie : faire respecter ses droits*).

Arrêt Druelle du Conseil d'Etat du 18 mars 1998.

La promenade

La promenade quotidienne se déroule dans des conditions très différentes d'un établissement à l'autre, la cour pouvant être aussi bien un terrain de sport qu'une cellule ouverte sur le ciel et grillagée (en quartier d'isolement ou disciplinaire).

Une promenade quotidienne est-elle obligatoire ? 215

Tout détenu doit pouvoir effectuer une promenade d'au moins une heure par jour à l'air libre. Depuis 1998, la promenade n'est plus une obligation, mais un droit pour le détenu, qui peut refuser de s'y rendre. Sauf avis médical le précisant, un détenu ne peut en aucun cas se voir retirer la possibilité d'aller en promenade. Même placé en cellule disciplinaire, en cellule de confinement ou à l'isolement, le détenu conserve le droit à une promenade d'une heure qui se déroule alors dans une cour spéciale, en général petite et grillagée.

Articles D.249-2, D.251-3, D.359 du Code de procédure pénale.

Où se déroulent les promenades ? 216

Chaque établissement pénitentiaire doit réserver un espace à la promenade. Dans certaines prisons, la cour de promenade est de la taille d'un terrain de sport (Fleury-Mérogis) ; dans d'autres, les cours permettent juste de réaliser quelques pas (Lyon). Les quartiers disciplinaire et d'isolement disposent d'une cour spécifique, généralement de la taille d'une cellule et recouverte de grillages. A la maison d'arrêt de Bois d'Arcy (78), les cours des quartiers disciplinaire et d'isolement sont ainsi constituées de deux cellules (19 m^2 au total) à ciel ouvert, couvertes d'un grillage aux mailles serrées. Une note de l'administration pénitentiaire du 18 avril 2003 est encore venue aggraver cette situation à l'égard des détenus considérés comme « dangereux ». Elle prévoit notamment que les cours de promenade des quartiers d'isolement soient surplombées d'un barreaudage quadrillé et d'un grillage aux mailles serrées.

Première promenade en « cour camembert »

Rouquemoute m'arracha à ma méditation pour m'annoncer qu'il était l'heure de la promenade. « *Mais tu peux rester si tu veux, ici on est libre* », précisa-t-il en rigolant. Je n'en doutais pas et je choisis de sortir. Autant valait prendre le rythme sans plus attendre, se plonger d'un coup dans le bain froid de la routine carcérale. La promenade avait lieu dans une cour triangulaire exiguë, formant un cercle avec les autres autour de la rotonde centrale de la prison. Pour cette raison, on appelle ces cours des cours « camembert ». Elles sont recouvertes d'un grillage destiné à empêcher les détenus de passer dans les cours voisines ou d'échanger des messages, et sont séparées par groupes de quatre par les bâtiments de détention qui sont comme les rayons d'une roue dont la rotonde est le moyeu. Nous étions là, dans chacune de ces cours, une bonne trentaine à devoir nous partager un maigre espace plus propre à nous permettre de nous aérer les poumons que d'activer la circulation du sang dans nos jambes.

Claude Lucas, Suerte, l'exclusion volontaire, *Terre humaine, Plon, 1995.*

217 Quelles sont les conditions réglementaires de la promenade ?

Les horaires des promenades sont fixés par le règlement intérieur et en principe affichés en détention. Les maisons d'arrêt prévoient généralement une heure le matin et une autre l'après-midi (des durées plus longues sont observées dans le sud : cinq heures par jour à Ajaccio, trois heures à Digne). Les horaires de travail ou de formation des détenus doivent prévoir le temps nécessaire à la promenade ; en pratique, il arrive que les détenus qui travaillent ne puissent pas accéder à la promenade pendant la semaine. Par ailleurs, certains établissements aménagent des horaires spécifiques pour certaines catégories de détenus (affaires de mœurs en particulier) dans le but de les protéger des agressions et insultes de la part des autres détenus. Les cours de promenade sont souvent des lieux dans lesquels s'exercent violences et règlements de compte. Au départ et au retour de promenade, une fouille intégrale pratiquée par sondages peut être effectuée sur chaque détenu. Les objets autorisés en promenade doivent figurer sur une liste limitative prévue par le règlement intérieur de l'établissement et ne doivent présenter aucun risque pour les personnes ou la sécurité de l'établissement. Ils doivent être contrôlés par le personnel à l'occasion des mouvements.

Articles D.108 et D.247 du Code de procédure pénale, note du 5 février 2002 relative aux consignes élémentaires de sécurité à mettre en œuvre au sein des établissements pénitentiaires, note du 18 février 2003 relative aux consignes de sécurité concernant les maisons centrales.

Les activités socioculturelles

Si dans certains établissements pénitentiaires, les activités se développent (théâtre, peinture, écriture...) elles sont souvent réservées à un nombre restreint de détenus et peu adaptées à la diversité des personnes qui peuplent les prisons. De plus, les horaires ne sont pas toujours aménagés pour que les détenus qui travaillent ou suivent une formation puissent y participer. Enfin, en période de surpopulation, les activités ont tendance à être réduites en raison des déplacements de détenus qu'elles impliquent.

Quelles sont les activités socioculturelles auxquelles le détenu peut accéder ? 218

Des activités socioculturelles ayant pour objet de « *développer les moyens d'expression, les connaissances et les aptitudes des détenus* » doivent être organisées dans chaque établissement pénitentiaire. La programmation culturelle doit résulter « *de la représentation la plus étendue des secteurs de la culture* ». En réalité, tous les établissements ne proposent pas un large panel d'activités, en particulier les maisons d'arrêts ou les quartiers réservés aux femmes. En matière d'équipements, les établissements pénitentiaires doivent en principe être pourvus d'une salle polyvalente, ce qui est loin d'être toujours le cas en pratique. A titre d'exemple, la norme pour une prison accueillant 400 détenus est d'avoir une salle polyvalente d'une surface de 200 m^2 et d'une hauteur de 6 mètres.

Articles D.440 et D.441 du Code de procédure pénale, circulaire JUSE9411C du 30 mars 1995.

Comment accéder aux activités socioculturelles ? 219

L'emploi du temps hebdomadaire doit en principe permettre à tout détenu qui le souhaite de participer aux activités, dont le règlement intérieur détermine les conditions d'accès. Le chef d'établissement a cependant la prérogative de refuser à certains détenus l'accès aux activités. Il est ainsi chargé, en concertation avec le service pénitentiaire d'insertion et de probation (SPIP) et l'animateur extérieur, d'établir une liste des détenus retenus pour chaque activité. Par ailleurs, les punitions de confinement ou de quartier disciplinaire comportent, pendant toute leur durée, la privation de toutes les activités socioculturelles. Les détenus peuvent également être privés d'activités pour une période maximale d'un mois lorsqu'ils ont commis une faute disciplinaire au cours de ces activités.

Articles D.251-1 à D.251-3, D.440, D.443 et D.446 du Code de procédure pénale.

Deux mondes étrangers l'un à l'autre

De nombreuses difficultés concrètes demeurent, tant les deux mondes – la prison et la société civile en général, et la prison et la culture en particulier – semblent étrangers l'un à l'autre. La situation générale des prisons est si difficile que les initiatives culturelles passent au second plan. Le volontarisme ministériel, les initiatives locales et les engagements personnels ne suffisent pas toujours pour combler le fossé qui existe entre les deux mondes : une lecture en prison prévue depuis des mois peut être annulée sans préavis pour des raisons liées à la sécurité interne de l'établissement pénitentiaire, et sans que ses responsables ne doivent se justifier... Jean-Pierre Michallet, animateur d'ateliers d'écriture à la maison d'arrêt de Villeneuve lès Maguelone, se verra demander ses papiers chaque semaine, invariablement pendant des mois, et n'entrera pas s'il a le malheur de les oublier une seule fois... Des contraintes rigides du côté des établissements pénitentiaires, une certaine difficulté, de la part des acteurs culturels, à se faire entendre par eux. La culture n'est pas la première préoccupation des directeurs de maisons d'arrêt.

Sébastien Raimondi, « Culture en prison », Bulletin des bibliothèques de France, *t.46, n°3, 2001.*

220 Qui organise les activités socioculturelles ?

Le service pénitentiaire d'insertion et de probation (SPIP) est chargé de définir et organiser la programmation culturelle, en liaison avec le chef d'établissement. Il recherche la collaboration d'intervenants extérieurs auxquels peut être confiée l'animation de certaines activités. Sous le contrôle des travailleurs sociaux, les détenus peuvent être associés à l'organisation et l'animation des activités.

Articles D.440, D.441 et D.446 du Code de procédure pénale.

221 Qui sont les intervenants culturels ?

Des associations nationales de bénévoles développent des actions socioculturelles au bénéfice de la population détenue : l'ANVP (Association nationale des visiteurs de prison), le CLIP (Club informatique pénitentiaire), la FNARS (Fédération nationale des associations d'accueil et de réadaptation sociale), Auxilia (enseignement par correspondance), la FARAPEJ (Fédération des associations réflexion action prison justice), le GENEPI (Groupement étudiant national d'enseignement aux personnes incarcérées), la Croix-Rouge française, le Secours catholique, le Courrier de Bovet (correspondance avec les personnes détenues), et l'UFRAMA (union nationale des fédérations régionales des maisons d'accueil des familles et proches des personnes incarcérées, ex FRAMAFAD).

Article D.442 du Code de procédure pénale, note DAP du 25 août 1995, décret n°97-34 du 15 janvier 1997.

222 Qu'est-ce que l'association socioculturelle et sportive ?

Au sein de chaque établissement pénitentiaire, une association socioculturelle et sportive est créée « *en vue de soutenir et de développer l'action socioculturelle et sportive au profit des détenus* ». Les statuts des associations socioculturelles doivent être agréés sur la base d'un modèle-type par le préfet de département. Cette association tend à être l'exécutrice des décisions prises par le SPIP. Cependant, elle ne doit pas prendre en charge « *les opérations d'investissement, d'entretien ou de fonctionnement que l'établissement se doit d'assurer : terrain de sport, mobilier, matériel de sécurité, vêtements professionnels,...* ». Parmi les membres de droit de cette association figurent le chef d'établissement, le juge de l'application des peines (JAP), le procureur de la République, les membres du personnel de direction, les surveillants-chefs de la détention. Peut être membre actif de cette association toute personne physique ou morale qui en fait la demande au chef d'établissement, sous réserve de l'agrément du conseil d'administration. Enfin, les « membres usagers » sont les détenus qui participent aux activités organisées par l'association à l'intérieur de l'établissement. Un comité de représentants des usagers est théoriquement constitué auprès du conseil d'administration et doit être consulté pour toute décision concernant la création, le fonctionnement et la cessation d'une activité, ce qui n'est pas souvent mis en pratique. Le mode de désignation de ces représentants doit être fixé par le règlement intérieur. Les activités de l'association sont financées notamment par les excédents perçus sur la location de la télévision aux détenus et, dans une moindre mesure, par des subventions, voire une cotisation mensuelle des membres (dont les détenus). Depuis l'année 2003, certaines régions pénitentiaires (comme celle de Lille) ont retiré aux associations socioculturelle la gestion de la location de télévision, provoquant la disparition de nombreuses d'entre elles.

Article D.442 du Code de procédure pénale, note DAP du 25 août 1995.

Concours de peintures « correctes »

Mercredi 6 décembre. Un concours a été organisé dans l'établissement ; 1000 francs récompenseront la plus belle œuvre picturale effectuée par un détenu. Huit détenus ont répondu à l'appel. L'un d'eux vient de se voir convoqué par la directrice adjointe. Elle lui annonce que son œuvre ne sera pas présentée au jury dont un membre est un juge. Raison de cette censure : l'œuvre représente une cour de promenade, sur les murs de laquelle sont inscrites des phrases déplaisantes. Exemples de citations : « longue peine = mort lente », « quartier d'isolement = torture blanche », mais aussi « *grattez le juge, vous trouverez le bourreau* » (phrase de Victor Hugo). Ainsi donc, dans la France du début du troisième millénaire, un fonctionnaire se permet de censurer une œuvre artistique, sous prétexte qu'elle n'est pas politiquement correcte. Cette mesure est scandaleuse car portant atteinte à la liberté d'expression. Mardi 19 décembre. C'est le grand jour, résultat du concours de peintures. L'exposition est organisée dans la salle dite de spectacle. Les détenus non exposants ont été évacués de la salle d'exposition avant que n'arrivent les « V.I.P. », ceci pour éviter que ces derniers ne constatent le malaise lié à cette affaire de censure. Mais peine perdue ; lors de la remise des prix (chèques cadeaux des 3 Suisses), le détenu primé, Luigi, a pris la parole pour dénoncer la censure dont avait fait l'objet un codétenu et remettait aux personnes présentes un texte relatant les faits dénoncés. Son speech a été applaudi.

Gabi Mouesca, Prison@.net, Journal d'un « longue peine », *éditions Gatuzain, 2001.*

223 Les détenus peuvent-ils se voir communiquer les bilans financiers des associations socioculturelles ?

La commission d'accès aux documents administratifs (CADA) a émis un avis favorable à la communication des bilans détaillés des mouvements financiers de ces associations, lorsqu'ils sont demandés par un détenu. Par ailleurs, le Tribunal administratif a considéré à plusieurs reprises, notamment dans une décision du 18 janvier 2000, que « *les comptes de l'association qui retracent les conditions dans lesquelles elle exerce les missions de service public qui sont les siennes, présentent, par leur nature et leur objet, le caractère de documents administratifs ; que par la suite les bilans détaillés des mouvements financiers concernant ladite association [...] avaient le caractère de documents communicables* ». Enfin, il ne peut être exigé que le détenu ait cotisé à l'association pour lui communiquer ces bilans.

Décision du Tribunal administratif n°99-1361 du 18 janvier 2000 Druelle c/ l'association Interlude, TA de Chalons sur Marne, n°97-536 du 9 décembre 1997, Remli c/ l'ASDASCS du centre pénitentiaire de Clairvaux.

Le sport

La peur de voir son corps dépérir, l'importance de la force physique dans les rapports avec les autres détenus, le besoin de remplir le temps et de dépenser une énergie inutilisée… tout concoure en prison à créer un fort besoin d'activité sportive. La plupart des établissements pénitentiaires en prévoient aujourd'hui la possibilité, mais parfois dans de mauvaises conditions.

224 Quelles sont les conditions d'exercice du sport en prison ?

Le règlement intérieur de chaque établissement pénitentiaire doit réserver une partie de l'emploi du temps des détenus à la pratique d'exercices physiques et indiquer les conditions dans lesquelles sont assurées ces activités. En général, les personnes détenues ont accès aux installations sportives pour une pratique hebdomadaire de deux à trois heures. Le programme sportif d'un établissement pénitentiaire est élaboré par le service pénitentiaire d'insertion et de probation (SPIP) en liaison avec le chef d'établissement, les services compétents des ministères chargés de l'Education nationale et de la Jeunesse et des sports. Ce programme doit tendre au développement des « *capacités physiques, motrices et relationnelles des détenus* ». Il comprend en principe des sports collectifs et individuels, auxquels s'ajoutent parfois des pratiques corporelles telles que le yoga ou la relaxation. En pratique, les maisons d'arrêt proposent généralement très peu d'activités et d'équipements sportifs et les établissements pour peines sont inégalement dotés. Les activités sportives sont encadrées par des surveillants spécialisés (moniteurs de sport) ou des professeurs d'éducation physique qui peuvent se faire assister de vacataires. Au 1er juillet 2003, l'administration pénitentiaire emploie 216 surveillants moniteurs de sport, 50 surveillants faisant fonction de moniteurs à temps plein ou partiel, un professeur d'éducation physique et sportive détaché pour l'ensemble des établissements, 105 vacataires et 15 animateurs bénévoles pour 60 963 détenus.

Articles D.359, D.451, D.459-1 du Code de procédure pénale, décret n°99-276 du 13 avril 1999, chiffres clés de l'administration pénitentiaire, juillet 2003.

Tout détenu peut-il faire du sport ? 225

En principe, le droit de pratiquer une activité sportive est acquis pour tout détenu, sur simple demande au « service des sports » et sauf contre-indication médicale. Le détenu est inscrit sur une liste d'attente provisoire, par ancienneté, puis sur une liste définitive, après avis médical. Cependant, une privation de sport peut être prononcée temporairement dans trois cas :

- une contre-indication médicale émise par un médecin de l'unité de consultations et de soins ambulatoires (UCSA) de la prison. Les médecins doivent en effet procéder à un examen médical des détenus qui sollicitent une attestation pour pratiquer un sport.
- une privation disciplinaire d'un mois maximum consécutive à une faute du détenu au cours de l'activité sportive. Le placement à l'isolement ou au quartier disciplinaire empêche également la pratique d'un sport collectif. Dans certains établissements, une salle de sport équipée d'appareils de musculation permet néanmoins aux détenus isolés de maintenir une activité physique.
- le chef d'établissement peut également décider d'écarter des activités sportives tout autre détenu pour « *des raisons d'ordre et de sécurité* » qu'il n'a pas à justifier. Cette décision a valeur de « mesure d'ordre intérieur » (c'est-à-dire non susceptible de recours contentieux). Elle peut donc avoir en pratique un caractère clairement arbitraire.

Articles D.251-1, D.459-3, D.381 du Code de procédure pénale.

Le besoin de muscles

Le sport devenu en quelques années le plus populaire en détention est la musculation. Les prisonniers ont toujours tenu à entretenir leur forme physique et si possible à améliorer leur force corporelle. Le médecin a souvent dû faire face aux excès de toute nature de ce maintien en état du muscle. Les « pompes » à l'image de celles imposées en guise de punition dans les bataillons de l'armée, ont constitué les modèles de l'exercice viril en cellule. La musculation a trouvé un écho narcissique favorable chez un certain nombre de détenus. Tous s'accordent à dire qu'il vaut mieux montrer sa force que devoir s'en servir.

Daniel Gonin, La santé incarcérée, *L'Archipel, 2000.*

Comment s'organise une séance de sport ? 226

Chaque établissement doit « *sous réserve des contraintes architecturales* » être doté d'équipements sportifs de plein air et couverts, réglementaires et polyvalents, permettant l'organisation de séances et de rencontres sportives. Le lieu doit être en principe différent de celui de la promenade. En réalité, de nombreux établissements ne disposent pas de locaux réservés à la pratique du sport en plein air. Au sein des 190 établissements, l'administration pénitentiaire dénombre, en juillet 2003, 96 terrains de sport, 67 cours de promenade qui font office de terrains de sport, 33 gymnases et 120 salles à vocation sportive générale. Les séances de sport se déroulent par groupes d'un maximum de 20 détenus. Des matchs peuvent être organisés entre des équipes différentes d'un même établissement pénitentiaire ou d'établissements différents, ou encore avec des équipes de clubs extérieurs. Les compétitions en dehors de l'établissement pénitentiaire sont possibles, mais elles nécessitent l'accord du directeur régional des services pénitentiaires. Des permissions de sortir d'une journée maximum peuvent également être accordées par le juge de l'application des peines pour la pratique d'activités sportives organisées à l'extérieur. Au retour d'une séance de sport, les détenus doivent, « *dans la mesure du possible* », pouvoir bénéficier d'une douche.

Articles D.143, D.358 et D.459-2 du Code de procédure pénale, chiffres clés de l'administration pénitentiaire, juillet 2003.

227 Une tenue de sport est-elle fournie aux détenus ?

Une tenue de sport peut en principe être fournie aux détenus dépourvus de ressources suffisantes et qui participent régulièrement aux activités physiques et sportives. Ils doivent pour cela s'adresser au service pénitentiaire d'insertion et de probation (SPIP) de l'établissement. Pour les détenus de moins de 21 ans, la condition d'indigence n'est pas nécessaire. La tenue de sport doit leur être systématiquement fournie s'ils la demandent.

Articles D.348 et D.517 du Code de procédure pénale.

La religion

Historiquement très présents dans les prisons, les représentants de culte y sont globalement bien acceptés et de nombreuses facilités leur sont accordées, notamment dans l'accès aux cellules. Les détenus qui veulent pratiquer la religion chrétienne ne rencontrent généralement pas d'obstacle, sauf ceux placés à l'isolement. Pour les autres confessions, les possibilités sont moins importantes et très disparates.

228 Comment s'organise la pratique religieuse en prison ?

Chaque détenu doit pouvoir satisfaire aux exigences de sa vie religieuse, morale ou spirituelle. Les aumôniers fixent, en accord avec le chef d'établissement, les jours et heures des offices, qui sont ouverts aux détenus et aux membres du personnel. Au 1er janvier 2003, l'administration recense 918 aumôniers de prison, dont

323 indemnisés, 411 bénévoles et 184 auxiliaires bénévoles d'aumônerie. Ils se répartissent ainsi par confession : 513 catholiques, 267 protestants, 69 musulmans, 64 israélites, 3 orthodoxes et 2 bouddhistes.

Articles D.432, D.435 du Code de procédure pénale, chiffres clés de l'administration pénitentiaire, juillet 2003.

Le recours au spirituel

C'est parfois après un suicide raté et, de manière générale, dans les premières années de la détention que tous ceux qui m'ont dit « tenir » grâce à la foi avaient ressenti un renouveau de vie spirituelle ou « rencontré Dieu ». Ce qui avait changé leur perspective sur la vie. Ainsi Blot a-t-il réalisé progressivement que, comme bien des violeurs, il ignorait superbement ce que ressentait l'autre en face de lui. « *Ceux qui accomplissent de grands maux,* me dit-il, *le sens du mal n'affleure plus à leur conscient. Avec la foi, on redécouvre l'autre, on quitte sa démarche narcissique, on quitte la position centrale qu'on occupait jusque-là, on entre alors dans la souffrance de l'autre et ça devient intolérable.* » [...] Cette expérience spirituelle a marqué un tournant dans la vie de Blot : elle donne, avec la démarche psychanalytique qu'il a entamée, un autre sens à son existence et, partant, l'aide à supporter sa peine. [...] Vers quoi peuvent bien se tourner des détenus en quête de sens par rapport à ce qui en paraît dénué : le crime lui-même pour certains, l'ampleur du châtiment pour la plupart d'entre eux, enfin l'intensité des souffrances subies à certaines périodes de la détention ? Désemparés, souvent privés d'interlocuteurs autres que « croyants », il est logique que d'aucuns soient tentés par la spiritualité.

Anne-Marie Marchetti, Perpétuités. Le temps infini des longues peines, *Plon, 2001.*

Quel est le rôle des aumôniers ? 229

Ils ont pour mission de célébrer les offices religieux, d'administrer les sacrements et d'apporter aux détenus une assistance pastorale. Ils ne doivent en principe exercer auprès des détenus qu'un rôle spirituel et moral. En pratique, leur rôle s'étend souvent à celui d'écoutant et de conseil. En outre, ils rencontrent et assistent fréquemment des personnes pratiquant un culte différent du leur. Les auxiliaires bénévoles d'aumônerie peuvent animer des groupes de réflexion, d'étude et de prière, mais ils ne peuvent pas se charger des entretiens individuels avec les détenus. Les aumôniers et leurs auxiliaires sont nommés par le directeur régional des services pénitentiaires qui consulte l'autorité religieuse compétente. Ils doivent se conformer aux dispositions du Code de procédure pénale et du règlement intérieur, sous peine de se voir retirer leur agrément.

Articles D.433, D.434, D.434-1 du Code de procédure pénale.

Comment s'entretenir avec le représentant de son culte ? 230

A son arrivée en prison, chaque détenu doit être informé de la possibilité de recevoir la visite du représentant de son culte et d'assister aux offices religieux. Le nom des détenus arrivants qui ont déclaré leur intention de pratiquer leur religion est communiqué à l'aumônier. Il en est de même pour les détenus qui manifestent cette intention au cours de leur détention. Les aumôniers nommés auprès de l'établissement peuvent en principe s'entretenir aussi souvent qu'ils l'estiment utile avec les détenus de leur culte (aucune sanction disciplinaire ne peut entraîner la suppression de cette faculté pour le détenu). L'aumônier est l'un des rares intervenant, avec le corps médical, à pouvoir rendre visite à un détenu au quartier disciplinaire. Néanmoins, il arrive exceptionnellement que la demande d'un aumônier de visiter les détenus punis ou isolés soit suivie d'un refus. L'entretien avec le représentant de son culte a lieu en dehors de la présence d'un surveillant, soit dans un parloir ou bureau, soit dans la cellule du détenu. Les aumôniers restent les intervenants extérieurs qui peuvent entrer le plus facilement en contact direct avec les détenus. Ils disposent souvent des clefs des cellules et des autres locaux. Les détenus peuvent aussi correspondre librement et sous pli fermé avec l'aumônier agréé de l'établissement. En revanche, la correspondance avec les auxiliaires bénévoles d'aumônerie peut être lue pour contrôle par le personnel pénitentiaire.

Articles D.416, D.436, D.437, D.438 du Code de procédure pénale.

« Simili-islam » pour détenus indigents

Il est certain que l'islam est plus pratiqué en prison que le christianisme. Et cette pratique augmente. Enfin, il existe une demande très forte pour avoir un imam. Je n'arrive pas à en trouver malgré toutes les démarches entreprises. Là, nos détenus se retrouvent démunis face à des textes sacrés. Certains s'érigent en imams alors qu'ils n'ont pas les compétences. Cette demande de culte est légitime et prévue par l'administration. Les détenus peuvent prier sur de petits tapis de prière et, sauf urgence, le personnel évite d'intervenir en cellule pendant la prière. Quant au ramadan, il est organisé sur la base du volontariat. Environ 70 % des détenus l'ont d'ailleurs respecté cette année. Nous avons une vingtaine de détenus islamistes radicaux. Le paradoxe, c'est que ces détenus ne font pas de prosélytisme. Ils vivent la prison de façon solitaire, presque ascétique. Pour eux, tout répond à la volonté d'Allah, à commencer par leur séjour en prison. Je ne suis pas un islamologue, mais j'ai l'impression que l'islam « bricolé » en prison permet seulement de trouver une raison de vivre malgré l'échec, sans permettre d'en analyser les raisons. Et puis je crois que l'on s'est beaucoup trop focalisé sur cet « islam en prison », où la priorité est plutôt l'indigence vécue : indigence matérielle, psychologique et spirituelle. Le « simili-islam » aujourd'hui pratiqué par les détenus illustre en partie cette indigence.

Interview de Michel Saint-Jean (directeur de la prison de Fresnes) par Stéphane Joahny, Journal du dimanche, *4 avril 2004.*

La lecture

Malgré un fort taux d'illettrisme en prison, l'accès à la lecture et à une bibliothèque représente pour certains une véritable échappatoire à la vie quotidienne en détention. Cependant, de nombreux établissements ne disposent pas encore d'une véritable bibliothèque en accès direct et lorsqu'elle existe, celle-ci est parfois insuffisamment fournie pour des lecteurs restant enfermés de longues journées, mois ou années.

Tous les établissements disposent-ils d'une bibliothèque ? 231

L'ensemble des personnes incarcérées devraient en principe avoir accès régulièrement à une bibliothèque offrant les mêmes services qu'une bibliothèque publique. En fait, certains établissements ne sont toujours pas pourvus d'un tel service. La situation de la bibliothèque dans les locaux doit théoriquement permettre un accès direct et régulier des détenus aux publications. Les ouvrages et journaux disponibles doivent être suffisamment nombreux et variés pour permettre un choix important aux détenus et pour tenir compte de leurs diversités linguistiques et culturelles. Par ailleurs, les annexes de la circulaire du 14 décembre 1992 relative au fonctionnement des bibliothèques rappellent que le lieu réservé à l'emplacement d'une bibliothèque doit être suffisamment spacieux ; et considèrent qu'« *au dessous de 80 à 100m², l'agencement rationnel de l'espace devient difficile et ne permet plus l'intégration d'un nombre de documents permettant le choix dans un fond pluraliste* ». Pourtant, peu d'établissements disposent d'un tel espace pour la lecture et la consultation des quelques ouvrages mis à disposition peut se dérouler dans une simple cellule.

Article D.441-2 du Code de procédure pénale, note n°531 du 23 avril 1991 portant convention entre la Direction du livre et de la lecture et l'administration pénitentiaire, circulaire JUSE9240087C du 14 décembre 1992 relative au fonctionnement des bibliothèques.

Comment accéder à la bibliothèque ? 232

Le règlement intérieur de chaque établissement doit déterminer les conditions dans lesquelles les détenus peuvent consulter et emprunter les ouvrages de la bibliothèque. Il doit notamment prévoir les possibilités d'accès direct des détenus à la bibliothèque. En janvier 2000, les trois-quarts des bibliothèques prévoyaient un accès direct, c'est-à-dire permettant aux détenus de choisir librement les livres dans les rayons. Les autres bibliothèques fournissent aux détenus une liste d'ouvrages sur laquelle ils doivent cocher les titres qu'ils souhaitent emprunter. Selon le même principe que la commande des produits en cantine, les livres disponibles sont remis aux détenus quelques jours plus tard en cellule. Les plus grandes difficultés de fonctionnement concernent les maisons d'arrêt : seule la moitié d'entre elles ont une bibliothèque en accès direct et de nombreux élus locaux considèrent la charge trop importante pour que la bibliothèque municipale ou départementale s'investisse dans l'établissement.

Article D.443 du Code de procédure pénale, rapport annuel d'activité 2000 de l'administration pénitentiaire.

Les clés de la lecture

La bibliothèque [...] peut être installée dans une cellule aménagée, ou dans deux ou trois cellules, dans un local approprié et conçu à cet usage. Dans ce cas, la bibliothèque est identifiée, son accès est facilité. Il existe encore des bibliothèques confinées dans des armoires. Ces dernières (on en dénombre, en 2001, 9 % de la totalité des établissements) sont pour la plupart dans les quartiers de femmes, chez les mineurs ou encore dans les centres de semi-liberté. Onze ont une superficie de plus de 80 m≈, normes préconisées dans la circulaire de 1992. 76 % des bibliothèques sont en accès direct, tous types d'établissements confondus. Cet accès est réglementé. Les détenus se rendent à la bibliothèque sur inscription la veille, ou sur simple demande au personnel de surveillance. Le détenu est accompagné dans ses déplacements et ne peut rester qu'un laps de temps mesuré entre 10 à 30 minutes : temps jugé trop court pour véritablement choisir ses lectures. L'accès pour 15 % des bibliothèques est libre. Il s'agit surtout des établissements pour peines, maisons centrales ou centres de détention. L'accès indirect ou par listes ne favorise pas la pratique de la lecture. Dans ces établissements, le nombre d'inscrits est moins élevé. Le choix des emprunts se fait par des listes qui circulent dans les cellules. Les détenus remplissent une fiche avec plus de titres qu'ils ne peuvent emprunter (en cas d'indisponibilité des titres choisis). Ce mode d'appropriation est plutôt fastidieux et n'engage pas à la découverte. L'accès direct est un véritable enjeu dans la négociation avec les directions des établissements. C'est la clé du développement de la lecture en milieu pénitentiaire.

Joëlle Guidez, « Lire en prison », Bulletin des bibliothèques de France*, t.47, n°5, 2002.*

233 Qui est responsable de la bibliothèque ?

Un bibliothécaire professionnel ou, à défaut, le service pénitentiaire d'insertion et de probation (SPIP) est responsable de la bibliothèque. Selon les chiffres les plus récents de l'administration pénitentiaire (janvier 2000), 37 % des bibliothèques bénéficient de l'intervention d'un bibliothécaire professionnel à raison de neuf heures par semaine. Des conventions locales sont passées avec les bibliothèques municipales ou départementales pour détacher des bibliothécaires en prison, le ministère de la Culture ayant pour mission de développer la lecture en direction de tous les publics, y compris ceux privés de liberté. Le responsable de la bibliothèque est chargé des achats d'ouvrages et de fournitures pour la bibliothèque, mais aussi d'organiser la formation du ou des détenus chargés d'assurer la gestion quotidienne du service. Ces détenus sont employés par l'administration pénitentiaire au « service général » moyennant une faible rémunération : ce sont les « auxiliaires bibliothèque ».

Article D.441-2 du Code de procédure pénale, rapport annuel d'activité 2000 de l'administration pénitentiaire, note n°531 du 23 avril 1991 portant convention entre la Direction du livre et de la lecture et l'AP.

Dans quelles conditions les détenus peuvent-ils acheter des journaux ou des livres ? 234

Les détenus peuvent acheter, par l'intermédiaire de l'administration pénitentiaire et dans les conditions déterminées par une instruction de service, les journaux, périodiques et livres français ou étrangers de leur choix n'ayant pas fait l'objet d'une saisie dans les trois derniers mois. Les échanges et prêts de livres personnels entre détenus sont également autorisés. Les détenus peuvent acheter des journaux ou périodiques proposés à la cantine de l'établissement ou s'y abonner par l'intermédiaire de l'administration. Pour commander des ouvrages ou des publications non disponibles en cantine, le détenu doit adresser une lettre de commande au service des achats à l'extérieur. Les achats sont ensuite effectués par un surveillant dans un commerce local et les produits livrés aux détenus quelques jours plus tard. Malgré ces dispositions favorables, certaines publications pourtant payées par les détenus ne leur sont pas systématiquement remises, même si elles n'ont pas fait l'objet d'une interdiction du ministère de l'Intérieur.

Articles D.443 et D.444 du Code de procédure pénale, note DAP n°R0481 du 18 février 1991.

Les détenus ont-ils accès à tout type de publications ? 235

Les publications contenant des menaces précises contre la sécurité des personnes ou des établissements pénitentiaires peuvent être, à la demande des chefs d'établissement, retenues sur décision du Garde des sceaux. La notion de « menaces » doit en principe être interprétée au sens strict, les écrits représentant un danger véritable pour l'administration pénitentiaire étant dès lors extrêmement rares. En aucun cas, la « *remise d'une publication à un détenu ne pourra être refusée de manière définitive sans l'accord de l'administration centrale* » (note DAP du 10 janvier 1978). Mais en pratique, des chefs d'établissements prennent régulièrement la liberté de retenir des journaux ou publications sans même en avertir la direction de l'administration pénitentiaire. Ces interdictions portent parfois sur des publications politiques ou militantes, mais plus souvent sur des journaux informant d'un incident dans la prison concernée, ou encore des magazines estimés « tendancieux » adressés à un détenu emprisonné pour une affaire de mœurs.

Articles D.443 et D.444 du Code de procédure pénale, note DAP n°R0481 du 18 février 1991.

Micro brimades

Il ne se passe pas une semaine sans que le vaguemestre ne m'informe d'une retenue de revue ou autre brochure. Tout simplement parce que le document en question n'est pas envoyé sous forme d'abonnement mais par envoi simple d'un correspondant. Idem pour les enveloppes dans lesquelles on m'envoie plus de dix timbres. Au-delà de dix unités, les timbres sont retirés, mis à la dite fouille. Ces mesquineries d'un autre âge sont de ces micro incidents qui, en permanence, pourrissent notre quotidien. La vie du détenu est continuellement pavée de ces petits interdits et autres mesures de censure que le bon sens et la logique ne peuvent parvenir à expliquer. Ces réalités répondent à un désir d'opprimer, de casser pour casser.

Gabi Mouesca, Prison@.net, Journal d'un « longue peine », *éditions Gatuzain, 2001.*

236 Les détenus placés au quartier disciplinaire ont-ils le droit de lire ?

La lecture est autorisée pour les détenus placés au quartier disciplinaire, théoriquement dans les mêmes conditions que les détenus en régime normal. Cependant, ils ne peuvent se rendre à la bibliothèque. Ils devraient pouvoir choisir les ouvrages à emprunter sur un catalogue, mais en réalité, quelques livres sont choisis par le bibliothécaire ou le personnel de surveillance et mis à disposition au quartier disciplinaire. Tout détenu doit également pouvoir se faire remettre ses livres personnels en cellule de discipline et continuer à bénéficier des abonnements auxquels il a souscrit, ce qui n'est pas toujours respecté dans les faits.

Circulaire JUSE9640025C du 2 avril 1996.

La télévision et la radio

A partir de 1975, la radio fut autorisée en cellule et la télévision en salles collectives. Mal accueilli par le grand public, qui stigmatisait les « prisons 4 étoiles », le petit écran fit son entrée dans les cellules en décembre 1985. Cette « lucarne sur l'extérieur » eut quelques conséquences heureuses, notamment l'impression de conserver un lien avec l'extérieur pour les détenus et davantage de calme pour les personnels pénitentiaires... En revanche, elle n'échappe pas aux critiques générales qui lui sont faites : elle est aussi « l'opium du peuple » carcéral. Certains détenus sont obligés de supporter la télévision allumée en permanence par un compagnon de cellule ; d'autres restent apathiques autant d'heures que possible devant le poste.

Entamer la longue nuit pénitentiaire

De toutes les mesures prises récemment, l'entrée de la télévision dans les cellules est sans conteste celle qui a le plus changé la vie quotidienne des détenus. Car s'il est vrai que dès 1975 la télévision avait reçu droit de cité dans les prisons, son utilisation restait limitée aux moments de la journée réservés aux loisirs collectifs. [...] Il demeurait cette absence totale de la télévision dans la « longue nuit pénitentiaire ». Sauf les spécialistes et les usagers, combien savent que cette nuit commence à 19 heures, avec la fermeture des portes des cellules, pour finir à 7 heures du matin, avec leur ouverture ? De là l'idée, avant toute autre, d'entamer cette inévitable longue nuit pénitentiaire en autorisant la télévision en cellule, de telle sorte que les détenus puissent la regarder comme tout le monde en début de soirée, précisément en ces heures difficiles et angoissantes qui précèdent la nuit ordinaire. Il y avait aussi le fait que, instrument de contact avec l'extérieur, la télévision apparaissait comme un des moyens privilégiés pour combattre la désocialisation des détenus. Enfin, si la peine n'est que la détention et rien d'autre, pourquoi maintenir une interdiction ne découlant d'ailleurs d'aucun texte ?

Jean Favard, conseiller technique chargé des prisons auprès du garde des Sceaux de 1981 à 1986, Revue de science criminelle et de droit pénal comparé, *octobre 1986.*

Quelles sont les conditions d'accès à la télévision ? 237

Les détenus ont l'autorisation d'avoir une télévision en location dans leur cellule. Ses conditions d'utilisation sont définies dans le règlement intérieur de chaque établissement pénitentiaire et dans le « contrat de location » que signe chaque détenu utilisateur. Des horaires d'écoute peuvent être précisés, tout en laissant au chef d'établissement la possibilité d'autoriser un dépassement de ces horaires, lors d'événements sportifs par exemple. Il est demandé aux directeurs de prison de veiller à ce que l'usage de la télévision ne constitue pas un obstacle à la bonne marche des ateliers de travail ou de formation, ni à la fréquentation des cours d'enseignement et autres activités. Les détenus sont autorisés à regarder les programmes de leur choix. Seuls les mineurs peuvent se voir imposer des restrictions tenant à leur âge, l'accès à certains programmes leur étant en principe interdit (pornographie, violence, etc.). Les détenus sont également autorisés à souscrire un abonnement à Canal Plus par l'intermédiaire du chef d'établissement. Des abonnements au câble ou à un bouquet de chaînes numériques sont aussi proposés dans certains établissements (de façon optionnelle ou automatique). Dans la plupart des établissements pour peines, une salle commune est également prévue pour un usage collectif de la télévision.

Notes DAP du 21 octobre 1985, n°2451 du 23 avril 1986 et n°K35 du 26 février 1996.

Comment louer un téléviseur ? 238

La location d'un téléviseur est effectuée en début de mois par chaque détenu en cellule. Les frais de location ne sont jamais remboursés (même suite à une libération, un changement de cellule, un transfert, une sanction disciplinaire, etc.). Un document contenant les charges et obligations est remis à tout détenu qui demande à louer un poste. Il précise le tarif de la location, le principe du paiement préalable par prélèvement sur le compte nominatif, pour le mois ou la quinzaine à venir. Lorsqu'une cellule est occupée par plusieurs détenus, la prise en charge de la location et la responsabilité du matériel doivent être en principe assurées par un seul des occupants. Cependant, l'administration peut prévoir des arrangements pour chaque cellule. Les détenus ne peuvent invoquer un droit de baisse de la taxe du fait qu'ils payent l'intégralité de la redevance audiovisuelle alors qu'ils ne reçoivent pas toujours l'intégralité des programmes. En cas de dommages causés à l'appareil loué par un usage anormal ou des dégradations volontaires, la responsabilité du détenu titulaire du contrat de location est engagée. Le détenu devra alors indemniser le loueur de la valeur de l'appareil sous forme de prélèvements sur son compte. Si l'association socioculturelle a constitué un « fonds de garantie » en percevant mensuellement une somme supplémentaire au tarif de location sur le compte des détenus, le dédommagement sera prélevé sur ce fonds.

Notes DAP du 21 octobre 1985, n°2027 du 10 décembre 1985, n°2451 du 23 avril 1986.

Fenêtre virtuelle sur le dehors

L'introduction de la télévision en prison constitue incontestablement un progrès. Mais on peut toutefois lui adresser certains reproches, en particulier le prix qu'elle coûte : 8,38 euros par semaine à La Santé, c'est tout de même cher payé. Comme il est vraiment très difficile d'accéder à des activités (longues listes d'attente, ...), la télévision est le seul divertissement pour certains. D'aucuns en arrivent même à ne plus faire la différence entre réalité et fiction. Personnellement, malgré mes nombreuses lectures, je la regarde environ huit heures par jour, surtout la nuit. Dans ma cellule, nous sommes trois et nous discutons toujours du choix du programme télévisé qui est parfois une source de conflits. Le seul que nous ne regardons jamais est la météo. La télévision est la dernière fenêtre qu'il nous reste sur la vie du dehors. Elle nous apporte une certaine forme d'évasion de l'esprit, à défaut de la liberté. Toutefois, je n'irai pas jusqu'à dire qu'elle nous permet de garder le contact avec l'extérieur. Par exemple, je n'ai pas encore réussi à passer des francs aux euros.

Henri M., maison d'arrêt de La Santé (Paris), Dedans dehors, *n°38, juillet 2003.*

239 Combien coûte la location d'un poste de télévision ?

Les prix de location d'un poste de télévision sont très variables d'un établissement à un autre. La tarif est en moyenne de 40 euros par mois. Il est de 8,38 euros par semaine au centre pénitentiaire de Fresnes. Chaque établissement choisit entre deux systèmes locatifs : le recours à une agence privée de location ou la location aux détenus par l'association culturelle et sportive de l'établissement. Jusqu'en 2003, le deuxième système était le plus répandu. Mais depuis, les services pénitentiaires (comme la direction régionale de Lille) tendent à retirer la location des téléviseurs aux associations. Par ailleurs, les établissements pénitentiaires sont invités à intégrer dans leur système de location la prise en charge des détenus sans ressource. La plupart d'entre eux ont ainsi instauré un système de prélèvement automatique d'un pourcentage sur les revenus des détenus, de manière à offrir la location de la télévision aux plus démunis. Chaque détenu est libre d'accepter ou non ce système de retrait automatique.

Note DAP du 21 octobre 1985.

Qu'est-ce que le « canal intérieur » ? 240

Dans le cadre des activités socioculturelles, la fabrication d'émissions en vidéo est envisageable à partir d'une régie intérieure. Certains établissements disposent ainsi d'une chaîne interne sur laquelle peuvent être diffusées aussi bien des émissions réalisées par des détenus que des cassettes vidéo sous la responsabilité de l'administration pénitentiaire. Les documents ainsi diffusés doivent en principe être sélectionnés en tenant compte de la mission de réinsertion de l'institution carcérale. Les films pornographiques ont ainsi été interdits de diffusion sur ce canal interne en février 1996 !

Notes DAP du 23 avril 1986 et du 26 février 1996.

Dans quelles conditions les détenus peuvent-ils disposer d'un poste de radio ? 241

Les détenus sont autorisés à acheter un récepteur radiophonique individuel à la cantine de l'établissement. Une instruction de service détermine les caractéristiques auxquelles cet appareil doit répondre, ainsi que les conditions dans lesquelles les détenus peuvent se le procurer et l'utiliser. Au centre pénitentiaire de Fresnes, le petit modèle est vendu 31,97 euros, et le grand modèle (avec CD et cassette) 80,70 euros. Il est toujours possible, avec l'autorisation du chef d'établissement, d'acheter du matériel hi-fi plus perfectionné par le biais de l'administration sous le régime de la cantine extérieure ou exceptionnelle.

Article D.444 du Code de procédure pénale, Note DAP du 15 novembre 1978.

Certains postes de radio sont-ils interdits en prison ? 242

Tout appareil muni d'un dispositif d'enregistrement (même si ce dispositif a été déconnecté) est interdit en détention. La commande de certains récepteurs-radio très perfectionnés dont les références sont signalées aux chefs d'établissement est également interdite. Il s'agit d'appareils qui pourraient permettre la réception de fréquences de la police et de l'administration pénitentiaire.

Notes DAP du 15 mars 1976 et du 17 juillet 1996.

Existe-t-il des émissions de radio destinées aux prisonniers ? 243

Quelques antennes prévoient une émission sur la prison s'adressant principalement aux détenus. Certaines radios organisent également la diffusion de messages des familles à destination des détenus. Enfin, quelques établissements pénitentiaires disposent pour leur part d'une fréquence interne, utilisée à titre d'activité de formation par les détenus.

L'ordinateur

Si l'ordinateur fait peu à peu son apparition dans le cadre d'activités collectives en détention, de plus en plus de détenus des établissements pour peines (centres de détention et maisons centrales) en possèdent également un en cellule. Dès lors, le règlement intérieur de chaque établissement doit préciser les modalités d'acquisition et d'utilisation du matériel informatique.

244 Dans quelles conditions le détenu peut-il acquérir un ordinateur ?

Le détenu peut acheter du matériel informatique par l'intermédiaire de l'administration sous la forme d'une cantine exceptionnelle. Il doit obtenir l'autorisation du chef d'établissement, qui détient en la matière un pouvoir d'appréciation discrétionnaire. Le directeur prend sa décision au regard de la dangerosité du détenu demandeur (personnalité, antécédents judiciaires…), d'éventuelles menaces graves et manifestes pour la sécurité, des modalités de financement prévues, et des conditions d'utilisation propres à l'établissement (exiguïté, installations électriques…). Ces dernières peuvent non seulement justifier un refus d'autorisation d'achat, mais aussi un refus d'utilisation du matériel dans un nouvel établissement suite à un transfert. Quant au montant de l'achat, si le détenu dispose de la totalité sur sa part disponible, la seule restriction concerne la valeur maximale de l'ensemble des biens que le détenu peut conserver en cellule, qui ne peut pas dépasser trois fois le SMIC. En revanche, si la part disponible ne permet pas le financement complet de l'achat du matériel, le détenu peut demander au chef d'établissement l'autorisation de recevoir des subsides exceptionnellement affectés en totalité à la part disponible ou d'utiliser son pécule de libération. Celui-ci tiendra compte dans sa décision de l'intérêt de la dépense pour le détenu et sa réinsertion, de l'existence de victimes à indemniser ou d'éventuelles charges de famille.

Articles 728-1 et D.422 du Code de procédure pénale, circulaire JUSE9740042C du 21 avril 1997 sur la gestion des ordinateurs appartenant à des personnes incarcérées.

245 Comment se déroule la commande de matériel informatique ?

Pour procéder à l'achat, la direction de l'établissement met à disposition du détenu un catalogue de produits proposés par les fournisseurs agréés par l'administration. Si la demande d'un détenu dépasse les possibilités d'offre du catalogue, le chef d'établissement saisit la direction régionale, qui autorisera ou non la commande et la passera auprès d'un fournisseur. En aucun cas, le détenu ne peut acheter directement du matériel auprès d'un fournisseur par correspondance.

Une fois le matériel acheté, le détenu en est propriétaire de plein droit et de manière définitive. Il doit dès lors bénéficier des mêmes conditions de garantie que tout acquéreur.

Circulaire JUSE9740042C du 21 avril 1997 sur la gestion des ordinateurs appartenant à des personnes incarcérées.

Certains composants informatiques sont-ils interdits en détention ? 246

Les outils informatiques permettant de reproduire et modifier la teneur de documents, tels que les scanners, ne peuvent être achetés par les personnes incarcérées. Sont aussi interdits les moyens informatiques permettant un contact avec l'extérieur tels que les modem, fax-modem, carte TV, etc. Les achats de lecteurs CD informatiques, graveurs de CD-ROM ou tous systèmes d'acquisition vidéo, photo ou audio font également l'objet d'une interdiction. Ces différents outils ne peuvent être utilisés par les personnes détenues que dans le cadre d'activités et sous la surveillance d'un formateur ou intervenant. En revanche, les détenus peuvent acquérir tout autre matériel informatique pour leur compte personnel : micro-ordinateur avec éléments séparés ou portable, cartes mémoire, cartes mères, cartes son et autres extensions ; consoles de jeux avec leurs équipements ; biens informatiques consommables (disquettes vierges, tonner, rouleaux…). Par ailleurs, les matériels achetés doivent nécessairement être neufs, et non d'occasion. De même, il est interdit de permettre à un détenu de faire entrer en détention le matériel qu'il possédait à l'extérieur, en raison du risque de conservation de données prohibées.

Circulaire JUSE9740042C du 21 avril 1997 sur la gestion des ordinateurs appartenant à des personnes incarcérées.

Quelles restrictions peuvent être imposées à l'utilisation de matériel informatique ? 247

Une « *utilisation abusive* » (gêne causée aux codétenus, par exemple) ou « *détournée* » de l'outil informatique peut justifier des sanctions disciplinaires, notamment celle privant le détenu de son appareil. La circulation de supports informatiques (disquettes, clés USB, zip, CD-ROM…) est généralement interdite aussi bien en détention que vis-à-vis de l'extérieur. Seules sont autorisées les sorties de supports à caractère pédagogique ayant fait l'objet d'une convention entre les organismes de formation et l'administration pénitentiaire. La sortie de supports de données informatisées ne pourra avoir lieu que sur autorisation du chef d'établissement lors de la libération de la personne détenue ou pour des raisons pédagogiques. Par ailleurs, les détenus ne peuvent en principe conserver sur un support informatique que des documents liés à des activités socioculturelles, professionnelles, d'enseignement ou de formation.

Articles D.251-1 et D.449-1 du Code de procédure pénale, circulaire JUSE9740042C du 21 avril 1997 sur la gestion des ordinateurs appartenant à des personnes incarcérées.

248 Quelles sont les modalités de contrôle et de saisie du matériel informatique d'un détenu ?

Les équipements informatiques, ainsi que les données qu'ils contiennent, sont soumis au contrôle de l'administration. Un inventaire complet des matériels informatiques du détenu est établi. Lors des fouilles, transferts ou réclamations, la fiche d'inventaire constituera le moyen de preuve de l'appartenance du matériel au détenu et du bien fondé de sa possession. Le chef d'établissement demande au correspondant local informatique (CLI) ou, à défaut, à un personnel spécialement formé, de réaliser des contrôles inopinés du matériel en possession des détenus et de leur contenu. Des fouilles sont également organisées dès que le matériel informatique est amené à quitter l'établissement (pour réparation, transfert ou libération), sauf si l'urgence de la situation rend le contrôle impossible. Dans tous les cas, il est impératif qu'une fouille soit réalisée lors de la réintroduction du matériel dans un établissement pénitentiaire (suite à une réparation ou un transfert). Le transport du matériel informatique d'un détenu est effectué par l'administration pénitentiaire, dans la mesure du possible, ou par un transporteur privé aux frais du détenu dans le cas d'un paquetage trop volumineux. La fouille du matériel informatique vise principalement à vérifier qu'il ne dissimule pas d'objets prohibés (armes, écrits, drogue...) et se trouve en conformité avec la fiche d'inventaire. Au terme d'un contrôle, tout matériel informatique appartenant à un détenu peut être retenu par l'administration, pour ne lui être restitué qu'au moment de sa libération, soit pour des raisons d'ordre et de sécurité, soit lorsque le détenu a rendu l'accès aux données informatiques impossible.

Article D.444-1 du Code de procédure pénale, note du 8 août 1989 relative à la mise en œuvre de la circulaire sur les règlements intérieurs, circulaire JUSE9740042C du 21 avril 1997 sur la gestion des ordinateurs appartenant à des personnes incarcérées.

L'enseignement

« *L'enseignement dispensé dans les établissements pénitentiaires correspond à un droit pour les personnes privées de liberté* » (Convention Justice/Education nationale, 29 mars 2002). Sa finalité est de contribuer à ce que la personne détenue se dote de compétences pour mieux se réinsérer. L'enseignement en milieu carcéral apparaît sur le papier comme l'une des priorités des ministères de la Justice et de l'Education nationale. Plusieurs circulaires encadrent le dispositif éducatif, avec des programmes tels que la lutte contre l'illettrisme ou l'accès à un diplôme qualifiant. Néanmoins, les moyens matériels demeurent insuffisants, les enseignants peu nombreux et l'enseignement souvent inadapté aux spécificités carcérales.

Tous les détenus peuvent-ils accéder à un enseignement ? 249

Les détenus peuvent en principe entreprendre toutes les études qu'ils souhaitent afin d'acquérir ou développer les connaissances nécessaires à leur réinsertion. L'administration pénitentiaire doit leur apporter toutes les facilités en ce sens, dans la mesure où le suivi de la scolarité souhaitée par le détenu est compatible avec les exigences de la discipline, de la sécurité et de sa situation pénale. Lorsque les places sont insuffisantes, les détenus les plus jeunes et les moins instruits sont prioritaires dans l'accès à l'enseignement. Seuls les détenus qui commettent une faute disciplinaire pendant les cours peuvent en principe en être exclus pour une période maximale d'un mois sur décision de la commission de discipline. En pratique, certains détenus ne sont pas autorisés, de façon plus arbitraire, à suivre une scolarité : le chef d'établissement décide souvent à partir d'une liste de candidats ceux qu'il autorise à suivre des cours et ceux qui ne doivent pas y accéder. De même, les détenus placés au quartier d'isolement se voient privés d'accès aux cours collectifs et contraints de suivre des études par correspondance.

Articles D.95, D.450 et D.453 du Code de procédure pénale.

Un droit pour les détenus

Dans sa résolution du 17 décembre 1998 sur le respect des droits de l'homme dans l'Union européenne, le Parlement européen « *déplorait et s'inquiétait* [...] *de l'absence fréquente, à l'intérieur des structures carcérales, d'activités professionnelles, éducatives, culturelles et sportives indispensables pour préparer efficacement et véritablement le détenu à un retour à la vie civile* ». Le même jour, il demandait aux Etats membres « *d'appliquer intégralement les dispositions des règles pénitentiaires du Conseil de l'Europe, notamment la participation au travail, à l'enseignement et à la formation ainsi qu'aux activités socio-éducatives, culturelles et sportives, tous éléments qui contribuent à la dignité et la réinsertion civile du prisonnier* ». [...] Convaincue que l'éducation est un moyen d'humaniser les conditions de vie au sein de la prison, qu'elle favorise la resocialisation, et qu'elle vient combler de nombreux besoins au sein de la population des personnes incarcérées, la CNCDH considère que tous les détenus doivent être mis en situation, y compris sur le plan matériel par l'octroi de bourses et par l'aménagement de leur emploi du temps, de pouvoir bénéficier d'un enseignement visant « *au plein épanouissement de la personnalité humaine* », et conçu comme un moyen permettant de comprendre la société et de pouvoir jouer un rôle dans son fonctionnement dans le futur.

Commission nationale consultative des droits de l'homme, Etude sur les droits de l'homme en prison, *propositions adoptées le 11 mars 2004.*

250 Qui est responsable de l'enseignement général ?

Les ministères de l'Education nationale et de la Justice se partagent la responsabilité de l'enseignement en milieu carcéral. Chaque établissement pénitentiaire doit prévoir dans son règlement intérieur les conditions dans lesquelles est assuré l'enseignement. Les cours dispensés sont essentiellement de la responsabilité de l'Education nationale, quelques associations de bénévoles venant compléter le dispositif. Depuis 1994, des unités pédagogiques régionales (UPR) ont été créées dans chaque région pénitentiaire. Chaque unité est placée sous l'autorité d'un responsable qui reçoit ses missions conjointement du directeur régional des services pénitentiaires et de l'autorité académique de l'Education nationale. Auprès du directeur régional pénitentiaire, le responsable de l'UPR est chargé d'organiser et de coordonner l'ensemble des activités d'enseignement dans les prisons de la région. Les moyens de fonctionnement de l'UPR (locaux, meubles, secrétariat, etc.) sont à la charge du ministère de la Justice. L'emploi des enseignants du premier degré, du second degré et les heures supplémentaires des vacataires sont à la charge du ministère de l'Education nationale. Ont été affectés dans l'ensemble des établissements pénitentiaires pour l'année 2002, 332 enseignants du 1er degré à temps plein pour 1 200 heures de vacation, 36 professeurs de l'enseignement secondaire à temps plein pour 2 695 heures de vacation. Les créations de postes et l'attribution d'heures supplémentaires, au cours des années 2001-2002, n'ont cependant pas permis d'éviter une baisse du taux d'encadrement (total d'heures pour cent détenus) qui est passé de 23 en 2001 à 20,8 heures en 2002, en raison de l'augmentation de la population incarcérée. La Commission nationale de suivi de l'enseignement en milieu pénitentiaire souligne que le budget des Unités pédagogiques régionales (UPR), qui ont en charge les formations initiales et diplômantes, a baissé en 2002 « *en valeur absolue comme en valeur relative* ». Cette baisse du taux d'encadrement s'est accompagnée d'une baisse du temps de scolarisation : « *La tendance à la réduction du nombre d'heures repérée l'an passé se confirme : en 2001, 29 % des personnes étaient scolarisées avec moins de six heures de cours par semaine. En 2002, elles étaient 32,5 % et en 2003, elles sont 33,6 %* ». La moyenne des heures de scolarisation (enseignement et activités transversales : langue, sport, informatique) est inférieure à sept heures par semaine en établissement pour peines et de neuf heures en maison d'arrêt.

Article D.451 du Code de procédure pénale, Convention Justice/Education nationale du 29 mars 2002, circulaire d'orientation sur l'enseignement en milieu pénitentiaire JUSE0240076C du 29 mars 2002, Chiffres clés de l'administration pénitentiaire, juillet 2003.

Quel type d'enseignement est dispensé en prison ? 251

L'enseignement en milieu carcéral est conçu comme une formation pour adultes, sauf lorsqu'il s'adresse aux mineurs détenus. Les niveaux scolaires très hétérogènes et l'importante proportion de situations d'échec scolaire impose une pédagogie et un cursus scolaire adaptés. La circulaire du 29 mars 2002 a mis en place un dispositif de prise en charge des personnes détenues illettrées et des personnes ne possédant ni qualification, ni diplôme. Pour les premières, l'objectif est la maîtrise des savoirs fondamentaux (langue orale et écrite, mathématiques, connaissance du monde actuel). Pour les seconds, l'objectif est d'acquérir grâce à une formation professionnelle un diplôme (certificat d'aptitude professionnelle, brevet d'enseignement professionnel). Par ailleurs, les cours s'adressent souvent à des groupes de 5 à 15 personnes dans le cadre d'une démarche personnalisée. Des groupes plus petits peuvent être constitués pour les femmes ou les mineurs détenus. Il est permis aux détenus de disposer du matériel, des fournitures et des documents pédagogiques nécessaires à leur scolarité.

Article D.453 du Code de procédure pénale, circulaire d'orientation sur l'enseignement en milieu pénitentiaire JUSE0240076C du 29 mars 2002.

Détenus et scolarité

56 % des détenus n'ont pas de diplôme, quel que soit leur niveau de sortie du système scolaire. Pour la population masculine française, il est de 26,6 %. Il existe donc deux fois plus de personnes sans diplôme en détention. [...] Les quatre croisements qui concentrent le plus d'effectifs sont dans l'ordre d'importance : les personnes n'ayant pas de diplôme et qui sont sorties de l'école primaire (15 % soit un peu plus d'une personne sur six). Puis les personnes sans diplôme mais ayant eu une sortie du système scolaire au collège avant la 3ème (12 % soit une personne sur huit). Le troisième groupe est constitué par des détenus ayant arrêté leur scolarité après l'obtention d'un CAP (11 %). Le 4ème groupe a également arrêté sa scolarité en CAP mais sans obtenir de diplôme (10 %). [...] Si pour les générations précédentes, l'école n'était qu'une opportunité parmi d'autres pour s'insérer professionnellement, elle semble devenue surtout pour les plus bas niveaux une des rares occasions d'insertion. L'échec scolaire s'avère donc plus lourd de conséquences aujourd'hui.

Direction de l'administration pénitentiaire, La lutte contre l'illettrisme en milieu pénitentiaire, *mai 1997.*

252 Comment accéder à l'alphabétisation ou à l'enseignement primaire ?

Au moment de l'arrivée en détention, un repérage systématique de l'illettrisme doit être assuré auprès des détenus sans diplôme, de niveau inférieur au CAP ou ceux pour lesquels il existe un doute sur le diplôme déclaré. Le rapport du 25 avril 2003 de la Commission de suivi de l'enseignement souligne ainsi que ce dispositif de repérage a concerné 54 % des détenus. Les évaluations réalisées au cours de l'année 2002 ont établi que 18,3 % de l'ensemble des détenus se trouvent en situation d'illettrisme ou d'analphabétisme et 13,9 % éprouvent des difficultés de lecture. Ces deux catégories de personnes sont considérées comme prioritaires dans l'accès à l'enseignement. A leur intention, des cours d'alphabétisation ou de lutte contre l'illettrisme doivent être systématiquement organisés et l'enseignement de niveau primaire doit être assuré dans tous les établissements pénitentiaires. Les condamnés qui ne savent pas lire, écrire ou calculer couramment doivent pouvoir bénéficier de cet enseignement. Les autres détenus peuvent y être admis sur leur demande. L'administration pénitentiaire rapporte qu'au cours de l'année 2002, 11 503 détenus ont été inscrits dans une formation de niveau primaire et 6 858 détenus dans une formation de lutte contre l'illettrisme ou d'alphabétisation. Ainsi, 58 % des détenus ayant été autorisés à suivre une scolarité l'ont été pour une formation de base. Néanmoins, ces chiffres des « inscrits » ne reflètent pas le nombre de détenus ayant réellement bénéficié d'un enseignement. Nombre de détenus abandonnent leur formation, notamment par nécessité d'un travail rémunéré.

Article D.452 du Code de procédure pénale, Commission nationale de suivi de l'enseignement en milieu pénitentiaire, rapport du 25 avril 2003, Chiffres clés de l'administration pénitentiaire, juillet 2003.

253 Comment accéder aux formations secondaires et universitaires ?

Les détenus doivent pouvoir se livrer à toutes les études compatibles avec leur situation pénale et leurs conditions de détention. Cependant, les détenus souhaitant accéder à un niveau secondaire ou universitaire ne sont pas prioritaires dans l'accès à l'enseignement dispensé au sein des établissements pénitentiaires. Ils doivent donc très souvent avoir recours au système de cours par correspondance. Pour l'année 2001-2002, aucun poste d'enseignant supérieur n'a été prévu. Selon l'administration pénitentiaire, 12 717 détenus auraient suivi durant une partie de l'année scolaire 2001-2002 une formation de niveau secondaire ou de préparation au Baccalauréat. 639 détenus auraient bénéficié d'une formation de l'enseignement supérieur. Si les études envisagées ne sont pas dispensées au sein de l'établissement pénitentiaire ou par un organisme de cours par correspondance, le détenu peut demander à être transféré vers un établissement pénitentiaire mieux adapté à la formation qu'il veut entreprendre. Une mesure de placement à l'extérieur, de placement sous surveillance électronique ou de semi-liberté peut également être accordée sous certaines conditions afin de suivre un enseignement non dispensé en prison ni par correspondance. Ces régimes sont cependant réservés aux condamnés à de courtes peines ou en fin de peine (*cf. Cinquième partie : sortir de prison*).

Articles D.453 et D.454 du Code de procédure pénale, circulaire d'orientation JUSE9540028C du 11 avril 1995, Commission nationale de suivi de l'enseignement en milieu pénitentiaire, rapport du 25 avril 2003, Chiffres clés de l'administration pénitentiaire, juillet 2003.

Dans quelles conditions un détenu peut-il suivre des cours par correspondance ? 254

Dans tout établissement, les détenus peuvent recevoir les cours par correspondance organisés par les services du ministère de l'Education nationale, ou par d'autres organismes avec l'autorisation du chef d'établissement. Deux structures d'enseignement par correspondance interviennent en milieu pénitentiaire : le Centre national d'enseignement à distance (CNED) – établissement sous la tutelle du ministère de l'Education nationale – et l'association Auxilia. Un responsable local de formation est chargé d'assurer les inscriptions et le suivi pédagogique des détenus concernés. Il doit veiller aux possibilités d'inscription aux examens et aux modalités de passage des épreuves. Il doit également s'assurer, avec les coordonnateurs CNED, que les détenus transférés puissent disposer sans interruption de leurs cours dans les établissements pénitentiaires où ils sont affectés. Les inscriptions peuvent être effectuées à tout moment de l'année.

Article D.454 du Code de procédure pénale, convention CNED/DAP du 3 juillet 2003, note DAP convention Auxilia du 3 décembre 1992.

Les détenus doivent-ils payer les cours par correspondance ? 255

Les détenus doivent supporter les frais d'inscription des enseignements par correspondance, sauf convention particulière entre l'administration pénitentiaire et un organisme d'enseignement à distance. Les frais d'inscription au CNED peuvent être financés en partie par l'administration pénitentiaire (la demande doit être faite auprès du responsable local de l'enseignement). Le dossier d'inscription devra alors être accompagné d'une attestation de prise en charge de l'administration pénitentiaire et du règlement de la part qui incombe à la personne détenue. A titre de participation, un forfait de 30 euros sera ainsi prélevé avec l'accord du détenu sur son compte nominatif, si les frais d'inscription sont inférieurs ou égaux à 150 euros. Le prélèvement s'élèvera au tiers de la somme si les droits d'inscription sont supérieurs à 150 euros. Le reste du règlement étant dans les deux cas assumé par l'administration pénitentiaire. L'association Auxilia organise, quant à elle, des cours par correspondance gratuits, grâce à un réseau de professeurs bénévoles. Le service pénitentiaire d'insertion et de probation (SPIP) est doté d'une documentation sur les offres d'enseignement et de formation de l'association. Les professeurs d'Auxilia ont généralement le statut de visiteurs de prison, ce qui leur permet de rendre périodiquement visite à leurs élèves. L'association est également autorisée à leur faire parvenir les outils pédagogiques nécessaires à leurs études (polycopiés, livres, etc.).

Article D.454 du Code de procédure pénale, convention CNED/DAP du 3 juillet 2003, note DAP convention Auxilia du 3 décembre 1992.

Des études contre le vide

Les études sont incontestablement l'un des meilleurs moyens de remplir le vide existentiel dans la mesure où elles assument divers rôles ; elles comblent le temps perdu, elles contribuent à maintenir un certain équilibre mental et restructurent l'individu en substituant la réflexion à la soumission, enfin elles transcendent la sanction en préparant le prisonnier en vue de son insertion sociale. [...] Si je n'avais pas suivi un cycle universitaire, au bout de vingt ans de détention, en regardant en arrière, je rencontrerais un grand vide, sans références chronologiques autres que les dates d'arrestation et de procès. [...] Je suis personnellement convaincu que les études sont la plus sûre garantie qu'un marginal puisse avoir de s'insérer socialement et je constate que l'administration pénitentiaire n'encourage guère leur développement. Très souvent, le détenu qui étudie est considéré comme un fainéant qui ne veut pas accomplir un véritable travail dans les ateliers ! La loi pénale elle-même est significative puisque l'administration n'est tenue d'assurer que l'enseignement primaire et les cours d'alphabétisation, rien n'étant véritablement prévu pour les études supérieures, ces dernières se faisant au gré d'une farouche volonté exprimée par le détenu, des moyens financiers de ce dernier, de la bonne volonté des directeurs d'établissement et surtout de l'investissement personnel et bénévole des intervenants extérieurs.

Philippe Maurice, De la haine à la vie, *Le cherche midi éditeur, 2001.*

256 Un détenu peut-il faire valider l'enseignement poursuivi ?

En premier lieu, les détenus qui suivent un enseignement sont autorisés à subir les examens qui le sanctionnent lorsque leur préparation est jugée suffisante par le service chargé de la scolarité. Après avis des services compétents du ministère de l'Education nationale, les détenus peuvent également se présenter aux épreuves écrites ou orales de tout autre examen, sauf opposition du chef d'établissement. Les unités pédagogiques en lien avec les services en charge des examens au sein des Académies doivent faciliter les inscriptions afin de ne pas pénaliser les détenus récemment écroués ou transférés. Quant aux personnes qui suivaient un enseignement avant leur incarcération et qui souhaitent se présenter à un examen, elles doivent contacter le service de l'enseignement et/ou le SPIP afin d'étudier les possibilités de poursuivre leur scolarité et/ou de se présenter aux épreuves. En dehors du cadre des examens, les acquis des détenus doivent faire l'objet d'une validation par « unités capitalisables » et les activités suivies doivent être consignées dans un livret d'attestation des parcours de formation générale, notamment afin de permettre aux détenus de poursuivre leurs études en cas de transfert ou de libération. Les services de l'enseignement et du greffe sont chargés d'assurer la transmission du livret au responsable local de l'enseignement de la prison de destination du détenu transféré.

Article D.455 du Code de procédure pénale, Circulaire d'orientation JUSE0240076C du 29 mars 2002.

Dans quelles conditions se déroulent les examens pour les détenus ? 257

Les épreuves aux examens doivent être en priorité organisées au sein de l'établissement pénitentiaire. En cas d'impossibilité, les candidats doivent être extraits de la prison et escortés au lieu d'examen. Si leur situation pénale le permet, les candidats peuvent aussi bénéficier d'une permission de sortir afin de se rendre aux épreuves. Les diplômes délivrés aux détenus ne doivent pas faire apparaître leur état de détention. En 2002, sur 31 717 détenus scolarisés, 5 699 détenus ont été inscrits à un examen scolaire ou universitaire. Parmi les 3 894 détenus qui se sont présentés à l'examen, 2 839 ont été reçus dont 1 896 au CFG (certificat de formation générale), 155 à des unités du CAP (certificat d'aptitude professionnelle), 270 à un CAP ou BEP (brevet d'études professionnelles), 302 au brevet des collèges, 57 au baccalauréat, 83 au DAEU (diplôme d'accès aux études universitaires) et 76 à un diplôme de l'enseignement supérieur.

Article D.455 du Code de procédure pénale, Circulaire d'orientation JUSE0240076C du 29 mars 2002, Commission nationale de suivi de l'enseignement en milieu pénitentiaire, rapport du 25 avril 2003.

Une prise en charge scolaire spécifique est-elle assurée pour les jeunes détenus ? 258

Les détenus âgés de moins de 21 ans sont soumis à un régime de détention particulier qui doit faire une large place à l'éducation et à la formation professionnelle. Le règlement intérieur de chaque quartier mineurs ou centre pour jeunes détenus doit réaffirmer le caractère obligatoire de la scolarité à l'égard des jeunes détenus. Si l'obligation scolaire au sens strict ne s'applique qu'aux jeunes de moins de 16 ans, une politique incitative doit être adoptée à l'égard des autres jeunes détenus. Dès la première semaine d'incarcération, un accueil et une information indiquant au mineur les formations possibles sont censés être assurés. Même lorsqu'ils sont incarcérés pour de courtes durées, les jeunes doivent se voir offrir la possibilité d'un bilan personnel. Un repérage systématique de l'illettrisme doit être pratiqué par les enseignants. L'enquête de la commission de suivi de l'enseignement pour 2002 montre pourtant que, parmi les 3 862 mineurs incarcérés pendant cette année, seuls 76 % ont bénéficié d'un repérage effectif lors de l'accueil. Quant aux résultats de l'enquête, il s'avère que 30,3 % des mineurs échouent au bilan de lecture et 10,1 % sont en situation d'illettrisme. Le choix des méthodes pédagogiques pour les cours collectifs doit prendre en compte le parcours et les besoins de chaque jeune, ainsi que la durée prévisible de sa détention. L'enseignement proposé doit permettre au minimum de ne pas rompre un cycle de préparation à un examen. Le responsable de l'enseignement doit ainsi veiller à procéder aux inscriptions des jeunes engagés à l'extérieur dans un cursus diplômant. Lorsque le mineur n'a pas obtenu de diplôme au cours de sa détention, un document récapitulatif de son parcours de formation doit lui être remis afin d'assurer une liaison avec l'extérieur. Par ailleurs, les enseignants doivent s'assurer de la possibilité de rescolariser le jeune après sa sortie. Si une nouvelle inscription est nécessaire, l'unité pédagogique régionale doit prendre contact avec l'inspecteur d'académie compétent en matière d'affectation des élèves. Les mineurs de moins de 16 ans ne peuvent en principe se voir interdire l'accès à des activités d'enseignement ou de formation. En revanche, les mineurs de plus de 16 ans peuvent être privés d'activités de formation pendant une période d'un mois maximum, s'ils commettent une faute disciplinaire pendant les cours. Parmi les mineurs incarcérés pendant l'année 2002, 3 092 (80 %) ont été scolarisés pour un temps moyen de 13,3 heures d'enseignement hebdomadaires.

Articles D.251-1, D.450 et D.515 du Code de procédure pénale, circulaire du 25 mai 1998, circulaire DAP du 4 février 1994 sur le régime de détention des mineurs, circulaire du 2 avril 1996, circulaire du 25 mai 1998 relative à l'enseignement aux jeunes détenus, Commission nationale de suivi de l'enseignement en milieu pénitentiaire du 25 avril 2003.

Une heure de cours par jour à 13 ans

Je suis la maman d'une jeune adolescente incarcérée. Elle avait 13 ans et demi lors de sa mise en détention provisoire, une scolarité « normale », sans redoublement. En prison, elle n'a bénéficié que d'une heure de cours par jour, sans anglais, ni espagnol. Simplement quelques notions de calcul et de français. Excellent pour un niveau de fin de quatrième, n'est-ce pas ? Elle n'a jamais eu la possibilité de bénéficier des cours du collège, ni de ses livres, restés bloqués par le juge. L'école est obligatoire jusqu'à 16 ans. Ce qui est valable à l'extérieur ne l'est-il pas à l'intérieur ? Pour notre fille, seule adolescente dans cette prison, rien n'était prévu. On s'est contenté de faire du « bricolage ».

Annie V., Dedans dehors, *n°33, septembre 2002.*

259 Les mineurs sont-ils séparés des majeurs lors des activités d'enseignement ?

Depuis la loi du 9 septembre 2002, les détenus mineurs âgés de treize à seize ans doivent être placés en détention dans des établissements garantissant un isolement complet des détenus majeurs. Ils ne peuvent donc plus assister aux cours dispensés aux adultes. Avant l'entrée en vigueur de ce texte, les détenus mineurs pouvaient en effet participer aux cours organisés pour les adultes, lorsqu'ils avaient un projet précis ou s'ils n'étaient pas assez nombreux pour que des cours spécifiques leur soient réservés. Dorénavant, seuls les mineurs âgés de seize à dix-huit ans conservent cette faculté. Selon la commission nationale de suivi de l'enseignement, il serait dans ces conditions nécessaire de doubler les effectifs d'enseignants afin d'assurer une prise en charge adaptée des mineurs.

Articles D.251-1, D.450 et D.515 du Code de procédure pénale, Commission nationale de suivi de l'enseignement en milieu pénitentiaire du 25 avril 2003.

Le travail

La réalité du travail carcéral demeure éloignée d'une mission de réinsertion dévolue à l'administration pénitentiaire. Les emplois proposés sont généralement sous-payés, ils ne sont pas soumis à la législation du travail et s'avèrent rarement qualifiants. Deux plans d'action pour la croissance du travail et de l'emploi en milieu pénitentiaire ont pourtant été engagés, l'un en 1997-1999, l'autre en 2000-2003, avec pour objectifs le développement et la qualification des emplois des détenus en production. Le bilan de ces plans fait apparaître que l'objectif quantitatif de plein emploi est loin d'être atteint. Quant aux résultats escomptés en termes d'amélioration de la qualité et de la qualification des emplois, ils demeurent très insuffisants.

Le travail comme outil d'humiliation

Le travail doit permettre de construire un rapport aux outils, aux savoirs, aux autres ; il est un lieu de reconnaissance sociale. Le salaire symbolise cette reconnaissance et c'est pourquoi les traitements misérables et insultants pratiqués en prison par la racaille des concessionnaires qui y sévissent sont un signe fort de l'humiliation, de l'indignité et de la malveillance auxquels l'institution pénitentiaire consent à s'associer, par impuissance pense-t-elle. Le salaire n'indique ni la valeur humaine du travail ni la valeur professionnelle de l'activité, mais il les valide et les scelle. Ainsi, l'application du droit du travail (et non pas seulement et naïvement le droit au travail) permet de placer les personnes dans un rapport au droit, élément politique fondamental. Le travail est de fait un facteur culturel fort, capable de transformer, d'élever et de rassembler ceux qui y participent, en bénéficient, y réfléchissent, le réalisent concrétement.

Nicolas Frize, Le sens de la peine, *éditions Léo Scheer, 2004.*

Le travail est-il obligatoire pour les détenus ? 260

Une loi du 22 juin 1987 a supprimé l'obligation de travailler pour les détenus. A l'inverse, c'est l'administration pénitentiaire qui se trouve désormais en position de devoir prendre « *toutes les dispositions pour assurer une activité professionnelle aux détenus qui le souhaitent* ». Le premier objectif posé par le plan d'action pour l'emploi de l'administration pénitentiaire est d'ailleurs « *de procurer une activité rémunérée à tout détenu qui en fait la demande* ». Il rappelle que « *l'administration doit être en mesure, d'ici la fin de l'année 2003, d'apporter une réponse adaptée aux demandes d'emploi des détenus, soit en leur proposant une activité de production ou au service général, soit en formation* ». Mais dans bien des cas, aucun travail ni formation rémunérée ne sont fournis. Selon les chiffres de l'administration pénitentiaire, 16 891 détenus ont travaillé en 2002 : 6 697 participaient au service général, 8 910 travaillaient en concession (entreprises privées) et 1 284 étaient employés par le service de l'emploi pénitentiaire (ateliers publics). Ces chiffres doivent être relativisés dans la mesure où ils intègrent tout détenu ayant exercé une activité rémunérée dans l'année, même pour quelques jours.

Articles 720 et D.62 du Code de procédure pénale, circulaire JUSE0040047C du 29 mai 2000 relative au plan d'amélioration des conditions de travail et d'emploi (pacte 2), Chiffres clés de l'administration pénitentiaire, juillet 2003.

261 Certains détenus ne sont-ils pas autorisés à travailler ?

Tous les détenus, quelle que soit leur catégorie pénale, peuvent demander au chef de détention qu'il leur soit fourni du travail. Les personnes prévenues, qu'elles soient poursuivies dans une affaire criminelle ou correctionnelle, peuvent en principe travailler sauf si le magistrat instructeur en décide autrement. En pratique, elles sont souvent désavantagées pour obtenir un poste, en raison de leur situation judiciaire instable et de l'offre de travail moins importante en maison d'arrêt. En outre, certains établissements choisissent sans texte à l'appui d'exclure du travail les prévenus en procédure criminelle. Par ailleurs, certaines catégories de détenus peuvent être totalement ou partiellement exclues de l'accès au travail. Il s'agit des détenus placés en quartier disciplinaire, interdits de travail le temps de l'exécution de la sanction, et de ceux placés au quartier d'isolement, bien que normalement soumis au régime ordinaire de détention. En effet, ils ne peuvent côtoyer les autres détenus aux ateliers et se voient proposer au mieux un travail individuel en cellule. Enfin, comme à l'extérieur, les mineurs ne peuvent travailler qu'à partir de 16 ans.

Articles D.62, D.99, D.251-3, D.283-2, D.516 du Code de procédure pénale, circulaire Justice/Défense/Intérieur du 19 mai 1980.

262 Quels sont les critères d'octroi d'un poste de travail ?

Les demandes de travail doivent être formulées par écrit et adressées à la direction de l'établissement. Le chef d'établissement dirige une commission de classement et/ou d'orientation où se réunissent, au minimum, le responsable du travail, le responsable des ateliers, le chef de détention, le responsable local de formation des détenus, le responsable local de l'emploi et un représentant du service social (SPIP). Le rôle de cette commission est d'étudier toutes les demandes et de faire des propositions d'orientation des détenus. La décision de classement appartient en dernier lieu au directeur de l'établissement. Théoriquement, il doit être tenu compte du régime pénitentiaire du détenu, de ses capacités physiques et intellectuelles, de l'influence que peut avoir ce travail sur sa réinsertion, de sa situation familiale et de l'existence de parties civiles à indemniser. En pratique, ces critères sont inégalement respectés, parfois au bénéfice de considérations d'« ordre interne ». Le classement au travail peut ainsi être utilisé comme récompense des « bons » comportements, en échange d'informations communiquées à l'administration, ou au contraire pour neutraliser des détenus ayant de l'influence sur les autres, etc. Néanmoins, les publics prioritaires dans les dispositifs d'insertion professionnelle doivent être favorisés. Il s'agit des personnes présentant des difficultés importantes telles que l'indigence ou l'illettrisme et celles rencontrant des problèmes de santé handicapants.

Articles D.100 à D.102 et D.244 du Code de procédure pénale, circulaire JUSE0040047C du 29 mai 2000 relative au plan d'amélioration des conditions de travail et d'emploi (pacte 2), circulaire JUSE0140057C du 20 juillet 2001 relative à la lutte contre l'indigence.

Quel type de travail est proposé aux détenus ? 263

Il doit s'agir en principe d'un « *travail productif et suffisant pour occuper la durée normale d'une journée de travail* ». Dans tous les cas, les détenus ne peuvent pas remplir un emploi comportant un pouvoir d'autorité ou de discipline. Le travail proposé à chaque détenu doit tenir compte « *dans la mesure du possible* » de ses capacités physiques et intellectuelles et de son influence sur ses perspectives de réinsertion. Par ailleurs, le travail doit s'inscrire au sein d'un « parcours individualisé », ce qui implique pour le détenu de pouvoir accéder à diverses activités simultanément ou successivement (formation générale ou professionnelle, travail au service général ou en atelier, activités socio-éducatives, culturelles et sportives, traitements en cas de problèmes de santé). Enfin, la mise en place d'un dispositif de validation des acquis sociaux et professionnels doit permettre au détenu de faire valoir après sa libération son expérience professionnelle et de faciliter sa réinsertion. Néanmoins, en pratique, le travail proposé est rarement formateur, puisqu'il s'agit généralement d'activités de manutention, confection, conditionnement ou façonnage. Quant à la place faite à l'enseignement ou aux activités dans l'emploi du temps du travailleur, elle demeure souvent inexistante.

Articles D.100 et D.101 du Code de procédure pénale, circulaire JUSE0040047C du 29 mai 2000 relative au plan d'amélioration des conditions de travail et d'emploi (pacte 2).

Justifier la nature non qualifiante des emplois

Les emplois proposés et les tâches effectuées sont répétitives, simples et monotones dans des ateliers fréquemment bruyants. Les ateliers proposent ainsi principalement des activités d'emballage et d'assemblage, des détenus en cellules confectionnant des enveloppes. Une première explication est fournie par le niveau de formation général du public en détention. Il est peu élevé et parmi les individus rencontrés, plusieurs sont illettrés ; de nombreux détenus d'origine étrangère ne maîtrisent pas le français. Il faut que les postes de travail puissent être tenus par tous. Il serait difficile de proposer des tâches complexes. Un chef d'un service emploi nous explique : « *Ces travaux sont utiles pour les détenus qui ont généralement un faible niveau de formation, voire qui ne savent pas lire ou écrire, et qui ont besoin de travailler* ». Une deuxième explication tient au fait qu' « *en maison d'arrêt, la rotation des individus est telle, qu'il n'est pas envisageable d'avoir des postes de travail qui demanderaient une formation et une adaptation longue, explique un concessionnaire. Il faut que les personnes puissent rapidement tenir les cadences* ».

CREDOC, Patrick Dubéchot, Paroles de détenus sur le travail, *novembre 2002.*

264 Le détenu a-t-il un contrat de travail ?

Les relations du détenu et de son employeur ne sont pas soumises à la législation du travail de droit commun. Les personnes incarcérées ne peuvent donc pas, en principe, bénéficier d'un contrat de travail. Il est dérogé à cette règle uniquement pour les détenus travaillant à l'extérieur dans le cadre d'une semi-liberté, d'un placement à l'extérieur sans surveillance ou d'un placement sous surveillance électronique. La personne détenue peut uniquement se voir remettre un « support d'engagement professionnel ». Ce document n'ayant aucune valeur juridique se contente d'indiquer la durée du travail, la nature de l'emploi et de la formation associée, ainsi que le montant de la rémunération. Mais les garanties apportées au détenu employé sont inexistantes. Ainsi, il ne bénéficie d'aucune des protections prévues pour les travailleurs extérieurs : absence de congés payés, non-paiement des journées de chômage technique, non-paiement des journées de travail en cas de maladie ou d'accident du travail, non application des procédures de licenciement, des règles syndicales ou du droit de grève. Enfin, le travail effectué en prison n'ouvre pas droit à l'ASSEDIC en cas de chômage à la sortie. La personne sortante de prison est ainsi assimilée à un chômeur de longue durée. En revanche, le travail carcéral est pris en compte par l'assurance vieillesse pour le bénéfice de la retraite, puisque les cotisations sont versées par l'administration pour les détenus employés au service général, et par l'employeur du détenu dans les autres cas.

Articles 720 et D.103 du Code de procédure pénale, circulaire JUSE0040047C du 29 mai 2000 relative au plan d'amélioration des conditions de travail et d'emploi (pacte 2), circulaire JUSE0340055C du 9 mai 2003.

265 La durée du travail est-elle réglementée ?

La durée du travail par jour et par semaine est fixée par le règlement intérieur de l'établissement. Elle doit se rapprocher des horaires pratiqués dans la région pour le même type d'activité, et en aucun cas leur être supérieure. Le repos hebdomadaire et les jours fériés doivent également être respectés. Les horaires de travail doivent en principe prévoir le temps nécessaire pour le repos, les repas, la promenade quotidienne, les activités éducatives (enseignement et formation professionnelle) et les loisirs. En pratique, les détenus qui travaillent n'ont souvent plus accès aux activités dans la semaine, notamment le sport.

Article D.108 du Code de procédure pénale, circulaire JUSE0040047C du 29 mai 2000 relative au plan d'amélioration des conditions de travail et d'emploi (pacte 2).

266 Dans quelles conditions le détenu peut-il perdre son travail ?

Depuis la loi du 12 avril 2000, la procédure contradictoire doit être respectée pour toute décision de mise à pied ou de déclassement d'un travail. Le chef d'établissement doit donc avertir l'intéressé suffisamment à l'avance de la décision qu'il envisage de prendre. La personne peut dès lors faire parvenir ses observations au chef d'établissement et/ou solliciter un entretien au cours duquel elle peut se faire assister par un avocat ou un mandataire (agréé ou non). Le chef d'établissement ne peut refuser cette demande d'entretien. La décision motivée est notifiée à l'individu qui peut, en cas de déclassement, faire un recours devant le tribunal administratif.

Articles 720 et D.103 du Code de procédure pénale, circulaire JUSE0040047C du 29 mai 2000 relative au plan d'amélioration des conditions de travail et d'emploi (pacte 2), circulaire JUSE0340055C du 9 mai 2003.

Déclassement arbitraire

Incarcéré au centre de détention d'Aiton, j'y travaillais depuis décembre 1998. Je m'occupais du ménage dans les services social, formation, médical et à l'accueil des arrivants, pour un salaire de 160 euros brut par mois. J'ai été déclassé en février 2000 pour avoir refusé de faire un travail qui n'était pas sur mon planning, mais sur celui d'un autre détenu. La personne qui supervise le travail, employée par le gestionnaire privé de l'établissement, m'a demandé de nettoyer les W-C de la bibliothèque. N'ayant pas normalement à le faire, j'ai refusé. Il s'est alors mis en colère, me rappelant que j'étais un détenu et que je n'avais qu'à obéir à ses ordres. Il m'a donné un avertissement, confirmé dans l'après-midi par le chef du bâtiment. J'ai donc dû effectuer ce travail supplémentaire le lendemain. Mais en fin de journée, on m'annonçait que j'étais déclassé et devais retourner en cellule. Cette décision ne m'a jamais été confirmée par écrit. Je ne dispose pas de mandat de ma famille et n'ai donc aucun autre moyen d'avoir de l'argent.

Bernard T., centre de détention d'Aiton, Dedans dehors, *n° 29, janvier 2002.*

Qu'est-ce que le travail au service général ? 267

Dans le cadre du service général, l'administration pénitentiaire fait travailler des détenus pour son compte à des tâches d'entretien des locaux, ainsi qu'aux différents travaux et corvées nécessaires au fonctionnement de la prison : nettoyage, buanderie, cuisine, bibliothèque... L'emploi des détenus à la comptabilité générale, au greffe judiciaire ou dans les services médicaux et sociaux est interdit. Par ailleurs, l'utilisation des détenus pour des travaux personnels ou privés par des membres de l'administration pénitentiaire est en principe exclue. L'employeur direct des détenus du service général est le chef d'établissement. Il décide du classement (embauche) et du déclassement (débauche) des détenus choisis de préférence parmi les condamnés n'ayant pas une longue peine à subir. Les prévenus ne peuvent être désignés au service général qu'avec l'accord préalable du magistrat instructeur. Les « détenus particulièrement signalés » (DPS) ne peuvent en principe être employés au service général. En pratique, les emplois au service général sont les plus stables, mais aussi les moins bien payés. Ils sont souvent réservés aux personnes répondant aux critères d'indigence.

Articles D.103, D.104, D.105, D.244 du Code de procédure pénale, circulaire JUSE0040047C du 29 mai 2000 relative au plan d'amélioration des conditions de travail et d'emploi (pacte 2), circulaire JUSE0140057C du 20 juillet 2001 relative à la lutte contre l'indigence.

268 Qu'est-ce que le travail en concession ?

Dans le cadre d'un contrat de « concession de main-d'œuvre pénale », l'administration pénitentiaire met des personnes détenues à disposition d'une entreprise privée qui les fait travailler à l'intérieur ou à l'extérieur de la prison. Les conditions de rémunération et d'emploi des détenus sont fixées par un contrat passé entre l'administration et la société concessionnaire. L'entreprise est responsable de l'organisation, de la surveillance technique du travail, de la fourniture des matières premières et du matériel. L'établissement pénitentiaire est responsable de la sécurité des personnels et des détenus. En pratique, il n'est pas rare qu'aucun représentant de l'entreprise concessionnaire ne soit présent sur le lieu de production. L'administration pénitentiaire devient alors un véritable sous-traitant, sur lequel repose la responsabilité de la production.

Article D.103 du Code de procédure pénale, circulaire DAP du 20 novembre 1998, circulaire JUSE0040047C du 29 mai 2000 relative au plan d'amélioration des conditions de travail et d'emploi (pacte 2).

Main d'œuvre captive

Les emplois proposés et les tâches effectuées permettent une interchangeabilité des salariés. Cette souplesse est évidemment importante dans les maisons d'arrêt à cause du turn-over. Cependant, outre le faible niveau de rémunération à certains postes, les concessionnaires et responsables de l'emploi bénéficient d'une main d'œuvre captive, susceptible d'être mobilisée en grand nombre s'il le faut. Ainsi, lors de l'une de nos visites dans un des établissements, un des ateliers accueillait quarante-six personnes le jour de notre visite..., alors que seuls dix-neuf détenus étaient mobilisés la veille. Aussitôt qu'une commande arrive, on fait descendre les détenus. Lorsqu'il n'y a plus de travail, ils restent en détention... sans indemnités de chômage. Cette capacité de réactivité est certainement un atout aussi important pour l'entreprise que le niveau des salaires. Pour le détenu, cette « précarité de l'emploi » est subie, comme à l'extérieur, à la différence près que les règles sont nettement à l'avantage du donneur d'ordre et que le détenu-travailleur n'a aucun recours possible.

CREDOC, Patrick Dubéchot, Paroles de détenus sur le travail, *novembre 2002.*

269 Qu'est-ce que le « service de l'emploi pénitentiaire » ?

Dans le cadre de l'ancienne régie industrielle des établissements pénitentiaires (RIEP), désormais intitulée « service de l'emploi pénitentiaire », l'administration emploie des détenus pour son propre compte à des travaux industriels. Il s'agit le plus souvent de travaux d'impression, de menuiserie, de confection, de conditionnement, etc. effectués dans des ateliers situés au sein des établissements pour peines.

270 Les détenus peuvent-ils travailler pour leur propre compte ?

Les détenus peuvent être autorisés à travailler pour leur propre compte par le chef d'établissement ou employés pour le compte d'une association agréée par le directeur régional des services pénitentiaires. L'association employeur doit avoir comme objectif l'insertion de publics en difficulté et offrir un travail rémunéré à caractère formateur. Le recrutement des détenus doit alors associer le plus largement possible les travailleurs sociaux de la prison et ceux de l'association employeur.

Articles 718 et D. 101 du Code de procédure pénale, note DAP du 28 février 1986.

Quelles sont les rémunérations du travail en prison ? 271

Les rémunérations devraient en principe se rapprocher « *autant que possible* » de celles pratiquées à l'extérieur, afin notamment de « *préparer les détenus aux conditions normales du travail libre* ». En réalité, elles sont trois à quatre fois moins importantes que les salaires extérieurs. Selon l'administration pénitentiaire, les rémunérations mensuelles en 2002 s'élevaient en moyenne à 354,92 € nets en concession dans le parc pénitentiaire classique, 345,61 € en concession dans les établissements à gestion mixte, 455,34 € au service de l'emploi pénitentiaire (anciens ateliers RIEP), 178,53 € nets au service général. Mais ces chiffres ne traduisent pas le niveau réel des rémunérations, car ils ne tiennent pas compte des périodes d'inactivité, pourtant fréquentes en détention. Les rémunérations des détenus classés au service général sont fixées suivant un tarif préétabli par la direction de l'administration pénitentiaire. Pour le travail en concession ou pour le compte d'une association, la rémunération est fixée par une convention passée entre l'administration pénitentiaire et la société privée ou l'association. Le chef d'établissement apprécie l'écart pouvant être admis par rapport aux salaires extérieurs, « *compte tenu des conditions d'organisation du travail dans l'établissement et des caractéristiques générales de la population pénale (niveau de formation, rythmes de travail)* ». Toutefois, la rémunération mensuelle en production ne peut être inférieure au SMR (seuils minimum de rémunération) qui s'est substitué depuis le 1er janvier 2002 au SMAP (salaire minimum de l'administration pénitentiaire). Le SMR est réévalué tous les ans au 1er janvier en fonction de l'évolution du SMIC. Le taux horaire minimum était ainsi fixé pour l'année 2002 à 2,87 € en maison d'arrêt et à 3,11 € en centre de détention. Ces taux horaires doivent également servir de référence aux établissements de gestion mixte. Sur ces rémunérations brutes, l'administration prélève les cotisations sociales (URSSAF, CSG, CRDS) pour les reverser aux organismes de recouvrement.

Articles 720, D.102, D.103, D.105, D.106 et D.114 du Code de procédure pénale, note DAP du 9 décembre 1997, circulaire DAP du 20 novembre 1998, chiffres clés de l'administration pénitentiaire, juillet 2003.

104 jours de travail par an

Les salaires restent souvent dérisoires pour une raison simple : ils dépendent du temps travaillé, qu'il s'agisse d'une rémunération à la pièce ou à l'heure, et ce temps travaillé, pour des raisons totalement indépendantes de la volonté des détenus, est souvent très limité. [...] A la R.I.E.P, les détenus connaissent une durée moyenne de travail de six heures et demi. Le vendredi après-midi étant souvent chômé, le temps de travail hebdomadaire moyen est inférieur à 30 heures. Les disparités entre les établissements sont importantes : les détenus travaillent à Clairvaux quatre heures par jour dans l'atelier de chaussures et quatre heures et demi dans l'atelier de façonnage. A l'inverse, près de la moitié des ateliers ont une durée quotidienne de travail d'au moins sept heures. Les concessionnaires privés offrent en moyenne des temps de travail inférieurs. De plus, sur le mois ou l'année, les détenus connaissent tous des périodes d'inactivité. Le droit du travail ne s'applique pas : ces heures non travaillées, qui correspondent à un chômage technique, ne sont pas payées. Sur l'année 2000, 21 820 détenus ont travaillé, pour 2 276 238 journées de travail et une rémunération globale de 42 552 954 euros. Les détenus ont ainsi travaillé en moyenne 104 jours, pour une rémunération moyenne annuelle de 1 950 euros.

Paul Loridant, Prisons : le travail à la peine, *rapport de la Commission des finances du Sénat, juin 2002.*

272 Comment sont versées les rémunérations ?

Les rémunérations pour tout travail effectué par un détenu sont versées à l'administration pénitentiaire. La rémunération nette est ensuite inscrite sur le compte nominatif du détenu et répartie de la façon suivante : 10 % sont mis de côté pour constituer un pécule de libération, 10 % sont destinés à l'indemnisation des parties civiles et des créanciers d'aliment et 80 % sont placés sur une part disponible. Depuis le 1er janvier 2003, le produit du travail des détenus ne peut faire l'objet d'aucun prélèvement comme participation du détenu à ses « frais d'entretien » en établissement pénitentiaire.

Articles 717-3, D.106, D.111, D.113, D.114 du Code de procédure pénale.

273 L'Inspection du travail intervient-elle au sein des ateliers des établissements pénitentiaires ?

Les règles de droit commun du Code du travail relatives à l'hygiène et à la sécurité doivent être en principe appliquées dans les établissements pénitentiaires. Le contrôle du respect de ces normes relève des services de l'Inspection du travail territorialement compétents. D'une part, le chef d'établissement peut solliciter un contrôle, auquel l'Inspection se doit de répondre. D'autre part, l'Inspection peut décider elle-même d'organiser une visite inopinée au sein de l'établissement. Ainsi, les services de l'Inspection du travail doivent pouvoir accéder librement à l'établissement pénitentiaire, à tout moment, sur présentation de leur qualité ou de leur ordre de mission et après s'être soumis aux mesures de contrôles réglementaires. Le chef d'établissement ne peut surseoir à cette visite que lorsque des circonstances particulières sont de nature à mettre en péril l'ordre et la sécurité dans l'établissement. Les détenus peuvent quant à eux saisir par écrit l'inspecteur territorialement compétent afin de lui faire part des éventuels problèmes de sécurité et d'hygiène rencontrés sur leur lieu de travail et demander son intervention. Néanmoins, l'Inspection du travail n'est pas une autorité administrative avec laquelle il est possible de correspondre sous pli fermé. Par ailleurs, elle demeure libre d'apprécier la suite à donner aux demandes de visites qui lui sont faites par les personnes détenues. Dans les faits, la quasi-totalité des contrôles au sein des prisons sont déclenchés par les directeurs d'établissements, l'Inspection ne pratiquant jamais de contrôles inopinés.

Articles D.109, D.109-1, D. 231, D. 232 et D. 259 du Code de procédure pénale, Circulaire conjointe du ministère de la Justice et ministère de l'Emploi JUSE9940010C du 16 juillet 1999 relative aux modalités d'intervention des services de l'Inspection du travail.

Quelles sont les prérogatives dont dispose un inspecteur du travail ? 274

Au cours de sa visite, l'inspecteur du travail est accompagné du chef de l'établissement ou de son représentant, ainsi que du responsable local de la formation, du travail ou tout membre du personnel pénitentiaire concerné. Il peut demander à s'entretenir seul avec des détenus. Ces derniers peuvent également demander à être entendus seuls. Par la suite, les services de l'Inspection adressent au directeur un rapport indiquant les éventuels manquements en matière d'hygiène et de sécurité, ainsi que des recommandations pour remédier à la situation. Une copie du rapport doit être communiquée par le chef d'établissement au responsable de l'entreprise concessionnaire pour les activités réalisées pour son compte ; au chef d'unité privée dans les établissements en gestion déléguée ; au chef d'atelier et au directeur du service de l'emploi pénitentiaire, ainsi qu'à l'organisme de formation compétent pour les formations. Le directeur doit répondre à l'Inspection dans les deux mois, en indiquant les mesures ayant été adoptées ou planifiées suite au rapport. Ce délai peut être ramené à quinze jours si l'inspecteur estime que la situation de travail présente un risque grave et imminent pour la santé ou sécurité des détenus au travail. Le chef d'établissement dispose, vis à vis du responsable de l'entreprise concessionnaire et du chef d'unité privée, d'un pouvoir d'injonction direct en cas d'urgence ou de circonstances mettant en cause de façon grave et imminente la sécurité des personnes et des installations. L'inspecteur ne dispose pas de pouvoir d'injonction, mais seulement d'un rôle de conseil. En cas de désaccord entre le chef d'établissement et l'inspecteur du travail sur la nature et le calendrier des mesures envisagées, l'inspecteur en réfère à sa hiérarchie qui saisit la direction régionale des services pénitentiaires compétente. Celle-ci doit faire connaître sa réponse dans un délai d'un mois à compter de la saisine dont il a fait l'objet.

Articles D. 109 et D. 259 du Code de procédure pénale, circulaire JUSE9940010C du 16 juillet 1999.

Une insécurité tolérée

Dans son rapport du 4 février 2002, l'Inspection du travail notait, s'agissant de plusieurs équipements dangereux des ateliers de la maison centrale de Saint Maur, que ceux-ci n'étaient pas équipés des protections nécessaires. L'Inspection du travail, à l'occasion de sa visite au centre de détention de Muret des 21 mai, 22 mai et 23 mai 2001, a souligné un grand nombre d'infractions au Code du travail dans les ateliers de concessionnaires. Ont été mis en évidence d'importants risques liés au bruit et à l'émission de vapeurs toxiques, voire très toxiques, dans certains ateliers. De manière générale, l'administration pénitentiaire reconnaît volontiers que certains des équipements présents dans les ateliers ne sont pas aux normes. Face à cette situation, elle connaît deux difficultés. Quand ses matériels sont propriété de l'administration, les difficultés budgétaires des établissements empêchent de procéder aux investissements nécessaires. Quand, et c'est le cas le plus fréquent, ces équipements sont propriété d'une entreprise privée concessionnaire, le directeur de l'établissement pénitentiaire est obligé de négocier avec l'entreprise. Celle-ci, parfois dans une situation financière précaire, est néanmoins dans une situation de force : la menace brandie par l'administration d'une fermeture de l'atelier est à double tranchant car, mise à exécution, elle provoquerait le renvoi des détenus en cellule et, pour eux, une période d'inactivité forcée.

Paul Loridant, Prisons : le travail à la peine*, rapport de la Commission des finances du Sénat, juin 2002.*

275 Que faire en cas d'accident de travail ?

C'est à l'administration pénitentiaire ou au concessionnaire privé de déclarer dans les 48 heures l'accident de travail à la Caisse primaire d'assurance maladie (CPAM) dont dépend l'établissement pénitentiaire. La déclaration peut également être effectuée par la victime ou ses représentants jusqu'à l'expiration de la deuxième année qui suit l'accident. Tous les détenus victimes d'un accident du travail ont droit à une prise en charge de l'ensemble des frais médicaux liés à leur accident. En cas d'incapacité permanente (infirmité même légère, mais définitive), ils peuvent recevoir une rente de la CPAM versée sur leur compte nominatif. En revanche, les détenus n'ont pas droit aux indemnités journalières normalement versées pendant l'arrêt de travail.

Article D.110 du Code de procédure pénale, articles D. 412-36 à D. 412-73 du Code de la sécurité sociale, note DAP du 31 décembre 1997.

La formation professionnelle

A la différence du travail pénitentiaire qui s'avère peu qualifiant, la formation professionnelle pourrait représenter un levier afin que le temps carcéral ne soit pas un temps perdu. Pourtant, ce domaine est peu exploité par l'administration pénitentiaire et une infime quantité de détenus en profitent.

Tous les détenus peuvent-ils suivre une formation professionnelle ? 276

En principe, l'administration pénitentiaire doit prendre « *toutes les dispositions nécessaires pour assurer la formation professionnelle des détenus qui le souhaitent* ». Mais le nombre de places disponibles reste en réalité limité. Au cours de l'année 2002, 2 600 personnes détenues ont suivi une formation professionnelle rémunérée. L'orientation d'un détenu vers une formation doit prendre en compte à la fois son niveau de connaissances, ses potentialités et ses souhaits, ainsi que sa situation pénale. Si l'établissement ne fournit pas la formation professionnelle recherchée par un détenu, celui-ci peut motiver une demande de transfert par le suivi d'une formation professionnelle dans une autre prison.

Articles D.451 et D.457 du Code de procédure pénale, circulaire DAP du 28 avril 1995.

Comment accéder aux formations professionnelles ? 277

Le règlement intérieur de chaque prison détermine les conditions dans lesquelles s'effectuent les formations professionnelles (liste des formations, lieux, horaires...). Un responsable local de la formation professionnelle (RLFP) est chargé de coordonner et d'assurer le suivi des actions de formation ; il élabore et met en œuvre le plan local de formation. Il lui appartient de recueillir les candidatures des détenus, de gérer les plannings des activités et d'organiser les réunions bilans avec les organismes de formations. Le « référent formation » du service pénitentiaire d'insertion et de probation (SPIP) participe pour sa part à l'élaboration du plan local de formation de l'établissement pénitentiaire et doit, en collaboration avec le RLFP, veiller à ce que le dispositif de formation réponde aux besoins identifiés de la population détenue. Dans les prisons à gestion déléguée, le secteur privé est compétent pour organiser les formations et enregistrer les candidatures.

Articles D.451 et D.457 du Code de procédure pénale.

« Formez-vous », qu'il disait !

Les personnes incarcérées dans les dix prisons à gestion publique de la région Provence-Alpes-Côte d'Azur ne peuvent plus prétendre à une formation professionnelle depuis le 1er juillet 2003. Suite à un gel des crédits accordés par le ministère du Travail, le financement du programme de formation ne peut plus être assuré, les subventions restantes étant déjà utilisées pour le rattrapage budgétaire de l'année 2002. Ainsi, au centre pénitentiaire des Baumettes, deux cents détenus ont vu leur formation s'interrompre et quinze formateurs ont cessé d'intervenir. Selon un membre du service pénitentiaire d'insertion et de probation (SPIP) des Bouches-du-Rhône, « *si la formation s'arrête, tout ce qui concerne la valorisation des acquis professionnels des détenus risque de tomber à l'eau* ». Et de souligner aussi « *l'inégalité entre prisons dans la mesure où la formation professionnelle continue à fonctionner normalement dans les établissements à gestion mixte* ». En effet, les prisons 13 000, à gestion semi-privée, ne sont pas concernées par ce gel des crédits. Leurs actions de formation sont directement financées par le ministère de la Justice. D'autres régions de France devraient aussi être touchées. En Midi-Pyrénées, après avoir soldé le budget 2002 avec les subventions de 2003, les pouvoirs publics disposent en tout et pour tout de 5 000 euros. En Languedoc-Roussillon, les crédits sont déjà épuisés. Dans ces deux régions, toutes les formations professionnelles, qui concernent 1 100 détenus, vont donc être supprimées à partir du mois de septembre. En Picardie, ce programme d'insertion va s'arrêter courant juillet. Cette situation est la conséquence d'un courrier du ministère du Budget, en date du 14 mars 2003, annonçant que l'essentiel des fonds accordés à la formation professionnelle pour l'année 2003 devront servir à couvrir les dépenses de l'année 2002 et qu' « *aucune délégation de crédits ne sera adressée dans les prochains mois* ». Dans la circulaire du 29 mai 2000, les services pénitentiaires avaient pourtant prévu un plan d'action ambitieux en annonçant que « *l'administration doit être en mesure, d'ici à la fin de l'année 2003, d'apporter une réponse adaptée aux demandes d'emploi des détenus, soit en leur proposant une activité en production, au service général, soit en formation* ».

OIP, Dedans dehors, *n°38, juillet 2003.*

278 Quels sont le statut et la rémunération du détenu stagiaire ?

Les détenus acquièrent le statut de « stagiaire » dès qu'ils entament une action de formation rémunérée. Pour l'année 2002, la rémunération était calculée sur une base de 2,02 euros nets par heure. Or, le temps consacré par un détenu à la formation professionnelle ne peut être supérieur à 100 heures par mois en maison d'arrêt, et à 120 heures en établissement pour peines. Ainsi, la rémunération mensuelle ne peut, en principe, excéder 202 euros en maison d'arrêt et 242,40 euros en établissement pour peines. Chaque mois, le chef d'établissement transmet à l'organisme payeur des formations (CNASEA, par exemple) un relevé mensuel d'activité, qui doit lui permettre de calculer le montant de la rémunération et de la verser. En principe, toute heure non effectuée est déduite de l'enveloppe mensuelle ; néanmoins, le chef d'établissement dispose d'une certaine souplesse dans l'appréciation des heures à comptabiliser, par exemple en cas de convocation au tribunal ou de parloirs. La rémunération est soumise à la même répartition sur le compte du détenu que celle d'un travail (10 % pécule de libération, 10 % indemnisation des parties civiles, 80 % part disponible). Une indemnité compensatrice de congés payés (ICCP) est également versée à la fin du stage, représentant 10 % de la rémunération totale. L'attribution de cette prime est en principe subordonnée au comportement du stagiaire (assiduité, comportement...). Mais elle devrait être à terme incluse dans la rémunération mensuelle.

Décret n°85-846 du 6 août 1985, Chiffres clés de l'administration pénitentiaire, juillet 2003.

L'argent et les biens du détenu

Les ressources du détenu déterminent en partie les conditions dans lesquelles va se dérouler l'incarcération. Le fait de recevoir des mandats de l'extérieur renforce la personne privée de liberté dans ses relations avec l'administration et les autres détenus. Les « indigents » sont pour leur part plus vulnérables dans les rapports de force et ils dépendent entièrement de l'institution pénitentiaire pour obtenir vêtements et produits de première nécessité.

Un détenu peut-il disposer librement de son argent ? 279

Dès l'écrou, le détenu se voit retirer tous les moyens de paiement en sa possession (carte bleue, chéquier ou argent liquide). Les sommes dont il dispose à son arrivée (« l'avoir du détenu »), celles qu'il reçoit de l'extérieur (de ses proches, d'un organisme public, d'associations d'entraide...) ou celles qu'il perçoit en rétribution d'un travail ou d'une formation sont toutes affectées sur un compte ouvert à son nom en détention : le compte nominatif. Le détenu peut procéder à des dépenses uniquement par l'intermédiaire de l'administration pénitentiaire, soit à la cantine (magasin interne), soit sur commande à l'extérieur, soit par des locations à l'association socioculturelle de la prison (télévision, réfrigérateur).

Articles D.318 et D.319 du Code de procédure pénale.

Une gestion de l'argent déresponsabilisante

L'archaïsme de notre organisation ne nous permet pas d'utiliser les moyens modernes [pour la gestion des comptes nominatifs], et surtout, ne place pas le détenu dans une situation de réinsertion. Il est détaché de la réalité, puisqu'il ne gère pas son argent, qu'il n'a aucune relation avec son patrimoine, sauf par l'intermédiaire des bons de cantine. Si bien qu'il perd toute notion, à quelques exceptions, de gestion ; il ne peut placer son argent, etc. Les règles de répartition, inscrites dans le Code de procédure pénale, sont souvent bafouées, car modifiées par des notes DAP que chacun peut apprécier : il faudrait que le CPP ne soit pas modulable pour l'argent, ainsi qu'il ne l'est pas pour les autres articles concernant le greffe. De telles attitudes sont de nature à engendrer des conflits, et surtout à disqualifier les personnels affectés dans les services comptables. Tout le fonctionnement actuel de la gestion du compte nominatif n'est pas de nature à responsabiliser les détenus, bien au contraire, puisqu'on épargne pour le détenu, on indemnise pour le détenu, on protège son compte nominatif (voir notes sur les saisies), on ne l'oblige pas à déclarer ses revenus : de telles méthodes de fonctionnement détachent le détenu de l'argent, car notre mission n'est jamais de le responsabiliser.

Administration pénitentiaire, Consultation des personnels pénitentiaires et intervenants extérieurs du centre de détention de Val-de-Reuil sur le projet de loi pénitentiaire, *2001.*

280 Le détenu peut-il conserver de l'argent liquide sur lui ?

L'argent liquide est interdit de circulation en prison. Si des sommes sont trouvées « *en possession irrégulière* », elles sont retirées au détenu et versées au Trésor, sauf si elles sont saisies par ordre de l'autorité judiciaire. Le détenu peut aussi être sanctionné disciplinairement, le fait de « *détenir des objets ou des substances non autorisés par le règlement* » constituant une faute disciplinaire passible de 30 jours de cellule de discipline. De l'argent en espèces peut être remis au détenu uniquement s'il sort de détention, à l'occasion d'une permission de sortir, d'une semi-liberté ou d'un placement à l'extérieur sans surveillance. Le détenu hospitalisé peut également être autorisé par le chef d'établissement à détenir une somme d'argent provenant de la part disponible de son compte nominatif pour effectuer des dépenses courantes à l'intérieur de l'établissement de santé.

Articles D.122, D.249-2, D.332, D.395 du Code de procédure pénale.

281 Qu'est-ce qu'un « compte nominatif » ?

Le comptable de la prison ouvre un compte nominatif pour chaque détenu au moment de l'écrou. Quelles que soient les sommes en possession du détenu à son arrivée, l'administration ne peut refuser de les prendre en charge. Cependant, le détenu peut demander que l'argent soit remis en tout ou partie à une personne à l'extérieur ou décider de sa consignation jusqu'à sa sortie (dépôt à la Caisse des dépôts et consignation). Le compte nominatif se décompose en trois parties : la part disponible, la part réservée à l'indemnisation des parties civiles et aux bénéficiaires de pensions alimentaires (créanciers d'aliments), le pécule de libération. Le compte est régulièrement crédité ou débité des sommes qui sont dues au détenu ou par lui. Toutes les entrées ou sorties d'argent apparaissent sur la situation mensuelle du compte, éditée et distribuée au détenu dans les premiers jours du mois suivant. Le détenu doit faire part au surveillant d'une éventuelle contestation ou demande d'explication, et surtout, s'adresser par écrit au service comptabilité. Il lui est fortement recommandé de conserver tous ses relevés de compte. En cas de désaccord persistant, un recours pour excès de pouvoir peut être intenté contre les décisions des autorités pénitentiaires concernant la gestion du compte nominatif si elles font grief au détenu. Ce recours se forme devant le tribunal administratif dans un délai de deux mois à compter de la décision contestée (*cf. 4ème partie : faire respecter ses droits*).

Articles 728-1 et D.319 du Code de procédure pénale.

Qu'est-ce que la « part disponible » ? 282

Il s'agit de l'argent que la personne incarcérée peut dépenser au cours de son incarcération. La part disponible permet d'effectuer les achats en cantine, d'envoyer de l'argent à sa famille sous forme de « mandat cash », d'effectuer les dépenses nécessaires en permission de sortir ou en semi-liberté, de payer volontairement ses amendes ou de procéder à l'indemnisation des victimes et au paiement d'autres dettes. La part disponible est aussi celle qui peut être saisie par les créanciers dans le cadre des saisies-attribution. En cas d'évasion du titulaire du compte, la part disponible est appliquée d'office à l'indemnisation des parties civiles. Une fois les victimes indemnisées, l'argent restant est acquis à l'Etat.

Articles D.122, D.323, D.333, D.421 du Code de procédure pénale.

Qu'est-ce que la part destinée à l'indemnisation des parties civiles et aux créanciers d'aliments ? 283

C'est une part prélevée sur les ressources du détenu, bloquée et non utilisable pendant l'incarcération. Elle est réservée au dédommagement des victimes auxquelles le jugement a accordé des dommages-intérêts. Les créanciers d'aliments, c'est-à-dire les bénéficiaires de pensions alimentaires, ont également des droits sur cette partie du compte du détenu. Dès que la condamnation est définitive, le Parquet informe l'établissement pénitentiaire de l'existence de parties civiles et du montant de leur créance. Le chef d'établissement doit dès lors assurer le versement régulier aux parties civiles des sommes qui leur sont dues, par prélèvements sur la part du compte du détenu qui leur est réservée. S'il n'y a pas de victime à indemniser ni de créancier d'aliment, la somme bloquée est versée au détenu au moment de la libération.

Articles D.121-1 et D.325 du Code de procédure pénale.

Effort ou obligation ?

Dans un message à l'intention des détenus, la juge de l'application des peines (JAP) du centre de détention d'Ecrouves donne une interprétation très personnelle des dispositions de la loi présomption d'innocence sur l'indemnisation des victimes par les condamnés. Ainsi, elle a décidé qu'à partir du 1er janvier 2001, « *quinze jours de réductions de peine supplémentaires seront retirés à ceux qui, au-delà du versement automatique de 10 % sur le compte nominatif, ne feront pas un versement volontaire supplémentaire de 10 %. Ce versement est calculé par rapport à l'ensemble de vos ressources : salaire cantinable, retraite, mandat, allocation adulte handicapé, etc.* » Alors que la loi du 15 juin 2000 se contente d'ajouter l'indemnisation des victimes aux exemples d'efforts sérieux de réadaptation sociale pouvant justifier l'octroi d'une réduction de peine supplémentaire, la JAP en fait une obligation pour ne pas perdre quinze jours de RPS.

Accro d'info, *journal du CD d'Ecrouves distribué dans chaque cellule, n°74, décembre 2000.*

284 Qu'est-ce que le pécule de libération ?

Cette part est une réserve ponctionnée sur les ressources du détenu qui lui sera remise à sa libération définitive. Il ne peut l'utiliser avant, sauf dans certaines situations exceptionnelles qui nécessitent l'autorisation préalable du chef d'établissement. Tel est le cas si la part disponible ne contient pas une somme suffisante pour couvrir les dépenses indispensables au déroulement d'une permission de sortir en lien direct avec la préparation de la libération. Le détenu pourra également l'utiliser pour réaliser une dépense nécessaire préalablement à sa libération (location d'un logement, acquisition d'un titre de transport) ou en rapport avec la préparation de sa réinsertion (financement d'une formation par correspondance). Le pécule de libération ne peut pas être saisi par les créanciers du détenu.

Articles 728-1 et D.324 du Code de procédure pénale, circulaire DAP 213 du 6 avril 1978.

285 Qui peut envoyer de l'argent au détenu ?

Le détenu peut recevoir de l'argent des personnes titulaires d'un permis de visite, des personnes autorisées à lui en envoyer par le chef d'établissement et des associations caritatives accréditées. En pratique, la plupart des établissements acceptent les mandats de toute provenance, dans la mesure où figurent clairement le nom et le numéro d'écrou du détenu bénéficiaire. Les sommes ainsi envoyées sont appelées « subsides ». Les détenus peuvent être privés de recevoir des subsides par sanction disciplinaire pour une période maximale de deux mois.

Articles D.251 et D.422 du Code de procédure pénale.

286 Sous quelle forme peut-on envoyer de l'argent en prison ?

Les personnes qui veulent envoyer de l'argent à un détenu doivent retirer un « mandat cash » dans un bureau de poste, opération qui leur coûtera environ six euros. C'est à la personne qui envoie le mandat de l'acheminer comme un courrier normal. Le numéro d'écrou doit être inscrit dans le cadre désignant le détenu bénéficiaire entre le nom et le prénom. Lorsque le courrier parvient à la prison, le vaguemestre (qui s'occupe du courrier des détenus) transmet le mandat au comptable qui se charge d'encaisser l'argent sur le compte nominatif. Le détenu est informé du versement car il reçoit l'enveloppe qui a contenu le mandat, sur laquelle le vaguemestre a écrit le montant et l'expéditeur du mandat. La procédure de « mandat cash urgent » ne peut pas être utilisée pour les détenus, car le bénéficiaire doit se rendre lui-même au bureau de poste. L'envoi de chèques adressés aux détenus devrait être en principe accepté, dans la mesure où aucune disposition légale ou réglementaire ne permet de l'interdire. Cependant, le compte du détenu ne sera approvisionné que dix à quinze jours après la réception du chèque, en raison du temps nécessaire à l'encaissement. Il en est de même pour la remise d'argent liquide auprès du service comptable de l'établissement pénitentiaire, en principe tolérée. Mais chaque chef d'établissement apprécie en pratique s'il accepte la remise de chèque ou d'espèces à l'intention des détenus. En revanche, l'envoi par courrier d'argent en espèces est strictement interdit.

Circulaire JUSE9740131N du 10 octobre 1997, note DAP du 1er décembre 1998.

Les coûts de l'incarcération pour la famille du détenu

Pour la moitié des personnes interrogées, la situation financière du foyer s'est dégradée à la suite de l'incarcération. Cette dégradation touche davantage les conjoints (59 %) que les parents de détenu (40 %). Elle s'explique à la fois par les dépenses occasionnées par la détention et par une baisse des ressources : perte d'un revenu (51 % des détenus avaient un emploi au moment de leur arrestation, 7 % travaillaient au noir) ou suppression d'une allocation (RMI par exemple). Au dire des familles, les détenus reçoivent en moyenne environ 1 200 F par mois. L'essentiel de cette somme est versé par les familles : en moyenne les parents versent 775 F, les conjoints 540 F. En fait, cet effort financier est plus élevé pour les familles à faibles ressources (moins de 5000 F/mois). Il représente environ 15 % de l'ensemble de leurs revenus. [...] D'après les déclarations des familles rencontrées, un quart des détenus vit avec moins de 500 F par mois. « *Il faut lui donner au moins 500 F par mois,* déclare une mère. *La location de la télé, du frigo, ça revient à 240 F par mois. Et puis il y a la cantine, les gâteries et la nourriture... parce que ce qu'ils ont à manger ici n'est vraiment pas bon* ». A l'opposé, un tiers dispose de plus de 1 000 F. Seuls 3 % des détenus recevraient plus de 3 000 F par mois.

CREDOC, La prison bouleverse la vie des familles de détenus, *mai 2000.*

Quel montant le détenu est-il autorisé à recevoir ? 287

Le montant n'est pas limité pour les prévenus. Il ne peut pas dépasser 183 euros par mois pour les condamnés. Les sommes égales ou inférieures à 183 euros sont intégralement versées sur la part disponible. Si le montant envoyé à un prévenu dépasse 183 euros, la partie supérieure est répartie entre la part disponible (80 %), la part réservée à l'indemnisation des victimes et des créanciers d'aliments (10 %), et le pécule de libération (10 %). Cette même répartition doit s'appliquer pour les condamnés incarcérés en maison d'arrêt. Pour les condamnés en centre de détention ou maison centrale qui reçoivent une somme supérieure à 183 euros, le surplus est renvoyé à l'expéditeur. Mais si celui-ci n'est pas identifiable, la somme est versée sur le compte nominatif du détenu et répartie selon la règle appliquée aux prévenus. En pratique, certains établissements versent les mandats au Trésor public lorsqu'ils dépassent un plafond fixé par le règlement intérieur et que l'expéditeur est inconnu. Au moment des fêtes de fin d'année, le montant mensuel autorisé est exceptionnellement doublé pour le mois de décembre (366 euros) et l'intégralité placée sur la part disponible. Le chef d'établissement peut également autoriser un détenu à recevoir une somme supérieure à 183 euros qui sera versée entièrement sur la part disponible en vue d'une dépense exceptionnelle dont l'intérêt est justifié (achat d'une paire de lunettes, d'un ordinateur, d'une prothèse dentaire ou auditive, etc.).

Articles D.113, D.251, D.329 et D.422 du Code de procédure pénale, note DAP n°T5 du 27 octobre 1997.

288 Comment sont réparties les sommes reçues par le détenu ?

Dans les limites des plafonds décrits précédemment, les sommes reçues par le détenu au cours de sa détention ou qu'il avait en sa possession au moment de son incarcération sont intégralement versées sur la part disponible de son compte. Les rémunérations perçues par le détenu dans le cadre d'un travail ou d'une formation professionnelle sont quant à elles réparties de la façon suivante : 80 % sur la part disponible, 10 % sur la part réservée aux parties civiles et aux créanciers d'aliments (pensions alimentaires), 10 % pour la constitution d'un pécule de libération. Les pensions de retraite perçues en raison d'activités antérieures à la détention ne peuvent être assimilées à une rémunération de travail et ne peuvent donc soumises à cette répartition sur les différentes parts.

Articles 728-1, D.112, D.328, D.329, du Code de procédure pénale et note DAP n°27 octobre 1997, CAA Paris, 13 décembre 2002, H.

289 Comment les détenus peuvent-ils envoyer de l'argent à l'extérieur ?

Le détenu doit faire auprès du service comptable de la prison une demande d'envoi de « mandat cash », accompagnée d'une enveloppe timbrée à l'adresse de la personne. L'argent sera prélevé sur la part disponible de son compte nominatif. Cet envoi est soumis à l'autorisation du magistrat saisi de l'information pour les prévenus et à celle du chef d'établissement pour les condamnés.

Articles D.330 et D.421 du Code de procédure pénale.

Précarisation du soutien des proches

Aux situations de précarité et de désaffiliation sociale à l'entrée en prison, s'ajoutent celles de pauvreté économique en détention. Dans une enquête réalisée à la demande de l'administration pénitentiaire, J.C. Combessie, S. Bouhedja et M. Georghiu (1994) ont tenté de quantifier les ressources financières des détenus. La partie statistique de leur étude s'appuie sur une analyse des mouvements enregistrés, au cours des mois de novembre et décembre 1991, sur les comptes nominatifs de près de 4 000 détenus. Les entrées d'argent mensuelles, qui proviendraient à 52 % des mandats envoyés par les familles, sont estimées en moyenne à 640 francs par détenu en maison d'arrêt et 740 francs en établissements pour peines. La durée de détention semblerait par ailleurs aggraver ces inégalités : le proportion de détenus n'ayant reçu aucun argent s'élève à 16 % en maison d'arrêt, et à 40 % en établissement pour peines. Une des hypothèses d'interprétation évoquées par les auteurs est celle d'une raréfaction des ressources liée à la « précarisation du soutien des proches ». Les difficultés rencontrées par certains détenus avant ou pendant leur incarcération vont aussi déterminer les conditions de leur sortie de prison. Une enquête réalisée par l'administration pénitentiaire auprès de 1 200 personnes libérées au cours du mois de juin 1996 montre qu'à leur sortie, 26 % des personnes interrogées possèdent moins de 100 francs.

INSEE, « L'histoire familiale des hommes détenus », Synthèses, *n°59, janvier 2002.*

Les détenus peuvent-ils avoir un livret d'épargne ? 290

Si un détenu possède un livret d'épargne au moment de son incarcération, il peut le conserver et désigner un mandataire extérieur à l'administration pénitentiaire pour effectuer des opérations de versement et de retrait par procuration. S'il dispose de sa capacité civile pleine et entière, il peut également y faire virer directement les pensions, indemnités ou autres prestations dont il bénéficie. Mais si le détenu veut que l'argent de son compte d'épargne soit directement versé sur son compte nominatif, il doit le clôturer. Par ailleurs, le comptable de l'établissement doit ouvrir un compte d'épargne administratif pour tout détenu dont le pécule de libération dépasse la somme de 229 euros. Le comptable est seul habilité à effectuer des opérations de versement ou de retrait sur ce compte, dont le numéro n'est en principe pas connu du détenu. Ce livret d'épargne ouvert par l'établissement est, comme le compte nominatif, divisé en trois parts : une part disponible, et deux parts non utilisables (pécule libération et pécule réservé aux parties civiles). Les détenus peuvent demander le versement sur ce compte d'épargne de sommes prélevées sur la part disponible de leur compte nominatif, d'un montant minimal de 30 euros. Pour les retraits (virements sur le compte nominatif), les détenus doivent obtenir l'accord préalable du chef d'établissement. Les sommes déposées sur le compte d'épargne n'ayant pas de caractère alimentaire, elles peuvent faire l'objet de saisie dans leur intégralité.

Articles D.321, D.324 et D.331 du Code de procédure pénale, note DAP n°T54 du 20 novembre 1992.

L'administration pénitentiaire peut-elle opérer des retenues sur le compte des détenus ? 291

L'administration pénitentiaire a la faculté d'opérer d'office des retenues sur la part disponible du compte nominatif en réparation de dommages matériels causés. Ces retenues sont décidées par le chef d'établissement après en avoir informé l'intéressé et les fonds correspondants sont versés au Trésor public.

Article D.332 du Code de procédure pénale.

Une saisie peut-elle être formée sur le compte nominatif ? 292

Si le détenu ne règle pas de lui-même ses dettes et amendes, un certain nombre de saisies peuvent être effectuées sur la part disponible de son compte nominatif. Les deux autres parts du compte nominatif sont insaisissables : le pécule de libération ne peut jamais être saisi et la part réservée à l'indemnisation des victimes et aux créanciers d'aliments (pensions alimentaires) ne peut être appréhendée que par ces derniers. Quand les ressources mensuelles du détenu affectées sur la part disponible sont inférieures à 183 euros, elles ont un caractère alimentaire et ne peuvent pas être saisies. Seules les sommes supérieures à 183 euros déposées sur la part disponible chaque mois peuvent être saisies. La part disponible du compte d'épargne administratif (ouvert par l'administration) est pour sa part entièrement saisissable. Si une saisie (avis à tiers détenteur ou saisie-attribution) est opérée sur l'ensemble du compte nominatif ou du livret d'épargne d'un détenu, celui-ci peut saisir le juge de l'exécution dans le mois suivant la notification de la saisie, afin que soient protégées les sommes du pécule de libération et de remboursement des parties civiles. Par ailleurs, les dettes peuvent être négociées avec les différentes administrations de l'Etat auxquelles elles sont dues. Le condamné peut demander directement auprès de chaque administration créancière soit une remise totale ou gracieuse de sa dette, soit le fractionnement du paiement de sa dette (possibilité de payer en plusieurs fois), soit la suspension du recouvrement de la dette (le détenu aura un délai pour payer la dette).

Articles 728-1, D.329, D.333 du Code de procédure pénale, note AP GA3 n°148 JUS9740041N du 26 mars 1997.

Logé, nourri, blanchi ?

La vision du prisonnier, généralement oisif, en tout cas logé, nourri et blanchi aux frais de l'administration pénitentiaire, est à mille lieues de la réalité de la pauvreté en prison – pauvreté souvent présente et généralement humiliante, car en prison le plus pauvre est le plus vulnérable et sa situation ne fait qu'aggraver la dureté de sa détention. Elle résulte inévitablement de la très grande précarité des personnes incarcérées : rappelons qu'en 1997, 65 % des entrants étaient sans activité à l'extérieur, parmi lesquels, seuls 28 % se trouvaient en situation de chômage indemnisé. Un sur cinq était illettré. Est pauvre en prison, d'une pauvreté relative, spécifique au monde carcéral, celui qui doit se contenter du minimum fourni par l'administration, sans possibilité véritable d'autonomie, exposé à la dépendance à l'égard de ses codétenus, voire à l'exploitation par les plus « forts » d'entre eux (remplir un bon de cantine quand on ne sait ni lire, ni écrire suppose de faire appel à un codétenu qui se rémunérera, au besoin, sur les produits achetés). En effet, au-delà de son aspect financier la pauvreté est culturelle, faite d'absence de formation, d'isolement social, parfois d'une santé précaire et donne, notamment à l'étranger ou au toxicomane des conditions de vie en prison qui peuvent mettre en jeu sa dignité.

Assemblée nationale, La France face à ses prisons, *juin 2000.*

293 Qu'appelle-t-on un détenu « indigent » ?

L'administration définit l'indigence comme une situation temporaire ou durable, liée à l'absence de ressources sur la part disponible du compte nominatif. Certaines personnes sont indigentes dès l'incarcération, d'autres le deviennent rapidement par la perte des *minima* sociaux perçus à l'extérieur, par la rupture des liens familiaux, la perte ou l'absence d'un emploi ou d'une formation professionnelle rémunérée. Une note de l'administration pénitentiaire du 20 juillet 2001 précise les éléments constitutifs de la situation d'indigence : d'une part, le niveau de ressources sur la part disponible du compte nominatif pendant le mois en cours doit être inférieur à 45 euros ; d'autre part, le même niveau de ressources au cours du mois précédent devait être également inférieur à 45 euros ; enfin, le montant des dépenses dans le mois courant (dépenses cumulées sur 30 jours) doit être inférieur à 45 euros. D'autres éléments tels que le comportement du détenu, son niveau scolaire, son état de santé ou sa situation familiale peuvent être pris en considération. Les travailleurs sociaux sont chargés de repérer les personnes en situation d'indigence et de proposer des mesures individualisées les concernant lors des réunions de la « commission d'indigence ». La généralisation de ces commissions à partir de 2001 vise notamment à réduire les inégalités de traitement et de définition de l'indigence selon les établissements. Elles sont présidées par le chef d'établissement, et comprennent le directeur du SPIP, le responsable local du travail, celui de l'enseignement, celui de la formation professionnelle, ainsi que les représentants d'associations caritatives telles que la Croix-Rouge, le Secours catholique…

Note JUSE0140057C du 20 juillet 2001 relative à la lutte contre l'indigence.

Quelles sont les dispositions prévues pour aider les détenus indigents ? 294

Depuis 2001, l'administration pénitentiaire prévoit la mise en place d'un dispositif de prise en charge des personnes indigentes en détention. En premier lieu, les indigents doivent être considérés comme prioritaires dans l'accès à une activité rémunérée, notamment dans l'affectation au « service général » (emplois pour le compte de l'établissement). Par ailleurs, l'accès aux activités socio-éducatives, culturelles et sportives doit être gratuit ou modulé en fonction du niveau de ressources. Les droits d'inscription à l'enseignement à distance (CNED, Auxilia) doivent être pris en charge. Des aides ponctuelles et spécifiques concernant les vêtements et les produits d'hygiène doivent également être mises en oeuvre. Pour en bénéficier, le détenu doit s'adresser au service pénitentiaire d'insertion et de probation (SPIP) et au service « fouille » ou « vestiaire » s'il existe. Il peut en principe recevoir des vêtements et des chaussures. Une tenue de sport peut également lui être fournie s'il participe régulièrement aux séances d'activités physiques et sportives. Dans tout établissement pénitentiaire, les détenus doivent recevoir une trousse de toilette à leur arrivée, composée des produits et objets nécessaires à l'hygiène personnelle (brosse à dent, savon, etc.) ou une allocation en permettant l'achat (15 euros). Le renouvellement de ces produits doit être assuré systématiquement et sans délai aux détenus indigents qui en font la demande. Les brosses à dent et rasoirs doivent être changés aussi fréquemment que possible afin de prévenir les risques éventuels d'infection par les contacts sanguins. En pratique, la distribution comme le renouvellement ne sont pas systématiquement et complètement réalisés dans l'ensemble des établissements. Dans certaines prisons, des associations caritatives comme le Secours catholique ou la Croix Rouge pallient aux défaillances de l'administration par des aides matérielles (fourniture du nécessaire de correspondance, de vêtements, lavage du linge, don de produits alimentaires de base, tabac…) ou financières (versement d'une somme mensuelle d'environ 15 euros). L'administration est également censée apporter une aide aux détenus dépourvus de ressources au moment de leur libération, afin de leur permettre de subvenir à leurs besoins jusqu'à ce qu'ils rejoignent leur lieu de destination. Des vêtements doivent leur être fournis « *dans la mesure du possible* » par le SPIP. Il est prévu de remettre un « kit sortants » comprenant : un titre de transport, une carte téléphonique, des chèques multiservices, un guide d'adresses et des préservatifs.

Articles D.348, D.357, D.481 à D.484 du Code de procédure pénale, note DAP J62 du 18 février 1988, circulaire AP n°R0165 du 26 avril 1985, note JUSE0140057C du 20 juillet 2001 relative à la lutte contre l'indigence.

Une commission face à l'aggravation de l'indigence

Les commissions d'indigence fonctionnent maintenant depuis plusieurs années à la maison d'arrêt de Fresnes, mais l'année 2002 a été la première année où elles ont fonctionné de manière ininterrompue. L'investissement par tous les services concernés a permis d'inscrire ce dispositif dans l'organisation de l'établissement et de le rendre incontournable pour toute situation de précarité rencontrée par une personne détenue. Les commissions sont constituées des représentants des visiteurs, du Secours catholique, de la comptabilité et de la direction de l'établissement, du personnel de la Division et du SPIP. Une remarque générale peut être notée concernant la situation de la population pénale prise dans son ensemble : sa situation au regard de l'indigence s'aggrave et cela n'est pas uniquement lié à la modification du seuil d'indigence (qui est maintenant fixé à 45 euros). Des commissions qui étaient initialement saisies pour une cinquantaine de cas par division, le sont aujourd'hui pour une centaine. La part financière dévolue [aux] kits [indigence] va obliger le SPIP à recentrer son action sur « l'indigence de la sortie » et à abandonner au profit de l'établissement ce qui peut être identifié comme « l'indigence de détention ».

Administration pénitentiaire, SPIP du Val-de-Marne, Bilan annuel du traitement de l'indigence, *23 décembre 2002.*

295 Un détenu peut-il continuer à gérer, depuis la prison, ses biens extérieurs ?

Le seul fait d'être incarcéré n'a pas d'incidence juridique sur la capacité pour une personne de gérer son patrimoine situé à l'extérieur de la prison. Elle peut donc acquérir ou vendre un bien mobilier ou immobilier sans en informer l'administration pénitentiaire. Lorsqu'elle se trouve dans l'impossibilité pratique d'accomplir des actes de gestion depuis l'établissement pénitentiaire, elle peut désigner un mandataire pour qu'il s'en charge. A ce titre, le détenu peut désigner toute personne dotée de la capacité civile, à condition qu'il ne s'agisse pas d'un membre de l'administration pénitentiaire. La procuration qui le désigne doit lui être adressée par courrier ouvert. Elle peut être valable pour un seul ou plusieurs actes. Si le détenu a été déchu de sa capacité civile par une décision de justice, il sera représenté par le tuteur ou le curateur qui l'assistait à l'extérieur. Si un achat ou une vente nécessite l'intervention d'un notaire, ce qui est le cas en ce qui concerne les biens immobiliers, l'acte notarial devra être passé en prison. Il faut donc que le notaire obtienne un permis de visite exceptionnel. Mais là encore, le détenu peut avoir recours à un mandataire pour acheter ou vendre le bien (par procuration).

Article D.321, D.411 et D.414 du Code de procédure pénale.

Des saisies peuvent-elles être pratiquées sur les biens des détenus ? 296

Les biens que le détenu détient à l'extérieur de la prison peuvent être saisis suivant la procédure normale. Rien ne fait également obstacle à ce que des saisies soient pratiquées à l'encontre des biens qu'il possède à l'intérieur, qu'ils soient conservés par le service de la comptabilité (bijoux et objets de valeur), par le service du vestiaire ou par le détenu dans sa cellule (ordinateur, chaîne hi-fi, etc.).

Loi n°91-650 du 9 juillet 1991, décret n°92-755 du 31 juillet 1992.

Le droit de visite

La famille en priorité, mais aussi les avocats, les autorités judiciaires et consulaires, ainsi que certains intervenants extérieurs disposent du droit de visiter des détenus sous certaines conditions. C'est généralement le chef d'établissement pour les condamnés et le magistrat chargé de l'information pour les prévenus qui détiennent le pouvoir de délivrer ou non le permis de visite indispensable pour rencontrer un prisonnier.

Tous les détenus peuvent-ils bénéficier d'un droit de visite ? 297

Tout détenu, prévenu ou condamné, est en droit de recevoir des visites. Cependant, aucune visite familiale ou amicale ne peut avoir lieu sans autorisation, ce qui implique certaines formalités administratives, sans exclure un refus de la part des autorités compétentes. De plus, l'ensemble des autorités délivrant le permis de visite peuvent, avant de l'accorder, ordonner une enquête sur la personne qui demande le permis. Il s'agit d'une enquête de personnalité réalisée par les services de police ou de gendarmerie.

Articles D.402 à D.404 du Code de procédure pénale.

Familles de détenus isolées

La principale conséquence de l'incarcération est la détérioration du lien social des familles [de détenus]. Une personne sur deux a vu ses relations avec ses amis ou le voisinage se réduire, près d'une sur trois vit le même phénomène avec sa famille. Une personne sur cinq a des contacts plus distants à la fois avec sa famille et avec son entourage. Dans certains cas, on peut penser que ce sont les parents ou les conjoints eux-mêmes qui restreignent leurs contacts : 42 % n'ont pas avoué à des personnes de leur entourage que leur enfant ou leur conjoint était en prison. La baisse des relations est parfois plus radicale et plus subie : la moitié des personnes interrogées a le sentiment d'avoir été mise à l'écart par la famille, les amis, mais aussi par les voisins et les collègues de travail, comme s'il s'agissait pour l'entourage de se garder d'une contagion « morale ». Mais la rupture familiale concerne aussi les relations entre le détenu et sa famille. Une fois sur deux, c'est le frère ou la sœur qui ne veut plus voir le détenu, une fois sur trois c'est le père. « *Ils ne veulent rien savoir de ce que vit leur sœur en prison* », se plaint cette mère, « *ils ont coupé les ponts... tant pis, c'est à nous, les parents, de "prendre la chose"* ».

CREDOC, La prison bouleverse la vie des familles de détenus, *mai 2000.*

298 Comment obtenir un permis de visite pour un prévenu ?

Seul le magistrat saisi du dossier de l'information est habilité à délivrer les permis de visite pour les prévenus (personnes incarcérées non jugées définitivement). Il peut par ailleurs prescrire que ces visites auront lieu dans un parloir avec un dispositif de séparation. Il faut donc adresser une demande écrite de permis de visite au juge d'instruction en joignant au courrier deux photos et une photocopie recto/verso de la carte d'identité ou du titre de séjour. Il est par ailleurs conseillé d'apporter tous les renseignements de nature à convaincre le magistrat du bien fondé de la demande : lien familial ou d'amitié d'une importance particulière pour l'intéressé, soutien personnel, absence de lien avec l'infraction, etc. Une fiche d'état civil est parfois réclamée par le greffe du cabinet du juge d'instruction. Même si elle n'est pas obligatoire, une enveloppe timbrée peut être ajoutée à l'envoi, afin de recevoir une réponse par courrier. Pour les détenus déjà condamnés pour une affaire et encore prévenus dans une autre, le permis de visite est accordé par le juge d'instruction. Pour les détenus écroués à la suite d'une demande d'extradition, le permis de visite sera accordé par le procureur général.

Articles 145-4, D.64, D.403 et D.507 du Code de procédure pénale.

299 Dans quels cas le juge d'instruction peut-il refuser de délivrer un permis de visite ?

Le juge d'instruction peut refuser sans justification nécessaire d'accorder un permis de visite aux personnes n'appartenant pas à la famille du prévenu. En revanche, il ne peut pas refuser de délivrer un permis de visite aux membres de la famille au-delà d'un mois après le placement en détention provisoire, sauf en prononçant une décision écrite et spécialement motivée par les nécessités de l'instruction. Au moment d'un placement en détention provisoire, le juge d'instruction peut également décider à l'encontre du prévenu d'une interdiction de communiquer pour une période de dix jours, renouvelable une fois. Elle entraîne notamment l'impossibilité de recevoir des visites pendant cette durée. Mais en aucun cas, cette interdiction de communiquer ne peut s'appliquer à l'avocat du prévenu.

Articles 145-4 et D.403 du Code de procédure pénale.

Comment obtenir un permis de visite pour un condamné ? 300

Le chef d'établissement pénitentiaire est responsable de la délivrance des autorisations de visiter un condamné. Il faut lui envoyer un courrier demandant un permis de visite, en indiquant le lien de parenté avec le détenu, ainsi qu'une fiche familiale d'état civil, une photocopie de sa pièce d'identité ou de son titre de séjour et deux photos. Si le détenu condamné est hospitalisé dans un établissement public, c'est le préfet qui est compétent pour accorder le permis de visite.

Article D.403 du Code de procédure pénale.

Dans quels cas le chef d'établissement peut-il refuser de délivrer un permis de visite ? 301

Le chef d'établissement ne peut refuser d'accorder le permis à un membre de la famille ou au tuteur du condamné que dans un seul cas : si cette visite peut mettre en danger la sécurité ou le bon ordre de l'établissement pénitentiaire. La notion de membre de la famille n'est pas clairement définie et laissée à la libre appréciation du chef d'établissement. Mais en pratique, le concubin et la concubine sont considérés comme membres de la famille, sans qu'une cohabitation soit nécessaire. Pour les personnes extérieures à la famille, le chef d'établissement dispose d'une plus grande marge d'appréciation, puisqu'il est censé accorder le permis s'il considère que ces visites peuvent contribuer à « *l'insertion sociale ou professionnelle* » du condamné. En pratique, le manque de précision de ces différents critères laisse une liberté d'appréciation importante au directeur, dont la décision pourra cependant faire l'objet d'un recours devant un tribunal.

Article D.404 du Code de procédure pénale.

File d'attente pour les permis

En raison de la surpopulation croissante au sein de la maison d'arrêt de Fleury-Mérogis (Essonne), les familles de personnes condamnées doivent attendre plusieurs semaines pour obtenir un permis de visite. 1 600 dossiers sont aujourd'hui en souffrance. La direction de la maison d'arrêt a décidé de traiter en priorité les demandes émanant de la famille proche des condamnés. Elle annonce un délai minimum de trois semaines d'attente pour ces dossiers « prioritaires ». Au 5 juin 2003, 4 142 personnes, dont 1 385 condamnés, étaient détenues à la maison d'arrêt de Fleury-Mérogis, pour une capacité réelle de 2 792 places.

OIP Fleury-Mérogis. Dedans dehors, *n° 38, juillet 2003.*

Un recours est-il possible en cas de refus de délivrance d'un permis de visite ? 302

Si le refus de délivrer un permis émane du juge d'instruction, seuls les membres de la famille disposent d'un recours au bout d'un mois après le placement en détention provisoire. Ils peuvent alors contester la décision de refus dans les dix jours après sa notification, devant le président de la chambre de l'instruction qui doit alors statuer dans un délai de cinq jours par une décision écrite et motivée.

Cette décision ne sera pas susceptible de recours. Si le président de la chambre de l'instruction annule la décision du juge d'instruction, il délivre lui-même le permis de visite. Si le refus émane du chef d'établissement, la personne souhaitant visiter le détenu peut d'abord réitérer sa demande, puis effectuer un recours hiérarchique par courrier auprès du directeur régional de l'administration pénitentiaire. Si elle n'obtient pas gain de cause, elle peut exercer un recours devant le tribunal administratif dans un délai de deux mois à compter de la décision de rejet. Un recours peut s'appuyer sur l'article D.404 du Code de procédure pénale, selon lequel un chef d'établissement ne peut refuser un permis de visite que dans certains cas, et sur l'article 8 de la Convention européenne de sauvegarde des droits de l'homme qui garantit le droit à la vie privée.

Articles 145-4 et D.404 du Code de procédure pénale, tribunal administratif de Toulouse (22 avril 1999) affaire K.

303 A quelles règles le droit de visite des enfants du détenu est-il soumis ?

Les enfants relèvent des mêmes règles que le reste de la famille en ce qui concerne le droit de visite. Toutefois, il semble plus difficile de justifier le refus d'octroi d'un permis de visite à leur égard, puisque l'on voit mal en quoi la délivrance d'un permis à un enfant pourrait être de nature à troubler l'instruction ou, s'agissant d'un condamné, l'ordre ou la sécurité de l'établissement pénitentiaire. Si la personne investie du droit de garde rend difficile la visite des enfants titulaires d'un permis de visite à un de leurs parents détenu, l'exercice du droit de visite peut être établi par le juge et être entouré des garanties nécessaires pour satisfaire à la fois la personne qui a la garde et le parent détenu.

« Justifier d'un intérêt particulier à voir son père »

Le Parquet général de la Cour d'appel de Versailles refuse systématiquement d'accorder des permis de visite pour les enfants des détenus âgés de sept à seize ans « *sauf circonstances particulières* ». Cette position discrétionnaire s'inscrit en totale opposition avec les textes privilégiant le maintien des liens familiaux. Le 2 janvier 2002, un détenu de la maison d'arrêt de la Santé a décidé de ne plus s'alimenter qu'à base de lait pour protester contre les refus de permis de visite pour sa fille de dix ans. En trois mois et demi, il perdra 25 kilos. Le directeur de la maison d'arrêt l'avait averti dans un courrier du 24 décembre 2001 que « *le Parquet général n'accorde pas en principe de permis de visite pour les enfants âgés de sept à treize ans* ». Il lui avait recommandé de « *justifier d'un intérêt particulier de l'enfant à voir son père afin d'obtenir une dérogation* ». Le 27 février 2002, le Parquet confirmait son refus d'accorder un permis à un enfant de cet âge. Mi-avril, le détenu finira par obtenir gain de cause suite à l'intervention de son avocat. Une situation d'autant plus absurde que sa seconde fille plus âgée pouvait rendre visite normalement à son père au parloir de la maison d'arrêt.

OIP Paris La Santé, Dedans dehors, *n° 31, mai 2002.*

Quelle est la durée de validité d'un permis de visite ? 304

En règle générale, le permis de visite pour un prévenu reste valable jusqu'au jugement définitif. Il n'est donc pas nécessaire de procéder à son renouvellement lorsque le magistrat qui l'a accordé est dessaisi du dossier de la procédure. Mais l'autorité judiciaire ultérieurement saisie garde la possibilité de supprimer ou de suspendre l'utilisation du permis, ou bien d'en délivrer un nouveau. Une fois que le détenu est définitivement condamné, il n'est pas nécessaire de faire une nouvelle demande de permis de visite au directeur de l'établissement pénitentiaire. Hormis certains permis délivrés pour un nombre de visites limité et précisé sur le document, le permis a une durée de validité indéterminée : il est « permanent ». En outre, il est valable pour tous les établissements dans lesquels le détenu est susceptible d'être transféré.

Articles D.64 et D.403 du Code de procédure pénale.

Quel est le régime de visite des avocats ? 305

Les visites de l'avocat au prévenu ou au condamné ne doivent connaître aucune limite, en vertu du droit à préparer sa défense, sauf si elles mettent en danger la discipline et la sécurité de l'établissement. Depuis un décret du 13 décembre 2000, tout avocat, même s'il n'a pas assisté personnellement le détenu au cours de son procès, doit pouvoir communiquer avec son client librement, confidentiellement, en dehors de la présence d'un surveillant. Sur présentation d'un permis indiquant sa qualité, l'avocat choisi ou commis d'office rencontre le détenu dans un parloir spécial – dit « parloir avocat » – dans lequel la conversation ne peut être ni écoutée ni contrôlée. Ces dispositions sont également applicables aux mandataires agréés (personnes acceptées par le chef d'établissement pour assister le détenu). Ni une interdiction de communiquer décidée par le juge d'instruction ni aucune sanction disciplinaire ne peut empêcher un prévenu ou un condamné de communiquer avec son avocat, de visu ou par écrit. L'avocat peut donc également rendre visite au détenu pendant un placement en cellule de discipline ou à l'isolement. Les visites de l'avocat peuvent avoir lieu tous les jours aux heures fixées par le règlement intérieur, sauf en cas de « *dérogations motivées par l'urgence* », comme l'hospitalisation du détenu. Dans les maisons centrales et centres de détention, la visite a lieu à l'heure et au jour convenus préalablement avec le chef de l'établissement.

Articles D.56, D.67, D.68, D.411 du Code de procédure pénale, circulaire JUSE0340055C du 9 mai 2003.

Quels sont les régimes de visite des autorités judiciaires ou consulaires ? 306

Les officiers ou agents de police judiciaire peuvent rencontrer tout détenu sur la base d'une commission rogatoire, d'une autorisation délivrée par un juge d'instruction ou après délivrance d'un permis de visite par le chef d'établissement (dans les mêmes conditions que pour les familles). Le permis peut préciser les modalités particulières de la visite, notamment en ce qui concerne le lieu et l'heure de la rencontre. Quant aux magistrats et fonctionnaires ayant autorité ou mission dans l'établissement pénitentiaire, ils ont accès à la détention en présentant un document justifiant de leur qualité ou leur ordre de mission. Ils doivent se soumettre aux mesures de contrôle (passage sous un détecteur de métaux) et peuvent s'entretenir avec tout détenu en dehors des horaires et délais de visite ordinaires. L'entretien peut avoir lieu dans tout local, y compris la cellule du détenu, en l'absence de tout personnel pénitentiaire. Les officiers ministériels et autres auxiliaires de justice (huissiers, notaires…) peuvent également rencontrer la personne détenue pour lui remettre officiellement un acte. Ils doivent faire une demande de permis de visite, soit auprès du chef d'établissement si la personne est condamnée, soit auprès de l'autorité judiciaire compétente si la personne est prévenue. S'ils veulent avoir une conversation confidentielle avec le détenu, ils doivent présenter une attestation délivrée par le Parquet de leur lieu de résidence selon laquelle le secret de la communication est justifié. Les contrôleurs judiciaires peuvent également rencontrer tout détenu sur présentation de l'ordonnance de contrôle judiciaire. Enfin, les agents diplomatiques et consulaires peuvent rencontrer leurs ressortissants détenus, après délivrance d'un permis de visite et dans les conditions d'un parloir ordinaire avec surveillance.

Articles D.68, D.232, D.264, D.411, D.412 du Code de procédure pénale.

Luynes fait barrage aux avocats

Les bâtonniers d'Aix-en-Provence et de Marseille ont dénoncé, hier, « *le parcours du combattant* » auquel sont soumis des avocats pour rencontrer leurs clients détenus à la maison d'arrêt de Luynes où ils constatent depuis la rentrée des « *dysfonctionnements graves* ». « *Le numéro de téléphone auquel il faut téléphoner pour réserver un parloir-avocat ne répond pas, le fax ne fonctionne pas plus, c'est ubuesque* », a indiqué le bâtonnier de Marseille, Georges-Michel Lecomte. Ce dernier a été récemment destinataire d'un courrier du directeur de la prison de Luynes lui précisant que les parloirs-avocats pourraient être supprimés le lundi. Une idée « *délirante* », selon Me Lecomte. « *Le libre accès des avocats à leur client, garanti par le Code de procédure pénale, n'est pas assuré* », a déploré Marc Ringlé, futur bâtonnier de Marseille. Selon les membres de la commission pénale du Barreau, la direction de la prison limite à cinq le nombre de détenus par avocat et le total des visites à vingt-cinq. « *C'est inacceptable* », selon Me Alain Molla. « *C'est un fonctionnement aberrant, on est dans le domaine du non-droit* », a renchéri Me Alain Lhote.

Luc Leroux, La Provence, *17 décembre 2002.*

307 Qu'est-ce qu'un « visiteur de prison » ?

Les visiteurs de prison sont des personnes bénévoles autorisées à rencontrer un ou plusieurs détenus régulièrement. Ils contactent en général les détenus qui en ont fait la demande ou qui leur sont signalés par le service pénitentiaire d'insertion et de probation (SPIP), afin de les soutenir durant leur incarcération et contribuer à leur réinsertion. A la demande du détenu, le visiteur de prison peut également accomplir un certain nombre de démarches : répondre à des demandes concrètes (envoi d'un mandat, transmission de linge ou de livres, comme tout titulaire d'un permis de visite), faire office d'intermédiaire avec un membre du personnel (si le détenu a une demande à faire ou a des difficultés à s'exprimer par écrit), prendre contact avec la famille ou l'avocat du détenu, etc. Les visiteurs ne peuvent pas pour autant servir d'intermédiaire pour sortir ou faire entrer des courriers à destination ou provenant de personnes extérieures. Enfin, en concertation avec le travailleur social, ils peuvent entreprendre des démarches administratives en vue d'aider la personne détenue à se réinsérer lors de sa libération (recherche d'hébergement et de travail). Les rencontres se déroulent dans un parloir spécial sans surveillance, les visiteurs de prison ayant en général accès à un local spécialement aménagé à l'intérieur de la détention. Ces visites ont lieu aux jours et heures fixés par le chef de l'établissement. Le visiteur est tenu à la discrétion sur les confidences qu'il peut recevoir, sauf s'il s'agit de menaces à la sécurité de l'établissement, auquel cas il doit en aviser le directeur de la prison.

Articles D.472 à D.477 du Code de procédure pénale.

Quel est le statut des visiteurs de prison par rapport à l'administration pénitentiaire ? 308

Les visiteurs de prison travaillent en collaboration avec les travailleurs sociaux de la prison, qui ont pour tâche de les orienter et de coordonner leur action dans l'établissement. Ils doivent être agréés par l'administration pénitentiaire, pour laquelle ils font figure de partenaires. Pour obtenir l'agrément, les requérants doivent être âgés de plus de vingt et un an, ne pas avoir fait l'objet d'une condamnation, d'une incapacité mentionnée sur le bulletin n°2 du casier judiciaire. L'agrément leur est accordé pour un ou plusieurs établissements déterminés, pour une période de deux ans renouvelable, par le directeur régional des services pénitentiaires au vu du rapport établi par le SPIP, après avis du juge de l'application des peines et du préfet qui effectue une enquête de moralité. Cet agrément est également subordonné à un stage probatoire de six mois. Il peut être retiré par le directeur régional soit à la demande du visiteur, soit d'office après avis du juge de l'application des peines (JAP), soit à la demande du JAP ou du procureur de la République. En cas d'urgence et pour des motifs graves, cet agrément peut être suspendu par le chef d'établissement qui doit en aviser sans délai le directeur régional, seul compétent pour décider d'un retrait. Cette procédure en principe réservée aux situations graves est en pratique la plus utilisée. Si le directeur régional envisage de retirer l'agrément d'un visiteur, il doit l'avertir suffisamment à l'avance de la nature et des motifs de la décision susceptible d'être prise à son encontre. A cette occasion, il doit également informer le visiteur des droits qui lui sont reconnus (possibilité de présenter ses observations orales ou écrites, faculté de se faire assister dans ses démarches d'un avocat ou d'un mandataire agréé ou non). S'il ne l'a pas encore fait, le chef d'établissement pourra alors suspendre l'agrément à titre conservatoire, le temps de mettre en œuvre la procédure contradictoire. A l'issue de cette procédure, le visiteur pourra contester la décision prise par le directeur régional devant les tribunaux administratifs. La faute d'un visiteur de prison peut être constituée par un manquement aux règles de discipline et de sécurité fixées par le Code de procédure pénale et le règlement intérieur, ainsi qu'aux obligations particulières liées à leur fonction et qui leur sont en principe transmises au moment de leur prise de fonction.

Articles D.473 et D.474 du Code de procédure pénale, circulaire NOR-JUSE93400120C sur la procédure d'agrément des visiteurs de prison du 4 novembre 1993.

Les parloirs et les unités de visite familiale

Le droit de visite des proches du détenu s'exerce dans des parloirs, ou de manière expérimentale dans quelques prisons, dans des unités de visite familiale. Les premiers ne permettent que peu d'intimité, dans un espace réduit, soumis aux regards extérieurs, non isolés du bruit, surveillés par le personnel, le tout pour une brève durée (entre 30 minutes et deux heures). Les secondes permettent au détenu et à sa famille de se rencontrer dans un appartement à l'intérieur de l'enceinte pénitentiaire, seuls et sans surveillance directe.

Le droit de visite en actes

Les permis de visite sont obtenus dans un délai supérieur à une semaine (52 % des réponses en ce qui concerne les visites à des prévenus et 48 % des réponses en ce qui concerne les visites à des condamnés). 11 % des réponses indiquent que pour les prévenus, le délai est de un mois et plus. Les réservations par téléphone sont possibles dans 87 établissements sur 93. Un problème souvent cité : les lignes téléphoniques sont difficilement accessibles (47 %) ; elles sont occupées, encombrées et l'attente est longue (elle dépasse 15 minutes pour huit établissements). La réservation par minitel n'est pas pratiquée ; la réservation par borne reste limitée (23 %). Un tiers des établissements ne sont pas desservis par des transports en commun les jours de parloirs ; c'est particulièrement pénalisant pour les établissements éloignés d'une gare SNCF. Cette distance dépasse 2 kilomètres pour 12 établissements et peut atteindre 35 kilomètres pour un établissement. La durée des parloirs n'est que d'une demi-heure pour les prévenus (66 %) et de trois-quarts d'heure pour 26 % des réponses. La durée est plus longue pour les condamnés et varie en fonction du type d'établissement où ils sont placés : une demi-heure (45 %), trois-quarts d'heure (25 %), une heure ou plus (30 %). L'espace est clos pour seulement 54 % des réponses, il est entouré de cloisons (27 %) et ouvert (19 %). L'espace réservé à une famille est jugé étroit (55 %), convenable pour 45 % des réponses. La sonorité est moyenne (46 %), bonne (27 %)

mais mauvaise pour 27 % des réponses. Le mobilier est considéré relativement confortable (62 %) mais vétuste et inconfortable pour 24 % des réponses. A propos de l'introduction de biberons, dessins d'enfants et carnets scolaires, on constate une très grande diversité des pratiques. Exemple pour un bulletin scolaire. Non : 48 % ; oui : 28 % ; parfois : 24 %. La fouille à corps des détenus est fréquente ou systématique avant le parloir (69 %) et après le parloir (92 %).

Collectif national des Framafad, « Compte-rendu d'une enquête effectuée auprès de 93 maisons d'accueil des familles », Actes de la 4ème rencontre nationale des associations de maisons d'accueil des familles et amis de détenus, *janvier 2002.*

Faut-il réserver chaque parloir ? 309

Chaque visite au parloir nécessite d'avoir pris rendez-vous. Le règlement intérieur de chaque prison fixe les modalités de la réservation, qui peut s'effectuer par téléphone, à la porte d'entrée de l'établissement ou par le biais de bornes électroniques. Il est préférable de réserver à l'occasion d'une visite pour le prochain parloir. Les lignes téléphoniques des grands établissements pénitentiaires sont souvent encombrées et les bornes électroniques tombent fréquemment en panne. Le nombre maximum de personnes autorisées à visiter ensemble un détenu est fixé par le règlement intérieur. Généralement, il est de trois adultes, ou de deux adultes et un ou deux enfants, ou d'un adulte et trois enfants.

Article D.410 du Code de procédure pénale.

Comment les parloirs sont-ils aménagés ? 310

Les visites se déroulent dans tous les établissements dans un parloir « sans dispositif de séparation », sauf décision contraire du chef d'établissement. Ce parloir a lieu dans une salle commune ou une cabine individuelle dans laquelle le détenu et son visiteur ne sont séparés que par une table. Deux séries de situations peuvent amener le chef d'établissement à imposer un dispositif de séparation, un hygiaphone et une vitre séparant alors le détenu et son visiteur : si le détenu fait l'objet d'une sanction disciplinaire lui imposant le parloir avec séparation, pour une durée maximale de quatre mois ; si le chef d'établissement estime qu'il existe des raisons sérieuses de redouter un incident notamment en considération des circonstances de l'infraction pour laquelle le détenu a été condamné, en cas d'incident en cours de visite ou à la demande du visiteur ou du visité. Avant de prendre une telle décision, le chef d'établissement doit informer l'intéressé qu'il peut faire valoir ses observations de manière contradictoire en présence de son avocat. Aucune limite temporaire à cette mesure n'est prévue par les textes, mais le chef d'établissement doit la motiver.

Articles D.251-1 et D.405 du Code de procédure pénale, circulaire JUSE0340055C du 9 mai 2003.

Quelle est la fréquence des visites ? 311

Les prévenus doivent pouvoir être visités au moins trois fois par semaine, et les condamnés au moins une fois par semaine. Les détenus déjà condamnés dans une affaire mais encore prévenus dans une autre relèvent du régime des condamnés. Les jours et horaires des visites sont fixés par le règlement intérieur de chaque prison. En principe, les établissements pénitentiaires doivent obligatoirement prévoir des horaires de visite le samedi à l'attention des familles qui travaillent durant la semaine. L'extrait du règlement intérieur concernant les horaires est généralement joint au permis de visite délivré. Cependant, il est possible de se renseigner auprès du service qui s'occupe des visites ou auprès du service pénitentiaire d'insertion et de probation (SPIP).

Articles D.52 et D.410 du Code de procédure pénale, note DAP n°F71 du 10 juin 1987.

Un souffle de liberté avec de l'amour en face

Instant magique pour certains, stressant pour d'autres, le parloir est le seul lien qui nous rattache au dehors. Qu'est-ce qu'un parloir ? Juste un souffle de liberté avec de l'amour en face de vous. Imaginez une cabine téléphonique avec deux portes, un muret à mi-hauteur avec un tabouret de chaque côté (une chaise ne rentre pas !), une peinture défraîchie avec une lumière insuffisante. A deux, on se sent serrés. Alors s'il y a une troisième personne… C'est au sous-sol, avec tout ce que cela comporte d'angoisses. Chacun fait son parcours du combattant pour se réunir. Attente dans une salle colorée avec des jeux pour les enfants, dépôt des sacs, portique de sécurité, numéro du parloir pour l'un. Descente de cellule, portique de sécurité, palpations, attente (parfois à vingt dans une pièce de neuf mètres carrés) pour l'autre. Lorsqu'on y est, on a toujours une douleur dans le ventre. On fait un effort pour « être bien » mais le regard de l'autre nous avertit immédiatement de notre allure physique ou morale. Enfin, on se retrouve. Trop de choses à se dire. Les paroles se bousculent. Quarante-cinq minutes passent vite, alors on oublie des choses. Mon amie vient me voir chaque vendredi. D'un commun accord, nous avons décidé de rester « sages ». C'est dur mais cela fait partie de notre dignité. Nous restons dans le domaine du fantasme. Les discussions tournent toujours autour de mon affaire. Combien de temps encore ? Pourquoi le juge est-il si long ? Le temps n'a pas la même valeur qu'au dehors. Mais ce moment est à nous. Nous l'avons appelé « l'heure bleue ». Quand vient l'heure de partir, on n'arrive pas à se quitter. Les bras s'entremêlent une dernière fois, jusqu'à la prochaine. Il me reste son odeur, son sourire. Et moi, qu'est-ce que je lui laisse ? Retour en salle d'attente. Tout le monde parle. J'ai mal à la tête. Fouille. On récupère les affaires laissées par la famille. Retour en cellule avec notre solitude. Le soir, impossible de manger. Toujours cette boule d'angoisse après le parloir. Elle est repartie dans le monde des vivants, et j'ai rejoint le troupeau. Ce qui manque le plus au parloir ? De l'espace, de l'air, de la vie, et du temps.

Bruno S., maison d'arrêt de Fresnes, Dedans dehors, *n°42, mars-avril 2004.*

312 Quelle est la durée d'une visite ?

La durée des parloirs est fixée par le règlement intérieur de chaque établissement pénitentiaire, ce qui entraîne des disparités importantes. Dans les faits, la durée minimale est d'une demi-heure en maison d'arrêt et d'une heure en centre de détention ou en maison centrale. La durée maximale peut être de plusieurs heures, voire illimitée dans certains établissements pour peines. Il est possible de demander un parloir prolongé par courrier au chef de l'établissement, au sous-directeur ou au chef de détention. Trois critères sont alors pris en compte : l'éloignement du domicile du visiteur, la fréquence des visites et le lien de parenté avec le visiteur. Ces autorisations ne sont pas toujours accordées, notamment en cas de grande affluence dans les parloirs.

Article D.410 du Code de procédure pénale.

A quelles mesures de contrôle les détenus et leurs visiteurs sont-ils soumis ? 313

Les détenus sont obligatoirement fouillés avant et après chaque parloir, généralement par palpation à l'entrée du parloir et intégralement (à nu) à la sortie. Seuls les parloirs avec les visiteurs de prison ne doivent pas être systématiquement suivis d'une fouille intégrale. Un arrêté de 2003 a également autorisé la mise en place d'un système de reconnaissance biométrique accompagné d'une carte d'identité infalsifiable lors des visites. Il s'agit d'enregistrer sur une base de données le nom, le numéro d'écrou, la photographie et la morphologie de la main de la personne détenue et de vérifier à la fin des parloirs qu'il n'y a pas eu de substitution entre la personne détenue visitée et le visiteur. Les visiteurs quant à eux peuvent être soumis « *aux mesures de contrôle jugées nécessaires* ». L'usage est de les soumettre à un détecteur de métaux, qui prend en général la forme d'un portique, parfois complété par un détecteur manuel. Il est prévu de pouvoir laisser en consigne ses objets et bagages. Les visiteurs ne peuvent en aucun cas être fouillés par un personnel pénitentiaire. Seul un officier de police judiciaire est habilité à fouiller un visiteur dans le cadre d'une perquisition et uniquement s'il existe des raisons de penser que le visiteur détient des objets ou des documents de nature à renseigner sur une infraction ou à constituer cette infraction. Pendant le parloir, un surveillant doit être présent et doit pouvoir entendre les conversations. Si la visite se déroule dans un boxe, la présence d'un dispositif d'écoute est fréquente. Dans certains établissements, le dispositif de contrôle est renforcé par la présence de caméras.

Articles D.275, D.278 et D.406 du Code de procédure pénale, note DAP du 26 juin 1997, arrêté JUSE340080A du 10 juin 2003 relatif à la reconnaissance biométrique.

Quelles sont les interdictions spécifiques au parloir ? 314

Tout objet est en principe interdit au parloir, sauf autorisation spéciale du chef d'établissement. Il n'est donc possible ni pour le détenu ni pour le visiteur d'être porteur de nourriture, de cigarettes, de boissons, et *a fortiori* de stupéfiants ou autres produits illicites. En outre, il est souvent interdit de fumer dans les parloirs. La violation de ces règles expose le détenu à des sanctions disciplinaires et le visiteur à la suspension ou au retrait de son permis. Dans certains établissements, des distributeurs de boissons sont néanmoins mis à disposition à proximité des parloirs. Par ailleurs, afin de permettre un exercice effectif de l'autorité parentale, les personnes titulaires d'un permis de visite doivent être autorisées à présenter au parent incarcéré des documents concernant l'enfant (autorisation d'intervention chirurgicale, autorisation de sortie du territoire, consultation du livret de scolaire...). Ces documents doivent faire l'objet d'un contrôle réglementaire avant et après le parloir. Si le visiteur souhaite les remettre à la personne incarcérée, une décision du chef d'établissement est nécessaire. Les documents peuvent également être envoyés par voie postale, étant alors soumis aux vérifications prévues en matière de correspondance.

Articles D.274, D.423 du Code de procédure pénale, note n°691 du 17 novembre 2000 relative à l'exercice de l'autorité parentale par les personnes placées sous main de justice.

Un portable pour ne pas déplaire à son frère

Le tribunal correctionnel de Niort a condamné mercredi à un mois de prison ferme une jeune étudiante qui avait donné un téléphone portable à son frère emprisonné, lors d'une visite au parloir. La jeune fille, âgée de 20 ans, avait acheté sous un faux nom dans un magasin de Niort une carte SIM et l'avait donné, ainsi qu'un vieux téléphone mobile, à son frère, incarcéré pour une affaire de drogue. Mais lors de la fouille après parloir, les surveillants se sont rendus compte que l'appareil avait été posé au-dessus d'une enseigne lumineuse, tandis que la puce électronique avait été dissimulée dans le caleçon du détenu. A la barre, la jeune fille a expliqué qu'elle ne voulait pas déplaire à son frère. « *Je ne voulais pas qu'il me reproche plus tard de ne rien avoir fait pour lui* », a-t-elle déclaré. Condamnée à six mois de prison, dont cinq avec sursis, l'étudiante a été écrouée à la maison d'arrêt de Poitiers. Son frère a été placé en isolement dans celle de Niort en attendant d'éventuelles nouvelles poursuites.

AFP, 10 mars 2004.

315 Peut-on remettre de l'argent, des lettres ou des colis à l'occasion d'un parloir ?

L'entrée ou la sortie de tout objet ne peut s'effectuer que sous le contrôle de l'administration pénitentiaire. Il est interdit de faire entrer ou sortir de l'argent, des objets et des courriers directement par les parloirs. Cette infraction expose le visiteur comme le visité à une peine maximale d'un an d'emprisonnement et de 15 000 euros d'amende. Il est également interdit de faire entrer tout objet ou substance par l'intermédiaire d'une complicité volontaire ou obtenue par contrainte ou menace. Par ailleurs, le chef d'établissement doit saisir le procureur de la République de toute entrée de produits stupéfiants ou de toute autre infraction pénale commise au sein des locaux pénitentiaires. Les familles doivent être informées de l'ensemble de ces interdictions par note ou affichage dans les locaux où les familles attendent les visites. Seuls la remise ou l'échange de linge et de livres sont autorisés selon des modalités fixées par le règlement intérieur (généralement, une fois par semaine à l'heure des visites et à l'entrée des parloirs). Chaque dépôt ou retrait est en principe accompagné d'une liste en double exemplaire des articles concernés, leur nombre et l'identification du détenu. La personne effectuant un dépôt doit être munie d'une pièce d'identité. Le contrôle du contenu s'effectue en sa présence. La plupart des établissements acceptent également la remise d'un colis de vivres pour le détenu à l'occasion des fêtes de Noël et du Nouvel an.

Articles D.274, D.408 du Code de procédure pénale et 434-35 du Code pénal, note DAP JUSE9540124N du 22 décembre 1996, circulaire DAP 8908G231189 du 3 novembre 1989.

Un détenu et ses visiteurs peuvent-ils discuter dans une langue étrangère ? 316

Les détenus et leurs visiteurs doivent s'exprimer en français s'ils le peuvent. Lorsque les uns ou les autres ne savent pas parler cette langue, la surveillance doit en théorie être assurée par un agent en mesure de les comprendre. En l'absence d'un tel agent, la visite ne devrait être autorisée que si le permis qui a été délivré prévoit que la conversation peut avoir lieu en langue étrangère. La pratique est plus souple, les détenus et leurs visiteurs étant généralement admis à communiquer dans leur langue.

Article D.407 du Code de procédure pénale.

Dans quels cas le chef d'établissement peut-il décider d'annuler ou interrompre une visite ? 317

Si le permis de visite a été délivré par un magistrat, il a valeur d'un ordre auquel le chef d'établissement doit déférer. Seules des situations exceptionnelles peuvent alors justifier un refus de parloir, auquel cas le directeur est obligé d'en avertir l'autorité qui a délivré le permis. Ainsi, le détenu placé en cellule de discipline ou de confinement est privé de son droit de visite pendant la durée de cette sanction (45 jours maximum). Cependant, si le parloir a été réservé avant que la sanction ne soit prononcée, la plupart des chefs d'établissement autorisent son déroulement si le visiteur n'a pas pu être averti à temps. Par ailleurs, au cours d'une visite, un surveillant peut mettre un terme à l'entretien en raison du comportement du détenu et/ou du visiteur. L'incident est signalé à l'autorité ayant délivré le permis de visite (juge d'instruction ou chef d'établissement), qui peut alors décider de le suspendre temporairement ou de le retirer définitivement. Lorsque le chef d'établissement envisage de prendre une décision de suspension ou de retrait du permis de visite, il doit respecter la procédure du contradictoire. Il doit avertir le titulaire du permis suffisamment à l'avance de la décision qu'il envisage de prendre. La personne peut dès lors faire parvenir ses observations et/ou lui solliciter un entretien au cours duquel elle peut se faire assister d'un avocat, ou d'un mandataire agréé ou non. En principe, le chef d'établissement ne peut refuser une telle demande d'entretien. Il notifie sa décision motivée au titulaire du permis soit verbalement contre émargement (signature) soit par lettre recommandée avec accusé de réception. Le temps de mettre en œuvre cette procédure, la suspension du permis pourra être prononcée à titre conservatoire. Un recours contentieux contre la mesure de retrait ou suspension prise par le chef d'établissement à l'issue d'une procédure contradictoire est ensuite possible auprès du tribunal administratif (tribunal administratif de Rouen, 25 mai 1999, Aït Taleb). Lorsque le juge d'instruction décide de retirer un permis de visite, cette procédure contradictoire ne peut être mise en place. En effet, elle ne s'applique qu'aux relations entre le citoyen et les autorités administratives.

Articles D.251-3, D.408 et D. 409 du Code de procédure pénale, circulaire JUSE0340055C du 9 mai 2003.

Un retrait de permis si vite arrivé

Le jeudi 9 mai 2002, à la maison d'arrêt de Fleury-Mérogis (Essonne), Madame B., enceinte de huit mois, qui venait rendre visite à son compagnon Monsieur M., se présente à l'entrée de la prison avec quelques minutes de retard. Le surveillant lui explique que son tour est passé. Devant ce refus, elle interpelle le surveillant de façon insultante. Dès le lendemain, le chef de service pénitentiaire prononce le retrait définitif du permis de visite de Madame B. Saisi par l'avocat de Monsieur M., le chef d'établissement décide de suspendre le permis de visite pour six mois.

OIP, Les conditions de détention en France, Rapport 2003, *La Découverte, 2003.*

318 Qu'est-ce qu'un « parloir sauvage » ?

Un « parloir sauvage » est le fait de communiquer avec un détenu, par tout moyen hors des cas prévus par les règlements. Il peut s'agir à titre d'exemple des discussions ayant lieu entre le détenu à l'intérieur et un proche à l'extérieur aux abords des établissements pénitentiaires. Cette infraction expose le détenu et son proche à une peine d'un an d'emprisonnement et à une amende d'un montant maximum de 15 000 euros.

Article 434-35 du Code pénal, circulaire du 3 juin 2003 JUSD0330082C visant à aggraver les peines punissant les infractions à caractère raciste, antisémite et xénophobe.

319 Qu'est-ce qu'une unité de visite familiale (UVF) ?

La création d'unités expérimentales de visite familiale (UEVF) offre à certains détenus condamnés la possibilité de recevoir des membres de leur famille au sein d'appartements spécialement aménagés respectant la discrétion et l'intimité des échanges dans « *des conditions suffisantes de sécurité* ». En 2004, un seul site a ouvert une UEVF à titre expérimental au centre pénitentiaire pour femmes de Rennes, recevant ses premiers visiteurs en septembre 2003. Deux autres établissements (maisons centrales de Poissy et de Saint-Martin-de-Ré) devaient mettre des UEVF en fonctionnement en 2004 au terme d'une année d'essai à Rennes. Quant à une éventuelle généralisation du dispositif, elle n'est pas envisagée en 2004. Depuis 1984, un autre établissement pénitentiaire, le centre de détention de Casabianda (Corse), met des « chambres conjugales » à la disposition des détenus pour les visites de leur famille. Cette expérience n'a jamais été généralisée en dépit de son succès.

Histoire d'UVF

En 1985, un groupe de travail est créé par Robert Badinter, alors Garde des sceaux, afin d'étudier les possibilités de création de parloirs intimes dans les prisons. Une expérimentation dans les centres de détention de Mauzac et de Val-de-Reuil en construction était prévue pour 1986. Mais Albin Chalandon, nommé à la Chancellerie suite aux élections législatives de 1986, refuse que ces équipements soient utilisés et fait avorter l'ensemble du projet. Deux rapports remis à l'administration pénitentiaire en 1989 et 1992 viennent rappeler la nécessité, en particulier pour les longues peines, d'instaurer un système de visites prolongées dans des espaces privatifs. En mai 1997, l'OIP lance une campagne « pour le droit à l'intimité » des personnes incarcérées. En décembre 1997, le journal *Le Monde* rend public un projet « d'unités de visites familiales » de l'administration pénitentiaire datant de juin 1995. En décembre 1998, Elisabeth Guigou annonce une expérimentation dans trois sites pilotes prévue pour 1999. Le 2 mars 2000, la Garde des sceaux annonce que cette expérimentation aura finalement lieu en 2001 à la maison centrale de Poissy, à celle de Saint-Martin-de-Ré et celle pour femmes de Rennes. Des problèmes de construction et un certain flottement après l'alternance de 2002 ont à nouveau failli avoir raison du dispositif. Il faut attendre septembre 2003 pour que la première « Unité expérimentale de visites familiales » ouvre ses portes à Rennes. Le ministère de la Justice insiste cependant sur son caractère expérimental et se donne un délai d'un an pour en retirer « *des conclusions concluantes* », avant, « *éventuellement* », de « *généraliser les choses* ».

Qui peut bénéficier de visites en UVF ? 320

Pour solliciter un accès en Unité expérimentale de visite familiale (UEVF), les détenus des établissements qui en sont pourvus doivent être condamnés définitifs. Ils ne doivent pas bénéficier de permissions de sortir ou d'autre aménagement de peine permettant le maintien de leurs liens familiaux à l'extérieur, qu'ils se trouvent ou non dans les conditions légales pour y accéder. Aucune durée de séjour minimum au sein de l'établissement n'est exigée pour effectuer une demande d'accès. Concernant les visiteurs, trois catégories de personnes peuvent prétendre accéder aux unités de visite familiale : les membres de la famille proche, justifiant d'un lien de parenté juridiquement établi (conjoint, pacsé, enfants légitimes, naturels ou adoptifs, père, mère, frère, sœur…) ; des membres de la famille élargie, justifiant d'un lien de parenté juridiquement établi (cousins, cousines, oncle, tante, grands-parents) ; et des personnes ne justifiant pas d'une parenté juridiquement établie mais pour lesquelles un faisceau d'indices sérieux permet d'attester d'un solide lien affectif avec la personne incarcérée. Pour ces dernières, l'existence de parloirs classiques réguliers constitue un préalable indispensable. Ces trois catégories de visiteurs doivent être titulaires d'un permis de visite. Les mineurs ne peuvent avoir accès aux UEVF qu'à condition d'être accompagnés par une personne autre que le détenu, et munis, le cas échéant, d'une autorisation des titulaires de l'autorité parentale.

Le nombre maximum de personnes autorisées par visite est fixé par le règlement intérieur en fonction de la taille des appartements.

Article D.406 du code de procédure pénale, circulaire JUSE0340043C du 18 mars 2003 relative à l'expérimentation d'unités de visites familiales.

321 Quelle est la procédure à suivre pour obtenir une autorisation d'accès aux UVF ?

Les demandes doivent être adressées par écrit au chef d'établissement. Une phase d'entretien et d'enquête est ensuite menée auprès des visiteurs et de la personne détenue par le service pénitentiaire d'insertion et de probation (SPIP). Le chef d'établissement prend sa décision après consultation des rapports écrits du SPIP et du chef de détention. Il peut également solliciter l'avis de toute autre personne (intervenant ou personnel) susceptible de l'éclairer. Chaque demande de visite donne lieu à une nouvelle instruction et par conséquent doit être soumise à autorisation du chef d'établissement. Ce dernier dispose d'un délai de deux mois pour faire suite à la demande. Les décisions de refus doivent être motivées au regard des éléments tenant à la sécurité des personnes et des lieux. Ainsi, l'existence d'antécédents disciplinaires ne constitue pas en elle-même et à elle seule un critère de refus. Mais la multiplicité de passages à l'acte agressifs peut, par exemple, justifier un refus.

Circulaire JUSE0340043C du 18 mars 2003 relative à l'expérimentation d'unités de visites familiales.

322 Comment se déroule une visite au sein d'une UVF ?

Le chef d'établissement fixe la durée de la visite en fonction des éléments de l'enquête, de la demande des intéressés et des possibilités d'accueil de l'établissement. Elle peut s'échelonner entre 6 heures (minimum) et 48 heures (maximum). L'octroi de plages horaires est effectué de façon progressive. Ainsi, les premières visites peuvent, par exemple, être d'une durée de six heures et les suivantes seront de 24, puis de 48 heures. Une fois la durée de la visite fixée, celle-ci ne peut être prolongée qu'à titre exceptionnel. Une fois par an, une visite de 72 heures peut être accordée. Les visites au sein des unités ne peuvent être avoir lieu qu'une fois par trimestre et en fonction des possibilités de l'établissement. En cas d'absence injustifiée de la famille à l'horaire fixé ou d'interruption de la visite, celle-ci sera comptabilisée. Concernant les mesures de contrôle, le détenu est soumis à une fouille intégrale avant et après la visite. Les visiteurs doivent pour leur part se soumettre au passage sous un portique de détection, voire aux détecteurs manuels de métaux. Leurs bagages et affaires font également l'objet d'une fouille. Des contrôles et interventions des personnels pénitentiaires peuvent également avoir lieu au cours de la visite. En l'absence d'incident, les contrôles ont lieu à des heures fixes et selon les modalités figurant au règlement intérieur, communiqué préalablement à la personne détenue et aux visiteurs. Le personnel pénitentiaire peut également intervenir au sein de l'unité à la demande de la famille ou de la personne détenue (utilisation de l'interphone, appel à la porte). En l'absence d'une telle demande, une intervention des surveillants ne doit être envisagée qu'en cas d'incident ou de suspicion d'incident, sur décision expresse de la direction de l'établissement (chef d'établissement ou cadre assurant l'intérim de la direction). L'incident sera par la suite signalé à l'autorité judiciaire s'il s'agit d'une infraction pénale. Au cours d'un séjour en UEVF, la personne détenue reste soumise au régime disciplinaire et le non respect des dispositions du règlement intérieur peut donner lieu à des sanctions.

Circulaire JUSE0340043C du 18 mars 2003 relative à l'expérimentation d'unités de visites familiales.

Premières UVF à Rennes

Ce sont des appartements simples mais fonctionnels, construits entre les épais murs d'enceinte de la prison des femmes : trois « unités de visites familiales » (UVF) ont ouvert leurs portes ce week-end à Rennes, expérimentées avec prudence par quelques détenues et leurs proches. Appartements flambants neufs adossés à la vieille prison XIXème siècle, les UVF rennaises consistent en trois logements mitoyens de type F3 (50 m^2), de plain pied et entièrement meublés, dotés chacun d'un séjour avec coin cuisine, de deux chambres, d'une salle de bains et de toilettes. Rien n'a été laissé au hasard, pas même la couleur des enduits, « *non agressive* » : saumon à l'extérieur, blanc à l'intérieur. Une bande de pelouse apporte un peu d'agrément à l'ensemble et une touche d'humanité dans une esthétique aseptisée. Mais de chaque appartement, la vue par la baie vitrée se heurte à de grandes grilles blanches, qui rappellent la nature carcérale des lieux. Un dispositif « *novateur et original* », sans surveillance particulière, en l'occurrence « *non directe* ». Les abords sont certes contrôlés, mais pas l'intérieur de chaque appartement. Cinq surveillantes, volontaires et ayant reçu une formation particulière, sont cependant chargées de rendre trois fois par jour des visites de routine. Mais ce sont les détenues qui sont « *seules garantes des locaux mis à leur disposition* », où elles doivent gérer ménage et cuisine, et préparer l'accueil de leurs conjoints, familles et proches, pour des séjours allant de 6 à 72 heures.

AFP, Quand des détenues expérimentent prudemment des « parloirs d'un autre type », *29 septembre 2003.*

Qu'est-ce qu'une structure d'accueil pour les familles ? 323

Selon l'administration pénitentiaire, il existe 134 structures d'accueil aux abords des 190 établissements pénitentiaires. Ce sont parfois de simples abris et d'autres fois de véritables centres gérés par des associations qui renseignent et aident les proches des personnes incarcérées. Vingt-cinq structures d'hébergement sont par ailleurs implantées aux abords d'établissements pénitentiaires pour les familles venant de loin. Ces lieux comprennent généralement une cuisine, un endroit avec des jouets pour les enfants et proposent un hébergement aux familles contraintes de réaliser un long trajet.

Chiffres clés de l'administration pénitentiaire, juillet 2003.

La sexualité

Malgré des durées de détention de plus en plus longues, le droit à la sexualité pour les détenus n'est toujours pas reconnu. Sans être explicitement interdite ni autorisée, toute pratique sexuelle peut aussi bien être sanctionnée que tolérée en prison.

324 A l'appui de quels textes la sexualité est-elle parfois sanctionnée en prison ?

Aucun texte ne mentionne expressément que les relations sexuelles sont interdites en prison. Cependant, l'administration pénitentiaire s'appuie sur une faute disciplinaire, celle « *d'imposer à la vue d'autrui des actes obscènes ou susceptibles d'offenser la pudeur* », lorsqu'elle souhaite sanctionner une pratique sexuelle au sein d'un établissement pénitentiaire. Cette faute disciplinaire est passible de 30 jours de cellule de discipline pour le détenu. Par ailleurs, en cas de relations sexuelles au parloir, le surveillant peut mettre un terme à la visite. Il signale « l'incident » à l'autorité qui a délivré le permis de visite, qui peut alors décider de suspendre ou de retirer ce permis. Un recours contentieux devant le tribunal administratif peut être effectué contre une telle mesure.

Articles D.249-2 et D.408 du Code de procédure pénale.

Un des tabous de l'univers carcéral

Il y a quelques jours, Marc comparaissait devant la commission disciplinaire de la maison d'arrêt où il est incarcéré depuis mars 2003. Il est reproché au détenu d'avoir eu une relation sexuelle avec sa fiancée au parloir. La sanction : deux mois de parloir avec dispositif de séparation. « *Ils ont eu la main lourde* », lâche, déçu, Me David Castel, avocat au barreau de Nanterre (Hauts-de-Seine). « *Mon client est assommé par cette décision*, explique son défenseur, *on touche ici à l'intégrité et au droit à l'intimité du détenu.* » Un détenu qui ne compte pas en rester là. Son avocat a fait appel devant la direction régionale des services pénitentiaires. En cas de rejet, la décision peut être contestée devant les instances administratives. Une procédure longue qui peut aller jusqu'au Conseil d'Etat. « *S'il le faut, nous irons devant la Cour européenne des droits de l'homme* », prévient Me Castel. En attendant, la sanction est appliquée. Trait d'union entre la prison et l'extérieur, le parloir est le lieu de tous les échanges. Les relations sexuelles y sont monnaie courante. Interdits, les ébats sont tolérés par certains gardiens. « *C'est vrai que ce n'est pas interdit de façon claire* », concède Jérôme Capdevielle, délégué FO à Fleury-Mérogis. M., gardien depuis six ans, « *laisse faire car ça fait du bien au détenu* ». Pour Mathieu Daugreilh, délégué UFAP, « *le parloir est un espace public, les relations sexuelles sont assimilables à un attentat à la pudeur* ». Un point de vue qui n'étonne pas François Bès. « *L'an dernier, un détenu est passé en commission disciplinaire pour s'être masturbé en cellule au moment où un surveillant faisait sa ronde* », raconte ce permanent de l'OIP. La sexualité des détenus reste donc un des tabous de l'univers carcéral.

Virginie Guedj, Le Parisien, *14 juillet 2003.*

L'homosexualité en détention est-elle réprimée ? 325

Tout comme les relations sexuelles au parloir, l'homosexualité entre détenus est interdite ou tolérée selon les cas, puisque non autorisée explicitement par les textes. Elle peut être réprimée disciplinairement en tant qu' « *acte obscène ou susceptible d'offenser la pudeur* » selon la politique de chaque chef d'établissement. Elle peut également avoir nombre de conséquences pour les détenus : changement de cellule ou de quartier, transfert imposé, placement au quartier d'isolement, brimades et discriminations, etc. La seule statistique contemporaine sur l'homosexualité en prison révèle que sur 421 détenus interrogés en 1983-1984 dans deux maisons d'arrêt, 21 % reconnaissaient avoir eu des relations homosexuelles pendant leur détention. S'il existe bel et bien une « homosexualité de circonstance » en détention, non librement choisie, elle est impossible à évaluer en l'absence de travaux scientifiques réalisés sur le sujet.

Article 249-2 du Code de procédure pénale.

Des préservatifs sont-ils mis à disposition en détention ? 326

Des préservatifs doivent être obligatoirement mis gratuitement à disposition des détenus et remis aux sortants (permissionnaires et libérés). Ils doivent être aux normes NF, fournis avec du lubrifiant et un mode d'emploi. Les préservatifs doivent être placés en libre accès, notamment dans les services médicaux. Les détenus doivent pouvoir les conserver sur eux ou en cellule. C'est l'administration pénitentiaire qui est en principe chargée d'acheter et de fournir les préservatifs. En pratique, chaque médecin d'UCSA (unité de consultations et de soins ambulatoires) organise à sa façon la mise à disposition des préservatifs. Avisés de l'homophobie régnant souvent en milieu carcéral, certains médecins déposent des préservatifs dans un lieu où les détenus peuvent se servir en toute discrétion. D'autres médecins ne délivrent les préservatifs qu'à la demande des détenus en consultation.

Circulaire 739DGS/DH/DAP du 5 décembre 1996 relative à la lutte contre l'infection par le VIH.

L'homosexualité de capitulation

Ce n'est en effet que dans le secret des huis clos cellulaires que l'on s'autorise ébats et attouchements divers. Et parfois dans les douches, quand elles sont collectives. « *Mais là,* me dit C., *en MA et en centrale, faut faire gaffe ; c'est des branlettes vite fait sur le gaz.* » Si des détenus se font repérer en flagrant délit d'homosexualité, gare aux représailles ! Quolibets, brimades, voire abus sexuel si l'infracteur ne sait pas ou ne peut pas se défendre. *Quid* des réactions du personnel pénitentiaire ? Là aussi, elles sont à géométrie variable suivant le type d'établissements, l'esprit insufflé par la direction et bien sûr la sensibilité de chaque individu. Cela dit, comme l'observe un surveillant, la tonalité générale c'est : « *Pendant qu'ils s'enculent, ils ne scient pas les barreaux...* » Bref, on ferme plutôt les yeux sauf si « *l'on veut emmerder le mec ou la nana* ». Sexualité de substitution pour beaucoup. Découverte d'un aspect de soi-même qu'on jugeait inacceptable jusque-là. Sexualité de protection et de dépendance pour tous les détenus paumés qui trouvent soutien moral et financier auprès d'ancien(ne)s plus aguerrie(e)s. Enfin sexualité de soumission et de dégradation pour d'aucuns. Autant de cas cités, autant de relations « sexuelles » à tonalités différentes. Avec cependant un dénominateur commun, pour celles du moins qui ont été choisies : elles permettent un ancrage positif dans le présent de la détention en colorant de plaisir le cadre quotidien *a priori* récusé. Il me semble qu'une partie de la méfiance ou de l'hostilité suscitée par l'homosexualité en prison ne découle pas des mêmes peurs que l'homophobie traditionnelle. Il faut y voir, surtout quand elle se manifeste chez des détenus plutôt libéraux, l'irritation qu'engendre ce qui est perçu comme une capitulation face à l'ennemi. Résister à l'homosexualité vers laquelle tout vous pousse, c'est résister à l'institution pénitentiaire.

Anne-Marie Marchetti, Perpétuités. Le temps infini des longues peines, *Plon, 2001.*

La correspondance

Le droit de correspondre est un droit fondamental reconnu aux détenus. Même en cellule de discipline, le détenu peut écrire et recevoir des lettres, alors qu'il n'a plus droit aux parloirs. Cependant, la confidentialité de la correspondance est largement ignorée par les textes : les courriers échangés avec les proches peuvent être ouverts et lus par le personnel pénitentiaire par mesure de sécurité. Seuls les échanges épistolaires avec l'avocat, l'aumônier et certaines autorités administratives et judiciaires bénéficient du secret de la correspondance.

327 Les détenus ont-ils le droit d'envoyer et recevoir du courrier ?

Tous les détenus peuvent envoyer et recevoir des courriers, sans limitation tenant aux personnes, ni à la longueur ou à la fréquence des lettres. Pour les prévenus, le magistrat chargé de l'instruction peut cependant imposer des limites à la correspondance avec une personne particulière (par exemple, si elle est liée à l'affaire ou pour protéger un mineur). Le placement en cellule disciplinaire ne peut pas faire obstacle au droit de correspondre. La privation de correspondance ne peut pas non plus être prononcée par le chef d'établissement comme sanction disciplinaire, même dans le cas d'une faute du détenu en rapport avec la correspondance.

Le prononcé d'une telle sanction serait annulé par le directeur régional des services pénitentiaires si le détenu forme un recours.

Articles D.65 et D.417 du Code de procédure pénale.

« 17 heures : Le courrier ! »

L'heure qu'on attend minute par minute pendant vingt-quatre heures... Dame ! Une lettre, c'est la preuve qu'il y a quelqu'un qui pense à vous, dehors. Alors, l'enveloppe – cadeau, je la regarde, je la soupèse, je scrute le cachet, le timbre, l'écriture, les cicatrices du voyage de cet unique lien avec le monde des autres. Quand je reçois du courrier, je le pose en face de moi sur la tablette et j'attends d'avoir dîné pour le lire. Juste pour faire durer l'unique joie d'une journée pleine de vide. La lecture d'une lettre, c'est mon dessert, l'engrais de la dernière chance pour sauver mon cerveau en jachère. Aujourd'hui, je reçois une magnifique photographie des halles de Moutiers prise par Fabienne, une fleur de bougainvillier cueillie par elle à Antigua et des timbres : les utilitaires avec la sinistre tronche de Marianne sans sa mise à prix, et puis les beaux, ceux qu'on admire sans oser les coller. Ceux-là, elle ne les a pas choisis au hasard : ça sent si bon la liberté, un fleuve peint par Corot, l'horizon et la mer et un aigle prêt à prendre son envol...

Loïc Le Ribault, « Lettre à mon juge », Paroles de détenus, *France Bleu, 2000.*

La correspondance peut-elle être interdite ? 328

Pour les prévenus, la correspondance peut être interdite par le magistrat instructeur pour une période de dix jours, renouvelable une seule fois, dans le cadre d'une interdiction de communiquer liée aux nécessités de l'enquête. Cette interdiction ne s'applique pas à l'avocat du détenu, qui peut continuer à correspondre librement avec son client en toute situation. Quant au détenu condamné, il ne peut pas se voir interdire de correspondre avec son conjoint ou sa famille. Toutefois, le chef d'établissement peut interdire sa correspondance occasionnelle ou périodique avec d'autres personnes lorsqu'elle paraît « *compromettre gravement sa réinsertion ou la sécurité et le bon ordre de l'établissement* ».

Articles 145-4, D.65 et D.414 du Code de procédure pénale.

Dans quels cas le courrier peut-il être lu et contrôlé ? 329

L'administration pénitentiaire peut contrôler et lire toute la correspondance reçue ou envoyée par l'ensemble des détenus, sauf certaines exceptions de confidentialité. A ce contrôle, s'ajoute pour les prévenus celui du magistrat chargé de l'instruction, auquel sont adressés tous les courriers reçus et envoyés par le détenu (ce qui explique souvent le ralentissement de l'acheminement du courrier). Il peut s'agir du juge d'instruction (si une information est en cours), du juge des enfants (pour les mineurs), du procureur de la République (en l'absence d'information ou lorsque l'affaire est renvoyée devant la juridiction de jugement), du procureur général près la cour d'appel (en cas d'appel ou de second degré d'instruction) ou du procureur général près la Cour de cassation (en cas de pourvoi). Ce magistrat peut par ailleurs demander à l'administration pénitentiaire que soit faite une lecture systématique du courrier du prévenu et que les courriers suspects soient retenus. Aucun texte n'interdit l'échange de lettres en langue étrangère, mais elles peuvent être traduites pour contrôle. Sous réserve de réciprocité entre États, le détenu de nationalité étrangère peut entrer en rapport avec les représentants diplomatiques et consulaires de son pays. Les correspondances sont alors soumises au contrôle de l'administration pénitentiaire. La correspondance avec les visiteurs de prison s'effectue également sous pli ouvert (elle peut être contrôlée).

Articles D.51, D.65, D.264, D.415 à D.418, D.477 du Code de procédure pénale.

Viol de correspondances

Je suis emprisonné et citoyen. Je demande quelque chose d'inimaginable : être chez moi dans ma correspondance. Je demande que soit appliqué en France l'article 8 de la Convention européenne des droits de l'homme : « *toute personne a droit au respect de sa vie privée et familiale, de son domicile et de sa correspondance.* » L'ouverture systématique des lettres, la recherche de mots ou de phrases pouvant servir à mettre leur auteur en accusation, le soupçon et la mise sous surveillance de la pensée aggravent la ruine de la logique judiciaire. Il est injustifiable qu'un pays démocratique puisse légaliser le viol de correspondance d'une manière aussi massive et officielle, alors qu'il existe d'autres moyens de satisfaire les objectifs de sécurité. Certains détenus sont trop assommés ou désespérés par d'autres faits graves d'oppression pour engager le combat sur ce terrain, mais tous sont blessés dans leur dignité aussi violemment que par les fouilles corporelles. Pour ceux qui parviennent à se tenir à l'écart des glissades vers le désespoir, qui protègent leurs relations familiales et sociales, le viol de correspondance est un facteur permanent de régression psychique. Il faut pratiquer l'autocensure, s'interdire à soi-même tout ce qui relève de l'intime, des brimades ou provocations des gardiens, du politique, de la conviction profonde et de l'émotion... Que peut-il rester ? Une froide mécanique à déposséder les êtres de leur personnalité pour en faire des « bons détenus ».

Bruno C., maison d'arrêt de Douai, Dedans dehors, *n°28, novembre 2001.*

330 Dans quels cas le courrier reste-t-il confidentiel ?

Les détenus ont le droit de correspondre avec certaines personnes et autorités sous pli fermé : les lettres sont alors cachetées à l'envoi et à la réception. Aucune sanction disciplinaire ne peut limiter ou suspendre ce droit. Sont ainsi exclues de tout contrôle les correspondances des détenus avec les aumôniers de l'établissement et avec les travailleurs sociaux de l'administration pénitentiaire. Les courriers échangés entre le détenu et son avocat sont également placés sous le sceau de la confidentialité. Depuis un décret du 13 décembre 2000, le Code de procédure pénale n'opère plus de distinction entre les avocats selon qu'ils aient ou non assisté le prévenu ou le condamné au cours de son procès. Cette distinction avait été qualifiée de discriminatoire en violation de l'article 8 de la Convention par la

Commission européenne des droits de l'homme (M. Slimane-Kaïd c/France, Rapport de la Commission, 1er décembre 1998). Cette disposition s'est étendue au mandataire agréé (personne autorisée par l'administration à assister des détenus), qui peut correspondre sous pli fermé pour la durée de sa mission. Le secret couvre également l'échange des correspondances avec un certain nombre d'autorités administratives et judiciaires : Parquet, juridictions, personnalités politiques locales ou nationales, Conseil de l'Europe, juge de l'application des peines, etc. Les lettres adressées à ces autorités doivent être enregistrées sur un registre spécial et être envoyées sans retard à leur destinataire. L'ensemble des courriers qui bénéficient de la confidentialité doit être adressé par les détenus à l'adresse professionnelle ou fonctionnelle des personnes ou autorités concernées et mentionner clairement la qualité du destinataire. Les correspondances adressées par ces mêmes autorités aux détenus doivent également indiquer clairement la qualité de l'expéditeur.

Articles 727, D.69, D.262, D.411, D.419, D.438, D.465, A. 40 et A 40-1 du Code de procédure pénale, arrêté du 12 mai 1997.

Dans quels cas une lettre peut-elle être retenue ? 331

Pour ne pas être retenues, les lettres reçues ou envoyées par les détenus doivent être écrites lisiblement (pour permettre le contrôle) et ne comporter aucun signe ou caractère conventionnel, c'est-à-dire aucun message codé. En général, le règlement intérieur prévoit également que le courrier que le détenu souhaite envoyer doit être présenté non cacheté et porter au dos de l'enveloppe ses nom, prénom, numéro d'écrou et position de cellule. Les courriers sont retenus s'ils contiennent des menaces précises contre la sécurité des personnes ou de l'établissement pénitentiaire. En outre, une lettre retenue peut être transmise aux autorités judiciaires si elle est susceptible de justifier des poursuites pénales (menaces, insultes, etc.). Une circulaire du 19 décembre 1986 exige que le détenu soit informé de la rétention d'un courrier et de ses motifs. Le courrier retenu doit être si possible renvoyé à l'expéditeur. Sinon, il est classé dans le dossier individuel du détenu, mais rien ne prévoit sa restitution à la fin de la détention. En pratique, il arrive que le courrier soit abusivement retenu (jugé dangereux, insultant...) ou que le détenu n'en soit pas informé. Il suffit parfois de s'en plaindre au chef de l'établissement (recours hiérarchique) pour obtenir des explications. Un recours devant le tribunal administratif est également possible. Le juge annulera la décision de retenue du courrier si elle a été prise à la suite d'une erreur de fait, de droit, d'un détournement de pouvoir ou si elle s'appuie sur une erreur manifeste d'appréciation.

Articles D.415 et D.416 du Code de procédure pénale, note DAP du 14 septembre 1990, circulaire DAP du 19 décembre 1986.

Ecrits militants à la fouille

8 mars 2000, vingt-trois ans après mon incarcération à deux mois près, la porte de la maison d'arrêt de Tours s'ouvre devant mois, définitivement. Deux documents assez surprenants se trouvent dans mon paquetage : un exemplaire du

Monde Libertaire et la lettre d'un militant anticarcéral. Ces deux objets peuvent sembler différents, toutefois ils présentent quelques points communs qui démontrent fort bien l'arbitraire pénitentiaire : ce sont des écrits, ils émanent d'un courant idéologique dont les militants sont fort engagés contre les structures politiques et répressives, et tous deux ont jauni au fil des années, depuis une décennie. La pensée et le verbe, s'ils ne respectent pas les principes édictés par l'administration pénitentiaire ne doivent pas franchir les barrages de la censure.

Philippe Maurice, De la haine à la vie, *Le Cherche-Midi éditeur, 2001.*

332 L'envoi d'objets par courrier est-il possible ?

Il n'est pas possible d'utiliser le courrier pour acheminer des objets en raison de l'interdiction d'envoyer des colis à tout détenu. Si le courrier contient un objet, il peut donc être retenu et placé au vestiaire du détenu. Il lui sera remis à sa libération si la possession de cet objet est licite. L'objet retenu peut également être transmis aux autorités judiciaires si son envoi constitue une infraction pénale (par exemple, une aide à l'évasion). En revanche, l'envoi de timbres (sans que leur nombre soit *a priori* limité) ou de photographies à caractère familial est possible. Bien que leur contenu ne concerne pas spécifiquement et exclusivement le destinataire, les photocopies d'articles de presse envoyées à un détenu ne peuvent donner lieu à retenue sauf lorsqu'ils proviennent de journaux ayant fait l'objet d'une saisie dans les trois derniers mois ou s'ils contiennent des menaces précises contre la sécurité des personnes ou des établissements pénitentiaires. Des photocopies à caractère documentaire et concernant l'intéressé (diplômes, documents scolaires…) sont également licites et leur rétention abusive peut faire l'objet d'une annulation (tribunal administratif de Limoges, 16 mai 1991, Rannaud).

Article D.423 du Code de procédure pénale, circulaire DAP du 19 décembre 1986, note du 23 juillet 2001 relative à l'envoi de timbres aux personnes détenues, note R2382 du 29 juin 2000 relative à la réglementation applicable aux courriers destinés aux détenus.

333 Les détenus sont-ils autorisés à envoyer des articles en vue de leur publication ?

La sortie des écrits d'un détenu en vue de leur publication ou de leur divulgation sous quelque forme que ce soit ne peut être autorisée que par décision du directeur régional des services pénitentiaires. L'administration conserve ainsi la capacité de censurer, partiellement ou en totalité, l'écrit d'un détenu en vue de sa publication.

Article D.444-1 du Code de procédure pénale.

334 Est-il possible de téléphoner ?

Seuls les condamnés incarcérés dans les établissements pour peines (maisons centrales et centres de détention) et ceux placés dans les centres pour peines aménagées peuvent être autorisés à téléphoner. Ils financent leurs communications par l'achat de cartes téléphoniques en cantine. La périodicité des communications autorisée est en théorie d'une fois par mois dans les centres de détention et exceptionnelle dans les maisons centrales. Le règlement intérieur peut prévoir une plus grande régularité et l'usage s'est répandu dans ces deux types d'établissements de permettre aux détenus de téléphoner au moins une fois par semaine. Les détenus téléphonent dans des cabines, généralement ouvertes. L'identité du correspondant et la conversation sont contrôlées. Un agent chargé de l'écoute du téléphone doit être en mesure d'interrompre la communication si les propos tenus représentent un risque pour la sécurité d'une personne ou de l'établissement. Le temps autorisé pour chaque appel est fixé par le règlement intérieur, en fonction du nombre de téléphones et de la disponibilité du personnel chargé du contrôle. Tout autre mode de communication (téléphone portable, courrier électronique) est interdit.

Article D.417 du Code de procédure pénale.

Généraliser l'accès au téléphone

Aujourd'hui, seuls les condamnés détenus en établissement pour peines peuvent téléphoner. La périodicité des communications autorisées est en théorie d'une fois par mois dans les centres de détention et exceptionnelle dans les maisons centrales. L'usage s'est cependant répandu de permettre aux détenus de téléphoner au moins une fois par semaine dans ces deux catégories d'établissements, même si les chefs d'établissement tendent actuellement à revenir sur cette tolérance. Pour le reste, en ce domaine comme dans bien d'autres, la pratique est fort variable selon les sites. Dans un certain nombre, les détenus peuvent téléphoner presque sans limitation. Dans d'autres, quelques-uns bénéficient d'un traitement de faveur vis-à-vis de l'ensemble de leurs codétenus. En revanche, les détenus des maisons d'arrêt n'ont pas la possibilité de téléphoner. Cette interdiction est une exception au regard des situations généralement en vigueur en Europe. A quatre reprises (1991, 1994, 1996, 2000) le CPT a demandé aux autorités françaises de revenir sur cette interdiction. « *Le CPT considère que le refus total* [de contact téléphonique] *est inacceptable, notamment à l'égard des détenus qui ne reçoivent pas de visites régulières de membres de leur famille, à cause de la distance séparant celle-ci de la prison* ». Le Comité européen relève également « *qu'une telle approche s'éloigne de celle suivie dans d'autres pays européens* ». La CNCDH préconise une généralisation de l'accès au téléphone à l'ensemble des prisons. Elle recommande de s'affranchir des restrictions quant au nombre des appels vers l'extérieur tant elles apparaissent à la fois injustifiées et inégalement appliquées. Elle souhaite également que la possibilité pour les détenus de recevoir des appels de l'extérieur soit aménagée, au besoin limitée à un nombre restreint de correspondants et suivant des rendez-vous fixés par avance.

Commission nationale consultative des droits de l'homme, Etude sur les droits de l'homme en prison, *11 mars 2004.*

Est-il possible de recevoir un appel téléphonique ? 335

Il n'est pas permis aux détenus de recevoir des appels téléphoniques de l'extérieur. Toutefois, en cas de circonstances familiales graves (décès, maladie), les proches peuvent contacter le service social de l'établissement (SPIP), qui appréciera l'opportunité de transmettre l'information au détenu.

Article D.424-1 du Code de procédure pénale.

La maternité en prison

Chaque année, environ une cinquantaine d'enfants naissent de femmes incarcérées dans les prisons françaises. Certains vont rapidement être « libérés » avec leur mère, d'autres resteront enfermés jusqu'à l'âge de dix-huit mois. Le menottage lors de l'accouchement demeure problématique.

336 Comment se déroule la grossesse d'une femme détenue ?

Quand une femme est écrouée alors qu'elle est enceinte ou – situation plus rare – lorsqu'elle tombe enceinte pendant sa détention, il est possible que le terme de sa grossesse survienne pendant son incarcération. Lorsqu'il est avisé de l'état de grossesse d'une détenue, le service pénitentiaire d'insertion et de probation (SPIP) doit examiner avec l'autorité judiciaire (juge d'instruction pour les prévenues, juge de l'application des peines pour les condamnées) les mesures alternatives à l'incarcération qui pourraient être prononcées au bénéfice de la détenue. Il peut s'agir d'une peine alternative (travail d'intérêt général, amende…) si la détenue n'est pas encore jugée ou d'un aménagement de peine (libération conditionnelle, placement à l'extérieur…) si la détenue est déjà définitivement condamnée. Une telle mesure permettra à la détenue d'accoucher en liberté et à son enfant de ne pas vivre ses premières heures en prison. Si aucune mesure alternative n'est adoptée, le SPIP doit alors envisager avec la mère l'accueil de l'enfant à l'extérieur, assorti si possible de modalités souples de visites de l'enfant à sa mère. Si la mère souhaite le maintien de son enfant auprès d'elle en détention, son transfert dans un établissement pénitentiaire équipé pour recevoir des enfants doit être préparé dès le début de la grossesse. Le SPIP doit alors saisir l'autorité compétente pour décider du transfèrement et le chef d'établissement de la prison d'accueil doit être avisé de l'affectation de la détenue. La femme enceinte doit bénéficier d'un régime de détention adapté et d'une surveillance médicale de sa grossesse comme des suites de son accouchement.

Articles D.400 et D.400-1 du Code de procédure pénale, circulaire JUSE9940062C du 16 août 1999.

337 Où a lieu l'accouchement d'une femme détenue ?

L'accouchement doit se dérouler dans un hôpital public approprié. En cas d'impossibilité de transport, l'accouchement imminent peut exceptionnellement avoir lieu à l'unité de consultations et de soins ambulatoires (UCSA) de la prison. Si la naissance a lieu en prison, l'acte de l'état civil doit mentionner seulement la rue et le numéro de l'immeuble.

Article D.400 du Code de procédure pénale.

338 Peut-on faire l'objet d'une surveillance durant son accouchement ?

Les femmes détenues ne doivent en principe pas faire l'objet de mesures de surveillance pendant leur séjour à l'hôpital, sauf si elles sont reconnues comme dangereuses ou si des mesures de précaution particulières doivent être prises en raison de la nature de leur infraction. C'est au chef d'établissement de signaler aux services de police les détenues qui doivent être surveillées. Pour les prévenues, il doit préalablement demander l'avis du magistrat saisi du dossier de l'information. Dans la pratique, les femmes détenues sont en fait systématiquement surveillées au cours de leur hospitalisation, au moyen d'une garde statique placée soit à l'entrée soit à l'intérieur de la chambre ou de la salle de consultation. Par ailleurs, elles sont très fréquemment menottées (au lit d'hôpital, pendant l'accouchement, pendant l'escorte...). Face à la dénonciation de telles pratiques, le ministère de la Justice a rappelé dans une circulaire du 10 février 2004 que les femmes détenues doivent accoucher dans la dignité, donc en aucun cas menottées, tout au long de la période de travail. Par ailleurs, le personnel pénitentiaire ne doit pas exercer de surveillance à l'intérieur mais à l'extérieur de la salle d'accouchement lorsque la détenue s'y trouve. Enfin, l'escorte pénitentiaire doit comporter au moins un personnel féminin. La circulaire ne fait aucune allusion au port de menottes lors des escortes des femmes détenues en milieu hospitalier et à leur retour en établissement pénitentiaire. Elles demeurent donc soumises au régime de droit commun autorisant, sous certaines conditions, le port de menottes ou d'entraves au cours du transport.

Circulaire n°58 du 8 avril 1963, note DAP n°M45 du 10 mars 1978, note du 15 juillet 2003 relative à l'organisation des escortes pénitentiaires des détenus conduits en milieu hospitalier, circulaire DAP du 10 février 2004 relative à la garde des femmes enceintes dans les hôpitaux.

Accouchement sous menottes

Cette fois, la scène a suffisamment frappé l'imaginaire collectif pour susciter des réactions indignées. Jusqu'au ministère de la Justice. Dominique Perben a ainsi annoncé, hier, l'ouverture d'une enquête administrative de l'inspection pénitentiaire après que l'Observatoire international des prisons (OIP) a révélé qu'une surveillante de prison avait obligé une détenue à accoucher, un poignet attaché à son lit par des menottes. Cela se passait dans la nuit du 31 décembre au 1er janvier à l'hôpital d'Evry (Essonne). [...] Selon l'hôpital, la détenue lui avait simplement demandé de sortir pendant l'accouchement. Mais la surveillante n'avait accepté qu'à la condition qu'elle soit attachée. Une décision jugée « *absurde* » par le ministre. Tout en se réjouissant de ces « *rappels à la loi* », l'OIP s'est étonné de la surprise du garde des Sceaux. « *De tels dérapages ne sont pas isolés,* a ainsi rappelé François Bès, membre de l'association de défense des détenus. *Ils s'expliquent par la pression sécuritaire et la peur des évasions. La chancellerie ne peut pas ignorer la pratique de menottage de personnes qui ne présentent aucun danger et qui sont dans un état de santé dégradé ou affaibli.* »

Libération, *« Tollé sur les hospitalisés menottés », 11 février 2004.*

339 Une détenue a-t-elle droit aux prestations familiales ou sociales dont bénéficie toute femme enceinte ?

Toutes les personnes détenues sont affiliées systématiquement et immédiatement au régime général de la sécurité sociale. Elles bénéficient à ce titre des prestations de l'assurance-maladie et maternité dès leur arrivée en détention. Pour les enfants nés depuis le 1er janvier 2004, la mère détenue peut en outre bénéficier de la prestation d'accueil du jeune enfant (PAGE) qui comprend une prime à la naissance d'un montant de 808,31 euros versée au cours du septième mois de grossesse et une allocation de base mensuelle de 161,66 euros à compter du mois de naissance de l'enfant jusqu'au mois précédant ses trois ans. Pour les enfants nés avant le 1er janvier 2004, la mère peut percevoir, en fonction de ses ressources, l'allocation pour jeune enfant (APJE), du cinquième mois de grossesse jusqu'aux trois ans de l'enfant. Le montant de l'APJE est de 161,66 euros. Les versements peuvent être effectués sur le compte nominatif. Les femmes incarcérées enceintes ou avec leur enfant ont également la possibilité de percevoir l'allocation de parent isolé (API) pendant leur incarcération, aux mêmes conditions que si elles étaient libres. Les femmes concernées doivent être seules à élever l'enfant, « *du fait d'un veuvage, d'un divorce, d'une séparation de fait ou de droit, d'un célibat* », à condition de ne pas vivre en concubinage à l'extérieur ni avoir conclu un pacte civil de solidarité. Les personnes de nationalité étrangère peuvent obtenir l'allocation à condition de produire un titre de séjour régulier. L'API est versée sur le compte nominatif des détenues et n'est pas saisissable, sauf pour le recouvrement de sommes indûment perçues. En 2004, le montant mensuel maximum de l'API est de 530,39 euros pendant la grossesse et de 707,19 euros après la naissance. La mère détenue avec son enfant de moins de 18 mois peut également percevoir l'allocation de soutien familial (ASF), à condition qu'elle ne bénéficie pas de l'allocation de parent isolé. Par ailleurs, l'enfant n'étant pas considéré comme détenu, les sommes éventuellement versées par le père pour son entretien sont entièrement placées sur la part disponible du compte nominatif de la mère : elles ne peuvent être soumises à aucun prélèvement, ni affectées au pécule libération ou partie civile.

Circulaire de la Caisse nationale d'allocations familiales n°51-94 du 16 décembre 1994, circulaire DSS n° 99-723 du 30 décembre 1999, circulaire JUSE9940062C du 16 août 1999.

Les enfants en prison

Les enfants en prison n'ont pas le statut de détenu. Dès lors, l'administration pénitentiaire réalise certains efforts pour adapter leurs conditions d'accueil et d'hébergement, afin de leur rendre le temps passé en prison moins traumatisant. Cependant, tout en permettant à la mère de maintenir son enfant auprès d'elle pendant un an et demi, la législation tente clairement d'éviter une telle situation, estimant indirectement qu'il vaut mieux séparer une mère et son enfant que les réunir dans un milieu comme la prison.

Quels enfants peuvent se trouver en prison avec leur mère ? 340

Les enfants peuvent être laissés auprès de leur mère en détention jusqu'à l'âge de 18 mois. Conformément au principe général de l'autorité parentale, il appartient aux parents de décider du sort de l'enfant. L'accueil d'un enfant déjà né doit être exceptionnel et se limiter aux enfants en très bas âge ainsi qu'aux cas où la mère refuse toute séparation. Les autorités judiciaires doivent rechercher avec la mère toute solution pouvant éviter l'accueil de l'enfant en milieu carcéral : possibilités d'accueil de l'enfant dans son environnement familial ou dans une structure spécifique. En cas d'impossibilité, la mère formalise par écrit auprès du chef d'établissement sa décision de garder son enfant. Aussi bien dans le cas d'un enfant déjà né au moment de l'incarcération de sa mère que pour celui naissant au cours de la détention de sa mère, le père doit être informé si possible de l'accueil de son enfant en milieu pénitentiaire. En cas de désaccord du père, il peut saisir le juge aux affaires familiales. En attendant la décision du juge, le choix de la mère s'impose.

Article D.401 du Code de procédure pénale, circulaire JUSE9940062C du 16 août 1999.

L'Europe préconise des alternatives pour les mères de jeunes enfants

On ignore combien de nourrissons et de jeunes enfants sont séparés de leur mère en prison. On dénombre environ 100 000 femmes dans les établissements pénitentiaires des pays européens et la « Howard League for Penal Reform » (Ligue Howard pour la réforme du système pénitentiaire), organisation britannique non gouvernementale, estime qu'en conséquence quelque 10 000 nourrissons et enfants âgés de moins de deux ans sont affectés par cette situation. Les experts conviennent qu'une séparation précoce d'avec la mère engendre chez l'enfant des difficultés durables, dont une incapacité à s'attacher aux autres, une inadaptation affective et des troubles de la personnalité. Il est également reconnu que le développement des nourrissons est retardé par leur accès limité à des stimuli variés dans les établissements pénitentiaires clos. Compte tenu des effets néfastes de l'incarcération des mères sur les bébés, l'Assemblée recommande que le Comité des ministres invite les Etats membres : à instaurer et à appliquer aux mères ayant de jeunes enfants des peines à purger au sein de la communauté, et à éviter le recours à la détention ; [...] à reconnaître qu'il ne faudrait recourir à la détention pour les femmes enceintes et les mères de jeunes enfants qu'en dernier ressort, dans les cas où ces femmes sont reconnues coupables de délits très graves et représentent un danger pour la société ; à créer de petites unités closes ou semi-closes flanquées de services sociaux pour la poignée de mères qui doivent être maintenues en détention, unités où les enfants pourraient être pris en charge dans un milieu accueillant et qui tiendraient compte au mieux des intérêts de l'enfant, tout en assurant la sécurité publique ; [...] à élaborer des directives appropriées de sorte que les tribunaux n'envisagent de prononcer une peine privative de liberté pour les femmes enceintes et les mères allaitantes qu'en cas de délit grave et violent, et que lorsque la femme représente un danger permanent.

Assemblée parlementaire du Conseil de l'Europe, Recommandation 1469 (2000) sur les « Mères et bébés en prison », *30 juin 2000.*

341 Dans quels cas le séjour de l'enfant peut-il être refusé ?

Ni l'autorité judiciaire ni l'administration pénitentiaire ne peuvent s'opposer à la décision de la mère de garder son enfant en prison, à deux exceptions près : en cas de dépassement des capacités d'accueil des établissements équipés pour recevoir des enfants ; en cas de danger pour la santé, la sécurité ou la moralité de l'enfant. La première restriction paraît pourtant injustifiable, et la seconde suffisamment floue pour permettre des décisions arbitraires, sachant que toute incarcération peut être nuisible à la santé d'une personne, a fortiori d'un nourrisson.

Circulaire JUSE9940062C du 16 août 1999.

342 Dans quels cas est-il mis fin au séjour de l'enfant ?

La mère incarcérée peut décider à tout moment de mettre fin au séjour de l'enfant auprès d'elle. Dans ce cas, elle formalise par écrit sa décision en précisant la date de départ de son enfant. Par ailleurs, l'enfant ne peut rester auprès de sa mère au-delà de ses 18 mois. Une décision de prolongation peut être exceptionnellement prise à la demande de la mère par le directeur régional des services pénitentiaires, après avis d'une commission consultative. Cette prolongation doit être demandée par écrit par la mère au moins un mois avant l'issue des 18 mois de l'enfant. La prolongation ne dépasse pas en général un délai de six mois et n'est accordée que dans les cas d'une libération imminente de la mère ou d'une difficulté imprévue et temporaire dans l'accueil de l'enfant à l'extérieur. Le refus de prolongation paraît cependant constituer une décision faisant grief, portant sur une liberté fondamentale (le droit à une vie familiale). Cette décision doit donc être motivée, prononcée dans des conditions permettant à la mère de faire entendre son point de vue éventuellement avec l'assistance d'un avocat (article 24 de la loi du 12 avril 2000), et elle sera susceptible de recours. Le juge aux affaires familiales (par exemple, saisi par le père), le juge des enfants en cas de danger pour l'enfant ou toute décision privant la mère de son autorité parentale, peuvent également mettre un terme à l'accueil de l'enfant en établissement pénitentiaire.

Article D.401-1 du Code de procédure pénale, circulaire JUSE9940062C du 16 août 1999.

Quels sont les établissements pénitentiaires aménagés pour recevoir une mère accompagnée de son enfant ? 343

Vingt-cinq prisons sont équipées pour recevoir des détenues avec leur enfant. Ce sont les maisons d'arrêt d'Angoulême, Gradignan, Pau, Dijon, Rouen, Loos, Lyon, Nice, Borgo, Fleury-Mérogis, Nantes, Nancy, Strasbourg, Toulouse, Perpignan, Nîmes, Baie-Mahault, Ducos, Saint-Denis, Cayenne, Papeete, Nouméa, le centre de détention de Bapaume, les centres pénitentiaires de Marseille (Baumettes) et de Rennes. Dans la plupart de ces établissements (à l'exception de Fleury-Mérogis et des Baumettes), seules une ou deux places sont prévues. Au total, 66 places sont réservées dans les prisons françaises à l'accueil mère-enfant. Cette capacité ne peut en aucun cas être dépassée. Or, la mère détenue doit obligatoirement être transférée vers un établissement équipé. L'accord du magistrat instructeur est toutefois nécessaire s'agissant d'une prévenue. Dans la décision d'affectation de la mère, l'autorité judiciaire et/ou l'administration pénitentiaire doit s'efforcer de choisir l'établissement équipé le plus proche du domicile familial.

Article D.401 du Code de procédure pénale, circulaire JUSE9940062C du 16 août 1999.

De quels aménagements disposent ces établissements ? 344

Les cellules des mères détenues doivent respecter un certain nombre de normes : eau chaude, aménagement permettant une séparation de l'espace de la mère et de celui de l'enfant, ouverture des portes pendant la journée, superficie d'au moins 15 m^2. Par ailleurs, les détenues doivent pouvoir accéder à une salle d'activités permettant la préparation des repas et à une cour extérieure particulière. Les établissements doivent également être équipés du matériel de puériculture : lits et baignoires pour enfants, chauffe-biberons, etc. L'application de ces normes est contrôlée par les services de PMI (protection maternelle et infantile).

Circulaire JUSE9940062C du 16 août 1999.

Des objectifs inégalement partagés

Offrir de bonnes conditions de développement à ces nourrissons n'est pas simple et demande une volonté bien affirmée et partagée par l'équipe pénitentiaire au contact de ces détenues. Car il ne suffit pas de disposer d'une cellule de 15 m^2 (encore que dégager un tel espace s'avère laborieux dans les établissements anciens ou surpeuplés), mais il faut prévoir et maintenir une organisation pour prendre soin de l'enfant, suivre son développement physique et mental dans le dispositif ordinaire de la PMI, détendre le tête à tête avec sa mère obligé par l'encellulement individuel et la durée d'enfermement quotidienne, faire sortir régulièrement l'enfant de l'univers carcéral et l'accueillir dans les structures collectives habituelles pour enfants. Ces objectifs sont inégalement partagés et réalisés. A cet égard, les conventions passées avec un conseil général ou une municipalité sont déterminantes. Mais elles sont encore trop rares. [...] La nursery de Fleury-Mérogis par décision de l'administration pénitentiaire, les Baumettes par le travail conjoint entre l'équipe de la maison d'arrêt des femmes, un service de pédopsychiatrie et une association locale, peuvent apparaître comme des établissements pilotes et masquer les insuffisances qui perdurent (même en ces lieux) dans d'autres établissements : espaces et aménagements inexistants, chauffage ou chaleur inappropriés, personnel insuffisant, perception du bruit des autres quartiers de détention.

Rapport annuel du Défenseur des enfants au Président de la République et au Parlement, *année 2001.*

345 La mère détenue a-t-elle accès aux mêmes activités que les autres détenues ?

En principe, la mère détenue avec son enfant ne doit subir aucune restriction d'activités. Son accès à une activité rémunérée doit même être facilité. En pratique, la situation diffère d'un établissement à un autre. Au centre pénitentiaire de Rennes, les mères vivent totalement isolées des autres femmes et ne peuvent exercer aucune activité. A Fleury-Mérogis, Lille, Lyon et Nantes, elles sont au contraire poussées à s'engager dans des activités autres que la seule garde de leur enfant et des efforts sont faits pour multiplier les prises en charge extérieures des enfants grâce à un travail en partenariat avec les professionnels de la petite enfance et les associations caritatives.

Circulaire JUSE9940062C du 16 août 1999.

346 L'enfant en détention avec sa mère peut-il recevoir des visites ?

La mère, titulaire de l'autorité parentale, décide si son enfant l'accompagne au parloir à l'occasion des visites qu'elle reçoit. L'établissement pénitentiaire doit cependant s'assurer du respect des décisions de justice limitant le choix de la mère, notamment si le père est privé du droit de visite sur l'enfant. L'enfant peut aussi recevoir des visites en dehors de la présence de sa mère. Comme il n'est pas détenu, les règles relatives aux permis de visite ne s'appliquent pas à lui. La mère décide des personnes pouvant alors rendre visite à son enfant, qu'elles soient titulaires ou non d'un permis de visite. Cependant, elle ne peut s'opposer à une décision judiciaire qui priverait ou donnerait un droit de visite à une personne de la famille ou extérieure à la famille. Les visites doivent avoir lieu de préférence dans un parloir aménagé pour les visites d'enfants ou dans un « parloir avocats ». De manière abusive, puisqu'elle reconnaît que l'enfant n'est pas détenu, une circulaire du 16 août 1999 prévoit la fouille de l'enfant avant et après la visite.

Circulaire JUSE9940062C du 16 août 1999.

L'enfant peut-il effectuer des sorties à l'extérieur ? 347

L'enfant n'étant pas détenu, il peut sortir aussi souvent que la mère le souhaite. L'octroi fréquent de permissions de sortir aux mères incarcérées avec leur enfant doit permettre de favoriser le maintien des liens avec le reste de la famille et de préparer l'accueil de l'enfant après son départ de prison. L'enfant doit également pouvoir sortir de l'établissement sans sa mère pour des séjours dans sa famille, notamment chez son père. L'accueil régulier de l'enfant en crèche, halte-garderie ou autres peut également être organisé. Dans tous les cas, la mère décide de la fréquence et la destination de ces sorties, sauf droit de visite imposé par décision judiciaire. Là encore, les enfants sont fouillés avant leur départ et à leur retour dans l'établissement pénitentiaire.

Circulaire JUSE9940062C du 16 août 1999.

Bébé parloir

Hilaria a tout juste douze mois. Née d'un moment d'intimité volé par ses parents, tous deux emprisonnés, « *elle est un "bébé-parloir"* ». « *J'ai aussitôt été transférée de Marseille à Joux-la-Ville, près de Dijon, puis à Fleury-Mérogis, et j'attends une conditionnelle que je n'obtiens pas* », indique sa mère [...]. La nurserie semble pourtant un îlot privilégié. Les cellules sont plus spacieuses et plus aménagées, et surtout restent ouvertes durant toute la journée. Mères et enfants peuvent aller de l'une à l'autre et partager des espaces communs. Il y a des parcs à jeux et un jardin. « *L'enfant est libre,* déclare sans sourciller la surveillante de journée, [...] *Il existe des cas d'enfants maltraités, mais ce n'est pas la règle, et, aussi surprenant que cela puisse paraître, les enfants sont plutôt très éveillés. Sans doute parce que, jusqu'à dix-huit mois, c'est la relation avec la mère, dont ils ne sont pas séparés, qui est vitale.* » Mais comment savoir ce qu'intègre le tout-petit en l'absence de lignes d'horizon, des bruits et des rythmes de la ville ou de la campagne ? Que produiront cette relation exclusive avec la mère et le manque de repères affectifs élargis, en tout premier celui du père, mais aussi d'autres proches, et de toute présence masculine ? Et le sevrage brutal après dix-huit mois d'avec celles qui n'auront pas accompli leur peine ? Si certains enfants sortent quasi quotidiennement pour aller dans leur famille, des familles d'accueil ou des haltes-garderies, c'est loin d'être le cas pour tous. « *Il y a actuellement neuf enfants et seulement deux places de garderie.* [...] *Je ne peux ni travailler ni m'échapper pour suivre le moindre cours. Etrangère, je ne bénéficie d'aucune aide ni allocation. L'argent est un vrai problème en prison.* »

Marine Da Silva, « Femmes en prison, la mort lente », Le Monde diplomatique, *septembre 2003.*

Comment s'organise le suivi médical de l'enfant ? 348

La prise en charge sanitaire de l'enfant n'est pas assurée par le service médical réservé aux détenus (unité de consultations et de soins ambulatoires), mais par un médecin extérieur choisi par la mère. Une autorisation d'accès à l'établissement doit être délivrée à ce praticien. L'enfant peut également se rendre en consultation à l'extérieur accompagné de sa mère ou d'une autre personne qu'elle aura désignée. L'intervention régulière d'un ou plusieurs médecins de ville doit également être prévue dans le quartier des mères. L'accord de la mère est nécessaire pour tout acte médical ou toute hospitalisation de l'enfant. Le père disposant de l'autorité parentale doit également être informé par la mère de toute intervention médicale importante sur l'enfant. Néanmoins, les mères détenues ne peuvent s'opposer à la réalisation des vaccins obligatoires si elles souhaitent que leur enfant soit maintenu auprès d'elles dans l'établissement pénitentiaire.

Circulaire JUSE9940062C du 16 août 1999.

349 Comment est préparée la sortie de l'enfant ?

Il appartient au service pénitentiaire d'insertion et de probation (SPIP) d'aider la mère à rechercher un lieu d'accueil approprié pour l'enfant, en liaison avec les services départementaux de PMI (Protection maternelle et infantile). La sortie de l'enfant doit être progressive et précédée de séjours dans son futur lieu d'accueil où il peut être accompagné par sa mère en permission de sortir ou en sortie sous escorte. Conformément aux règles de droit commun, l'enfant doit être en priorité confié à l'autre titulaire de l'autorité parentale (le père), ou à défaut à un membre de la famille, et en dernier lieu dans une famille d'accueil. Le père (avec autorité parentale) doit être averti par la mère ou le chef d'établissement du départ de l'enfant de la prison.

Article D.401 du Code de procédure pénale, circulaire JUSE9940062C du 16 août 1999.

350 Comment la mère conserve-t-elle des relations avec son enfant ?

Durant les six mois qui suivent son départ, l'enfant de plus de 18 mois peut être admis à séjourner pour de courtes périodes auprès de sa mère sur décision du chef d'établissement. La possibilité de ces retours est prévue au cas par cas avant le départ de l'enfant. En outre, l'enfant peut rendre visite à sa mère dans le cadre des parloirs.

Article D.401 du Code de procédure pénale, circulaire JUSE9940062C du 16 août 1999.

Les événements familiaux

Mariages, décès et naissances peuvent survenir dans la famille d'une personne qui est incarcérée. Le détenu conserve dans tous les cas le droit de se marier et, le plus souvent, son autorité parentale. Néanmoins, de nombreuses difficultés persistent lorsqu'il s'agit de se rendre au chevet d'un parent malade ou à son enterrement.

Un détenu peut-il se marier en prison ? 351

Le mariage d'un détenu ne peut en aucun cas être interdit. Il est célébré dans l'établissement pénitentiaire sur réquisition du procureur de la République, sauf si le détenu parvient à obtenir une permission de sortir pour se marier à l'extérieur. Le procureur de la République du lieu de mariage peut ordonner à l'officier d'état civil de se rendre au domicile ou à la résidence de l'un des époux, c'est-à-dire la prison. L'établissement pénitentiaire fournit au détenu les justificatifs prouvant la nécessité de faire déplacer l'officier d'état civil, à savoir « l'empêchement grave » (la détention) qui rend impossible le mariage en mairie. Le détenu qui souhaite se marier doit adresser une demande écrite au service pénitentiaire d'insertion et de probation (SPIP). S'il est prévenu, il doit obtenir l'autorisation du juge d'instruction. De son côté, le médecin du service médical de la prison (UCSA) lui fournit le certificat médical prénuptial attestant qu'il a été examiné en vue du mariage. La future épouse ou le futur époux doit être titulaire d'un permis de visite. Quant aux deux témoins, ils doivent fournir une fiche d'état civil, ainsi qu'une lettre précisant leur identité, profession et domicile. S'ils n'ont pas de permis de visite, ils doivent en faire la demande devant l'autorité compétente. Une fois ces formalités accomplies, la date et l'heure du mariage sont fixées en relation avec le maire. Le droit au mariage des détenus pose la question de l'interdiction de fait de leurs relations sexuelles, dans la mesure où l'absence de consommation du mariage est théoriquement une cause de nullité de celui-ci au regard du droit civil.

Articles D.424 du Code de procédure pénale et 75 du Code civil.

Un détenu peut-il se pacser en prison ? 352

Le pacte civil de solidarité (PACS) est un contrat conclu par deux personnes physiques majeures, de sexe différent ou de même sexe, pour organiser leur vie commune. Les intéressés doivent en faire la déclaration conjointe au greffe du tribunal d'instance du ressort dans lequel ils fixent leur résidence commune. A cette fin, les partenaires doivent se présenter en personne au greffe du tribunal d'instance. Dès lors, les détenus se voient systématiquement refuser la possibilité de se pacser, soit en raison de leur impossibilité de justifier d'une résidence commune, lorsque l'une des deux personnes est incarcérée ; soit en raison de l'impossibilité de reconnaître un établissement pénitentiaire en tant que résidence commune lorsque les deux personnes sont incarcérées ensemble.

Article 515-3 du Code civil.

353 Que se passe-t-il en cas de maladie grave ou de décès d'un proche ?

Le détenu doit être immédiatement informé par l'administration pénitentiaire du décès ou de la maladie grave d'un membre de sa proche famille. Il peut obtenir une permission de sortir de trois jours maximum à l'occasion de ces événements familiaux dans deux cas : s'il est condamné à une peine de cinq ans ou moins ; pour les condamnés à une peine plus longue, s'il en a déjà exécuté la moitié. Même si le détenu remplit ces conditions, la permission de sortir ne constitue pas un droit et peut donc être refusée par le juge de l'application des peines. Tout détenu (prévenu comme condamné) peut également demander une autorisation de sortie exceptionnelle. Celle-ci se déroule avec une escorte composée de policiers, gendarmes ou membres de l'administration pénitentiaire, qui peuvent être dispensés dans certains cas du port de l'uniforme. La décision d'autorisation de sortie est prise par le juge de l'application des peines pour les condamnés, par le procureur de la République pour les prévenus poursuivis devant le tribunal correctionnel et par le juge d'instruction pour les mis en examen. Dans tous les cas de figure, les refus des autorités judiciaires ou les lenteurs des autorités administratives (SPIP) sont fréquents. Il arrive régulièrement que la décision d'autorisation de sortie survienne plusieurs jours/semaines après le décès ou l'enterrement.

Articles 723-6, D.144, D.424-1, D.425 et D.426 du Code de procédure pénale.

Autorisation de sortie accordée deux jours après l'enterrement

Mis en examen en 1996, je dois effectuer ma levée d'écrou dans cinq mois. Depuis deux mois, mon avocat se bat pour obtenir une autorisation de sortie sous escorte afin que je puisse rendre visite à mon grand-père en phase terminale cancéreuse (à 20 kilomètres du centre). Aujourd'hui, on vient de me notifier cette autorisation pour l'après-midi, alors que mon grand-père a quitté notre terre il y a deux jours.

Norbert A, Dedans dehors, *n°30, mars 2002.*

354 Le détenu conserve-t-il son autorité parentale ?

L'autorité parentale ne peut se perdre que par un retrait spécifique (appelé « déchéance » avant 1996), qui n'est jamais automatique. Celui-ci est prononcé, soit par le juge civil en cas de mauvais traitements sur l'enfant, soit par le juge pénal en cas de crime ou de délit commis sur l'enfant ou avec sa complicité. Le parent perd alors tous les attributs de l'autorité parentale, y compris le droit de consentir à l'adoption de l'enfant. En revanche, il peut demander la restitution de l'autorité parentale s'il apporte la preuve de circonstances nouvelles. Dans le cas où le parent détenu perd l'exercice de l'autorité parentale, il conserve toutefois le droit d'être informé des décisions importantes concernant l'enfant ainsi qu'un droit de visite, sauf motif grave. En ce qui concerne l'exercice effectif de l'autorité parentale, il ne se perd pas par la simple détention mais devient plus difficile à mettre en œuvre. Le détenu est davantage cantonné à un rôle passif qui ne lui permet guère de prendre des initiatives quant à l'éducation de l'enfant. En pratique, soit l'autre parent accepte de prendre les décisions relatives à l'enfant en consultant le détenu, soit il s'y refuse. Dans ce cas, le détenu peut en théorie demander au juge aux affaires familiales d'exercer unilatéralement l'autorité parentale, c'est-à-dire sans consulter l'autre parent. Quant aux services pénitentiaires, ils doivent s'attacher à faciliter l'exercice effectif de l'autorité parentale du parent incarcéré, notamment en lui permettant de prendre connaissance et éventuellement signer un certain nombre de documents concernant l'enfant : autorisation d'intervention chirurgicale, demande de pièces d'identité, autorisation de sortie du territoire, consultation de livrets scolaires, autorisation de contrats d'apprentissage ou de qualification, etc. Ces documents peuvent être présentés au détenu au cours d'un parloir par un titulaire du permis de visite, à condition d'avoir fait l'objet des contrôles réglementaires préalables. Pour que le parent détenu conserve les documents après le parloir, l'autorisation du chef d'établissement est nécessaire.

Articles 378 et 378-1 du Code civil, note DAP relative à l'exercice de l'autorité parentale par les personnes placées sous main de justice du 17 novembre 2000.

Un détenu peut-il reconnaître son enfant ? 355

La reconnaissance est un acte purement personnel qui ne peut être réalisé que par celui qu'elle concerne et jamais par l'intermédiaire d'un représentant. Seul le détenu peut donc effectuer cette reconnaissance s'il le souhaite. Il doit pour cela faire une démarche auprès du greffe, qui lui indiquera les pièces nécessaires. Un officier d'état civil de la commune dont dépend la prison se rendra auprès du détenu pour lui faire signer la reconnaissance.

Que faire en cas de placement judiciaire de l'enfant ? 356

Le placement judiciaire de l'enfant peut découler d'une mesure d'assistance éducative ou d'une délégation de l'autorité parentale. En cas d'assistance éducative, le juge doit s'efforcer de recueillir l'adhésion de la famille à la mesure envisagée. Les parents peuvent à tout moment demander une modification de la mesure. Ils conservent un droit de visite et de correspondance avec l'enfant. La mesure dure au maximum deux ans mais peut être renouvelée. Si l'enfant a été placé dans un établissement suite à l'incarcération de ses parents ou du seul parent en mesure de s'occuper de lui, le service peut demander à ce que lui soit déléguée l'autorité parentale. Cette mesure permet à l'établissement d'accueil d'avoir les instruments juridiques nécessaires pour s'occuper convenablement de l'enfant. Dans ce cas, les parents doivent être entendus ou appelés par le juge. Les parents conservent un droit de visite et de correspondance ainsi que le droit de consentir à l'adoption. Ils peuvent également demander la restitution de l'enfant en cas de circonstances nouvelles. Dans les deux cas, les nécessités du service auprès duquel l'enfant est placé peuvent s'opposer à la mise en œuvre du droit de visite mais celui-ci reste de droit.

Articles 375 et suivants du Code civil.

357 Un détenu doit-il continuer à verser la pension alimentaire ?

Un détenu condamné avant son écrou à verser une pension alimentaire ne peut décider lui-même de réduire ou suspendre ses versements du fait d'être incarcéré. Il peut cependant demander la diminution du montant de la pension au juge aux affaires familiales (JAF) en raison d'une baisse de ses revenus. Quand un JAF est saisi d'une demande de pension alimentaire au cours d'une détention, il doit également en tenir compte pour fixer le montant de la pension. Dans tous les cas, les versements sont à prélever sur le compte nominatif du détenu et les procédures de saisie de droit commun restent possibles. C'est au parent assurant la charge matérielle de l'enfant que le détenu doit adresser les versements et non, comme en droit commun, à l'enfant lui-même ou sur un compte ouvert au nom de l'enfant. Si le détenu n'a aucun revenu, il peut aussi faire constater son insolvabilité, ce qui permettra au parent qui a la charge matérielle de l'enfant d'obtenir de la caisse d'allocations familiales le versement de « l'allocation de soutien familial » (ASF), qui se substitue à la pension alimentaire au bout de deux mois d'incarcération du parent redevable de la pension. Cette allocation pourra être perçue jusqu'à l'extinction de l'obligation alimentaire fixée par le jugement de divorce ou l'ordonnance de séparation. Lorsque la personne détenue devient de nouveau solvable, il ne peut lui être demandé de restituer les sommes perçues. En 2004, le montant de l'ASF est de 79,17 euros par enfant et par mois.

Les droits civiques et sociaux

L'incarcération entraîne la suppression de la plupart des droits accordés aux citoyens à l'extérieur, en particulier l'accès aux minima sociaux. Les personnes qui bénéficiaient des allocations chômage (Assedic) ou du revenu minimum d'insertion (RMI) n'y auront plus droit une fois écrouées. Quant aux quelques droits maintenus, comme le droit de vote, ils restent souvent ignorés des principaux intéressés, parfois indifférents mais aussi mal informés.

358 Les détenus conservent-ils le droit de vote ?

Les prévenus (détenus non jugés définitivement) jouissent de la totalité de leurs droits électoraux, sauf si une incapacité électorale a été prononcée contre eux dans une condamnation antérieure. Les détenus ayant été condamnés depuis le 1er mars 1994 ne peuvent plus se voir supprimer le droit de vote de façon automatique. Pour être interdit de vote, ils doivent avoir été condamnés à une peine complémentaire interdisant l'exercice de tout ou partie de leurs droits civiques. Il existe deux exceptions à cette règle : la suppression du droit de vote est automatique en cas de condamnation pour manquement au devoir de probité ou atteinte à l'administration publique (corruption, soustraction et détournement de biens...).Pour les détenus condamnés avant le 1er mars 1994, l'incapacité électorale continue de jouer automatiquement en cas de : condamnation pour crime ; condamnation à une peine d'emprisonnement supérieure à un mois prononcée avec sursis pour certains délits comme le vol, l'attentat aux mœurs ou l'escroquerie ; condamnation à plus de trois mois d'emprisonnement sans sursis ou plus de six mois avec sursis.

Articles 131-26, 132-17, 132-21, 432-10 à 432-16, 433-2 à 433-4 du Code pénal, notes DAP du 21 février 1994 et du 2 mai 1997, loi n°95-65 du 19 janvier 1995.

Quelle est la durée d'une incapacité électorale ? 359

L'interdiction des droits civiques fixée par la décision de condamnation ne peut excéder une durée de dix ans en cas de condamnation pour crime et une durée de cinq ans en cas de délit. Elle s'applique pendant la privation de liberté, mais la durée de détention ne s'impute pas sur celle de la privation de droits. Cela signifie qu'une personne passant trois années en détention et étant condamnée à cinq ans d'interdiction des droits civiques se voit en réalité interdite de droits civiques pendant huit ans. Une incapacité électorale cesse en cas d'amnistie, de réhabilitation, de décision judiciaire de dispense ou de suppression de mention au Bulletin n°2 du casier judiciaire et de décision judiciaire de relèvement d'incapacité électorale. Lorsque l'incapacité cesse, l'intéressé doit se faire réinscrire sur la liste électorale, même en dehors de la période légale de révision de cette liste.

Articles 131-29 du Code pénal et L. 30 du Code électoral.

Nouveaux électeurs à Fresnes

Cela existait dans d'autres prisons, mais c'est une première à Fresnes. Des détenus pourront voter aux prochaines élections, à condition de ne pas être déchus de leurs droits civiques. Le résultat de près de deux ans de bataille de procédure entre l'Observatoire international des prisons (OIP) et la mairie de Fresnes. Tout commence fin 2001, quand M.H. et un autre détenu à Fresnes cherchent à s'inscrire sur les listes électorales de la ville. Rien ne les en empêche théoriquement puisque, depuis mars 1994, le droit de vote n'est plus automatiquement supprimé lors des condamnations, sauf pour des faits de corruption et quelques autres délits ciblés. La privation des droits civiques d'un prévenu doit faire l'objet d'une peine complémentaire au tribunal. M.H. joint donc toutes les pièces administratives nécessaires et précise que sa famille réside à Fresnes, et qu'il a vécu dans la ville pendant dix ans. Mais la mairie de Fresnes ne l'entend pas de cette oreille. Elle refuse l'inscription des deux détenus, en précisant que « *leur résidence à l'établissement pénitentiaire résultant d'une décision de justice ne correspond pas à la définition de la résidence telle qu'elle est définie à l'article L.11 du Code électoral* ». L'OIP monte alors au créneau et, devant un nouveau refus de la mairie de Fresnes le 10 décembre, consulte le service juridique du ministère de l'Intérieur. Ce dernier indique que l'inscription sur les listes électorales est possible pour un détenu, à condition d'être présent depuis six mois dans l'établissement au moment de la clôture des listes et bien sûr de jouir de ses droits civiques.

L'OIP signale encore au maire de Fresnes que plusieurs villes de province appliquent déjà ce point de droit. Finalement, lundi dernier, le maire de Fresnes, Jean-Jacques Bridey, répond positivement à la demande de l'OIP, après consultation de ce même ministère de l'Intérieur. Pour l'OIP, ce revirement est important. « *Les détenus conservent des droits ; ils sont déjà suffisamment privés de choses,* insiste François Bès. *Une grande partie des gens en prison sont désocialisés. Il faut profiter de ce temps pour leur redonner la notion de participation à la société.* » Tout n'est pourtant pas encore gagné pour les détenus-votants. Ils devront maintenant trouver une personne domiciliée dans la commune qui vote pour eux par procuration. Les détenus de Fresnes représentent 8 % de la population de la ville. Si ceux qui peuvent voter se mettent à s'inscrire en masse, cela pourrait modifier la donne électorale.

Brendan Kemmet, « Fresnes. Les détenus de la maison d'arrêt pourront voter », Le Parisien, *20 décembre 2003.*

360 Comment les détenus peuvent-ils s'inscrire sur les listes électorales ?

Toute personne détenue, radiée des listes électorales de la commune où elle avait sa résidence avant son incarcération, peut demander, par courrier ou par l'intermédiaire d'une tierce personne munie d'une procuration manuscrite, son inscription sur les listes de la commune où l'établissement pénitentiaire est implanté, à condition d'y résider depuis au moins six mois consécutifs depuis la clôture des listes électorales. La demande doit être accompagnée d'une photocopie de la carte nationale d'identité (preuve de la nationalité française) et d'un justificatif de résidence de six mois au moins, délivré par le centre pénitentiaire dans lequel le détenu a sa résidence. Il ne peut en aucun cas être demandé au détenu de fournir un extrait de jugement attestant de l'absence d'interdiction d'exercer tout ou partie ses droits civiques (ou un document délivré par l'administration pénitentiaire en ce sens). Cette vérification est systématiquement effectuée par l'INSEE, auquel les mairies envoient les listes. Chaque établissement pénitentiaire doit prendre ses dispositions pour permettre l'inscription sur les listes électorales des personnes détenues qui le demandent. La date de clôture des inscriptions est fixée au 31 décembre de l'année précédant les élections.

Article L. 11 du Code électoral.

361 Comment les détenus peuvent-ils voter ?

Les détenus doivent être en principe informés par le directeur de la prison, suffisamment de temps avant chaque scrutin, de leur possibilité de voter par procuration. En pratique, cette information est relativement mal assurée. Les détenus doivent donner procuration à un mandataire inscrit dans la même commune qu'eux (leur commune d'origine s'ils n'ont pas été radiés, la commune de la prison en cas de nouvelle inscription). En pratique, l'absence de proche inscrit sur les listes de la commune de l'établissement pénitentiaire représente souvent le principal obstacle au vote des détenus qui ont dû se réinscrire après leur incarcération. Tous les détenus souhaitant voter par procuration doivent s'adresser au greffe de l'établissement pour les formalités à accomplir. D'une part, un officier de police judiciaire doit se rendre à la prison pour établir la procuration. Le détenu doit fournir une attestation sur l'honneur et justifier de son identité. A sa demande, la durée de la procuration peut être fixée à une année, si les justifications présentées établissent que l'intéressé est de façon durable dans l'impossibilité de se rendre dans son bureau de vote.

Note DAP du 2 mai 1997.

Les détenus peuvent-ils s'organiser en association ou en syndicat ? 362

Rien en principe ne l'interdit dans la loi. Pourtant, le ministère de la Justice a toujours empêché, au nom du maintien de l'ordre, que des associations ou des syndicats regroupant des prisonniers se constituent à l'intérieur des établissements pénitentiaires. Les détenus peuvent toutefois être impliqués dans l'organisation d'activités collectives visant à favoriser leur resocialisation, mais sous le contrôle des services pénitentiaires (en général, du SPIP). Enfin, il est régulièrement demandé aux personnels de favoriser et de développer le dialogue avec les détenus, mais sans prévoir explicitement la possibilité pour ces derniers de se regrouper et de s'organiser formellement. Dès lors, certains détenus se voient souvent chargés par les autres, mais de façon informelle, de représenter leurs intérêts dans les discussions avec la direction de l'établissement.

Articles D.442, D.446 et D.449 du Code de procédure pénale.

Un droit fondamental à appliquer

La liberté d'association est inscrite dans notre bloc de constitutionnalité depuis une décision du Conseil constitutionnel du 16 juillet 1971. Il s'agit de l'un des principes fondamentaux reconnus par les lois de la République. Elle a également une dimension internationale puisqu'elle est inscrite dans la Déclaration universelle des droits de l'homme de 1948 et la Convention européenne des droits de l'homme. [...] La loi du 1er juillet 1901 pose le principe que les associations peuvent se constituer librement sans autorisation préalable, à l'exception des congrégations. [...] Il apparaît donc que les règles en vigueur qui ont pour conséquence d'empêcher la liberté d'association en prison sont contraires à la hiérarchie des normes car seul le législateur peut en restreindre le champ. Au Canada, les prisonniers se voient garantir, depuis 1992, « *la possibilité de s'associer ou de participer à des réunions pacifiques* ». En outre, l'administration « *doit permettre aux détenus de participer à ses décisions concernant tout ou partie de la population carcérale, sauf pour les questions de sécurité* ». Pour ce faire existent depuis le début des années 1970 des « comités de détenus », représentants des personnes incarcérées qui font part des demandes et des avis de la population carcérale. Pour Guy Lemire, criminologue québécois, « *l'administration a intérêt à ce que les détenus se choisissent des représentants le plus démocratiquement possible, afin d'avoir des interlocuteurs valables et de régler les problèmes* ».

Ce qu'affirmait aussi, en 1992, un groupe de travail de l'administration pénitentiaire sur l'étude des longues peines : « *Il est désormais nécessaire de créer une parole reconnue et audible par l'institution* [...]. *Il est indispensable de réfléchir à l'organisation de consultations individuelles et surtout collectives des détenus sur les diverses conditions d'exercice des activités et de l'organisation de la vie quotidienne en détention* ». La CNCDH partage cette opinion. La liberté d'association fait partie de ces droits fondamentaux qui, sans entrer en contradiction directe avec la mission de sécurité, sont généralement passés sous silence par la réglementation. En l'absence d'autorisation explicite, celle-ci ne trouve pas à s'appliquer en prison.

■ *Commission nationale consultative des droits de l'homme,* Etude sur les droits de l'homme en prison, *11 mars 2004.*

363 Quelles sont les conséquences de l'incarcération sur le contrat de travail de la personne détenue ?

L'incarcération ne constituant ni un motif de licenciement, ni un cas de force majeur, entraîne en principe une simple suspension du contrat de travail. Le salarié incarcéré doit néanmoins prévenir son employeur de son absence, de ses causes précises et de sa durée. Pour justifier un licenciement, l'employeur devra alors démontrer qu'il repose sur un motif réel et sérieux, que le fait reproché au salarié ne relève pas de sa vie personnelle et surtout que l'attitude du salarié a des conséquences préjudiciables dans l'entreprise. Par ailleurs, l'employeur peut licencier le salarié en lequel il n'a plus confiance. Cependant, l'incarcération ne suffit pas, à elle seule, à justifier la perte de confiance, et l'employeur doit démontrer par des faits objectifs et matériellement vérifiables en quoi l'attitude du salarié peut entraîner un trouble dans l'organisation de l'entreprise. Dans le cas d'une incarcération de courte durée, la condamnation n'entraîne que la suspension du contrat de travail sauf si l'employeur peut démontrer que l'absence du salarié entrave le bon fonctionnement de l'entreprise. Dans l'hypothèse où le salarié est condamné à une longue peine, l'employeur doit respecter la procédure de licenciement et verser l'indemnité légale ou conventionnelle. En cas de non-respect de la procédure de licenciement, la personne détenue peut faire valoir ses droits, comme tout salarié, devant le conseil des prud'hommes. En outre, la Commission de l'indemnisation des détentions provisoires peut réparer le préjudice économique lié à un licenciement consécutif à une incarcération, à savoir la perte de salaires ou le préjudice résultant de la difficulté à retrouver un emploi. La personne doit remplir les conditions ouvrant droit à réparation et prouver le lien de causalité entre le préjudice subi et la détention provisoire qu'elle a effectuée.

■ *Articles 149 à 151-1 du Code de procédure pénale, arrêt Cour Cassation Chambre Sociale du 26 février 2003, circulaire JUSD0330079C du 30 mai 2003 « présentation des dispositions relatives à la réparation des détentions provisoires injustifiées ».*

364 Quel est le statut du fonctionnaire incarcéré ?

Le fonctionnaire bénéficie d'un statut particulier. Tant qu'il n'a pas été condamné de manière définitive, il ne peut pas être radié de la fonction publique. Il demeure par conséquent dans une « position d'activité » et conserve les droits attachés à cette position. Il peut cependant être suspendu provisoirement par l'autorité ayant pouvoir disciplinaire. Pendant cette suspension, il conserve au minimum la moitié de sa rémunération.

Conseil d'Etat, 17 décembre 1965 arrêt Dartigue-Peyrou et 13 novembre 1981 arrêt Commune de Houilles.

Les assurances vieillesse sont-elles maintenues pour les détenus ? 365

Les personnes détenues relèvent du droit commun en ce qui concerne les pensions d'invalidité ou de retraite. Celles-ci ne sont donc pas interrompues du fait de l'incarcération. Le détenu, conservant la « gestion de ses biens patrimoniaux », choisit de percevoir ses pensions soit sur son compte personnel à l'extérieur, soit sur son compte nominatif. Un détenu qui atteint l'âge de la retraite au cours de son incarcération doit en principe recevoir sa pension de retraite dans les mêmes conditions qu'à l'extérieur. Les autres allocations vieillesse à caractère alimentaire et soumises à des conditions de ressources sont suspendues pendant l'incarcération. La disposition qui prévoyait que les fonctionnaires condamnés à une peine afflictive ou infamante soient privés du droit à l'obtention ou à la jouissance de leur pension pendant la durée de la peine n'est plus valable depuis 1994. Enfin, lorsqu'une personne fonctionnaire est condamnée pour crime ou complicité de crime contre l'humanité, des saisies peuvent être effectuées sur la totalité de sa pension afin d'exécuter une condamnation à des réparations civiles ou aux frais dus à la victime.

Articles D.321 du Code de procédure pénale, L.351-1 et suivants du Code de la sécurité sociale et L.56 du Code des pensions civiles et militaires de retraite.

Pensions suspendues

Je me permets de vous demander conseil au sujet de ma pension d'invalidité militaire, de ma retraite militaire, et de ma retraite d'ancien combattant qui m'ont été suspendues pour la durée de ma peine (15 ans) par un bureau de Nantes. Je ne trouve pas très correct de la part de l'Etat que cette loi des années 40 soit encore d'actualité car j'ai fait mon devoir de militaire (citation et blessure en témoignent). De plus, étant grand invalide de guerre à 95 %, je n'ai jamais travaillé dans ma vie civile. Donc pas de retraite de vieux travailleur. Je me retrouve sans aucun revenu et serait indigent si mes frères ne m'envoyaient pas un petit mandat par mois. De plus, je dois payer la partie civile, chose qui est impossible vu le faible revenu mensuel que je reçois sur lequel je fais prélever volontairement 11 euros. Ma concubine a été obligée de se remettre au travail pour pouvoir subvenir aux besoins de la maison.

Pierre B, maison centrale de Poissy, février 2003.

Les allocations chômage sont-elles maintenues pour les détenus ? 366

Un détenu n'est plus considéré comme demandeur d'emploi. Dès lors, une personne inscrite à l'ASSEDIC avant son incarcération en est radiée à partir du jour de l'écrou. Elle doit avertir elle-même l'ASSEDIC de son incarcération. Si le détenu n'effectue pas cette démarche et continue à percevoir les allocations, il devra rembourser intégralement à sa sortie les sommes perçues. Par ailleurs, l'allocation spécifique de solidarité (ASS) versée aux chômeurs de longue durée en fin de droits est suspendue pendant toute la durée de l'incarcération.

Article L.351-10 du Code du travail.

367 Les détenus ont-ils droit aux prestations familiales ?

Toute personne résidant en France, ayant à sa charge un ou plusieurs enfants résidant en France, a droit aux prestations familiales. Une personne détenue peut donc bénéficier de certaines allocations versées par la caisse d'allocations familiales (CAF) dans les mêmes conditions qu'à l'extérieur. Pour les enfants nés depuis le 1er janvier 2004, la mère détenue peut en outre bénéficier de la prestation d'accueil du jeune enfant (PAGE) qui comprend une prime à la naissance et une allocation de base mensuelle à compter du mois de naissance de l'enfant jusqu'au mois précédant ses trois ans. La mère d'un enfant né avant le 1er janvier 2004 peut bénéficier de l'allocation pour jeune enfant (APJE) du cinquième mois de grossesse jusqu'aux trois ans de l'enfant. Les femmes incarcérées enceintes ou avec leur enfant ont la possibilité de percevoir l'allocation de parent isolé (API) pendant leur incarcération aux mêmes conditions que si elles étaient libres. La mère détenue avec son enfant de moins de 18 mois peut également percevoir pour son enfant l'allocation de soutien familial (ASF), à condition qu'elle ne bénéficie pas de l'allocation de parent isolé. Enfin, pour les détenus célibataires, les allocations de logement et l'aide personnalisée au logement sont maintenues pendant un an à condition que le loyer continue d'être payé et que le logement ne soit ni loué ni sous-loué.

Loi du 22 août 1946, circulaire de la CNAF n° 51-94 du 16 décembre 1994, circulaire DSS n° 99-723 du 30 décembre 1999.

368 Les détenus ont-ils droit au revenu minimum d'insertion (RMI) ?

Toute personne détenue pour une durée supérieure à 60 jours ne peut plus percevoir l'allocation de RMI dont elle bénéficiait à l'extérieur. Lors des formalités d'écrou, le greffe de l'établissement pénitentiaire doit identifier les entrants bénéficiaires du RMI et avertir l'organisme payeur (CAF ou mutualité sociale agricole) de leur incarcération avant l'expiration du délai de 60 jours. Si le détenu est marié, vit en concubinage ou a une personne à charge, l'organisme payeur procède à la fin du délai à un examen des droits dont peuvent bénéficier ces personnes à la place du détenu, qui n'est plus pris en compte comme membre du foyer.

Décret n°93-508 du 26 mars 1993, circulaire DAP 89-10 du 24 novembre 1989.

Instituer un minimum carcéral pour les indigents

La question du maintien en prison des minima sociaux est aujourd'hui posée. Les associations caritatives sont divisées à ce sujet. Plusieurs raisons peuvent conduire à écarter l'hypothèse d'un maintien du RMI pour les détenus :

- le RMI est une allocation différentielle, et s'apprécie, compte tenu de l'ensemble des ressources « déclarées » d'un foyer fiscal. Or, la population carcérale bénéficie souvent de revenus non déclarés ;
- le maintien des minima sociaux à des personnes logées et nourries aurait pour conséquence d'accorder davantage de « droits » à une personne incarcérée qu'à une personne libre.

Le RMI carcéral ne pourrait être que « différentiel », c'est-à-dire calculé en tenant compte de « l'avantage » que constitue la gratuité du logement et de la nourriture. L'idée d'un minimum carcéral, réservé aux stricts indigents, « repérés » dès leur entrée en détention, semble en définitive plus opportune. Ce minimum carcéral, évalué entre 300 et 400 francs par mois, leur permettrait de cantiner et contribuerait à éviter – dans la mesure du possible – la délinquance intracarcérale (rackets, prostitutions, trafics).

Sénat, Prisons : une humiliation pour la République, *rapport de la Commission d'enquête, juillet 2000.*

Que devient l'allocation aux adultes handicapés quand le bénéficiaire est écroué ? 369

Lorsqu'un bénéficiaire de l'allocation aux adultes handicapés (AAH) est incarcéré pendant plus de 45 jours, elle est généralement réduite à 12 % de son montant mensuel. Le complément d'AAH, qui était versé aux allocataires disposant d'un logement n'est plus accordé. L'allocation et son complément sont de nouveau versés au taux normal à compter du premier jour du mois suivant la sortie de prison. Dans deux cas seulement, le détenu peut continuer à percevoir l'AAH intégralement : le détenu bénéficiaire est marié, sans enfant, et son conjoint se trouve dans l'incapacité d'exercer une activité salariée ; le détenu bénéficiaire a au moins un enfant ou un ascendant à sa charge.

Articles R.821-13 à R.821-15 du Code de la sécurité sociale.

Les détenus âgés ont ils droit à l'allocation personnalisée d'autonomie (APA) ? 370

Aucune disposition ne s'oppose en principe à ce que l'allocation personnalisée d'autonomie (APA) soit versée à une personne détenue âgée de plus de soixante ans. Elle devrait être accordée aux détenus présentant des difficultés à accomplir des actes de la vie quotidienne en raison d'une perte d'autonomie. La prise en charge médicale ne fait pas obstacle à l'octroi de cette allocation. Le montant de l'APA doit permettre de rémunérer une tierce personne chargée d'apporter son aide au détenu âgé (pour se nourrir, pour la toilette...). Contrairement au régime de droit commun, le bénéficiaire incarcéré n'est pas en mesure de choisir le prestataire de service. Il appartient effectivement au chef d'établissement de désigner le service d'aide à domicile chargé d'intervenir au sein de l'établissement et de fournir un titre d'accès en détention aux prestataires de service. L'APA sera alors directement versée au service d'aide à domicile. Les demandes doivent être effectuées à l'initiative de la personne concernée avec l'aide d'un travailleur social.

Mais en pratique, l'allocation personnalisée d'autonomie bénéfice très rarement aux personnes détenues âgées dépendantes, qui se font le plus souvent assister par un codétenu.

Articles L. 232-1 à 232-28 du Code de l'action sociale et des familles, note d'information DGAS n°2002-536 du 23 octobre 2002 relative à l'allocation personnalisée d'autonomie.

La médecine générale

Auparavant nommée « médecine pénitentiaire » et prise en charge par le ministère de la Justice, l'ensemble des soins prodigués à la population incarcérée relève depuis la loi du 18 janvier 1994 du régime hospitalier de droit commun. La mise en oeuvre de cette réforme n'est pas encore achevée. A titre d'exemple, la mise en place des hospitalisations de moyenne ou longue durée au niveau régional vient à peine de commencer, avec l'ouverture de la première unité d'hospitalisation sécurisée (UHSI) au Centre hospitalier universitaire de Nancy en février 2004 ; la généralisation des programmes d'éducation à la santé en milieu pénitentiaire est également loin d'être effective. En principe, les personnes détenues ont désormais droit à « *une qualité et une continuité de soins équivalentes à ceux offerts à l'ensemble de la population* » (circulaire du 8 décembre 1994). Néanmoins, le système de soins pour les personnes détenues comporte encore de trop nombreuses défaillances, notamment en ce qui concerne les délais d'attente (pour les soins spécialisés ou les hospitalisations), la permanence des soins (absence de permanence médicale la nuit et le week-end dans la plupart des établissements pénitentiaires) et les problèmes d'escorte pour les consultations à l'extérieur...

371 Qui est responsable de la prise en charge sanitaire en prison ?

La prise en charge sanitaire des personnes détenues dépend du service public hospitalier depuis la loi du 18 janvier 1994. Les établissements pénitentiaires ont signé un protocole avec un ou plusieurs hôpitaux de proximité, désignés pour dispenser les soins aux détenus. Une unité de consultations et de soins ambulatoires (UCSA), qui remplace l'ancienne infirmerie et qui est rattachée au service hospitalier désigné, a été aménagée au sein de chaque établissement pénitentiaire. Dans les établissements du « programme 13 000 » (à gestion semi-privée, dite « déléguée »), la prise en charge sanitaire des détenus a été retirée au secteur privé, et est également assurée, depuis le 31 décembre 2001, par les services des hôpitaux publics. Le bénéfice de la protection sociale est étendu à l'ensemble des personnes détenues, affiliées dès leur incarcération au régime général de la sécurité sociale. Elles bénéficient ainsi des prestations en nature des assurances maladie et maternité ; les femmes détenues ne peuvent bénéficier des indemnités journalières auxquelles les salariées ont droit lorsque leur contrat de travail est suspendu en raison de leur maternité.

Articles D.366 et D.369 du Code de procédure pénale, L.333-1, 381-30 à L.381-30-6 du Code de la sécurité sociale, loi n°94-43 du 18 janvier 1994 relative à la santé publique et à la protection sociale, circulaire SPSH9403796C du 8 décembre 1994, note du 12 décembre 2000 «13 000».

Qu'est-ce que l'unité de consultations et de soins ambulatoires (UCSA) ? 372

Au sein de chaque établissement pénitentiaire, l'accès aux soins est assuré par une unité de consultations et de soins ambulatoires (UCSA), sorte de service médical. L'établissement de santé doit assurer dans cette unité les prestations relevant de la médecine générale, les soins dentaires et certaines consultations spécialisées. L'hôpital public constitue à cet effet une équipe pluridisciplinaire chargée de dispenser les soins aux détenus et met en place les équipements médicaux dans les locaux de l'UCSA aménagés par l'administration pénitentiaire. Les soins qui ne peuvent être assurés au sein de l'UCSA sont administrés au sein de l'hôpital de proximité.

Article D.368 du Code de procédure pénale, circulaire SPSH9403796C du 8 décembre 1994.

Des progrès et des lacunes

La réforme mise en place par la loi du 18 janvier 1994 a permis d'incontestables progrès sur le plan somatique. [Cependant] différents blocages empêchent ces progrès de produire tous leurs effets. Le dimensionnement des UCSA a été établi sur des bases médicales et statistiques insuffisamment étayées. La réalité des besoins sanitaires était mal connue et difficile à évaluer. De plus, ces besoins ont évolué sous l'effet de différents facteurs. Les relations entre les services médicaux et l'administration pénitentiaire sont marquées par la méfiance [et] par des logiques de territoire. Le choix de confier au service public hospitalier la responsabilité des soins en détention génère sur certains points spécifiques des difficultés : le recrutement de chirurgiens dentistes n'est pas à la hauteur des besoins, l'absence d'assistants dentaires aggravant les manques constatés ; la permanence des soins n'est que très rarement assurée par l'hôpital, ce qui implique un recours au secteur libéral parfois mal formalisé. Les logiques pénitentiaires, policières et médicales continuent de s'opposer, ce qui contribue à limiter fortement le nombre de consultations à l'hôpital et des hospitalisations. La prise en charge du VIH peut être considérée comme satisfaisante [mais] la gestion de l'hépatite C est, en revanche, défaillante. La prise en charge de la toxicomanie souffre de lacunes importantes. Le dispositif de soins présente des lacunes importantes dans plusieurs domaines : l'hygiène et la santé publique, le traitement des troubles mentaux, le suivi des délinquants sexuels et la prise en charge du vieillissement, du handicap et de la fin de vie. La vétusté d'un grand nombre d'établissements, l'état des sanitaires, la promiscuité en détention demeurent des facteurs limitant majeurs.

Inspection générale des affaires sociales (IGAS)/Inspection générale des services judiciaires (IGSJ), L'organisation des soins aux détenus : rapport d'évaluation, *La Documentation française, 2001.*

373 Qu'est-ce que l'équipe pluridisciplinaire de l'UCSA ?

L'équipe pluridisciplinaire est composée à la fois de personnels hospitaliers habilités à exercer en milieu carcéral et de personnels pénitentiaires de surveillance. Le personnel hospitalier est chargé des missions sanitaires et le personnel pénitentiaire de la sécurité des personnes et des locaux de l'UCSA. L'équipe médicale est placée sous l'autorité d'un praticien hospitalier, le « médecin coordinateur », lui même placé sous la responsabilité d'un chef de service de l'hôpital. Le médecin coordinateur organise le suivi médical des personnes détenues et coordonne les actions de prévention et d'éducation pour la santé. Il est assisté dans sa mission par des médecins généralistes et des médecins spécialistes (dermatologues, chirurgiens-dentistes…) qui assurent des vacations. Le nombre de médecins et leur temps de présence varient selon l'importance de l'établissement pénitentiaire. Le médecin responsable de l'UCSA est également chargé du respect des règles d'hygiène collective et individuelle. Il lui appartient à ce titre de visiter l'ensemble des locaux de l'établissement pénitentiaire, de signaler aux autorités compétentes (administration pénitentiaire, direction départementale des affaires sanitaires et sociales…) les insuffisances en matière d'hygiène, en particulier toute situation susceptible d'affecter la santé des détenus, et de donner son avis sur les moyens d'y remédier. Même s'ils font partie de l'équipe pluridisciplinaire, les personnels pénitentiaires affectés à la surveillance au sein de l'UCSA demeurent sous l'autorité du chef d'établissement.

Articles D.368, D.373, D.379, D.380 et D.383 du Code de procédure pénale, circulaire SPSH9403796C du 8 décembre 1994.

374 Quel est le rôle des infirmiers ?

Le personnel infirmier, placé sous la responsabilité d'un cadre infirmier, dispense les soins et administre les médicaments sur prescription médicale. Dans chaque établissement pénitentiaire, il y a au moins un infirmier, qui reçoit et trie les demandes écrites des personnes détenues et les inscrit en consultation à l'UCSA. Il peut également recevoir les malades avant de les orienter vers un médecin et leur fournir les soins et médicaments de première nécessité (aspirine, Doliprane…).

Article D.383 du Code de procédure pénale, circulaire SPSH9403796C du 8 décembre 1994.

375 Quel est le rôle des surveillants affectés à l'UCSA ?

Des agents de l'administration pénitentiaire sont affectés à l'UCSA sur décision du chef d'établissement, après avis du médecin coordinateur. Ils sont chargés d'assurer la sécurité et la surveillance des personnes. Ils ne doivent ni assister, ni participer aux soins, ni distribuer des médicaments. Cependant, pour des raisons de sécurité, ils peuvent en pratique accompagner les infirmiers lors de la distribution des médicaments dans les cellules. Les personnes détenues ne peuvent, quant à elles, être employées qu'à des tâches d'entretien et de maintenance des locaux du service médical.

Article D.373 du Code de procédure pénale, circulaire SPSH9403796C du 8 décembre 1994.

Quel est le rôle du médecin ? 376

Les médecins généralistes assurent les consultations médicales consécutives aux demandes formulées par le détenu, par le personnel pénitentiaire ou toute autre personne agissant dans l'intérêt du détenu (famille, visiteurs…). En outre, ils doivent assurer un examen médical systématique pour tous les arrivants et visiter les détenus des quartiers disciplinaire et d'isolement au moins deux fois par semaine. Ils sont également chargés d'examiner les détenus sollicitant des attestations relatives à une inaptitude au travail pour raisons médicales, à la pratique d'une activité sportive, à un changement d'affectation, une modification ou un aménagement quelconque de leur régime de détention. Par ailleurs, les médecins délivrent aux autorités pénitentiaires des attestations écrites contenant les renseignements nécessaires aux modifications ou aux aménagements du régime de détention d'un détenu en raison de son état de santé. Ils peuvent, de manière générale, alerter par écrit le chef de l'établissement et le juge de l'application des peines s'ils estiment que l'état de santé d'une personne détenue n'est pas compatible avec son maintien en détention ou avec le régime pénitentiaire qui lui est appliqué. En cas d'hospitalisation d'une personne détenue, il appartient au médecin de se tenir informé de l'évolution de son état de santé. Enfin, à l'occasion des transfèrements, les médecins doivent veiller à ce que la continuité des soins soit assurée. Lors de la libération de la personne détenue, le médecin doit également organiser un rendez-vous à l'extérieur si son état de santé le nécessite.

Articles D.381, D.382 et D.399 du Code de procédure pénale, circulaire SPSH9403796C du 8 décembre 1994.

La personne détenue peut-elle choisir son médecin ? 377

Seuls les détenus bénéficiant d'un placement à l'extérieur sans surveillance, d'une semi-liberté ou d'une permission de sortir, peuvent choisir librement leur médecin à l'extérieur. Les autres détenus (en milieu fermé) sont soignés par le médecin présent le jour de la consultation. Dans le cas où plusieurs médecins exercent à l'UCSA, la personne détenue peut cependant demander à être suivie par l'un plutôt que par l'autre. Exceptionnellement, le directeur régional des services pénitentiaires territorialement compétent peut autoriser une personne à être soignée par un médecin de son choix n'exerçant pas dans l'établissement pénitentiaire. Mais le détenu doit alors assumer lui-même la dépense supplémentaire à la prise en charge de l'assurance maladie (ticket modérateur).

Article D.365 du Code de procédure pénale.

L'inégalité reste inévitable

Dans le système sanitaire français, nous avons en premier lieu le libre choix du médecin. En prison, il n'existe pas. Il faudrait pour cela considérablement augmenter les effectifs. En second lieu, nous avons le libre accès au médecin. Le détenu devrait donc pouvoir se rendre à l'infirmerie comme bon lui semble, comme n'importe qui a le droit d'aller aux urgences. Or aujourd'hui, il est obligé d'écrire et souvent sa lettre passe par un surveillant. L'accès aux soins peut alors devenir l'un des enjeux d'une relation déjà complexe dominant-dominé. Pour éviter cela, je suis favorable à la mise en place de boîtes aux lettres librement accessibles ou à l'utilisation des interphones dans les cellules pour contacter un standard médical. Troisième problématique : assurer une confidentialité réelle. Cela suppose qu'il n'y ait plus de surveillants pendant les consultations afin qu'ils ne puissent pas entendre l'entretien médical ni avoir accès aux dossiers médicaux. Par ailleurs, tous les produits d'accès libre en pharmacie devraient être cantinables (disponibles au magasin de l'établissement). Pourquoi les détenus n'ont-ils pas le droit d'acheter du Doliprane, de l'aspirine, du magnésium, de la pommade ? Il est aberrant qu'une simple demande de préservatif ou d'aspirine nécessite une visite à l'infirmerie.

Christian Sueur, ex-psychiatre au SMPR de la maison d'arrêt de Fleury-Mérogis, Dedans dehors, *n° 3, septembre 1997.*

378 Où la personne détenue est-elle soignée ?

Le détenu est soigné à l'UCSA de la prison, dans les locaux spécialisés destinés aux consultations et examens, lorsque son état ne nécessite pas d'hospitalisation. En revanche, les personnes placées au quartier disciplinaire ou au quartier d'isolement sont généralement examinées sur place par le médecin. Néanmoins, dans certains établissements, les personnes détenus de ces quartiers sont également reçus au sein des UCSA. Par ailleurs, des cellules situées à proximité de l'UCSA peuvent être réservées à l'hébergement momentané des détenus dont l'état de santé exige des soins fréquents ou un suivi médical particulier, sans toutefois nécessiter une hospitalisation. L'affectation des détenus dans ces cellules est décidée par le directeur de l'établissement pénitentiaire, sur proposition du médecin responsable de l'UCSA.

Articles D.251-4, D.283-1 et D.370 du Code de procédure pénale.

379 Comment faire appel au médecin ?

Pour obtenir une consultation médicale, le détenu doit faire une demande écrite à l'UCSA, sous pli fermé. Dans ce courrier, il doit expliquer brièvement son problème de santé. Il peut le remettre directement à l'infirmier lors de son passage en cellule pour la distribution des médicaments. La lettre cachetée peut également être remise à un surveillant ou à tout autre personnel pénitentiaire. Dans quelques établissements, une boîte aux lettres est prévue pour que les personnes détenues puissent déposer leurs courriers à l'UCSA. Lorsque le détenu a la possibilité de circuler dans l'établissement (centres de détention), il peut également déposer son courrier directement à l'UCSA. Enfin, les détenus peuvent également demander à un surveillant de transmettre leur demande de rendez-vous oralement. Les demandes de consultation sont examinées par le personnel infirmier et classées par ordre de priorité. Tout détenu doit théoriquement recevoir une réponse : soit un rendez-vous à l'UCSA, soit une réponse écrite, soit une réponse transmise par l'infirmier au moment de la distribution des médicaments. Les délais d'attente pour une consultation peuvent être longs, particulièrement pour les soins spécialisés. Lorsqu'une consultation lui est refusée, le détenu peut utiliser la voie des recours hiérarchiques en saisissant de préférence dans l'ordre : le médecin responsable de l'UCSA, le directeur de l'hôpital auquel l'établissement est rattaché, le médecin inspecteur de santé publique de la Direction départementale des affaires sanitaires et sociales (DDASS) et l'Inspection générale des affaires sociales (IGAS).

Circulaire SPSH9403796C du 8 décembre 1994.

Comment se déroulent les consultations médicales ? 380

D'une manière générale, les consultations médicales doivent se dérouler en l'absence de personnel pénitentiaire. Les mesures prises pour assurer la sécurité doivent ainsi permettre de préserver le colloque singulier médecin-malade, ce qui n'est pas toujours le cas en pratique. Dans le cas où la personne détenue est considérée comme dangereuse, des mesures de sécurité adéquates sont censées être mises en place tout en préservant la confidentialité de l'entretien médical.

Article D.397 du Code de procédure pénale, circulaire SPSH9403796C du 8 décembre 1994.

Pas de confidentialité à l'UCSA

A la maison d'arrêt de Toulon, les surveillants sont présents dans l'une des deux pièces du service médical. Les dossiers médicaux étant discutés à cet endroit, le secret médical n'est pas respecté. Les locaux de l'unité de consultation et de soins ambulatoires (UCSA – service médical) de la maison d'arrêt de Toulon sont composés de deux pièces. L'une d'elles, très réduite, sert aux consultations prolongées et aux soins importants. La deuxième pièce, située à l'entrée du service, est le lieu d'activité principal, où se trouve le personnel infirmier et où sont rangés les dossiers médicaux. Les détenus y reçoivent leurs médicaments et des soins. Ils doivent parfois exposer leurs problèmes de santé dans cette pièce et le personnel discute des dossiers médicaux. Normalement, les surveillants assurent la garde à l'entrée et, sauf en cas d'incidents, n'ont pas le droit d'être dans les locaux de l'UCSA. Il apparaît que cette règle n'est pas respectée, les surveillants étant en permanence présents dans la pièce centrale de l'UCSA. Ils peuvent connaître le contenu de certains dossiers médicaux et les prescriptions délivrées aux détenus.

« Maison d'arrêt de Toulon : le secret médical n'est pas respecté », La Marseillaise, *10 décembre 2001.*

381 Comment s'organise une expertise médicale en détention ?

L'expertise médicale est effectuée par un expert désigné par un magistrat qui ne peut en aucun cas être le médecin traitant. Elle peut porter sur des questions d'ordre physique ou psychiatrique. Avant d'entreprendre toute opération d'expertise, le médecin expert doit informer de sa mission la personne qu'il doit examiner et du cadre juridique dans lequel son avis est demandé. Il ne doit en effet y avoir aucune confusion possible pour le détenu examiné, ni sur l'identité et la qualité du médecin expert, ni sur l'origine et le contenu de la mission qui lui est confiée. Ainsi, afin d'éviter tout malentendu, l'examen ne doit théoriquement pas avoir lieu au sein de l'UCSA ou du SMPR, sauf si aucun lieu offrant les mêmes conditions d'équipement n'est disponible. Dans la rédaction de son rapport, le médecin expert ne doit mentionner que les éléments permettant de répondre aux questions qui lui sont posées.

Articles 105, 107 et 108 du Code de déontologie médicale.

382 Une personne détenue peut-elle refuser certains soins ?

Comme tout patient, la personne détenue doit exprimer son consentement avant tout acte médical. A défaut, elle doit être informée par le médecin des conséquences de son refus. Cependant, il est possible pour le médecin de procéder à un acte de diagnostic ou de soins si le patient n'est pas à même de consentir en raison de son état de santé (inconscience, délire...). Lorsque la personne est mineure, il appartient au détenteur de l'autorité parentale d'exprimer son consentement. Toutefois, lorsque le refus du représentant légal menace la santé ou l'intégrité corporelle du mineur ou lorsqu'il est impossible de recueillir son consentement, le médecin responsable peut saisir le ministère public afin de provoquer les mesures d'assistance éducative lui permettant de dispenser les soins qui s'imposent. Si une personne se livre à une grève de la faim prolongée, elle ne peut être traitée sans son consentement, sauf lorsque son état de santé s'altère gravement et seulement sur décision et sous surveillance médicales.

Articles D.362 et D.364 du Code de procédure pénale.

383 Qu'est-ce que la visite médicale des détenus arrivants ?

La première visite médicale doit avoir lieu dans les plus brefs délais après l'écrou afin de déceler les risques suicidaires, ainsi que toute affection contagieuse ou évolutive nécessitant des mesures d'isolement ou des soins urgents. Si, à son arrivée, le comportement d'une personne semble justifier une prise en charge médicale ne pouvant attendre cette visite d'entrée, le personnel doit en référer au gradé de permanence afin que celui-ci contacte l'équipe médicale. La visite d'entrée doit être l'occasion de pratiquer un véritable bilan de santé, de contrôler l'état vaccinal, de proposer une consultation spécialisée, notamment si des troubles psychologiques, des problèmes d'alcoolisme ou de toxicomanie sont dépistés. A l'occasion de cette visite, les détenus doivent être systématiquement informés de l'intérêt et des modalités d'accès au dépistage anonyme et gratuit du VIH (sida) et du VHC (hépatite). Une fiche d'informations épidémiologiques est remplie au cours de la visite et intégrée au dossier médical. En pratique, la visite médicale d'entrée réalisée dans certains établissements pénitentiaires est parfois très sommaire, l'essentiel du bilan étant reporté à une consultation ultérieure.

Article D.285 du Code de procédure pénale, circulaire SPSH9403796C du 8 décembre 1994.

Une personne détenue peut-elle poursuivre un traitement entamé avant son incarcération ? 384

A son arrivée en établissement pénitentiaire, la personne détenue qui fait état d'un traitement ne pouvant être interrompu doit être immédiatement signalée au service médical. Selon le Code de déontologie médicale, « *quelles que soient les circonstances, la continuité des soins au malade doit être assurée* ». Cependant, le médecin demeure également libre dans le choix de ses prescriptions. En pratique, le médecin de l'UCSA peut donc en toute liberté maintenir le traitement initié à l'extérieur ou l'interrompre s'il le juge inapproprié. Il peut également poursuivre le traitement sous une autre forme. Le Code de déontologie invite cependant les médecins à se mettre en relation avec le médecin traitant habituel du détenu avant de prendre une décision. En cas d'interruption du traitement, le détenu peut écrire à son médecin traitant à l'extérieur, en lui demandant d'intervenir auprès du médecin de l'établissement pénitentiaire. Le détenu peut aussi présenter une requête auprès du directeur de l'hôpital auquel est rattachée l'UCSA, le médecin inspecteur de la santé publique de la DDASS et de l'Inspection générale de l'action sanitaire (IGAS).

Article 47 du Code de déontologie médicale, circulaire SPSH9403796C du 8 décembre 1994.

Comment s'organise la permanence des soins ? 385

Malgré l'obligation de « continuité des soins » imposée par la loi de 1994, les UCSA ne prévoient pas de garde médicale en dehors de leurs heures d'ouverture, à l'exception des grands établissements pénitentiaires. Lorsque l'UCSA de l'établissement est fermée, il appartient au surveillant de garde d'appeler le centre 15, qui évalue le niveau d'urgence et envoie sur place l'intervenant qu'il juge le plus compétent (SAMU, médecin d'astreinte ou médecin libéral lorsqu'une convention a été signée entre la médecine libérale et l'établissement pénitentiaire). Ce dispositif n'organise que la prise en charge des interventions urgentes. Les autres consultations sont renvoyées aux heures d'ouverture de l'UCSA. Autre problème : les interventions de nuit pour urgence médicale sont compliquées par l'effectif restreint de surveillants, l'espacement des rondes et le fait que seul le surveillant gradé détient la clé des cellules. Les délais d'intervention des services d'urgence sont considérablement allongés lorsqu'il est nécessaire de contacter le gradé à son domicile pour ouvrir une cellule.

Articles D.270 et D.374 du Code de procédure pénale, circulaire SPSH9403796C du 8 décembre 1994, circulaire du 6 mars 2002 relative à la permanence des soins.

Les prisonniers privés de médecine de garde le week-end

Depuis mars 2001, de nombreux médecins de garde refusent de se rendre dans les établissements pénitentiaires le week-end, en raison d'un conflit entre le ministre de la Santé et le conseil de l'Ordre. Les services médicaux étant fermés les samedis et dimanches dans la grande majorité des prisons, l'hôpital public doit demander à un médecin de garde d'intervenir pour les soins importants. Or, le conseil de l'Ordre des médecins a estimé dans une circulaire du 9 mars 2001, qu'en l'absence de convention entre la médecine libérale et l'hôpital public compétent sur chaque prison, la participation des médecins de garde à la prise en charge médicale des détenus était illégale. Actuellement, le SAMU est envoyé en détention, mais uniquement si les soins sont estimés urgents par le régulateur de l'hôpital. C'est ainsi qu'à la maison centrale de Saint-Maur (Indre), le médecin responsable du service médical estime que le quart des demandes d'intervention durant le week-end sont refusées par les médecins de garde. Le samedi 13 octobre 2001, un détenu de cette centrale, qui réclamait des soins après avoir été agressé par un codétenu, n'a pas pu être pris en charge. Un certificat médical établi le lundi a pourtant indiqué qu'il souffrait « *d'un traumatisme de la mâchoire inférieure gauche et d'un traumatisme à l'arc postérieur des dernières côtes droites entraînant une douleur lors des mouvements respiratoires.* » La Direction de l'hospitalisation et de l'organisation des soins du ministère de la Santé reconnaît que cette situation, qui « *existe dans la majorité des établissements pénitentiaires* », est inquiétante.

OIP, « La médecine de garde fait défaut le week-end dans la plupart des prisons », Dedans dehors, *n°30, mars 2002.*

386 Où la personne détenue est-elle hospitalisée ?

Les hospitalisations d'urgence et de courte durée (48 heures maximum), pour d'autres motifs que des troubles mentaux, sont effectuées dans l'hôpital dont dépend l'UCSA. Il en est ainsi pour les consultations hospitalières, les interventions bénignes, les examens spécialisés ou les cas d'urgence. Les hospitalisations de moyenne ou longue durée devraient en principe avoir lieu au niveau régional dans des « unités hospitalières sécurisées interrégionales » (UHSI), dont l'installation est programmée depuis 1994. Cependant, la première UHSI n'a ouvert ses portes à Nancy qu'en février 2004. En attendant l'ouverture des autres unités, ces hospitalisations sont effectuées la plupart du temps à l'hôpital pénitentiaire de Fresnes, ou, de façon dérogatoire, à l'hôpital de proximité. L'ouverture des sept autres unités devrait s'échelonner jusqu'en 2007, au sein des Centres hospitaliers universitaires (CHU) de Lille, Rennes, Bordeaux, Toulouse, Marseille et Lyon, la dernière reposant sur un fonctionnement complémentaire entre l'hôpital pénitentiaire de Fresnes et une unité sécurisée au sein du groupe hospitalier Pitié-Salpêtrière à Paris. Ces unités sont des centres de soins classiques (lieu d'hébergement des détenus et de réalisation des soins médico-chirurgicaux) placés sous la surveillance du personnel de l'administration pénitentiaire. Celui-ci garantit la prévention des évasions et concourt à la sécurité des personnes et des biens. Pour accéder à ces unités, il faut passer par un poste de contrôle central, placé pour sa part sous la surveillance de personnels de police et de gendarmerie. Le patient détenu doit pouvoir recevoir la visite de ses proches au sein de parloirs organisés en boxes « monofamille ». Les détenus qui ne souhaitent pas être hospitalisés selon ce système dans un établissement public, ne pourront être admis dans un établissement privé que sur décision du directeur régional des services pénitentiaires. Ils devront alors assumer entièrement les frais découlant de cette prise en charge.

Articles D.391 à D.393 du Code de procédure pénale, circulaire SPSH940379C du 8 décembre 1994, arrêté MESH0022669A du 24 août 2000 relatif à la création des unités hospitalières sécurisées interrégionales destinées à l'accueil des personnes incarcérées.

Qui décide de l'hospitalisation d'un détenu ? 387

La décision d'hospitaliser un détenu est prise par le médecin traitant de l'UCSA lorsque les soins nécessaires ne peuvent être dispensés en détention. Le médecin demande au directeur de l'hôpital de prononcer l'admission du patient. Si la personne détenue doit être hospitalisée dans un établissement de santé situé en dehors de la direction régionale des services pénitentiaires où elle est écrouée, une autorisation du ministre de la Justice est nécessaire. Dans les autres cas, l'autorisation doit émaner du directeur régional. En outre, lorsqu'il s'agit de l'hospitalisation d'un prévenu, le juge d'instruction saisi du dossier doit donner son accord. Les prévenus ne peuvent en principe être hospitalisés dans un établissement éloigné des juridictions d'instruction ou de jugement devant lesquelles ils doivent comparaître.

Articles D.382 et D.393 du Code de procédure pénale, circulaire SPSH9403796C du 8 décembre 1994.

Comment s'organisent les escortes en milieu hospitalier ? 388

Avec la mise en service progressive des UHSI d'ici 2007, on pourra distinguer deux procédures selon la durée de l'hospitalisation envisagée. Les escortes vers les « unités hospitalières sécurisées interrégionales » (UHSI) devront être assurées par des policiers ou des gendarmes. Celles vers les hôpitaux de proximité dont dépend l'UCSA seront assurées par le personnel pénitentiaire spécialement affecté. Des forces de police ou de gendarmerie pourront néanmoins être mises en place pour sécuriser l'escorte si la personnalité du détenu fait apparaître des risques sérieux pour l'ordre public. Le chef d'établissement étant responsable de la sécurité de l'escorte, c'est lui qui décide de la renforcer ou non. Il détermine également le trajet emprunté et définit les moyens de contrainte auxquels sera éventuellement soumis le détenu. Que la personne détenue soit transportée dans un fourgon ou dans une ambulance, il revient au chef d'établissement de décider du port de menottes et/ou d'entraves en fonction de la personnalité du détenu et des risques sérieux de trouble pour l'ordre public. En pratique, les détenus sont presque systématiquement menottés au cours de leur transport vers l'hôpital. Par ailleurs, le manque de personnels pouvant assurer les escortes est à l'origine de nombreuses annulations de consultations en milieu hospitalier. Les reports de traitements n'étant pas sans conséquence sur l'état de santé du patient, certains juges de l'application des peines accordent aux détenus malades des permissions de sortir ou un placement à l'extérieur pour être soignés. Ce système permet à la personne de se rendre à l'hôpital, seule ou accompagnée d'un proche, et d'éviter ainsi une annulation d'escorte au dernier moment.

Note du 15 juillet 2003 relative à l'organisation des escortes pénitentiaires des détenus conduits en milieu hospitalier.

64 reports de traitement ou d'intervention pour un cancer

Pour le moment, rien n'y a fait. Les détenus de la maison d'arrêt de Nice (Alpes-Maritimes) dont l'état de santé nécessite une hospitalisation voient régulièrement leur prise en charge médicale reportée ou annulée. Faute de policiers disponibles pour assurer – comme le stipule le Code de procédure pénale – leur escorte entre l'unité d'hospitalisation qui leur est attribuée au sein du CHU niçois et les différents services hospitaliers. Ainsi, consultations, soins, voire opérations chirurgicales sont repoussés *sine die*, quelle que soit la gravité des pathologies. En décembre dernier, un détenu a dû attendre plusieurs jours sa chimiothérapie. Le même mois, une infirmière du service de radiologie a eu une sérieuse altercation avec un policier chargé des escortes (à la suite de laquelle elle a porté plainte auprès du procureur de la République, n'obtenant à ce jour que des excuses du policier lors d'une médiation) qui la colle violemment contre un mur avant de la placer en garde à vue. Ceci parce que la soignante a osé protester après un énième soin retardé pour un détenu. Autre aberration : une détenue de quarante-deux ans, hospitalisée depuis le 8 août 2003 pour un cancer, déclare avoir subi 64 reports de traitements ou d'interventions. Comme celle programmée en novembre 2003 afin de lui éviter un risque de septicémie et qui ne sera réalisée qu'un mois plus tard. Nombre de rendez-vous avec un anesthésiste ou afin de subir une coloscopie passent ainsi à la trappe. [...] Dans un courrier du 6 janvier, le directeur du CHU évoque cette kyrielle de difficultés dans l'accès aux soins : « *réelles* » et « *pas méconnues des autorités de tutelle* ».

Sophie Bouniot, « Les détenus niçois privés de soins », L'Humanité, *31 janvier 2004.*

389 Quelles sont les règles applicables au détenu hospitalisé ?

La personne détenue admise à l'hôpital est considérée comme continuant à subir sa peine ou, s'il s'agit d'un prévenu, comme placée en détention provisoire. Les règlements pénitentiaires lui demeurent applicables dans la mesure du possible, notamment en ce qui concerne ses relations avec l'extérieur. Afin de visiter une personne détenue hospitalisée, il faut donc disposer d'un permis de visite. Le permis permanent obtenu préalablement à l'hospitalisation reste valable. Les personnes n'en possédant pas et voulant visiter un détenu condamné doivent en faire la demande au préfet de police à Paris et aux préfets et sous-préfets en province.

Lorsque la personne hospitalisée est en détention provisoire, c'est le juge d'instruction saisi du dossier qui délivre le permis de visite. Par ailleurs, la personne hospitalisée peut recevoir les visites de son avocat, de l'aumônier, d'un visiteur de prison ou d'un travailleur social. Le détenu hospitalisé peut être autorisé par le chef d'établissement pénitentiaire à emporter une somme d'argent liquide provenant de la part disponible de son compte nominatif, afin d'effectuer des dépenses courantes à l'intérieur de l'hôpital. Si le détenu doit être hospitalisé pendant plus de 72 heures dans un établissement de santé éloigné de l'établissement pénitentiaire dans lequel il est écroué, il peut faire l'objet d'une levée d'écrou sous forme simplifiée. Il est alors écroué dans l'établissement pénitentiaire situé à proximité de l'hôpital. A l'issue de l'hospitalisation, la personne détenue est soit réintégrée dans son établissement d'origine, soit définitivement transférée dans la prison située à proximité de l'hôpital. Cette disposition ne sera plus applicable lorsque les hospitalisations auront lieu au sein des Unités hospitalières sécurisées interrégionales. Les personnes détenues resteront alors écrouées au sein de l'établissement d'origine.

Articles 803, D.314-2, D.394, D.395 et D.403 du Code de procédure pénale.

Quel est le dispositif de sécurité mis en place au cours de l'hospitalisation ? 390

Au sein de l'hôpital de proximité dont dépend l'UCSA, la personne détenue est gardée par les services de police ou de gendarmerie. Au sein des UHSI, la garde des personnes incombe au personnel pénitentiaire, le personnel de police n'intervenant que pour effectuer le contrôle extérieur des bâtiments. Pendant l'hospitalisation, le détenu peut être menotté et/ou entravé. Seul le chef d'établissement pénitentiaire ou un adjoint ayant reçu délégation est compétent pour en décider, en fonction des risques d'évasion, de la dangerosité et de l'état de santé du détenu. Le chef d'escorte peut cependant modifier le dispositif initialement arrêté en raison du comportement du détenu ou de la survenance d'éléments nouveaux durant le séjour à l'hôpital. En pratique, les personnes détenues sont souvent menottées à leur lit d'hôpital, sans qu'il ne soit tenu compte de leur état de santé. Par ailleurs, plusieurs niveaux de surveillance peuvent être mis en place durant les consultations médicales *stricto sensu*. La consultation peut s'effectuer : hors la présence du personnel pénitentiaire avec ou sans moyen de contrainte ; sous la surveillance constante du personnel avec ou sans moyen de contrainte. Néanmoins, le chef d'escorte doit en principe veiller à ce qu'il ne soit pas porté atteinte à la confidentialité de l'entretien médical. L'application de certaines mesures de sécurité peut être contestée par le médecin. Un formulaire préalablement renseigné par le chef d'établissement lui sera alors remis par le chef d'escorte afin de porter à sa connaissance les motifs justifiant le recours à de telles mesures de sécurité. Seul le chef d'établissement, saisi par téléphone, peut à titre exceptionnel et en fonction des éléments complémentaires portés à sa connaissance, modifier le dispositif initialement arrêté. Dans le cadre des UHSI, structures sécurisées, les détenus peuvent ne pas être menottés ni entravés aux cours des soins administrés au sein de la structure. Néanmoins, le dispositif permettant le port de menottes ou d'entraves pourra être appliqué lorsque de détenu devra se rendre dans une salle de soins située en dehors de l'unité. Pour ses pratiques d'utilisation des menottes et entraves à l'hôpital, la France s'est vue condamnée par la Cour Européenne des droits de l'homme dans un arrêt du 27 novembre 2003. En l'espèce, une personne détenue, hospitalisée afin de subir une intervention médicale, avait été entravée à son lit d'hôpital. La Cour avait rappelé que « *compte tenu de l'âge du requérant, de son état de santé, de l'absence d'antécédents faisant sérieusement craindre un risque pour la sécurité, des consignes écrites du directeur du centre de détention pour une surveillance normale et non renforcée, du fait que l'intervention intervenait la veille d'une opération chirurgicale* », « *la mesure d'entrave était disproportionnée au regard des nécessités de la sécurité, d'autant que deux policiers avaient été spécialement placés en faction devant la chambre du requérant.* »

Arrêt CEDH France c/ Henaf du 27 novembre 2003 et note du 15 juillet 2003 relative à l'organisation des escortes pénitentiaires des détenus conduits en milieu hospitalier.

Entravée au lit d'hôpital

Interrogée par l'AFP, la sœur de Joëlle Aubron, Paule Aubron, a indiqué qu'elle l'avait vu « *menottée* » au cours de sa dernière visite à l'hôpital dimanche. « *Nous* (la famille) *avons vu Joëlle entravée à plusieurs reprises sur son lit d'hôpital. Elle était attachée à son lit par le poignet droit, au moyen de deux paires de menottes accrochées l'une à l'autre, pour laisser un peu de jeu* », a-t-elle déclaré. « *Elle était menottée dimanche et lundi matin, mais j'ai l'impression que ça dépendait des équipes de surveillance. Elle est aussi menottée quand elle marche et la porte de sa chambre est sans cesse ouverte* », a-t-elle poursuivi. « *Elle est très angoissée, parce qu'à la maladie, s'ajoutent ces mesures terriblement dures. Après l'opération, elle va faire 40 jours de radiothérapie, et elle a besoin de calme et de confiance pour aller vers la guérison* », a-t-elle souligné.

AFP, 31 mars 2004.

391 Le secret médical doit-il être respecté en prison ?

La révélation d'une information confidentielle par une personne qui en est dépositaire soit par état ou par profession, soit en raison d'une fonction ou d'une mission temporaire, est réprimée par le Code pénal. La règle du secret médical, générale et absolue dans son principe, doit s'appliquer en milieu pénitentiaire comme en milieu libre. Le Code de déontologie médicale spécifie que le secret couvre tout ce qui est venu à la connaissance du médecin dans l'exercice de sa profession, c'est-à-dire non seulement ce qui lui a été confié, mais aussi ce qu'il a vu, entendu, et compris. Le médecin doit veiller à ce que les personnes qui l'assistent dans son travail soient instruites de leurs obligations en matière de secret médical et s'y conforment. Quand elles ont connaissance d'informations sur la santé d'une personne détenue, toutes les personnes qui assistent le médecin, y compris le personnel pénitentiaire, sont tenues d'observer une stricte discrétion.

Les renseignements liés à la santé des détenus ne peuvent en aucune façon être divulgués. Par ailleurs, lorsque les médecins participent à la commission de l'application des peines, ils doivent le faire dans le strict respect du secret médical. Enfin, si le médecin découvre qu'un patient est atteint d'une maladie contagieuse nécessitant son isolement, il doit en informer l'administration pénitentiaire pour que soient prises les mesures qui s'imposent, mais il ne doit pas révéler de quelle maladie souffre le détenu. Dans la pratique, le secret médical n'est pas strictement respecté en prison, les personnels pénitentiaires étant fréquemment amenés à avoir connaissance d'informations sur la santé des détenus, ce qui comporte certains risques de divulgation.

Articles 226-13 du Code pénal, 11, 12 et 85 du Code de déontologie médicale, circulaire SPSH9403796C du 8 décembre 1994.

Qu'est-ce que le dossier médical ? 392

Le dossier médical est constitué de l'ensemble des documents relatifs au suivi du détenu, tant en ce qui concerne les soins somatiques, les soins psychiatriques que les prescriptions, ainsi que du dossier de soins des infirmiers. Il s'agit des documents « *qui ont contribué à l'élaboration et au suivi du diagnostic et du traitement ou d'une action de prévention, ou ont fait l'objet d'échanges écrits entre professionnels de la santé, notamment des résultats d'examen, comptes rendus de consultation, d'intervention* ». S'y ajoutent tous les documents nominatifs établis par un médecin ou par une équipe dirigée par un médecin. Le dossier médical est communiqué aux médecins spécialistes venant effectuer des consultations au sein de l'UCSA. Ceux-ci doivent y intégrer les conclusions de leurs examens et leurs prescriptions. Le dossier médical comprend également la fiche épidémiologique remplie lors de la visite médicale obligatoire au moment de l'arrivée en prison. Il doit permettre le suivi du détenu tout au long de sa détention. A l'issue de l'incarcération, les éléments nécessaires au suivi médical du patient seront transmis au médecin de son choix.

Articles D.375 du Code de procédure pénale, L.1111-7 du Code de la santé publique, circulaire SPSH9403796C du 8 décembre 1994.

Qui a accès au dossier médical du détenu ? 393

Le dossier médical doit être conservé dans les locaux de l'UCSA dans des conditions garantissant la confidentialité et la préservation du secret médical. Il est entreposé dans un endroit spécifique prévu à cet effet, fermé à clé et accessible exclusivement au personnel soignant. Seuls les médecins généralistes, spécialistes et infirmiers ont donc en principe accès au dossier médical, et non les experts médicaux par exemple. Tous les mouvements du dossier (à l'occasion d'une hospitalisation, d'un transfert…) doivent être impérativement effectués dans des conditions garantissant la confidentialité et l'inviolabilité (enveloppe fermée par un ruban adhésif). En cas de transfert, le dossier doit être adressé au médecin exerçant dans le nouvel établissement d'écrou, sous la responsabilité de l'établissement de santé du lieu de départ. Le dossier médical pourra être remis au chef d'escorte, sous pli scellé, et être placé sous sa responsabilité. La loi du 4 mars 2002 relative aux droits des malades prévoit le principe de libre accès de la personne détenue à son dossier médical ou, en cas de décès, de ses ayants droit. Avant cette réforme, la communication du dossier était soumise à la médiation du médecin, qui exposait son contenu au détenu. Dorénavant, le détenu peut demander à consulter lui-même son dossier directement. Il conserve toutefois la possibilité de se faire assister d'un médecin pour d'éventuelles explications. Les documents sollicités doivent être communiqués dans un délai de huit jours suivant la réception de la demande, et si ces documents datent de plus de cinq ans, dans un délai de cinq mois. La consultation est gratuite si elle a lieu sur place, la délivrance de photocopies est payante.

Articles D.375 du Code de procédure pénale et L.1112-1 du code de la santé publique, circulaire SPSH9403796C du 8 décembre 1994, note JUSE0240150C du 2 octobre 2002 relative à l'accès aux documents administratifs contenant des informations à caractère médical.

Confidentialité négligée

La mission a pu constater que la conservation des dossiers médicaux n'était pas toujours assurée dans des conditions satisfaisantes du point de vue du respect du secret médical. Armoires ou locaux ouverts et dépourvus de clefs pendant la journée paraissent être répandus. Des efforts relativement simples pourraient être accomplis rapidement en ce domaine mais il est clair que l'informatisation systématique de ces dossiers dans des conditions garantissant la confidentialité constitue à terme la seule solution adéquate. Des projets en ce sens existent d'ailleurs dans certains établissements.

Inspection générale des affaires sociales (IGAS)/Inspection générale des services judiciaires (IGSJ), L'organisation des soins aux détenus : rapport d'évaluation, *La Documentation française, 2001.*

394 Qui a accès au carnet de santé des personnes détenues ?

Le carnet de santé des personnes détenues est conservé, pour des raisons de confidentialité, par le médecin responsable de l'unité de consultations et de soins ambulatoires. En cas d'hospitalisation, il est joint au dossier médical de la personne détenue et transmis, sous pli fermé, au praticien responsable de la structure d'hospitalisation. Les mentions et les cachets portés sur le carnet de santé ne doivent en aucun cas permettre d'identifier un séjour en détention.

Note DAP JUSE9740071N du 20 mars 1997.

395 Dans quels cas le médecin délivre-t-il un certificat médical ?

Le médecin de l'UCSA est habilité à établir des attestations ou des certificats médicaux relatifs aux aménagements du régime de détention pour raison de santé. Il peut s'agir plus particulièrement d'une inaptitude temporaire ou permanente à exercer une activité de travail, une aptitude aux activités sportives, un régime alimentaire, une admission à l'hôpital, une surveillance particulière en cas de grève de la faim, la suspension d'une sanction disciplinaire ou d'une mesure d'isolement, la prolongation d'une mesure d'isolement au-delà de trois mois. Si la personne détenue est victime de coups et blessures, elle peut également demander au médecin de lui fournir une attestation. Les certificats et attestations ne doivent mentionner que les indications strictement nécessaires à une adaptation du régime de détention, à l'exclusion de tout élément diagnostic. Le médecin remet en main propre un double de ces documents au détenu ou, à la demande de celui-ci, il les adresse à son avocat ou à sa famille.

Articles D.168, D.170, D.362, D.369, D.375, D.378, D.382 et D.390 du Code de procédure pénale, circulaire SPSH9403796C du 8 décembre 1994.

Un détenu peut-il bénéficier de consultations médicales spécialisées ? 396

Des consultations spécialisées sont organisées au sein de l'unité de consultations et de soins ambulatoires (UCSA) afin d'éviter le plus possible les extractions. Lorsque le volume d'activité ne justifie pas l'instauration d'une consultation spécialisée régulière, des interventions ponctuelles de spécialistes peuvent être requises. Les consultations les plus fréquentes ont lieu en ophtalmologie, chirurgie dentaire, dermatologie, O.R.L., pneumologie, cardiologie, gynécologie-obstétrique, gastro-entérologie, kinésithérapie. Tout autre spécialiste peut être appelé sur proposition du médecin de l'établissement. Lorsque les consultations ne peuvent être réalisées dans les locaux de l'UCSA, la personne détenue est extraite et transportée à l'hôpital. Lorsque le médecin s'oppose à une demande de consultation spécialisée, le détenu peut faire un recours hiérarchique auprès du médecin coordinateur de l'UCSA ou du directeur de l'hôpital auquel est rattachée l'UCSA, puis du médecin inspecteur de santé publique de la DDASS. Il peut également écrire à l'IGAS. Dans tous les cas, son courrier doit expliquer de façon précise l'objet de la plainte.

Circulaire SPSH9403796C du 8 décembre 1994.

« Attendez votre sortie pour voir un dentiste »

La première lettre date du 11 septembre 2001. François, 52 ans, incarcéré à la maison d'arrêt de Fresnes (Val-de-Marne) depuis cinq mois, s'adresse à la section française de l'Observatoire international des prisons (OIP) pour trouver une solution « *urgente* » à ses problèmes de santé. Le détenu, opéré des membres inférieurs en 1998, porte des attelles qui lui « *coupent les jambes* ». « *Elles ont du mal à me porter et me font tomber* », écrit-il. Il a demandé un rendez-vous avec le médecin de la prison, mais « *jusqu'à aujourd'hui, toujours rien* ». François, qui souffre d'un début de cataracte, voudrait aussi que ses lunettes cassées soient réparées. Enfin, quand il était à la maison d'arrêt de Rouen (Seine-Maritime), en détention provisoire, le dentiste lui a retiré toutes les dents qui lui restaient à la mâchoire supérieure pour lui poser un appareil. Seulement, le prévenu a changé de prison après son jugement. « *Depuis avril, les soins ont été arrêtés et je me retrouve sans dents en haut,* écrit-il. *C'est formidable pour manger.* » A sa demande de voir à nouveau le dentiste, on lui aurait répondu d' « *attendre sa sortie* »... dans dix-huit ans.

▬ *Inspection générale des affaires sociales (IGAS)/Inspection générale des services judiciaires (IGSJ),* L'organisation des soins aux détenus : rapport d'évaluation, *La Documentation française, 2001.*

397 Comment s'organise la prescription des médicaments ?

La prescription des médicaments relève de la seule responsabilité des personnels et intervenants médicaux : médecins généralistes ou spécialistes, chirurgiens-dentistes, psychiatres. Le médecin remet au détenu un double de sa prescription, indiquant la nature du traitement, sa posologie, sa durée et ses modalités d'administration. Le médecin exerçant en milieu carcéral s'entoure généralement de précautions particulières au moment de la prescription des médicaments, afin d'éviter le stockage par le détenu (toxicomanie, tentatives de suicide...) ou le détournement (trafic). Le médecin privilégie donc dans certains cas des formes ou voies d'administration (gouttes, solutés ou injections) permettant un meilleur contrôle de la prise effective des médicaments. Le procédé consistant à diluer un médicament solide et à le mélanger à d'autres (la fiole) est désormais interdit et a globalement disparu des établissements pénitentiaires.

▬ *Circulaire SPSH9403796C du 8 décembre 1994.*

398 Comment s'organise la distribution des médicaments ?

La distribution des médicaments doit être assurée quotidiennement, et si nécessaire plusieurs fois par jour, y compris les samedis, dimanches et jours fériés. Dans tous les cas, les soins prescrits et les médicaments ordonnés ne peuvent être administrés que par l'infirmier, soit dans les locaux du service médical, soit en détention, y compris dans les quartiers disciplinaire et d'isolement. L'infirmier est généralement accompagné d'un surveillant pour la distribution des médicaments dans les cellules. Afin de préserver le secret médical, certaines UCSA choisissent de distribuer les médicaments sous une forme banalisée, c'est-à-dire sans leur boîte d'emballage. Certaines distributions de médicaments peuvent également avoir lieu dans les locaux de l'UCSA, comme les traitements de substitution pour les toxicomanes ou les trithérapies pour les détenus atteints du VIH. Dans les établissements accueillant plus de 1 000 détenus ou très éloignés de l'établissement de santé, une pharmacie à usage interne est gérée par un pharmacien. Dans les autres établissements, la pharmacie de l'hôpital est utilisée. Toutefois, les UCSA sont équipées dans ce cas d'une armoire à pharmacie contenant des médicaments de base.

▬ *Circulaire SPSH9403796C du 8 décembre 1994.*

399 Peut-on conserver des médicaments en cellule ?

Chaque fois que le médecin estime que le détenu est capable de gérer seul son traitement, les médicaments lui sont délivrés pour plusieurs jours. Cette décision ne peut être prise par le médecin qu'au cas par cas et après en avoir informé le chef d'établissement pénitentiaire. Dans les cas où il apparaît que des précautions particulières doivent être prises, les médicaments doivent être absorbés devant l'infirmier qui les distribue. Quand le détenu est autorisé à conserver des médicaments en cellule, ils lui sont remis dans un sachet ou un pilulier à son nom, mentionnant la date de la prescription ainsi que la durée du traitement. Cependant, pour des raisons d'ordre et de sécurité (trafic, racket, etc.), le chef d'établissement peut interdire au détenu de garder des médicaments à sa disposition.

Article D.273 du Code de procédure pénale, circulaire SPSH9403796C du 8 décembre 1994.

Le prix d'une avancée

Le point le plus délicat, au départ, a concerné la distribution des médicaments, avec l'abandon des préparations diluées, les « fioles ». Les personnels de surveillance désiraient être libérés de cette tâche qui ne relevait pas de leur mission, tout en s'inquiétant des mouvements supplémentaires de détenus ou de personnel que cette nouvelle procédure engendrait. Les nouvelles modalités de distribution des traitements, en responsabilisant les détenus face à leurs soins, permettent à une minorité d'entre eux de stocker, d'échanger, voire de racketter des médicaments. Cet effet pervers quasi inévitable, qui représente, pour certains toxicomanes notamment, la reproduction à l'intérieur des murs d'un mode de vie extérieur, constitue le prix à payer d'une avancée en matière de citoyenneté de la personne détenue vis-à-vis de sa santé.

Olivier Obrecht, ancien chef du service de médecine de la maison d'arrêt de Fleury-Mérogis et conseiller technique du ministre de la Santé, « Des progrès pour la santé en prison », Projet, *n°269, printemps 2002.*

Quelles sont les actions de prévention et d'éducation pour la santé ? 400

L'unité de consultations et de soins ambulatoires (UCSA) est chargée de coordonner les actions de prévention et d'éducation pour la santé en direction des personnes détenues. En réalité, ces actions demeurent souvent réduites à peau de chagrin. Lorsqu'elles sont mises en place, elles peuvent prendre la forme de dépistages obligatoires ou facultatifs, d'entretiens individuels lors de consultations, de réunions d'informations, d'émissions diffusées sur le canal interne de télévision, de mises à disposition de brochures, dépliants, affiches… Le médecin responsable de l'UCSA détermine, en collaboration avec la direction de l'établissement pénitentiaire, les thèmes prioritaires de prévention et d'éducation pour la santé, en fonction des problématiques révélées par les examens médicaux d'entrée. Sont privilégiées les actions portant principalement sur l'infection par le virus de l'immunodéficience humaine (VIH), les maladies sexuellement transmissibles, l'alcoolisme et les toxicomanies, les hépatites B et C, la mise à jour des vaccinations (antitétanique, antipoliomyélitique), l'alimentation, la responsabilisation du détenu vis-à-vis de sa santé, l'hygiène bucco-dentaire. Des organismes extérieurs aux milieux hospitalier et pénitentiaire, spécialisés dans le domaine de l'éducation pour la santé, peuvent également intervenir au sein de la prison après accord du chef de l'établissement.

Articles D.368, D.385, D.390 et D.390-1 du Code de procédure pénale, circulaire SPSH9403796C du 8 décembre 1994.

401 Quels sont les dépistages obligatoires ?

Seuls les dépistages de certaines maladies sexuellement transmissibles et de la tuberculose sont obligatoires. Ils doivent être effectués dans les premiers jours suivant l'incarcération. Le dépistage de la tuberculose est réalisé auprès de chaque entrant par un examen radiologique pulmonaire ainsi que sur les détenus qui n'en ont jamais bénéficié au cours de leur incarcération. Le délai entre l'arrivée en détention et la connaissance du résultat ne doit pas excéder une semaine. La déclaration obligatoire des cas de tuberculose est effectuée par le médecin ayant réalisé le diagnostic et transmise par le responsable de l'UCSA au médecin inspecteur de santé publique de la DDASS. Les détenus atteints de tuberculose sont nécessairement confinés en cellule sur avis médical. Le médecin prescrit les mesures appropriées pour éviter tout risque de contamination des détenus et du personnel. Quant aux personnes pour lesquelles la séropositivité au VIH a été dépistée pendant la détention, elles font également l'objet d'une déclaration obligatoire.

Articles D.384 et D.384-1 du Code de procédure pénale, circulaire SPSH9403796C du 8 décembre 1994.

402 Quelles sont les autres actions de dépistage ?

Les dépistages du sida et des hépatites ne sont pas obligatoires. Ils ne peuvent être effectués qu'avec l'accord de la personne. Afin d'assurer aux détenus un conseil personnalisé et un test de dépistage dans des conditions de confidentialité analogues à celles du milieu libre, des circulaires de la Direction générale de la santé de 1993 ont prévu l'intervention des *Consultations de dépistage anonyme et gratuit du VIH* (CDAG) dans tous les établissements pénitentiaires. En pratique, ces interventions n'ont pas été mises en place partout. Au cours de la visite médicale d'entrée, le médecin de l'UCSA incite le détenu à bénéficier d'un conseil personnalisé de prévention de l'infection par le VIH et, si nécessaire, d'un test de dépistage. Il l'informe des jours et heures de passage de l'équipe de la CDAG. Pour assurer la confidentialité des résultats, ceux-ci sont communiqués oralement au détenu par le médecin de la CDAG. Le détenu est seul habilité à autoriser, par un accord écrit, leur transmission au responsable de l'UCSA. En outre, le service médical doit mettre des préservatifs à la disposition des détenus, qui peuvent les conserver sur eux et en cellule. Par ailleurs, une trousse contenant des préservatifs, un dépliant sur l'infection du VIH et les adresses de CDAG doit en principe être remise à tous les sortants, permissionnaires et libérés. En pratique, la remise de cette trousse n'est pas systématique.

Article D.384-3 du Code de procédure pénale, circulaire SPSH9403796C du 8 décembre 1994.

Les détenus peuvent-ils être soumis à des expériences médicales ? 403

Les détenus peuvent être sollicités pour se prêter à des recherches biomédicales uniquement s'il en est attendu un bénéfice direct et majeur pour leur santé. Leur consentement est obligatoirement recueilli par le médecin qui leur a préalablement exposé les objectifs, la méthodologie, la durée de la recherche ainsi que les bénéfices attendus, les contraintes et les risques encourus. Il l'informe également de son droit de retirer son consentement à tout moment sans encourir aucune responsabilité. Des détenus séropositifs ou malades du sida peuvent ainsi bénéficier, comme à l'extérieur, de nouvelles molécules ne bénéficiant pas encore d'autorisation de mise sur le marché, par le biais de protocoles gérés par des médecins spécialisés.

Articles D.363 du Code de procédure pénale, L.209-5 et L.209-9 du Code de la santé publique.

Existe-t-il des actions de prévention spécifiques en direction des femmes ? 404

Dans les établissements pénitentiaires accueillant des femmes, l'établissement de santé doit veiller à ce qu'une consultation de gynécologie soit prévue afin que les détenues puissent bénéficier d'examens de dépistage spécifiques comme ceux du cancer du sein ou de l'utérus. En outre, l'équipe médicale doit signaler la présence de femmes enceintes et d'enfants âgés de moins de 18 mois aux services de la protection maternelle et infantile (PMI) du conseil général. Ces services doivent être impliqués dans la surveillance des grossesses et assurer le suivi des enfants. Ils doivent également être sollicités dans le cadre du programme d'éducation pour la santé pour assurer une action d'information sur la contraception et la planification familiale.

Circulaire SPSH9403796C du 8 décembre 1994.

Comment s'effectue le suivi médical aux quartiers disciplinaire et d'isolement ? 405

La liste des personnes présentes aux quartiers disciplinaire et d'isolement doit être remise quotidiennement à l'équipe médicale. Le médecin doit se rendre dans ces quartiers au moins deux fois par semaine, et plus s'il l'estime nécessaire. Sa visite n'entraîne pas en pratique un examen médical bi-hebdomadaire, le médecin se contentant souvent de demander à chaque détenu s'il a besoin de quelque chose. De plus, il arrive que la présence d'un surveillant, ainsi que les grilles qui empêchent un contact direct avec le détenu, rendent un éventuel examen médical sommaire et non confidentiel. Concernant le quartier disciplinaire, l'exécution de la sanction doit obligatoirement être interrompue par le directeur si le médecin constate qu'elle est de nature à compromettre la santé du détenu. En pratique, l'avis du médecin n'est pas systématiquement suivi. Et surtout, il subit souvent une forte pression de la part des personnels pénitentiaires pour que ses observations soient atténuées de façon à permettre l'exécution de la sanction. En tout état de cause, l'application de la sanction reprendra dès que le motif de sa suspension aura cessé. Le pouvoir du médecin concernant le placement à l'isolement est encore moindre. Les textes prévoient que son avis sur l'opportunité de prolonger ou de mettre un terme à l'isolement n'est que consultatif. Le chef d'établissement doit cependant transmettre tout certificat médical au directeur régional, en l'accompagnant de son avis sur les suites à lui donner. D'une manière générale, si le médecin estime que l'état de santé d'un détenu n'est pas compatible avec le régime pénitentiaire qui lui est appliqué, il peut également en aviser par écrit le chef d'établissement et le directeur régional des services pénitentiaires compétent.

Articles D.251-4, D.283-1, D.381 et D.382 du Code de procédure pénale, circulaire SPSH9403796C du 8 décembre 1994.

Apte à mourir

30 janvier 2003 au matin, le détenu Jérôme L. a été retrouvé sans vie, gisant sur le lit du mitard, à la prison d'Aix-Luynes (Bouches-du-Rhône). [...] Il devait passer cinq jours au quartier disciplinaire pour avoir insulté des surveillants. Et le 29 janvier, accompagné d'une stagiaire, le médecin-chef était passé le voir. Selon des témoignages, vers 16 heures, le prisonnier était à terre, son pantalon mouillé. Il ne répondait pas à ceux qui lui parlaient. Le docteur signe pourtant son « *aptitude au quartier disciplinaire* » et, sans l'ausculter, le réinstalle sur le lit et mentionne que Jérôme L. dort « *profondément* ». Le lendemain, il était mort, allongé sur le ventre, dans la position où il avait été laissé la veille. [...] Une enquête est déclenchée [...] le directeur de l'Igas parle « *d'une appréciation médicale erronée de [l'état du détenu] et d'un défaut de vigilance manifeste* » face à une « *personne considérée comme très profondément endormie, alors qu'elle bénéficie d'un traitement médicamenteux* » et « *laissée sans surveillance particulière pendant plusieurs heures* ». Cela « *d'autant plus que cette personne se trouvait isolée dans une cellule du quartier disciplinaire* ».

Dominique Simonnot, « Aix-Luynes, maison d'arrêt cardiaque », Libération, *16 septembre 2003.*

406 Les détenus bénéficient-ils de la sécurité sociale ?

Depuis la loi du 18 janvier 1994, toutes les personnes détenues sont affiliées automatiquement au régime général de la sécurité sociale. Dès leur incarcération, elles bénéficient, pour elles-mêmes et leurs ayants droit (conjoint, enfants, parents), des prestations en nature des assurances maladie et maternité. A leur libération, ces droits sont maintenus pendant trois ans. Les détenus étrangers sont, comme les autres détenus, automatiquement et obligatoirement affiliés aux assurances maladie et maternité. Néanmoins, leurs ayants droit ne bénéficient d'une affiliation automatique que s'ils répondent aux conditions de régularité de séjour en France. Pour les détenus étrangers en situation irrégulière, l'ouverture des droits se limite à eux seuls et à la période d'incarcération. Les détenus n'ont aucune démarche à effectuer : l'établissement pénitentiaire se met en relation avec la caisse primaire d'assurance maladie (CPAM) dont ils dépendent. Une carte d'assuré social valable un an et renouvelable automatiquement est délivrée au nom du patient. Pendant l'incarcération, la carte est conservée au greffe de l'établissement. Les détenus la récupèrent pour toute sortie (permission de sortir, semi-liberté, placement extérieur) et lors de leur libération définitive. Les ayants droit sont rattachés à la CPAM de leur lieu de résidence.

Article D.366 du Code de procédure pénale, circulaire SPSH9403796C du 8 décembre 1994, note DAP du 28 mai 1996.

Un détenu peut-il adhérer à une mutuelle ? 407

En complément de l'affiliation aux assurances maladie et maternité, les détenus peuvent adhérer à une mutuelle dont pourront également profiter leurs ayants droit. Toutefois, cette adhésion ne peut avoir pour conséquence d'exonérer l'administration pénitentiaire de la prise en charge du ticket modérateur et du forfait journalier. L'adhésion d'un détenu à une mutuelle a donc pour effet principal la prise en charge complémentaire des prestations concernant ses ayants droit. Il appartient au directeur de l'établissement pénitentiaire de vérifier, avant l'adhésion, si la part disponible du compte nominatif du détenu est suffisamment approvisionnée en fonction des échéances de cotisations. Le remboursement de la mutuelle est versé sur la part disponible du compte nominatif ou sur le pécule de libération.

Note DAP du 16 octobre 1996.

Quels sont les soins couverts par les assurances maladie et maternité ? 408

Tous les soins liés à une maladie ou une grossesse sont couverts par la sécurité sociale. Cette prise en charge s'étend aux frais de transports liés aux déplacements du malade, aux prothèses et aux examens médicaux. Les détenus sont en outre exonérés du ticket modérateur (part des soins non remboursée par la sécurité sociale et supportée par l'assuré social), payé par l'administration pénitentiaire. En revanche, ces frais (ticket modérateur) restent à la charge des ayants droit et des détenus évadés.

Circulaire SPSH9403796C du 8 décembre 1994.

Quels soins peuvent rester à la charge des détenus ? 409

Différentes dépenses de santé peuvent rester à la charge des détenus : les appareillages, prothèses, actes, traitements ou interventions chirurgicales non pris en charge par l'assurance maladie, ainsi que les dépassements tarifaires des médecins, des laboratoires d'analyse ou des examens radiologiques, en fonction du seuil de remboursement de l'assurance maladie. Les prothèses dentaires ou optiques (lunettes) prescrites ou proposées par le service médical (UCSA) doivent faire l'objet d'une demande d'entente préalable auprès de l'assurance maladie. Cette démarche est réalisée par l'UCSA. Dès lors qu'une prothèse est médicalement justifiée, c'est-à-dire nécessitée par un état pathologique reconnu par le praticien de l'UCSA, le détenu doit en bénéficier quelles que soient ses possibilités contributives. En cas d'accord de l'assurance maladie, celle-ci transmet un devis au chef de l'établissement pénitentiaire, faisant apparaître la part restant à la charge du détenu. Il appartient au chef d'établissement de vérifier si la part disponible du compte nominatif du détenu est suffisamment approvisionnée pour payer la dépense. Dans ce cas, le devis est soumis à l'acceptation du détenu. Au contraire, si le détenu ne dispose pas de la somme nécessaire sur son compte nominatif, il peut demander au chef d'établissement l'autorisation de se faire adresser un mandat par sa famille ou encore d'utiliser une partie de son pécule de libération pour financer cette « dépense exceptionnelle ». Si le détenu ne dispose d'aucun fond sur son compte nominatif, l'établissement pénitentiaire prend en principe en charge la totalité de la dépense. Si le détenu dispose de ressources, mais insuffisantes pour la prise en charge totale du reliquat, il appartient au chef d'établissement d'apprécier la part de la facture laissée à la charge du détenu et celle payée par l'administration pénitentiaire. En revanche, lorsque la demande d'entente préalable n'est pas acceptée par l'assurance maladie, la totalité des frais doit être supportée par le détenu.

Article D.367 du Code de procédure pénale et note DAP du 28 mai 1996.

410 Qui exerce le contrôle sanitaire ?

L'inspection générale des affaires sociales (IGAS) et les services du ministère de la Santé doivent veiller à l'observation des mesures nécessaires au maintien de la santé des détenus et de l'hygiène dans les prisons. Ces services contrôlent en principe au sein des établissements pénitentiaires l'exécution des lois et règlements se rapportant à la santé publique, et effectuent toutes vérifications utiles à leur mission. Il apparaît cependant en pratique que leur exigence devient souvent minimale dès qu'il s'agit de locaux pénitentiaires. Théoriquement, il appartient au médecin responsable de l'UCSA de vérifier l'observation des règles d'hygiène collective et individuelle. A cet effet, il doit visiter l'ensemble des services et des bâtiments de la prison aussi fréquemment que possible et au moins une fois par trimestre. Il doit signaler les imperfections ou insuffisances éventuellement constatées et donner son avis sur les moyens d'y remédier. Ses observations sont portées par le chef d'établissement à la connaissance du directeur régional. L'efficacité de ces contrôles peut cependant être facilement mise en cause au vu de l'état d'hygiène de certains établissements pénitentiaires. Deux types de démarches sont possibles pour signaler un dysfonctionnement. La personne détenue peut utiliser la voie des recours hiérarchiques en saisissant (de préférence dans l'ordre) le médecin responsable de l'UCSA, le directeur de l'hôpital auquel est rattaché l'UCSA, le médecin inspecteur de santé publique de la DDASS et le ministre chargé de la Santé. Parallèlement, il est toujours possible d'écrire à l'IGAS, qui saisira un médecin inspecteur de santé publique et les autorités concernées. Dans leurs courriers, les détenus doivent expliquer de façon précise l'objet de leur plainte (le type de problème d'hygiène, les locaux concernés, etc.) mentionner leur identité et l'établissement où ils sont incarcérés.

Articles D.348-1 et D.380 du Code de procédure pénale.

Qu'est ce que la « suspension de peine pour raison médicale » ? 411

La loi du 4 mars 2002 sur le droit des malades a créé une suspension de peine pour permettre aux détenus dont l'état de santé est critique d'être pris en charge à l'extérieur. Pour demander cet aménagement de peine, le détenu doit être atteint d'une « *pathologie engageant son pronostic vital* » ou présenter « *un état de santé durablement incompatible avec le maintien en détention* ». Cette mesure peut être accordée à tous les condamnés, sans condition par rapport à la nature ou à la durée de leur peine. Elle doit permettre aux condamnés gravement malades d'être immédiatement libérés. Les juridictions de l'application des peines (juge de l'application des peines, juridiction régionale de libération conditionnelle...) sont compétentes pour prononcer cette mesure au regard de deux expertises médicales distinctes, qui devront établir de manière concordante que le condamné remplit l'une ou l'autre des conditions posées. La juridiction ne sera néanmoins pas liée par les expertises médicales. Il est à noter que pour établir l'incompatibilité entre l'état de santé et le maintien en détention, les experts ne sont soumis à aucun critère précis, leur appréciation apparaissant dès lors particulièrement subjective. La nature et la gravité des infractions reprochées au condamné ainsi que le risque pour l'ordre public ne doivent en aucun cas, selon la loi du 4 mars 2002, justifier le refus de cette mesure par la juridiction. Mais en pratique, les décisions de rejet sont régulièrement motivées par un risque pour l'ordre public. En ce sens, une circulaire du ministère de la Justice du 7 mai 2003 rappelle d'ailleurs que les Parquets, en matière de suspension de peine, conservent la faculté dans leurs réquisitions de s'opposer à toute mesure qui leur paraîtrait de nature à compromettre l'ordre public. Une fois la suspension accordée, la juridiction de l'application des peines peut revenir ultérieurement sur sa décision et la détention reprendre son cours, soit parce que les conditions de la suspension ne sont plus remplies, soit parce que les contraintes fixées par la décision ne sont pas respectées. Il arrive également que certaines décisions de suspension de peine soient ajournées faute de place au sein de structures d'accueil spécialisées.

Article 720-1-1 du Code de procédure pénale, circulaire ministère de la Justice sur la « suspension de peine pour raisons médicales, Article 720-1-1 du CPP » du 7 mai 2003.

63 suspensions pour 136 demandes

Sur 136 détenus ayant demandé à bénéficier d'une suspension de peine en 2003, seulement 63 ont obtenu gain de cause, a annoncé mercredi l'association Act Up, à l'occasion du deuxième anniversaire de la loi sur les droits des malades dont l'ancien préfet Maurice Papon a été un des premiers à profiter. « *A plusieurs reprises le garde des Sceaux et le ministre de la Santé se sont félicités de ce système, grâce auquel, selon eux, il n'y aurait plus de personnes gravement malades détenues ni de décès en détention, mais la réalité est tout autre* », a estimé Act Up. Selon les chiffres fournis par l'association à l'AFP, cinq décès ont été enregistrés entre le 1er octobre et le 31 décembre dernier et, depuis l'adoption de la nouvelle loi le 4 mars 2002, seulement 83 personnes incarcérées ont obtenu une suspension de peine. « *Trop peu de détenus malades bénéficient de ce dispositif, et les délais d'examen des dossiers, entre deux mois et cinq mois, sont excessifs vu l'état de santé des demandeurs* », a dénoncé Act Up. Elle met également en avant « *le manque cruel de lieux d'accueil* » pour les malades dont la sortie a été autorisée mais qui sont maintenus en détention, soit parce qu'aucune structure d'hébergement ne veut les accueillir, soit parce qu'il n'en existe tout simplement pas. Act Up a ainsi évoqué le cas d'un détenu en fauteuil roulant qui doit sortir en avril mais dont aucun lieu d'accueil ne veut, et celui d'un prisonnier dont la pathologie lourde nécessite une prise en charge dans un appartement thérapeutique. « *Aucune place n'a pu lui être trouvée, faudra-t-il qu'il décède en prison pour qu'enfin les structures d'hébergement et les institutions de tutelle se décident à libérer une place ?* », s'interroge Act Up. En mars dernier, au premier anniversaire de la loi, le garde des Sceaux Dominique Perben avait fait état de « *37 détenus malades ou âgés déjà détectés par l'administration pénitentiaire* ». Il annonçait à cette occasion que l'AP pourrait de son propre chef saisir la justice de demandes de suspension de peine en faveur de détenus âgés ou malades lorsque ceux-ci étaient « *abandonnés par tout le monde* ». La France compterait un peu plus de 1 700 détenus de plus de 60 ans, dont une trentaine âgés de plus de 80 ans.

AFP, 3 mars 2004.

412 Quelles sont les prérogatives du médecin de l'établissement dans le cadre de la procédure de suspension de peine ?

Il n'appartient pas au médecin traitant de la personne condamnée de préciser le type d'aménagement de peine à demander (suspension de peine, libération conditionnelle, semi-liberté…). Néanmoins, il peut envisager cette possibilité avec le détenu, lorsqu'il estime qu'il pourrait en bénéficier au vu de son état de santé. Lorsque le médecin informe le détenu de la gravité de son état de santé, il doit lui faire savoir qu'il est susceptible de bénéficier d'un aménagement de peine et doit lui remettre un certificat médical descriptif, afin qu'il puisse faire valoir sa situation. Ce certificat peut indiquer que le pronostic vital est engagé ou que l'état de santé de la personne est durablement incompatible avec son maintien en détention. Mais il ne peut en aucun cas se substituer à l'une des deux expertises nécessaires à la décision d'aménagement de peine. Lorsque le détenu ne souhaite pas engager cette procédure, le médecin doit néanmoins lui remettre un certificat médical dans les mêmes conditions. Il doit également informer le chef d'établissement qu'il considère le maintien de cette personne en détention incompatible avec son état de santé. Enfin, lorsque le détenu se trouve hors d'état d'exprimer sa volonté concernant une demande de suspension de peine ou de comprendre la gravité de son état de santé, le médecin doit remettre le certificat descriptif, ne comportant pas d'éléments diagnostics, à la personne susceptible d'intervenir au mieux dans l'intérêt du malade. Il peut s'agir soit de la famille ou des proches du détenu malade, soit d'une personne de confiance (qui peut être le médecin traitant). Dans cette hypothèse, le chef d'établissement doit également être avisé de l'état de santé du détenu. En effet, il appartient au chef d'établissement et au directeur du SPIP de faire conjointement un signalement au procureur de la République et au juge de l'application des peines, lorsque la situation d'une personne détenue apparaît réellement critique, mais que celle-ci ne semble pas en avoir conscience ou qu'elle n'est pas en état de formaliser elle-même la requête. Dans tous les cas, lorsqu'il l'estime nécessaire, le médecin doit lui aussi aviser l'autorité judiciaire de l'urgence de la situation afin que celle-ci prenne toutes les mesures utiles pour accélérer la procédure.

Article L 1111-6 du Code de la Santé publique, circulaire DHOS/DGS/DAP n°2003-440 du 24 juillet 2003 relative au rôle du médecin intervenant auprès des personnes détenues dans le cadre de la procédure de suspension de peine pour raison médicale, note du 25 novembre 2002 n°595 relative au signalement des personnes détenues susceptibles de bénéficier d'une suspension de peine pour raison médicale.

La psychiatrie

Les troubles psychiques concernent un nombre de plus en plus élevé de détenus. Certains ont été incarcérés suite à une infraction dont la cause première résulte de troubles mentaux. En effet, les tribunaux considèrent une proportion de plus en plus importante d'accusés comme responsables pénaux, même s'ils sont atteints de maladies psychiatriques. La prison devient dès lors un lieu d'accueil de personnes malades, pour lesquelles elle s'avère particulièrement inadaptée. D'autres détenus ne présentaient pas de troubles particuliers à leur écrou, mais ils subissent les effets de l'enfermement et nécessiteraient un accompagnement psychologique en cours d'exécution de peine. Or, le dispositif actuel de soins ne s'avère pas en mesure de réponde à l'augmentation de la demande et les détenus n'ont dès lors pas un accès aux soins psychiatriques équivalent à celui de la population générale.

Plus d'un entrant sur deux présente un trouble psychiatrique

Parmi les 2 300 entrants en détention enquêtés en juin 2001, les médecins psychiatres des services médico-psychologiques régionaux (SMPR) ont repéré au moins un trouble psychiatrique pour plus de la moitié d'entre eux. Un cinquième des détenus entrant en détention avait déjà été suivi par les secteurs de psychiatrie. Pour cette population en quasi-totalité masculine, plutôt jeune, célibataire et en grande difficulté d'insertion, la présence de troubles est plus fréquente dans le cas d'antécédents judiciaires et pour des délits criminels. Les détenus ayant été suivis durant la même période par les SMPR ont des caractéristiques proches. Mais cette population est plus féminine que la population pénale dans son ensemble (10 % contre 4 %). La nature des délits commis différencie nettement les détenus suivis pour des troubles psychiatriques : 46 % sont incarcérés pour crime contre 24 % des détenus en 1999, 65 % pour atteinte aux personnes contre 18 %. De même, la structure de leurs pathologies s'écarte de celle des patients pris en charge par les secteurs de psychiatrie générale chez lesquels prédominent les troubles psychotiques et dépressifs. Un tiers des détenus suivis présente en effet des troubles de la personnalité et un quart des troubles liés à une dépendance addictive, 12 % des troubles névrotiques ou anxieux, 8 % souffrent de psychose et 7 % de troubles de l'humeur. Compte tenu des modalités de fonctionnement des SMPR, la prise en charge de ces détenus est essentiellement ambulatoire. Quatre profils types de détenus suivis se dégagent : ceux atteints de troubles de l'humeur et du comportement incarcérés en majorité pour la première fois ; des usagers de substances psycho-actives et incarcérés pour infractions correctionnelles ; des condamnés à de longues peines présentant principalement des troubles sexuels ou de la personnalité ; enfin des détenus souffrant de troubles émotionnels et du comportement, souvent mineurs, et en prison pour de courtes peines.

DREES, « La santé mentale et le suivi psychiatrique des détenus », Etudes et résultats, *n°181, juillet 2002.*

413 Comment s'organise le dispositif de soins psychiatriques en prison ?

Les soins psychiatriques dans les établissements pénitentiaires ont été confiés au service public hospitalier dès 1986, antérieurement aux soins somatiques (1994). Un décret du 14 mars 1986 a ainsi créé un ou plusieurs « secteurs de psychiatrie en milieu pénitentiaire » (SPMP), dans chaque région pénitentiaire. Chaque SPMP est rattaché à un établissement hospitalier public. Il comprend notamment un service médico-psychologique régional (SMPR), service hospitalier de consultations ambulatoires implanté au sein d'un établissement pénitentiaire. Dans les prisons non dotées d'un SMPR, les actions de dépistage et les soins psychiatriques ambulatoires sont dispensés par le « secteur de psychiatrie générale » de l'hôpital avec lequel la prison a passé une convention. A l'égard des mineurs et jeunes majeurs détenus (moins de 21 ans), l'intervention est alors assurée par le secteur de psychiatrie infanto-juvénile. Pour les soins intensifs ou urgents, le SMPR constitue un lieu d'accueil des détenus de l'ensemble des établissements pénitentiaires de son secteur, y compris ceux du « programme 13 000 » (semi-privés).

Décret n°86-602 du 14 mars 1986, arrêté du 14 décembre 1986, circulaire 45 DH/DGS/DAP du 8 décembre 1994.

414 Quel est le rôle d'un SMPR ?

La mission du service médico-psychologique régional (SMPR) est d'assurer : le dépistage systématique des troubles psychiques (notamment au moyen d'un entretien d'accueil avec les entrants) ; les soins médico-psychologiques courants à l'intention de la population détenue dans l'établissement pénitentiaire où le SMPR est implanté (entretiens individuels, ateliers thérapeutiques, traitements psychiatriques, préparation à un suivi psychologique à l'extérieur, etc.) ; une mission de lutte contre l'alcoolisme et les toxicomanies ; une coordination des prestations de santé mentale du SPMP (secteur de psychiatrie en milieu pénitentiaire) dans sa région. Le SMPR prodigue également des soins intensifs au sein d'unités de détention spécifiques pour toute personne qui le nécessite, qu'elle soit détenue dans l'établissement même ou dans une prison du secteur pénitentiaire ne disposant pas de SMPR. Actuellement au nombre de 26, les SMPR sont presque tous situés en maison d'arrêt (Amiens, Bois-d'Arcy, Bordeaux-Gradignan, Caen, Fleury-Mérogis, Fresnes, Grenoble, Loos-lès-Lille, Rennes, Strasbourg, Toulouse, etc.) pour des secteurs regroupant entre 1 300 et 5 000 détenus. De nombreux établissements pour peines (centres de détention et maisons centrales) ne disposent pour leur part que de psychiatres et psychologues vacataires, quand bien même les détenus condamnés à de longues peines nécessiteraient davantage un suivi psychologique régulier.

Arrêté du 14 décembre 1986, circulaire 45 DH/DGS/DAP du 8 décembre 1994.

Comment obtenir une consultation au SMPR ? 415

Lors de l'entretien initial systématique du « détenu arrivant » avec un psychiatre, les prestations offertes au sein de l'établissement pénitentiaire doivent être présentées au détenu. Une demande de soins peut être effectuée ultérieurement par le détenu lui-même par écrit, le directeur de l'établissement pénitentiaire, le médecin généraliste de l'établissement, l'autorité judiciaire compétente dans le cas d'un prévenu ou sur signalement de toute personne connaissant le détenu et dans l'intérêt de ce dernier. Les proches du détenu peuvent contacter le SMPR par téléphone.

Arrêté du 14 décembre 1986, circulaire 45 DH/DGS/DAP du 8 décembre 1994.

Un accès aux soins psychiatriques défaillant

L'ensemble de ces facteurs conduit à une augmentation de la demande en santé mentale en prison, à laquelle le dispositif actuel de soins n'est pas en mesure de répondre, aussi bien à l'intérieur de la prison qu'à l'extérieur. Reposant à l'intérieur des établissements pénitentiaires sur 26 services médico-psychologiques régionaux (SMPR) et dans les autres établissements sur les secteurs de psychiatrie générale, le système est inadapté :

- « l'hospitalisation complète » n'est pas possible dans les cellules du SMPR, qui ne se distinguent pas des autres cellules de la prison (absence de surveillance infirmière la nuit, absence de personnel d'entretien, hygiène défaillante, hospitalisation des femmes impossible sauf à Fleury-Mérogis) ;
- les moyens sont très inégaux entre les sites disposant de SMPR et ceux n'en disposant pas ;
- le choix de l'implantation des SMPR s'est fait au détriment des établissements pour peines et des petites maisons d'arrêt, dont la clientèle psychiatrique paraît proportionnellement plus élevée que dans les établissements disposant de SMPR ;
- le caractère régional du fonctionnement des SMPR, qui pouvait compenser ces faiblesses, régresse ;

- enfin les modes de travail et l'activité diffèrent considérablement d'un service à l'autre, et l'absence de contrôle ne permet pas de remédier à certains dysfonctionnements.

A l'extérieur de la prison, le recours à l'hôpital psychiatrique se fait de manière critiquable :

- le seul mode d'hospitalisation accessible aux détenus est l'hospitalisation d'office, dans des conditions souvent peu acceptables. Les hôpitaux se montrent peu enclins à accueillir ce type de malades et les renvoient rapidement en prison ;
- le taux d'évasion à partir des hôpitaux psychiatriques (où ils sont surveillés par le personnel hospitalier) est 100 fois plus élevé qu'à partir des hôpitaux généraux (où ils sont gardés par la police et la gendarmerie) ;
- le faible nombre d'admissions de détenus en UMD (moins de 50 admissions par an) provoque des délais d'attente et des dysfonctionnements.

Ainsi, les détenus n'ont pas le même accès aux soins psychiatriques que la population générale.

Inspection générale des affaires sociales (IGAS)/Inspection générale des services judiciaires (IGSJ), L'organisation des soins aux détenus : rapport d'évaluation, *La Documentation française, 2001.*

416 Comment se déroule un placement en SMPR ?

Le placement à l'unité de soins du service médico-psychologique régional (SMPR) constitue un accueil et une prise en charge psychiatrique dans une aile de détention spécifique à l'intérieur de l'établissement pénitentiaire. L'unité de soins des détenus au sein des SMPR doit comporter en majorité des cellules individuelles et seulement quelques cellules doubles. Il s'agit d'un hébergement complet sur place comprenant des soins pendant la journée seulement. L'admission d'un patient est prononcée avec le consentement du détenu par le directeur de l'établissement pénitentiaire sur proposition d'un médecin du service. Le placement en SMPR est qualifiée « d'hospitalisation libre » (bien que les portes des cellules des malades soient fermées et que seuls les surveillants en détiennent les clefs) parce qu'il s'agit d'une hospitalisation librement consentie par le patient, dont l'état de santé reste « compatible » avec le maintien en détention. Les détenus pris en charge par le SMPR sont soumis au régime de détention ordinaire de l'établissement. Dans l'intérêt du patient et sur proposition du psychiatre responsable du service, des aménagements ou dérogations au régime ordinaire peuvent cependant être décidés par le directeur de l'établissement pénitentiaire. Les détenus en soins psychiatriques se voient généralement proposer du travail de groupe (atelier dessin, théâtre, discussion…). En revanche, ils n'ont pas toujours la possibilité d'avoir la télévision dans leur cellule. Dès que l'état de santé du détenu ne nécessite plus son maintien au SMPR, son retour en détention ordinaire est ordonné sur proposition d'un psychiatre du service par l'autorité pénitentiaire compétente.

Arrêté du 14 décembre 1986, circulaire 45 DH/DGS/DAP du 8 décembre 1994.

Dans quels cas un détenu doit-il être hospitalisé en dehors de l'établissement pénitentiaire ? 417

Lorsque l'état de santé mentale d'un détenu est incompatible avec son maintien en détention, il doit être transféré vers un service hospitalier de psychiatrie à l'extérieur. La procédure engagée est celle d'une hospitalisation d'office (sans consentement du détenu), jusqu'à ce que l'ensemble des unités hospitalières spécialement aménagées (UHSA) entrent en service. En attendant, seule l'hospitalisation d'office est possible pour un détenu, par arrêté préfectoral sur proposition d'un psychiatre exerçant dans l'établissement pénitentiaire, qui doit présenter un certificat médical circonstancié. Elle concerne les détenus dont les troubles mentaux compromettent l'ordre, la sûreté des personnes ou qui se mettent en danger eux-mêmes. Les patients les plus difficiles ou dangereux peuvent également être placés dans des unités pour malades difficiles (UMD), unités psychiatriques sécurisées. Le nouveau système d'hospitalisation en cours d'implantation est issu d'une loi du 9 septembre 2002, intégrant dans le Code de la santé publique la spécificité de l'hospitalisation des détenus atteints de troubles mentaux, qui était jusqu'alors régie uniquement par voie réglementaire et échappait ainsi au droit commun. Il prévoit que l'hospitalisation à temps complet d'une personne détenue doit dorénavant être réalisée dans un établissement de santé, au sein d'une unité hospitalière spécialement aménagée (UHSA). Comme toute hospitalisation en psychiatrie, elle peut avoir lieu d'office comme auparavant, mais aussi à la demande d'un tiers, ou encore avec le consentement du détenu (hospitalisation libre). Ainsi, les nouvelles dispositions autorisant l'hospitalisation libre des détenus permettent d'éviter l'hospitalisation d'office, procédure lourde se heurtant régulièrement aux réticences des préfets. Pour une hospitalisation sans consentement, trois critères doivent être réunis : les troubles mentaux justifiant les soins doivent rendre impossible le consentement du patient ; ils doivent constituer un danger pour lui-même ou pour autrui ; le détenu doit nécessiter des soins immédiats assortis d'une surveillance constante en milieu hospitalier. Lorsqu'en raison de ses troubles mentaux, le détenu ne peut émettre sa volonté, il appartient au préfet du département dans lequel se trouve l'établissement d'affectation du détenu (ou au préfet de police de Paris) de prononcer par arrêté son hospitalisation dans une UHSA, au vu d'un certificat circonstancié. Le certificat ne peut émaner d'un psychiatre exerçant dans l'établissement hospitalier d'accueil. Par ailleurs, le nouveau dispositif laisse subsister la possibilité d'interner les détenus les plus dangereux au sein des Unités pour malades difficiles (UMD). Dans l'attente de la création des UHSA, les détenus continuent d'être affectés dans un SMPR (hospitalisation libre) ou un établissement de santé habilité (hospitalisation d'office). Il semble que 244 lits pourraient à terme être disponibles au sein de 11 unités fermées qui seraient placées sous la surveillance de 140 agents.

Articles D.394, D.395 et D.398 du Code de procédure pénale, L.342, L.3214-1 à 3214-5 du Code de la santé publique.

418 Qu'est-ce qu'une UMD ?

Les unités pour malades difficiles (UMD), implantées dans des centres hospitaliers spécialisés, assurent l'hospitalisation des patients qui présentent pour autrui un danger tel, que les soins, la surveillance et les mesures de sûreté nécessaires ne peuvent être mis en œuvre que dans une unité spécifique. Il existe quatre UMD sur tout le territoire national (à Cadillac, Villejuif, Montfavet, Sarreguemines), pour une capacité totale d'accueil de 520 lits. En outre, ces unités ne sont pas réservées aux détenus. Elles sont appelées à recevoir l'ensemble des malades dont le comportement est considéré comme dangereux pour autrui. Toute personne admise dans une UMD doit être informée de ses droits et obligations. Les décisions de maintien ou de sortie des personnes hospitalisées dans l'unité reviennent à une commission de suivi médical, composée du médecin-inspecteur de la DDASS chargé des problèmes de santé mentale et de trois psychiatres.

Article 12 du décret n°86-602 du 14 mars 1986, arrêté du 14 octobre 1986 relatif au règlement intérieur des UMD.

419 Dans quelles conditions se déroule l'hospitalisation psychiatrique d'un détenu ?

Dans tous les cas, un projet de soins doit être établi entre le psychiatre ayant suivi le patient en détention et l'équipe soignante d'accueil. Pour le transfèrement de la prison à l'hôpital, le centre hospitalier d'accueil doit venir chercher sans délai le détenu suite à l'arrêté d'hospitalisation d'office. Sauf exception, les détenus admis en service hospitalier de psychiatrie ne sont pas soumis à une garde statique de police ou de gendarmerie. Par ailleurs, ils sont considérés comme continuant à subir leur peine ou, s'il s'agit de prévenus, comme placés en détention provisoire. Les règlements pénitentiaires leur demeurent applicables dans la mesure du possible. Le directeur de l'établissement pénitentiaire informe en particulier le service hospitalier des conditions dans lesquelles le détenu peut entretenir des relations avec l'extérieur. A l'issue de son hospitalisation, le détenu est réintégré dans l'établissement pénitentiaire d'origine. A titre exceptionnel cependant, l'autorité préfectorale peut solliciter au préalable les services de l'administration pénitentiaire afin que soit désigné un autre établissement pénitentiaire pour la réintégration du détenu. Concernant l'hospitalisation en UHSA, il est prévu que le détenu se voit reconnaître les mêmes droits que tout autre patient, sous réserve de restrictions rendues nécessaires par sa qualité de détenu.

Articles D.394, D.395 et D.398 du Code de procédure pénale, L.342, L.3214-1 à 3214-5 du Code de la santé publique.

Prévoir des aménagements de peine spécifiques

En ce qui concerne les modifications proposées du Code de la santé publique en vue de permettre l'hospitalisation, avec ou sans leur consentement, des personnes détenues atteintes de troubles mentaux dans des établissements de santé au sein d'unités spécialement aménagées, la CNCDH prend acte tout à la fois de l'impossibilité d'organiser l'hospitalisation psychiatrique à temps complet dans les prisons et de la nécessité de modifier le régime juridique des établissements de santé pour y admettre d'office les personnes détenues. Cependant, si elle apprécie l'effort fait pour faciliter la prise en charge en secteur hospitalier extérieur des personnes détenues atteintes de troubles mentaux, la Commission tient à rappeler ici que la très grave question de l'incarcération ou du maintien en détention des malades mentaux reste posée et que le problème de la psychiatrie en milieu carcéral ne peut pas être traité par la seule modification des modalités de prise en charge des patients-détenus. Il est urgent, notamment, de prévoir des aménagements de peine spécifiques aux malades mentaux, compte tenu de l'accentuation des pathologies psychiatriques résultant de la détention. D'autre part, tout en admettant que les conditions d'hospitalisation de ces malades mentaux doivent tenir compte de leur qualité de détenus, la CNCDH émet de fortes réserves à l'égard de l'idée de l'application des règlements des établissements pénitentiaires au sein d'établissements hospitaliers. De façon plus générale, la loi devrait elle-même définir, ou à tout le moins encadrer avec précision, le contenu des « *restrictions en relation avec celles imposées par les décisions judiciaires privatives de liberté* » qui seraient apportées aux droits des détenus hospitalisés.

Observations de la Commission nationale consultative des droits de l'homme sur l'avant-projet de loi d'orientation et de programmation de la justice, adoptées en Assemblée plénière le 8 juillet 2002.

Les délinquants sexuels peuvent-ils bénéficier de soins psychiatriques adaptés en détention ? 420

Les personnes condamnées à une mesure de suivi socio-judiciaire, quel qu'en soit le motif, ainsi que les personnes condamnées pour le meurtre ou l'assassinat d'un mineur de moins de 15 ans précédé ou accompagné d'un viol, de tortures ou d'actes de barbarie, mais aussi l'ensemble des personnes condamnées pour crimes et délits de nature sexuelle doivent en principe exécuter leur peine dans des établissements pénitentiaires permettant d'assurer un suivi médical et psychologique adapté. Ces détenus sont signalés par le chef d'établissement au psychiatre intervenant dans l'établissement, qui doit rechercher l'adhésion du condamné à un suivi médical et psychologique. Le psychiatre a accès, dès que la condamnation devient définitive, à un résumé de la situation pénale du détenu (copie de la fiche pénale, du réquisitoire définitif, des expertises psychologiques et psychiatriques contenues dans le dossier individuel du détenu). Avant leur libération, ces personnes doivent en outre faire l'objet d'un examen psychiatrique par un expert commis par le juge de l'application des peines en vue de préparer, le cas échéant, une prise en charge post-pénale adaptée.

Articles R.57-5 à R.57-7 du Code de procédure pénale.

Les toxicomanies

Au 1er janvier 2004, 14,1 % des condamnés incarcérés en métropole sont détenus pour des infractions à la législation sur les stupéfiants (usage, détention ou trafic). Plusieurs lois, et tout particulièrement celle du 12 juin 2003 renforçant la lutte contre la violence routière, sont d'ailleurs venues réprimer sévèrement la conduite sous l'empire d'un état alcoolique ou de produits stupéfiants. En outre, une part importante de la population détenue est constituée d'usagers de drogues emprisonnés pour des délits commis pour se procurer des substances. 60 % des entrants en prison présenteraient un problème lié à une consommation d'alcool et/ou de drogues nécessitant une prise en charge (enquête DREES, janvier 1999). La seule proportion d'usagers de drogues est évaluée dans une fourchette allant de 23 % à 43 % (OEDT, *l'usage de drogue en milieu carcéral*), un chiffre moyen de 30 % étant couramment admis. Outre cette sur-représentation d'usagers comparativement à la population libre, les conduites addictives connaissent une profonde mutation depuis quelques années, face à laquelle les services médicaux en milieu carcéral ont peine à s'adapter : forte croissance de la polytoxicomanie (associant plusieurs types d'usage), déclin de la consommation d'héroïne par injection au profit des drogues de synthèse, de la cocaïne ou d'opiacés par voie orale.

421 Comment s'organise la prise en charge des usagers de drogue ou d'alcool en prison ?

Le suivi médical des personnes présentant une dépendance à une drogue ou à l'alcool est assuré essentiellement par l'UCSA (unité de consultations et de soins ambulatoires) et le SMPR (service médico-psychologique régional). L'UCSA prend en charge les soins de médecine générale ou spécialisée. Le SMPR assure la prise en charge psychiatrique, sachant qu'il en existe 26 pour l'ensemble des prisons françaises. Lorsque la prison n'est pas pourvue de SMPR, un établissement public de psychiatrie est désigné pour dispenser ces soins. Ce dispositif est complété dans seize établissements par un centre de soins spécialisés dans la toxicomanie (CSST). Dans une quarantaine d'établissements pénitentiaires, des CSST de l'extérieur peuvent également suivre les détenus qui en font la demande. En outre, différentes associations d'aide aux toxicomanes interviennent régulièrement en détention, en collaboration avec les services hospitaliers. Les CSST (anciennement, « antennes toxicomanie ») en détention sont placés sous l'autorité du médecin-chef du SMPR. Le personnel de ces structures est chargé d'assurer une prise en charge à la fois sanitaire et sociale du détenu usager de drogue, éventuellement un suivi psychologique pendant la détention, ainsi qu'une orientation à la sortie vers des structures extérieures spécialisées. Des centres de cure ambulatoire en alcoologie (CCAA) assurent également des soins ambulatoires (diagnostic, orientation et prise en charge thérapeutique), des actions d'accompagnement social et de réinsertion en faveur des détenus présentant une consommation d'alcool à risque ou une dépendance alcoolique. Ces centres peuvent intervenir au sein des établissements en tant que partenaires extérieurs. Mais en réalité, notamment dans les maisons d'arrêt, l'aide aux personnes alcoolo-dépendantes est très peu répandue en détention. Dans un nombre limité de prisons, il est aussi possible de demander des consultations anti-tabac auprès de l'UCSA.

Articles D.368, D.385 et D.390 du Code de procédure pénale, décret n°92-590 du 29 juin 1992, note n° 474 du 9 août 2001 DGS/DHOS/DAP/MILDT.

La prise en charge des toxicomanes critiquée

Parmi les critiques adressées depuis longtemps au dispositif de lutte contre la toxicomanie par les rapports successifs, celle d'une déficience dans la prise en charge des usagers de drogue incarcérés revient fréquemment. Une évaluation des antennes de lutte contre l'alcoolisme et les toxicomanies a été réalisée en 1993 à la demande du ministère de la Justice et du ministère de la Santé par « démoscopie ». Tout en insistant sur l'impérieuse nécessité de la présence d'intervenants spécialisés dans les établissements des régions les plus touchées par la toxicomanie et l'alcoolisme, les auteurs du rapport ont estimé que les modalités de fonctionnement des antennes étaient insatisfaisantes tant en termes de positionnement que de missions. [...] La mission a pu vérifier en partie l'actualité des constats faits en 1993 concernant plus particulièrement les antennes : le repérage des toxicomanes à l'entrée ne fait pas l'objet de la même attention par toutes les antennes dont un certain nombre se contentent d'attendre qu'ils se signalent directement auprès d'elles ; les recueils de données épidémiologiques lorsqu'ils existent ne portent que sur la file active suivie par l'antenne dont on sait qu'elle est loin d'être représentative de la population des toxicomanes incarcérés ; la prise en charge des toxicomanes est le plus souvent fondée sur une approche essentiellement psychologique, au détriment d'une approche également sociale et sanitaire. Elle a pu également constater que la coordination entre les différents acteurs était trop souvent défaillante.

Inspection générale des affaires sociales (IGAS)/Inspection générale des services judiciaires (IGSJ), L'organisation des soins aux détenus : rapport d'évaluation, *La Documentation française, 2001.*

Quelle aide peut être apportée au détenu toxicomane lors de son arrivée en prison ? 422

Nombre d'usagers de drogue ou d'alcool arrivent en état de manque en détention suite à leur garde à vue. Ils rencontrent un médecin de l'unité de consultations et de soins ambulatoires dans les 48 heures qui suivent l'écrou. Cette première consultation est l'occasion pour le détenu de signaler sa dépendance et de demander une aide médicale et/ou psychologique. Le médecin effectue lors de cet entretien l'évaluation de l'état de santé et des besoins de l'usager : types de produit, dose consommée ou/et traitement prescrit. Le médecin peut alors décider soit d'un sevrage, soit de la poursuite ou l'initiation d'un traitement de substitution, et orienter le détenu vers des spécialistes (SMPR, CSST, etc.). Si le détenu était porteur de médicaments à son entrée en prison, le médecin doit en être immédiatement avisé pour décider s'il peut les conserver ou non en cellule. Dans certains établissements, un médecin du SMPR assure une consultation systématique des entrants. Si ce n'est pas le cas, le détenu peut s'adresser directement par écrit au CSST, CCAA ou au SMPR.

Articles D.285 et D.335 du Code de procédure pénale, circulaire 45 DH/DGS/DSS/DAP du 8 décembre 1994.

423 Quels traitements médicaux peuvent être dispensés à l'usager de drogue pendant sa détention ?

La mise en place de traitements de substitution au sein des établissements pénitentiaires, qui fut longtemps très inférieure celle du milieu libre, est de plus en plus effective en détention. La prescription de traitements de toute nature aux détenus usagers de drogue relève exclusivement des personnels médicaux (UCSA). Il peut s'agir d'un traitement répondant aux effets du manque, symptôme par symptôme (tranquillisant, somnifère, antidouleur, antidiarrhéique...). Ce traitement implique un sevrage du patient, c'est-à-dire que des traitements de substitution ne lui seront pas délivrés. Une perte de tolérance à l'héroïne peut cependant devenir dangereuse en cas de reprise d'une consommation identique à celle ayant précédé l'incarcération, que se soit au sein de la détention ou lors de la libération, avec un plus grand risque d'overdose. Un traitement de substitution par la méthadone ou le Subutex®, ne présentant pas les mêmes risques en cas de reprise de consommation, peut également être poursuivi ou initié en prison. Il permet également d'éviter les effets physiques du manque, mais il entraîne une nouvelle forme de dépendance, qui devra être encadrée par un suivi spécialisé. 85,6 % des détenus sous substitution en 2003 reçoivent une prescription de Subutex®, les autres un traitement méthadone. Le Subutex® peut être prescrit par un médecin de l'UCSA ou du SMPR. La méthadone peut désormais être prescrite, dans le cadre de l'initialisation d'un traitement de substitution pour les toxicomanes dépendants majeurs, par tout médecin exerçant en établissement de santé. Cette possibilité était jusqu'alors réservée aux médecins des CSST. Dans tous les établissements pénitentiaires, la méthadone est délivrée quotidiennement, week-ends et jours fériés compris, et prise devant le soignant. Une délivrance quotidienne du Subutex® est également préconisée, mais une remise hebdomadaire du produit est possible. Les traitements de substitution sont délivrés soit au sein d'un centre de soins (SMPR, CSST, UCSA), soit en détention au moment de la distribution des médicaments. Concernant les autres produits psychotropes, tels que la cocaïne ou les produits de synthèse, dont la consommation connaît une forte croissance, il n'existe pas de traitement de substitution. Les soins se résument donc au traitement des symptômes liés au manque. Il est également important de noter que les personnes dépendantes au tabac doivent avoir accès aux substituts nicotiniques, qui seront, en fonction des établissements, laissés à la charge du détenu ou gratuits.

Loi n°94-43 du 18 janvier 1994, circulaires 739 DGS/DH/DAP du 5 décembre 1996 et DGS/DHOS n°2002-57 du 30 janvier 2002, note du 9 août 2001.

Quelles démarches le détenu doit-il accomplir pour la poursuite d'un traitement de substitution ? 424

La personne détenue qui souhaite poursuivre un traitement de substitution qu'elle a initié à l'extérieur doit le signaler au médecin de la prison (UCSA) lors de la visite d'entrée ou ultérieurement. Celui-ci doit alors contacter le médecin ou le centre spécialisé ayant prescrit et/ou suivi le traitement. La délivrance de traitements de substitution sera alors organisée par une convention entre le service médical de la prison et l'hôpital ou le centre de soins agréé à l'extérieur. Bien que les médecins exerçant en prison aient été plusieurs fois incités par les pouvoirs publics à assurer la poursuite des traitements de substitution, tout médecin dispose d'une entière liberté de prescription. Il peut ainsi refuser de délivrer le Subutex® ou la méthadone, alors que le patient incarcéré n'a pas la possibilité comme à l'extérieur d'aller consulter un autre médecin. Le détenu usager de drogues peut également comme tout détenu demander à être suivi par un psychologue, un infirmier psychiatrique ou un psychiatre.

Loi n°94-43 du 18 janvier 1994, articles 8 et 36 du Code de déontologie médicale, circulaire 739 DGS/DH/DAP du 5 décembre 1996, note du 9 août 2001.

Que faire en cas de refus du médecin de poursuivre un traitement de substitution ? 425

Dans son rapport d'évaluation de juin 2001, l'Inspection générale des services judiciaires (IGSJ) et l'Inspection générale des affaires sociales (IGAS) rappelaient que « *la clause de conscience du médecin qui ne veut pas prescrire en raison de questions éthiques, ne doit pas faire obstacle à la demande du patient qui souhaite un traitement de substitution. Dans une telle situation, le détenu doit avoir accès à un médecin qui ne fait pas jouer cette clause de conscience* ». En cas de refus de traitement de la part du médecin, le détenu devra écrire au médecin responsable de l'UCSA ou du SMPR, pour qu'il confirme son refus de fournir un traitement de substitution. Sa réponse devra être jointe aux différents courriers que le détenu adressera ensuite aux autorités disciplinaires et sanitaires. Une absence de réponse devra être signalée dans ces mêmes courriers. Le détenu peut également demander au médecin de la prison de contacter son médecin traitant qui a prescrit à l'extérieur le traitement de substitution. Tout médecin doit en effet, à la demande du patient ou avec son consentement, transmettre à ceux qui participent à sa prise en charge les informations et documents utiles à la continuité des soins. Il est néanmoins fréquent que le médecin récalcitrant refuse de communiquer avec ses confrères de l'extérieur qui ont initié le traitement auquel il s'oppose. Le détenu peut également écrire directement à son médecin traitant à l'extérieur, afin que celui-ci intervienne pour tenter de débloquer la situation. Le détenu peut ensuite écrire au conseil national et aux conseils départementaux de l'Ordre des médecins, ainsi qu'aux syndicats de médecins. Ces instances et organisations peuvent à leur tour saisir les conseils régionaux de l'Ordre des médecins, premiers compétents en matière disciplinaire à l'égard des personnels soignants. Le détenu doit exposer l'objet de sa plainte :

« un sevrage m'a été imposé et/ou j'ai été privé de poursuivre un traitement que j'avais librement choisi... ». Il faut noter que la plainte a plus de chance d'aboutir s'il s'agit d'une interruption d'un traitement déjà commencé à l'extérieur. Le conseil régional peut alors décider d'une sanction (avertissement, blâme, interdiction temporaire d'exercer la médecine et radiation du tableau du conseil de l'Ordre). Le détenu peut enfin se plaindre par courrier cacheté (sous pli fermé) auprès d'un certain nombre d'autorités sanitaires : le directeur de l'hôpital public rattaché à la prison, le médecin inspecteur de santé publique de la DDASS et l'IGAS.

Articles 45 du Code de déontologie médicale, L.417 et L.423 du Code de la santé publique.

426 Existe-t-il une consommation de drogues et d'alcool en prison ?

La consommation et la détention de produits stupéfiants sont strictement interdites en prison, comme à l'extérieur. La vente de toute boisson alcoolisée y est également prohibée. Le fait d'absorber sans autorisation médicale des « *substances de nature à troubler le comportement* » constitue une faute passible de 30 jours de cellule de discipline. Le fait d'être en possession de produits stupéfiants ou de se livrer à des trafics peut entraîner une sanction de 45 jours de quartier disciplinaire. Par ailleurs, des poursuites judiciaires pourront être engagées et risquent d'entraîner une nouvelle condamnation pénale des détenus concernés. Pour autant, des produits illicites de toutes sortes circulent en prison. La drogue est introduite dans les établissements pénitentiaires par différents moyens. Elle est parfois jetée de l'extérieur dans les cours de promenade ou transmise au parloir par des personnes venant en visite. Il arrive aussi que des personnels de l'administration soient mis en cause pour s'être livrés à des trafics de stupéfiants ou d'alcool, ainsi que des intervenants extérieurs à l'administration pénitentiaire. Des opérations de contrôle dans les parloirs sont fréquemment réalisées sur ordre du Parquet, par les officiers de police judiciaire, seuls habilités à opérer des fouilles sur des personnes non détenues. Ces interventions sont préparées à l'avance de concert avec la direction de la prison. Afin de garantir l'effet de surprise, des policiers se mêlent aux familles. L'opération est ensuite déclenchée avec l'intervention d'autres policiers aidés d'un chien spécialisé.

Articles 222-37 du Code pénal, D.249-1 et D.249-2 du Code de procédure pénale, circulaire JUS.D.97.30018C du 27 janvier 1997.

L'usage de drogue continue en prison

L'enquête menée par l'ORS-PACA en 1998, dans quatre centres pénitentiaires sur 1 212 personnes incarcérées, a permis d'authentifier la permanence des comportements à risque en milieu carcéral. Parmi ces 1 212 détenus, la proportion d'usagers de drogue par voie intraveineuse (UDIV) était d'environ 13 %. Dans cette population d'UDIV, 97 détenus avaient une toxicomanie active dans le mois qui précédait l'incarcération (UDIV actif). Cette population était globalement plus jeune et avait un passé carcéral plus lourd que la population de non toxicomanes. Dans cette population d'UDIV actifs, 43 % ont poursuivi les injections pendant l'incarcération, 7 % ont débuté les injections en milieu carcéral et 10 % ont partagé leur matériel d'injection. Parmi ces détenus, 12 % déclarent plus de vingt injections en détention.

Sous la direction du Pr. Delfraissy, Prise en charge des personnes infectées par le VIH, *Recommandation du groupe d'experts, Rapport 2002.*

L'administration pénitentiaire peut-elle effectuer des contrôles d'urine ou de sang sur les détenus ? 427

L'administration pénitentiaire ne peut en aucun cas imposer un test de dépistage d'usage de substances illicites à un détenu, ni lui infliger de sanction disciplinaire s'il refuse de s'y soumettre. En revanche, le juge de l'application des peines peut ordonner un test de dépistage dans le cadre d'une mesure d'individualisation de la peine (permission de sortir, libération conditionnelle, semi-liberté…). Le magistrat fait alors appel à un médecin expert et ne peut en aucun cas demander au personnel médical exerçant dans la prison d'y participer. Le refus du détenu de se plier au test ordonné par le juge de l'application des peines ne peut entraîner à lui seul une sanction disciplinaire ou pénale, mais il peut l'empêcher d'accéder à la mesure d'aménagement de peine demandée. Le médecin peut également prescrire, avec l'accord du détenu, des contrôles urinaires qui peuvent permettre, soit d'évaluer le traitement nécessaire pour les entrants ne pouvant justifier d'une prescription, soit de faire un point sur les produits consommés en cas d'impasse thérapeutique (inefficacité du traitement, doutes sur la consommation…). La Commission nationale consultative des traitements de substitution rappelle dans son rapport du 1er avril 2003 que ces tests doivent être réalisés dans l'intérêt du patient et considérés comme des outils « relationnels » et non de « contrôle ». Elle recommande également de veiller à l'anonymisation des prélèvements et de la transmission des résultats.

Articles 8 de la Convention européenne de sauvegarde des droits de l'homme et des libertés fondamentales, D.116-1 du Code de procédure pénale, note DACG 94185C26.NJ du 7 juin 1996.

Les détenus présentant une dépendance aux produits psycho-actifs doivent-ils faire l'objet d'une aide particulière à la sortie ? 428

La sortie doit être organisée suffisamment à l'avance afin de permettre un accompagnement sanitaire et social. Sur le plan sanitaire, la personne détenue doit être adressée pour son suivi médical et psychiatrique à une structure spécialisée ou à un médecin généraliste avec lequel un contact aura été préalablement établi. Lors de la sortie, une ordonnance prescrivant le traitement de substitution doit être délivrée au détenu afin d'éviter toute interruption dans l'attente de la consultation. Des informations concernant les centres de soins délivrant des traitements de substitution doivent également lui être transmises. Sur le plan social, le conseiller d'insertion et de probation doit examiner avec le détenu la question de son hébergement et de ses droits à l'extérieur. Il doit veiller suffisamment tôt à effectuer les démarches concernant la délivrance de la carte d'assuré social, de l'obtention d'une allocation de ressources et de la carte d'identité. Pour les personnes dont la sortie n'a pu être anticipée (les prévenus notamment), un support d'information sur les relais sanitaires et sociaux extérieurs doit être prévu et remis au moment de la levée d'écrou.

Notes du 9 août 2001 et n°200 DAP du 27 juin 2000 relative à l'accueil et l'hébergement des personnes toxicomanes sortant de prison.

429 Qu'est-ce qu'un quartier intermédiaire sortant (QIS) ou une unité pour sortants (UPS) ?

Ces structures ont créées en vue de préparer les détenus toxicomanes à leur sortie de prison. Un premier « quartier intermédiaire sortants » a été créé au centre pénitentiaire de Fresnes en mars 1992. A partir de 1997, ce modèle a été étendu à sept autres établissements sous le nom d' « unité pour sortants » (Lille, Lyon, Marseille, Metz, Nice, Strasbourg et maison d'arrêt pour femmes de Fresnes). Certaines unité pour sortants (UPS) ne sont cependant plus en service, comme celles de Metz et de Strasbourg. L'objet de ces structures est d'assurer une prise en charge de l'individu dans ses aspects psychologiques, médicaux et sociaux pour une durée de quatre semaines avant et après la libération. L'UPS est placée sous la responsabilité du service médico-psychologique régional (SMPR) et se compose d'éducateurs spécialisés, assistants de service social, psychologues et infirmiers. Les « stagiaires » sont des détenus en fin de peine qui sont volontaires et recrutés dans les prisons de la région d'intervention du SMPR.

Note DAP JUSE9740070N du 17 mars 1997, Cahiers des charges des unités pour sortants rattachés aux SMPR, MILDT, 1997.

Le sida et les hépatites

On assiste actuellement à une baisse du nombre de personnes détenues atteintes du VIH et à une meilleure prise en charge médicale de cette population. Les résultats de l'enquête « un jour donné » de juin 2003 sur le VIH en prison font apparaître un taux de 1,04 % de détenus atteints, alors qu'il était de 5,8 % en 1990. En revanche, les services médicaux des prisons restent confrontés à une véritable épidémie d'hépatite C (VHC), 4,2 % de la population détenue étant repérée comme atteinte. Jusqu'à présent, les mesures sanitaires et de réduction des risques en vigueur à l'extérieur ne sont pas toutes appliquées en détention (distribution de matériel d'injection stérile, par exemple).

VIH et VHC inégalement pris en charge

512 personnes atteintes par le VIH étaient connues des unités de consultations et de soins ambulatoires (UCSA), soit 1,04 % de la population pénale de ces [139] établissements. La proportion de personnes détenues atteintes par le VIH diminue régulièrement depuis 1991 : 5,8 % en 1990, 2,8 % en 1994, 2,3 % en 1995, 1,9 % en 1996, 1,6 % en 1997 et 1998, 1,3 % en 1999, 1,2 % en 2000 et 1,04 % en 2003. [...] Ces résultats semblent notamment attester de l'efficacité des trithérapies, ce qui expliquerait la régression au stade A de patients détenus qui auparavant pouvaient se trouver à un stade plus avancé de la maladie, et le net recul des patients détenus aux stades B et C de la maladie. Cette évolution depuis la dernière enquête de 2000 montre que les patients détenus séropositifs reçoivent, en milieu carcéral, une prise en charge thérapeutique équivalente à celle proposée en milieu ouvert. En effet, il est possible d'initier ou de reconduire toutes les combinaisons antirétrovirales validées. Les personnes détenues atteintes d'hépatite C connues des équipes médicales hospitalières représentent 4,2 % (2 076 sur 49 150) de l'ensemble de la population pénale des établissements pénitentiaires ayant répondu à l'enquête, soit une baisse de 0,6 % par rapport à la précédente enquête de 2000 (4,8 % de VHC+). Il ressort de l'enquête que, dans 69 % des cas, les personnes détenues VHC+ sont en maison d'arrêt, alors qu'en 2000 ce même taux était seulement de 60 %. Le recours à la PBH [ponction hépatique] est plus de quatre fois plus fréquent en établissement pour peines. En maison d'arrêt, la difficulté d'obtenir ce type d'examen et la durée de détention parfois courte handicapent et ralentissent la prise en charge thérapeutique des patients détenus. Il s'agit de la première enquête sur l'infection à VIH et VHC dans laquelle il était demandé de mentionner les personnes co-infectées VIH et VHC. Si ces personnes détenues représentent 0,35 % de la population pénale, elles constituent plus du tiers des VIH+ (33,6%) et 8,3 % des VHC+. Les personnes détenues VIH+ et VHC+ déclarées par les services médicaux en milieu pénitentiaire représentent 5,3 % de la population pénale, soit un peu plus d'un détenu sur 20, ce qui

constitue un travail de prise en charge médicale important pour les unités de consultations et de soins ambulatoires (UCSA).

Yves Feuillerat, Enquête DHOS sur les personnes atteintes par le VIH et le VHC en milieu pénitentiaire un jour donné de juin 2003, *DHOS, février 2004.*

430 Comment se pratiquent les tests de dépistage du sida et des hépatites en prison ?

Les tests de dépistage du sida et de l'hépatite C doivent systématiquement être proposés aux détenus lors de la visite médicale d'entrée. Le médecin généraliste doit également proposer au patient de bénéficier d'un conseil personnalisé sur ces questions. Comme à l'extérieur, le dépistage du sida est volontaire, anonyme et gratuit. Le détenu qui souhaite passer un test doit être informé par le médecin des jours et des heures de présence de l'équipe du centre de dépistage anonyme et gratuit (CDAG) en convention avec l'établissement pénitentiaire. Les résultats d'un test ne peuvent être transmis par le médecin de la CDAG au médecin de l'UCSA qu'avec l'accord du détenu. Dans les établissements pénitentiaires ne disposant pas d'intervention d'un CDAG, les tests de dépistage sont réalisés par l'UCSA, ce qui ne permet pas de préserver totalement l'anonymat.

Circulaires DGS n°9 du 29 janvier 1993, DGS/DH/DAP n°739 du 5 décembre 1996 et du 21 mai 1999.

431 Comment s'organise l'accès aux traitements thérapeutiques ?

La prise en charge thérapeutique est en principe équivalente à celle proposée en milieu ouvert. Ainsi, les détenus atteints du VIH peuvent avoir accès aux mono ou multi-thérapies. Enfin, les patients en situation d'« échappement thérapeutique », c'est-à-dire qui ne réagissent aux traitements « classiques », peuvent dorénavant avoir accès aux molécules antirétrovirales bénéficiant d'une autorisation temporaire d'utilisation (ATU) ou d'une autorisation de mise sur le marché (AMM). La prise en charge de l'hépatite C devrait quant à elle s'améliorer. En effet, la *Conférence nationale de consensus de 2002 sur le VHC* permet aux médecins de passer outre la biopsie du foie pour initialiser le traitement. En effet, l'obligation de recourir à cet examen retardait considérablement la mise en place du traitement puisqu'il obligeait les praticiens à demander l'extraction du patient vers un hôpital afin de faire pratiquer une biopsie. Or, les extractions sont en pratique souvent annulées et reportées faute de personnels mis à disposition pour l'escorte. Néanmoins, cette absence de diagnostic complet n'est pas sans inquiéter certains médecins. Enfin, si la prise en charge thérapeutique s'améliore, certaines conditions de détention (surpopulation, absence d'hygiène, insalubrité) peuvent représenter un véritable danger pour la santé de ces malades et, dans certains cas, empêcher toute amélioration de leur état.

Malade du VIH en cellule insalubre

Atteint d'une pathologie grave (VIH) nécessitant un suivi médical régulier et des conditions d'hygiène de vie optimales, M.G. incarcéré à la maison d'arrêt de Lyon

Saint-Paul (Rhône), a été affecté mi-septembre 2002 dans une des dix cellules médicalisées du rez-de-chaussée. Celles-ci se trouvent dans un état déplorable : murs recouverts de moisissures et de suie, robinetterie rouillée, chauffage inexistant... Très rapidement, l'état de santé de M.G. s'est détérioré. Ce n'est qu'après de multiples démarches (courrier au directeur de l'établissement, alerte des autorités sanitaires, dépôt de plainte contre la direction de la maison d'arrêt), que M.G. a enfin obtenu d'être transféré dans un établissement adapté. L'état « *de délabrement et d'insalubrité majeurs* » de ces cellules avait déjà été signalé dans le rapport d'évaluation de l'Inspection générale des affaires sociales (IGAS) et de l'Inspection générale des services pénitentiaires (IGSP) de juin 2001. Elles devaient être rénovées au mois d'avril 2002 mais demeurent à ce jour dans le même état.
OIP, « Un détenu malade affecté dans une cellule insalubre », Dedans dehors, *n°34, novembre 2002.*

Quelles sont les actions de prévention en matière de transmission du VIH et des hépatites ? 432

Une brochure d'information doit être remise à chaque entrant en détention lors de la visite médicale d'entrée. Des préservatifs et du lubrifiant sont également mis à la libre disposition des détenus depuis plusieurs années. Ils sont disponibles en général à l'unité de consultations et de soins ambulatoires (UCSA). Une trousse de sortie comprenant des préservatifs, un dépliant d'information sur le VIH et des adresses utiles doit également être remise à tout détenu sortant en permission ou définitivement. Si la présence des préservatifs est aujourd'hui assurée dans tous les établissements pénitentiaires, ils ne sont pas toujours accessibles, avec la discrétion qui s'impose dans un contexte de discrimination aiguë à l'égard de l'homosexualité en milieu carcéral. Par ailleurs, l'UCSA doit prévoir des séances d'information sur des maladies comme le sida et les hépatites, au moyen d'émissions ou films de prévention diffusés sur le canal de télévision interne, d'affiches et de tracts, d'espaces de parole, etc.
Circulaire DGS/DH/DAP n°739 du 5 décembre 1996, article R.711-14 du Code de la santé publique.

La distribution de matériel d'injection stérile est-elle organisée en prison ? 433

En ce qui concerne la contamination par voie intraveineuse, l'administration pénitentiaire s'est toujours refusée à appliquer dans ses établissements la vente ou la distribution de seringues stériles, en vigueur à l'extérieur. Elle se contente d'une distribution d'eau de Javel pour la désinfection des seringues « artisanales » fabriquées par les détenus ! L'Organisation mondiale de la santé (OMS) recommande pourtant aux Etats de procéder à la distribution de seringues stériles dans les prisons. En effet, l'échange de seringues entre détenus décuple les risques de contamination virale. Le meilleur moyen pour limiter les risques de transmission étant de consommer la drogue autrement que par injection, ou avec du matériel neuf, stérile, à usage unique et personnel. En dernier recours, la seringue usagée peut être désinfectée à l'eau de Javel dans le but de la réutiliser. Cette technique permet de réduire efficacement, mais sans les éliminer, les risques de contamination. Il faut noter que des risques de contamination subsistent également avec le reste du matériel déjà utilisé (coton, cuillère, eau, récipient). L'échange d'objets utilisés pour une consommation par voie nasale de cocaïne ou d'héroïne peut également entraîner une contamination par le VHC et, à un degré bien moindre, par le VIH.

Circulaire DGS/DH/DAP n° 739 du 5 décembre 1996, article R.711-14 du Code de la santé publique.

434 Comment obtenir un désinfectant pour le matériel d'injection ?

Un flacon de 120 millilitres d'eau de Javel doit être remis gratuitement à chaque détenu tous les 15 jours, y compris pour les détenus placés au quartier disciplinaire ou à l'isolement. L'eau de Javel doit figurer également dans la liste des produits que le détenu peut acheter à la cantine de la prison. Par ailleurs, un flacon est compris dans le trousseau remis à l'arrivée en détention. L'eau de Javel distribuée est diluée à 12 degrés. Pour qu'elle conserve ses propriétés désinfectantes, elle ne doit pas être diluée par l'usager et le flacon, une fois ouvert, doit être utilisé dans les quinze jours.

Circulaire DGS/DH/DAP n° 739 du 5 décembre 1996, note DAP JUSE9740135N du 5 novembre 1997.

Des objections peu convaincantes

Les autorités carcérales s'opposent vivement aux programmes d'échange de seringues, pour diverses raisons : la réglementation nationale ou interne peut interdire l'échange de seringues par souci de sécurité. Certains craignent qu'un tel programme puisse être perçu comme un signal de la tolérance pour l'usage de drogues illicites, voire de son encouragement dans les prisons. Le personnel pénitentiaire est récalcitrant envers ce qu'il perçoit comme une menace potentielle pour sa sécurité et son bien-être. Il est difficile de déterminer si ces craintes sont justifiées. Si d'autres études sont nécessaires, certains indices suggèrent que l'échange de seringues ne menace pas nécessairement la sécurité du personnel et des autres détenus, pas plus qu'il n'encourage la consommation de drogues. Il peut avant tout réduire le partage des seringues. Les programmes d'échange de seringues sont rares mais ils existent en Espagne et dans certaines prisons d'Allemagne. Par contre, du matériel de désinfection est à présent disponible de façon plus généralisée dans les prisons de l'Union européenne. Vu la nécessité de réduire le risque de contamination par le VIH et d'autres infections dans la population carcérale, il est urgent d'évaluer les coûts et les avantages des différentes approches en ce domaine, afin que tous les prisonniers puissent bénéficier d'interventions efficaces.

Observatoire européen des drogues et des toxicomanies, « Traiter les usagers de drogue en milieu carcéral », Objectif drogues, *janvier-février 2003.*

La possession de matériel d'injection est-elle sanctionnée ?

435

Il n'est pas interdit au détenu de se trouver en possession d'une seringue lorsqu'elle a été fournie par l'UCSA pour un traitement médical (comme dans certains cas de diabète). Si le détenu est trouvé en possession d'une seringue, même en l'absence de produits stupéfiants, il doit donc prouver qu'il l'a obtenue du service médical. Autrement, il pourra être sanctionné de 45 jours de quartier disciplinaire pour détention d'objet dangereux pour la sécurité ; ou de 30 jours pour détention d'objet non autorisé par le règlement.

Articles D.249-1 et D.249-2 du Code de procédure pénale.

Les prévenus (détention provisoire) sont incarcérés en maison d'arrêt. Présumés innocents, ils sont paradoxalement confrontés aux conditions de détention les plus rudes, en raison du surpeuplement de la plupart des maisons d'arrêt. Pour les condamnés, l'affectation dans un établissement détermine en grande partie les conditions dans lesquelles l'exécution de la peine va se dérouler. L'incarcération dans une prison proche du domicile familial ou dans laquelle le détenu va pouvoir suivre une formation peut constituer un élément clé du maintien des liens avec l'extérieur et de la préparation de la sortie. Les conditions matérielles et le régime de détention vont également varier d'une prison à l'autre et généralement s'améliorer nettement lors du passage d'une maison d'arrêt à un établissement pour peines. Sachant l'importance pour le détenu de son affectation dans telle ou telle prison, l'administration pénitentiaire use fréquemment des transferts pour prévenir ou sanctionner le comportement de certains détenus jugés « meneurs » dans le cas de mouvements collectifs ou « dangereux » pour leur refus de se plier au « traitement carcéral ».

L'affectation dans un établissement

La procédure d'affectation des condamnés dans un établissement dans lequel ils vont purger leur peine s'avère particulièrement lourde. Des priorités comme le maintien des liens entre le détenu et ses proches, la possibilité de pouvoir bénéficier de conditions de détention plus favorables qu'en maison d'arrêt et la préparation de la réinsertion sont largement négligées au profit d'une logique gestionnaire.

Dans quels établissements sont incarcérés les prévenus ? 436

Les prévenus placés en détention provisoire sont incarcérés à la maison d'arrêt où siège la juridiction d'instruction ou de jugement chargée de leur affaire. Toutefois, lorsqu'il n'y a pas de maison d'arrêt ou lorsqu'elle ne comporte pas de locaux appropriés à l'âge, à l'état de santé ou au sexe de l'intéressé, ou encore lorsque l'établissement n'offre pas une capacité d'accueil ou des garanties de sécurité suffisantes, les prévenus sont incarcérés à la maison d'arrêt la plus proche disposant d'installations convenables. Les détenus déjà condamnés pour une affaire et prévenus pour une autre sont soumis au régime applicable aux condamnés. Ils peuvent donc être maintenus dans un établissement pour peines, sous réserve de l'accord préalable de l'autorité judiciaire.

Articles 714, D.52 et D.53 du Code de procédure pénale.

Transfert d'un prévenu par erreur

La direction régionale des services pénitentiaires de Marseille a transféré par erreur, le 24 juin 2002, un détenu en attente de jugement à la maison d'arrêt de Gap (Hautes-Alpes). Condamné le 12 juin par la Cour d'assises de Gap à six années d'emprisonnement, N.V. avait interjeté appel de cette condamnation cinq jours plus tard. Dans la foulée, le parquet de Gap avait formé un appel incident. La mise en œuvre de ces voies de recours maintenait donc le détenu dans son statut de prévenu et impliquait qu'il demeure à Gap dans l'attente de la désignation de la juridiction d'appel. La direction régionale des services pénitentiaires de Marseille a pourtant pris la décision de le transférer aux Baumettes (Bouches-du-Rhône) pour « *désencombrement* ». Après cette erreur, l'administration s'est contentée d'expliquer que « *si* [elle] *avait su qu'il s'agissait d'un prévenu, [elle] ne l'aurait pas transféré* ». Le parquet de Gap a affirmé n'avoir pas été consulté.

OIP, Dedans dehors, *n°33, septembre 2002.*

437 Qu'est-ce que la procédure d'orientation ?

Avant de décider dans quel établissement un détenu condamné va subir sa peine, une procédure d'orientation est mise en œuvre. Elle consiste à réunir tous les éléments relatifs à la personnalité du condamné, ses antécédents, sa catégorie pénale, son état de santé physique et mentale, ses aptitudes, ses possibilités de réinsertion sociale, et d'une manière générale tous les renseignements susceptibles d'éclairer l'autorité compétente pour décider de son affectation. Toutes ces informations sont fournies par l'autorité judiciaire ou recueillies en prison par l'administration pénitentiaire, le cas échéant au travers des examens auxquels le condamné est soumis au centre national d'observation (CNO). C'est le chef d'établissement du lieu d'incarcération du condamné qui est chargé de constituer le dossier d'orientation. Il le transmet au directeur régional dans un délai de trois mois à compter de la date de la condamnation définitive. Lorsque la décision d'affectation de l'intéressé relève du ministre, le directeur régional communique à ce dernier le dossier assorti de son avis dans un délai d'un mois.

Articles D.74 à D.76 du Code de procédure pénale, circulaire JUSE0340044C du 18 avril 2003 relative à la procédure d'orientation et aux décisions d'affectation des condamnés.

438 Quels sont les condamnés soumis à la procédure d'orientation ?

La procédure d'orientation est obligatoirement mise en œuvre pour les condamnés dont le temps d'incarcération effectif restant à subir après le jugement définitif est supérieur à un an. C'est également le cas pour les condamnés mineurs dont le temps d'incarcération à subir est de plus de trois mois. Le calcul s'effectue après déduction des réductions de peine. Cette procédure est facultative pour les autres détenus. Le chef d'établissement peut décider, d'office ou sur proposition du service d'insertion et de probation (SPIP), de constituer un dossier d'orientation en raison par exemple de la personnalité d'un détenu, du maintien de ses liens familiaux ou d'un projet de réinsertion particulier.

Articles D.75 et D.76 du Code de procédure pénale, circulaire JUSE0340044C du 18 avril 2003.

439 Que contient le dossier d'orientation ?

Le dossier d'orientation comprend l'imprimé « MA 700-03 », renseigné par l'ensemble des personnes qui ont eu à connaître le détenu pendant son séjour en maison d'arrêt. Ce document fait état des avis et propositions du SPIP, du juge de l'application des peines, du juge des enfants si le condamné est mineur, du chef de l'établissement pénitentiaire et du service médical (UCSA). Le SPIP peut également intégrer, si le condamné est mineur, l'avis du service qui assure le suivi éducatif du détenu. Le dossier d'orientation doit également contenir les documents relatifs à la situation pénale et pénitentiaire du condamné (fiche pénale), l'extrait du jugement ou de l'arrêt de condamnation, la notice individuelle (état civil, profession, situation familiale, degré d'instruction, etc.), la décision sur les intérêts civils, la fiche psychotechnique remplie par un surveillant affecté au quartier du détenu. Le dossier doit en outre comporter d'autres pièces émanant des services judiciaires : une copie des enquêtes sur la personnalité, la situation matérielle, familiale ou sociale de l'intéressé établies dans le cadre de la procédure pénale ; la copie du rapport des examens médicaux, psychiatriques ou médico-psychologiques auxquels il a été éventuellement procédé en vertu d'une décision judiciaire ; la copie du réquisitoire définitif ; la décision de condamnation ; le cas échéant, les avis du président de la juridiction de condamnation et du Parquet sur l'affectation qui leur semble la plus appropriée ou sur celle qui leur paraîtrait inadaptée (ces avis sont en pratique très rarement formulés). Par ailleurs, dès que la condamnation acquiert un caractère définitif, les pièces judiciaires doivent être fournies, dans les plus brefs délais, par le Parquet du lieu de condamnation. Si ces pièces ne sont pas parvenues au directeur dans un délai d'un mois, il peut les solliciter auprès du Parquet du lieu d'incarcération. Lorsque l'autorité compétente pour la décision d'affectation estime nécessaire de recueillir des informations complémentaires sur la situation familiale ou sociale d'un condamné, elle peut solliciter une enquête du SPIP. Enfin, le chef d'établissement doit informer sans délai le directeur régional de toute modification concernant la situation pénale du condamné pour lequel une procédure d'orientation est engagée (confusion de peines, nouvelles poursuites, nouvelles condamnations…).

Articles D.76 à D.78 du Code de procédure pénale, circulaire JUSE0340044C du 18 avril 2003

Famille décomposée

Je donnerai comme exemple le dossier symptomatique d'un père de famille condamné pour une affaire de cambriolage à Marseille. Ce dernier a été transféré à Fresnes à la suite de l'évasion de son complice. Mais cet homme a un enfant de onze ans qui venait le voir trois fois par semaine. Il n'a plus eu de visite de lui du jour au lendemain. Après l'intervention du Défenseur [des enfants] auprès de l'administration pénitentiaire, le détenu a été transféré à la maison d'arrêt de Moulins, à cinq heures de train de Marseille, alors qu'avec le TGV, la distance entre Paris et Marseille pouvait être parcourue en trois heures. L'enfant ne voit plus son père qu'au moment des vacances scolaires. Aux dires de la mère, il souffre beaucoup de cette absence et ne veut plus aller à l'école.

Alain Vogelweith, conseiller auprès de la Défenseur des enfants, « Etat de la situation », L'enfant et son parent incarcéré, *Ed. Erès, 2003.*

Qui décide de l'affectation du détenu ? 440

L'affectation consiste à déterminer l'établissement dans lequel le condamné exécutera sa peine. Les autorités compétentes pour en décider sont soit le ministre de la Justice (concrètement, le bureau de la gestion de la détention au sein de la direction de l'administration pénitentiaire), soit le directeur régional des services pénitentiaires. Le ministre est seul compétent pour les affectations en maison centrale et quartiers maison centrale. Il décide également de l'affectation des condamnés à une ou plusieurs peines dont la durée est supérieure ou égale à dix ans et pour lesquels le temps d'incarcération restant à subir était supérieur à cinq ans quand leur condamnation (ou la dernière de leurs condamnations) est devenue définitive. Enfin, le ministre est compétent concernant les condamnés pour actes de terrorisme ou ceux inscrits au répertoire des « détenus particulièrement signalés ». Pour les autres condamnés, chaque directeur régional des services pénitentiaires décide de l'affectation dans les établissements (hors maisons centrales) situés dans son ressort. Sa compétence se limite aux personnes incarcérées dans les prisons de sa circonscription. Ainsi, lorsqu'un condamné répond aux critères de compétence du directeur régional mais qu'il doit être affecté dans une autre direction régionale, la décision revient en principe à l'administration centrale. Toutefois, deux procédures spécifiques, le « droit de tirage » et la « mise à disposition interrégionale », permettent l'affectation d'un détenu d'une région à une autre, dans le cadre d'un accord entre le directeur régional de départ et celui de destination. Ces procédures ont pour objectif de remédier aux déséquilibres d'effectifs entre les différentes circonscriptions pénitentiaires. Enfin, le directeur régional peut déléguer sa compétence aux directeurs des établissements comprenant un quartier maison d'arrêt et un quartier centre de détention, pour l'affectation des condamnés qui y sont écroués et auxquels il reste à subir une incarcération d'une durée inférieure à deux ans au moment où leur dernière condamnation est devenue définitive. Il peut également déléguer sa compétence aux directeurs des établissements comprenant un quartier maison d'arrêt et un quartier pour peines aménagées, pour l'affectation des condamnés qui y sont détenus et auxquels il reste à subir une incarcération dont la durée totale n'excède pas un an, au moment où leur condamnation est devenue définitive. Dans tous les cas, la décision est prise, sauf urgence, après consultation du juge de l'application des peines.

Article D.80 du Code de procédure pénale, circulaire JUSE0340044C du 18 avril 2003.

441 Quelles sont les décisions d'affectation susceptibles d'être prises ?

Lorsque l'affectation dépend du directeur régional, il peut prendre plusieurs décisions : soit un transfèrement dans un centre de détention, un centre pour peines aménagées, un centre de semi-liberté ou une maison d'arrêt de sa circonscription ; soit le maintien de l'intéressé dans l'établissement où il se trouve ; soit la mise à disposition du détenu auprès d'un autre directeur régional après accord de ce dernier (auquel il appartient alors de déterminer l'établissement dans lequel le condamné doit exécuter sa peine) ; soit un dessaisissement au profit du ministre de la Justice en vue d'une affectation dans une maison centrale. Lorsque la décision d'affectation relève du ministre de la Justice, il peut décider : soit l'envoi du condamné au Centre national d'observation ; soit le transfèrement du condamné vers un établissement pour peines ou une maison d'arrêt mieux adapté à sa situation ; soit le maintien de l'intéressé dans l'établissement où il se trouve ; soit sa mise à disposition auprès d'un directeur régional qui décidera de l'affectation. La décision d'affectation doit être motivée, c'est-à-dire qu'elle doit indiquer les éléments (rapprochement familial, projet de formation…) qui ont présidé au choix d'un établissement plutôt qu'un autre. Une fois la décision d'affectation prise, elle n'est en général mise en œuvre que plusieurs mois après. Au total, les condamnés demeurent souvent en maison d'arrêt plusieurs années avant d'être transférés dans leur établissement d'affectation.

Articles 1 et 2 de la loi du 11 juillet 1979 relatives à la motivation des actes administratifs, articles D.81 et D.81-1 du Code de procédure pénale, circulaire JUSE0340044C du 18 avril 2003

Plusieurs années après la décision d'affectation…

Originaire du Pas-de-Calais, Monsieur D a été écroué en juin 2000 et condamné le 21 juin 2002 à une peine de treize ans de réclusion criminelle. Malgré son affectation au centre de détention de Bapaume (Pas-de-Calais) décidée le 28 novembre 2002, il purge toujours sa peine à la maison d'arrêt de Caen en mars 2004 et se trouve ainsi privé des visites de son épouse, malade, dans l'impossibilité d'effectuer de longs trajets. Le magistrat chargé de l'application des peines à la maison d'arrêt de Caen a alerté en vain la direction régionale de l'administration pénitentiaire. La situation de M.D. n'est cependant pas exceptionnelle. Lors de la réunion de la commission de surveillance du 7 mars 2002, la directrice de la maison d'arrêt indiquait un délai de « *douze à dix-huit mois* » pour les condamnés en attente d'affectation. Selon le Bâtonnier de l'Ordre des avocats de Caen, ce chiffre doit être revu à la hausse : de nombreux détenus sont en attente de transfert vers un établissement pour peines depuis deux, voire trois ans. La direction régionale de l'administration pénitentiaire précise pour sa part que le délai d'attente, s'il est de deux ans pour une affectation au centre pénitentiaire de Caen, est normalement d'un an pour le centre de détention de Bapaume. Les délais annoncés par le service des transferts du ministère de la Justice aujourd'hui sont encore plus longs : 27 mois pour une affectation au centre pénitentiaire de Caen et de 19 à 20 mois pour le centre de détention de Bapaume.

OIP Caen, 15 mois après son affectation, un condamné est toujours détenu à la maison d'arrêt de Caen*, 3 mars 2004.*

Qu'appelle-t-on « opérations de désencombrement » ? 442

Les « opérations de désencombrement » sont destinées à désengorger les maisons d'arrêt surpeuplées. Elles se traduisent par le transfert individuel ou collectif de condamnés vers d'autres établissements, le plus souvent d'autres maisons d'arrêt. Compte tenu de l'urgence dans laquelle ces opérations interviennent, les services pénitentiaires ne suivent pas la procédure d'orientation habituelle. C'est la raison pour laquelle les textes prévoient que le transfert des détenus concernés doit reposer autant que possible sur le volontariat. Il doit être en principe évité de transférer des détenus qui reçoivent des visites fréquentes, ainsi que ceux dont la scolarité est en cours. En réalité, ces décisions sont, dans la grande majorité des cas, imposées aux intéressés et ne tiennent pas compte de leur situation person-

nelle. Sauf urgence particulière, la liste des détenus concernés doit être soumise pour avis au juge de l'application des peines ou au procureur de la République.
Circulaire JUSE0340044C du 18 avril 2003

443 Qu'est-ce que le Centre national d'observation ?

Créé en 1950, le Centre national d'observation (CNO) est installé dans l'un des bâtiments du centre pénitentiaire de Fresnes. Il a pour unique fonction d'observer les détenus qui lui sont confiés pendant quelques semaines et de faire des propositions d'affectation les concernant. Il dispose de 36 cellules en 2004, soit une capacité d'accueil en diminution. Son personnel se compose de surveillants, d'éducateurs, de psychologues, de psychiatres et de médecins. La durée de l'observation est de six semaines et donne lieu à divers examens afin d'établir un bilan de la situation et de la personnalité du détenu. Le suivi du détenu donne lieu à des entretiens socio-éducatifs, des examens psychiatriques, des bilans de santé, des tests psychotechniques et des examens psychologiques. Les surveillants sont associés au travail d'observation des détenus. Au vu du dossier d'orientation, des examens réalisés et des propositions du centre national d'observation, une décision d'affectation sera prise par le ministre de la Justice.

Le CNO en voie d'extinction

Le système du CNO a pour conséquence de rassembler à Fresnes un nombre considérable de condamnés à de très lourdes peines, parfois pendant de longues périodes. Si le passage au CNO dure six semaines, les condamnés restent ensuite à Fresnes jusqu'à ce qu'une place se libère dans l'établissement où ils sont affectés. Cette attente peut durer jusqu'à deux ans. Pendant cette période, les condamnés ne se voient proposer que peu d'activités, compte tenu des contraintes spécifiques aux maisons d'arrêt, et le travail effectué au CNO pour commencer à définir un projet d'exécution de peine perd largement sa signification. Au cours des dernières années, l'activité du CNO a diminué, probablement pour éviter précisément une concentration trop massive de condamnés au sein de la même maison d'arrêt. Les groupes de condamnés accueillis au CNO, qui rassemblaient jusqu'à soixante détenus, n'en rassemblent plus que vingt-huit actuellement. Dans ces conditions, l'administration pénitentiaire affecte désormais directement certains condamnés à de longues peines, sans observation préalable.
Sénat, avis présenté au nom de la commission des Lois constitutionnelles, de législation, du suffrage universel, du Règlement et d'administration générale sur le projet de loi de finances pour 2004, *Annexe au procès-verbal de la séance du 20 novembre 2003.*

444 Qui peut effectuer un passage au Centre national d'observation ?

Seul le ministre peut décider du passage d'un condamné au CNO, les directeurs régionaux n'ayant qu'un pouvoir de proposition en ce domaine. Le détenu peut également demander à y être envoyé. La décision n'est plus liée au quantum de la peine ni au reliquat restant à purger, mais prise en fonction de la personnalité du condamné, son profil pénal ou pénitentiaire, sa situation pénale ou la nécessité de préparer ou non un projet en lien avec l'établissement pour peines. Lors de son séjour, le condamné est placé en cellule individuelle et relève du juge de l'application des peines du tribunal dans le ressort duquel est situé le CNO. Au terme du « stage », les détenus sont incarcérés à la maison d'arrêt de Fresnes en attendant la décision d'affectation du ministre de la Justice et le transfert effectif dans l'établissement pénitentiaire choisi. Cette attente peut durer entre deux mois et deux ans selon les places disponibles dans les établissements pour peines.

Articles D.81-1 et D.81-2 du Code de procédure pénale, circulaire JUSE0340044C du 18 avril 2003.

Le changement d'affectation

Au cours de sa détention, le prisonnier condamné a de fortes chances de connaître plusieurs établissements pénitentiaires. La décision d'affectation n'est jamais définitive et peut être modifiée tout au long de la peine, entraînant le transfert du détenu d'une prison à une autre. Les motifs d'une telle décision sont divers. Le changement d'affectation peut avoir été demandé par le détenu, par exemple pour se rapprocher de sa famille. Il peut également être imposé au prisonnier par l'administration pénitentiaire, pour des raisons d'encombrement ou pour des motifs de sécurité. Il n'est pas rare qu'un condamné se retrouve de nouveau en maison d'arrêt dans le courant de l'exécution de sa peine, après avoir été affecté en maison centrale ou en centre de détention. Certains détenus considérés comme dangereux ou perturbateurs font souvent l'objet de ce qu'on appelle le « tourisme pénitentiaire », à savoir un changement d'établissement pénitentiaire tous les deux à six mois, ce qui participe de l'entreprise de déstabilisation d'une personne détenue et du délitement de ses liens familiaux.

Quand l'affectation peut-elle être modifiée ? 445

L'affectation peut être modifiée soit à la demande du condamné, soit à la demande du directeur de l'établissement dans lequel il exécute sa peine. Dans les deux cas, la modification ne peut intervenir que si « *un fait ou un élément d'appréciation nouveau* » est survenu depuis la décision initiale. Le condamné peut motiver sa demande notamment par la nécessité d'un rapprochement familial, la volonté de suivre un enseignement ou une formation dispensée dans un autre établissement, le souhait de changer de régime de détention, etc. Lorsqu'elle émane du chef d'établissement, la demande de changement d'affectation peut reposer sur des motifs favorables ou défavorables au détenu. Elle peut intervenir par exemple au bénéfice d'un condamné en fin de peine, que le directeur propose d'affecter dans un établissement particulier en préparation de sa sortie. Les condamnés incarcérés en maison centrale dont le comportement s'est « amélioré » aux yeux de l'administration sont également susceptibles d'être proposés pour une affectation dans une autre catégorie d'établissement. A l'inverse, le chef d'établissement pourra demander le transfert d'un condamné dont il considère qu'il compromet l'ordre ou la sécurité de la prison, ou parce que son comportement paraît inadapté à un régime de centre de détention. Un certain nombre de détenus jugés « difficiles » sont même soumis à des déplacements permanents, là encore pour des raisons de sécurité. D'autre part, et bien qu'il ne figure pas parmi les sanctions prévues par le Code de procédure pénale, le transfert est fréquemment utilisé en réponse à un manquement à la discipline. Enfin, indépendamment de toute demande de changement d'affectation émanant du condamné ou du chef d'établissement, le ministre de la Justice peut charger le Centre national d'observation d'effectuer un bilan d'évolution de la personnalité du condamné dans la perspective d'un changement d'affectation.

Articles D.82, D.82-4 et D.97 du Code de procédure pénale.

17 fois transféré en trois ans

Un détenu condamné à une longue peine vient d'être transféré, pour la dix-septième fois en trois années d'incarcération, à la maison d'arrêt de Chaumont (Haute-Marne). Cette dernière décision intervient alors même qu'il n'a jamais passé plus de cinq mois dans un même établissement. Condamné définitivement le 23 décembre 1999, il a purgé les trois-quart de sa détention en maisons d'arrêt. Aucune de ses demandes d'affectation au centre de détention d'Aiton (Savoie), en vue d'un rapprochement familial, n'a reçu à ce jour de réponse positive. La direction régionale de Dijon justifie ces transferts successifs dans un courrier du 22 août 2002 par « *l'implication* [de ce détenu] *dans des troubles à l'ordre de la détention* », ajoutant que *« de nombreuses tentatives d'intégration en centre de détention ont été effectuées par l'administration, mais* [qu'il] *n'a pas saisi l'opportunité de changer de comportement.* ».

OIP, Dedans dehors, *n°33, septembre 2002.*

446 Quelle est la procédure en cas de demande de changement d'affectation ?

Le chef d'établissement doit constituer un dossier permettant d'établir le bien-fondé de la démarche, comprenant les éléments favorables au changement d'affectation, mais aussi les renseignements relatifs à la conduite du détenu et aux incidents en détention. Le service pénitentiaire d'insertion et de probation (SPIP) doit, de son côté, élaborer une synthèse des éléments pertinents à l'appui de la demande. Une enquête complémentaire peut lui être demandé par le ministre ou le directeur régional sur la situation familiale ou sociale du condamné. Le dossier doit également être transmis aux médecins intervenant dans l'établissement afin qu'ils fassent valoir tous les éléments utiles à la procédure en cours. Lorsque c'est le chef d'établissement qui demande un changement d'affectation, il doit tenir compte de la situation familiale de l'intéressé. Quant au détenu qui souhaite changer de prison, il doit formuler sa demande par écrit et expliquer les raisons de sa démarche. Cette requête, dont il est recommandé au détenu de conserver copie, est enregistrée au greffe et remise au chef d'établissement. Celui-ci doit obligatoirement constituer et instruire le dossier de « demande de changement d'affectation », même dans le cas où la demande lui paraît injustifiée. La requête du détenu est ensuite transmise à la direction régionale puis, le cas échéant, au ministre. Néanmoins, une demande présentée directement par le détenu auprès de l'autorité chargée de la décision demeure valable. En pratique, il est rare que le condamné obtienne gain de cause s'il n'a pas séjourné un certain temps dans son lieu de détention actuel. Enfin, la décision de changement d'affectation est prise, sauf urgence, après avis du juge de l'application des peines et du procureur de la République. Mais toute cette procédure prévue par les textes n'est pas systématiquement respectée en pratique. Lorsque la demande du chef d'établissement repose sur des motifs d'ordre et de sécurité, le dossier de changement d'affectation se résume le plus souvent à un courrier au directeur régional, faisant état d'un incident, d'un mouvement collectif ou de suspicions concernant une préparation d'évasion. Il n'est alors pas tenu compte de la situation personnelle de l'intéressé sur le plan des relations familiales, de l'emploi ou de la formation.

Articles 717-1-1, D.82 et D.82-1 et D.97 du Code de procédure pénale, circulaire JUSE0340044C du 18 avril 2003.

Qui décide du changement d'affectation ? 447

L'autorité initialement compétente pour décider de l'affectation le demeure pour les changements d'affectation, à une exception près : les condamnés à une ou plusieurs peines dont la durée totale est supérieure ou égale à dix ans, et dont le reliquat de peine à subir est supérieur à cinq ans au moment de la condamnation définitive, font l'objet d'une décision de réaffectation du directeur régional (et non pas du ministre) lorsqu'au jour de la demande de changement d'affectation leur durée d'incarcération restant à subir n'excède pas trois ans. Comme en matière d'affectation initiale, le directeur régional n'est pas compétent lorsqu'il s'agit d'un détenu condamné pour acte de terrorisme, d'un détenu inscrit au répertoire des détenus particulièrement signalés ou pour une affectation en maison centrale. En revanche, le changement d'affectation d'un condamné incarcéré en maison centrale vers une autre catégorie d'établissements peut relever de la compétence du directeur régional.

Articles D.82 à D.82-1 du Code de procédure pénale, circulaire JUSE0340044C du 18 avril 2003.

Les transferts et les translations judiciaires

Qu'il intervienne en exécution d'une décision d'affectation (transfèrement administratif) ou pour des motifs d'ordre judiciaire (translation judiciaire), le transfert peut être synonyme pour le détenu d'une amélioration de sa situation en termes de rapprochement familial ou de parcours d'insertion, ou à l'inverse d'une nette aggravation de ses conditions d'existence (éloignement du domicile familial, perte d'un emploi, disparition d'affaires personnelles...).

448 Qu'est-ce qu'un transfèrement ?

Le transfèrement est l'opération par laquelle la décision d'affectation (ou de changement d'affectation) est réalisée. Concrètement, il s'agit donc de conduire une personne détenue d'une prison à une autre. Cette opération comporte la radiation de l'écrou dans l'établissement de départ et un nouvel écrou dans la prison de destination, sans que la détention subie soit considérée comme interrompue. Un transfèrement ne peut être effectué qu'à l'appui d'un ordre écrit délivré par l'autorité compétente. Ce document fait apparaître la date d'exécution de la mesure et le service chargé du transport du détenu. Tout ordre de transfèrement a un caractère impératif et le chef de l'établissement pénitentiaire doit en principe y déférer sans le moindre retard, à moins d'une impossibilité matérielle ou de circonstances particulières dont il doit immédiatement avertir l'autorité ayant ordonné le transfert. L'ordre de transfèrement devrait en principe être précédé d'une décision d'affectation ou de changement d'affectation. Il est toutefois très fréquent que l'autorité compétente se contente d'édicter l'ordre de transfert, mentionnant de façon laconique le motif de la mesure.

Articles D.290, D.292 et D.293 du Code de procédure pénale.

Transferts expéditifs pour cause de travaux

Des incidents ont éclaté à la maison d'arrêt de Bois d'Arcy (Yvelines) le 8 novembre 2001, lorsque l'administration a entrepris de transférer une quarantaine de détenus vers d'autres prisons de la région parisienne. Le matin même, les détenus concernés ont appris qu'ils allaient être transférés dans l'heure. Certains détenus ont alors tenté de s'y opposer en s'agrippant à leur lit. Les surveillants les ont déplacé *manu militari* vers les cellules d'attente. Quelques autres détenus auraient réagi violemment et une surveillante aurait été frappée au visage. Des gazs lacrymogènes ont été employés contre les détenus au cours des heurts. Selon la direction régionale des services pénitentiaires, les détenus concernés par ces transferts sont essentiellement des personnes condamnées à de courtes peines ou en attente d'affectation, la procédure ayant été dans ce cas mise en œuvre de façon anticipée. Ce soudain besoin de places s'explique par le début d'un chantier de réfection, qui devrait conduire à réduire la capacité de la prison de 120 places.

OIP, Dedans dehors, *n°29, janvier 2002.*

Qui décide d'un transfèrement administratif ? 449

L'autorité qui a édicté la décision d'affectation ou de changement d'affectation est, dans la quasi totalité des cas, chargée de son exécution. Les transfèrements administratifs relèvent donc soit du ministre de la Justice, à savoir en pratique du « service central des transfèrements » de l'administration pénitentiaire, soit du directeur régional des services pénitentiaires. Le ministre dispose d'une compétence exclusive pour deux types de transfèrements administratifs : les transferts d'une région pénitentiaire à une autre et les transferts vers ou à partir d'une maison centrale (ou quartier maison centrale). Dans l'hypothèse d'un transfert d'une maison centrale vers un établissement d'une autre catégorie, la décision de changement d'affectation peut relever du directeur régional alors que l'ordre de transfèrement doit toujours être pris par le ministre. Le directeur régional peut pour sa part ordonner à l'intérieur de sa région les transfèrements individuels ou collectifs qu'il estime nécessaire concernant les détenus relevant de sa compétence d'affectation.

Articles D.300 et D.301 du Code de procédure pénale.

Comment les transfèrements administratifs sont-ils effectués ? 450

Les transfèrements administratifs sont assurés par des personnels de l'administration pénitentiaire, sous la responsabilité du service central des transfèrements ou du directeur régional des services pénitentiaires. Le service central est compétent lorsque l'ordre de transfèrement émane de l'administration centrale. Le directeur régional assure l'organisation des transferts qu'il a lui-même décidé, ainsi que ceux ordonnés par l'administration centrale entre des établissements pénitentiaires situés dans sa région, ou encore lorsque des instructions lui sont données en ce sens. Les transfèrements s'effectuent par route, par voie ferrée, maritime ou aérienne. Il convient de tenir compte de l'importance du convoi, du caractère dangereux et de l'état de santé du détenu, de la distance à parcourir et de l'urgence de l'opération. Toutes les précautions doivent en principe être prises pour assurer aux détenus un transport dans des conditions suffisantes de confort et d'hygiène. Cette disposition est cependant très inégalement appliquée. L'importance de l'escorte est déterminée par l'autorité chargée de l'organisation du transfèrement, en fonction du nombre de détenus transférés, des moyens de transport utilisés et de la distance à parcourir. Dans la pratique, l'administration pénitentiaire pourra, en cas de besoin, requérir une escorte supplémentaire des services de gendarmerie ou de police.

Articles D.304 à D.306 et D.308 du Code de procédure pénale.

451 Quelles sont les mesures de sécurité prévues pour tout transfèrement ?

Le Code de procédure pénale prévoit que le transfèrement est préparé avec la plus grande discrétion quant à la date et à l'identité des détenus, au mode de transport, à l'itinéraire et au lieu de destination. Il n'est pas rare que les détenus visés par un ordre de transfert soient réveillés à l'aube et informés de leur départ imminent pour une autre prison. Il arrive toutefois que des condamnés soient informés de l'établissement dans lequel ils vont être envoyés, mais pas de la date exacte du transfert. C'est seulement lorsque les détenus arrivent à destination que leur familles ou les personnes autorisées de façon permanente à communiquer avec eux sont informées du transfert. Il arrive ainsi que les proches d'un détenu apprennent en arrivant au parloir que celui-ci a changé d'établissement pénitentiaire. Une évolution possible de la jurisprudence des tribunaux administratifs pourrait d'ailleurs contraindre l'administration à organiser au préalable un débat contradictoire avec la personne qu'elle entend transférer, avec la possibilité pour celle-ci de se faire assister d'un avocat. Avant de quitter l'établissement, le détenu subit une fouille intégrale, c'est-à-dire une fouille à corps. Il est en général soumis, sous la responsabilité du chef d'escorte, au port des menottes pendant toute la durée du transport. S'il est considéré comme dangereux pour autrui ou pour lui-même ou susceptible de tenter de prendre la fuite, il peut également être entravé. L'escorte devra être informée de la dangerosité éventuelle du détenu. Aucune communication avec des tiers n'est permise au détenu au cours du transfert et les agents chargés de l'escorte doivent veiller à soustraire le prisonnier à la curiosité ou à l'hostilité publique.

Articles 803, D.283-4 et D.294 à D.296 du Code de procédure pénale.

Abandon d'études pour les besoins de la justice

Je suis incarcéré depuis juillet 1996 et condamné depuis mai 2000 à huit ans de réclusion. Durant les quatre années d'instruction, j'ai repris mes études à la maison d'arrêt de Bayonne. J'ai obtenu le Baccalauréat et entamé un DEUG. Seulement, mon procès se déroulant à Pau, on m'y a transféré et je m'y trouve toujours actuellement [en mars 2001]. Mes nouvelles conditions de détention (nous sommes quatre en cellule) ne me permettent pas d'étudier sérieusement. J'ai donc abandonné provisoirement mes études, ce qui me fait très mal car j'avais mis trois ans pour en arriver là. J'attends mon transfert en centre de détention, où j'aurai une cellule pour moi seul et où je pourrai travailler en paix. De plus, ayant effectué la moitié de ma peine, je suis conditionnable, mais je n'obtiendrai jamais rien ici.

Roger F., maison d'arrêt de Pau, courrier à l'OIP, mars 2001.

452 Que deviennent les affaires personnelles du détenu transféré ?

Le chef d'établissement remet au chef de l'escorte les effets ou objets appartenant aux détenus transférés, à l'exclusion de l'argent, transmis par virement. Le poids et le volume des objets ainsi transportés étant limités, ils peuvent également être acheminés soit par chemin de fer, soit par un entrepreneur, soit par toutes voies plus économiques. Les détenus étant informés de leur transfert très peu de temps avant leur départ, il n'est pas rare qu'ils soient dans l'impossibilité de réunir leurs affaires personnelles et qu'ils doivent les laisser sur place. L'administration pénitentiaire est alors chargée de faire suivre le paquetage, ce qui peut prendre plusieurs semaines. Les dépenses auxquelles donne lieu l'exécution des transfèrements administratifs sont en principe prises en charge par l'administration. Mais il arrive que l'administration demande au détenu de payer le coût de la prestation de l'entreprise de fret.

Articles R.101 et D.310 du Code de procédure pénale.

Peut-on contester un transfert devant les tribunaux ? 453

Traditionnellement, le juge administratif refusait de contrôler la légalité des transferts (décision d'affectation et ordre de transfèrement), estimant qu'ils n'avaient pas d'incidence sur la situation juridique ou les conditions de détention des condamnés. Depuis un arrêt *Glaziou* de 2000, le Conseil d'Etat semble considérer que le transfert vers un établissement d'une autre catégorie (par exemple, d'un centre de détention vers une maison d'arrêt) est susceptible de recours devant les tribunaux, dans la mesure où il entraîne une modification du régime de détention applicable. Il apparaît aujourd'hui probable que le juge administratif accepte dans un futur proche de contrôler tous les types de transfert. En effet, la qualification de « mesure d'ordre intérieur » appliquée aux mesures de transfert est fort contestée par les commentateurs juridiques et n'est absolument pas justifiée. En premier lieu, la mesure n'est pas purement interne à l'administration, puisque le transfert emporte des conséquences qui dépassent largement le cadre de l'établissement pénitentiaire, en atteignant la famille du détenu par exemple. Elle est par ailleurs susceptible d'avoir des conséquences pécuniaires en privant le condamné de son travail, ou encore d'interrompre un suivi médical. Le droit à un recours effectif auprès d'un juge s'impose au contraire en ce domaine, au regard notamment des prescriptions de la Convention européenne des droits de l'homme. Les autorités pénitentiaires doivent en effet aider les détenus à maintenir des contacts effectifs avec les membres de leur famille, selon la jurisprudence de la Cour européenne. L'éloignement du prisonnier vis-à-vis de ses proches peut constituer une ingérence dans son droit au respect de la vie familiale. D'autre part, le Comité européen de prévention de la torture (CPT) considère que le transfert incessant d'une personne détenue peut constituer un traitement dégradant. Dès lors, une voie de recours adéquate doit être offerte au prisonnier. Quels que soient les arguments invoqués par le détenu, le tribunal devrait examiner le bien-fondé de sa requête, la recevabilité d'un recours devant être appréciée d'office par le juge. En tout état de cause, un détenu peut toujours contester un transfèrement auprès de l'autorité qui l'a ordonné (recours gracieux) ou de l'autorité supérieure (recours hiérarchique).

Convention européenne des droits de l'homme, art. 3, 8 et 13 ; Cour européenne (arrêt Messina c/ Italie) 28 septembre 2000 ; Comité européen de prévention de la torture, rapport de visite en France, 19 janvier 1993 ; Conseil d'Etat (arrêt Glaziou) 23 février 2000.

Proscrire les transferts en cascade

En pratique, certains détenus considérés comme des perturbateurs font l'objet de transferts incessants. Lors de son audition devant la commission d'enquête de l'Assemblée nationale, Michel Beuzon, secrétaire général de FO-pénitentiaire / personnels de direction, indiquait ainsi que l'administration était conduite, vis-à-vis des détenus ayant un comportement difficile, « *non pas à user de la procédure disciplinaire, mais à pratiquer le "tourisme pénitentiaire", c'est-à-dire le déplacement des détenus d'un établissement à l'autre* ». Le Comité européen pour la prévention de la torture a déjà signifié aux autorités françaises que de telles pratiques portaient atteinte aux droits fondamentaux des personnes détenues. Ainsi, dans son rapport, publié le 19 janvier 1993, le CPT affirmait qu'il « *est pleinement conscient que certains détenus sont extrêmement difficiles et le transfèrement de certains d'entre eux vers un autre établissement peut parfois s'avérer nécessaire. Cependant, il se doit de souligner que le transfèrement continuel d'un détenu d'un établissement à l'autre peut engendrer des effets très néfastes sur son bien-être physique et psychique. Les conditions minimales pour l'existence dans un milieu de vie cohérent et suivi ne sont plus assurées. De plus, un détenu qui se trouve dans une telle situation aura de très sérieuses difficultés à maintenir des contacts avec sa famille, ses proches et son avocat. L'effet des transfèrements successifs sur un détenu pourrait, dans certaines circonstances, constituer un traitement inhumain et dégradant* ». La CNCDH estime que les transferts en cascade doivent être proscrits. Il convient de rappeler le caractère tout à fait exceptionnel du transfèrement imposé au détenu.

Commission nationale consultative des droits de l'homme, Etude sur les droits de l'homme en prison, *11 mars 2004.*

454 Tout détenu peut-il être transféré ?

Le transfert est théoriquement impossible lorsque le détenu doit être tenu à disposition de la juridiction dans le ressort de laquelle il se trouve, soit parce qu'il fait l'objet de poursuites, soit parce qu'il est susceptible d'être entendu comme témoin. L'autorité ayant délivré l'ordre de transfèrement doit en être avertie et le Parquet doit faire connaître à l'administration pénitentiaire la date à partir de laquelle le détenu pourra être transféré. Par ailleurs, un prévenu ne peut en aucun cas être transféré sans l'autorisation du magistrat saisi du dossier de l'information. Enfin, un détenu ne peut théoriquement pas être transféré si son état de santé ne le permet pas ; cette impossibilité devant être attestée par le certificat médical d'un médecin habilité ou autorisé à intervenir dans l'établissement pénitentiaire.

Articles D.292, D.301 et D.302 du Code de procédure pénale.

455 Quelle est la différence entre une translation judiciaire et un transfèrement administratif ?

La translation judiciaire désigne la conduite d'un détenu d'un établissement pénitentiaire à un autre, sur réquisition d'un magistrat : pour les besoins de l'instruction, en vue de sa comparution dans le cadre d'une autre affaire ou en tant que témoin,

etc. Dans le cadre d'un transfèrement administratif, le détenu est conduit dans un autre établissement pénitentiaire pour des raisons non judiciaires (affectation en établissement pour peines, mesure de sécurité, opération de désencombrement...).
Article D.293, D.297 à D.302 du Code de procédure pénale.

Qui décide d'une translation judiciaire ? 456

La translation judiciaire est requise par le magistrat qui instruit le dossier ou par le procureur de la République du lieu où le détenu doit comparaître. Si l'intéressé est prévenu, la translation ne peut avoir lieu qu'avec l'accord de l'autorité judiciaire dont il relève. En toute hypothèse, une telle opération ne peut être prescrite que si elle apparaît indispensable. En effet, il est possible d'éviter le transfèrement du détenu. Le ministère public peut requérir un renvoi de la procédure de la juridiction d'instruction ou de jugement saisie à celle du lieu de détention. De même, lorsqu'il apparaît nécessaire d'entendre un condamné qui se trouve détenu, la juridiction saisie peut demander au président du tribunal de grande instance le plus proche du lieu de détention de s'en charger.
Articles 664, 712, 715, D.57 et D.298 du Code de procédure pénale.

Achoppements interministériels

Les transferts de compétences à d'autres administrations – en l'espèce l'administration pénitentiaire ou un service spécialisé – pourraient également être retenus pour les escortes et les gardes de détenus qui incombent aujourd'hui essentiellement aux forces de sécurité intérieure. Un groupe de travail sur les escortes et les gardes de détenus, animé par l'Inspection générale de l'administration et l'Inspection générale des services judiciaires, a présenté une note d'étape en décembre dernier. Il ressort des comparaisons étrangères que la plupart des pays ont choisi, à la différence de la France, de confier principalement cette mission à l'administration pénitentiaire. Les besoins en effectifs de l'administration pénitentiaire semblent toutefois devoir constituer une pierre d'achoppement aux accords interministériels à venir. Des évolutions sont étudiées. Cette proposition a été mise en oeuvre sous une forme expérimentale à Strasbourg, l'administration pénitentiaire étant en charge du transfert de la prison au tribunal. En outre, une hypothèse de travail a été testée au premier semestre 2003, consistant à retenir la qualification de « détenu à risque » comme principal critère pour confier l'escorte et la garde aux forces de sécurité intérieure.
Aymeri de Montesquiou, L'organisation du temps de travail et des procédures d'information des forces de sécurité intérieure *, Rapport d'information n°25 fait au nom de la commission des finances du Sénat, 15 octobre 2003.*

Comment les translations judiciaires sont-elles effectuées ? 457

Les translations se déroulent le plus souvent en fourgons cellulaires. Elles peuvent également être effectuées par chemin de fer ou par tout autre service régulier de transport en commun. La charge des translations incombe aux services de gendarmerie ou de police. Toutefois, les personnes conduites devant une Cour ou un tribunal siégeant dans une autre ville que celle où elles sont détenues, pour statuer sur une opposition ou un appel, sont transférées en fourgon de l'administration pénitentiaire, en l'absence d'urgence et si ce mode de transfert apparaît possible. Par ailleurs, la charge de la réintégration à l'établissement pénitentiaire d'origine incombe à l'autorité judiciaire si l'intéressé demeure prévenu et à l'administration pénitentiaire si l'intéressé a été condamné définitivement. Cette responsabilité partagée donne fréquemment lieu à des conflits entre les services de gendarmerie ou de police et l'administration pénitentiaire.

Articles R.94, D.297 et D.299 du Code de procédure pénale.

Les transfèrements internationaux

Constatant que les difficultés de communication et l'absence de contact avec la famille peuvent nuire à la réinsertion des détenus étrangers, la *Convention de Strasbourg sur le transfèrement des personnes condamnées* permet aux condamnés détenus dans un pays étranger d'être transférés dans leur pays afin d'y purger leur peine. A côté de cette convention qui lie les Etats du Conseil de l'Europe, des traités ayant le même objet ont été conclus entre la France et de nombreux pays. Les règles applicables varient donc en fonction des pays concernés. Il ne sera fait état ici que de celles prévues par la Convention du Conseil de l'Europe.

458 Qui peut demander le transfèrement dans son pays d'origine ?

Un transfèrement international peut être demandé par le condamné, par l'Etat dans lequel la condamnation a été prononcée (Etat de condamnation) ou par l'Etat dont le condamné est ressortissant (Etat d'exécution). En toute hypothèse, le transfèrement est subordonné au consentement de ces deux Etats, comme de celui du condamné. Lorsque le condamné a exprimé le souhait d'être transféré, l'Etat de condamnation doit en informer l'Etat d'exécution le plus tôt possible dès que le jugement est devenu définitif. Il doit alors lui communiquer un certain nombre d'informations : nom, date, lieu de naissance du condamné, exposé des faits ayant entraîné la condamnation, nature, durée et date du début de la condamnation, copie certifiée conforme du jugement et des dispositions légales appliquées, déclaration de consentement du condamné au transfèrement, rapports médicaux ou sociaux sur le condamné. Les demandes de transfèrement doivent être formulées par écrit et être adressées par le ministère de la Justice de l'Etat requérant au ministère de la Justice de l'Etat requis. Les réponses sont communiquées par les mêmes voies. L'Etat requis doit informer l'Etat requérant dans les plus brefs délais de sa décision d'accepter ou de refuser le transfèrement demandé.

Articles 2, 4, 5 et 6 de la Convention sur le transfèrement des personnes condamnées du 21 mars 1983.

Quelles sont les conditions pour un transfèrement dans le pays d'origine ? 459

En premier lieu, le condamné doit être ressortissant du pays où il est prévu qu'il purgera sa peine. Le jugement prononcé doit être définitif, et la durée de la peine restant à subir doit être au moins de six mois à la date de réception de la demande de transfèrement (sauf cas exceptionnels), ou bien indéterminée. Par ailleurs, le condamné ou son représentant doit consentir au transfèrement. L'infraction ayant donné lieu à la condamnation doit constituer une infraction pénale au regard du droit de l'Etat dont le condamné est ressortissant. Enfin, l'Etat de condamnation et l'Etat d'exécution doivent s'être mis d'accord sur ce transfèrement.

Article 3 de la Convention sur le transfèrement des personnes condamnées du 21 mars 1983.

Lenteurs administratives

Condamné définitivement en 2002 à dix ans de réclusion criminelle, Franck B., de nationalité belge, a demandé à plusieurs reprises et sans succès aux autorités françaises à être transféré dans son pays d'origine, alors qu'il remplit l'ensemble des conditions requises. Le bureau de gestion de la détention de l'administration pénitentiaire lui répond une première fois en novembre 2002 qu'il a demandé au directeur du centre de détention de lui adresser « *les pièces permettant d'instruire votre dossier* », qui sera ensuite transmis au bureau de l'entraide répressive internationale et des conventions pénales, lui-même « *chargé de son étude juridique et de sa communication au ministère des affaires étrangères chargé des relations avec les autorités compétentes* ». L'administration pénitentiaire ajoute que la décision ne pourra être prise que « *lorsque toutes les diligences entre les deux pays seront accomplies* ». Le ministère de la Justice belge indique pour sa part dès août 2002 que le « *dossier est bloqué tant que le ministère de la Justice à Paris ne m'a pas fait parvenir les documents d'usage* ». En l'absence de nouvelles, Franck B. réécrit en juin 2003 à l'administration pénitentiaire, qui se contente de lui rappeler les termes de son précédent courrier. Ayant effectué quatre années de détention provisoire, il devient accessible à une libération conditionnelle à partir d'août 2003 et demande dès lors une « libération conditionnelle expulsion »...

Courriers de Franck B., centre de détention de Montmédy, octobre 2002 à septembre 2003.

Quelle sera la peine à purger après le transfèrement ? 460

L'Etat d'exécution a l'obligation de donner effet à la décision de condamnation. Il a le choix entre reprendre directement l'exécution de la condamnation, ou convertir la condamnation en une décision nationale. En cas de poursuite de l'exécution de la condamnation, la durée maximale de la peine à subir après le transfèrement correspondra à la durée de la peine initiale restant à purger, les réductions de peine accordées par l'Etat de condamnation étant acquises pour le détenu. Toutefois, si la nature ou la durée de cette sanction sont incompatibles avec la législation de l'Etat d'exécution, celui-ci peut l'adapter à la peine ou à la mesure prévue par sa propre loi pour des infractions de même nature, la peine résultante ne pouvant toutefois être ni plus longue ni plus sévère que la peine initiale. L'autorité compétente pour convertir la condamnation ne pourra pas revenir sur la constatation des faits figurant dans le jugement prononcé dans l'Etat de condamnation. Elle ne pourra pas non plus convertir une sanction privative de liberté en une sanction pécuniaire. Elle déduira obligatoirement la période de privation de liberté déjà subie par le condamné. Enfin, elle n'aggravera pas la situation pénale du condamné et ne sera pas liée par la sanction minimale éventuelle prévue par sa législation pour l'infraction commise.

Articles 9 à 11 de la Convention sur le transfèrement des personnes condamnées du 21 mars 1983.

461 A quelle procédure le transfert de Français détenus à l'étranger est-il soumis ?

Le ressortissant français détenu à l'étranger doit former une demande en vue de son transfèrement. S'il présente sa requête auprès de l'Etat de condamnation, il lui est recommandé d'en informer simultanément le ministère français de la Justice, afin d'accélérer le traitement de sa demande. Dès son arrivée sur le sol français, le condamné est présenté au procureur de la République du lieu d'arrivée. Celui-ci procède à son contrôle d'identité et dresse un procès-verbal. Si l'interrogatoire ne peut être immédiat, le condamné est conduit à la maison d'arrêt la plus proche où il ne peut être détenu plus de 24 heures. A l'expiration de ce délai, il est conduit d'office devant le procureur de la République par les soins du chef d'établissement. Au vu des pièces constatant l'accord des Etats sur le transfèrement et le consentement du détenu, ainsi que du jugement étranger de condamnation, le procureur requiert l'incarcération immédiate du condamné.

Article 728-3du Code de procédure pénale.

462 Comment les autorités françaises déterminent-elles la peine restant à purger ?

Il appartient au procureur du lieu d'arrivée de déterminer la peine restant à subir, pour en prescrire l'exécution. Le principe est que la peine prononcée à l'étranger est directement et immédiatement exécutoire sur le territoire français pour la partie qui restait à subir à l'étranger, les délais de transfèrement étant intégralement pris en compte. Toutefois, lorsque la peine prononcée est, par sa nature ou sa durée, plus rigoureuse que celle prévue par la loi française pour les mêmes faits, le procureur ou le condamné peuvent saisir le tribunal correctionnel du lieu de détention. Le tribunal correctionnel statue en audience publique, après avoir entendu le ministère public, le condamné et, le cas échéant, son avocat. Si la peine prononcée à l'étranger est incompatible avec le droit français, le tribunal lui substitue la peine la plus proche au regard de la législation interne ou réduit cette peine au maximum légalement applicable. Ainsi, lorsque la peine prononcée à l'étranger est de cinq ans de réclusion criminelle, alors que la peine maximale encourue en droit français pour les mêmes faits est de trois ans d'emprisonnement, cette dernière peine est substituée à la première. En aucun cas, le tribunal ne peut aggraver la situation du condamné. La durée de la peine ramenée à exécution ne peut donc excéder la durée de la peine qui restait à subir avant adaptation. En outre, le tribunal ne peut aggraver la peine en retenant un état de récidive, pas plus que l'assortir d'une période de sûreté. En revanche, si la peine prononcée à l'étranger réprimait des faits multiples, le tribunal doit procéder à une réduction de sa durée au maximum prévu pour l'infraction la plus sévèrement réprimée dans le Code pénal français. Par la suite, les modalités d'application de la peine seront régies par la loi française, le condamné pouvant bénéficier des mesures d'aménagement de peine de droit commun. Aucune poursuite pénale ne peut être engagée et aucune sentence ne peut être exécutée pour les mêmes faits contre un condamné qui exécute en France une peine privative de liberté prononcée par une juridiction étrangère.

Articles 728-2, 728-4 à 728-9 du Code de procédure pénale, circulaire CRIM 85-20 du 15 octobre 1985.

Quelle est la procédure en cas de demande de transfèrement international formée par un détenu étranger incarcéré en France ? 463

Le chef d'établissement doit informer les condamnés susceptibles de bénéficier des dispositions d'une convention de transfèrement. Le détenu peut adresser une demande de transfèrement auprès des autorités – notamment diplomatiques ou consulaires – de son pays, ou présenter sa requête auprès du chef d'établissement. Il lui est recommandé d'effectuer sa demande auprès du greffe de l'établissement et d'en informer parallèlement les autorités de l'Etat dont il est ressortissant. En tout état de cause, le chef d'établissement se doit également d'informer le consulat concerné et de faciliter la venue des agents consulaires qui souhaiteraient rencontrer le détenu. Il doit par ailleurs constituer un dossier contenant la requête du détenu, paraphée par le juge de l'application des peines, une copie de la fiche pénale, du réquisitoire et de la décision de condamnation. Le dossier doit également contenir toutes les informations relatives aux condamnations pécuniaires infligées au détenu. La demande est ensuite instruite par le bureau de l'entraide pénale internationale au sein de la Direction des affaires criminelles et des grâces du ministère de la Justice. Le non-paiement d'une condamnation pécuniaire peut influer défavorablement dans l'appréciation portée par l'administration française sur le bien-fondée de la demande. Le refus opposé par le ministre français de la Justice peut faire l'objet d'un recours devant le tribunal administratif.

Circulaire AP 86-10-G1 du 24 février 1986, Cour administrative d'appel de Paris (arrêt Belin), 16 février 1999.

La psychose de l'évasion, considérée par l'administration pénitentiaire comme la défaillance suprême de l'institution, entraîne une accumulation de contraintes de sécurité. Pour le détenu, ce sera une vie quotidienne réglementée et surveillée dans le moindre de ses aspects. Au nom de la sécurité, le prisonnier verra ainsi le champ de son intimité réduit à peau de chagrin. Pour le personnel de surveillance, ce sera une mission trop souvent réduite à un rôle de « porte-clés », loin du rôle social enseigné au cours de la formation dispensée par l'administration pénitentiaire. Le maintien et le respect de l'ordre sont également abusivement invoqués pour restreindre l'exercice effectif par les détenus de nombreux droits et libertés autres que la liberté d'aller et venir. Cette obsession sécuritaire préside à l'instauration d'une discipline dont le chef d'établissement est le seul maître d'œuvre et d'un régime d'isolement draconien. La sécurité justifie aussi le recours à des moyens de contrôle et de contrainte souvent humiliants.

La discipline

Le régime disciplinaire a subi d'importantes mutations au cours de ces dernières années. A la suite d'un arrêt du Conseil d'Etat (27 février 1995, *Marie*), reconnaissant la possibilité pour le détenu de soumettre une sanction au contrôle du juge administratif, un décret du 2 avril 1996 est venu encadrer plus strictement cette matière. En particulier, il énumère les fautes qui peuvent donner lieu à des sanctions disciplinaires. Conférant au régime disciplinaire l'apparente qualité technique du droit pénal, sans toutefois jamais donner de véritables garanties au détenu, le décret est décevant. Mais la procédure ainsi définie sera modifiée en profondeur par une loi du 12 avril 2000 sur les relations entre administrations et usagers. Entrée en vigueur le 1er novembre 2000, elle offre aux personnes détenues la possibilité de se faire assister d'un avocat ou représenter par un mandataire lors du passage en commission de discipline. Elle leur permet également d'avoir accès au dossier de la procédure engagée. Le détenu bénéficie dès lors de garanties de représentation non négligeables. Ce dispositif demeure cependant déficient au regard des principes du procès équitable : la partialité de l'organe de jugement, l'impossibilité pour le détenu de faire citer des témoins, le temps de préparation de la défense souvent limité et l'absence de formation des avocats en droit pénitentiaire, sont autant de défaut de garanties de l'accusé.

Quel est l'intérêt de connaître le régime disciplinaire de l'établissement ? 464

Tous les détenus, prévenus ou condamnés, y compris ceux placés en semi-liberté ou en placement à l'extérieur, sont soumis au régime disciplinaire de l'établissement. Celui-ci est fixé essentiellement par le Code de procédure pénale et, pour le reste, par le règlement intérieur. Ne pas respecter ce régime, c'est s'exposer à des sanctions disciplinaires – dont la plus dure reste le placement en cellule de discipline (mitard) – et éventuellement aux « sanctions » du juge de l'application des peines, par exemple le retrait de réductions de peine précédemment accordées. Par conséquent, il est utile de prendre connaissance tant des fautes disciplinaires que des obligations imposées par le règlement intérieur.

Articles D.117-2, D.249-1 à D.249-3, D.251 et D.251-1 du Code de procédure pénale.

A qui les détenus doivent-ils obéissance ? 465

Les détenus doivent obéissance aux fonctionnaires ou agents ayant autorité dans la prison. Lorsque les décisions prises à leur égard par les autorités pénitentiaires sont illégales, ils peuvent en demander l'annulation devant les tribunaux administratifs. En aucun cas, les détenus ne doivent obéir à d'autres détenus, même dans les cas où certains se voient exceptionnellement confier la responsabilité de certaines activités sous le contrôle du personnel. Les détenus qui travaillent doivent également respecter les consignes professionnelles données par l'autorité qui les emploie (y compris quand il s'agit d'un employeur privé). Le non-respect de ces consignes peut entraîner des sanctions. La responsabilité globale de la discipline relève du chef d'établissement.

Articles D.243 et D.244 du Code de procédure pénale.

Les balbutiements du droit disciplinaire

La mutation entreprise par la matière disciplinaire en prison est incontestable. L'arrêt de principe du Conseil d'Etat du 17 février 1995 a permis aux recours contre les sanctions disciplinaires les plus graves de prospérer. La réforme intervenue le 2 avril 1996 a modifié en substance le régime disciplinaire applicable aux détenus et l'arrivée des avocats en prison depuis le 1er novembre 2000 a incorporé définitivement la matière au droit commun. La soumission de la matière disciplinaire au principe de légalité et la recherche de la proportionnalité des sanctions confirment la conversion vers un authentique droit disciplinaire pénétré par plus de justice et de transparence. Des progrès indéniables restent cependant encore à accomplir. La notification du rapport d'enquête au détenu n'existe toujours pas. Il n'est pas davantage prévu, lors de l'audience devant la commission de discipline de procéder systématiquement à son interrogatoire ou de satisfaire à sa demande d'audition de témoins. Le président de la commission de discipline, qui n'est autre que le chef d'établissement, demeure tout autant souverain dans la conduite de l'audience qu'auparavant. Il cumule les fonctions d'autorité de poursuite, d'instruction, de jugement et d'exécution de la sanction. Bien sûr, le détenu se voit confirmer le droit d'intenter un recours juridictionnel. Mais l'intérêt d'une telle action est amoindri par le recours hiérarchique obligatoire devant le directeur régional des services pénitentiaires. Derrière ces perspectives se cache un autre enjeu. Le droit disciplinaire pénitentiaire vit ses premiers balbutiements et son évolution récente trace le chemin d'autres changements rendus désormais inévitables. La prison ne peut plus vivre en marge du droit.

Jean-Paul Céré, Droit disciplinaire en prison, *L'Harmattan, 2001.*

466 Quelles sont les fautes qui exposent à des sanctions disciplinaires ?

Depuis 1996, seules des fautes mentionnées dans le Code de procédure pénale ou des manquements au règlement intérieur peuvent exposer à des sanctions de nature disciplinaire. En aucun cas, la commission de discipline ne peut sanctionner un comportement ne figurant pas dans l'un de ces textes. Cependant, les chefs d'établissements ont régulièrement recours à d'autres mesures (isolement et transfert imposés, parloir avec hygiaphone…) pour sanctionner un manquement au règlement, afin de s'affranchir des garanties procédurales prévues par la procédure disciplinaire. Ces « sanctions déguisées » interviennent fréquemment pour punir des comportements non prévus dans les textes ou lorsque l'enquête réalisée par l'administration n'a pas permis de réunir des preuves suffisantes à l'encontre du détenu pour le faire comparaître devant la commission de discipline.

Articles D.249-1 à D.249-3 du Code de procédure pénale.

A quoi correspond le classement en trois degrés de fautes disciplinaires ? 467

Alors que le droit pénal classe les infractions en crimes, délits et contraventions, le droit pénitentiaire classe les fautes entre celles du premier, deuxième et troisième degré, de la plus grave à la moins grave. La distinction entre ces trois niveaux de fautes correspond à des différences de régimes et de sanctions applicables. Une faute du premier degré est ainsi passible d'une sanction de 45 jours de cellule de discipline ; une faute du deuxième degré de 30 jours ; une faute du troisième degré de 15 jours.

Article D.249 et D.251-3 du Code de procédure pénale.

Quelles sont les fautes disciplinaires du premier degré ? 468

Ce sont les fautes considérées comme les plus graves : elles sont passibles de 45 jours de cellule de discipline. Il s'agit pour le détenu d'exercer des violences physiques à l'encontre d'un membre du personnel ou d'une personne en mission ou en visite ; de participer à toute action collective de nature à compromettre la sécurité de l'établissement ; de détenir des stupéfiants ou tous objets ou substances dangereux pour la sécurité des personnes et de l'établissement, ou faire trafic de tels objets ou substances ; d'obtenir ou tenter d'obtenir par menace de violences ou contrainte un engagement ou une renonciation ou la remise d'un bien quelconque ; d'exercer des violences physiques à l'encontre d'un codétenu ; de participer à une évasion ou à une tentative d'évasion ; de causer délibérément de graves dommages aux locaux ou au matériel ; de commettre intentionnellement des actes de nature à mettre en danger la sécurité d'autrui ; d'inciter un codétenu à commettre l'une de ces fautes.

Article D.249-1 du Code de procédure pénale.

Quelles sont les fautes disciplinaires du deuxième degré ? 469

Ces fautes font encourir à leurs auteurs une sanction maximale de 30 jours de cellule de discipline. Il s'agit pour le détenu de proférer des insultes ou des menaces à l'égard d'un membre du personnel ou d'une personne en mission ou en visite ; de participer à des actions collectives de nature à perturber l'ordre de l'établissement ; de commettre ou tenter de commettre des vols ou toute autre atteinte frauduleuse à la propriété d'autrui ; de causer délibérément un dommage aux locaux ou au matériel affecté à l'établissement ; d'imposer à la vue d'autrui des actes obscènes ou susceptibles d'offenser la pudeur ; de refuser de se soumettre à une mesure de sécurité définie par les règlements et instructions de service ;

de se soustraire à une sanction disciplinaire prononcée à son encontre ; de se livrer à des trafics, des échanges non autorisés ou tractations avec des codétenus ou des personnes extérieures ; de détenir des objets ou substances non autorisés par les règlements ou se livrer à leur trafic ; de se trouver en état d'ébriété ou absorber sans autorisation médicale des substances de nature à troubler son comportement ; de provoquer un tapage de nature à troubler l'ordre de l'établissement ; de mettre en danger la sécurité d'autrui par une imprudence ou une négligence ; de tenter d'obtenir d'un membre du personnel ou d'une personne en mission un avantage quelconque par des offres, des promesses, des dons ou des présents ; d'inciter un codétenu à commettre l'une de ces fautes.

Article D.249-2 du Code de procédure pénale.

470 Quelles sont les fautes disciplinaires du troisième degré ?

Considérées comme les moins graves, les fautes disciplinaires du troisième degré font encourir à leurs auteurs une sanction maximale de 15 jours de cellule de discipline. Il s'agit pour le détenu de formuler des outrages ou des menaces dans les lettres adressées aux autorités administratives et judiciaires ; de formuler dans les lettres adressées à des tiers, des menaces, des injures ou des propos outrageants à l'encontre de toute personne ayant mission dans l'établissement, des autorités administratives et judiciaires, ou formuler dans ces lettres des menaces contre la sécurité des personnes ou de l'établissement ; de proférer des insultes ou des menaces à l'encontre d'un codétenu ; de refuser d'obtempérer aux injonctions des membres du personnel ; de ne pas respecter les dispositions du règlement intérieur ou les instructions particulières du chef d'établissement ; de négliger de préserver ou d'entretenir la propreté de sa cellule ou des locaux communs ; d'entraver ou tenter d'entraver les activités de travail, de formation, culturelles ou de loisirs ; de jeter des détritus ou tout autre objet par les fenêtres ; de communiquer irrégulièrement avec un codétenu ou avec toute autre personne extérieure ; de faire un usage abusif ou nuisible d'objets autorisés par le règlement ; de pratiquer des jeux non autorisés par le règlement ; de multiplier, auprès des autorités administratives et judiciaires, des réclamations injustifiées ayant déjà fait l'objet d'une décision de rejet ; d'inciter un codétenu à commettre l'un des manquements énumérés au présent article.

Article D.249-3 du Code de procédure pénale.

L'apparence de la légalité

Le principe de légalité suppose que tous les comportements interdits passibles d'être sanctionnés soient indiqués dans un texte. Le décret de 1996 semble rejoindre ce principe puisqu'il dresse une liste des infractions. Mais pour respecter le principe de légalité, la liste doit être exhaustive et les textes doivent être clairs et précis. Dès lors qu'ils laissent place à interprétation, le principe de légalité n'est plus respecté. Or, il se trouve toute une série de textes peu clairs dans le décret, qui se contredisent, ou pour lesquels on a des problèmes de frontière entre le

1er et le 2ème degré... A mon sens, deux textes sont réellement dangereux. Le premier permet de sanctionner le fait « *de ne pas respecter les dispositions du règlement intérieur* ». Il crée d'emblée un problème d'égalité entre les établissements, qui ont chacun leur règlement intérieur. D'autre part, comment s'assurer que les règlements intérieurs soient eux-mêmes rédigés de manière claire et précise ? Pire encore, un autre texte punit « *le fait de refuser d'obtempérer aux injonctions des membres du personnel* ». Cela signifie que l'ordre ou l'injonction peut avoir n'importe quel contenu. Quel contrôle le juge administratif pourra-t-il exercer en cas de recours sur la base de textes aussi flous ? Il va être obligé de reconnaître un pouvoir d'appréciation important au directeur et de limiter l'ampleur du contrôle.

Martine Herzog-Evans, « La gestion du comportement du détenu », Dedans dehors, *n°5, janvier 1998.*

Comment expliquer que des fautes se situant à des degrés différents se ressemblent ? 471

Le droit disciplinaire ne répond pas aux mêmes exigences de clarté et précision que le droit pénal. Certaines fautes de premier degré sont quasiment identiques à d'autres fautes de second degré. Par exemple, constitue une faute de premier degré le fait de participer à une « *action collective de nature à compromettre la sécurité de l'établissement* », mais de deuxième degré « *l'action collective de nature à perturber l'ordre de l'établissement* ». La distinction entre les deux notions très proches, en prison, de « risque pour l'ordre » et de « risque pour la sécurité » relève alors de l'appréciation de la commission de discipline. Ceci confère une indéniable marge de manœuvre à l'autorité disciplinaire. Dans le même ordre d'idée, certaines fautes sont de degrés divers en fonction de la qualité de la victime. Ainsi, constitue une faute de deuxième degré le fait de menacer ou d'insulter un membre du personnel, mais de troisième degré si la victime est un codétenu !

Articles D.249-1 à D.249-3 du Code de procédure pénale.

Qu'appelle-t-on des « qualifications par renvoi » ? 472

Une qualification est la définition juridique du comportement que le texte réprime. Les qualifications par renvoi sont les qualifications qui renvoient à d'autres textes ou autorités et qui sont donc plus difficiles à connaître et moins précises. L'on en trouve quelques-unes dans le régime disciplinaire des détenus. Ainsi, plusieurs textes renvoient au règlement intérieur et sanctionnent la violation de l'ensemble de ses prescriptions ou de certaines seulement : « *ne pas respecter les dispositions du règlement intérieur ou les instructions particulières du chef d'établissement* » ; « *faire un usage abusif ou nuisible d'objets autorisés par le règlement intérieur* » ; « *pratiquer des jeux non autorisés par le règlement intérieur* » constituent des fautes du troisième degré. Les règlements intérieurs variant d'une prison à l'autre, la référence à ce texte dans l'énoncé des fautes disciplinaires renforce l'inégalité des régimes qui s'appliquent aux détenus.

Articles D.249-3 et D.255 du Code de procédure pénale.

473 Parle-t-on aussi d'infraction disciplinaire quand elle a lieu à l'extérieur de la prison ?

L'ensemble des fautes énumérées constituent des infractions disciplinaires, même lorsqu'elles sont commises à l'extérieur de l'établissement pénitentiaire (en permission de sortir, placement extérieur, semi-liberté). Dans ce cas, les violences physiques, les dommages causés aux locaux ou au matériel, les insultes et menaces peuvent être retenus comme infractions disciplinaires, quels que soient la personne visée ou le propriétaire des biens endommagés.

Articles D.249-1 à D.249-4 du Code de procédure pénale.

474 Qu'est-ce que la procédure disciplinaire ?

La procédure disciplinaire correspond à la mise en œuvre de toute la machine disciplinaire, depuis le compte-rendu d'incident du surveillant, jusqu'au prononcé de la sanction. Elle demeure, en dépit d'avancées notables, l'un des maillons faibles du système juridique en vigueur au sein de l'institution carcérale car elle est marquée par la faiblesse des garanties accordées au détenu, face une administration qui cumule les fonctions d'accusation et de jugement.

Pour l'indépendance et l'impartialité

Force est de constater que le chef d'établissement concentre tous les pouvoirs, même si la commission de discipline se donne à voir comme une juridiction. Comme le procureur, il déclenche les poursuites, après en avoir apprécié « l'opportunité » et contrôle les agents chargés de l'enquête. Il peut en outre placer le détenu en cellule disciplinaire à titre « préventif », comme dans le cadre d'une instruction. C'est encore lui qui, comme le juge du siège, rend la décision de condamnation, au sein d'une commission dont il a d'ailleurs désigné les membres. Enfin, il peut aménager la sanction, comme c'est le cas du juge de l'application des peines. La commission de discipline ne présente aucune garantie d'indépendance. Ses membres sont des agents soumis au pouvoir hiérarchique de l'administration centrale. Cette relation de subordination est particulièrement marquée : le chef d'établissement est « *disciplinairement responsable des incidents imputables à sa négligence ou à l'inobservation des règlements* ». Dans ces conditions, il peut être naturellement conduit à faire preuve de sévérité pour éviter de se mettre personnellement en difficulté vis-à-vis de son administration. D'autre part le directeur peut être tenté de donner des gages au personnel de son établissement, pour préserver une certaine « paix sociale ». Enfin, les membres de la commission sont soit collègues soit supérieurs hiérarchiques de l'agent qui est intervenu lors de l'incident. Des liens de solidarité ou des considérations tenant à la nécessité de préserver de bonnes relations professionnelles peuvent donc entrer en jeu. La CNCDH préconise que le régime disciplinaire soit mis en conformité avec les principes d'indépendance et d'impartialité des organes de jugement. Dans une première hypothèse, le prononcé des sanctions disciplinaires pourrait être confié à une instance extérieure indépendante. Dans une seconde hypothèse, le pouvoir disciplinaire pourrait être confié à un juge unique de l'ordre judiciaire, par exemple le JAP, ainsi que le réclame la doctrine.

Commission nationale consultative des droits de l'homme, Etude sur les droits de l'homme en prison, *11 mars 2004.*

Qu'est-ce que le « rapport d'incident » ? 475

Pour que la procédure disciplinaire soit mise en œuvre, il faut en premier lieu qu'une faute disciplinaire d'un détenu soit signalée ou observée par un surveillant. C'est l'objet du rapport d'incident. En pratique, il arrive que le personnel pénitentiaire « passe l'éponge » ou décide de régler la question par la négociation. A défaut, il déclenche la procédure par un « compte-rendu d'incident », plus communément appelé « rapport d'incident ». Ce document consiste à relater sur des imprimés spéciaux les faits qui se sont déroulés. Une fois rédigé, le rapport d'incident doit être transmis au 1er surveillant qui peut à ce stade effectuer un tri entre les procédures qui requièrent une action disciplinaire et celles qu'il vaut mieux classer sans suite dans l'intérêt de la paix de l'établissement. S'il décide de poursuivre, le 1er surveillant rédige à son tour un rapport d'incident, qu'il transmet au chef d'établissement. Celui-ci décide *in fine* de poursuivre la procédure en saisissant la commission de discipline ou d'opérer un classement sans suite. Si des raisons de sécurité le justifient, le chef d'établissement peut autoriser les surveillants rédacteurs des comptes-rendus d'incidents ou témoins de fautes commises par les détenus à conserver l'anonymat en s'identifiant dans leurs écrits par le numéro de matricule inscrit sur leur carte professionnelle.

Article D.250-1 du Code de procédure pénale, note DAP n°290 du 10 novembre 2000.

Le détenu est-il informé des poursuites disciplinaires engagées contre lui ? 476

Le détenu poursuivi doit obligatoirement se voir remettre une convocation écrite, sur laquelle doivent figurer un exposé clair des faits reprochés ainsi que les dispositions exactes du Code de procédure pénale qualifiant ce comportement de faute disciplinaire. Le détenu doit dans le même temps être informé du déroulement de la procédure, de la mise à disposition de la copie du dossier, de la date de sa comparution et de la faculté que lui offre la loi d'être assisté par un avocat (rémunéré au besoin au titre de l'aide juridictionnelle) ou représenté par un mandataire agréé de son choix. Lorsque le détenu est mineur, il appartient au chef d'établissement d'informer dans toute la mesure du possible les titulaires de l'autorité parentale afin qu'ils se prononcent sur la désignation éventuelle d'un avocat ou d'un mandataire agréé. Dans tous les cas, il est demandé au détenu de signer le feuillet de la convocation qui lui est destiné et d'y ajouter ses éventuelles observations. Un refus de signature de sa part n'a aucune incidence.

Article D.250-2 du Code de procédure pénale, circulaire JUSE0340055C du 9 mai 2003.

477 Une enquête est-elle prévue pour établir la réalité des faits reprochés au détenu ?

S'agissant d'une procédure susceptible d'aboutir à de lourdes sanctions, on pourrait s'attendre à ce qu'un soin particulier soit apporté à la réunion des preuves de la culpabilité du détenu. Or, le Code de procédure pénale ne prévoit pas véritablement d'enquête. Il impose simplement au chef d'établissement, s'il le juge pertinent, de se faire communiquer des éléments complémentaires d'informations. La circulaire du 2 avril 1996 prévoit la réalisation d'une enquête par un gradé de l'établissement. Mais sa fonction l'empêche d'être en position de neutralité et rien n'a été prévu pour lui donner les moyens d'effectuer une véritable enquête. Néanmoins, un surveillant doit en principe recueillir les déclarations des protagonistes de l'affaire (détenu, surveillant, témoins éventuels). Il remet ensuite au gradé responsable de l'enquête un rapport sur les éléments nouveaux recueillis. Le gradé ajoute des indications tenant à la personnalité du détenu issues de son dossier, notamment ses antécédents disciplinaires. Il transmet ensuite un rapport final au directeur. Dans ces conditions, il est difficile de prétendre que les procédures disciplinaires sont toutes fondées sur des faits établis. Cette situation peut poser des difficultés à l'administration pénitentiaire, car en cas de recours du détenu devant les tribunaux administratifs, elle devra apporter la preuve de la culpabilité du détenu poursuivi (CAA Marseille, *Maria*, 11 décembre 2001). Même si les juridictions administratives ne sont pas toujours très exigeantes à cet égard, les sanctions risquent d'être annulées faute de preuves suffisantes.

Article D.250-1 du Code de procédure pénale, circulaire JUSE9640025C du 2 avril 1996,

Des faits mal établis

Le gradé que la circulaire prévoit de charger de l'enquête peut tout d'abord procéder à l'audition des parties et des témoins. Pourtant, de telles auditions ne sont que rarement réalisées auprès de toutes les personnes qui disposent d'informations pertinentes. Au surplus, de telles auditions peuvent s'avérer difficiles à réaliser dans le monde fermé de la prison, marqué par la « loi du silence » et par ailleurs peu fiables en raison des pressions et menaces qui sont susceptibles, plus qu'à l'extérieur, d'être exercées. Ceci devrait militer pour la possibilité de contre-interroger ou de partir à la recherche d'éléments matériels destinés à s'assurer de la solidité des affirmations qui sont faites. Nous verrons que tel n'est pas le cas. Ajoutons qu'en pratique, les confrontations ne sont pas plus souvent réalisées lors de la phase décisoire. Elles sont exclues lorsqu'elles reviennent à contester les affirmations de surveillants. Aucune disposition ne permet d'établir, en cas de contestation, la matérialité des faits. Aucune inspection sur le terrain n'est évoquée, pas plus que d'éventuelles rétentions d'objets ou expertises, ce qui fait que, bien souvent, en réalité, les faits seront plus plausibles qu'arrêtés avec certitude. Certains personnels interrogés procèdent toutefois à des investigations relativement poussées lorsqu'il s'agit d'affaires de trafic. Ils peuvent ainsi décider de vérifier les mouvements sur le compte du détenu soupçonné. Mais cela reste exceptionnel. Dans la plupart des cas, l'enquête se limite aux auditions. Il arrive ainsi que, lorsque les faits sont également constitutifs d'une infraction pénale, l'affaire soit classée sans suite devant le tribunal correctionnel pour insuffisance de preuves, mais le détenu néanmoins condamné devant la commission où l'on aura considéré les faits avérés.

M. Herzog-Evans et E. Péchillon, Le droit de l'exécution des peines, problèmes et enjeux d'une discipline juridique en formation, *Mission de recherche Droit et justice, avril 2003.*

Qu'est-ce que la « commission de discipline » ? 478

La commission de discipline, anciennement appelée « prétoire », est l'organe de décision compétent pour se prononcer sur les fautes disciplinaires des détenus. Elle est présidée par le chef d'établissement. Il est assisté de deux assesseurs qu'il désigne parmi les membres du personnel de surveillance. Toutefois, seul le président de la commission détient le pouvoir de décision ; les assesseurs n'ont que voix consultative. Il est possible pour le chef d'établissement de déléguer sa fonction à l'un de ses adjoints ou à un membre du personnel de direction. La délégation n'est valable que si elle est écrite et portée à la connaissance de l'ensemble des détenus, par exemple par voie d'affichage (TA Strasbourg, *Lajoye*, 20 février 1998).

Article D.250 du Code de procédure pénale, circulaire JUSE9640025C du 2 avril 1996.

Le détenu peut-il se voir communiquer le dossier disciplinaire ? 479

Lorsque les poursuites disciplinaires sont engagées, le compte-rendu d'incident, le rapport d'enquête et les observations écrites éventuellement fournies par le détenu figurent parmi les pièces du dossier communicables au détenu, à son avocat ou à son mandataire. Ces derniers doivent impérativement être mis en mesure de prendre connaissance de ces pièces, ainsi que de toutes celles qui seront examinées par la commission de discipline, avant le début de l'audience disciplinaire. Ils pourront soit les consulter sur place, gratuitement, dans un local spécialement aménagé, soit en obtenir une copie. L'administration peut réclamer le paiement des frais de reproduction dans la limite du tarif maximum de 0,18 euros par page. Toutefois, la délivrance de la copie des pièces est gratuite pour le mandataire agréé ou pour l'avocat agissant au titre de l'aide juridictionnelle. Il doit être fait mention au dossier de la procédure disciplinaire de la date et de l'heure de remise des pièces. Le détenu peut en principe conserver les pièces ainsi délivrées. Exceptionnellement, le chef d'établissement peut décider que le détenu ne conservera pas la copie de tout ou partie de ces pièces dans sa cellule, quand il y a des raisons de craindre que soient divulgués des éléments de nature à mettre en cause la sécurité des personnes et de l'établissement. Dans ce cas, les pièces seront placées à la fouille et maintenues à disposition du détenu qui pourra les consulter dans un local aménagé.

Conseil constitutionnel, 17 janvier 1989 n°88-248 DC, circulaire JUSE0340055C du 9 mai 2003.

480 Comment le détenu peut-il organiser sa défense ?

Le décret du 2 avril 1996 prévoyait que le détenu poursuivi devant la commission de discipline devait assurer seul sa défense. Grâce à l'article 24 de la loi du 12 avril 2000, une procédure contradictoire est prévue. Le détenu a dès lors la possibilité d'être assisté ou représenté, durant la procédure disciplinaire, par l'avocat ou le mandataire agréé de son choix. Il doit être informé de cette faculté dès la notification des poursuites. S'il décide d'en user, ce qui est vivement recommandé, il doit pouvoir s'entretenir avec l'avocat ou le mandataire choisi, avant l'audience disciplinaire et dans des conditions garantissant la confidentialité. Le détenu poursuivi doit disposer d'un délai convenable pour préparer ses observations, en rapport avec la complexité et les particularités de l'affaire. A cet égard, le délai de trois heures prévu par le Code de procédure pénale ne constitue qu'un délai minimum. Il doit être étendu dès que l'organisation de la défense l'exige, notamment pour permettre la tenue de l'entretien avec l'avocat ou le mandataire. Par ailleurs, la correspondance écrite entre la personne poursuivie et son défenseur dans l'instance disciplinaire, avocat ou mandataire agréé, est confidentielle. Un interprète doit être désigné dès la phase préparatoire par le chef d'établissement pour tout détenu ne parlant pas ou ne comprenant pas la langue française, afin de permettre au défenseur de s'entretenir avec lui. En tout état de cause, il est recommandé de mettre à profit la phase préalable de l'instance disciplinaire pour dégager, à la lecture des pièces du dossier, les éléments à décharge et les éventuelles incohérences des accusations portées contre le détenu. Il est également utile que le défenseur verse au dossier disciplinaire des conclusions écrites, indépendamment des observations présentées oralement lors de l'audience. Enfin, le détenu a intérêt à formuler par écrit les demandes tendant à ce que le président ordonne l'audition de témoins. Ces pièces pourront éclairer le directeur régional pénitentiaire, saisi d'un recours hiérarchique, ou le juge administratif, saisi d'un recours pour excès de pouvoir, sur les manques de la procédure suivie devant la commission de discipline.

Articles 24 de la loi n° 2000-321du 12 avril 2000, 5 et 7 du décret 2002-1023 du 25 juillet 2002, D.250-4 du Code de procédure pénale, circulaire JUSE0340055C du 9 mai 2003.

Entraves aux droits de la défense à Varces

Le 20 novembre 2001, l'avocate d'un détenu de la maison d'arrêt de Varces (Isère) déposait un recours hiérarchique contre une sanction disciplinaire prononcée sans que son client n'ait pu être assisté de son conseil. D'après Me Joëlle Vernay, monsieur H. avait demandé le 6 novembre à sa famille d'alerter son avocat d'une altercation survenue le jour-même avec un surveillant. Le lendemain, Me Vernay téléphonait à la maison d'arrêt pour indiquer qu'elle souhaitait rencontrer son client et l'assister en commission de discipline. Il lui était répondu que l'accès à la maison d'arrêt était empêché ce jour-là par une manifestation de surveillants et que les commissions de discipline étaient reportées. Mensonge ou erreur ? Le détenu fut bien présenté le mercredi 7 novembre en commission de discipline. Le rapport disciplinaire indique qu'il a « *renoncé à la présence de son avocat* » et le condamne à 45 jours de cellule de discipline. Le 12 novembre, l'avocate de Monsieur H. demande à l'établissement pénitentiaire que la procédure lui soit transmise, ce qui lui est refusé au motif que son client ne souhaite pas exercer un recours. Celui-ci indique alors le contraire à son avocate. La procédure disciplinaire est finalement communiquée quelques heures plus tard à Me Vernay, mais incomplète et en partie illisible. Dans son recours, l'avocate se réfère à la loi du 12 avril 2000 relative aux droits des citoyens dans leurs relations avec l'administration et à la circulaire du 31 octobre 2000 concernant la procédure disciplinaire des détenus. Monsieur H. n'a pu consulter son dossier avant son passage au prétoire, l'heure de l'audience n'était pas mentionnée dans la convocation qui lui a été remise et il a été placé en prévention au mitard à 12 h 30 pour un fait survenu selon le dossier à 14 h 48 ! Malgré de telles irrégularités, la direction régionale des services pénitentiaires devait confirmer la sanction disciplinaire et le détenu, découragé par de multiples vexations et brimades subies au quartier disciplinaire, renoncer à porter l'affaire devant le tribunal administratif.

OIP, Dedans dehors*, n°30, mars 2002.*

Comment s'effectue le choix du défenseur ? 481

La personne détenue ne peut être assistée ou représentée, lors de son passage en commission de discipline, que par un avocat ou un mandataire préalablement agréé. La liste des avocats inscrits aux Barreaux du département et celle des mandataires agréés doivent être affichées dans le bureau du greffe et mises à la disposition des détenus. Le choix du défenseur demeure entièrement libre. Les membres du personnel pénitentiaire ne peuvent en aucun cas influer sur les moyens de défense du détenu ou sur le choix de leur défenseur. Le détenu peut par ailleurs demander au bâtonnier de lui désigner un avocat d'office. Il convient toutefois de noter que la possibilité de recourir à un défenseur se heurte souvent, en pratique, à de nombreux obstacles. S'agissant de la présence des avocats en commission de discipline, elle s'avère assez inégale suivant les établissements. Leur faible rémunération par le biais de l'aide juridictionnelle et les distances souvent longues à parcourir pour se rendre à la prison découragent nombre d'entre eux. La méconnaissance du droit applicable en prison constitue souvent un frein supplémentaire à l'intervention des avocats. Pour ce qui est des mandataires agréés, le système issu de la loi du 12 avril 2000, permettant que des personnes n'ayant pas la qualité d'avocat assistent ou représentent gratuitement les détenus à l'égard desquels une mesure défavorable est envisagée, peine à se mettre en place et ne concerne que quelques établissements pénitentiaires. De plus, les mandataires ne sont pas formés pour assurer la défense des détenus. Par ailleurs, il s'agit généralement de personnes qui accomplissent une mission au sein de l'établissement (visiteurs de prison, aumôniers…). Il peut donc leur être difficile d'exercer une défense de « rupture » face à l'accusation, de nature à les placer en porte-à-faux vis-à-vis de l'administration pénitentiaire.

Article 24 de la loi 2000-321 du 12 avril 2000, circulaire JUSE0340055C du 9 mai 2003.

482 Comment bénéficier d'un avocat rémunéré au titre de l'aide juridictionnelle durant la procédure disciplinaire ?

Les détenus peuvent bénéficier de l'aide juridictionnelle afin d'être assistés gratuitement par un avocat devant la commission disciplinaire. Depuis le 1er janvier 2002, l'Etat alloue chaque année aux différents Barreaux une provision sur la base d'une prévision du nombre de représentations à assurer. Le détenu doit être informé de la possibilité de bénéficier de cette aide lors de la notification des faits qui lui sont reprochés. S'il souhaite y recourir, il doit remplir le formulaire « *demande d'aide juridique pour l'assistance d'un détenu par un avocat* ». Deux possibilités se présentent alors au détenu poursuivi : soit il choisit un avocat en particulier, soit il demande au bâtonnier de lui en désigner un. Dans le premier cas, il doit préciser s'il souhaite bénéficier d'un autre avocat désigné par le bâtonnier en cas de refus de l'avocat initialement souhaité. La demande doit être transmise sans délai à l'avocat afin qu'il fasse connaître sa réponse rapidement. Elle est transmise parallèlement au bâtonnier du ressort dont relève cet avocat. Si le détenu opte pour la seconde possibilité, sa demande est directement transmise au bâtonnier du ressort dans lequel se trouve l'établissement. Lorsqu'une procédure disciplinaire est engagée à l'encontre d'un mineur, le chef d'établissement doit joindre sans délai les titulaires de l'autorité parentale, afin qu'ils indiquent s'ils souhaitent faire intervenir un avocat de leur choix ou s'ils préfèrent solliciter la désignation d'un avocat par le bâtonnier. S'il est impossible de les joindre ou si l'avocat désigné ne peut être présent, une demande de désignation d'avocat doit être faite auprès du bâtonnier.

Article 64-3 de la loi du 10 juillet 1991 relative à l'aide juridique, circulaire JUSJ0290002C du 18 avril 2002 relative à la rétribution de l'avocat assistant la personne détenue devant la commission de discipline d'un établissement pénitentiaire.

Les complications du système de rémunération

L'entrée en vigueur de la loi s'est enfin accompagnée d'un débat sur le système de rémunération des avocats qui allaient intervenir en prison, débat qui ne s'est d'ailleurs réglé que très récemment. La loi du 12 avril 2000 était en effet restée totalement muette sur la question. Quant à la circulaire d'application, elle ne pouvait que se contenter, après avoir rejeté la possibilité d'une rémunération dans le cadre de l'aide juridictionnelle, de faire référence à un éventuel financement par les Conseils départementaux d'accès au droit, ce qui n'était pas sans inconvénient, notamment en terme d'égalité devant la loi, dans la mesure où de telles structures n'existaient pas dans tous les départements. Le barreau nantais s'est d'ailleurs trouvé confronté à l'absence d'un tel organisme. Toutefois, des démarches ont rapidement été entreprises en vue de sa création, achevée au mois de septembre 2001. En attendant la mise en place de ce conseil, l'Ordre des avocats de Nantes a accepté de prendre en charge les interventions en application de l'article 91 de la loi sur l'aide juridictionnelle. Mais grâce à une récente modification de la loi du 10 juillet 1991, elles entrent désormais, depuis le 1er janvier 2002, dans le cadre de l'aide juridictionnelle. En résumé, le dispositif de rémunération des avocats a reposé sur : l'ordre du barreau de Nantes de novembre 2000 à septembre 2001, le CDAD de septembre à décembre 2001, le dispositif d'aide juridictionnelle depuis janvier 2002. Deux précisions méritent d'être apportées. D'une part, même si les modalités de financement sont aujourd'hui arrêtées, rien n'a encore n'avait été versé (en juin 2002) aux avocats qui intervenaient ainsi bénévolement depuis l'entrée en vigueur de la loi. D'autre part, certains avocats sont amenés à intervenir au prétoire non pas dans le cadre de la permanence mais sur demande d'un détenu qu'ils ont assisté lors de son procès pénal. Même dans ce cas, et alors même que leur client les aurait rémunéré sur la base d'honoraires « normaux » lors de la procédure pénale, ils font appel au mécanisme de l'aide juridictionnelle.

M. Herzog-Evans et E. Péchillon, Le droit de l'exécution des peines, problèmes et enjeux d'une discipline juridique en formation, *Mission de recherche Droit et justice, avril 2003.*

Comment se déroule la commission de discipline ? 483

Tout détenu demeure libre de comparaître ou pas devant la commission de discipline. Il peut comparaître en personne et assurer seul sa défense, comparaître assisté par un avocat ou un mandataire ou encore refuser de comparaître et se faire représenter par son avocat ou son mandataire. Lors de l'audience disciplinaire, le président de la commission doit recueillir les explications du détenu sur les faits qui lui sont reprochés et dont les circonstances auront été rappelées. Si le détenu a remis des observations écrites à la commission, il lui est loisible de présenter des explications orales. La parole est ensuite donnée à l'avocat ou au mandataire, s'il est présent au cours de l'audience. Pour tout motif formulé par le détenu, son avocat ou son mandataire, le président peut décider de reporter l'examen des faits concernés à la prochaine audience. Les conclusions et les pièces écrites remises par le détenu ou son conseil sont annexées au dossier de la procédure. Par ailleurs, le président de la commission peut décider de faire entendre, en qualité de témoin, toute personne dont l'audition lui paraît utile. Dans cette hypothèse, le témoin doit être entendu en présence du détenu poursuivi et, le cas échéant, de son défenseur. Si la commission décide d'entendre seule le témoin, elle doit retranscrire ses déclarations. La décision sur la sanction disciplinaire est prononcée par le président en présence, selon le cas, soit du détenu seul ou assisté de son avocat ou de son mandataire, soit de l'avocat ou du mandataire si le détenu n'a pas comparu. La décision doit mentionner le nom de l'avocat ou du mandataire qui est intervenu. Après le prononcé de la décision, le détenu peut s'entretenir avec l'avocat ou le mandataire, dans des conditions garantissant la confidentialité, pour décider d'exercer ou non un recours contre la sanction.

Articles D.250-4 et D.250-5 du Code de procédure pénale, circulaire JUSE0340055C du 9 mai 2003.

484 Dans quelles circonstances la possibilité d'être assisté ou représenté par un avocat ou un mandataire ne s'applique-t-elle pas ?

Deux hypothèses permettent à l'administration pénitentiaire d'écarter la procédure contradictoire prévue à l'article 24 de la loi du 12 avril 2000. En premier lieu, le chef d'établissement n'est pas tenu de recueillir les observations du détenu, ni de lui permettre de solliciter un avocat ou un mandataire agréé, avant de le placer préventivement au quartier disciplinaire. Ce placement préventif est en effet justifié par l'urgence à faire cesser un trouble en détention et par la nécessité de rétablir la sécurité. La mesure est prise à titre conservatoire et provisoire. Toutefois, le placement du détenu à titre préventif au quartier disciplinaire ne permet pas à l'administration de déroger aux principes du contradictoire pour la suite de la procédure. Le détenu conserve la possibilité d'être défendu par un avocat ou un mandataire agréé lors du passage en commission de discipline. Il doit être informé de ce droit dès son placement préventif au quartier disciplinaire. En second lieu, l'administration peut également faire obstacle à l'intervention de l'avocat ou du mandataire lorsqu'elle est confrontée à des « circonstances exceptionnelles », à savoir des événements imprévisibles et d'une particulière gravité tant par leur ampleur que par leur durée (mutinerie, destruction de bâtiment, mouvement social désorganisant gravement le service…). Dans toute la mesure du possible, la comparution en commission de discipline doit être différée afin que la personne poursuivie puisse bénéficier de ses garanties procédurales. Toutefois, lorsque la situation ne peut être rétablie dans un délai raisonnable, la commission de discipline pourra se réunir sans que le détenu puisse se prévaloir de son droit de se faire assister d'un avocat ou d'un mandataire. La convocation notifiée à la personne détenue doit alors indiquer les motifs qui justifient qu'il soit dérogé à ses droits. En pratique, en cas de mutinerie ou de mouvement collectif, les détenus mis en cause sont le plus souvent transférés dans d'autres établissements, où ils sont ensuite déférés devant la commission de discipline sans être défendus. Les sanctions infligées dans ces conditions sont toutefois susceptibles d'être annulées par le juge administratif, qui contrôlera que les circonstances invoquées revêtent effectivement un caractère exceptionnel.

Article 24 de la loi du 12 avril 2000, circulaire JUSE0340055C du 9 mai 2003.

485 Dans quelles circonstances un placement provisoire en cellule disciplinaire peut-il être ordonné ?

Le chef d'établissement ou son délégué peut, à titre préventif et sans attendre la réunion de la commission de discipline, décider le placement du détenu dans une cellule disciplinaire si les faits constituent une faute du premier ou du deuxième degré, et si cette mesure est l'unique moyen de mettre fin à la faute ou de préserver l'ordre interne de l'établissement. La durée de ce placement provisoire est limitée au « strict nécessaire » et ne peut en tout état de cause excéder deux jours ouvrables à compter de la date à laquelle les faits ont été portés à la connaissance du chef de l'établissement. Le délai qui expirerait normalement un samedi, un dimanche, un jour férié ou chômé est prorogé au premier jour ouvrable suivant. Les jours de cellule de discipline effectués à titre préventif seront soustraits de la sanction à effectuer, s'il s'agit de jours de « mitard » ou de « confinement ». Ce placement préventif ne peut en aucun cas s'appliquer aux mineurs de moins de seize ans. Par ailleurs, une circulaire du 29 mai 1998 rappelle que la mise au quartier disciplinaire à titre préventif est une mesure favorisant le passage à l'acte suicidaire et que par conséquent elle « *ne doit pas être utilisée en dehors des cas où elle est manifestement indispensable* ». Force est de constater que cette prescription n'est quasiment pas mise en application.

Article D.250-3 du Code de procédure pénale, circulaire JUSE98400340 du 29 mai 1998 sur la prévention des suicides.

Peut-on contester une décision de placement préventif au quartier disciplinaire ? 486

En l'état actuel de la jurisprudence des juridictions administratives, il n'est pas possible de contester une décision de placement préventif au quartier disciplinaire. Dans un arrêt *Frérot* du 12 mars 2003, le Conseil d'Etat a en effet considéré qu' « *une mesure de cette nature, qui n'est pas constitutive d'une sanction disciplinaire, présente, eu égard à sa durée ainsi qu'à son caractère provisoire et conservatoire, le caractère d'une mesure d'ordre intérieur qui n'est pas susceptible* [de faire l'objet] *d'un recours pour excès de pouvoir* ». Cet arrêt est toutefois fort critiquable puisqu'il ne tient pas compte de la très nette aggravation des conditions de détention entraînée par le placement préventif au « mitard ». Il est d'autant moins compréhensible que le Code de procédure pénale prend soin d'encadrer très strictement les conditions dans lesquelles il peut être recouru à cette mesure. Au demeurant, le commissaire du gouvernement dans cette affaire (magistrat indépendant chargé de proposer à la juridiction de jugement une solution au litige) avait fermement invité les juges à considérer que le placement préventif au quartier disciplinaire devait être soumis au contrôle des tribunaux. Le Conseil d'Etat pourrait par conséquent être amené à revenir, dans l'avenir, sur sa position initiale. Si tel devait être le cas, le recours devant le tribunal administratif devrait semble-t-il être précédé d'un recours hiérarchique devant le directeur régional.

Conseil d'Etat, 12 mars 2003, arrêt Frérot.

A rebours de l'orientation dominante...

Faisant suite à une faute commise par le détenu, [la mise en cellule disciplinaire à titre préventif] préfigure une sanction qui – dans la grande majorité des cas – sera prononcée au cours des jours suivants dès qu'on sera parvenu à réunir une instance disciplinaire. Elle s'accomplit dans les mêmes lieux, les mêmes conditions et comporte les mêmes interdictions que la mise en cellule disciplinaire. Autrement dit, le placement du détenu dans une cellule disciplinaire à titre préventif et la mise en cellule disciplinaire entraînent les mêmes effets : placement du détenu dans une cellule aménagée à cet effet et qu'il doit occuper seul, assorti de la privation de la faculté d'effectuer en cantine tout achat autre que l'achat de produits d'hygiène, du nécessaire de correspondance et de tabac, ainsi que de la privation des visites et de toutes les activités, avec promenade réduite à une heure par jour dans une cour individuelle. Elle fait à ce point corps avec la sanction que la durée de placement préventif vient s'imputer sur la durée de la sanction finalement prononcée. [...] Son caractère disciplinaire ne nous paraît guère faire de doute. [...] Continuer de juger que cette mesure est une mesure d'ordre intérieur nous paraîtrait aller clairement à rebours de l'orientation dominante de la jurisprudence et du mouvement des idées prévalant aujourd'hui quant à l'évolution souhaitable du milieu carcéral.

Conclusions de Terry Olson, commissaire du Gouvernement, Arrêt Frérot, AJDA *2003 Jurisprudence, p.1271.*

487 Quelles sanctions peuvent être prononcées quelle que soit la faute disciplinaire ?

Un certain nombre de sanctions peuvent être prononcées quelle que soit l'infraction disciplinaire. Ces sanctions dites « générales » sont : l'avertissement ; l'interdiction pendant une période maximum de deux mois de recevoir des subsides de l'extérieur; la privation pendant une période maximum de deux mois de la faculté d'effectuer en cantine tout autre achat que les produits d'hygiène, le nécessaire de correspondance et le tabac ; le confinement en cellule individuelle ordinaire et le placement en cellule disciplinaire (mitard).

Article D.251 du Code de procédure pénale.

488 Quelles sanctions sont prononcées en fonction des circonstances de l'infraction disciplinaire ?

Des sanctions dites « spéciales » ne peuvent être prononcées qu'en fonction des circonstances de l'infraction disciplinaire. Il s'agit de la mise à pied d'un emploi pour une durée maximum de huit jours (lorsque l'infraction disciplinaire a été commise au cours ou à l'occasion du travail), le déclassement d'un emploi ou d'une formation (lorsque l'infraction disciplinaire a été commise au cours ou à l'occasion de l'activité considérée), la privation pendant une durée maximum d'un mois de tout appareil acheté ou loué par l'intermédiaire de l'administration (lorsque l'infraction disciplinaire a été commise à l'occasion de l'utilisation de ce matériel ou lorsque la sanction accompagne une décision de confinement en cellule individuelle ordinaire), la suppression de l'accès au parloir sans dispositif de séparation pour une période maximum de quatre mois (lorsque l'infraction a été commise au cours ou à l'occasion d'une visite), l'exécution d'un travail de nettoyage des locaux pour une durée n'excédant pas quarante-huit heures (lorsque l'infraction disciplinaire est en relation avec le manquement aux règles élémentaires de l'hygiène), la privation d'activités de formation, culturelles, sportives et de loisirs pour une période maximum d'un mois (lorsque l'infraction disciplinaire a été commise au cours de ces activités), l'exécution de travaux de réparation (lorsque l'infraction disciplinaire est en relation avec la commission de dommages ou de dégradations). L'exécution d'un travail de nettoyage des locaux ou de travaux de réparation ne peut être prononcée que pour se substituer aux sanctions de confinement et de cellule disciplinaire, lorsque leur prononcé est envisagé. Dans ce cas, le consentement du détenu doit être préalablement recueilli.

Article D.251-1 du Code de procédure pénale.

Qu'est-ce que le placement en cellule de discipline ? 489

La mise en cellule disciplinaire consiste dans l'enfermement du détenu seul dans une cellule du quartier disciplinaire, communément appelée le « mitard ». Il n'en sort que pour la promenade d'une heure par jour dans une cour spéciale où il est également seul. Il est privé de toutes les activités et ne peut plus recevoir de visites (exceptionnellement, le chef d'établissement peut autoriser une seule visite, juste après le prononcé de la sanction, généralement avec hygiaphone). Le détenu placé au quartier disciplinaire ne peut plus cantiner d'autres produits que le nécessaire à l'hygiène, à la correspondance et à la consommation de tabac. S'il lui était possible de téléphoner (centres de détention ou maisons centrales), il est privé de cette faculté le temps de la sanction. En revanche, il peut continuer à correspondre librement et ne saurait être privé de contacts avec son avocat, que ce soit par écrit ou à l'occasion de visites. Le détenu doit également se voir proposer de la lecture. Par ailleurs, il est désormais interdit de dénuder entièrement les détenus placés au quartier disciplinaire, même en cas de risque suicidaire. De même, le matelas ne doit plus être retiré, sauf si la personne est connue pour des « tendances incendiaires » avérées. La durée maximale de la sanction de cellule de discipline est variable selon la nature de la faute : 45 jours pour une faute de premier degré, 30 pour une faute de deuxième degré, et 15 pour une faute de troisième degré. Les sanctions de mise en cellule disciplinaire sont inscrites sur le registre du quartier disciplinaire tenu sous l'autorité du chef d'établissement.

Articles D.251-3 et D.251-5 du Code de procédure pénale, circulaire JUSE9640025C du 2 avril 1996.

QD insalubre

C'est par cette présente que je viens vous faire savoir dans quelles conditions nous vivons dans le quartier disciplinaire (QD) de la maison d'arrêt des hommes de Fleury. Pour ce qui est des murs, ils sont dans un état lamentable ; quant aux WC, ils ne sont plus blancs mais noirs, et je pense que même avec un *karcher* et des litres de Javel, ça ne changera rien du tout. Pour ce qui est de l'air, il n'y a pas de fenêtre, mais juste une grille au-dessus des WC qui doit faire 25 sur 15 cm, où les pigeons ont leur habitude. Pour ce qui est des repas, ils sont servis juste au-dessus des WC. Pour le petit déjeuner, vous avez droit à du lait une fois sur deux, le café ressemble à de l'eau colorée et vous n'avez pas toujours droit à un bol mais à la moitié. Pour les repas, ce n'est pas mieux, c'est pour ça que si vous avez besoin de faire un régime, il n'y a pas mieux que le QD, car en quinze jours vous êtes sûr de perdre au moins cinq kilos, quand ce n'est pas plus. Pour ce qui est de notre hygiène, nous avons le droit aux trois douches par semaine, mais nous gardons les mêmes vêtements avec lesquels nous sommes entrés, que ce soit pour huit jours ou pour quarante-cinq.

Témoignage d'un détenu de Fleury-Mérogis, mai 2002, Dedans dehors, *n°36, mars 2003.*

490 Qu'est-ce que le confinement ?

La sanction de confinement consiste à maintenir le détenu seul en cellule individuelle ordinaire située en détention normale (ou au sein du quartier d'isolement, si le détenu est isolé). Le confinement a lieu dans la cellule habituelle du détenu s'il l'occupe seul ou dans une autre cellule individuelle s'il la partage. Durant l'exécution de la sanction, il ne pourra sortir de cellule pour d'autres raisons que les promenades, les visites et les offices religieux. Il est donc privé d'activités. Il ne peut pas non plus effectuer d'achats en cantine autres que ceux nécessaires à l'hygiène, la correspondance et la consommation de tabac. Par contre, il ne peut lui être imposé aucune restriction aux visites ou à la correspondance. La durée maximale du confinement varie selon la nature de la faute : 45 jours pour une faute de premier degré, 30 jours pour une faute de deuxième degré et 15 jours pour une faute de troisième degré. La commission de discipline peut décider d'accompagner la décision de confinement d'une privation de tout appareil acheté ou loué par l'intermédiaire de l'administration (notamment la télévision) pour une durée maximale d'un mois.

Articles D.251 et D.251-2 du Code de procédure pénale, circulaire JUSE9640025C du 2 avril 1996, circulaire JUSE0340096C du 18 septembre 2003 relative au régime disciplinaire des détenus.

491 En fonction de quels critères les sanctions sont-elles décidées ?

En principe, le président de la commission de discipline doit prononcer des sanctions qui lui paraissent proportionnées à la gravité des faits, en tenant compte notamment des circonstances de la faute et la personnalité de leur auteur. La circulaire du 2 avril 1996 insiste à plusieurs reprises sur le caractère exceptionnel et subsidiaire que doit revêtir le placement en cellule disciplinaire : il ne doit être utilisé que dans la mesure où les autres sanctions « *sont insuffisantes eu égard à la nature et à la gravité de l'infraction ainsi qu'à la personnalité de son auteur et à sa responsabilité individuelle* ». Toutefois, en pratique, le « mitard » demeure la sanction la plus utilisée : elle représente les trois-quarts des sanctions prononcées.

Article D.251-5 du Code de procédure pénale, circulaire JUSE9640025C du 2 avril 1996.

Durcissement de la répression disciplinaire

Tandis que la population carcérale s'est accrue entre 2001 et 2002 de 8 %, le nombre d'infractions constatées a augmenté de 19,5 %. Le nombre de sanctions prononcées s'est quant à lui accru de 16, 4 % durant cette même période, ce qui porte le taux de sanction à 81,6 pour 100 détenus en 2002, alors qu'il était de 75,7 en 2001 et de 70,1 en 1998. Les sanctions prononcées sont d'ailleurs de plus en plus sévères, puisqu'en 2002, 76,6 % des détenus condamnés étaient placés dans une cellule d'un quartier disciplinaire, le « mitard ». Les sanctions alternatives au placement en cellule disciplinaire connaissent une certaine érosion. En 2002, elles représentaient 23,4 % du total des sanctions prononcées contre 26,7 % en 2001 et 29,1 % en 2000. Le décret du 2 avril 1996 prévoit pourtant une large palette de sanctions disciplinaires, allant du simple avertissement au confinement en cellule normale, à la privation d'activité ou l'astreinte à des travaux de nettoyage. En fait, l'impact des réformes successives du régime disciplinaire des prisons sur le niveau de sanctions en vigueur au sein des établissements pénitentiaires semble n'être que de courte durée. Comme, le constate l'Observatoire international des prisons, « *à la veille de la réforme, en 1995, le taux de sanction pour 100 détenus s'élève à 94,6. Le décret et la circulaire de 1996 entraînent une baisse instantanée de ce taux en 1997 (69,6) mais il repart ensuite régulièrement à la hausse en 1998 (70,1), 1999 (78,5) et 2000 (83,6). Même effet pour la loi du 12 avril 2000 qui entraîne une baisse sensible du taux de sanctions en 2001 (75,7) suivie d'une forte hausse au terme de l'année 2002 (81,6)* ».

Commission nationale consultative des droits de l'homme, Etude sur les droits de l'homme en prison, *le 11 mars 2004.*

Le président de la commission de discipline peut-il accorder le sursis ? 492

Le président de la commission peut décider d'accorder un sursis au détenu pour tout ou partie de l'exécution de la sanction disciplinaire. Il peut prononcer le sursis soit au moment du prononcé de la sanction, soit, exceptionnellement, au cours de son exécution. Comme en matière pénale, le sursis signifie concrètement que le détenu n'exécutera pas la sanction, ou pas en totalité, sauf s'il commet une nouvelle faute disciplinaire pendant un délai fixé par le président de la commission, qui ne peut excéder six mois. Le chef d'établissement doit attirer l'attention du détenu sur les conséquences du sursis et les risques d'une éventuelle récidive. Si le détenu commet une nouvelle faute au cours du délai de sursis, celui-ci sera révoqué automatiquement, à moins que le président de la commission n'en décide autrement. La première sanction est alors exécutée en plus de celle prononcée pour la seconde faute. Toutefois, lorsque les deux sanctions sont de même nature, leur durée cumulée ne peut excéder le maximum prévu (45 jours pour les sanctions de cellule de discipline ou de confinement). En présence de plusieurs sanctions différentes, la sanction de cellule disciplinaire s'exécute en premier. Si, au cours du sursis, le détenu n'a pas fait l'objet d'une nouvelle sanction disciplinaire, la sanction assortie du sursis est réputée non avenue : elle ne pourra plus être exécutée.

Article D.251-6 du Code de procédure pénale.

Existe-t-il des formes de sursis assortis de conditions ? 493

L'autorité disciplinaire peut assortir le sursis d'une obligation d'accomplir des travaux de nettoyage. Cette obligation ne peut s'appliquer qu'à un sursis accompagnant une sanction de cellule disciplinaire ou de confinement. Le consentement du détenu doit être recueilli. La durée du travail de nettoyage ne peut excéder quarante heures. Le sursis peut alors être révoqué dans deux cas : soit le détenu récidive, soit le détenu n'exécute pas le travail, ou ne l'exécute que partiellement. L'inexécution doit être constatée par l'autorité disciplinaire sur la base du rapport d'un membre du personnel, le détenu ayant été préalablement entendu. En l'absence de récidive et si le travail est correctement exécuté, la sanction est réputée non avenue.

Article D.251-7 du Code de procédure pénale.

494 Le détenu peut-il être dispensé d'exécuter la sanction ?

Le chef d'établissement peut, après avoir prononcé une sanction, dispenser le détenu de tout ou partie de son exécution. Il peut prendre cette mesure de clémence soit à l'occasion d'une fête légale, soit en raison de la bonne conduite habituelle de l'intéressé, soit pour lui permettre de suivre un traitement médical ou une formation professionnelle. Pour les mêmes motifs, il peut décider de suspendre ou fractionner l'exécution de la sanction prononcée. La dispense fait disparaître la sanction ; la suspension ne fait qu'en différer l'exécution ; le fractionnement entraîne une exécution de la sanction en plusieurs fois.

Article D.251-8 du Code de procédure pénale.

495 Des sanctions collectives peuvent-elles être prononcées ?

Les sanctions collectives sont prohibées lorsqu'une une faute a été commise par un groupe de détenus sans qu'on puisse identifier celui ou ceux qui l'ont commise. Dans ce cas, il est interdit de sanctionner l'ensemble du groupe. Cela n'empêche pas de prononcer des sanctions individuelles à l'égard des détenus qui ont collectivement commis une même faute, quitte à moduler la sanction en fonction du degré de participation de chacun.

Article D.251-5 du Code de procédure pénale, circulaire JUSE9640025C du 2 avril 1996.

496 Les sanctions disciplinaires peuvent-elles se cumuler ?

En présence d'une seule faute disciplinaire, il n'est pas possible de cumuler plusieurs sanctions générales (par exemple, 10 jours de « mitard » et 10 jours de confinement), mais seulement une sanction générale (par exemple, le confinement) et une sanction spéciale (par exemple, parloir avec hygiaphone). Si plusieurs fautes ont été commises et qu'elles font l'objet de poursuites simultanées (un seul passage au prétoire) le cumul de sanctions générales n'est pas proscrit, sauf si les sanctions sont de même nature. Il est donc possible de cumuler une sanction de « mitard » pour une première faute et une sanction de déclassement d'emploi pour une seconde faute. Mais le président de la commission ne peut infliger qu'une seule sanction de « mitard » pour les deux fautes. D'autre part, les sanctions de cellule disciplinaire et de confinement étant considérées de même nature, ne peuvent se cumuler entre elles dans le cadre de poursuites simultanées. La durée de la sanction de confinement ou de « mitard » ne peut excéder le maximum encouru pour l'infraction la plus grave (soit 45 jours, 30 jours ou 15 jours, suivant que la plus grave des fautes relève du premier, du deuxième ou du troisième degré). Par ailleurs, en présence de plusieurs fautes, il se peut que le chef d'établissement prenne la décision de poursuites séparées, donc de faire passer le détenu plusieurs fois devant la commission de discipline. Il peut ainsi faire purger au détenu une première sanction de cellule de discipline, à la suite de laquelle le détenu doit de nouveau comparaître au prétoire pour la seconde faute. Le détenu peut alors être de nouveau condamné à une sanction de mitard, et ainsi de suite. Toutefois, les sanctions cumulées ne peuvent aboutir à un total de jours de quartier disciplinaire supérieur au maximum encouru pour la faute la plus grave. C'est ainsi que, par exemple, deux punitions de cellules de 20 jours chacune, afférentes à des infractions du deuxième degré, s'exécuteront dans la limite de 30 jours, maximum prévu pour une infraction du deuxième degré. De même, si en cours d'exécution d'une sanction de cellule disciplinaire, un détenu se voit reprocher un nouveau comportement fautif, la durée cumulée des sanctions se trouve limitée au maximum prévu par les textes.

Article D.251-1 du Code de procédure pénale, circulaires JUSE9640025C du 2 avril 1996 et JUSE9940248C du 16 novembre 1999.

Les sanctions disciplinaires peuvent-elles se cumuler avec des « sanctions » du juge de l'application des peines ? 497

Si le condamné fait preuve de mauvaise conduite, les aménagements de peine qui lui ont été accordés peuvent lui être retirés et les demandes rejetées. Les sanctions disciplinaires prises contre les détenus ont donc le plus souvent des conséquences majeures sur les décisions d'application des peines. C'est pourquoi on peut parler de « sanctions » du juge de l'application des peines (JAP). En raison d'une mauvaise conduite, que le JAP évaluera en fonction des sanctions disciplinaires prononcées, celui-ci peut refuser d'accorder une permission de sortir, une semi-liberté, un placement extérieur, une réduction de peine ou une libération conditionnelle. Si une libération conditionnelle avait été accordée mais pas encore exécutée, le JAP peut l'annuler pour mauvaise conduite. En ce qui concerne les réductions de peine, elles peuvent être retirées pour les mêmes raisons dans l'année suivant leur octroi. Elles seront supprimées partiellement ou entièrement par le JAP après avis de la commission de l'application des peines. En pratique, la plupart des JAP retirent des réductions de peine lorsque la faute disciplinaire a été sanctionnée d'un placement en cellule disciplinaire.

Articles 733, D.117-2 et D.124 du Code de procédure pénale.

Dissocier discipline et réinsertion

Bien souvent, le placement au quartier disciplinaire entraîne *ipso facto* un retrait de réductions de peine. Pour Martine Herzog Evans, « *dans un très grand nombre d'établissements, le directeur et le juge de l'application des peines* [JAP] *ont passé un accord (cet accord se perpétuant généralement en cas de changement de JAP) consistant en la définition de barèmes. Les chefs d'établissements n'hésitent pas à faire des promesses au cours d'audiences disciplinaires relativement au retrait, ou au contraire à l'absence de retrait, de ces réductions de peines. Ces engagements peuvent d'autant plus être tenus que ce sont en pratique les greffes judiciaires pénitentiaires qui préparent les ordonnances des JAP relatives aux réductions de peine* ». La CNCDH est d'avis que l'octroi des réductions de peine devrait répondre au seul critère de la resocialisation, qui figure déjà dans l'article 721-1 du Code de procédure pénale. L'évaluation des efforts du condamné en matière de réinsertion devrait être dissociée de l'appréciation portée par l'autorité pénitentiaire sur son comportement en détention. Un système de pondération ou de confusion devrait être instauré en présence de décisions touchant aux réductions de peine et de condamnations à un emprisonnement ferme. D'autre part, dans l'hypothèse où le juge de l'application des peines aurait à connaître des fautes disciplinaires, il est souhaitable que ce magistrat ne puisse prononcer qu'une seule sanction (disciplinaire ou d'application de la peine).

Commission nationale consultative des droits de l'homme, Etude sur les droits de l'homme en prison, *11 mars 2004.*

498 Les sanctions disciplinaires peuvent-elles se cumuler avec des sanctions pénales ?

Nombre de fautes disciplinaires constituent également des infractions pénales (par exemple, la violence ou l'évasion). Le chef d'établissement ou toute personne témoin d'une infraction pénale étant censé la signaler au Parquet, le détenu pourra faire l'objet de poursuites judiciaires pour les mêmes faits, et par conséquent être condamné à une peine de prison supplémentaire. Ce cumul de sanctions a été jugé licite par la chambre criminelle de la Cour de cassation dans un arrêt Bykowski du 27 mars 1997.

499 Un régime disciplinaire spécifique est-il prévu pour les mineurs ?

Les sanctions de cellule disciplinaire ou de confinement ne sont pas applicables aux mineurs de moins de 16 ans. Ceux-ci ne peuvent non plus être mis à pied ou déclassés d'un emploi, ni privés d'activités de formation (activités scolaires et d'enseignement), dans la mesure où ils sont soumis à une obligation de suivre une scolarité et ne sont pas censés travailler, sauf dérogations particulières. Pour les mineurs de 16 à 18 ans, la durée maximale de sanction de cellule disciplinaire est réduite. Elle est d'un maximum de quinze jours pour une faute de premier degré qui s'est accompagnée de violences contre les personnes, de 8 jours pour une faute de même degré sans violences, de 5 jours pour une faute de deuxième degré et de 3 jours pour une faute de troisième degré. La sanction maximale de confinement est de 15 jours, 8 jours ou 4 jours selon le degré de gravité de la faute.

Articles D.251-1 à D.251-5 du Code de procédure pénale.

Quel est le rôle du médecin au quartier disciplinaire ? 500

La liste des personnes présentes au quartier disciplinaire doit être communiquée quotidiennement à l'équipe médicale. Le médecin doit examiner sur place chaque détenu au moins deux fois par semaine et aussi souvent qu'il l'estime nécessaire. La sanction doit être en principe suspendue si le médecin constate que son exécution est de nature à compromettre la santé du détenu. En pratique, les médecins tendent souvent à privilégier l'analyse médicale pure sans suffisamment tenir compte des conséquences psychologiques du placement en cellule disciplinaire. Dans bon nombre d'établissements, la visite des détenus placés au quartier disciplinaire est effectué à la va-vite et ne donne pas lieu à un véritable examen médical. Par ailleurs, lorsqu'ils prononcent un avis négatif pour le maintien d'un détenu en cellule de discipline, celui-ci n'est pas toujours suivi par le chef d'établissement. En tout état de cause, la suspension de la sanction ne la fait pas disparaître et elle devra en principe être mise à exécution lorsque la cause de suspension aura disparu.

Article D.251-4 du Code de procédure pénale, circulaire JUSE9640025C du 2 avril 1996.

Le détenu peut-il contester une sanction disciplinaire ? 501

Le détenu qui entend contester la sanction disciplinaire dont il fait l'objet doit exercer en premier lieu un recours auprès du directeur régional des services pénitentiaires (supérieur hiérarchique du chef d'établissement). Le délai pour ce recours est de 15 jours à compter de la date de la notification de la décision. Le détenu doit veiller à rédiger ce recours de la manière la plus complète possible, car il ne pourra ajouter ultérieurement de nouveaux arguments devant le tribunal que dans des conditions très limitatives. Il a donc intérêt dès ce stade de la procédure de se faire assister d'un avocat, qu'il doit saisir rapidement pour ne pas dépasser le délai de 15 jours. Dans le recours hiérarchique, il est recommandé d'invoquer au moins un vice se rapportant à chaque « cause juridique » du recours pour excès de pouvoir. Concernant la procédure suivie par l'administration, le détenu pourra dénoncer, par exemple, une violation des droits de la défense et/ou un vice de forme (comme l'insuffisance de motivation) ou encore l'incompétence de l'auteur de l'acte contesté (décision émanant d'un adjoint du directeur d'établissement ne disposant pas de délégation). D'autre part, il est nécessaire d'invoquer au moins un vice se rapportant à l'illégalité de la décision « au fond » (inexistence matérielle des faits reprochés, gravité de la sanction sans rapport avec celle de la faute, actes sanctionnés non constitutifs d'une infraction disciplinaire, etc.). Le directeur régional dispose d'un délai d'un mois à compter de la réception du recours pour répondre au détenu par décision motivée. L'absence de réponse dans ce délai équivaut à une décision de rejet. C'est seulement à partir de cette échéance que le détenu dispose d'un délai de deux mois pour contester la décision du directeur régional (et surtout pas celle du chef d'établissement) auprès du tribunal administratif. Il peut faire une demande d'aide juridictionnelle pour ne pas à avoir à acquitter les frais d'avocat. Le recours peut être effectué contre toute sanction disciplinaire. Ni le recours auprès du directeur régional, ni celui qui suivra auprès du tribunal administratif, n'entraînent la suspension de l'exécution de la sanction. Le détenu aura donc effectué ses jours de « mitard » depuis longtemps quand la juridiction administrative rendra sa décision. Il peut en être autrement si le détenu exerce, avec succès, une procédure de référé-suspension.

Article D.250-5 du Code de procédure pénale, Conseil d'Etat, Assemblée, 17 février 1995, arrêt Marie.

Sanctions disciplinaires abusives

L'administration pénitentiaire ne peut plus sanctionner sans preuves à l'appui. Dans un arrêt du 11 décembre 2001, la cour administrative d'appel de Marseille a confirmé l'annulation des sanctions disciplinaires prises en septembre 1997 à l'encontre de monsieur M., détenu au centre de détention de Tarascon (Bouches-du-Rhône). Celui-ci avait été déclassé de son emploi et sanctionné de 30 jours de cellule disciplinaire pour s'être battu avec des codétenus et avoir tenu des propos diffamatoires à l'encontre de surveillants. Il avait contesté les faits, plaidant qu'il était l'agressé et non l'agresseur, qu'il « *n'avait jamais mis en cause aucun surveillant* », que « *la prétendue diffamation était relatée de façon contradictoire* » et qu'elle n'était « *corroborée par aucun élément objectif.* » La cour d'appel lui a donné raison, en concluant que Monsieur M. « *a été agressé par deux autres détenus dans la bibliothèque* », à la suite de quoi il a été hospitalisé ; « *que dans les circonstances de l'espèce, le fait, pour Monsieur M. de s'être défendu en portant des coups doit être regardé comme l'exercice d'une modalité légitime de défense qui ne saurait constituer une faute disciplinaire.* » Concernant l'accusation de diffamation, la cour a estimé qu'il « *n'était pas établi que Monsieur M. aurait tenu des propos diffamatoires envers un surveillant* », le premier témoin s'étant expressément rétracté devant l'enquêteur de police et le second témoignage ne figurant pas au dossier. La cour a donc rejeté le recours présenté par le garde des Sceaux et condamné l'Etat à verser au détenu une somme de 5000 F.

OIP, Dedans dehors, *n°30, mars 2002.*

502 Le détenu peut-il saisir le juge en urgence pour lui demander de suspendre l'exécution de la sanction de cellule disciplinaire ?

Lorsqu'il existe un « doute sérieux quant à la légalité » de la sanction disciplinaire, le détenu peut demander au président du tribunal administratif, statuant en urgence, d'ordonner la suspension de l'exécution de la punition de cellule disciplinaire (procédure de « référé-suspension » prévue à l'article L.521-1 du Code de justice administrative). Toutefois, si la durée de la sanction de « mitard » est limitée à quelques jours, le juge n'aura pas le temps de se prononcer avant que la punition ne soit intégralement subie et la requête du détenu deviendra alors sans objet. En toute hypothèse, le détenu doit agir rapidement. Là encore, il est vivement recommandé de faire appel à un avocat, d'autant plus que le référé réserve une place importante aux discussions orales à l'audience et que ses conditions procédurales doivent être respectées à la lettre – le juge n'étant pas tenu d'inviter le requérant à régulariser sa demande. Si elle est décidée, la suspension de la décision prend effet à compter de la notification de l'ordonnance de référé et dure jusqu'à l'intervention de la décision (implicite ou explicite) du directeur régional pénitentiaire sur le recours hiérarchique formé par le détenu. Il est à noter qu'une autre procédure, dite de « référé-liberté », prévue à l'article L.521-2 du Code de justice administrative, ne peut être utilement mise en œuvre en matière disciplinaire que dans des cas exceptionnels, en présence de circonstances particulières (par exemple, en cas de maintien au mitard en l'absence de toute décision administrative, de dépassement du délai maximum de 45 jours, du placement au mitard d'une personne gravement malade, ou encore d'un mitard particulièrement insalubre...).

Articles L.521-1 et R.522-2 du Code de justice administrative, Conseil d'Etat, 12 octobre 2001, arrêt Société Produits Roche et 10 février 2004, ordonnance de référé, Monsieur S.

A quelles conditions le juge peut-il ordonner la suspension de l'exécution de la sanction de cellule disciplinaire ? 503

Concernant les conditions de fond de la suspension, le détenu doit tout d'abord justifier par des éléments concrets la réalité de l'urgence. En avril 2004, en l'absence de jurisprudence portant sur la mise en œuvre de la procédure de « référé-suspension » dans le contentieux disciplinaire des détenus, il n'est pas possible d'affirmer quel sera le degré d'exigence du juge sur ce point. D'une manière générale, l'existence d'une situation d'urgence se déduit de la combinaison de deux critères : la gravité et l'imminence des effets de la décision contestée sur la situation de l'intéressé. Le juge met également en balance l'urgence à suspendre la mesure contestée (justifiée par l'intérêt particulier du requérant) et l'urgence à exécuter (au regard des impératifs de l'administration). Le détenu doit donc indiquer dans sa requête qu'il purge d'ores et déjà la sanction ou que tel sera le cas à brève échéance. Il doit également faire état de la très nette aggravation de ses conditions de détention résultant de la décision : limitation à l'extrême de sa liberté de mouvement, impossibilité de rencontrer ses proches au parloir, impossibilité d'exercer son activité rémunérée, etc. Peut également être mise en avant l'incidence de la sanction disciplinaire sur les décisions d'aménagement de peine (réductions de peine, libération conditionnelle, etc.), à laquelle le recours pour excès de pouvoir ne permet pas de remédier. Le requérant doit ensuite développer des arguments suffisamment solides pour amener le juge à considérer que la légalité de la sanction est douteuse.

Articles L.521-1 et R.522-1 du Code de justice administrative, Conseil d'Etat, 28 février 2001, arrêt Préfet des Alpes-Maritimes.

504 A quelles conditions procédurales est soumis le « référé-suspension » en matière disciplinaire ?

Le détenu doit impérativement avoir formé, dans le délai de 15 jours, le recours hiérarchique obligatoire auprès du directeur régional pénitentiaire prévu à l'article D.250-5 du Code de procédure pénale, avant de saisir le juge des référés. Il doit produire une copie de ce recours, en même temps qu'il dépose sa requête. Il doit également fournir la décision de la commission de discipline. Outre les justifications concernant l'urgence et les arguments de fait et de droit, la requête doit clairement faire apparaître que c'est la suspension de l'exécution de la sanction disciplinaire, jusqu'à la décision du directeur régional, qui est sollicitée, sur le fondement de l'article L.521-1 du Code de justice administrative. La requête et l'enveloppe doivent porter la mention « référé ».

Articles L.521-1, R.522-1 et R.522-3 du Code de justice administrative, Conseil d'Etat, 12 octobre 2001, arrêt Société Produits Roche et 6 novembre 2002, arrêt SA Le Micocoulier.

Sanction suspendue

Le tribunal administratif de Montpellier a suspendu vendredi le placement en quartier disciplinaire d'un détenu de la maison d'arrêt de Villeneuve-lès-Maguelone (Hérault), estimant que les droits de la défense du prisonnier n'avaient pas été respectés. Le tribunal a suspendu le placement du détenu jusqu'à ce que la direction régionale de l'administration pénitentiaire ait statué sur la légalité de la décision prise par la commission de discipline de la maison d'arrêt. L'Etat a également été condamné à verser 1 000 euros au détenu pour les frais de justice. « *C'est une décision importante pour que la prison ne soit plus une zone de non-droit* », a commenté l'avocat montpelliérain du détenu, Me Jean-Marc Darrigade. Selon la maison d'arrêt, le détenu, condamné pour des vols avec violence, a été surpris dans sa cellule en possession d'un téléphone portable qu'il a aussitôt jeté par la fenêtre. Le prisonnier, qui nie les faits, a été condamné le 7 juin par la commission de discipline de la prison à un mois de quartier disciplinaire dont 10 jours avec sursis. Constatant des vices de forme dans la procédure, l'avocat du détenu a saisi en référé le tribunal administratif et non, comme c'est l'usage, la direction régionale pénitentiaire, pour contester la décision. L'avocat a notamment souligné à l'audience que ni lui ni son client n'avait reçu de copie du dossier, comme le prévoit le code, mais une simple feuille résumant l'affaire de façon lapidaire. Il a également indiqué que son client avait reçu sa convocation devant le conseil de discipline trop tardivement pour pouvoir préparer sa défense et que l'administration n'avait pas présenté le téléphone que son client était censé avoir possédé.

AFP, Le placement d'un détenu au mitard suspendu par la justice, *17 janvier 2004.*

L'isolement

Souvent proche du quartier disciplinaire, un quartier d'isolement est prévu quasiment dans chaque prison. Il permet au chef d'établissement d'écarter du reste de la détention des détenus gênants, suspects, meneurs, sans qu'ils n'aient commis de faute disciplinaire. Il permet aussi de protéger des détenus qui pourraient subir les agressions de leurs codétenus ou provoquer un certain désordre par leur présence (délinquants sexuels, policiers, détenus célèbres, etc.). Souvent dénoncé comme une « torture blanche », l'isolement peut avoir des effets psychiques et physiques dévastateurs sur les détenus qui le subissent pour de longues durées. En 2002, 2 494 détenus ont été placés à l'isolement, dont 814 à leur demande. Parmi eux, 161 se trouvaient isolés depuis plus d'un an. Néanmoins, la décision de placement ou de maintien à l'isolement peut désormais être contestée devant les juridictions administratives.

Le placement à l'isolement est-il une sanction disciplinaire ? 505

Selon le Code de procédure pénale, la mise à l'isolement ne constitue pas une mesure disciplinaire, mais une mesure de précaution, et les détenus qui en font l'objet doivent être soumis au régime ordinaire de détention. En pratique, il en va tout autrement. D'une part, les conditions de détention des isolés ne peuvent être qualifiées de normales, puisque cette mesure consiste à les priver de contacts avec le reste de la détention, donc notamment de la plupart des activités. D'autre part, lorsque l'isolement est imposé, il est difficile de ne pas l'assimiler à une sanction. La mesure est en effet fréquemment justifiée par les agissements passés du détenu qui sont par ailleurs constitutifs de fautes disciplinaires. Il arrive également que la mise à l'isolement intervienne dans un but répressif manifeste, soit que l'administration ne veuille par faire passer le détenu en commission de discipline, n'étant pas parvenue à établir une faute à son égard, soit qu'elle entende de la sorte prolonger l'épreuve du placement au quartier disciplinaire.

Article D.283-2 du Code de procédure pénale.

Quel est le régime de l'isolement ? 506

Les personnes maintenues à l'isolement ne doivent pas avoir de contacts avec d'autres détenus, sauf sur décision particulière du chef d'établissement, pour participer à des activités ponctuelles avec d'autres détenus isolés. Leurs contacts avec les personnels de surveillance sont également limités à ce qui est nécessaire au service. Les déplacements de détenus isolés au sein de la prison se déroulent de façon à ce qu'ils ne rencontrent personne en chemin. Ils ne peuvent pas assister aux offices religieux ou aux séances de sport, ni aux cours dispensés en commun mais seulement suivre un enseignement par correspondance. Ils se rendent en principe seuls en promenades, lesquelles se déroulent le plus souvent dans des cours minuscules. Le chef d'établissement peut toutefois autoriser les détenus isolés à se regrouper ponctuellement par deux ou trois pour la promenade ou pour une activité. Il peut en faire de même pour l'exercice du culte, en accord avec l'aumônier. Une salle spéciale (pour le sport, la lecture, etc.) doit en principe leur être destinée, ce qui est rarement le cas en pratique. Les aumôniers et personnels du service pénitentiaire d'insertion et de probation (SPIP) sont autorisés à se rendre au quartier d'isolement. Pour leur part, les intervenants extérieurs éprouveront généralement de grandes difficultés pour accéder au quartier d'isolement ou pour rencontrer un détenu isolé. En définitive, l'intensité de l'isolement auquel ces détenus sont soumis varie assez fortement suivant les établissements, voire selon leur « profil carcéral ». Dans quelques rares établissements, les détenus isolés peuvent exercer une activité rémunérée en travaillant « à la pièce » en cellule. Mais le plus souvent, ils n'ont accès à aucune activité rémunérée et dépendent entièrement des subsides qui leur sont éventuellement envoyés de l'extérieur. Tous les détenus isolés peuvent néanmoins recevoir des visites au parloir et correspondre normalement. Dans les établissements où l'accès au téléphone est possible, ils doivent également bénéficier de cette possibilité. La location de la télévision s'effectue à leur égard selon les mêmes modalités que pour l'ensemble de la détention. Lorsque la bibliothèque fonctionne en accès direct, des horaires spécifiques doivent être en principe prévus pour les isolés. En pratique, cette obligation est rarement respectée.

Articles D.283-1, D.283-2 du Code de procédure pénale, circulaire JUSE9840065C du 14 décembre 1998.

507 Qu'est-ce que le régime d'isolement « renforcé » ?

Une note du 18 avril 2003 a mis en place, de façon occulte, un régime d'isolement « renforcé » à l'égard des personnes qualifiées de « dangereuses » par l'administration. Selon ce texte, un détenu peut être considéré comme dangereux « *en raison notamment de son appartenance au grand banditisme ou à une mouvance terroriste ou de son passé judiciaire et pénitentiaire* ». Il revient au chef d'établissement de déterminer quels sont ceux des détenus isolés qui entrent dans cette catégorie, en fonction de plusieurs sources d'informations, comme la notice individuelle rédigée par le magistrat instructeur, les informations contenues dans le dossier pénal (appartenance au grand banditisme ou à une mouvance terroriste) ou les éléments fournis par le bureau du renseignement pénitentiaire (au sein de l'état-major de sécurité de la direction de l'administration pénitentiaire). Un très large pouvoir discrétionnaire est accordé au chef d'établissement en la matière. En pratique, les détenus concernés ne sont pas informés qu'une décision d'isolement renforcé a été prise à leur encontre. Ils se retrouvent pourtant soumis à des mesures de sécurité particulières. Ils doivent ainsi impérativement se rendre seuls en promenade, à des horaires variables afin d'éviter tout risque d'évasion. Les cours de promenade qu'ils utilisent doivent être équipées de dispositifs de protection spécifiques (rouleaux de barbelés, barreaudage en acier renforcé et grillages au-dessus de la cour). Par ailleurs, ils ne sont pas autorisés à se regrouper lors des activités. Tout détenu dit « dangereux » doit être accompagné d'un surveillant lors de ses déplacements au sein de la détention (UCSA, parloirs…). Enfin, il doit être fouillé par palpation à chaque entrée ou sortie de sa cellule et il doit faire l'objet de fouilles à corps fréquentes. Dans les locaux occupés par les détenus « dangereux », les fouilles doivent être plus nombreuses et plus approfondies que celles ayant lieu en détention normale. Un tel régime déroge ostensiblement aux dispositions prévues dans le Code de procédure pénale qui prévoient que les détenus isolés doivent être soumis au régime ordinaire de détention.

Article D.283-2 du Code de procédure pénale, note du 18 avril 2003 relative au renforcement des mesures de sécurité lors du placement des détenus dangereux sous le régime de l'isolement.

Isolement total

Je tenais à vous écrire quelques lignes concernant le nouveau quartier d'isolement du bâtiment D5 qui vient d'ouvrir début février. Hormis le fait qu'il soit propre et net... c'est le pire QI que j'ai fait en six ans et demi. Depuis deux semaines, ils imposent un horaire obligatoire de visite à nos familles, ceci afin qu'un seul isolé soit au parloir à chaque fois, pour pouvoir écouter les conversations... et pour ne pas que les familles se rencontrent. Ceux qui sont très éloignés se voient systématiquement obtenir l'horaire de 8 h 30, alors que toutes les cabines sont vides. Toutes les cellules sont espacées d'une ou deux vides afin de ne pas communiquer entre nous. Tout ce qui concerne la sécurité est double ici (oeilletons grillagés, barbelés, portes et grilles). Mais ce qui est insupportable c'est les dix à douze palpations par jour minimum (la poêle constamment), cinq matons en permanence dès l'ouverture de la porte et le fait qu'ils nous séparent continuellement en promenade pour ne pas pouvoir parler. Ils bouchent les vitres et les oeilletons pour que l'on ne puisse pas se voir. Lorsque nous prenons notre douche, ils rentrent dedans afin de savoir si nous nous lavons bien, malgré les deux judas et l'absence de carreau flou. Le secret est permanent au QI, personne ne nous prévient pour les heures d'activité (il y a juste le sport), les promenades, le parloir, etc. Nous devons être à la disposition de la matonnerie quotidiennement. Même lorsque le toubib vient en consultation dans le bureau, la porte n'est pas fermée exprès, idem pour l'assistante sociale.

Témoignage d'un détenu de Fleury-Mérogis, 23 février 2004.

Où a lieu la mise à l'isolement ? 508

L'isolement s'effectue dans un quartier spécial appelé « quartier d'isolement » (QI) qui doit être nettement distinct du quartier disciplinaire. Dans les faits, ces deux quartiers se jouxtent le plus souvent et utilisent les mêmes locaux, pour la promenade notamment. Depuis la circulaire du 14 décembre 1998, il n'est en principe plus possible d'utiliser une cellule disciplinaire pour un placement à l'isolement, même faute de places. Par ailleurs, la circulaire préconise de privilégier l'affectation dans une cellule ordinaire individuelle lorsqu'un détenu doit être séparé de ses codétenus mais que la sécurité ne commande pas de recourir au quartier d'isolement.

Circulaire JUSE9840065C du 14 décembre 1998.

509 Qui ordonne le placement à l'isolement ?

L'isolement administratif est décidé par le directeur de l'établissement pénitentiaire. Mais une mesure d'isolement peut également être ordonnée par le juge d'instruction d'un prévenu. Le juge peut de surcroît prescrire à l'encontre de ce dernier une « interdiction de communiquer », mesure plus contraignante interdisant toute visite ou correspondance, sauf avec l'avocat. La mesure est limitée à une période de dix jours, renouvelable une seule fois. Lorsqu'un détenu est visé par une interdiction de communiquer, le chef d'établissement doit le placer à l'isolement. La mesure doit être automatiquement levée à l'issue du délai d'interdiction de communiquer. Enfin, le juge d'instruction peut décider qu'un prévenu doit être séparé de certains codétenus.

Articles 145-4, D.55, D.56 et D.283-1 du Code de procédure pénale, circulaire JUSE9840065C du 14 décembre 1998.

510 Quels sont les motifs du placement à l'isolement ?

La décision de placement à l'isolement, comme sa prolongation, doit être en principe motivée. Mesure de « précaution ou de sécurité », elle doit « *procéder de raisons sérieuses et d'éléments objectifs concordants permettant de redouter des incidents graves de la part du détenu concerné, ou dirigés contre lui* ». La décision doit donc préciser s'il s'agit de prévenir un risque d'évasion, d'agression ou de pression, de mouvements collectifs, de « *connivence ou d'entente* », ou bien de répondre à la nécessité de protéger le détenu pour diverses raisons (s'il s'agit d'un ancien policier ou surveillant, de l'auteur d'une infraction à caractère sexuel, etc.). Dans ce dernier cas, il arrive fréquemment que l'isolement soit demandé par l'intéressé lui-même. Pour autant, d'autres formes de protection pourraient être mises en œuvre à son égard : étages ou quartiers séparés par catégories de détenus, horaires de promenade différents, etc. En principe, le placement à l'isolement ne peut être prononcé uniquement en raison de la nature de l'infraction du détenu. Ainsi, la gravité des faits pour lesquels une personne est détenue ne peut justifier à elle seule un placement à l'isolement. La nature de l'infraction ne peut être prise en compte que s'il s'agit de protéger le détenu. Même dans ce cas, des faits précis illustrant le risque de violence de la part des codétenus doivent figurer parmi les motifs de la décision d'isolement. De même, il est en principe exclu de placer à l'isolement les détenus en grève de la faim pour ce seul motif. En pratique, la motivation apparaissant sur les décisions de placement à l'isolement est souvent stéréotypée, le chef d'établissement se contentant d'indiquer que la mesure intervient pour des raisons « d'ordre et de sécurité ».

Articles 1, 2 et 3 de la loi n°79-587 du 11 juillet 1979, circulaire JUSE9840065C du 14 décembre 1998.

Petits arrangements avec la procédure

Deux personnes incarcérées au centre de détention de Montmédy (Meuse) viennent de subir 36 jours à l'isolement, puis 30 jours en cellule disciplinaire, pour les mêmes faits. Le 12 avril 2003, suite au suicide de Monsieur V. dans sa cellule du quartier d'isolement, Monsieur N. organisait une quête au profit de la famille du défunt. Il fait alors circuler une pétition dans laquelle il demande à la direction des éclaircissements sur le décès. Deux jours plus tard, la direction oppose un refus aux demandes d'informations et signifie à M.N. sa mise à l'isolement pour le motif suivant : « *suite au décès de M.V.,* [il a fait] *du porte à porte dans toute la détention pour inciter les détenus à se manifester par un mouvement collectif* ». S'ensuivent alors 36 jours en cellule d'isolement. Mais l'affaire ne s'arrête pas là. Le 20 mai, le détenu est convoqué devant la commission de discipline pour les mêmes faits. Dans son procès-verbal, la direction de l'établissement affirme que M.N. a « *voulu nuire à la détention en faisant une pétition* ». Et de justifier *a posteriori* la mise à l'isolement par des « *histoires de racket* », argument qui n'avait jamais été évoqué auparavant. La commission de discipline prononce à son encontre une peine de 30 jours de cellule disciplinaire, le sanctionnant une seconde fois sur le fondement des mêmes accusations. Un codétenu, Monsieur G., devait faire l'objet aux mêmes dates d'un procédé similaire.

OIP, Dedans dehors, *n°38, juillet 2003.*

Quelle est la procédure de mise à l'isolement ? 511

La décision de placement à l'isolement est en principe soumise à la procédure contradictoire prévue à l'article 24 de la loi du 12 avril 2000. Ainsi, lorsque le chef d'établissement envisage d'imposer une mesure d'isolement à un détenu, il doit en principe en avertir l'intéressé par écrit, suffisamment à l'avance, et lui préciser les raisons pour lesquelles la procédure est mise en oeuvre. Le détenu doit avoir la possibilité de faire parvenir ses observations écrites ou, s'il en fait la demande, ses observations orales et dispose de la faculté de se faire assister par un avocat ou un mandataire (agréé ou non). Il peut également se voir communiquer son dossier. Ces garanties ne peuvent théoriquement être écartées que lorsque l'administration est confrontée à une situation d'urgence ou à des circonstances exceptionnelles, ce qui doit être justifié dans la décision. Il y a par exemple urgence pour l'administration à agir lorsqu'elle détient des informations certaines concernant l'imminence d'un incident. Pour que les circonstances soient qualifiées d'exceptionnelles, les événements en cours doivent être imprévisibles et revêtir tant par leur ampleur que par leur durée une particulière gravité (mutinerie, destruction de bâtiment, mouvement social désorganisant gravement le service…). Une fois la décision prise, le chef de l'établissement doit en faire parvenir une copie, dans un bref délai au directeur régional, au juge de l'application des peines, et s'agissant d'un prévenu, au juge chargé de l'information. Il est également tenu d'effectuer un rapport lors de la réunion de la commission de l'application des peines suivant la mise à l'isolement ou le refus opposé à la demande d'isolement du détenu. Le détenu peut faire parvenir au juge de l'application des peines soit directement, soit par l'intermédiaire de son conseil, toutes observations utiles en ce qui concerne la décision prise à son égard. En avril 2004, l'article 24 de la loi du 12 avril 2000 (décision envisagée motivée, observations du détenu, assistance d'un avocat...) n'est en pratique pas appliqué en matière d'isolement, qu'il s'agisse des décisions de placement ou de prolongation de la mesure. Le détenu n'a généralement qu'une heure pour préparer ses observations, avant d'être reçu, seul en audience, par le chef d'établissement. Les mesures qui sont intervenues en violation des dispositions de la loi sont néanmoins susceptibles d'être annulées par le juge administratif. La multiplication des annulations de décisions d'isolement par les tribunaux administratifs devrait mettre un terme à cette situation de non application des textes.

Article D.283-1 du Code de procédure pénale, circulaires JUSE9840065C du 14 décembre 1998 et JUSE0340055C du 9 mai 2003, Conseil d'Etat, 30 juillet 2003, arrêt Remli, Cour administrative d'appel de Marseille, 15 janvier 2004, arrêt Mouesca.

512 Quelle est la durée maximale de l'isolement ?

En l'état actuel du droit, l'isolement n'est pas limité dans le temps, en dépit des effets souvent délétères de cette mesure sur l'état psychologique des personnes qui y sont soumises. La procédure imposée à l'administration s'alourdit simplement au fur et à mesure des prolongements. Les textes disposent également que le maintien à l'isolement au-delà d'une période d'un an doit être exceptionnel. Cependant, il n'est pas rare que des détenus restent isolés plusieurs années, notamment lorsqu'ils ont tentés par le passé de s'évader ou en raison de la gravité de l'infraction à l'origine de l'incarcération. Il en est souvent ainsi des personnes inculpées ou condamnées pour actes de terrorisme ou pour des affaires liées au grand banditisme. Cette absence de limite constitue l'un des scandales majeurs du droit pénitentiaire.

Article D.283-1 du Code de procédure pénale, circulaire JUSE9840065C du 14 décembre 1998.

513 Qui est compétent pour ordonner la prolongation de l'isolement ?

La durée initiale de l'isolement décidé par le chef d'établissement est d'un maximum de trois mois. A défaut de décision de prolongation au terme des trois mois, la levée de l'isolement devrait en principe être automatique. Si le chef d'établissement souhaite prolonger la mesure, il doit adresser un dossier au moins quinze jours avant la fin du délai de trois mois au directeur régional des services pénitentiaires, compétent pour en décider. Le dossier de prolongation doit contenir un certain nombre de pièces obligatoires relatives à la situation du détenu, un éventuel certificat médical et les raisons qui rendent nécessaire le maintien de l'isolement. Le détenu doit à nouveau être entendu et ses observations incluses au dossier. La procédure prévue par l'article 24 de la loi du 12 avril 2000 (décision envisagée motivée, observations du détenu, assistance d'un avocat...) doit normalement s'appliquer. Ensuite, la décision de prolongation doit être notifiée au détenu. La prolongation de l'isolement au-delà d'un an doit être en principe exceptionnelle. Elle relève de la compétence exclusive du ministre de la Justice. Le chef d'établissement qui souhaite une telle prolongation doit transmettre une proposition en ce sens au directeur régional avant l'expiration du dixième mois d'exécution de la mesure. Il constitue un dossier qui comprend notamment l'avis du médecin (qui peut, à défaut, se borner à sa signature sur l'imprimé) et de la commission de l'application des peines. Une synthèse du comportement général de l'intéressé doit également être élaborée. Les observations du détenu, assisté ou représenté le cas échéant par un avocat ou un mandataire, doivent être recueillies. Le directeur régional peut décider, au vu des pièces du dossier, de mettre fin à l'isolement, de prendre une autre mesure ou bien d'émettre un avis motivé favorable à la prolongation. Dans ce cas, il doit transmettre la proposition de prolongation à la direction de l'administration pénitentiaire. Une copie de la décision du ministre sera transmise au détenu. Le ministre demeure compétent pour les prolongations ultérieures, de trois mois en trois mois, selon la même procédure. Il convient de noter qu'une interruption de la mesure peut, selon les cas, avoir une incidence sur la détermination de l'autorité compétente pour décider la prolongation de la mesure. Lorsque la période d'isolement subie avant l'interruption est plus longue que la durée de l'interruption, elle doit être prise en compte pour déterminer quelle est l'autorité compétente. Par exemple, un détenu a été placé à l'isolement le 1er janvier 2003 pour neuf mois. La mesure est ensuite interrompue pendant 45 jours. Le 16 novembre 2003, il est à nouveau placé à l'isolement. Une décision de prolongation du ministre de la Justice doit nécessairement intervenir avant le 16 février 2004 (01.01.2003 + 1 an + 45 jours). En effet, si la décision de prolongation n'est pas prise par l'autorité compétente, elle sera inévitablement annulée par le tribunal administratif en cas de recours.

Article D. 283-1 du Code de procédure pénale, circulaire JUSE9840065C du 14 décembre 1998.

Dévastés par l'isolement

Après tant d'années à l'isolement, nous devenons hypocondriaques et impulsifs. Des angoisses de mort surgissent. Le moindre problème prend des proportions démesurées. Notre changement de comportement détériore nos rapports avec notre famille. On devient une pierre en soi, on craque, on devient apathique. On a le sentiment de ne plus exister. Entre ces quatre murs, c'est comme si l'être se consumait lui-même. Comment effacer toutes ces années de souffrance ? J'ai payé le prix le plus ignoble : l'enfermement dans l'enfermement. Ce que j'ai traversé pendant ces années ressemble à l'enfer. A force de penser tant et plus, on finit par se sentir vide. Après des années de solitude, c'est une rupture avec soi-même. Il faut lutter pour ne pas laisser s'installer en soi cette pierre qui finit par détruire. Pendant des années, ils m'ont fait m'éloigner de moi-même pour devenir une personne désocialisée, en rupture avec la réalité. Les moyens de résistance contre l'isolement sont peu nombreux. Cela dépend du caractère de chaque détenu ;

soit vous sombrez dans les antidépresseurs ; soit dans le sport, la relaxation, la lecture. Mais cela ne suffit pas. Il faut développer une résistance mentale, se créer une carapace contre la répétition, l'oppression, l'indifférence masquée de haine. On ne se remet pas de plusieurs années d'isolement.

Jimmy S., Dedans dehors, *n°19, mai 2000.*

514 Que peut faire un détenu qui refuse une mise à l'isolement ?

Le détenu qui fait l'objet d'une décision imposée de placement ou de maintien à l'isolement a dorénavant la possibilité d'en demander l'annulation auprès des juridictions administratives. Depuis un arrêt du Conseil d'Etat du 30 juillet 2003, l'isolement imposé n'est donc plus considéré comme une mesure d'ordre intérieur. Les tribunaux peuvent ainsi vérifier la légalité de ces décisions. Si la décision a des conséquences graves sur la situation personnelle du détenu (éviction de fait d'un poste de travail, prolongation dans le temps de la mesure entraînant des troubles psychologiques ou somatiques) et qu'il existe un doute sérieux quant à sa légalité, il peut également demander au président du tribunal administratif de suspendre l'exécution de la mesure (procédure de référé-suspension, *cf. chapitre « discipline »*).

Article L.521-1 du Code de justice administrative, Conseil d'Etat, 30 juillet 2003, arrêt Remli.

515 Que se passe-t-il si le détenu est transféré pendant une période de mise à l'isolement ?

Le transfèrement entraîne la levée de la mesure d'isolement. Cependant, le directeur du nouvel établissement peut décider (si la décision relève de sa compétence) d'une nouvelle mesure d'isolement, ce qui se produit souvent. Il lui est cependant demandé d'examiner s'il est possible de placer le détenu en détention ordinaire. En pratique, le transfert est souvent utilisé pour faire perdurer l'isolement d'un détenu sans pour autant s'astreindre aux procédures de prolongation. La mesure d'isolement étant levée par le transfert, une nouvelle mesure est prise dans le nouvel établissement, et ainsi de suite. Cette pratique est toutefois illégale et toute mesure d'isolement décidée par une autorité n'en ayant pas la compétence sera annulée par le juge administratif.

Circulaire JUSE9840065C du 14 décembre 1998.

516 Quel est le rôle du médecin à l'égard des détenus isolés ?

Les placements à l'isolement doivent être systématiquement signalés au médecin. Celui-ci émet, chaque fois qu'il l'estime utile, un avis sur l'opportunité de prolonger l'isolement ou d'y mettre fin. Cet avis n'est que consultatif et le chef d'établissement n'est pas obligé d'en tenir compte. Il doit cependant transmettre au directeur régional tout certificat médical lui parvenant en l'accompagnant de son avis sur les suites à lui donner. Le médecin doit visiter au moins deux fois par semaine les détenus placés à l'isolement, avec lesquels il doit en principe pouvoir s'entretenir dans des conditions qui préservent le secret médical. La présence du personnel de surveillance dans la cellule à l'occasion de la visite du médecin n'est pas autorisée. Mais cette disposition n'est en général pas appliquée. Les médecins sont accompagnés d'au moins un surveillant qui s'arrête parfois à la porte de la cellule lorsque le médecin y entre, mais qui peut entendre et suivre la consultation.

Article D.283-1 du Code de procédure pénale, circulaire JUSE9840065C du 14 décembre 1998.

Des avis médicaux peu pris en compte

Dans certains établissements, les détenus isolés peuvent venir en consultation médicale. Dans d'autres, non. Chacun de leur mouvement bloque la détention, puisqu'ils ne doivent croiser personne. Il arrive ainsi qu'on tente de les dissuader de se rendre trop souvent en consultation, en procédant par exemple à des fouilles intégrales (à nu) répétées. Et puis, nous ne savons pas toujours qui se trouve à l'isolement. Certains détenus arrivés de l'extérieur sont directement placés au QI et ne demandent pas de consultation psychologique. Médecins comme détenus, nous écrivons beaucoup, souvent sans recevoir de réponse. Aucune procédure réellement obligatoire ne s'impose à l'administration pénitentiaire. Les médecins généralistes certifient régulièrement que l'état de santé de tel ou tel détenu ne permet pas son maintien à l'isolement. Mais cet avis n'est pas forcément pris en compte. La cour de promenade du QI de la centrale de St-Maur est comme une cellule avec un plafond grillagé. Pas de soleil, pas un bruit d'oiseau, pas un arbre. Certains détenus n'y vont plus et marchent donc rarement. Ils finissent par souffrir de « sciatiques poplités » externes, c'est-à-dire de compressions sur un nerf, car ils restent pendant des heures assis, accroupis ou allongés. S'ils ne sont pas munis de sérieuses ressources intellectuelles et intérieures, ils ruminent ou hurlent : ils se mettent à la fenêtre et crient. Ils font ainsi savoir qu'ils existent. De temps en temps, ils mettent le feu à un matelas. On dit qu'il n'y a pas de pensée sans langage. En l'absence de relations humaines, la pensée devient anémiée, car il n'y a plus de mots, mais la recherche de sensations immédiates. Donc des automutilations, des gens qui se cognent la tête contre le mur...

Philippe Carrière, psychiatre, ex-responsable du SMPR de la région Centre, Dedans dehors, *n°19, mai 2000.*

Un détenu malade peut-il faire l'objet d'une mesure de mise à l'isolement ? 517

Le chef d'établissement a l'obligation d'affecter un détenu en cellule individuelle suite à une prescription médicale demandant l'isolement sanitaire. Il s'agit du cas de risques de contagion, par exemple dans l'hypothèse d'une suspicion de tuberculose. Le directeur de la prison doit privilégier un placement en cellule individuelle proche du service médical, mais il peut recourir à l'isolement, sur décision motivée. Le motif de la maladie pour une mesure d'isolement ne peut être utilisé que dans le cas d'une maladie contagieuse et sur prescription médicale. L'article 9 de la recommandation du Conseil de l'Europe du 18 octobre 1993 proscrit notamment toute mesure de ségrégation et toute restriction aux activités des détenus malades du VIH ou séropositifs.

Article D.384-1 du Code de procédure pénale, circulaire JUSE9840065C du 14 décembre 1998.

518 Un mineur peut-il être placé à l'isolement ?

Bien qu'il s'agisse d'une mesure dangereuse sur le plan psychique, les textes retiennent que l'isolement est applicable aux mineurs, y compris de moins de 16 ans. Toutefois, il est indiqué que cette procédure ne doit être utilisée à l'égard d'un mineur qu'en dernière extrémité, sous la seule responsabilité du chef d'établissement qui doit recueillir obligatoirement l'avis du médecin au préalable. Le chef d'établissement doit informer de sa décision les parents ou le représentant légal du mineur, ainsi que les personnels de la Protection judiciaire de la jeunesse chargés de son suivi.

Circulaires JUSE9340147C du 4 février 1994 et JUSE9840065C du 14 décembre 1998.

Les mesures de contrôle

L'administration pénitentiaire concentre l'essentiel de ses efforts et de ses moyens sur sa mission de garde. Elle met en œuvre toute une série de dispositifs de contrôle dans l'ensemble efficaces, mais généralement disproportionnés et psychiquement destructeurs. Le chef d'établissement peut être sanctionné disciplinairement pour une défaillance dans la mise en œuvre des moyens de contrôle en cas d'évasion ou d'émeute. Alors que le fait de négliger la mission de réinsertion des condamnés n'emporte pour sa part aucune conséquence pour le directeur de prison.

519 Qui est responsable de la sécurité dans les établissements ?

La sécurité intérieure des établissements pénitentiaires incombe aux personnels de l'administration pénitentiaire. Le chef d'établissement doit veiller à la stricte application des instructions relatives au maintien de l'ordre et de la sécurité dans l'établissement qu'il dirige. A ce titre, il est disciplinairement responsable des incidents et des évasions imputables à sa négligence ou à l'inobservation des règlements, indépendamment des procédures disciplinaires susceptibles d'être engagées contre d'autres membres du personnel. Dans ces situations, il est donc passible de sanctions disciplinaires (blâme, révocation…). Chaque jour, le chef de détention, sous l'autorité du directeur, détermine les locaux à inspecter et la programmation des rondes à effectuer. Il consigne sur un registre prévu à cet effet les recommandations spéciales faites aux surveillants, notamment pour signaler un détenu dangereux ou à observer particulièrement.

Articles D.265, D.266 et D.276 du Code de procédure pénale, décret n°98-1099 du 8 décembre 1998.

La prépotence du sécuritaire

La sécurisation des établissements pénitentiaires constitue une priorité pour les années à venir. La loi d'orientation et de programmation pour la justice du 9 septembre 2002 autorise la mise en œuvre de ce vaste programme pour les années 2003 à 2007. Six mesures ont ainsi été financées : installation des systèmes de brouillage : 25 millions d'euros ; installation de tunnels à rayons X : 5 millions d'euros ; renforcement des moyens de communication : 20 millions d'euros ; installation ou renforcement des filins anti-hélicoptères : 2,63 millions d'euros ; sécurisation des maisons centrales : 5 millions d'euros ; mise aux normes des miradors : 14 millions d'euros. Dès cette année, des mesures urgentes sont mises en œuvre ou initiées : création d'équipes régionales d'intervention et de sécurité (ERIS) ; port de gilets pare-balles ; installation de systèmes de contrôle biométrique lors des parloirs. Au-delà de ce vaste programme de sécurisation, le garde des Sceaux a décidé de créer un département de l'état-major de la sécurité divisé en trois bureaux, au sein de l'administration pénitentiaire. L'une des tâches de ce nouveau service est d'améliorer les gestes professionnels des personnels et de veiller à l'application effective des lois et règlements dans les établissements pénitentiaires en matière de sécurité. Il en va ainsi de la nécessité de maintenir fermées les portes des cellules en maison centrale, en raison de la particulière dangerosité des détenus condamnés à de longues peines qui y sont incarcérés. Cette mesure, bien évidemment, ne concerne pas les centres de détention où le régime « portes ouvertes » est la règle pendant la journée. Un vaste programme de fouilles générales dans les établissements dits « sensibles » a également été décidé. Le garde des Sceaux affirme ainsi sans ambiguïté sa volonté de restaurer l'ordre et l'état de droit républicain à l'intérieur des établissements pénitentiaires.

Dominique Perben, garde des Sceaux, Journal officiel, *11 août 2003.*

Comment est organisée la sécurité interne et externe des établissements ? 520

Pour surveiller les détenus au sein de l'enceinte pénitentiaire et prévenir les évasions, les personnels disposent de postes de surveillance électronique et de caméras à l'intérieur de la détention, de miradors et de chemins de ronde à l'extérieur. Tout aménagement ou construction de nature à amoindrir la sécurité des murs d'enceinte est interdit. De même toutes dispositions doivent être prises en ce qui concerne la disposition des locaux, la fermeture ou l'obturation des portes ou passages, le dégagement des couloirs et des chemins de ronde et leur éclairage. Tous les lieux où séjournent les détenus, qu'il s'agisse des cellules, des locaux dans lesquels ils travaillent ou ont accès, doivent être fréquemment et minutieusement inspectés. Les cellules doivent être équipées de systèmes de fermeture de portes vérifiés périodiquement et de barreaux aux fenêtres contrôlés quotidiennement. La fouille des cellules, la fouille générale des locaux et les fouilles corporelles sont les principales mesures de contrôle en vigueur. Elles ont lieu selon une fréquence définie par le chef d'établissement et parfois de façon inopinée.

Articles D.268 et D.269 du Code de procédure pénale.

521 Comment la présence des détenus en cellule est-elle contrôlée ?

La population carcérale doit faire l'objet d'une surveillance constante. La présence effective des détenus doit être vérifiée au moment du lever et du coucher, ainsi que deux fois par jour au moins, à des heures variables. Pour exercer ce contrôle dans les cellules, les surveillants disposent d'un œilleton, même si aucune mention n'est faite dans le Code de procédure pénale de son existence et de son utilisation. L'œilleton est une ouverture dans la porte à travers laquelle il est possible de voir l'intérieur de la cellule. Par ailleurs, la nuit, les cellules peuvent être éclairées au moyen d'un bouton-poussoir situé à l'extérieur. Des rondes doivent être réalisées après le coucher et au cours de la nuit suivant un horaire fixé et modifié quotidiennement.

Articles D.268, D. 270 à D. 272 du Code de procédure pénale.

522 Qu'est-ce qu'une fouille de cellule ?

Les surveillants procèdent en l'absence des détenus (lors des parloirs ou des promenades notamment), à l'inspection des cellules. La périodicité de cette opération est décidée discrétionnairement par le chef d'établissement. L'objectif de ces fouilles est de déceler les risques d'évasion, les trafics et les entorses aux « règlements ». Les gardiens sont tenus de vérifier que les barreaux ne sont ni sciés ni descellés et que les systèmes de fermeture fonctionnent correctement. Ils sont également habilités à rechercher la présence d'objet ou de substance « non autorisés » : stupéfiants, moyens de communication illicites, armes et tout objet susceptible d'être utilisé comme une arme... Cette disposition réglementaire est souvent interprétée comme accordant un pouvoir d'investigation large, privant le détenu de toute vie privée. En effet, la cellule n'est juridiquement pas considérée comme le domicile du détenu. Dans les maisons centrales, les directeurs sont incités à procéder à des « fouilles approfondies », réalisées par le personnel de l'établissement et organisées de façon plus espacées que les fouilles de cellules « simples ». Il s'agit de fouilles complètes, lors desquelles le mobilier et les sanitaires peuvent être démontés afin de vérifier l'absence d'objets illicites. Lors de ces fouilles, les détenus sont également fouillés à corps. Le chef d'établissement doit conserver une trace écrite de ces contrôles approfondis. Enfin, des « fouilles des locaux en commun » (cour de promenade, salle de sport, chapelle, douches, ateliers, etc.) sont réalisées par les personnels de l'établissement.

Articles D.269 et D.273 du Code de procédure pénale, notes DAP du 5 février 2002 portant consignes élémentaires de sécurité à mettre en place au sein des établissements pénitentiaires et du 18 février 2003 portant consignes de sécurité concernant les maisons centrales.

Qu'est-ce qu'une fouille générale des locaux ? 523

Des « fouilles générales » de l'établissement (ensemble des cellules et lieux de vie collective) ont lieu, en général suite à des faits de trafics, une émeute ou une évasion. Toutefois, le ministère de la Justice a mis en œuvre depuis 2002 un programme de fouilles générales à l'échelon national destiné à contrôler l'ensemble des établissements de façon régulière. Les fouilles sont organisées par la « brigade de sécurité pénitentiaire » de l'Inspection des services pénitentiaires et effectuées en général par des personnels pénitentiaires extérieurs à l'établissement, souvent épaulés par les forces de l'ordre (police ou gendarmerie). Dorénavant, les équipes régionales d'intervention et de sécurité (ERIS) de l'administration peuvent également participer à l'organisation de ces fouilles. Celles-ci sont très souvent l'occasion d'une dégradation ou d'une disparition de certains effets personnels des détenus.

Pas de quartier lors des fouilles générales

Une parente de détenu expose dans une lettre jointe à la saisine que « *les détenus ont été parqués à l'extérieur dans la cour bétonnée sans pouvoir s'asseoir.* [...] *ils ne sont rentrés dans leur cellule qu'après avoir été fouillés à nu et là ils ont découvert les dégâts occasionnés par cette fouille : photos non mises au mur déchirées, courriers personnels lus et éparpillés dans la cellule, café en poudre vidé par terre, miroir brisé, carnet de timbres disparu* [...], *cendres de cigarettes dans le lit, matelas piétiné bien qu'il y ait un tabouret, vêtements par terre sur lesquels on a versé de l'huile, tous bricolages que peuvent effectuer les détenus pour un peu de bien-être détruits. Quant aux personnes insulino-dépendantes, pas de soins. Pas de douche non plus* [...]. *Les détenus ont mangé leur déjeuner à 16 heures.* » Le médecin responsable de l'unité de consultations et soins ambulatoires (UCSA) a déclaré qu'elle n'avait pas été prévenue de la fouille générale, qui a été précédée d'une fouille des locaux communs, dont les locaux de l'UCSA, le 27 janvier de 18h45 à 22 heures. C'est le médecin de garde qui a représenté seul l'UCSA. Il s'en est suivi une certaine confusion avec la « fouille » des bureaux médicaux privés (où les patients n'ont jamais accès), des vestiaires du personnel infirmier de Cochin et de la pièce d'archivage des dossiers médicaux [...] L'ensemble des médicaments qui étaient en possession des détenus dans leurs cellules pour leurs traitements a été saisi [...]. Une partie de ces médicaments a été ramenée le lendemain matin en vrac à l'UCSA, l'autre partie jetée à la poubelle. De ce fait, il y a eu interruption de traitement d'au moins douze heures, le temps que la pharmacie de l'UCSA, le lendemain matin, rétablisse tous les traitements en cours et les redistribue. Il y a environ 50 % des détenus qui ont un traitement en cours à un jour donné (soit, à cette époque, environ 400 traitements), et certains sont indispensables, comme ceux des coronariens.

Avis de la Commission nationale de déontologie de la sécurité à la suite de sa saisine, le 27 février 2003 par Serge Blisko, député de Paris, adopté le 9 janvier 2004, Rapport annuel de la CNDS, *avril 2004.*

524 Quels sont les différents types de fouilles corporelles que peut subir le détenu ?

Les détenus doivent être fouillés fréquemment et aussi souvent que le chef d'établissement l'estime nécessaire. La finalité de ces fouilles est de s'assurer que les détenus ne détiennent sur eux aucun objet ou produit susceptible de faciliter les agressions ou les évasions, de constituer l'enjeu de trafics ou de permettre la consommation de produits ou substances toxiques. Les détenus ne peuvent être fouillés que par un agent de leur sexe et dans des conditions qui, tout en garantissant l'efficacité du contrôle, préservent le respect de la dignité inhérente à la personne humaine. Le refus par un détenu de se soumettre à une fouille est passible de sanction disciplinaire. En outre, ce refus ouvre la possibilité pour les personnels de faire usage de la force.

Articles D.275 et D. 283-5 du Code de procédure pénale, décret 85-836 du 6 août 1985, circulaire DAP 86-29G1 du 14 mars 1986 relative à la fouille des détenus.

525 Qu'est-ce qu'une fouille par palpation ?

Lors d'une fouille par palpation, le détenu se tient debout, face à l'agent, les bras et les jambes écartés, la paume des mains dirigée vers celui-ci et les doigts des mains écartés. Le surveillant doit inspecter l'arrière des cuisses, le pli des genoux, les mollets et enfin les chevilles. C'est une fouille qui ne nécessite pas que le détenu soit dénudé. Néanmoins, elle implique un contact physique puisque le surveillant doit placer ses mains sur les omoplates du détenu en l'entourant de ses bras et les faire glisser des épaules à la ceinture en suivant la colonne vertébrale. Les détenus doivent systématiquement être fouillés par palpation lors de tout déplacement individuel (entretien avec l'avocat, avec un visiteur de prison) ou collectif (promenade, ateliers, salle de sport), et chaque fois que le chef d'établissement le prescrit par note de service ou par l'intermédiaire du personnel gradé.

Article D.275 du Code de procédure pénale, circulaire DAP 86-29G1 du 14 mars 1986 relative à la fouille des détenus.

526 Qu'est-ce qu'une fouille intégrale ?

La fouille intégrale est une fouille à corps. Elle nécessite que le détenu se déshabille entièrement. Outre le fait qu'elle doit être effectuée par un agent du même sexe, la fouille intégrale doit être effectuée en principe dans un lieu à l'abri du regard des autres détenus ou de toute autre personne étrangère à « l'opération », ce qui n'est pas toujours le cas en pratique. Dans certains établissements, les locaux où se pratique la fouille sont ouverts et donnent sur un couloir dans lequel détenus et personnels passent pour se rendre au parloir. En principe, les fouilles intégrales collectives sont prohibées. La fouille intégrale proscrit tout contact entre le détenu et l'agent, à l'exception du contrôle de la chevelure. Le surveillant procède à la fouille dans l'ordre suivant : cheveux, oreilles, bouche (en faisant tousser le détenu, en lui demandant de lever la langue et d'enlever, si nécessaire, sa prothèse dentaire), aisselles, mains, entrejambe (le détenu doit écarter les jambes et il peut lui être demandé de se pencher et de tousser), pieds, voûte plantaire, orteils.

Le surveillant peut faire appel à un médecin qui appréciera s'il convient de soumettre l'intéressé à une radiographie ou à un examen médical afin de localiser d'éventuels corps étrangers. Une fois la fouille intégrale effectuée, l'agent procède au contrôle des vêtements du détenu en s'attachant à vérifier notamment les coutures, ourlets, doublures et plus particulièrement les chaussures.

Article D.275 du Code de procédure pénale, circulaire DAP 86-29G1 du 14 mars 1986 relative à la fouille des détenus.

Quand un détenu peut-il être soumis à une fouille intégrale ? 527

Pour la Cour européenne des droits de l'homme, la fouille intégrale peut « *s'avérer nécessaire parfois pour garantir la sécurité* » mais elle doit demeurer exceptionnelle. Le Code de procédure pénale laisse pourtant une totale liberté au chef d'établissement pour ordonner la fouille à corps des détenus à chaque fois qu'il le juge nécessaire. Leur fréquence dépend donc largement de son appréciation. Une série de situations précises sont en outre envisagées, pour lesquelles les agents peuvent effectuer une fouille intégrale. En dehors de ces cas, une telle mesure est interdite si un agent agit sans ordre explicite du directeur. Ainsi, les fouilles intégrales sont prévues chaque fois qu'un détenu entre dans l'établissement (écrou, retour d'extraction judiciaire ou médicale, de permission de sortir, de placement à l'extérieur, de semi-liberté, de corvées à l'extérieur), mais également à chaque fois qu'il le quitte (levée d'écrou, transfèrement, extradition, libération, extraction en milieu hospitalier civil ou pénitentiaire, avant le départ en placement extérieur, en semi-liberté, en permission de sortir). A l'occasion des parloirs avec la famille ou les proches, le détenu est fouillé avant et après l'entretien. Dans le cas de parloirs avec des personnes extérieures (avocat, intervenants…), le détenu est soumis à une fouille si l'entretien a lieu dans un parloir sans dispositif de séparation. Dans le cas des parloirs avec des visiteurs de prisons, le détenu n'est fouillé intégralement ni avant ni après l'entretien. Enfin, pour éviter les suicides et automutilations, tous les détenus doivent être fouillés intégralement avant un placement à l'isolement ou au quartier disciplinaire. Ces fouilles doivent, sauf urgence, faire l'objet de consignes écrites sur un registre spécialement ouvert à cet effet.

Articles D.275, D.283-5, D.284, D.294, D.406 du Code de procédure pénale, circulaire DAP 86-12 G1 du 14 mars 1986, note GB3 n°723 du 26 juin 1997, Cour européenne des droits de l'homme, 24 juillet 2001, Valasinas c/ Lituanie.

Humiliante pour tout le monde

Les modalités d'accomplissement de la fouille intégrale suscitent un sentiment d'humiliation chez les personnes qui en font l'objet. […] Si la pratique de la fouille intégrale est fortement inscrite dans les habitudes de l'administration pénitentiaire, il n'est pas certain qu'elle présente une efficacité réelle en termes de sécurité. A l'issue de leur mission d'enquête, les sénateurs ont observé que « *l'efficacité des fouilles reste pourtant limitée, comme le démontre la réalité des trafics de stupéfiants en prison : le détenu apprend vite les "ruses" pour échapper à la fouille* ». Une analyse qui rejoint celle de Philippe Maître, ancien chef de l'Inspection des services pénitentiaires, pour qui « *telle qu'elle est enseignée et pratiquée, elle est, sur un plan strictement moral, évidemment dégradante. Elle consiste à être nu, à s'agenouiller, à tousser, à subir des inspections extrêmement minutieuses, ce qui, vous l'imaginez, n'est absolument pas agréable. Les détenus protestent, créent des incidents et les surveillants, plus ou moins démunis, reculent progressivement. Je ne suis pas sûr disant cela, vous me comprendrez à demi-mot, que ces fouilles soient systématiquement réalisées comme elles le devraient.* » Il est à noter que le ministre de l'Intérieur a décidé que la pratique des « *fouilles de sécurité* » dans les locaux de police, en particulier celles qui prévoient un déshabillage, ne devaient être utilisées qu'en cas « *d'absolue nécessité, et en concertation avec l'officier de police judiciaire* », car « *humiliante pour la personne et pour nous-mêmes* [les fonctionnaires] ». La Commission considère que l'installation de moyens modernes de détection est susceptible de diminuer considérablement le nombre de fouilles corporelles nécessaires pour garantir le même niveau de sécurité.

Commission nationale consultative des droits de l'homme, Etude sur les droits de l'homme en prison, *11 mars 2004.*

528 Les avocats sont-ils fouillés lors de leur venue dans l'établissement ?

Les avocats ne sont pas libres de faire entrer dans les établissements n'importe quel objet. La crainte de l'évasion ou des troubles intérieurs a conduit l'administration pénitentiaire à mettre en œuvre une réglementation cherchant à respecter à la fois le secret professionnel de l'avocat et la bonne marche de l'établissement. Les avocats sont donc tenus de passer sous un portique de détection. Si le portique se déclenche, seul l'avocat doit décider des mesures à prendre pour pouvoir accéder au parloir. L'administration pénitentiaire n'est pas autorisée à fouiller sa serviette. Une telle pratique serait constitutive d'une « voie de fait » (atteinte grave et injustifiée à une liberté fondamentale). D'une manière générale, l'entrée de téléphones portables est toujours interdite, tandis que celle des ordinateurs portables et dictaphones est soumise au passage du portique (elle est possible si celui-ci ne se déclenche pas). Sur ce point, la jurisprudence administrative admet d'ailleurs des recours contre les décisions individuelles ou réglementaires.

Article D.68 du Code de procédure pénale, circulaire du 16 mai 1994 relative à l'accès des avocats aux parloirs, Conseil d'Etat, 21 octobre 1988, arrêt Syndicat des Avocats de France,.

529 Qu'est-ce que le fichier des détenus particulièrement signalés ?

L'administration pénitentiaire identifie certains détenus comme « dangereux » pour l'ordre et la sécurité des personnes et des biens dans les établissements. En vue de « *la mise en œuvre de mesures de sécurité adaptées* », un répertoire national de détenus particulièrement signalés (DPS) a été peu à peu constitué depuis 1967 au travers de notes internes de l'administration pénitentiaire et d'une circulaire interministérielle. L'inscription comme la radiation des détenus dans ce fichier sont décidées par le ministre de la Justice. Il regroupe en moyenne 400 détenus dont un cinquième sont en détention provisoire. Le classement d'un détenu dans le fichier des DPS repose sur de multiples critères : appartenance à un groupe politique revendiquant des actions terroristes, inscription au fichier de l'office central de répression du banditisme, inscription au fichier de l'office central de répression du trafic illicite de stupéfiants… Un détenu ayant provoqué de graves incidents durant sa détention ou lors d'une précédente incarcération (évasion, agression de personnel, prise d'otages…) sera également inscrit dans le fichier DPS. Le détenu inscrit dans ce fichier peut se voir appliquer des mesures de sécurité particulières, mais variables selon les établissements. Les fouilles, les transferts et les contacts avec l'extérieur seront plus strictement surveillés. Tous les documents le concernant porteront la mention « DPS ». Considérée comme « *une simple mesure d'ordre intérieur sans caractère disciplinaire ou discriminatoire visant à assurer avec plus d'efficacité la surveillance des détenus réputés dangereux* », l'inscription au fichier DPS ne doit pas en principe « *entraîner l'application d'un régime particulier plus défavorable* ». Pourtant, le détenu ainsi classé peut voir en réalité son régime de détention modifié : il sera transféré dans une prison plus axée sur la sécurité si l'établissement où il séjourne ne présente pas de garanties suffisantes en la matière ; il ne pourra pas bénéficier d'un emploi au service général ou dans un atelier qui ne dispose pas du dispositif de sécurité jugé indispensable ; il sera souvent placé d'office au quartier d'isolement sur ce seul motif (bien que les textes l'excluent) ; etc.

Article D.276-1 du Code de procédure pénale, note interministérielle du 19 mai 1980, circulaire DAP du 26 juillet 1983 relative au fonctionnement du répertoire des DPS.

DPS depuis vingt ans

J'ai été « classé » DPS (détenu particulièrement surveillé) en 1977, à la suite de la découverte dans mes affaires de morceaux de lames de scie. [...] Aujourd'hui, plus de vingt années après avoir été classé dans cette catégorie, je suis toujours DPS. Cette classification est, paraît-il, révisable par une commission qui doit se réunir tous les trois mois. Au regard des plus de vingt années de maintien dans cette catégorie, je dois être un individu extrêmement dangereux, aux mains couvertes de sang ! N'en déplaise à l'administration pénitentiaire, je n'ai jamais tué personne et durant toutes ces années de détention, je n'ai jamais commis d'acte de violence. Il est vrai que j'ai été une des premières personnes en France à être condamnée à perpétuité alors qu'il n'y avait eu ni mort d'homme ni blessé et que, par ailleurs, j'ai toujours nié ma prétendue culpabilité. [...] Durant toutes ces années d'incarcération, je me suis souvent heurté à des difficultés liées au fait que je suis DPS. Le comble de l'absurde a été atteint en 1987, lors de la mutinerie de la maison centrale de Saint-Maur. Les autorités reconnaissaient que j'avais joué un rôle important et positif et les témoins pénitentiaires des faits (c'est-à-dire le personnel pris en otage) s'accordaient à reconnaître que mon intervention avait évité un bain de sang. Un mois plus tard, j'étais transféré dans des conditions abjectes car la maison centrale ne présentait plus les conditions de sécurité requises pour détenir les DPS.

Bernard H., maison d'arrêt de Poitiers, courrier à l'OIP, février 1998.

Les moyens de contrainte

Pour assurer le maintien de l'ordre et de la sécurité au sein des établissements, les surveillants peuvent légalement faire usage de la force ; ils disposent à cet effet de différents moyens de contrainte. Ainsi, dans certaines circonstances définies, ils peuvent être autorisés à utiliser menottes, entraves ou armes à feu. Si la sécurité des personnes et des biens ne peut plus être assurée par les personnels pénitentiaires, le directeur peut également faire appel aux forces de l'ordre. En pratique, les débordements liés à cette notion de « force légitime » – même s'ils sont peu fréquents – sont presque toujours couverts par la hiérarchie de leur(s) auteur(s) ou bénéficient de l'indulgence des magistrats. Certains abus comme l'usage systématique des menottes en cas de déplacement du détenu sont même entrés dans la normalité. Une situation suffisamment grave pour que les instances européennes désignent régulièrement la France comme auteur d'atteintes aux droits de l'homme ou de violences illégales.

530 Existe-t-il une structure spéciale chargée d'élaborer les dispositifs de sécurité ?

Un « état-major de sécurité » au sein de la direction de l'administration pénitentiaire est chargé d'élaborer et de veiller à la mise en oeuvre des politiques visant à assurer la sécurité des établissements pénitentiaires et de leurs personnels. Il conçoit, analyse et évalue les dispositifs et procédures de sécurité mis en oeuvre au sein des services. Il diligente des expertises, notamment en matière de sécurité, et émet tous avis, propositions et recommandations utiles. Il lui appartient de fixer la politique en matière d'équipements de sécurité, de coordination des actions de prévention des risques d'évasion mises en place par les directions régionales. En son sein, un bureau de gestion de la détention est notamment chargé d'exploiter les informations relatives aux incidents et de prendre les décisions d'affectation des condamnés relevant de la compétence du ministère de la Justice. Un bureau du renseignement pénitentiaire assure pour sa part le « *recueil et l'exploitation de toutes les informations utiles à la sécurité des établissements et des services pénitentiaires* ». Les conditions de fonctionnement de ces services sont assez opaques.

Arrêté JUSG0260070A du 7 janvier 2003 portant organisation en bureaux de la direction de l'administration pénitentiaire.

531 Dans quelles conditions le personnel pénitentiaire a-t-il le droit de faire usage de la force à l'encontre d'un détenu ?

Le personnel pénitentiaire ne peut utiliser la force à l'encontre des détenus que dans les situations limitativement énumérées de « *légitime défense, tentative d'évasion ou résistance par la violence ou par inertie physique aux ordres donnés* ». En outre, lorsqu'il y recourt, « *il ne peut le faire qu'en se limitant à ce qui est strictement nécessaire* ». Indépendamment des cas de légitime défense résultant de la loi pénale, il est interdit aux agents de l'administration pénitentiaire « *de se livrer à des actes de violences sur les détenus* ». Il faut également que l'usage de la force soit « *une réponse nécessaire et proportionnée à un danger réel, actuel ou imminent* ». Cela signifie que la riposte doit se produire dans le même temps que le danger dont le personnel veut se préserver, ni avant face à une atteinte éventuelle, ni après auquel cas elle pourrait être assimilée à une vengeance ou des représailles. Un usage disproportionné de la violence constitue une infraction engageant la responsabilité individuelle de chaque agent, qui pourra, à ce titre, être poursuivi devant le juge pénal. En pratique, les personnels pénitentiaires qui utilisent la force de manière excessive sont souvent couverts par leur hiérarchie, qui justifie leur comportement par l'attitude du détenu. Certains tribunaux se révèlent également très indulgents quand il s'agit de violences émanant d'agents pénitentiaires ou des forces de l'ordre.

Articles D.220 et D.283-5 du Code de procédure pénale, loi n°87-432 du 22 juin 1987 relative au service public pénitentiaire, décret n°98-1099 du 8 décembre 1998, circulaire CRIM 92-20 E1 du 9 décembre 1992.

La violence des surveillants

La moitié des surveillants aborde spontanément la question de la violence de leur corporation. On peut distinguer cinq thèmes dans les réponses sur ce sujet. Le premier concerne le principe du recours à la force et à la violence dans les rapports aux détenus. Un surveillant sur neuf dit qu'il est par principe contre l'emploi de la force et de la violence ou bien qu'il ne travaillerait pas en prison si on tabassait les détenus. Le second concerne l'usage actuel de la force et de la violence. Un cinquième de l'ensemble des surveillants interrogés disent qu'on n'y recourt pas, soit qu'eux-mêmes n'y recourent pas, soit que ça ne se fasse pas dans leur établissement. Ou bien ils disent ne recourir à la force qu'en situation de légitime défense. Ils ajoutent que la violence est interdite et sanctionnée. Trois surveillants sur neuf disent qu'ils sont en situation professionnelle d'être tapés par les détenus plutôt que dans la situation inverse. Un surveillant sur sept réfère la situation actuelle à celle du passé pour dire que la violence dans les rapports aux détenus a diminué, qu'ils aient connu eux-mêmes un climat plus répressif ou que cette croyance soit devenue un adage de la prison. « *Avant un détenu qui allait au quartier disciplinaire prenait une volée* » dit un chef de détention qui insiste sur le fait qu'on n'emploie pas la violence dans son établissement. Enfin 14 % des surveillants reconnaissent l'existence d'une violence de la part des surveillants, qui va de la violence verbale à la provocation, de quelques coups de poing et gifles perdus au tabassage ça et là, jusqu'à la « haie d'honneur » à l'encontre des détenus qui ont mené une émeute ou une prise d'otage.

A. Chauvenet, F. Orlic, G. Benguigui, Le monde des surveillants de prison, *PUF, 1994.*

532 Quels sont les moyens de contrainte dont disposent les personnels pénitentiaires ?

Pour agir de manière proportionnée, diverses « techniques » sont mises à disposition des personnels de surveillance pour assurer leur mission de maintien de l'ordre : matraques, aérosols lacrymogènes, chaînes, menottes, grenades anti-émeutes, etc. Dans le choix des moyens et des matériels utilisés, les textes accordent une large marge d'appréciation aux agents de l'administration pénitentiaire en invoquant les circonstances locales et l'évolution technologique incessante.

533 Dans quelles conditions les moyens de contrainte peuvent-ils être employés ?

Les personnels pénitentiaires ne peuvent employer des moyens de contrainte à l'encontre des détenus que sur ordre du chef d'établissement. Leur usage n'est autorisé qu'en cas de « *fureur ou de violence grave* » et, en dernier recours, afin de maîtriser un détenu, de l'empêcher de causer des dommages ou de porter atteinte à lui-même ou à autrui. En aucun cas, ils ne peuvent être utilisés à titre de sanction disciplinaire. Il appartient au chef d'établissement de demander l'examen du détenu par un médecin et de mettre fin à la contrainte si ce dernier constate qu'elle est incompatible avec la santé du détenu. En outre, le directeur régional des services pénitentiaires doit être tenu informé sans délai de tout usage de moyens de contrainte. Si les textes restent relativement généraux sur les motifs de recours à la contrainte, ils permettent cependant au juge administratif de contrôler la légalité des mesures prises et d'indemniser les dommages qui en résulteraient.

Articles 726 et D.283-3 du Code de procédure pénale, Conseil d'Etat, 26 juin 1953, arrêt Fournier.

534 Dans quelles conditions l'usage de menottes ou d'entraves est-il possible ?

Selon la loi, les menottes comme les entraves (chaînes aux pieds) ne sont utilisables que lorsque l'individu est considéré comme dangereux (pour autrui ou pour lui-même) ou s'il risque de s'évader. Ce texte s'applique à toute surveillance ou escorte d'une personne prévenue ou condamnée. Pour l'emploi des menottes (et en cas de besoin des entraves) l'administration doit en principe se fonder sur des renseignements précis ou sur un risque réel propre à l'individu détenu, afin de ne pas porter atteinte aux libertés fondamentales. Tout abus est susceptible d'engager la responsabilité de l'administration car les conditions de détention s'en trouveraient illégalement durcies. En pratique, l'usage des menottes et/ou des entraves est extrêmement généralisé en cas de transport d'un détenu (transfert, extraction médicale…) sans que le risque d'évasion ou de dangerosité ne soit fondé sur des éléments précis. A l'intérieur de l'établissement pénitentiaire, les menottes sont parfois utilisées lors du déplacement d'un détenu d'une cellule à une autre ou au quartier disciplinaire, pour des détenus estimés dangereux.

Articles 803, D.283-4 et D.294 du Code de procédure pénale, loi n° 93-2 du 4 janvier 1993, circulaire CRIM 94-04F1 du 9 mars 1994 sur le port des menottes et entraves, circulaire DAP 98-01 PMJ4 du 9 décembre 1998.

Mesure d'entrave inhumaine et dégradante

La Cour rappelle que, pour tomber sous le coup de l'article 3, un mauvais traitement doit atteindre un seuil minimum de gravité. L'appréciation de ce seuil dépend de l'ensemble des données de la cause, notamment de la durée du traitement et de ses effets physiques et mentaux, ainsi que, parfois, du sexe, de l'âge et de l'état de santé de la victime. [...] La Cour estime que la dangerosité du requérant n'était pas établie au moment des faits. [...] En tout état de cause, l'état de dangerosité allégué ne saurait justifier le fait d'attacher le requérant à son lit d'hôpital la nuit précédant son opération chirurgicale, et ce d'autant plus que deux gardes restaient en faction devant la porte de sa chambre d'hôpital. [...] En l'espèce, compte tenu de l'âge du requérant, de son état de santé, de l'absence d'antécédents faisant sérieusement craindre un risque pour la sécurité, des consignes écrites du directeur du centre de détention pour une surveillance normale et non renforcée, du fait que l'hospitalisation intervenait la veille d'une opération chirurgicale, la Cour estime que la mesure d'entrave était disproportionnée au regard des nécessités de la sécurité, d'autant que deux policiers avaient été spécialement placés en faction devant la chambre du requérant. [...] En définitive, la Cour est d'avis que les autorités nationales n'ont pas assuré au requérant un traitement compatible avec les dispositions de l'article 3 de la Convention. La Cour conclut en l'espèce à un traitement inhumain en raison de l'entrave imposée dans les conditions examinées ci-avant.

Cour européenne des droits de l'homme, Arrêt Henaf c/France du 27/11/2003, Req. n°00065436/01.

Le personnel pénitentiaire peut-il utiliser des armes à feu ? 535

Les surveillants qui assurent un service de garde à l'extérieur des bâtiments de détention (miradors ou véhicules d'intervention de certains établissements) peuvent faire usage de leurs armes dans des conditions dérogatoires au droit commun : lorsque des violences sont exercées contre eux ou lorsqu'ils sont menacés par des individus armés ; lorsqu'ils ne peuvent défendre autrement l'établissement, les postes ou les personnes qui leur sont confiés ; si la résistance qui leur est opposée est telle qu'elle ne puisse être vaincue que par la force des armes ; ou enfin, si c'est le seul moyen de contraindre un détenu qui tente de s'évader. Avant de se servir de son arme contre un détenu (forcené ou tentant de s'évader) ou une personne cherchant à pénétrer dans le bâtiment, l'agent doit effectuer une série de sommations réglementaires (appels répétés de « halte » à haute voix). L'article 2 de la Convention européenne des droits de l'homme n'autorise un Etat à infliger la mort que lorsque le recours à la force est rendu absolument nécessaire par les circonstances. En tout état de cause, la force employée doit être strictement proportionnée à la réalisation du but recherché (rétablissement de l'ordre, préservation de la sécurité).

Article D.283-6 du Code de procédure pénale, article 2 de la Convention européenne des droits de l'homme.

536 Les agents en service dans les locaux de détention ont-ils le droit d'être armés ?

Pour des raisons évidentes de sécurité, les agents en service dans les locaux de détention ne doivent pas être armés. C'est uniquement en cas de circonstances exceptionnelles et pour une intervention strictement définie que le chef d'établissement pourra donner l'ordre d'intervenir avec une arme sur les lieux de détention. Cet ordre engage la responsabilité personnelle du directeur, unique garant de l'ordre de son établissement.

Articles D.265 et D.267 du Code de procédure pénale.

537 Que sont les équipes régionales d'intervention et de sécurité (ERIS) ?

Les équipes régionales d'intervention et de sécurité (ERIS) ont pour mission de renforcer, maintenir ou rétablir l'ordre dans un établissement pénitentiaire. Ces équipes sont chargées d'opérations de sécurité ponctuelles et n'ont pas vocation à se substituer aux personnels de surveillance. Elles sont composées de fonctionnaires de l'administration pénitentiaire (des surveillants, des premiers surveillants et un chef de service) sélectionnés à la suite d'un concours national. Une équipe est mise à disposition de chacune des neuf directions régionales des services pénitentiaires. Les ERIS sont compétentes pour intervenir, sur décision du directeur régional, pour les missions de courtes durées n'excédant pas trois jours ; sur décision du chef du département de « l'état-major de sécurité » pour les missions de longues durées ou pour celles qui interviennent dans le ressort d'une autre circonscription pénitentiaire. Au cours des missions, elles sont à la disposition du chef d'établissement pénitentiaire, responsable du dispositif opérationnel et chargé de préciser les tâches confiées à l'ERIS. Il devra par exemple donner son autorisation expresse pour que l'équipe effectue son intervention armée (les équipes disposant de l'ensemble des armements actuellement autorisés par la réglementation, en particulier des « flash-ball »). Les ERIS peuvent intervenir en cas de tension locale pour sécuriser davantage les mouvements (promenades ou sport) ou consolider la surveillance d'une activité ou d'un lieu précis. Ce renforcement des structures locales peut également avoir lieu pour répondre à des circonstances spéciales (surveillance d'une session d'assises réunissant des détenus jugés dangereux, transfèrement de détenus ciblés ou projets d'évasion repérés). Par ailleurs, les équipes peuvent participer à l'organisation de fouilles spéciales (recherche entreprise dans les cellules de détenus signalés à la suite d'informations) ou de fouilles sectorielles ou générales. Enfin, en cas de survenance de troubles au sein d'un établissement, les ERIS peuvent contribuer, par exemple, à la réintégration en détention de groupes de détenus à la suite de mouvements collectifs. Sur le terrain, les opérations des ERIS génèrent souvent un important climat de tension dans les établissements, d'autant plus que leurs agents interviennent généralement cagoulés en détention.

Circulaire du 27 février 2003 relative à la constitution des équipes régionales d'intervention et de sécurité.

Blessé par une ERIS

Le chef de l'équipe régionale d'intervention et de sécurité (ERIS) de Marseille a été suspendu pour actes de violence à l'encontre de Joseph Menconi, transféré lundi à la maison d'arrêt de Borgo (Corse), a annoncé mercredi le ministère de la Justice. Un médecin a constaté « *des blessures superficielles au visage* » et accordé au détenu surnommé « le roi de l'évasion » une interruption temporaire de travail de deux jours, selon le ministère. Transféré le 8 décembre à Borgo en vue de sa comparution devant la cour d'assises de Haute-Corse pour homicide volontaire, Joseph Menconi s'était plaint d'avoir été victime d'actes de violence le même jour de la part de personnels pénitentiaire. « *Informé de ces faits, le directeur de l'administration pénitentiaire Didier Lallement a déclenché une enquête administrative qui a montré que les coups portés l'avaient été par le chef de l'ERIS chargé de la surveillance de ce détenu particulièrement dangereux* », précise le ministère dans un communiqué. Le chef de l'ERIS de Marseille a été relevé de son commandement et suspendu, et un autre gradé a été chargé du commandement de cette ERIS. « *L'administration pénitentiaire souligne ainsi sa volonté de sanctionner tout manquement à la déontologie de fonctionnaires pénitentiaires* », ajoute le ministère. Il s'agit du premier incident connu depuis le lancement de ces brigades d'élite de l'administration pénitentiaire à l'automne dernier et dont la création a été dénoncée par l'Observatoire international des prisons (OIP) et des organisations de défense de détenus.

AFP, Le chef de l'ERIS de Marseille suspendu pour actes de violence sur Menconi, *10 décembre 2003.*

La police ou la gendarmerie peut-elle intervenir dans un établissement pénitentiaire ? 538

De par leur statut, les personnels pénitentiaires ne sont pas assimilés aux forces de l'ordre. Par conséquent, lorsque des troubles sérieux surviennent ou sont à craindre (mutineries essentiellement), le chef d'établissement doit faire appel au chef du service local de police ou de gendarmerie et en rendre compte sur le champ au préfet. De la même manière, la police est tenue d'intervenir en cas d'attaque ou de menace provenant de l'extérieur. Le préfet est donc dans l'obligation d'organiser les différents services de l'Etat pour réagir rapidement et efficacement en envoyant sur place des effectifs suffisants. En dehors de ces situations, les rapports entre l'administration pénitentiaire et la police peuvent être plus planifiés, notamment en ce qui concerne la lutte contre le trafic de stupéfiants. La police judiciaire peut être amenée à effectuer des fouilles à l'occasion des parloirs sous la direction du procureur de la République. Les contrôles seront alors organisés à l'aide des moyens habituels (chiens, fouilles...) et pourront déboucher sur la constatation d'un flagrant délit. La police peut également pénétrer dans toute prison pour enquêter sur les crimes et les délits qui peuvent s'y produire.

Articles 41, 53 et suivants, 78-2, D.266 et D.283-6 du Code de procédure pénale, circulaire CRIM 97-03E1 du 27 janvier 1997 « opération de lutte contre l'interdiction de produits stupéfiants en milieu carcéral ».

La personne sanctionnée par une peine de prison est avant tout condamnée à souffrir. A défaut de parole autorisée, elle se trouvera tout au long de son parcours carcéral acculée à exprimer sa colère par une violence retournée contre soi. Parmi l'ensemble de ces actes auto-agressifs, les grèves de la faim et automutilations représentent 70 % , les tentatives de suicide et suicides 30 %. Les grèves de la faim représentent souvent l'unique moyen de protestation utilisable. Les automutilations sont quotidiennes. Les tentatives de suicide et les suicides sont décuplés par rapport à l'extérieur. Ainsi, le taux de suicide dans les prisons françaises est l'un des plus élevés d'Europe. L'administration pénitentiaire se refuse pourtant à en porter sa part de responsabilité et ne prévoit que des mesures superficielles, qu'elle ne parvient pas même à faire appliquer dans l'ensemble de ses établissements.

Les grèves de la faim et les automutilations

Expressions d'un refus ou d'une plainte, les grèves de la faim et les automutilations sont des signaux d'alerte auxquels l'administration pénitentiaire (AP) prête trop peu attention, les considérant de façon générale comme du chantage. Depuis 1999, les chiffres des automutilations survenues en détention ont purement et simplement disparu du rapport annuel d'activité de l'AP (elle en dénombrait alors environ 1 300 par an). Quant aux grèves de la faim, le dernier chiffre disponible est issu du rapport de l'année 2001 et s'élève à 861.

« ça te fera des blessures de guerre »

Coincé dans un fauteuil roulant, Anthony Pelfini ne voit plus la lumière du jour que par la fenêtre de son appartement de Nogent sur Oise. Un univers bouché par les tours voisines, mais un monde plus réjouissant que la longue agonie qu'il a vécue à la maison d'arrêt de Compiègne. Ecroué dans cet établissement en mars 2003, ce Nogentais de 21 ans a quitté sa cellule en décembre pour être hospitalisé d'urgence. Diagnostic : la tumeur qui écrasait sa moelle épinière, ses vertèbres et ses nerfs l'a rendu paraplégique. Plutôt sportif avant son incarcération, l'ancien footballeur a rapidement senti « *des coups de poignard* » torturer son dos. A partir du mois de mai, le détenu se rend à l'infirmerie pratiquement tous les jours. Les examens ne révèlent rien de particulier. « *Après, ils ont arrêté de me donner un traitement,* se souvient-il. *Ils disaient que je vivais mal l'incarcération, que mes douleurs étaient psychologiques.* » « *Au bout d'un moment, je ne supportais plus la douleur. Je me tapais la tête contre les murs et je m'ouvrais les bras avec des lames de rasoir. Un matin, un surveillant qui a vu, en ouvrant la porte de la cellule, que je pissais le sang, m'a dit : "Ca te fera des blessures de guerre"* ». Ses bras portent aujourd'hui cinquante et une traces d'automutilation.

Gweltas Morice, « Rentré en prison sur ses deux jambes, sorti dans un fauteuil », Libération, *16 février 2004.*

Que doit faire le chef d'établissement lorsqu'un détenu entame une grève de la faim ? 539

Dès qu'un refus de s'alimenter est déclaré par un détenu ou constaté par le personnel de surveillance, le chef d'établissement doit s'assurer de la préservation de la santé de la personne. Il doit immédiatement déclarer au personnel médical de l'UCSA (Unité de consultations et de soins ambulatoires) la volonté d'un détenu de ne plus s'alimenter et veiller à ce qu'un suivi soit assuré au détenu, notamment pour « *contrôler l'authenticité de la démarche* ». Quand le refus de nourriture se prolonge au-delà de 48 heures, le chef d'établissement doit en informer les autorités judiciaires ou administratives concernées. Si l'auteur de la grève de la faim est un prévenu, le magistrat chargé du dossier et le procureur de la République doivent être avertis. S'il s'agit d'un condamné, le juge de l'application des peines et le procureur seront informés ainsi que le préfet si le détenu est un étranger en situation irrégulière. Le directeur de l'établissement est tenu d'avertir la direction centrale de l'administration pénitentiaire du cas des détenus dont le refus de se nourrir dure depuis plus de sept jours consécutifs ou depuis plus de 48 heures quand s'y ajoute une grève de la soif.

Article D.280 du Code de procédure pénale, circulaire du 13 octobre 1986, circulaire du 14 décembre 1998 sur le placement à l'isolement, note DAP du 22 mars 1994 sur le refus d'aliments solides et liquides.

540 Le détenu en grève de la faim peut-il être placé à l'isolement ?

Le détenu qui entame une grève de la faim doit être maintenu en cellule ordinaire, sauf pour des raisons tenant à l'ordre et la sécurité de l'établissement. Par exemple, en cas de risque de soutien au détenu gréviste de la faim ou de mouvement collectif, le directeur peut décider de placer le détenu au quartier d'isolement. Dans certains établissements, une ancienne réglementation qui laisse au chef d'établissement la liberté de placer à l'isolement un gréviste de la faim en fonction de sa personnalité ou de son état de santé semble encore pratiquée. Pourtant, seuls les motifs de sécurité peuvent désormais le justifier.

Circulaire du 13 octobre 1986, circulaire du 14 décembre 1998.

541 Le chef d'établissement peut-il contraindre un détenu à s'alimenter ?

Si un détenu se livre à une grève de la faim prolongée, il ne peut faire l'objet d'un quelconque traitement sans son consentement. Un traitement ne pourra lui être imposé que si son état de santé s'altère gravement et seulement sur décision et sous surveillance médicales, le chef d'établissement n'intervenant pas dans la décision. Le Code de déontologie médicale précise que « *le consentement de la personne examinée ou soignée doit être recherché dans tous les cas. Lorsque le malade, en état d'exprimer sa volonté, refuse les investigations ou le traitement proposés, le médecin doit respecter ce refus après avoir informé le malade de ses conséquences* ». Le médecin assurant le suivi du gréviste de la faim ne pourra donc imposer un traitement au patient que si son état de santé ne lui permet plus d'exprimer sa volonté. Le traitement médical en cas de danger grave pour la santé du détenu consiste essentiellement en des perfusions intraveineuses et une vitamino-thérapie (vitamine B1 particulièrement).

Articles D. 362 et D. 364 du Code de procédure pénale, article 36 du Code de déontologie médicale.

Que doit faire le chef d'établissement en cas d'automutilation ? 542

Le chef d'établissement doit veiller à une prise en charge individualisée des détenus auteurs d'actes auto-agressifs, même si leur gravité est relative. La prise en charge doit être réalisée par le service médical dans les plus brefs délais. Le détenu doit être reçu en audience par un personnel de direction ou par une personne désignée par le directeur dans les jours qui suivent l'acte d'auto-agression. Le détenu doit également être vu par un membre du SPIP (service pénitentiaire d'insertion et de probation) dans le même laps de temps. Ce dialogue ne vise évidemment pas pour l'administration pénitentiaire à donner satisfaction au détenu mais à éviter une escalade dans le comportement auto-agressif.

Circulaire du 29 mai 1998 sur la prévention des suicides.

« Incapables de chiffrer les automutilations »

Les réponses fournies par les établissements manquent le plus souvent de précision. Des établissements sont incapables de chiffrer les automutilations et certains comptent les grèves de la faim dans les automutilations. D'autres enfin classent les tentatives de suicide dans les automutilations. Le centre de détention de Muret se distingue tout particulièrement en affirmant son « *impossibilité de fournir les éléments de réponse* ». L'imprécision de ces réponses appelle une réserve importante sur la qualité des statistiques de l'administration pénitentiaire (AP), et des conditions dans lesquelles s'effectue aujourd'hui l'agrégation des éléments recueillis dans les 187 établissements pénitentiaires. Votre commission estime souhaitable que la Direction de l'AP appelle l'attention des établissements sur la nécessité de disposer de statistiques fiables et actualisées : un directeur ne doit pas seulement être jugé en fonction du taux d'évasion (phénomène quasiment nul en maison d'arrêt), le taux de suicide étant un élément déterminant de l'évaluation d'un établissement pénitentiaire.

Sénat, Prisons : une humiliation pour la République, *rapport d'enquête de la Commission, juillet 2000.*

Les suicides et la mortalité

247 personnes détenues sont décédées en prison en 2002 : 122 à l'issue d'un suicide et 125 à la suite d'une mort naturelle. Depuis le début des années 1990, l'administration pénitentiaire a été confrontée à un doublement du nombre des suicides parmi les personnes détenues. Rapports et circulaires se sont multipliés sur cette question. Initiée par la circulaire du 29 mai 1998, la politique de prévention du suicide en milieu pénitentiaire a été complétée par celle du 26 avril 2002 qui renforce le dispositif existant en matière de formation des personnels, du repérage du risque suicidaire et de soutien aux personnes présentant ce risque. Une commission centrale de suivi des actes suicidaires a été mise en place par l'administration centrale le 21 novembre 2002. Rendues publiques en décembre 2003, les conclusions du Professeur Jean-Louis Terra – qui s'est vu confié une mission de réflexion par les ministères de la Justice et de la Santé – font état de nombreux dysfonctionnements. Le psychiatre souligne notamment que « *la prévention du suicide n'est toujours pas conçue comme un risque à gérer et à prévenir de façon conjointe par les acteurs pénitentiaires et sanitaires avec des objectifs, une stratégie et des actions partagés* ». Son rapport émet un certain nombre de recommandations visant une diminution en cinq ans de 20 % du nombre de suicides en prison. Un objectif annoncé de concert, le 10 décembre 2002, par le garde des Sceaux et le ministre de la Santé.

543 Comment s'organise la prévention du suicide auprès des détenus arrivants ?

Pour les chefs d'établissement, la prévention du suicide doit débuter par le fait de porter une attention prioritaire lors de la période d'accueil du détenu arrivant. Les agents du greffe ou de surveillance sont invités à une particulière vigilance afin de repérer les détenus en état de détresse. Ils doivent informer le détenu des différentes phases de la procédure d'accueil. Le placement du détenu au sein d'un quartier arrivants ou d'une cellule spécifique dédiée à l'accueil doit permettre de prolonger l'observation de la personne et de prévenir tout risque de suicide. Cependant, les quartiers arrivants ne sont pas généralisés au sein des établissements. La personne détenue doit également être reçue par le chef d'établissement le jour de son arrivée ou le lendemain et par le service médical dans les délais les plus brefs. Si le comportement d'un détenu semble justifier une prise en charge médicale d'urgence, l'équipe médicale doit en être alertée par le gradé de permanence, lui-même alerté par un surveillant. Les règles d'hygiène (remise d'une trousse de toilette, douche dans les plus brefs délais, fourniture de sous-vêtements…) doivent être scrupuleusement respectées. Le détenu doit pouvoir bénéficier rapidement du linge apporté par sa famille, même lorsque le permis de visite n'a pas encore pu être obtenu, ainsi que du nécessaire pour correspondre avec ses proches. Une fiche de signalement doit être établie à l'arrivée de chaque détenu et doit aider le personnel à décider des mesures adaptées aux personnes repérées comme suicidaires. Le personnel doit bénéficier d'une formation à cette fin. Cette fiche sera classée au dossier individuel de la personne, transmise à l'UCSA et à l'équipe psychiatrique si l'établissement en dispose et au SPIP.

Articles D.61, D.250-3, D.270, D.272, D.285, D.357, D.359, D.423, D.464 du Code de procédure pénale, circulaire du 29 mai1998 sur la prévention des suicides, circulaire du 26 avril 2002 sur la prévention de suicides dans les établissements pénitentiaires.

Comment s'organise la prévention du suicide en cours de détention ? 544

La vigilance du personnel pénitentiaire est demandée pendant un séjour du détenu au quartier disciplinaire. Il est désormais interdit de placer un détenu nu au mitard, même en lui laissant des sous-vêtements en fibres non-tissées, fût-il suicidaire. Il est également rappelé que la mise en prévention au quartier disciplinaire avant le passage en commission de discipline doit rester exceptionnelle. Dans son rapport, le Professeur Terra recommande de pratiquer un examen psychiatrique pour les personnes présentant un risque suicidaire avant tout placement au quartier disciplinaire et de rechercher des alternatives à ce placement lorsque le risque de suicide est confirmé. Le personnel pénitentiaire doit également être plus attentif pendant la nuit et le week-end. Il lui est rappelé de ne pas négliger la consignation dans les cahiers ou fiches d'observation des éléments d'information collectés au cours de son service. Par ailleurs, un dialogue doit être immédiatement établi avec les auteurs d'actes auto-agressifs (automutilation, tentative de suicide…). Ils doivent rencontrer le directeur ou son délégué, des membres des services médical et socio-éducatif le plus rapidement possible. Enfin, il est nécessaire de permettre aux personnes détenues présentant un risque suicidaire d'avoir accès aux activités de l'établissement. Ainsi, la personne peut se voir proposer un travail, être incitée à suivre une formation, bénéficier d'un enseignement ou participer à des activités. Le personnel peut également décider d'affecter auprès de la personne suicidaire un codétenu. Cette décision doit être prise en fonction des besoins réels de la personne présentant un risque et après sollicitation d'un avis médical. Le détenu doit être choisi avec le plus grand discernement et doit avoir sciemment accepté cette tâche.

Articles D.61, D.250-3, D.270, D.272, D.285, D.357, D.359, D.423, D.464 du Code de procédure pénale, circulaire du 29 mai1998 sur la prévention des suicides, circulaire du 26 avril 2002 sur la prévention de suicides dans les établissements pénitentiaires.

« Rappeler la valeur des personnes incarcérées »

A l'heure actuelle, l'identification des détenus à risque d'auto-agression ou de suicide est très insuffisante puisque la majorité des détenus qui attentent à leurs jours ne sont pas identifiés comme à risque ou comme suicidaires. Un aspect essentiel de tout plan de prévention réside donc dans l'établissement d'un climat propice aux confidences sur leur souffrance pour tous les détenus. La disponibilité des professionnels pour parler est de ce fait essentielle. Ainsi, le bon fonctionnement des sonnettes représente une mesure générale qui a une importance dans la fonction d'alerte. Pour avoir une atmosphère propice à la prévention, le stress et l'anxiété des personnes détenues est à réduire au maximum en particulier grâce à de bonnes relations entre les détenus et le personnel pénitentiaire, à des conditions de vies décentes, à l'assurance de ne pas être brutalisé, au maintien de liens familiaux ainsi qu'à des activités constructives et valorisantes. Le rôle des visiteurs de prison et de l'ensemble des bénévoles est essentiel pour rappeler la valeur des personnes incarcérées. L'instauration d'un tel climat de confiance représente une véritable gageure que les services pénitentiaires s'efforcent de relever. En son absence, le risque est de ne pas pouvoir mettre en évidence les personnes qui vont mal au sein d'une population carcérale tendue et agitée. De nombreux pays conduisent des actions pour déceler l'existence de brimades et pour conduire, si nécessaire, des actions pour les réduire. Un questionnaire avec des réponses anonymes est un moyen d'évaluation utilisé par ces pays. Des actions similaires, déjà réalisées à l'initiative d'établissements français pour connaître les difficultés éprouvées par les détenus, sont à encourager. Le développement de la téléphonie sociale est une action qui augmente la possibilité de dire leur souffrance aux personnes qui éprouvent de la solitude en tant que condamné ou prévenu. Ce recours est important pour les prévenus qui connaissent des moments de désarroi intense, notamment avant l'obtention de l'autorisation de parloir.

Jean-Louis Terra, Prévention du suicide des personnes détenues, *Rapport remis aux ministères de la Justice et de la Santé, décembre 2003.*

545 En cas de suicide, que doit faire le chef d'établissement à l'égard des codétenus et du personnel de surveillance ou médical ?

En principe, le choc que constitue un suicide pour les codétenus doit être pris en charge. Ils doivent être signalés systématiquement au personnel médical de l'UCSA et aux travailleurs sociaux du SPIP afin qu'un suivi soit engagé. Le chef d'établissement doit également les réunir pour leur fournir des informations. En pratique, il arrive souvent qu'ils soient simplement changés de cellule ou transférés dans une autre prison. A l'intention des personnels qui le souhaitent, le directeur régional des services pénitentiaires doit organiser dans chaque prison où a eu lieu une tentative de suicide ou un suicide une ou plusieurs séances de parole sous la direction d'un psychologue. La première séance doit avoir lieu dans les jours qui suivent l'événement. Tout membre du personnel (pénitentiaire ou médical) doit pouvoir y participer.

Circulaire du 29 mai 1998 sur la prévention des suicides, circulaire du 26 avril 2002 sur la prévention de suicides dans les établissements pénitentiaires.

546 Que se passe-t-il en cas de décès d'une personne détenue ?

En cas de suicide, de mort violente ou si la cause du décès est inconnue ou suspecte, le chef d'établissement doit se rendre immédiatement sur place et recueillir les renseignements utiles sur le défunt, les circonstances du décès et les mesures prises. Il doit également veiller à faire préserver les lieux où s'est déroulé le suicide. Par ailleurs, un officier de police judiciaire doit également se rendre sans délai sur les lieux et procéder aux premières constatations. Le procureur de la République ou un officier de son choix se rend sur place s'il le juge nécessaire afin de déterminer les circonstances du décès. Il peut alors engager une information pour recherche des causes de la mort. En pratique, tous les décès survenus en détention font l'objet, à la demande des parquets, d'une information pour recherche des causes de la mort et par conséquent d'un rapport d'autopsie.

Articles 74 et D.282 du Code de procédure pénale, circulaire du 26 avril 2002.

« Analyser avec précision les causes et les circonstances des décès »

L'intérêt de l'institution des coroners [officiers publics qui ont compétence au Québec pour tout décès sur la recherche des causes et des circonstances des décès et analysent les décès survenus dans des circonstances obscures ou violentes] est aussi évoqué pour analyser avec précision les causes et les circonstances des décès, notamment en cas de suicide, quel que soit le lieu de survenance. Ce dispositif a l'avantage d'avoir accès à l'ensemble des informations existantes, de reconstituer la séquence causale avant le décès et de faire des recommandations en vue de la prévention. Il est certain que l'analyse des causes des suicides en France manque cruellement dans tous les milieux de l'existence d'un tel dispositif. Nous pensons que si la France se dotait de l'équivalent de l'institution des coroners, la question se poserait différemment car les administrations sanitaire et pénitentiaire disposeraient d'une enquête conduite par un enquêteur (officier public au Québec) extérieur, rôdé à l'exploration de la causalité dans tous les milieux. Elles auraient de ce fait seulement à se préoccuper de la mise en œuvre des recommandations qui leur sont faites, et ne seraient pas constamment juge et partie. En souhaitant à la fois rechercher ce qui s'est réellement passé, sans oser mettre à jour réellement le potentiel de prévention et à la fois protéger les acteurs et les institutions, la mission devient impossible. Personne ne peut adopter simultanément ces postures sans le risque de n'atteindre aucun objectif totalement.

Jean-Louis Terra, Prévention du suicide des personnes détenues, *Rapport remis aux ministères de la Justice et de la Santé, décembre 2003.*

Quelles autorités le chef d'établissement doit-il avertir en cas de décès d'un détenu ? 547

Le chef d'établissement doit informer le préfet, le procureur de la République, le directeur régional des services pénitentiaires et le ministre de la Justice de tout décès en détention. Si le détenu décédé était prévenu, l'information doit également être adressée au magistrat saisi du dossier de l'information ; s'il était condamné, au juge de l'application des peines. Une déclaration de décès est également faite à l'officier de l'état civil. Le lieu du décès ne doit être indiqué dans l'acte de l'état civil que par la mention de la rue et du numéro de l'immeuble. L'aumônier et le visiteur de prison qui accompagnaient éventuellement le détenu doivent également être avisés du décès.

Articles D.280, D.282 et D.427 du Code de procédure pénale, article 84 du Code civil.

548 Comment le chef d'établissement doit-il informer les proches d'un détenu qui vient de décéder ?

En cas de décès d'un détenu, sa proche famille doit en être immédiatement informée : il peut s'agir de sa famille naturelle comme légitime ; du concubin au même titre que du conjoint. Des parents même éloignés peuvent également être avertis s'ils portaient un intérêt particulier au détenu ou si des circonstances particulières le justifient. A son écrou, le détenu aura désigné les personnes à prévenir dans ce cas. Le chef d'établissement doit avertir personnellement les proches du détenu par le moyen le plus rapide, soit le téléphone, et leur expédier en outre un télégramme pour donner un support écrit à l'information. Il doit relater les faits et proposer, systématiquement, aux proches contactés, une entrevue dans les meilleurs délais, (si possible le lendemain ou le lundi suivant, en cas de suicide survenu au cours d'un week-end). A défaut d'acceptation immédiate par les proches, le chef d'établissement doit les inviter à reprendre attache avec lui pour convenir d'un rendez-vous ultérieur, en insistant sur l'importance d'une rencontre. Dans l'hypothèse où une mesure d'autopsie serait ordonnée, le chef d'établissement doit tenter d'obtenir, en préalable à la rencontre avec les proches, des précisions suffisantes sur le moment auquel elle sera pratiquée. Lors de la rencontre entre les proches et le chef d'établissement, un membre du personnel ou un travailleur social qui connaissait le suicidé doit être présent. Seules des informations vérifiées et sûres peuvent être délivrées à la famille. Elle est notamment informée de l'heure supposée et du mode de suicide, des circonstances de la découverte et, le cas échéant, de ce qui a été fait pour tenter de le sauver. Si le détenu avait fait l'objet d'un placement au quartier disciplinaire, le directeur doit en donner les raisons exactes. L'entretien ne peut porter sur des éléments touchant à la vie privée du détenu (traits de personnalité, toxicomanies, pathologies graves…). Par ailleurs, le chef d'établissement doit proposer systématiquement aux proches de rencontrer un médecin psychiatre, un médecin ou encore un psychologue. Le chef d'établissement doit également proposer aux membres de la famille une visite de la cellule de la personne suicidée. Cette visite ne peut, pour des raisons de sécurité, concerner qu'un nombre limité de proches. Le service d'insertion et de probation peut également être sollicité par la famille et l'aider dans ses éventuelles démarches. En pratique, il arrive encore que les proches d'un détenu suicidé ne parviennent pas à obtenir les explications qu'ils demandent sur les circonstances du décès et que l'annonce de celui-ci leur soit faite en l'absence de toute précaution.

Article D.427 du Code de procédure pénale, circulaire du 12 mai 1981, circulaire du 26 avril 2002.

La compagne d'un détenu apprend son décès par la radio

Les proches d'un homme décédé à la maison d'arrêt de Nîmes (Gard) ont appris la nouvelle le lendemain par les médias puis par leur avocat. Le dimanche 11 mai 2003 vers 14 heures, Monsieur B., âgé de 29 ans, est retrouvé mort dans sa cellule occupée par deux autres détenus. Ecroué le 9 mai, il avait communiqué dès son entrée l'adresse de sa famille, le numéro de téléphone fixe de sa mère et le numéro de téléphone mobile de sa compagne. Trois jours plus tard, les proches du défunt entendent à la radio qu'un arrivant à la maison d'arrêt est décédé la veille. La description donnée amène la famille à appeler son avocat pour qu'il vérifie s'il s'agit de Monsieur B. L'avocat confirme en fin de matinée après s'être rendu au parquet. La compagne du défunt interpelle alors la direction de l'établissement qui lui accorde un entretien dans l'après-midi. La direction de la maison d'arrêt indique « *avoir voulu contacter la famille du détenu dès le dimanche. Mais celui-ci avait laissé une adresse erronée et un seul numéro de téléphone portable qui, le dimanche, sonnait toujours occupé* ». Elle affirme aussi « *avoir contacté l'épouse dès le lundi matin* », ce que démentent l'intéressée et son avocat.

OIP Nîmes, Dedans dehors, *n°38, juillet 2003.*

Comment les proches d'un détenu décédé peuvent-ils récupérer ses affaires personnelles ? 549

Les objets et valeurs conservés par l'établissement pénitentiaire après le décès d'un détenu doivent être remis à la personne présentant au chef d'établissement un certificat d'hérédité. Ce certificat est délivré par la mairie de la commune de résidence du défunt ou des héritiers, si la valeur des biens du détenu est inférieure à 5 340 €. Si la mairie refuse de délivrer un certificat d'hérédité, ce qu'elle est en droit de faire, ou si les biens et valeurs excèdent 5 340 €, l'hérédité sera établie par un certificat de notoriété délivré par un notaire ou un juge d'instance. Sur présentation d'un tel document, le chef d'établissement doit remettre les biens du détenu et conserver le document comme justificatif de la remise des effets aux héritiers. Dans le cas où personne n'a réclamé les affaires d'un détenu dans un délai de trois ans après le décès, les objets sont remis à l'administration des domaines et les valeurs au Trésor public. L'administration pénitentiaire n'est dès lors plus responsable des biens au cas où une personne les réclamerait.

Article D.341 du Code de procédure pénale, note DAP du 13 février 1997.

Qui a la charge des frais d'obsèques d'une personne décédée en prison ? 550

Les frais d'obsèques sont à la charge de la famille du détenu. Ils ne seront pris en charge par l'administration que dans l'hypothèse où aucune famille ou héritier ne se manifeste. L'inhumation a alors lieu dans la commune du lieu de décès sur la base du tarif le plus économique. Si l'héritier se manifeste ultérieurement, il devra rembourser l'administration des frais qu'elle aura engagés. Les frais de transport de la dépouille du détenu peuvent dans certains cas être assumés par l'administration, dans le cadre de l'aide aux indigents prévue à leur libération. Si le décès a eu lieu dans un établissement pénitentiaire ou hospitalier situé dans le ressort judiciaire dont relève la résidence habituelle du détenu, il n'y a pas de prise en charge de l'administration, sauf à titre exceptionnel quand la situation de la famille est particulièrement critique. Si le décès a eu lieu dans un établissement situé hors du ressort judiciaire dont relève la résidence habituelle, l'administration peut prendre en charge les frais de transport du corps sur la base du tarif le plus économique et à la demande de la famille du défunt. Il faut cependant que la famille et les héritiers du défunt soient sans ressources (ce qui pourra être établi notamment par tout document fiscal) et le patrimoine du défunt insuffisant pour permettre cette prise en charge.

Article D.483 du Code de procédure pénale, note DAP du 3 septembre 1984.

« Il vaut mieux dix pendus qu'un évadé »

M. Désiré Derensy : « La difficulté vient du décalage formidable entre la théorie et la réalité du terrain. Il en résulte un gâchis extraordinaire des compétences. Quand les jeunes arrivent dans l'établissement, on leur dit d'oublier ce qu'ils ont appris en sciences humaines ou en psychologie. Le principal est que le détenu ne s'évade pas. De toute façon, le nouveau apprend très vite qu'il vaut mieux « dix pendus qu'un évadé ». La preuve en est qu'en cas d'évasion, le surveillant passe au conseil de discipline, alors que ce n'est pas le cas lorsqu'un suicide a lieu.

M. le Président : Ce que vous dites est terrible !

M. Désiré Derensy : C'est terrible, mais c'est la vérité. Il vaut mieux pour un surveillant un détenu qui se suicide ou qui tente de se suicider plutôt qu'un détenu qui s'évade, quelle que soit la dangerosité de l'un ou de l'autre. On comprend très vite ces choses. La règle est que le calme règne à l'étage, quitte à fermer les yeux. Il en résulte une certaine adaptation du règlement. » (M. Désiré Derensy, membre de l'union générale des syndicats pénitentiaires CGT)

Assemblée nationale, La France face à ses prisons, *rapport de la commission d'enquête sur la situation dans les prisons françaises, juin 2000.*

551 Peut-on engager une action en responsabilité de l'Etat en cas de suicide d'un détenu ?

Les juridictions administratives françaises ont retenu à plusieurs reprises la responsabilité de l'Etat, à raison de négligences ou de dysfonctionnements ayant créés des conditions propices au suicide d'un détenu. Encore récemment, le juge administratif exigeait que l'administration ait commis une faute lourde - c'est-à-dire une faute d'une gravité évidente, apparaissant comme telle pour n'importe quel observateur - pour retenir la responsabilité de l'Etat. Depuis un arrêt du 23 mai 2003, le Conseil d'Etat semble admettre qu'une faute simple soit de nature à engager la responsabilité de l'administration pénitentiaire du fait d'un suicide. Dans de telles affaires, le juge administratif est le plus souvent amené à dire si les antécédents médicaux ou l'expression claire d'une détresse aurait dû amener le personnel pénitentiaire et/ou médical à prendre des dispositions particulières.

Plus généralement, il recherche si le fait reproché à l'administration pénitentiaire avait une vocation particulière à provoquer le passage à l'acte suicidaire. Dans l'affirmative, il peut condamner l'Etat à verser des dommages-intérêts à la famille du défunt.

FAIRE RESPECTER SES DROITS

DROITS
JCB

Le détenu comme toute autre personne en relation avec la prison peuvent être visés par une mesure de l'administration pénitentiaire : un livre refusé au parloir, une sanction disciplinaire, un permis de visite retiré, un agrément retiré... Au même titre que tout citoyen, ils peuvent alors la contester soit par des réclamations adressées aux autorités administratives, soit par une action en justice devant les juridictions administratives. Depuis quelques années, le législateur essaie de faire entrer le droit commun en détention. Les répercussions pratiques de ces dispositions générales commencent à produire leurs effets, même si l'évolution est lente. Aujourd'hui encore, les détenus éprouvent le plus souvent de grandes difficultés à faire valoir leurs droits auprès des tribunaux administratifs. De la même façon, le fonctionnement d'une prison, la loi du silence et l'attitude des juridictions pénales rendront difficiles les démarches du détenu victime d'une infraction pénale. Pourtant, la Cour européenne des droits de l'homme, qui joue un rôle moteur dans la protection des détenus face aux mauvais traitements, impose aux Etats d'assurer aux personnes privées de libertés des voies de recours adéquates pour faire valoir leurs droits et de mener des enquêtes effectives en cas de plainte. A côté de la Convention européenne des droits de l'homme, divers textes internationaux visent à garantir ou promouvoir les droits des personnes détenues. Certains imposent aux Etats des obligations concrètes, d'autres n'ont qu'une valeur incitative. Ces derniers exercent cependant une forte influence sur l'évolution des législations nationales.

S'adresser aux autorités administratives et judiciaires

Avant d'engager un recours contentieux (devant le juge administratif), le détenu peut être amené à former un « recours gracieux » ou un « recours hiérarchique » auprès de l'administration pénitentiaire pour lui demander de revenir sur une décision qu'elle a prise. Il invoquera le respect du droit s'il estime qu'une disposition n'a pas été respectée, l'administration étant dans l'obligation de modifier un acte illégal. S'il estime au contraire que la décision est légale, mais injuste ou inéquitable, il peut la contester en invoquant l'équité. Dans ce cas, l'autorité administrative dispose d'une totale liberté dans le traitement de la demande. Le détenu peut aussi alerter un certain nombre d'autorités administratives et judiciaires avec lesquelles il communiquera en toute confidentialité, notamment des magistrats et des élus. Comme tout citoyen, il peut également saisir la Commission d'accès aux documents administratifs, la Commission nationale de déontologie de la sécurité ainsi que le médiateur de la République. L'efficacité de ces recours non contentieux est très variable. Il est par exemple préférable de ne pas escompter une solution provenant de la commission de surveillance de l'établissement pénitentiaire. Mais il peut être parfois judicieux de multiplier les alertes auprès de magistrats ou d'élus, notamment afin d'opérer une pression sur l'autorité pénitentiaire compétente.

Le recours hiérarchique sert de filtre

Nombre de recours ou de réclamations non juridictionnels sont prévus par la réglementation pénitentiaire française. Même si les diverses procédures de plainte n'offrent pas de garanties de protection équivalentes, le droit de formuler une réclamation est généralement reconnu au détenu. Plusieurs voies formelles existent devant les autorités internes ou extérieures à l'Administration pénitentiaire. [...] Il peut présenter des plaintes ou des requêtes au chef de l'établissement qui lui accorde audience s'il invoque un motif suffisant. Quand une décision administrative lui fait grief, le détenu dispose également de la faculté de demander à ce qu'elle soit déférée au directeur régional si elle émane d'un chef d'établissement, ou au ministre de la Justice s'il s'agit d'un directeur régional. [...] Toutefois, la probabilité de voir la requête prospérer ne doit pas abuser. Les chances de succès restent illusoires. Il apparaît irréaliste de demander au chef d'établissement de se censurer lui-même. [...] Il est tout autant difficile de concevoir que le directeur régional puisse désavouer l'autorité disciplinaire inférieure sans risquer de l'affaiblir, tant aux yeux des détenus qu'à ceux du personnel pénitentiaire. Le recours hiérarchique sert de filtre et permet d'endiguer des contestations qui alourdiraient la charge des juges. [...] L'utilité d'un recours hiérarchique, dont l'efficacité reste à prouver, est difficile à cerner, sauf à estimer qu'il permet d'harmoniser la répression disciplinaire à l'échelle d'une région pénitentiaire. Il est permis de douter du bien fondé d'une démarche, imposée au détenu, qui vient allonger un peu plus les délais ; le recours étant non suspensif.

Jean-Paul Céré, Droit disciplinaire en prison, *L'Harmattan, 2001.*

552 Qu'est-ce qu'un recours gracieux ?

Le recours gracieux est une requête écrite adressée à l'autorité dont émane la mesure critiquée. A tout moment, il est possible de saisir le chef d'établissement pour lui demander de revenir sur l'une de ses décisions. Si l'objectif est de saisir ensuite une juridiction, il est important de former son recours gracieux dans les deux mois qui suivent la mesure critiquée. La décision expresse ou implicite de l'autorité administrative provoquée par le recours gracieux déclenchera à nouveau un délai de deux mois. Le recours gracieux prolonge donc le délai durant lequel le tribunal peut être saisi d'une demande d'annulation. Cependant, le recours doit être formulé clairement, en demandant sans ambiguïté à l'administration de retirer sa décision, faute de quoi le délai ne sera pas prolongé. Juridiquement, le chef d'établissement est tenu de revenir sur une décision illégale et il est libre de revenir ou non sur une décision inéquitable. Il est donc important de faire référence dans sa demande non seulement aux textes éventuellement bafoués, mais également aux circonstances précises de la décision et ses conséquences négatives. L'absence de réponse du chef d'établissement pendant un délai de deux mois équivaut à un refus (décision implicite de rejet), qui pourra être contesté devant le juge administratif. Par ailleurs, le détenu qui sollicite une audience auprès du directeur doit en principe être reçu s'il invoque un motif suffisant.

Article D.259 du Code de procédure pénale.

553 Qu'est-ce qu'un recours hiérarchique ?

Le recours hiérarchique consiste pour le détenu - ou toute autre personne concernée - à demander par écrit la modification ou la suppression d'une décision au supérieur hiérarchique de l'auteur de cette décision. Toute personne ayant subi personnellement les effets d'une mesure de l'administration pénitentiaire peut effectuer un recours hiérarchique : le titulaire d'un permis de visite qui lui a été retiré par le chef d'établissement, l'avocat pour lequel la confidentialité de la correspondance n'a pas été respectée, etc. Le recours n'a pas d'effet suspensif sur la décision de l'administration pénitentiaire, c'est-à-dire que la mesure continue de s'appliquer dans l'attente d'une réponse. Si la personne n'a pas déjà engagé un recours gracieux (auprès de l'auteur de la décision contestée), le délai pour saisir le juge administratif est prolongé. Un recours pour excès de pouvoir pourra alors être déposé dans les deux mois suivant la réponse (explicite ou implicite) du supérieur hiérarchique. En cas de rejet du recours hiérarchique facultatif (c'est à dire dans les cas autres que les sanctions disciplinaires), le détenu doit contester les deux décisions (décision initiale et décision du supérieur hiérarchique) devant le tribunal administratif. En matière disciplinaire, le recours hiérarchique est obligatoire avant un recours devant le juge. Ainsi, le détenu sanctionné doit obligatoirement former un recours contre la décision de la commission de discipline auprès du directeur régional des services pénitentiaires, dans un délai de 15 jours. La décision du directeur régional, quel que soit son contenu, se substituera à celle de la commission de discipline. C'est donc la décision du directeur régional que le détenu devra contester devant le tribunal administratif.

Articles D.250-5 et D.260 du Code de procédure pénale.

Recours d'un détenu...

Au nom de mon client, Monsieur Gabriel B., actuellement détenu à la maison d'arrêt de Fresnes, j'ai l'honneur de solliciter l'annulation de la sanction disciplinaire qui a été prononcée à son encontre le 5 janvier 2000 par la commission de discipline de cet établissement. Il résulte du rapport de comparution que le 28 décembre 1999, vers 7 h 30, « *alors que le surveillant triait du courrier après le ramassage du matin, l'agent a constaté que le détenu B. se permet de dénigrer le syndicat UFAP. Celui-ci déclare : "que les gardiens mangeront à coup de trique" et qu'il "passera à l'action mi-janvier"* ». La commission de discipline a considéré que l'infraction qualifiée de faute du troisième degré était constituée [...]. Sur le fond, l'annulation de la décision attaquée s'impose à plusieurs titres. Sur le plan de la légalité externe, la décision de la commission de discipline est intervenue en violation des droits de la défense. Monsieur B. n'a pas eu communication de son dossier, des griefs formulés contre lui, et il n'a pas eu réellement la possibilité de faire assurer sa défense. Sur la légalité interne, la sanction disciplinaire est entachée d'une erreur de droit. En matière de droit disciplinaire pénitentiaire, l'atteinte à la liberté d'expression que constitue la poursuite et la condamnation d'un détenu pour des propos tenus dans des lettres adressées à des tiers ne doit viser que la protection de la sécurité des personnes ou de l'établissement et s'appliquer aux seuls propos constituant des menaces à cet égard.

Recours administratif de Me Sophie Humbert, janvier 2000.

... sanction annulée

Il y a lieu de constater l'existence d'un vice de procédure en ce que la convocation remise à Monsieur B. pour l'audience de la commission de discipline du 5 janvier 2000 ne comporte pas l'énoncé des manquements à la discipline d'une manière explicite et circonstanciée. Par ces motifs, annulons pour vice de procédure la sanction disciplinaire prononcée.

Direction régionale des services pénitentiaires de Paris, février 2000.

Quelles sont les autorités avec lesquelles un détenu peut communiquer librement ? 554

Les détenus peuvent, à tout moment, adresser des lettres confidentielles aux autorités administratives et judiciaires dont la liste complète est inscrite dans le Code de procédure pénale. Il s'agit notamment du président de la République, des ministres, du chef de l'Inspection des services pénitentiaires, du président de la commission de surveillance, des députés et sénateurs, de la plupart des magistrats, de tout membre de la Cour européenne des droit de l'homme ou du Comité européen pour la prévention de la torture et des peines ou traitements inhumains ou dégradants (CPT)... Ces courriers peuvent être remis sous pli fermé et échappent en principe à tout contrôle. Pour bénéficier de la confidentialité, il faut inscrire clairement sur l'enveloppe la qualité du correspondant (M. le juge de l'application des peines, M. le député) et l'envoyer à l'adresse « professionnelle ou fonctionnelle » de l'autorité. Par exemple, une lettre adressée au juge de l'application des peines doit être envoyée au tribunal de grande instance. L'administration commet une faute engageant sa responsabilité si elle ne respecte pas la confidentialité de ce type de correspondance.

Articles D.176 et A.40 du Code de procédure pénale.

555 Qu'est-ce que la « commission de surveillance » ?

Une commission de surveillance est instituée auprès de chaque prison. Présidée par le préfet du département, elle se compose de magistrats (procureur de la République, juge de l'application des peines, juges des enfants, etc.), de notables de la région (maire de la commune de l'établissement pénitentiaire, bâtonnier de l'ordre des avocats, etc.), auxquelles s'ajoutent trois à six personnes issues d'associations ou œuvres sociales. La commission de surveillance doit se réunir au moins une fois par an et entendre le rapport d'activités du chef d'établissement. Elle est théoriquement chargée de la surveillance de l'établissement pénitentiaire en ce qui concerne la salubrité, la sécurité, le régime alimentaire, le travail, la discipline, l'observation des règlements, l'enseignement et la réinsertion sociale des détenus. La commission de surveillance ne dispose cependant d'aucun pouvoir d'autorité. Elle peut simplement transmettre ses observations, critiques ou suggestions au ministre de la Justice. En pratique, les commissions de surveillance n'assument pas leur rôle et leurs réunions restent sans effets.

Articles 727, D.180 à D.185, D. 259 et D.261 du Code de procédure pénale.

556 Un détenu peut-il être entendu par un membre de la commission de surveillance ?

La commission de surveillance peut en principe procéder à l'audition de toute personne possédant des informations sur l'établissement, dont les détenus. Le président de la commission doit aussi recevoir en principe toute requête des détenus portant sur les conditions de détention. Tout détenu peut également demander à être entendu par les magistrats et fonctionnaires chargés de l'inspection ou de la visite de l'établissement, qui font tous partie de la commission de surveillance. L'entretien doit en principe avoir lieu hors de la présence de tout membre du personnel de l'établissement pénitentiaire. Malheureusement, aucune indication particulière n'est donnée sur la suite qui doit être donnée à ces demandes. Et, de fait, les commissions de surveillance auditionnent rarement les personnes détenues.

Articles D.183, D. 259 et D.261 du Code de procédure pénale.

Quels sont les contrôles judiciaires de l'activité pénitentiaire ? 557

Une pléiade de magistrats a l'obligation de visiter régulièrement les établissements pénitentiaires de leur ressort et d'adresser leurs observations aux autorités compétentes. Dans les faits, ils ont rarement le temps ou la volonté d'effectuer de telles visites. Ainsi, le juge de l'application des peines doit visiter les établissements pénitentiaires au moins une fois par mois pour vérifier les conditions dans lesquelles les condamnés exécutent leur peine. Le président de la chambre de l'instruction doit visiter quant à lui les maisons d'arrêt du ressort de la cour d'appel au moins une fois par trimestre, afin de vérifier la situation des prévenus. Le juge d'instruction et le juge des enfants peuvent également visiter la maison d'arrêt et y rencontrer les prévenus autant qu'ils le souhaitent. Enfin, le procureur de la République et le procureur général doivent visiter les établissements pénitentiaires respectivement une fois par trimestre et une fois par an au minimum. En outre, le juge de l'application des peines, le procureur général et le premier président de la cour d'appel ont l'obligation de rédiger un rapport annuel sur le fonctionnement des établissements pénitentiaires de leur ressort et de l'adresser au ministre de la Justice. En réalité, la plupart de ces magistrats n'exercent pas ces prérogatives ou n'assument pas leurs missions de vigilance, et leur contrôle reste très théorique, à défaut de pouvoir contraignant permettant d'assurer un suivi des observations formulées.

Articles 222, 727, D.176 à D.179, D.230 du Code de procédure pénale.

Comme si les prisons étaient un autre monde

En matière de contrôle des établissements pénitentiaires, les défaillances des divers dispositifs en vigueur sont connues des pouvoirs publics. En juillet 1999, au moment de confier au premier Président de la Cour de cassation sa mission de réflexion sur l'amélioration du contrôle extérieur, la Chancellerie décrivait, en ces termes, les « *lacunes* » existantes : « *Les modalités de contrôle de droit commun s'avèrent parfois inadaptées aux réalités pénitentiaires, soit en raison de leur caractère ponctuel, soit du fait de leur absence de conséquences immédiates pour la situation du détenu. Quant aux mécanismes de contrôle spécifiques aux établissements pénitentiaires, s'ils sont très variés, leur mise en œuvre concrète est parfois défaillante, la rareté des visites des autorités judiciaires ou le formalisme des réunions de la commission de surveillance sont ainsi régulièrement dénoncés* ». Dans son rapport, la commission Canivet a confirmé ces insuffisances : « *Toutes les constatations convergent vers l'idée que les prisons connaissent un grand nombre de contrôles, toutes révèlent aussi que ces contrôles sont souvent effectués* a minima [...] *en sorte qu'il s'agit, trop souvent, d'un contrôle en retrait de celui qui est opéré dans la société "libre". Comme si les prisons étaient un autre monde largement soustrait à la norme, leur état inéluctable et les détenus des personnes dont les droits ne sont pas pleinement reconnus.* » [...] Dans le cadre de ses propositions, la commission Canivet a jugé nécessaire la mise en place d'un dispositif de contrôle extérieur des prisons afin de « *s'assurer du traitement correct du détenu et de l'évolution de l'état des prisons, permettre le traitement des différends, source de tensions, et instaurer l'indispensable transparence dans ce monde clos pour éviter que des dysfonctionnements graves de l'administration ne soient révélés, comme cela a pu se produire, que plusieurs mois après leur apparition.* » [...] A la suite des propositions de la commission Canivet, le législateur a tenté à plusieurs reprises d'instaurer un contrôle extérieur. Le 26 avril 2001, une proposition de loi, présentée par Guy Cabanel et Jean-Jacques Hyest, a été adoptée à l'unanimité en première lecture au Sénat. Le 17 juillet 2002, Christian Poncelet, président du Sénat, la transmet à Jean-Louis Debré, son homologue de l'Assemblée nationale. [...] Sur le bureau de la présidence de l'Assemblée nationale, cette proposition de loi en rejoint une autre, celle déposée le 6 février 2002 par le député Michel Hunault. [...] Aucune de ces propositions n'a cependant abouti.

Commission nationale consultative des droits de l'homme. Etude sur les droits de l'homme dans la prison, *11 mars 2004.*

558 Qu'est-ce que l'Inspection des services pénitentiaires ?

L'Inspection des services pénitentiaires (ISP) est la seule instance de contrôle interne de l'institution carcérale. Elle a une double mission de conseil technique de la direction de l'administration pénitentiaire et de contrôle général des 190 établissements pénitentiaires, des 102 services d'insertion et de probation et des directions régionales des services pénitentiaires. Par ailleurs, étant placée sous l'autorité directe du directeur de l'administration pénitentiaire, il n'entre pas dans son cahier des charges d'exercer un contrôle sur l'administration centrale. Dirigée par un magistrat de l'Inspection générale des services judiciaires mis à disposition de l'administration pénitentiaire, elle se compose théoriquement de cinq inspecteurs recrutés parmi les directeurs hors classe ou les directeurs régionaux de l'administration pénitentiaire qui sont chargés des missions de contrôle dans les établissements. L'Inspection comporte également une « brigade de sécurité pénitentiaire », composée de quatre fonctionnaires du personnel de surveillance, chargée d'organiser les fouilles générales d'établissements. Les contrôles de l'ISP peuvent être divisés en quatre catégories : les contrôles de routine, consistant pour deux inspecteurs à visiter rapidement un établissement (un jour ou deux) ; les missions de contrôle général, pendant lesquelles un établissement est passé au peigne fin pendant quatre à huit jours environ ; les missions liées à des événements graves (évasion, prise d'otage et mutinerie) ; les missions disciplinaires, qui visent à enquêter sur des dysfonctionnements internes et peuvent déboucher sur des procédures disciplinaires. L'Inspection n'intervient dans une prison qu'avec l'aval ou sur saisine de la direction de l'administration pénitentiaire. Elle procède à des enquêtes quasiment judiciaires, procédant à des auditions, des fouilles des locaux, etc. Néanmoins, l'Inspection n'est pas en mesure de déceler l'ensemble des dysfonctionnements, elle focalise son attention sur ce que l'administration pénitentiaire considère comme problématique et ne rend jamais ses rapports publics.

Article D.229 du Code de procédure pénale.

Quels sont les autres contrôles administratifs de l'activité pénitentiaire ? 559

Toutes les administrations concernées par la détention sont habilitées à vérifier les activités relevant de leur compétence. Ainsi, l'Inspection générale des services judiciaires (IGSJ) a compétence pour contrôler le fonctionnement des établissements pénitentiaires. En fait, son action dans le domaine carcéral prend la forme de rapports sur des thèmes comme le schéma national d'hospitalisation des détenus, l'amélioration de la prise en charge des toxicomanes incarcérés et la lutte contre l'entrée de la drogue en prison... Les services de l'Inspection du travail doivent quant à eux intervenir de façon systématique et régulière dans les établissements pénitentiaires pour vérifier les conditions d'hygiène et de sécurité du travail. En matière de santé, l'Inspection générale des affaires sanitaires et sociales (IGAS) constitue en principe un organe de recours et de contrôle des conditions sanitaires des prisons. L'IGAS peut notamment être saisie de requêtes individuelles des détenus. Par ailleurs, des contrôles vétérinaires sont en principe exercés sur l'alimentation distribuée aux détenus ainsi que ceux de l'Education nationale sur les activités de formation et d'enseignement en milieu carcéral. En pratique, ces contrôles sont souvent effectués *a minima*, bien en deçà des exigences appliquées en dehors du milieu carcéral.

Articles D.109, D.109-1, D.231, D.232, D.348-1 et D.348-2 du Code de procédure pénale.

Les parlementaires peuvent-ils visiter les prisons ? 560

Outre les locaux de garde à vue, les centres de rétention et les zones d'attente, les députés et les sénateurs sont autorisés à visiter à tout moment les établissements pénitentiaires. Toute personne peut donc demander à un élu de venir visiter un lieu de détention, notamment lorsqu'il a connaissance de faits contestables (surpopulation entraînant des difficultés de fonctionnement, insalubrité, atteintes aux liens familiaux...). Compte tenu de leur qualité de représentants de la Nation, les élus peuvent intervenir de façon inopinée sur l'ensemble du territoire et pas uniquement dans leur circonscription.

Article 720-1-A du Code de procédure pénale.

« Berné » pendant trop longtemps

Je téléphonais vingt minutes avant mon arrivée. Les directions n'avaient ainsi pas le temps de s'organiser. A Eysses, je suis arrivé à la prison à 22 h 45. je n'ai pu rentrer dans les lieux que trente minutes plus tard, le temps de prévenir le directeur qu'il sorte de son pyjama ! J'étais accompagné soit du directeur de l'établissement, soit d'un membre de la direction à chaque visite. En revanche, je demandais à rester seul pour parler aux détenus. [...] C'était la première fois que je rentrais dans une prison française. Je ne m'imaginais pas la situation carcérale si mal en point. Je reconnais très franchement m'être laissé « berné » pendant trop longtemps. En visitant ces établissements, on s'aperçoit que beaucoup de gens n'ont rien à y faire.

Noël Mamère, « Vivre l'enfer dans nos prisons », Dedans dehors, *n°20, juillet 2000.*

561 Le détenu peut-il être entendu et assisté dans ses relations avec l'administration pénitentiaire (hors procédure disciplinaire) ?

En application de l'article 24 de la loi du 12 avril 2000, l'administration pénitentiaire est tenue d'organiser une procédure contradictoire avant de prendre toute décision défavorable (ou dérogeant à une réglementation) concernant un détenu ou une autre personne en relation avec la prison (visiteur, famille...). Elle doit donc informer la personne concernée suffisamment à l'avance (dans la mesure du possible au moins huit jours avant) de la nature de la décision envisagée, des motifs ou des griefs invoqués, ainsi que des droits qui lui sont reconnus. L'administration doit également entendre le point de vue de l'intéressé avant de se déterminer. Le détenu peut présenter ses observations par écrit ou, s'il le demande, par oral. Il peut se faire assister ou représenter par un avocat ou un mandataire de son choix lors de cette procédure. Il peut également consulter son dossier administratif. L'ensemble de ces garanties peuvent ne pas être appliquées en cas d'urgence ou de circonstances exceptionnelles, et lorsque la mise en œuvre de la procédure contradictoire « *serait de nature à compromettre l'ordre public ou la conduite des relations internationales* ». Ces circonstances s'apprécient concrètement au cas par cas. Par exemple, l'administration se trouve en situation d'urgence lorsqu'elle détient des informations certaines concernant l'imminence d'un incident. Elle peut alors prendre une mesure conservatoire d'une durée limitée, le temps de mettre en œuvre la procédure contradictoire. Ainsi, le chef d'établissement pourra suspendre à titre conservatoire un permis de visite de façon à ce que l'intéressé ne se présente pas à l'établissement pendant le temps de mise en œuvre de la procédure contradictoire. Quant aux circonstances exceptionnelles, elles supposent que les événements en cours étaient imprévisibles et revêtent tant par leur ampleur que par leur durée une particulière gravité (mutinerie, destruction de bâtiment, mouvement social désorganisant gravement le service...). Par ailleurs, les agents publics qui exercent leurs fonctions au sein de l'établissement pénitentiaire (enseignants, personnels hospitaliers...) ne sont pas concernés par cette procédure, mais les dispositions statutaires dont ils relèvent et les principes dégagés par le Conseil d'Etat leur offrent des garanties similaires.

Article 24 de la loi n° 2000-321 du 12 avril 2000, Conseil d'Etat, 24 juin 1949, arrêt Nègre.

Une administration imperméable à la loi

Des incidents ont éclaté à la maison d'arrêt de Bois d'Arcy (Yvelines) le 8 novembre 2001, lorsque l'administration a entrepris de transférer une quarantaine de détenus vers d'autres prisons de la région parisienne. Le matin même, les détenus concernés ont appris qu'ils allaient être transférés dans l'heure. Certains détenus ont alors tenté de s'y opposer en s'agrippant à leur lit. Les surveillants les ont déplacé *manu militari* vers les cellules d'attente. Quelques autres détenus auraient réagi violemment et une surveillante aurait été frappée au visage. Des gaz lacrymogènes ont été employés contre les détenus au cours des heurts.

Selon la Direction régionale des services pénitentiaires, les détenus concernés par ces transferts sont essentiellement des personnes condamnées à de courtes peines ou en attente d'affectation, la procédure ayant été dans ce cas mise en œuvre de façon anticipée. Ce soudain besoin de places s'explique par le début d'un chantier de réfection, qui devrait conduire à réduire la capacité de la prison de 120 places. Si des travaux de cette ampleur pouvaient justifier des transferts, les méthodes de l'administration n'en restent pas moins contestables, puisque la procédure imposée par la loi du 12 avril 2000 pour toute mesure individuelle défavorable n'a pas été respectée. L'administration était tenue d'organiser un débat contradictoire, au cours duquel chaque détenu peut présenter ses observations et faire intervenir un avocat. Or les décisions de transfert n'ont même pas été notifiées aux intéressés.

OIP, « Une administration imperméable à la loi », Dedans dehors, *n°29, janvier 2002.*

Qu'est-ce qu'un mandataire ? 562

Les mandataires peuvent assister ou représenter, gratuitement, les personnes à l'égard desquels une mesure défavorable est envisagée. Les mandataires sont, soit des personnes titulaires d'un permis de visite, soit des personnes préalablement agréées à cette fin par l'administration pénitentiaire. Les mandataires agréés bénéficient de garanties particulières dans leurs relations avec les détenus qu'ils assistent ou représentent pour toute la durée de leur mission. Ils correspondent avec eux sous pli fermé et les rencontrent au parloir hors la présence d'un surveillant. Pour assurer la confidentialité de la correspondance écrite, la mention de la qualité de mandataire agréé de l'expéditeur ou du destinataire doit apparaître sur l'enveloppe. Autre différence, les mandataires qui ne disposent pas d'agrément ne sont pas autorisés à défendre les détenus en commission de discipline.

Article 24 de la loi n° 2000-321 du 12 avril 2000, décret n°2002-1023 du 25 juillet 2002.

Qui peut être mandataire agréé ? 563

Seules les personnes non incarcérées peuvent solliciter un agrément permettant d'assurer des missions d'assistance et de représentation en prison. Elles doivent également jouir de leurs droits civils et politiques, ne pas avoir fait l'objet d'une condamnation, incapacité ou déchéance mentionnée sur le bulletin numéro 2 du casier judiciaire et ne pas exercer d'activité professionnelle au sein d'un service relevant du ministère de la Justice. S'agissant des étrangers, ils doivent être en situation régulière sur le territoire français. Les proches de détenus ne sont pas expressément empêchés d'être mandataires agréés. Il semble toutefois que cette possibilité leur sera systématiquement refusée, les textes prévoyant que le chef d'établissement doit veiller à ce que la demande d'agrément n'ait pas « *pour but de contourner les règles régissant l'exercice des droits de visite* ». Le candidat doit adresser une demande écrite et motivée au chef de l'établissement auprès duquel il souhaite être agréé à titre principal. Il doit fournir des pièces justificatives d'identité et de résidence. Le directeur se fait communiquer l'extrait du casier judiciaire de l'intéressé et le reçoit en entretien en vue de s'assurer du sérieux de sa motivation. Il transmet ensuite la candidature, accompagnée de sa propre appréciation, au directeur régional des services pénitentiaires. Ce dernier peut, avant de prendre sa décision, diligenter une enquête administrative à l'égard du candidat. L'agrément est valable pour une période de deux ans, renouvelable. Il confère à son titulaire la possibilité d'exécuter sa mission d'assistance dans un ou plusieurs établissements relevant d'une même direction régionale. Le directeur régional d'une autre région pénitentiaire peut l'étendre à un établissement situé dans son ressort. La liste des mandataires agréés doit être affichée au greffe de l'établissement et mise à disposition des détenus. Le mandataire agréé n'a pas besoin de solliciter de permis de visite lorsqu'il est désigné par un condamné. En revanche, lorsqu'il s'agit d'un prévenu, le mandataire doit demander la délivrance d'un permis spécifique auprès du magistrat chargé de l'instruction. En cas d'urgence et pour des motifs graves, le chef d'établissement peut suspendre l'agrément pour une durée maximale de deux mois. En cas de manquement aux règles relatives à la sécurité et au bon ordre de l'établissement, et après avoir respecté une procédure contradictoire, le directeur régional peut retirer son agrément à l'intéressé. Il doit faire de même lorsque le procureur le lui demande.

Décret 2002-321 du 25 juillet 2002.

564 Qui peut être mandataire non agréé ?

Sauf en matière disciplinaire, le détenu peut en principe désigner toute personne pour être son mandataire dans une procédure en cours, y compris un membre de sa famille ou un codétenu. Toutefois, le mandataire souhaitant s'entretenir avec la personne détenue qui l'a désigné, doit, s'il n'en est pas déjà titulaire, solliciter la délivrance d'un permis de visite. Cette obligation s'impose également lorsque le mandataire est lui-même incarcéré. Lorsque le mandataire est désigné par un prévenu, il doit adresser une demande de permis à l'autorité judiciaire compétente. S'il est désigné par un condamné, le mandataire effectue sa demande auprès du chef d'établissement. Si le mandataire est membre de la famille du détenu, le directeur ne peut lui refuser le permis de visite que pour un motif lié au maintien de la sécurité ou au bon ordre dans la prison. Lorsque le mandataire n'est pas un membre de la famille du détenu, le directeur apprécie si la tenue d'entretiens est rendue nécessaire par la procédure en cours et ne représente pas un risque de trouble à l'ordre ou la sécurité de l'établissement. Toute décision de refus est susceptible d'être contestée devant le tribunal administratif. Les rencontres entre le mandataire non agréé et le détenu s'effectuent sous la surveillance de l'administration. Leur correspondance est également contrôlée.

Article 24 de la loi n° 2000-321 du 12 avril 2000, décret 2002-321 du 25 juillet 2002, circulaire JUSE0340055C du 9 mai 2003.

Un détenu peut-il avoir accès à tous les documents administratifs le concernant ? 565

Comme n'importe quel administré, le détenu peut demander la communication de documents administratifs (règlement intérieur, circulaires, décrets, notes de service, etc.). La loi du 17 juillet 1978 pose le principe d'un droit d'accès des administrés à la plupart des documents administratifs non nominatifs ou des documents nominatifs les concernant. En outre, toute personne a le droit de connaître les informations contenues dans un document administratif dont les conclusions lui sont opposées, c'est-à-dire utilisées en sa défaveur. Un détenu peut donc demander à consulter tous les documents nominatifs qui le concernent à chaque fois qu'une décision est prise à son encontre.

Loi n°78-753 du 17 juillet 1978.

Quels sont les documents administratifs communicables ? 566

Seuls les documents strictement administratifs sont communicables, c'est-à-dire ceux qui émanent et sont en possession d'une autorité administrative. Les documents qui appartiennent à la procédure judiciaire sont donc exclus du droit d'accès (TA Rouen, Deletombe, 28 juin 2002, Req., n° 02179). D'autres documents, bien qu'administratifs, sont également non communicables. Il s'agit de ceux dont la communication risquerait de porter atteinte à la sûreté de l'Etat et à la sécurité publique (par exemple, un document décrivant les dispositifs de sécurité d'un établissement pénitentiaire ou indiquant l'horaire des rondes qui s'y pratiquent). Sont en revanche susceptibles d'être communiqués, tous les textes contenant une interprétation de l'état du droit en vigueur (circulaires, décrets, notes de service, règlements intérieurs, instructions…) mais également tous rapports, comptes-rendus, statistiques, etc. Par exemple, le rapport d'activités de l'établissement, le compte-rendu de la réunion annuelle de la commission de surveillance, la liste des produits qui sont vendus à la cantine, un arrêté préfectoral concernant la mise en place du système de vidéo-surveillance dans la zone de parloirs, les comptes de l'association socio-éducative… sont communicables. En revanche, les documents comportant des données nominatives, c'est-à-dire contenant des appréciations ou des informations sur une ou plusieurs personnes, ne sont accessibles qu'aux intéressés. Néanmoins, ce qui n'est pas personnel dans un document peut être dissocié du reste, et, dès lors, être communiqué à tout administré qui en fait la demande. La personne détenue peut donc obtenir la copie de son dossier médical ou de sa fiche pénale, des propositions de transfèrement qui la concernent ou de la notice d'orientation (TA Versailles, Moulay, 24 juin 2002, Req., n° 9905618). D'une manière générale, un refus de l'administration pénitentiaire ou l'invocation d'une décision précédente ne doit jamais décourager la personne détenue de solliciter l'avis de la commission d'accès aux documents administratifs (CADA).

Loi n°78-753 du 17 juillet 1978.

Des documents accessibles à tous

La transparence dans l'administration pénitentiaire pose sûrement des problèmes particuliers, mais on peut tout d'abord noter que la loi du 17 juillet 1978 sur la communication des documents administratifs ne lui fait aucune place particulière. [...] L'analyse des avis favorables à la communication prouve que l'administration pénitentiaire refuse encore, aujourd'hui, beaucoup de documents qui sont de toute évidence communicables. Son attitude n'apparaît donc pas, *a priori*, très favorable à la transparence. La CADA ne sait pas si, après son avis formel, l'administration a donné suite à la demande de communication ou non. Il ne semble pas y avoir beaucoup de procès devant le juge administratif concernant les refus de communication aux détenus après saisine. On sait que la saisine est obligatoire avant le recours contentieux, mais faut-il en déduire que les avis sont toujours suivis par l'administration pénitentiaire ? Je n'en suis pas sûre. [...] Depuis 1981, le nombre d'avis concernant l'administration pénitentiaire est de 161 dont 158 avis et trois demandes de conseil. Notons que les demandes d'avis émanent toutes de détenus ; pourtant n'importe qui pourrait demander des documents administratifs concernant le secteur pénitentiaire.

Michèle Puybasset, présidente de la CADA, audition par la commission présidée par Guy Canivet, Amélioration du contrôle extérieur des établissements pénitentiaires, *mars 2000.*

567 Quelle est la procédure à suivre pour obtenir un document administratif ?

La personne qui souhaite obtenir un document communicable doit en faire la demande par écrit auprès de l'administration qui le détient. Une administration peut se voir réclamer un document administratif dont elle n'est pas l'auteur. Ainsi, le chef d'établissement est tenu de transmettre le rapport de la commission de surveillance concernant la prison qu'il dirige, même s'il est établi sous l'égide de la préfecture. En matière de communication de documents administratifs, le silence gardé par l'administration pendant une durée d'un mois vaut décision implicite de rejet. Le demandeur qui s'est heurté à un refus, implicite (pas de réponse) ou explicite, doit saisir la Commission d'accès aux documents administratifs (CADA) dans les deux mois suivants. Cette saisine constitue un préalable obligatoire à toute contestation de la décision de l'administration devant le juge. Tout détenu peut correspondre sous pli fermé avec le président de la CADA. La commission est chargée d'émettre un avis sur le caractère communicable du document, à la suite duquel l'autorité administrative dispose de deux mois pour se prononcer une nouvelle fois. Si elle réédite son refus, l'intéressé peut saisir le tribunal administratif dans un délai de deux mois à compter de la notification du refus, ou bien sans condition de délai en l'absence de réponse. L'intéressé peut demander au tribunal administratif d'enjoindre à l'administration de communiquer le document en question.

Loi n°78-753 du 17 juillet 1978, décret 88-465 du 28 avril 1988, articles L. 911-1 du Code de justice administrative et A.40 du Code de procédure pénale.

Un détenu peut-il saisir le médiateur de la République ? 568

Le médiateur de la République est compétent pour examiner toutes les questions relatives aux relations entre administrations et administrés. Ainsi tout détenu peut, comme toute personne résidant sur le territoire, le saisir d'une réclamation individuelle relative à un litige qui l'oppose à une administration, à condition de démontrer le préjudice qu'il subit personnellement. Les détenus peuvent faire appel au médiateur pour des problèmes d'affectation et de transfert, d'accès aux soins, de conditions matérielles de détention, etc. En revanche, le médiateur ne peut s'immiscer dans le cours des procédures judiciaires, remettre en cause les décisions de justice ou porter une appréciation sur leur bien-fondé. Il est donc inutile de s'adresser à lui à propos de sa condamnation ou de toute autre décision émanant d'un juge. Le médiateur de la République est uniquement chargé d'intervenir pour améliorer les relations entre usagers et administration. Pour saisir le médiateur, l'administré doit passer par l'intermédiaire d'un parlementaire (député ou sénateur), après avoir préalablement tenté une démarche directement auprès de l'administration en cause. Pour accomplir sa tâche, le médiateur dispose de délégués départementaux répartis sur l'ensemble du territoire, qui assurent des permanences en préfecture.

Lois n°73-6 du 3 janvier 1973 et n° 2000-321 du 12 avril 2000.

Quels sont les modes d'intervention du médiateur de la République ? 569

Le médiateur de la République est en droit de faire toutes les recommandations qui lui paraissent de nature à régler, en droit comme en équité, l'affaire dont il est saisi. Il peut également proposer à l'organisme mis en cause toutes les solutions permettant d'améliorer la situation du demandeur et le fonctionnement du service. Il devra être informé par l'administration des suites de son intervention. Ses modes d'intervention les plus connus consistent en la rédaction d'un rapport annuel et la proposition de réformes. Dans les relations du médiateur avec l'administration, la préférence est donnée à la concertation, au dialogue et à l'évolution progressive des comportements. L'efficacité des interventions du médiateur est néanmoins accrue par un pouvoir exceptionnel de contrainte qui lui est reconnu lorsqu'il s'agit de mettre un terme au comportement manifestement fautif d'un agent et lorsqu'il convient de mettre fin à l'attitude inacceptable d'un organisme public qui refuse d'exécuter une décision de justice. Dans le premier cas, un pouvoir de substitution est reconnu au médiateur : si l'autorité compétente se refuse à sanctionner un agent fautif, il peut, « *au lieu et place de celle-ci, engager contre tout agent responsable une procédure disciplinaire ou, le cas échéant, saisir d'une plainte la juridiction répressive* ». Dans le second cas, le médiateur dispose d'un pouvoir d'injonction : il peut en effet, « *en cas d'inexécution d'une décision de justice passée en force de chose jugée, enjoindre à l'organisme mis en cause de s'y conformer dans un délai qu'il fixe. Si cette injonction n'est pas suivie d'effet, l'inexécution de la décision de justice fait l'objet d'un rapport spécial* [...] *publié au Journal officiel* ».

Loi n°73-6 du 3 janvier 1973.

Un médiateur ignoré des détenus

Les statistiques dont je dispose montrent que le médiateur de la République est fort peu sollicité par les détenus. Ainsi, en 1997, 8 parlementaires ont saisi à ce sujet le médiateur. Il n'étaient plus que 5 en 1998 et 2 en 1999. Les chiffres s'expliquent sans doute par une méconnaissance de l'institution du médiateur de la part des détenus. Ils ont aussi pour explication une réglementation encore incomplète à l'heure actuelle. En effet, aux termes d'une circulaire de l'administration pénitentiaire de 1986, seuls les présidents des assemblées parlementaires figuraient sur les listes des informations officielles données aux détenus. Plus récemment, l'arrêté du garde des Sceaux du 12 mai 1997 a bien inclus les députés et sénateurs dans la liste des autorités administratives et judiciaires avec lesquelles les détenus peuvent correspondre sous pli fermé. Toutefois, ce texte et sa circulaire d'application ne précisent pas les conditions de saisine du médiateur de la République et, surtout, ne mettent rien en place pour que les détenus connaissent son existence ni les coordonnées précises des parlementaires qui pourraient transmettre leurs réclamations. Il importe de remédier à cette lacune.

Je souhaiterais qu'une brochure soit remise aux entrants de prison, que des affiches soient posées dans les parloirs et qu'une formation soit donnée aux services sociaux des établissements pénitentiaires. Ces brochures et ces affiches devront les informer notamment de la possibilité pour le détenu, soit d'écrire directement au délégué départemental, soit de mandater une « personne relais » ou une personne de son choix pour le représenter auprès de ce délégué.

Bernard Stasi, médiateur de la République, audition par la commission présidée par Guy Canivet, Amélioration du contrôle extérieur des établissements pénitentiaires, *mars 2000.*

570 Qu'est ce que la Commission nationale de déontologie de la sécurité (CNDS) ?

La Commission nationale de déontologie de la sécurité (CNDS) est une autorité administrative indépendante chargée de veiller au respect de la déontologie par les personnes exerçant des activités de sécurité sur le territoire. Sont notamment concernés les agents de la police, de la gendarmerie nationale et de l'administration pénitentiaire. La Commission n'est ni un tribunal, ni un conseil de discipline, mais un organe de contrôle. Elle est donc appelée à se prononcer sur des comportements ou des pratiques qui se trouvent souvent à la limite de la faute disciplinaire ou de l'infraction pénale et qui ne peuvent pas toujours donner lieu à un recours devant une juridiction judiciaire.

Loi n°2000-494 du 6 juin 2000.

571 Comment saisir la CNDS ?

Toute personne qui a été victime ou témoin de faits dont elle estime qu'ils constituent un manquement aux règles de déontologie peut demander que ces faits soient portés à la connaissance de la CNDS. Ce droit appartient également aux ayants droit de la victime. La saisine de la Commission n'est pas directe mais s'effectue par l'intermédiaire d'un parlementaire. Il appartient donc aux intéressés d'adresser leur demande motivée au député ou au sénateur de leur choix, quelle que soit sa circonscription, qui la transmettra à la Commission s'il l'estime fondée. Le Premier ministre et les membres du Parlement peuvent également saisir la Commission de leur propre chef. La requête doit être transmise à la commission dans l'année qui suit les faits. Une réclamation portée à la connaissance de la CNDS n'interrompt pas les délais relatifs à la prescription des actions en matière civile et pénale et aux recours administratifs et contentieux.

Loi n° 2000-494 du 6 juin 2000.

Quels sont les pouvoirs de la CNDS ? 572

Les autorités publiques doivent prendre toutes mesures pour faciliter l'action de la CNDS, qui consiste à diligenter des enquêtes et émettre des avis ou recommandations. Elles doivent notamment lui communiquer, à sa demande, toutes pièces ou informations utiles à sa mission. La Commission peut demander aux ministres intéressés de saisir les inspections internes des administrations pour effectuer les vérifications ou les enquêtes susceptibles de l'éclairer. Les agents publics sont en outre tenus de déférer à ses convocations et de répondre à ses questions. La Commission peut charger un ou plusieurs de ses membres de procéder à des vérifications sur place après préavis ou, à titre exceptionnel, sans préavis. Néanmoins, elle ne dispose pas de pouvoir d'injonction ou de sanction. Pour remédier aux manquements constatés ou en prévenir les conséquences, elle adresse un avis ou une recommandation aux autorités concernées qui sont tenues, dans un délai qu'elle fixe, de lui répondre. Si tel n'est pas le cas, la CNDS peut établir un rapport spécial qui sera publié au *Journal officiel*. La Commission doit tenir informé le parlementaire des suites données à sa saisine. Si elle estime que les faits dont elle est saisie laissent présumer l'existence d'une infraction pénale, elle doit en informer le procureur de la République. De la même manière, elle doit également, en cas de manquements susceptibles d'entraîner des poursuites disciplinaires, les porter sans délai à la connaissance de l'autorité disciplinaire. Chaque année, elle remet au président de la République et au Parlement un rapport d'activités, qui sera ensuite rendu public. La publicité des avis formulés dans chaque affaire est destinée à exercer une pression supplémentaire à l'égard des administrations contrôlées.

Loi n° 2000-494 du 6 juin 2000

La Commission de déontologie épingle Perben

Saisie d'un cas de violences contre un détenu, la Commission nationale de déontologie de la sécurité (CNDS) a décidé jeudi de rendre public son avis sur cette affaire, manifestant son impatience devant l'absence de réaction du ministre de la Justice Dominique Perben. C'est la première fois que la Commission, créée par la loi de juin 2000, utilise la possibilité de publier ses recommandations au Journal officiel en l'absence de réponse dans les délais du responsable concerné. Cette absence de réponse est due à une « *erreur administrative* » a plaidé la

Chancellerie. Dans son rapport publié jeudi au JO, la Commission rappelle avoir été saisie en avril 2003 par le sénateur communiste des Bouches-du-Rhône Robert Bret d'un cas de violences commises par des surveillants contre un détenu à la prison des Baumettes à Marseille. Après enquête, elle a adressé ses recommandations au garde des Sceaux le 24 novembre 2003, « *lui demandant de bien vouloir lui faire connaître la suite donnée à ceux-ci à la date du 9 janvier 2004* ». « *Réunis en séance plénière le 12 mars 2004, les membres de la commission ont décidé qu'en l'absence de réponse du garde des Sceaux, un rapport spécial sur cette affaire sera adressé au Journal officiel pour publication* », indique le texte publié au JO. « *Nous avons toujours des réponses d'attente, là nous n'avons rien eu* », a-t-on commenté au siège de la CNDS. Dans cette affaire, un détenu avait été déshabillé de force et fouillé dans un local de douche le 26 février 2003. Le lendemain soir, dans la nuit du 27 au 28, le détenu se pendait mais était ranimé à temps et hospitalisé. Sa famille n'était cependant avisée de cette tentative de suicide « *qu'incidemment par des détenus* » le 1er mars. La CNDS recommandait notamment « *une stricte application des dispositions de la circulaire du 14 mars 1986 relative aux fouilles de détenus quant aux conditions et aux lieux* » et l'information « *obligatoire de la famille* » en cas de tentative de suicide. « *Les recommandations de la CNDS ne sont toujours pas appliquées aux Baumettes* », a commenté l'Observatoire international des prisons (OIP).

Françoise Michel, AFP, Violences en prison: la Commission de déontologie épingle Perben, *8 avril 2004.*

573 Que se passe-t-il en cas « d'abus de réclamations » ?

Le droit au recours juridictionnel est garanti tant par la Convention européenne des droits de l'homme que par le droit français. Le Conseil constitutionnel considère ainsi « *qu'en principe il ne doit pas être porté d'atteinte substantielle au droit des personnes intéressées d'exercer un recours effectif devant une juridiction* ». Un détenu ne peut donc pas faire l'objet de sanction ou de représailles au motif qu'il a saisi un tribunal. Toutefois, le Code de procédure pénale prévoit que le détenu qui multiplie, auprès des autorités administratives et judiciaires, des réclamations injustifiées ayant déjà fait l'objet d'une décision de rejet, encourt une punition de 15 jours maximum de cellule disciplinaire. Cette sanction ne pourra être prononcée que si les réclamations portent sur les mêmes faits. Autrement dit, il ne pourra pas être poursuivi s'il saisit une autorité pour la première fois sur une affaire. L'administration devra également établir que les réclamations en cause sont réellement injustifiées. La mise en œuvre de cette disposition est donc exceptionnelle en pratique.

Article D.249-3 du Code de procédure pénale, article 13 de la Convention européenne des droits de l'homme, Conseil constitutionnel, 9 avril 1996, décision n°96-373 DC.

Saisir le juge administratif

En tant qu'« usagers » – contraints – du service public pénitentiaire, les détenus ont droit à un fonctionnement normal de ce service à leur égard. Ils peuvent donc faire contrôler les actes de l'administration pénitentiaire et obtenir, le cas échéant, réparation du préjudice résultant d'une ou plusieurs fautes commises. Dans la mesure où il s'agit d'un procès dirigé contre une administration, les juridictions compétentes sont les tribunaux administratifs, les cours administratives d'appel et le Conseil d'État. Les demandes adressées au juge administratif doivent viser soit à contrôler qu'une décision de l'administration pénitentiaire est légale (recours pour excès de pouvoir) soit à obtenir une indemnisation quand une action (ou une abstention) fautive et dommageable pour un détenu a été commise par un agent de l'administration (recours de pleine juridiction). Quant au contentieux disciplinaire, certaines dispositions relèvent d'un régime particulier (*cf. chapitre « la discipline »*).

Le droit au recours demeure artificiel quand il n'est pas tout simplement inexistant

L'ouverture des recours en droit disciplinaire en 1995, à la suite du revirement de jurisprudence du Conseil d'Etat, a fait entrer cette matière dans le droit commun. L'existence d'un recours juridictionnel a notamment accru les perspectives de respect des droits des détenus. Mais, en instaurant un recours hiérarchique préalable devant le directeur régional des services pénitentiaires, le décret du 2 avril 1996 a réduit la portée de cette avancée puisque désormais la plupart des sanctions disciplinaires sont définitivement exécutées avant que l'affaire ne parvienne devant les juridictions administratives. Le juge administratif ne peut que déclarer la requête sans objet. Le droit au recours juridictionnel des détenus présente, dans ces conditions, une nature virtuelle. Plus discutable encore, les détenus ne disposent d'aucun recours dans d'autres domaines, soit en raison d'une jurisprudence obsolète, soit parce que la loi ne l'envisage pas, alors même qu'un contrôle extérieur aux établissements pénitentiaires se fait toujours attendre. [...] La reconnaissance progressive sous la cinquième République [des droits des détenus] et leur traduction accélérée dans le dispositif légal ces dernières années se heurtent toujours au poids de l'histoire du droit pénitentiaire. Le non-droit qui a longtemps caractérisé cette matière influe encore sur les réformes les plus récentes. Du chemin reste encore à parcourir pour que les droits des détenus puissent véritablement s'affirmer. Ils ne sauraient l'être tant que l'intéressé ne peut bénéficier du droit élémentaire de saisir la justice afin de vérifier l'application effective des droits qui lui sont reconnus.

Jean-Paul Céré, « Les droits des détenus sous la cinquième République : de réels progrès ? », Revue française d'administration publique, *n°99, juillet-septembre 2002.*

574 Quelles sont les conditions de recevabilité d'un recours devant les juridictions administratives ?

On appelle « conditions de recevabilité » les conditions devant être réunies pour que le juge puisse être saisi et rendre une décision « sur le fond ». Si l'une des conditions n'est pas remplie, le juge rejette la requête en la déclarant irrecevable, sans même examiner si elle est bien fondée, c'est-à-dire si l'acte attaqué est effectivement illégal. Ces conditions sont les suivantes :

- le requérant doit avoir un intérêt à agir. Un détenu a toujours intérêt à contester une mesure qui le vise personnellement ou qui modifie les conditions de détention de tous les détenus. En revanche, les personnes extérieures ne peuvent contester que les mesures qui les touchent directement : elles ne peuvent pas agir à la place du détenu.
- le requérant doit avoir la capacité à agir, c'est-à-dire avoir l'aptitude à faire valoir lui-même ses droits en justice. Les mineurs et les incapables majeurs n'ont pas la capacité d'agir : ils doivent faire appel à leur représentant légal pour les assister devant un tribunal.
- le requérant doit, dans certains cas, être représenté par un avocat. A l'inverse de l'action en responsabilité de l'administration, le recours pour excès de pouvoir devant le tribunal administratif ne nécessite pas obligatoirement l'assistance d'un avocat. Il en est de même lorsque le recours pour excès de pouvoir doit être exercé directement devant le Conseil d'Etat (cas notamment des contestations d'acte réglementaire émanant d'un ministre).
- l'acte attaqué doit être un acte administratif qui fait grief, c'est-à-dire un acte susceptible de produire des effets juridiques (qui change la situation juridique de la personne).
- le détenu doit agir dans le délai de recours, qui est en principe de deux mois à partir de la notification ou de la publication de la mesure attaquée.
- le détenu doit énoncer précisément ses conclusions, c'est-à-dire ce qu'il demande au juge (annulation de telle décision…). Le recours doit être motivé, c'est-à-dire comporter au moins un motif d'annulation de la décision contestée. Cette argumentation doit être suffisamment précise.
- le recours doit être rédigé en français, sur papier libre, comporter des indications suffisantes pour identifier son auteur (identité et adresse pour prendre contact avec lui). Il doit impérativement être signé.
- la décision attaquée doit être produite en annexe de la requête. En cas d'impossibilité, lorsque la décision n'a pas été notifiée, une copie de la décision de l'administration refusant de la communiquer ou la preuve de la saisine de la CADA (Commission d'accès aux documents administratifs) peuvent être suffisantes.
- les pièces produites en annexe de la requête doivent être numérotées et il est nécessaire d'en dresser la liste après l'exposé des conclusions.
- la requête du détenu doit être accompagnée de plusieurs copies. Dans le cas le plus courant d'un procès mettant en cause le détenu et l'administration pénitentiaire, il faut un original et trois copies.

Articles R.411-1 et suivants du Code de justice administrative.

Quel est le régime des délais pour saisir les juridictions administratives ? 575

Le délai de recours contre un acte administratif débute avec la mesure officielle d'information qui en est faite. Cette information se réalise par publication ou affichage pour les actes réglementaires (mesures générales et impersonnelles), par notification pour les décisions individuelles (mesures nominatives). Dans le cas des décisions individuelles, le délai n'est déclenché que si la notification mentionne tant l'existence et la durée du délai que les recours qui peuvent être exercés. L'exercice d'un recours hiérarchique ou d'un recours gracieux conserve ce délai. Il est par ailleurs des cas dans lesquelles la décision de l'administration est implicite (non écrite). Ainsi, le silence gardé, pendant plus de deux mois (en principe) par l'autorité administrative saisie d'une demande, vaut décision de rejet. Cette décision de rejet peut être attaquée dans un délai de deux mois devant les juridictions administratives. Ce délai ne court que si la demande a fait l'objet d'un accusé réception de la part de l'administration, mentionnant les voies et délais de recours. La requête doit parvenir au greffe du tribunal avant l'expiration du délai imparti. Ainsi, en présence d'une décision notifiée le 4 mars, le recours devra avoir été déposé au greffe au plus tard dans la journée du 5 mai. Toutefois, si ce dernier jour est un samedi, un dimanche ou un jour férié, le délai est prolongé jusqu'à la fin du prochain jour ouvrable suivant. S'agissant d'une réglementation, il est encore possible d'en contester la légalité, alors même que le délai est écoulé. Pour cela, il faut demander à l'autorité administrative à l'origine d'une réglementation d'abroger le texte illégal. Le refus éventuel de faire disparaître le règlement constitue une décision administrative contestable devant une juridiction. C'est donc la réponse (explicite ou implicite) de l'administration à la demande d'abrogation qui devra être contestée devant le tribunal dans un délai de deux mois.

Article 19 de la loi 2000-321 du 12 avril 2000, article R.421-1 du Code de justice administrative

Trois pas en avant, un pas en arrière

Le droit pénitentiaire progresse lentement au fil des décisions rendues par le juge administratif. Au chapitre des progrès importants, il convient de souligner deux décisions récentes rendues par des cours administratives d'appel. La première date du 6 février 2003 [...]. M. Lajoye a été sanctionné pour avoir tenu par écrit des propos « *déplacés* » à l'encontre du fonctionnement de l'établissement et de son directeur. La sanction faisait suite à la lecture et à la rétention de deux lettres adressées respectivement à un journal et à un particulier. Le juge reprend les articles D 414, D 416 et D 430 du Code de procédure pénale et conclut que, si le premier courrier peut être « *implicitement mais nécessairement destiné à la publication* » du seul fait qu'il était adressé à une rédaction, il ne peut en aucun cas en être de même pour le second adressé nommément à un particulier. Par cette lecture du Code, le juge parvient à garantir une certaine liberté d'expression au détenu qui peut écrire à qui bon lui semble, sous la seule condition que cela ne soit pas dans l'optique d'être « *volontairement* » publié. La publication d'écrit du détenu reste soumise à l'autorisation du directeur régional. Le juge réduit progressivement les effets d'un système de censure préalable archaïque. Mais l'apport le plus intéressant de cette décision vient du fait qu'un détenu peut être indemnisé, sur le fondement de la faute simple, pour un préjudice résultant de vingt jours de cellule disciplinaire (1 220 euros). Les juges ont estimé que la « *sanction est entachée d'une erreur de fait ; que cette illégalité est constitutive d'une faute pouvant donner lieu* [...] *à dommages et intérêts* ». Contrairement à la jurisprudence classique, toute l'activité pénitentiaire n'est pas assimilable à une activité difficile justifiant un régime de faute lourde. De plus en plus souvent, le juge se contentera d'une faute simple. Ici, la faute provient d'une mauvaise application du droit disciplinaire. Pour punir un détenu, l'administration doit apporter des preuves suffisantes, notamment que les faits sont sanctionnables.

Eric Péchillon, « Droit pénitentiaire : trois pas en avant, un pas en arrière », Dedans dehors, *n°37, mai 2003.*

576 Qu'est ce qu'un « recours pour excès de pouvoir » ?

Il s'agit d'un recours dirigé contre des actes émanant d'une autorité administrative, qu'ils soient réglementaires (actes ayant un caractère général et impersonnel) ou individuels (actes nominatifs). L'objectif de ce recours est de contrôler la légalité de l'acte et le, cas échéant, de l'annuler. Ce recours est possible contre toute décision administrative (décision qui n'est pas qualifiée de « mesure d'ordre intérieur ») sans qu'il soit besoin qu'un texte particulier le prévoie. Si un texte déclare qu'un acte n'est pas « susceptible de recours », la jurisprudence considère que tous les recours sont exclus sauf le recours pour excès de pouvoir. Le tribunal administratif est compétent pour toutes les décisions prises au niveau local (sanction disciplinaire, règlement intérieur…). Le Conseil d'Etat est compétent pour examiner la légalité des réglementations nationales (décrets, circulaires impératives...). La représentation par un avocat n'est pas obligatoire, sauf pour l'exercice des voies de recours devant les cours administratives d'appel et le Conseil d'Etat (pourvoi en cassation).

Conseil d'Etat, 17 février 1950, arrêt d'assemblée Dame Lamotte, décret n°2003-543 du 24 juin 2003.

577 Toutes les décisions prises par l'administration pénitentiaire peuvent-elles faire l'objet d'un recours ?

Certaines des décisions que prend l'administration pénitentiaire ne sont pas susceptibles de faire l'objet d'un recours devant le juge. Il s'agit des « mesures d'ordre intérieur », considérées comme de très faible importance juridique. Théoriquement, cette qualification est réservée aux décisions qui ne modifient pas l'ordonnancement juridique et qui ne font pas grief, c'est-à-dire des décisions qui n'ont pas pour effet de modifier le statut administratif du détenu (elles ne portent pas atteinte à ses droits) ou d'aggraver ses conditions de détention. R. Odent, qui fut président de la section du contentieux du Conseil d'Etat, les définit comme des mesures « *qui, d'une part, ont un caractère exclusivement interne à l'administration qui les prend, d'autre part n'ont aucun effet juridique sur ceux qui les subissent et, enfin, sont purement discrétionnaires* ». Selon lui, les trois critères devraient être cumulativement remplis pour qu'une décision soit regardée comme telle. Toutefois, force est de constater que l'appréciation du Conseil d'Etat ne répond pas véritablement à des critères précis. Des décisions dont on pouvait craindre qu'elles soient rangées parmi les mesures d'ordre intérieur ont été considérées comme susceptibles de recours. A l'inverse, des mesures entraînant de graves atteintes aux droits du détenu échappent encore aujourd'hui au contrôle du juge.

Quel est le domaine des « mesures d'ordre intérieur » ? 578

Le domaine des « mesures d'ordre intérieur » est régulièrement réduit par la juridiction administrative. Sont contestables devant le juge administratif, notamment : l'installation d'un portique de sécurité à l'entrée d'une prison (CE, 21 octobre 1988, Syndicat des avocats de France), la décision de retenir certaines publications (CE, 1er octobre 1990, Hyver), la décision prise par le directeur en matière d'espacement des repas et de consommation de bière ou de cidre (CE, 15 janvier 1992, Cherbonnel), les sanctions de cellule disciplinaire (CE, Ass., 17 février 1995, Marie), la procédure d'acquisition de matériel informatique (CE, 18 mars 1998, Druelle), la décision de ne pas réinscrire un détenu en deuxième année d'une formation en menuiserie (TA de Dijon, 3 juin 2003, C.,req. n° 012876/PM), les mesures d'isolement imposées au détenu (CE, 30 juill. 2003, Remli). En revanche, la décision de placement préventif au quartier disciplinaire a été récemment qualifiée de mesure d'ordre intérieur (CE, 12 mars 2003, Frérot). Il en a été de même s'agissant du transfèrement entre deux établissements appartenant à la même catégorie, au motif que le régime de détention demeurait inchangé (CE, 23 février 2000, Glaziou). En conséquence, le transfert d'un centre de détention vers une maison centrale est, lui, susceptible de recours (TA Limoges, 28 mai 2003, Richet Req., n° 00937-011079). Sous la pression de la jurisprudence de la Cour européenne des droits de l'homme et des attentes de la société, le champ des mesures d'ordre intérieur devrait se réduire progressivement. Ces mesures ne devraient pas disparaître pour autant mais être limitées aux décisions les plus mineures (changement des horaires de la bibliothèque…).

Ouvrir une voie de recours pour l'ensemble des mesures prises à l'égard du détenu

Le droit applicable à la prison a longtemps été le terrain d'élection des « mesures d'ordre intérieur », insusceptibles de recours devant le juge de l'excès de pouvoir. Cette jurisprudence a donné lieu à de vives contestations de la part de la doctrine. Ces critiques ont été relayées plus récemment par les commissions d'enquête parlementaires ainsi que par la commission Canivet. Pour cette dernière, « *cette médiocre qualité* [du droit pénitentiaire] *est, au surplus, relayée par le fait que, jusqu'à une époque récente, les juridictions administratives considéraient le plus souvent que les actes de l'administration, qu'ils consistent dans*

des prescriptions générales ou dans des décisions individuelles, devaient s'analyser en des "mesures d'ordre intérieur" insusceptibles de recours, à moins qu'ils n'ajoutent à la loi. L'arrêt Marie a fait évoluer l'accès du détenu au droit, mais la voie de recours demeure étroite ». Elle ajoute qu' « *il est regrettable que la mise à l'isolement ou le transfert imposés ne soient pas traités comme une sanction disciplinaire et soumis à des garanties permettant au moins d'en contrôler les motifs* ». Pour la commission d'enquête de l'Assemblée nationale, « *en matière de contentieux administratif, les droits des détenus se trouvent également remis en cause par la position tout à fait exceptionnelle qu'occupe la prison dans la jurisprudence du juge administratif. Ce dernier a ainsi contribué, en définissant les mesures d'ordre intérieur, insusceptibles de recours, à rejeter la prison dans le règne de l'arbitraire* ». Par un arrêt *Remli* du 30 juillet 2003, le Conseil d'Etat a renversé sa jurisprudence Fauqueux qui qualifiait le placement à l'isolement de « mesure d'ordre intérieur ». Pour autant, le Conseil d'Etat n'a pas abandonné la qualification de mesure d'ordre intérieur pour l'ensemble des mesures. La CNCDH estime indispensable qu'une voie de recours soit ouverte pour l'ensemble des mesures prises à l'égard du détenu. La commission Canivet et la commission d'enquête de l'Assemblée nationale avaient souhaité que la loi du 30 juin 2000 relative au référé d'urgence trouve à s'appliquer largement pour les décisions administratives entraînant les effets les plus sensibles pour les détenus (transfèrement, isolement, sanction).
Commission nationale consultative des droits de l'homme, Etude sur les droits de l'homme dans la prison, *11 mars 2004.*

579 Quels sont les recours dont dispose le détenu contre la gestion de son compte par l'établissement pénitentiaire ?

Le détenu peut contester par la voie du recours pour excès de pouvoir les décisions de l'administration pénitentiaire concernant son compte nominatif. Le Code de procédure pénale prévoit précisément les conditions d'utilisation et de placement des sommes d'argent reçues par les détenus. En la matière, l'administration est en situation de stricte compétence liée. Les sommes qui ne correspondent pas à la rémunération du travail des détenus sont considérées comme ayant un caractère alimentaire. Les pensions de retraites perçues en raison d'activités antérieures à la détention ne peuvent être assimilées à une rémunération du travail (CAA Paris, Hénaf, 13 décembre 2002, Req., n° 99PA03512). Ces sommes sont créditées en priorité sur la part disponible du compte nominatif, la répartition n'intervenant que pour les sommes excédant la provision alimentaire mensuelle. Du fait de leur caractère alimentaire, ces sommes sont à la disposition exclusive et immédiate du détenu et ne peuvent en aucun cas faire l'objet de saisies de la part des créanciers du détenu. Les tribunaux administratifs considèrent donc que les décisions des autorités administratives concernant la gestion des comptes nominatifs sont des actes administratifs unilatéraux susceptibles d'être contrôlés par le juge dans le cas d'un grief causé à un détenu (TA Versailles, 26 avril 1985, Miyouna). Ainsi, le juge administratif contrôle la décision du chef d'établissement interdisant à un détenu d'utiliser les fonds figurant sur son compte nominatif pour des achats à l'intérieur de l'établissement (CE, 5 mai 1986, Salipante). Il fait de même pour le refus du directeur de restituer les sommes bloquées sur le compte nominatif en cas de libération ou de transfèrement (CE, 3 novembre 1989, Pitalugue ; TA Melun, 3 décembre 1997, Garispe).

Faut-il faire appel à un avocat dans les cas où la représentation n'est pas obligatoire ? 580

Dans la mesure du possible, le détenu doit faire appel à un avocat afin d'éviter de commettre des erreurs tactiques et techniques. Il est cependant vivement recommandé de solliciter un avocat spécialisé en droit public ou bien ayant une certaine habitude du contentieux devant les tribunaux administratifs. Seuls un nombre limité d'avocats pratiquent le droit public (7 % seulement d'après une étude du Conseil national des barreaux de 2002). Le détenu peut demander au bâtonnier de lui indiquer les avocats qui détiennent une spécialisation en cette matière. Il peut également demander à un proche de consulter au tribunal administratif voisin la listes des affaires examinées par la juridiction afin de repérer les avocats qui interviennent fréquemment.

Dans quels cas le recours pour excès de pouvoir peut-il être exercé avec des chances de succès ? 581

Il appartient au requérant d'établir l'illégalité de l'acte attaqué, en invoquant des « moyens », autrement dit des motifs d'annulation. Un détenu peut utiliser plusieurs types de moyens. Différentes catégories de vices peuvent en effet affecter la légalité d'un acte administratif et, par conséquent, entraîner son annulation par le juge. Ces vices peuvent être, en premier lieu, liés à la façon dont la décision a été prise (par qui, selon quelle procédure) ou a été rédigée (sa forme). Ils se rapportent à ce que l'on appelle la « légalité externe » de l'acte. D'autres vices peuvent être soulevés au titre de la « légalité interne » de l'acte. En d'autres termes ils portent sur le fond du droit. L'acte peut ainsi être illégal en raison de son contenu même, des motifs qui ont déterminé l'administration ou du but qu'elle a poursuivi. Cette distinction entre légalité interne et légalité externe présente un grand intérêt pratique. En effet, après l'expiration du délai de recours, le requérant ne peut en principe soulever de moyens nouveaux que s'ils reposent sur un fondement juridique (légalité externe / légalité interne) déjà invoqué. Par exemple, un détenu ne pourra pas, sauf exception, soulever après l'expiration du délai de recours, un moyen tiré de la violation de la loi s'il n'a fait valoir jusque-là que l'insuffisance de motivation de la décision. Il est donc le plus souvent opportun de soulever d'emblée au moins un moyen de légalité externe et un autre de légalité interne.

Conseil d'Etat, 20 février 1953, arrêt de Section Société intercopie.

Quels sont les moyens de « légalité externe » ? 582

Les moyens de « légalité externe » sont au nombre de trois. Le premier est l'incompétence. Il y a incompétence lorsque la mesure édictée ne rentrait pas dans les attributions de l'autorité qui l'a prise mais dans celles d'une autre autorité (par exemple, un sous-directeur prononce une sanction disciplinaire alors qu'il n'a pas eu de délégation de pouvoir du directeur). Le deuxième moyen est le vice de procédure. Il s'agit du cas où la procédure d'élaboration de la décision, destinée notamment à préserver les droits et intérêts du détenu, n'a pas été respectée. Le plus souvent une violation des droits de la défense ou du principe du contradictoire est en cause. Il en est ainsi par exemple lorsque la personne poursuivie disciplinairement n'a pu prendre connaissance des pièces de son dossier ; la personne déclassée de son emploi n'a pu présenter ses observations. Mais il peut également s'agir de l'omission de solliciter un avis (la décision de prolongation de l'isolement au-delà d'une durée d'un an a été prise sans avis médical) ou encore d'une décision administrative intervenue en l'absence de proposition en ce sens d'une autre autorité, alors même qu'elle était obligatoire (prolongation de l'isolement sans rapport motivé du directeur régional). Le troisième moyen est le vice de forme. Il affecte la présentation extérieure de l'acte. La décision ne comporte pas la signature de son auteur, elle n'est pas suffisamment motivée (les considérations de fait et de droit sur lesquelles l'administration s'est fondée n'apparaissent pas assez précisément).

Le placement à l'isolement encadré

Par un arrêt Mouesca du 15 janvier 2004, la cour administrative d'appel de Marseille a annulé une décision de placement à l'isolement, au motif que « *cette mesure a été prononcée sans que [le détenu] ait été mis à même de demander la communication de son dossier et ait disposé d'un délai suffisant pour présenter sa défense* ». L'arrêt de la cour vient préciser les conséquences de la jurisprudence Remli, par laquelle le juge administratif a reconnu la possibilité de contester les décisions d'isolement devant les tribunaux. Il était déjà établi que cette jurisprudence obligeait l'administration à mettre en œuvre la procédure contradictoire prévue à l'article 24 de la loi du 12 avril 2000, permettant au détenu de se faire assister d'un avocat, avant de décider un placement ou un maintien à l'isolement. Dans l'affaire Mouesca, la loi n'était pas applicable, puisque la décision contestée avait été prise en 1998, soit deux ans plus tôt. La cour s'est donc fondée implicitement sur le principe général des droits de la défense, qui s'impose même en l'absence de texte, pour censurer la décision du chef d'établissement. Désormais, l'administration devra fournir les pièces de son dossier à l'intéressé, en particulier les documents sur lesquels elle se fonde pour déclencher la procédure. Elle devra également lui accorder un délai convenable, en rapport avec la complexité et les particularités de sa situation, pour préparer ses observations en défense.

OIP, « Le placement à l'isolement encadré », Dedans dehors, *n°41, février 2004.*

583 Quels sont les moyens de « légalité interne » ?

Les moyens de « légalité interne » sont au nombre de deux. Le premier est la « violation de la loi ». C'est le cas lorsque l'administration n'a pas respecté les règles relatives au contenu de l'acte. La mesure attaquée est illégale en elle-même, c'est-à-dire qu'elle ne pouvait pas être prise (aucun texte ne prévoit la possibilité de prendre une telle mesure : par exemple, punition de 50 jours de confinement en cellule ou affectation d'un mineur dans le quartier « majeurs »). Il peut aussi y avoir violation de la loi à raison des motifs de l'acte, c'est à dire des éléments de droit et de fait qui ont conduit l'administration à agir. L'administration s'est fondée sur une norme illégale (décret abrogé par exemple) ou inapplicable au cas particulier (décision sanctionnant un manquement au règlement intérieur alors que ce règlement n'a pas encore été porté à la connaissance des détenus). Les faits que l'administration a pris en considération n'étaient pas de nature à justifier sa décision (comportement non constitutif d'une faute disciplinaire ou sanction manifestement excessive par rapport à la faute) ; ou encore ces faits n'existent pas (l'administration n'établit pas un trafic). Le second moyen est le « détournement de pouvoir ». Il y a détournement de pouvoir lorsqu'une autorité administrative accomplit un acte de sa compétence mais dans un autre but que celui pour lequel l'acte pouvait être pris. Par exemple, le chef d'établissement ordonne le placement à l'isolement d'un détenu en se fondant sur une faute qu'il n'a pas réussi à établir dans le cadre de la procédure disciplinaire. Très souvent invoqué par les requérants, le détournement de pouvoir n'est en réalité que rarement retenu par le juge. Il est en effet très délicat d'apporter la preuve que l'administration a sciemment exercé un de ses pouvoirs pour parvenir à un but autre que celui pour lequel il lui a été conféré. Il est donc conseillé de soutenir, parallèlement, que l'administration a commis une violation de la loi.

Est-il toujours opportun de contester à la fois la légalité externe et la légalité interne d'un acte ? 584

Si le requérant recherche l'annulation à tout prix d'une décision de l'administration, il a intérêt à invoquer tant l'illégalité externe qu'interne de l'acte. En effet, lorsque le juge constate qu'un vice affecte la légalité d'un acte, il annule cet acte sans rechercher le plus souvent si les autres critiques formulées à son encontre sont fondées. Or son contrôle se porte en premier sur la légalité externe de la décision attaquée. En revanche, s'il souhaite obtenir du juge qu'il constate que l'administration a violé le fond du droit, il a intérêt à ne soulever que des moyens de légalité interne. D'autre part, l'annulation d'une décision pour cause d'illégalité externe n'exclut pas en principe la possibilité pour l'administration de reprendre la même décision, en veillant à ne pas l'entacher de nouveau du vice qui avait provoqué son annulation. A l'inverse elle ne peut qu'exceptionnellement reprendre une décision qui a été annulée à raison de son illégalité interne.

Le détenu peut-il demander au juge administratif d'intervenir en urgence ? 585

La loi du 30 juin 2000 a créé les conditions d'une intervention rapide du juge administratif, lorsque les circonstances d'une affaire exigent qu'il prenne des mesures de caractère provisoire. Trois procédures d'urgence sont prévues au

Code de justice administrative. La première (« référé-suspension ») permet au juge des référés d'ordonner la suspension de l'exécution d'une décision préalablement ou simultanément contestée par la voie d'une recours pour excès de pouvoir. La seconde (« référé-liberté ») a pour fonction de sauvegarder, en extrême urgence, une liberté fondamentale menacée par une atteinte administrative grave et manifestement illégale. La dernière procédure (« référé-conservatoire ») permet au juge d'« *ordonner toutes autres mesures utiles sans faire obstacle à l'exécution d'aucune décision administrative* ». Ces trois procédures ont en commun d'être subordonnées à une condition d'urgence. Cependant, le degré d'urgence exigé par le juge varie selon la procédure mise en œuvre. Dans tous les cas, il appartient au requérant de justifier concrètement l'urgence de l'affaire. Afin d'attirer l'attention du greffe du tribunal sur l'urgence du traitement du dossier, la requête et l'enveloppe doivent comporter la mention « référé ». Un système de filtrage autorise le juge des référés, dès sa saisine, à rejeter une requête sans débat contradictoire ni audience, soit que « *la demande ne présente pas un caractère d'urgence* », soit qu'il apparaisse « *manifeste, au vu de la demande, que celle-ci ne relève pas de la compétence de la juridiction administrative, qu'elle est irrecevable ou qu'elle est mal fondée* ». Il faut noter qu'au 1er avril 2004, peu de décisions avaient été rendues dans ce cadre à la demande des détenus. Il est donc difficile d'apprécier si le juge des référés admettra largement ou pas que les mesures prises par l'administration à l'égard des détenus (isolement, sanction, retrait ou suspension de permis de visite...) génèrent une situation d'urgence justifiant son intervention.

Articles L. 511-1 et suiv., R522-1 et suiv. du Code de justice administrative.

586 Quelles sont les conditions pour engager une procédure en référé-suspension ?

Le référé-suspension permet d'obtenir la suspension totale ou partielle de l'exécution d'une décision qui a fait l'objet d'un recours pour excès de pouvoir. Il doit être engagé (formé) par une requête distincte de celle du recours pour excès de pouvoir. Cette requête doit être motivée et être accompagnée d'une copie du recours pour excès de pouvoir. L'intervention d'un avocat n'est pas obligatoire mais est fortement recommandée, d'autant que la procédure accorde une place importante aux débats oraux. Le référé est subordonné à deux conditions de fond : l'urgence et l'existence « *d'un doute sérieux quant à la légalité de la décision* » dont la suspension est sollicitée. Le requérant n'est donc pas obligé de démontrer que la décision administrative est manifestement illégale. En revanche, il convient de tenir compte de ce que le juge des référés est « le juge de l'évidence » et qu'il n'examine donc pas en profondeur la légalité de la décision. Une argumentation impliquant que le juge se livre à une analyse complexe ne permettra généralement pas d'obtenir gain de cause dans l'instance en référé. L'ordonnance du juge n'est susceptible que d'un pourvoi en cassation devant le Conseil d'Etat, qui doit être engagé (formé) dans un délai de quinze jours.

Article L.521-1 du Code de justice administrative.

Comment s'apprécie la condition d'urgence dans le cas du référé-suspension ? 587

Pour le Conseil d'Etat, « *la condition d'urgence à laquelle est subordonné le prononcé d'une mesure de suspension doit être regardée comme remplie lorsque la décision administrative contestée préjudicie de manière suffisamment grave et immédiate à un intérêt public, à la situation du requérant ou aux intérêts qu'il entend défendre ; il en va ainsi alors même que cette décision n'aurait un objet ou des répercussions que purement financiers et que, en cas d'annulation, se effets pourraient être effacés par une réparation pécuniaire* ». L'urgence se déduit donc de la combinaison de deux critères : la gravité et l'imminence des effets de la décision contestée sur les intérêts personnels du requérant. Le préjudice doit être réel et non pas purement hypothétique. D'autre part, la date d'entrée en vigueur de la décision doit être proche. Le tribunal administratif ne doit pas avoir le temps de se prononcer sur le recours principal. Ainsi, l'urgence ne sera pas constituée lorsque l'exécution de la décision attaquée n'est prévue que dans un délai de plusieurs mois. D'autre part, l'urgence est relative : le requérant doit apporter des éléments concrets d'appréciation concernant l'incidence de la mesure litigieuse sur sa situation personnelle. Les conséquences d'un acte peuvent être considérées comme bénignes dans un cas et graves dans un autre. Enfin, le juge prend en compte non seulement la situation du requérant mais encore les divers intérêts publics en présence. Le juge met en balance l'urgence pour l'administration d'exécuter sa décision et d'autre part, l'urgence pour le requérant de voir l'exécution de cette décision suspendue. L'appréciation de l'urgence par le juge est éminemment concrète et dépend des circonstances de l'affaire.

Conseil d'Etat, 19 janvier 2001, arrêt "radios libres" ; 28 février 2001, arrêt Préfet des Alpes-Maritimes.

Quelles sont les conditions pour engager un référé-liberté administratif ? 588

En cas d'urgence et en présence d'une atteinte à la fois grave et manifestement illégale à une liberté fondamentale commise par l'administration, le détenu peut saisir le juge du référé-liberté. Les conditions d'admission de cette procédure sont beaucoup plus strictes que celle du référé-suspension, même si elle permet d'agir contre un comportement de l'administration et non pas seulement l'une de ses décisions. Doit en premier lieu être atteinte une « *liberté fondamentale* » au sens de l'article L.521-2 du Code de justice administrative. Cette notion n'embrasse pas l'ensemble des droits et libertés reconnus à la personne. Ne sont concernés que les droits et libertés considérés comme essentiels et spécialement protégés par notre droit. C'est au juge que revient de déterminer ceux des droits et libertés qui constituent des « libertés fondamentales ». Il s'agit le plus souvent de libertés constitutionnellement garanties. Le requérant doit ensuite subir « *directement et personnellement l'atteinte à la liberté fondamentale dont il se prévaut* » (CE, 17 avril 2002, Meyet). L'illégalité doit d'autre part présenter un caractère évident, être immédiatement perceptible. Tel n'est pas le cas d'une atteinte à la vie familiale qui n'est pas manifestement disproportionnée. Le juge évalue la gravité de l'atteinte au regard des éléments de chaque affaire. La condition d'urgence s'apprécie au regard du délai de 48 heures dans lequel le juge doit théoriquement se prononcer. Il doit donc s'agir d'une urgence extrême. La procédure du référé-liberté n'a vocation à être mise en œuvre que dans des cas exceptionnels. Le référé-suspension est souvent plus adapté. Le détenu qui souhaite former simultanément un référé-liberté et un référé suspension doit le faire par requête séparée.

Article L.521-2 du Code de justice administrative, Conseil d'Etat, 17 avril 2002, arrêt Meyet.

589 Quelles mesures peut prononcer le juge du référé-liberté ?

Le juge du référé-liberté peut ordonner toute mesure nécessaire à la protection de la liberté fondamentale en cause. Toutefois, il ne peut prendre que des mesures provisoires. Par exemple, il ne peut pas annuler une décision administrative (CE, 1er mars 2001, Paturel). Il ne peut davantage prononcer une injonction qui aurait des effets en tous points identiques à ceux qui résulteraient de l'exécution par l'administration du jugement annulant sa décision. Toute demande formulée en ce sens serait irrecevable. Lorsqu'une décision de l'administration est à l'origine de l'action, sa suspension peut être demandée. Le référé-liberté n'a pas nécessairement à être accompagné ou précédé d'une recours pour excès de pouvoir.

Articles L.511-1 et L. 521-2 du Code de justice administrative ; Conseil d'Etat, 1er mars 2001, arrêt Paturel.

590 Quelles sont les voies de recours en matière de référé-liberté ?

Si elle a été rendue à l'issue d'une audience, l'ordonnance du juge du référé-liberté est susceptible d'un appel, dans les quinze jours de sa notification, devant le président de la section du contentieux du Conseil d'Etat. En revanche, si le juge des référés a rejeté la demande sans même convoquer les parties (la demande ne présente pas de caractère d'urgence, ne relève pas du juge administratif, est irrecevable ou manifestement mal-fondée), l'ordonnance ne peut faire l'objet que d'un pourvoi en cassation devant le Conseil d'Etat, dans les quinze jours de sa notification.

Article L.523-1 du Code de justice administrative.

591 Qu'est ce qu'une action en responsabilité ?

Ce recours a pour objet de condamner l'administration à verser une somme d'argent en réparation d'un dommage qu'elle a commis. Pour engager une telle action, il est indispensable d'avoir demandé préalablement à l'administration de verser des dommages-intérêts en faisant état des préjudices que l'on invoque et du fait que ceux-ci résultent de l'action administrative. A défaut, le recours est irrecevable. L'autorité administrative sollicitée doit être celle dont dépend le service qui a commis le préjudice. Même s'il n'est pas nécessaire à ce stade de présenter des moyens de droit, il est recommandé de faire rédiger cette demande par un avocat, auquel il faudra de toute façon avoir recours devant le tribunal. Si l'administration ne répond pas à cette demande préalable dans un délai de deux mois, ce silence équivaut à une décision de refus. Le tribunal doit être saisi dans un délai de deux mois après notification d'une décision explicite de rejet. Il faut prendre garde à ce que la requête comporte des conclusions chiffrées, c'est à dire le montant de la condamnation pécuniaire réclamée. Là encore, le non respect de cette règle entraîne l'irrecevabilité de la requête. Le requérant doit obligatoirement être représenté par un avocat. Une autre règle est également très importante. Une personne doit réclamer à l'Etat le paiement de sa dette dans le délai de la « prescription quadriennale », sinon sa créance ne sera plus exigible. Le point de départ de la prescription quadriennale est toujours le 1er janvier de l'année qui suit celle où la créance est née. Par exemple, un détenu décède le 1er novembre 2004, le délai de prescription débute le 1er janvier 2005. Les ayants-droits du défunt ne pourront obtenir de réparation financière s'ils n'ont pas réclamé le versement d'une somme d'argent dans les quatre années suivantes.

Articles R.412-1 et R.421-3 du Code de justice administrative, décret du 11 février 1998.

Quelles sont les conditions de l'engagement de la responsabilité de l'administration ? 592

Le droit à la réparation des préjudices ne peut être reconnu que si sont réunies les conditions d'engagement de la responsabilité. Il est nécessaire qu'il existe un préjudice et qu'il soit la conséquence directe du fait considéré comme dommageable, lequel doit en principe être fautif. Le préjudice doit être certain, c'est-à-dire que sa réalisation ne doit pas être qu'une éventualité. En revanche, la « perte d'une chance » peut être admise comme préjudice certain, lorsqu'il s'agit d'une chance sérieuse. Les préjudices matériels et moraux (atteintes à l'honneur, souffrances physiques éprouvées, bouleversement des conditions d'existence, douleur purement morale) sont susceptibles d'ouvrir droit à réparation. Il appartient au requérant d'établir la réalité du préjudice. S'agissant du fait reproché à l'administration, il devait avoir une vocation particulière à entraîner le dommage pour être considéré comme en étant la cause.

Quelles fautes de l'administration conditionnent l'engagement de sa responsabilité ? 593

D'une manière générale, toute faute - même légère - suffit à engager la responsabilité de l'administration. Dans certains cas, le juge administratif tient compte de la difficulté de la tâche accomplie par l'administration pour ne retenir sa responsabilité que si elle a commis une faute lourde. La faute lourde est une faute d'une particulière gravité, apparaissant comme telle à n'importe quel observateur extérieur. La responsabilité de l'administration pénitentiaire a, par le passé, été largement subordonnée à l'existence d'une faute lourde. Néanmoins, la jurisprudence administrative dans son ensemble réserve une place de plus en plus marginale à la faute lourde. En l'état du droit, deux critères paraissent commander l'application du régime de la faute lourde (critères dégagés par le commissaire du gouvernement A. Seban dans ses conclusions sous l'arrêt d'Assemblée du Conseil d'Etat du 30 novembre 2001 Kechichian). Il s'agit, d'une part, de l'importance du droit individuel en cause, et d'autre part, des nécessités du service et de la difficulté de l'activité de l'administration à l'occasion de laquelle le fait dommageable est survenu. Autrement dit, il semble que le régime de la faute lourde ne puisse être retenu que si deux conditions cumulatives sont remplies : être en présence d'intérêts qui ne sont pas regardés comme essentiels et d'une activité administrative empreinte d'une difficulté particulière. Si l'une de ces deux conditions fait défaut, le régime de la faute simple s'impose. Le Conseil d'Etat vient par exemple d'admettre la responsabilité de l'administration pénitentiaire du fait du suicide d'un détenu sur le fondement de la faute simple (CE, 23 mai 2003, Chabba).

Conseil d'Etat, 23 mai 2003, arrêt Chabba.

594 Qui doit prouver la faute ?

La plus grande difficulté pour la victime est de rapporter la preuve de la faute. Il est en effet indispensable de démontrer qu'il y a eu une faute dans l'organisation ou le fonctionnement du service et le lien de causalité entre cette faute et le préjudice subi. Pour cela, il faut décortiquer les obligations qui pesaient sur le service au moment des faits, en déterminant quels textes (issus notamment du Code de procédure pénale) étaient applicables au cas particulier. Il faut ensuite confronter ces textes aux circonstances de l'affaire. Le requérant doit réussir à mettre en avant les lacunes ou les excès de l'administration. Cette exigence est souvent très difficile à satisfaire compte tenu de l'opacité des conditions de fonctionnement de l'administration pénitentiaire. Dans certains cas, notamment dans les cas de décès survenus en détention, les éléments réunis par le juge judiciaire permettent au requérant d'apporter la preuve de la faute de l'administration. Certaines mesures d'instruction peuvent par ailleurs être demandées au juge administratif, comme une expertise ou « enquête », laquelle consiste en réalité en l'audition de témoin.

Article R.621-1 et R. 623-1 du Code de justice administrative.

Le détenu victime d'une infraction pénale

Au titre des « incidents » survenus en détention au cours de l'année 2002, le ministère de la Justice a dénombré 534 agressions contre le personnel concernant 732 agents. En augmentation depuis plusieurs années, ces agressions font l'objet d'un recensement et d'une répression de plus en plus systématiques. Comme l'a souligné le Sénat à l'issue de sa commission d'enquête sur les prisons en 2000, « *Il suffit d'un mot lâché, d'un mouvement d'épaule, d'un geste d'énervement d'un détenu pour que celui-ci passe devant la commission de discipline, le "prétoire" de la prison* ». La loi du 18 mars 2003 relative à la sécurité intérieure a aggravé les peines encourues lorsque la victime de l'infraction (meurtre, violence ou menace) est un fonctionnaire de l'administration pénitentiaire. Cette protection a également été étendue à la famille de l'agent (conjoint, ascendants et descendants en ligne directe). Loin de susciter les mêmes réactions de la Chancellerie ni la même sollicitude du Parlement, les infractions subies par les détenus restent encore trop souvent inconnues, qu'elles soient commises par d'autres prisonniers ou par des personnels. Pourtant, le détenu aussi peut se retrouver victime d'un acte défini et puni par le Code pénal. Il peut faire l'objet en détention d'une infraction dirigée contre ses biens (le vol d'un objet personnel) ou contre sa personne (coups, menaces...). La prison génère nombre de violences, ou plus largement, d'infractions. Par le fait qu'elle offre un condensé d'agressions psychiques à l'égard des personnes enfermées et des personnels qui y travaillent. Par le fait qu'elle regroupe en un même lieu et dans des conditions de promiscuité intenables des auteurs d'infractions aussi diverses que le vol simple, la cession de stupéfiants ou l'agression sexuelle. Quel que soit l'auteur de l'infraction pénale (un codétenu, un agent de l'administration pénitentiaire, un intervenant...), le détenu a la possibilité comme tout citoyen de porter plainte devant les juridictions pénales.

La prévention par le dialogue

J'ai raconté l'histoire du gamin violé dans mon livre. L'inertie de ma hiérarchie qui aurait préféré étouffer l'affaire, le temps que j'ai passé à écouter ce jeune, à intervenir en sa faveur... Ce qui me révolte, c'est que rien n'a changé. Un détenu qui se ferait violer aujourd'hui rencontrerait toujours autant d'obstacles pour être entendu. Ni mon livre, ni celui de Véronique Vasseur, ni les visites des parlementaires, n'ont fait évoluer les choses sur ce point. Les différentes formes de violence font toujours l'objet d'une loi du silence.

Christophe Lambert, « La prévention par le dialogue », Dedans dehors, *n°28, novembre 2001.*

595 Que doit faire le détenu s'il a été blessé ?

Dans le cas de violences physiques, le détenu doit immédiatement après l'agression faire constater ses blessures par un médecin de l'établissement. Le certificat médical permettra d'attester de la réalité de l'agression qu'il a subi. S'il est empêché de rencontrer sur le champ le médecin de la prison, le détenu doit le signaler lors de la première visite médicale qu'il obtient. S'il porte plainte, il doit impérativement informer le procureur de cet empêchement.

596 Comment porter plainte ?

Le détenu qui veut porter plainte doit écrire une lettre qu'il adresse, soit directement au procureur de la République du lieu de détention, soit à la brigade de gendarmerie ou au commissariat le plus proche de l'établissement, qui transmettra sa plainte au procureur. Il peut aussi s'adresser aux autorités administratives et judiciaires (juge d'instruction, juge de l'application des peines, juge des enfants, préfet, député, etc.), afin que celles-ci préviennent le procureur de l'existence de l'infraction. Quelle que soit la démarche que le détenu adopte, seul le procureur de la République détermine si une suite doit être donnée ou non à la plainte qui lui est communiquée. Ces courriers peuvent être adressés sous pli fermé (cachetés) par le détenu. Ils bénéficient de la confidentialité de la correspondance. Le nom et la fonction du destinataire, ainsi que son adresse professionnelle doivent être inscrits clairement sur l'enveloppe.

Articles D.262, A.40 et A.40-1 du Code de procédure pénale.

597 Que peut faire le procureur de la République ?

Le procureur de la République n'est jamais obligé de poursuivre une infraction. De par la loi, il dispose de la possibilité de choisir si telle ou telle infraction qui lui est signalée est susceptible de donner lieu à des poursuites pénales ou à un classement sans suite. Il peut décider de ne pas poursuivre - et donc, de classer sans suite - pour des motifs variables : soit parce qu'il considère que les faits qui lui sont signalés ne constituent pas une infraction, soit parce que l'auteur de l'infraction est inconnu, soit parce que la poursuite ne lui paraît pas opportune. En tout état de cause, s'il décide d'un classement sans suite, il doit obligatoirement prévenir le plaignant de sa décision. Celle-ci n'est pas susceptible de recours devant les juridictions mais le procureur de la République peut revenir dessus sans autre formalité. D'autre part, le procureur général près la cour d'appel peut lui ordonner de lancer la poursuite.

Articles 39 et suivants, 79 du Code de procédure pénale.

598 Que peut faire le détenu si le procureur de la République classe sans suite sa plainte ?

Le détenu victime d'une infraction a la possibilité de déclencher des poursuites pénales, y compris dans le cas où le procureur a déjà classé sans suite sa plainte. Pour cela, il doit déposer une plainte avec constitution de partie civile devant le doyen des juges d'instruction du tribunal du lieu de détention. La plainte doit préciser les faits dénoncés et faire apparaître très clairement que le détenu entend se constituer partie civile. Il lui faut ensuite consigner une certaine somme d'argent - exigée par le juge d'instruction en fonction de ses ressources - pour que cette plainte donne lieu à l'ouverture d'une information judiciaire (instruction). S'il bénéficie de l'aide juridictionnelle ou en cas de dispense décidée par le juge, le détenu n'a pas à consigner. En général, l'aide juridictionnelle sera accordée au détenu qui ne dispose pas de revenus suffisants. La consignation doit être effectuée dans un délai fixé par le juge d'instruction. A défaut, la plainte sera déclarée irrecevable. Le détenu peut aussi citer directement l'auteur de l'infraction devant le tribunal correctionnel (citation directe). Cette procédure ne peut être utilisée que si l'infraction commise est un délit et si l'affaire paraît en état d'être jugée, c'est-à-dire si les faits sont simples et avérés. Le tribunal correctionnel saisi fixe, en fonction des ressources de la partie civile (le détenu), le montant de la consignation que celle-ci doit déposer au greffe si elle n'a pas obtenu l'aide juridictionnelle. Le tribunal fixe également un délai dans lequel cette consignation doit être effectuée. Si le délai n'est pas respecté, la citation est déclarée irrecevable. Le choix de l'ouverture de l'information judiciaire ou de la citation directe est définitif. Si un non-lieu est ordonné par le juge d'instruction dans le cadre d'une plainte avec constitution de partie civile, le détenu ne pourra pas avoir recours à la procédure de citation directe.

Articles 88 et 392-1 du Code de procédure pénale, chambre criminelle de la Cour de cassation, 4 janvier 1990.

Monsieur le procureur

Je vous prie de bien vouloir enregistrer ma plainte pour mise en danger de la vie d'autrui par un membre du personnel de l'administration pénitentiaire. Le 24 septembre 1999, j'ai été conduit à l'hôpital Boussicault pour y subir une opération du cœur. Etant donné que les entraves aux pieds me faisaient très mal, j'ai demandé devant le médecin et l'infirmière, qu'on m'enlève ou me desserre une entrave, tout en gardant les menottes. Ce qui me fut refusé par le surveillant. Je me suis alors emporté en crachant sur son vêtement. Attitude que je regrette, mais que je n'ai pas pu contrôler. Suite à mon comportement, le surveillant a décidé de son propre chef que je ne subirai pas cette opération, et il m'a ramené en détention. Je vous rappelle que j'en suis à ma seconde plainte, la précédente se référant à des coups et blessures, plainte à laquelle vous n'avez toujours pas donné de suite.

Michael M., maison centrale de Poissy, « Lettre au procureur de la République de Versailles », Dedans dehors, *n°28, novembre 2001.*

Le juge d'instruction peut-il refuser d'ouvrir une information judiciaire ? 599

Le juge d'instruction peut, sous certaines conditions très strictes, déclarer d'office la constitution de partie civile irrecevable. Il ne peut le faire que s'il est manifeste que les faits dénoncés ne sont pas punissables. Cette décision, qui prend la forme d'une ordonnance de refus d'informer, peut faire l'objet d'un appel dans les dix jours à compter de la notification.

Article 86 du Code de procédure pénale.

600 Quels risques encourt le détenu si sa plainte avec constitution de partie civile est considérée comme abusive ?

Quand une information a été ouverte sur constitution de partie civile et qu'elle a débouché sur un non-lieu, le tribunal ou le juge d'instruction peut, s'il juge cette procédure abusive et sur réquisition du procureur de la République, condamner la partie civile (le détenu) à verser une amende civile dont le montant ne peut excéder 15 000 euros. La plainte avec constitution de partie civile est jugée abusive quand la personne a commis une faute, en agissant de mauvaise foi ou en commettant une imprudence. Le caractère fautif de la plainte s'apprécie au jour où elle a été déposée. Ainsi, le retrait de la plainte intervenu avant le non-lieu ne fait pas obstacle à l'action du procureur ou de la personne lésée. Cette action n'est cependant possible que si la plainte met en cause une personne déterminée, dénommée ou facilement identifiable. Par ailleurs, une personne mise en examen dans le cadre de l'instruction ou toute autre personne visée dans la plainte peut demander des dommages-intérêts pour le préjudice subi. Une procédure équivalente existe pour la citation directe.

Articles 91, 177-2 et 392-1 du Code de procédure pénale.

601 Que se passe-t-il si le procureur de la République décide de poursuivre l'infraction ?

Si le procureur de la République décide de déclencher des poursuites pénales, il peut soit demander l'ouverture d'une information judiciaire, soit renvoyer l'auteur de l'infraction directement devant le tribunal. L'ouverture de l'information judiciaire est obligatoire en matière de crime. Elle est facultative en matière de délit et peut avoir lieu si les faits sont complexes ou si l'auteur de l'infraction est difficilement identifiable. L'information est confiée à un juge d'instruction, qui est chargé de recueillir les éléments utiles à l'établissement de la vérité. A l'issue de l'enquête, le juge d'instruction peut soit prononcer un non-lieu, soit renvoyer l'affaire devant un tribunal. Le procureur peut également décider en matière correctionnelle, lorsque l'affaire est simple, les faits de l'infraction sont réels ou l'identité de l'auteur et le préjudice sont connus, de convoquer directement l'auteur devant le tribunal correctionnel pour y être jugé. Pour ce faire, le procureur dispose de trois procédures : la convocation par procès verbal, la citation directe ou la comparution immédiate.

Articles 39 et suivants, 388 du Code de procédure pénale.

602 Le détenu peut-il obtenir réparation du préjudice qu'il a subi ?

Le détenu, comme tout citoyen, peut prétendre à la réparation de la totalité du préjudice qu'il a subi, moral comme matériel. Il doit pour cela chiffrer sa demande de réparation de préjudice et la justifier. Pour obtenir réparation, le détenu doit se constituer partie civile. Si une information est ouverte, il peut se constituer partie civile devant le juge d'instruction. Si l'affaire est renvoyée devant le tribunal, le détenu plaignant peut se constituer partie civile à l'audience. S'il ne peut pas se déplacer, il peut adresser une lettre recommandée avec accusé de réception au président du tribunal correctionnel. Les règles de constitution de partie civile devant la Cour d'assises n'ont pas été définies par le Code de procédure pénale. Par analogie avec les principes qui prévalent devant le tribunal correctionnel, une partie civile peut se constituer à tout moment des débats, c'est-à-dire jusqu'à ce que le président annonce que la cour et le jury vont se retirer pour délibérer.

Articles 1382 et 1383 du Code civil, 85 et 420-1 modifié du Code de procédure pénale.

Deux à sept mois de prison pour avoir malmené des compagnons de cellule

Le tribunal correctionnel d'Agen a condamné jeudi quatre détenus âgés de 20 à 26 ans à des peines de deux à sept mois de prison ferme pour avoir malmené deux de leurs compagnons de cellule à la maison d'arrêt d'Agen. Une de leurs victimes les accusait de l'avoir attaché, frappé, privé de nourriture et contraint à pratiquer une fellation, l'autre d'avoir été frappé à coup d'antenne de radio et de s'être fait uriner dessus. Lors de l'audience, les quatre accusés, qui se trouvaient en détention préventive, ont admis « *quelques claques ou gifles* » parce que l'un « *ne se lavait pas* » et l'autre « *ne les respectait pas* ». Les avocats de la défense ont tenté de justifier les violences de leurs clients par la surpopulation carcérale. « *Douze mètres carrés pour cinq ou six détenus, des matelas par terre, qu'on replie le jour. Dans ce manque d'intimité et d'espace, il est difficile de supporter l'autre et le moindre détail devient insupportable* », a déclaré Me Catherine Joffroy. « *Les gens deviennent fous en milieu clos. Ils sont ensemble en cellule pendant 21 heures, en totale inactivité, sans sport et sans travail et lors des trois heures de promenade quotidienne, ils tournent en rond* », a renchéri Me Sylvie Brussau. Les parties civiles se sont indignées des aveux « *a minima* », en soulignant le « *cauchemar avilissant* » subi par les deux victimes.

AFP, Deux à sept mois de prison pour avoir malmené des compagnons de cellule, *17 avril 2003.*

Que se passe-t-il si l'auteur de l'infraction n'a pas des ressources suffisantes pour indemniser le détenu victime ? 603

Le détenu victime peut saisir la commission d'indemnisation des victimes d'infractions (CIVI) pour obtenir la réparation de son préjudice. Il doit adresser une lettre recommandée avec accusé de réception au secrétariat de la CIVI du tribunal de grande instance du lieu où les faits ont été jugés. Il doit indiquer dans ce courrier son état civil et son numéro de sécurité sociale, fournir son relevé d'identité bancaire et tous les renseignements concernant l'infraction (la date, le lieu, le tribunal qui a éventuellement jugé l'auteur, les justificatifs des dommages, les indemnités déjà obtenues et le montant de l'indemnité souhaitée). La demande doit être adressée dans un délai de trois ans à compter de l'infraction. Ce délai peut être prolongé, lorsque des poursuites pénales sont exercées, jusqu'à un an après que la juridiction de jugement ait statué. Le détenu peut demander la réparation intégrale de son préjudice lorsque l'infraction commise est une agression sexuelle ou lorsqu'elle a entraîné une incapacité totale de travail supérieure à un mois. En revanche, s'il a été victime d'un vol, d'une escroquerie ou d'un abus de confiance le plongeant dans une situation matérielle grave, ou s'il a subi un dommage corporel entraînant une incapacité totale de travail inférieure à un mois, il ne peut demander une indemnité que si ses ressources nettes mensuelles sont inférieures à 1 244 euros, auxquels s'ajoutent 149 euros pour les deux premières personnes à charge et 94 euros à partir de la troisième. Par ailleurs, l'indemnité est alors plafonnée à 3 732 euros.

Articles 706-3 à 706-15, R.50-1 à R.50-28 du Code de procédure pénale.

604 Que se passe-t-il si l'auteur de l'infraction est un agent de l'administration pénitentiaire ?

Il ne devrait pas y avoir de particularité : si un agent de l'administration pénitentiaire a commis une infraction pénale à l'encontre d'un détenu, il peut être poursuivi devant une juridiction pénale. De plus, sa qualité d'agent chargée d'une mission de service public est constitutive d'une circonstance aggravante s'agissant de certaines infractions. Comme toute personne, un fonctionnaire pénitentiaire ne sera pas considéré comme responsable de l'acte qu'il a accompli s'il était commandé par l'autorité légitime ou la légitime défense : pour sauvegarder une personne, préserver ou rétablir l'ordre, circonscrire un incident, protéger les bâtiments, respecter une mission assignée. Pour qu'il y ait légitime défense, l'usage de la force doit avoir été une réponse nécessaire et proportionnée à un danger réel, actuel ou imminent. En pratique, les infractions commises par les agents pénitentiaires ne sont pas toujours abordées par les juridictions de la même façon que celles commises par d'autres personnes. Elles font souvent l'objet de classements sans suite. Par ailleurs, les violences commises par les personnels à l'encontre des détenus sont facilement considérées comme « strictement nécessaires » dans des conditions de travail difficiles. Il semble donc judicieux d'opter pour la constitution de partie civile plutôt que la saisine du parquet, afin d'être certain d'obtenir une investigation.

Articles 122-4 et 122-5 du Code pénal, D.220 et D.283-5 du Code de procédure pénale.

« Frigidaire » de Nanterre : le jugement

L'affaire avait fait scandale et abouti à l'interdiction de la pratique dite du « frigidaire », qui consiste à maintenir une personne nue au quartier disciplinaire. Six ans après les faits gravissimes survenus à la maison d'arrêt de Nanterre (Hauts-de-Seine), deux responsables pénitentiaires et deux médecins de l'établissement ont été condamnés par le tribunal correctionnel, le 19 septembre 2002, à des peines allant de quatre à douze mois de prison. Ils avaient, en janvier 1996, infligé ce traitement à trois détenus et ce, par un froid glacial. Ces derniers, plongés dans un coma hypothermique, avaient été hospitalisés au bout de trois jours. [...] Le tribunal a condamné le médecin généraliste et le psychiatre à une peine de douze mois d'emprisonnement, dont six avec sursis pour le premier, huit pour le second. Le directeur s'est vu infliger une peine de quatre mois de sursis, le premier surveillant une peine de six mois, dont quatre avec sursis.

OIP, « Frigidaire de Nanterre : le jugement », Dedans dehors, *n°34, novembre 2002.*

Que doivent faire les membres du personnel témoins d'une infraction pénale en détention ? 605

Tout fonctionnaire qui, dans l'exercice de ses fonctions, acquiert la connaissance d'un crime ou d'un délit est obligé de le porter sans délai à la connaissance du procureur de la République. Il doit transmettre à ce magistrat tout renseignement ou élément de preuve en sa possession. Cette obligation s'applique aux fonctionnaires pénitentiaires. Aucun texte ne prévoit que le fonctionnaire avisé d'une infraction pénale doive en informer sa hiérarchie préalablement au procureur de la République. Par ailleurs, un membre du personnel qui serait témoin d'un crime ou d'un délit contre l'intégrité corporelle d'un détenu est selon le droit commun tenu d'intervenir. S'il pouvait empêcher sans risque pour lui ou pour les tiers qu'une telle infraction soit commise et qu'il s'est abstenu d'intervenir, il est passible d'une peine de cinq ans d'emprisonnement. La même peine peut s'appliquer à un agent qui n'a pas secouru une personne en péril ou provoqué un secours en cas de danger.

Articles 40 du Code de procédure pénale et 223-6 du Code pénal.

Le détenu peut-il porter plainte en cas de conditions d'hébergement contraires à la dignité humaine ? 606

Aux termes de l'article 225-14 du Code pénal, « *le fait de soumettre une personne dont la vulnérabilité ou l'état de dépendance sont apparents ou connus de l'auteur à des conditions de travail ou d'hébergement incompatibles avec la dignité humaine est puni de cinq ans d'emprisonnement et de 150 000 euros d'amende* ». La condition préalable de l'infraction est l'état de vulnérabilité ou la situation de dépendance de la personne soumise à des conditions d'hébergement indignes. C'est par référence à la faiblesse de la victime que sont sanctionnées les atteintes à la dignité. La victime doit se trouver, de par sa situation personnelle, dans l'impossibilité d'obtenir un autre logement. Tel est le cas des personnes détenues qui se trouvent soumises à la contrainte de l'administration et sont maintenues contre leur volonté dans une cellule déterminée par l'autorité pénitentiaire. S'agissant du caractère attentatoire à la dignité des conditions d'hébergement, il s'apprécie à partir de la combinaison d'éléments de fait. Les juridictions s'attachent ainsi à la surface minimale des pièces, la hauteur sous plafond, l'isolation des murs

(Cour de cassation, ch. criminelle, 11 février 1998), la saleté déplorable, la vétusté de l'installation électrique et le délabrement du mobilier (Cour d'appel de Grenoble, 17 mai 2002), l'humidité constante résultant d'un défaut d'étanchéité, la vétusté et le délabrement des équipements sanitaires et du chauffage (Cour de cassation, chambre criminelle, 23 avril 2003). Les tribunaux n'ont pas fait, au 1er avril 2004, application de cette disposition s'agissant de personnes détenues. Les notions de « commandement de l'autorité légitime » et de l' « ordre de la loi », qui sont des causes d'irresponsabilité pénale, risquent d'être opposées au détenu qui aurait intenté une telle action. Le chef d'établissement est en effet tenu de déférer à l'ordre d'incarcération d'une personne en dépit du surencombrement de sa prison. Le magistrat qui ordonne l'incarcération agit dans le cadre de la loi pénale. Toutefois, l'article 3 de la Convention européenne et de nombreux articles du Code de procédure pénale prescrivent aux autorités de prendre toutes les dispositions de nature à assurer une détention dans des conditions décentes. Le droit garanti par l'article 3 de la Convention est intangible, c'est à dire que l'interdiction de mauvais traitement est absolue (par ex. CEDH 15 novembre 1996, Chahal c/ Royaume-Uni). Quant aux diverses obligations découlant des textes nationaux, elles imposent notamment que le service public pénitentiaire assure le respect de la dignité inhérente à la personne humaine. D'autre part, les autorités ont l'obligation de mener une enquête effective en cas d'allégation défendable de conditions de détention contraires à l'article 3 (par ex. CEDH, 24 juillet 2001, Valasinas c/ Lituanie). Le détenu qui entend porter plainte doit viser les articles 225-14 du Code pénal et l'article 3 de la Convention européenne et décrire dans le détail les conditions d'hébergement auquel il est soumis. Il lui est recommandé de diriger sa plainte contre « X ». Il a intérêt à recourir aux services d'un avocat, afin que la plainte soit « techniquement » efficace et pour se prémunir d'éventuels risques de pressions. Il peut également demander utilement au chef d'établissement de remédier à sa situation avant d'entamer des démarches auprès du juge pénal. Il pourra ensuite, le cas échéant, produire devant ce dernier le courrier resté lettre morte.

Articles D. 189 du Code de procédure pénale, 122-4 et 225-14 du Code pénal, 3 et 13 de la Convention européenne des droits de l'homme.

607 Que faire en cas de négligence des autorités judiciaires dans la conduite des investigations ?

Lorsqu'il est manifeste que les autorités judiciaires sont réticentes à mener des investigations avec diligence, le détenu peut saisir la Cour européenne des droits de l'homme. En effet, « *la Cour considère que lorsqu'un individu affirme de manière défendable avoir subi, aux mains de la police ou d'autres services comparables de l'État, des traitements contraires à l'article 3* [soumission à la torture ou à des peines ou traitements inhumains ou dégradants]*, cette disposition requiert [...], par implication, qu'il y ait une enquête officielle et effective. Cette enquête [...] doit pouvoir mener à l'identification des coupables.* » Est considérée comme défendable l'affirmation appuyée notamment par un certificat médical ou par des témoignages concordants. Une ordonnance de non-lieu rendue en l'absence d'investigations approfondies constitue une violation de la Convention européenne de sauvegarde des droits de l'homme.

Cour européenne des droits de l'homme, Labita c/Italie, 6 avril 2000.

Le détenu doit-il avoir tenté tous les recours prévus par la loi française avant de saisir la Cour européenne ? 608

La procédure devant la Cour européenne implique en règle générale que le requérant ait épuisé toutes les voies de recours prévues par la loi nationale sans obtenir gain de cause. Certaines circonstances particulières peuvent cependant le dispenser exceptionnellement de cette obligation. « *La passivité totale des autorités nationales face à des allégations sérieuses selon lesquelles des agents de l'État ont commis des fautes* » est susceptible de caractériser ces circonstances. La Cour apprécie celles-ci en fonction des éléments du dossier. Une instruction menée avec lenteur et de manière discontinue pourra par exemple être invoquée par le détenu victime de mauvais traitements pour pouvoir saisir la Cour avant que ne soit intervenue l'ordonnance qui la clôture. Toutefois, l'admission de cette exception au principe général n'est pas fréquente.

Article 35 de la Convention, Cour européenne des droits de l'homme, arrêts Van Oosterwijck c/Belgique du 6 novembre 1980 et Selmouni c/France du 29 juillet 1999.

La prison et le droit international

Pour affirmer les droits des personnes privées de liberté, il ne manque pas de règles minimales pour le traitement des détenus ou de règles pénitentiaires, de conventions, résolutions ou recommandations émanant des Nations Unies comme du Conseil de l'Europe... Malheureusement non contraignantes pour les Etats, ces dispositions visent à consolider le respect des droits de l'homme en prison mais n'ont pas la même valeur juridique et la même influence sur le droit interne français. A ce jour, seules les inspections du Comité de prévention de la torture et les arrêts de la Cour européenne des droits de l'homme ont permis de renforcer la protection effective des droits des détenus.

Qu'est-ce que la Convention européenne des droits de l'homme (CEDH) ? 609

La Convention européenne de sauvegarde des droits de l'homme et des libertés fondamentales (CEDH) consacre des droits et libertés individuels que les Etats signataires doivent respecter. Ce texte entend assurer la protection de toute personne, et par conséquent toute personne détenue, qui estime que l'un de ses droits a été violé. Les Etats signataires, dont la France qui a ratifié la

CEDH en 1974, se sont solennellement engagés à assurer l'effectivité de ces droits et garanties fondamentales. Concrètement, la Convention ne contient aucune disposition spécifique aux conditions de détention. Cependant, en n'attribuant pas à la personne privée de liberté de statut particulier, elle contribue directement à lui reconnaître un statut de citoyen à part entière. En effet, il a toujours été considéré que la détention ne prive pas l'individu « *de la garantie des droits et des libertés définis dans la Convention* ». La CEDH permet donc à un détenu qui considère que ses droits ne sont pas respectés au regard des prescriptions de la Convention d'engager une procédure devant les institutions européennes.

Articles 3, 4, 5, 6, 8 et 11 du titre 1 de la Convention européenne des droits de l'homme et articles 2 et 3 du premier protocole additionnel. Commission européenne des droits de l'homme, 8 mars 1962, Koch c/ RFA.

Toute personne a droit...

Article 3 – Nul ne peut être soumis à la torture ni à des peines ou traitements inhumains ou dégradants.

Article 6 – Toute personne a droit à ce que sa cause soit entendue équitablement, publiquement et dans un délai raisonnable, par un tribunal indépendant et impartial, [...].

Article 8 – Toute personne a droit au respect de sa vie privée et familiale, de son domicile et de sa correspondance. Il ne peut y avoir ingérence d'une autorité publique dans l'exercice de ce droit que pour autant que cette ingérence est prévue par la loi et qu'elle constitue une mesure qui, dans une société démocratique, est nécessaire à la sécurité nationale, à la sûreté publique, au bien-être économique du pays, [...].

Article 10 – Toute personne a droit à la liberté d'expression. Ce droit comprend la liberté d'opinion et la liberté de recevoir ou de communiquer des informations ou des idées sans qu'il puisse y avoir ingérence d'autorités publiques et sans considération de frontière [...].

Article 13 – Toute personne dont les droits et libertés reconnus dans la présente Convention ont été violés a droit à l'octroi d'un recours effectif devant une instance nationale, alors même que la violation aurait été commise par des personnes agissant dans l'exercice de leurs fonctions officielles.

Convention européenne de sauvegarde des droits de l'homme et des libertés fondamentales, novembre 1950.

610 Les principes inscrits dans la CEDH peuvent-ils être invoqués devant les juridictions internes ?

La CEDH s'applique concrètement et directement en droit interne. L'ensemble des textes juridiques en vigueur en France (lois, décrets...) doivent donc respecter scrupuleusement le contenu de la Convention. De la même manière, les administrations sont tenues de tout faire pour garantir un respect absolu des articles de la Convention. Lorsqu'elles sont saisies d'une affaire, les différentes juridictions administratives ou judiciaires examinent les actes et les comportements de la puissance publique en prenant en considération les exigences européennes. Elles regardent ce que dit le droit international et vérifient que les administrations nationales vont dans le même sens.

Article 55 de la Constitution

Un détenu peut-il saisir la Cour européenne des droits de l'homme ? 611

La Cour européenne des droits de l'homme constitue l'instance juridictionnelle unique compétente pour statuer sur les requêtes individuelles introduites contre les agissements d'un Etat. Lorsqu'un détenu a tenté en vain de faire valoir ses droits devant le juge national et qu'il a épuisé toutes les voies de recours (appel et cassation), il peut intenter une dernière action devant la Cour européenne des droits de l'homme. La requête doit être introduite dans un délai de six mois, à compter du moment où l'intéressé a eu connaissance effective et suffisante de la décision de justice ayant épuisé les voies de recours internes. Le requérant doit être directement et personnellement victime d'une violation d'un droit ou d'une liberté consacré dans la convention. Le recours doit donc être fondé sur une violation précise d'un article de la Convention. Enfin, le requérant ne doit pas déjà avoir soumis sa requête à une autre instance internationale, notamment le Comité des droits de l'homme des Nations-unies.

Articles 34 et 35 de la CEDH, protocole n°11 à la CEDH du 1er novembre 1998.

En quoi consiste la règle de l'épuisement des voies de recours internes ? 612

L'obligation d'épuiser les voies de recours internes recouvre deux obligations distinctes. Pour agir devant la Cour européenne, le détenu doit en premier lieu avoir soumis aux juridictions françaises, au moins en substance, le grief qu'il veut faire valoir devant le juge européen. Il n'est pas indispensable qu'il ait invoqué l'article de la CEDH qui s'y rapporte, mais au minimum les dispositions du droit français équivalentes. D'autre part, la règle implique que l'intéressé ait préalablement exercé un « *recours de nature à remédier directement à la situation litigieuse* ». Il faut donc avoir utilisé la voie de recours la plus efficace. Par exemple, le détenu pourra saisir la Cour européenne après avoir tenté en vain d'obtenir gain de cause devant le juge judiciaire, sans être obligé de déposer un recours devant le juge administratif, dès lors que le recours devant le juge judiciaire était le plus adéquat. En revanche, le requérant n'a pas à exercer un recours interne aléatoire dès lors que l'insuccès de la voie de recours est probable, notamment si une jurisprudence interne bien établie le voue à l'échec. Enfin, en présence de circonstances particulières, lorsque les autorités nationales font preuve d'une passivité totale face à des allégations sérieuses de violation de la Convention (par exemple, en s'abstenant d'ouvrir une enquête), l'intéressé peut être dispensé de l'exercice des voies de recours internes. Il faut toutefois rappeler que cette dispense n'est admise que de façon exceptionnelle par la Cour et que si la passivité des autorités n'est pas confirmée lors de l'instruction du dossier, la requête de l'intéressé sera déclarée irrecevable.

CEDH, 22 mai 1984, De Jong ; 25 mars 1991, Cardot ; 20 mai 1998 Gautrin ; 30 décembre 1999, Baghli.

613 Comment se déroule la procédure de saisine de la Cour européenne ?

La Cour européenne peut être saisie par requête individuelle, sans que le recours à un avocat ne soit obligatoire. Le détenu doit adresser un courrier à la Cour exposant avec clarté, même sommairement, l'objet de sa plainte. Le greffe de la Cour mettra ensuite à sa disposition un formulaire de requête et une note d'information lui permettant de remplir correctement sa demande. Ce formulaire devra lui être retourné, signé du requérant ou de son représentant, dans un délai maximum de six semaines. La procédure est contradictoire et publique. Pour garantir un accès égalitaire à la Cour, le Conseil de l'Europe a prévu un mécanisme d'aide pour les personnes ne disposant pas de ressources suffisantes. La demande peut être rédigée en français (langue officielle de la Cour) ou dans une langue officielle du Conseil de l'Europe.

614 Quels sont les effets des arrêts de la Cour européenne des droits de l'homme ?

Il est toujours possible de parvenir à un règlement amiable avant le prononcé du jugement. Il arrive en effet que l'Etat mis en cause préfère proposer une transaction à la personne qui a porté plainte plutôt que de subir une mauvaise publicité suite à une condamnation de la Cour européenne. L'Etat peut ainsi proposer une modification de la réglementation ainsi qu'une indemnisation pour que la victime retire sa plainte. Dans le cas contraire, le règlement du litige devant la Cour donne lieu à l'adoption d'un arrêt motivé qui est investi de l'autorité de la chose jugée : il s'agit d'une décision de justice qui devra obligatoirement être appliquée. La décision rendue est définitive après un délai de trois mois, durant lequel il est possible de demander à ce que l'affaire soit renvoyée devant la grande chambre (il faut pour cela soulever une question grave d'application ou d'interprétation de la Convention). Si la Cour conclut à une violation d'un droit énoncé par la Convention, cette décision emporte condamnation de l'Etat concerné. La Cour peut prévoir une indemnisation financière du préjudice occasionné au plaignant (« satisfaction équitable »), qui devra obligatoirement être versée à la victime. Cette condamnation est également un moyen de pression important pour amener un Etat à modifier ses pratiques. Quand la Cour européenne des droits de l'homme considère que la Convention a été violée, le Comité des ministres est chargé de vérifier la bonne exécution de l'arrêt. Cet organe politique représente l'ensemble des gouvernements européens. Son rôle sera alors de suivre le dossier jusqu'à ce que l'Etat condamné prenne des mesures suffisantes (administratives ou législatives) pour supprimer tout risque de nouvelle violation.

Articles 626-1 à 626-7 du Code de procédure pénale.

Le droit à des conditions de détention décentes est-il garanti par la Convention européenne des droits de l'homme ? 615

Dans un arrêt Kudla c/Pologne du 26 octobre 2000, la Cour européenne a affirmé que « *L'article 3 de la Convention impose à l'Etat de s'assurer que tout prisonnier est détenu dans des conditions qui sont compatibles avec le respect de la dignité humaine, que les modalités de l'exécution de la mesure ne soumettent pas l'intéressé à une détresse ou à une épreuve d'une intensité qui excède le niveau inévitable de souffrances inhérent à la détention et que, eu égard à ces exigences pratiques de l'emprisonnement, la santé et le bien-être du prisonnier sont assurés de manière adéquate, notamment par l'administration de soins médicaux requis* ». Par cet arrêt, la Cour a procédé à un élargissement de la notion de « traitements dégradants » en ayant recours à la notion de dignité humaine, établissant ainsi un seuil objectif à l'article 3, qui peut s'appliquer indépendamment d'une volonté d'humilier le détenu. La Cour s'attache désormais à l'impact moral des mesures prises par les autorités pénitentiaires, sans nécessairement en rechercher les effets physiques ou psychiques sur le détenu. Elle exerce un examen méticuleux des conditions de détention (surface, lumière, ventilation, hygiène des locaux, alimentation, etc.) et apprécie les actions entreprises par les autorités pour les améliorer. Par ailleurs, elle tient également compte, dans son appréciation, de l'effet cumulatif des conditions de détention et de l'existence ou non d'une justification aux mesures employées. Pour la Cour, lorsqu'un détenu allègue de façon défendable qu'une mesure prise à son encontre constitue un traitement dégradant, il doit pouvoir la soumettre au contrôle d'un juge avant qu'elle ne soit exécutée ou qu'elle n'arrive à terme, en application de l'article 13 de la Convention (en liaison avec l'article 3). S'agissant de la protection de la santé, les détenus doivent bénéficier de traitements médicaux appropriés. D'autre part, le maintien en détention d'un prisonnier en mauvais état de santé est susceptible de constituer un traitement dégradant.

CEDH 6 mars 2001, Peers et Dougoz c/ Grèce ; 24 juillet 2001, Valasinas c/ Lituanie ; 3 avril 2001, Keenan c/ Royaume-Uni ; 7 juin 2001, Papon c/ France ; 14 novembre 2002, Mouisel c/ France.

Vers une reconnaissance juridique des traitements dégradants

L'évolution récente de la jurisprudence n'a pas supprimé l'exigence d'un certain seuil de gravité pour l'application de l'article 3 de la Convention. La prison reste considérée comme un lieu de sanction dans lequel l'Etat peut imposer des conditions matérielles de séjour plus contraignantes que dans les autres services publics. Néanmoins, le juge européen met en avant que, dès l'instant où le sort d'un individu dépend entièrement des choix et des moyens mis en œuvre par la puissance publique, il est indispensable de faire peser sur l'Etat une obligation de protection physique et morale. Le détenu est *a priori* considéré comme une personne vulnérable puisqu'il n'est plus libre de ses choix. La privation d'aller et de venir le place en effet dans une situation d'extrême dépendance vis-à-vis de l'autorité qui devra faire un usage modéré et circonstancié de son pouvoir de coercition. [...] Ainsi, il est possible de dépasser les situations individuelles pour contester les conditions générales de détention. De plus en plus régulièrement, la Cour va examiner l'état sanitaire des bâtiments, leur conformité à des règles minimales de salubrité et de fonctionnalité. La surpopulation ne doit plus être considérée comme un mal nécessaire dont l'Etat peut s'accommoder. Le nombre de détenus par cellule, l'aération, la présence de rats, ainsi que l'éclairage des lieux font désormais l'objet d'un contrôle juridictionnel. La cour s'autorise même à diligenter une enquête sur place afin de rendre un jugement adapté.

Eric Péchillon, « Vers une reconnaissance juridique des traitements dégradants », Dedans dehors, *n°38, juillet 2003.*

616 Qu'est-ce que la Convention européenne pour la prévention de la torture ?

L'article 3 de la Convention européenne des droits de l'homme dispose que « *nul ne peut être soumis à la torture ni à des peines ou traitements inhumains ou dégradants* ». Cet article a inspiré la rédaction en 1987 de la Convention européenne pour la prévention de la torture et des peines ou traitements inhumains ou dégradants. La Convention prévoit un mécanisme non judiciaire, à caractère préventif, pour protéger les personnes détenues. Ce mécanisme repose sur un système de visites effectuées par une structure spécifique et mis en œuvre depuis 1989, le Comité européen pour la prévention de la torture et des peines ou traitements inhumains ou dégradants (CPT).

617 Quel rôle joue le Comité pour la prévention de la torture (CPT) ?

Le Comité européen pour la prévention de la torture et des peines ou traitements inhumains ou dégradants (CPT) est un organe du Conseil de l'Europe qui a pour mission de surveiller la situation au sein des lieux de détention dans les pays ayant ratifiés la Convention européenne pour la prévention de la torture. Composé d'experts indépendants, le CPT effectue des visites périodiques ainsi que des visites *ad hoc* en cas de nécessité. Il évalue la manière dont les personnes privées de liberté sont traitées et formule, le cas échéant, des recommandations à l'Etat qui fait l'objet de l'inspection. Le CPT entretient des rapports de coopération et de collaboration avec l'Etat. Il n'est ni un organe judiciaire ou de sanction ni une voie de recours. Dépourvu de pouvoirs contraignants, il développe une mission de prévention qui recherche l'amélioration progressive des conditions de détention dans le pays concerné. Le CPT représente le premier instrument international à exercer un véritable mécanisme de contrôle au sein des établissements pénitentiaires.

618 Quelle procédure faut-il suivre pour alerter le CPT ?

Toute personne, détenue ou non, estimant que les conditions de détention dans un établissement pénitentiaire sont contraires au principe posé par l'article 3 de la Convention européenne des droits de l'homme (CEDH), peut se plaindre auprès du CPT. Cette requête se fait par courrier, impérativement envoyé à l'adresse officielle du Comité, au nom de son président ou de l'un de ses membres. Si elle émane d'une personne incarcérée, la requête peut être adressée sous pli fermé, le CPT faisant partie des autorités administratives avec lesquelles tout détenu peut librement correspondre sans contrôle. Si l'administration ouvre un tel courrier, elle commet une faute qui engage sa responsabilité.

Articles A.40 et A.40-1 du Code de procédure pénale.

Comment se déroule une visite du CPT ? 619

Le CPT peut se rendre à son gré dans tous lieux de détention et a le droit de se déplacer sans entrave à l'intérieur de ceux-ci. Les membres de ses délégations s'entretiennent sans témoin avec les personnes privées de liberté. De plus, ils doivent pouvoir entrer librement en contact avec toutes les personnes susceptibles de leur fournir des informations. La France a fait l'objet de plusieurs visites du CPT en 1991, en 1994, en 1996, en 2000. La dernière venue du Comité dans l'Hexagone s'est effectuée entre le 13 et le 17 juin 2003.

Quelle est la portée des actions du CPT ? 620

Les recommandations que le CPT peut formuler, sur la base de constatations faites au cours de ses visites, figurent dans un rapport adressé à l'Etat concerné. Le Comité se réunit à huis clos et ses rapports sont strictement confidentiels. Néanmoins, si un pays ne coopère pas ou refuse d'améliorer la situation à la lumière des recommandations du Comité, celui-ci peut décider de faire une déclaration publique. L'Etat peut de lui-même demander la publication du rapport du Comité, ainsi que ses propres commentaires. Chaque année, le Comité élabore un rapport général d'activités qui est rendu public. Les appréciations portées sur les modalités de prise en charge des personnes détenues formulées dans les rapports du CPT exercent aujourd'hui une influence déterminante sur la jurisprudence de la Cour européenne. D'autre part, les constatations figurant dans un rapport du Comité peuvent permettre d'établir la réalité des allégations d'une personne détenue devant la Cour.

Perben prend des libertés avec le Comité anti-torture

C'était un rapport accablant. Le Comité européen pour la prévention de la torture y parlait de « *traitements inhumains et dégradants* » dans les prisons françaises. Notamment en raison d'une inflation carcérale sans précédent depuis la Libération. Aux sévères critiques des experts européens, le garde des Sceaux a répondu à sa manière. Légèrement par-dessus la jambe. Ainsi, le CPT soulignait un surpeuplement dû à « *une politique pénale répressive* », mettant, de fait, en cause les récentes et sécuritaires lois Perben et Sarkozy. Pas du tout, répond Perben dans ses « observations » : « *le surpeuplement invoqué ne trouve pas sa source dans un excès de pénalisation des comportements délictueux et criminels, mais dans l'insuffisance du parc pénitentiaire* ». Et aussi dans « *l'augmentation réelle de la délinquance que la France a subie ces dernières années* ». [...]

Au CPT qui assurait dans ses conclusions : « *aucun progrès réel ne pourra être accompli sans réduction immédiate et drastique du surpeuplement* », Perben répond par un « *programme de construction* (initié par la gauche, *ndlr*) *comportant 13 200 places* ». [...] Le CPT avait aussi critiqué la fermeture, dans la journée, depuis mai 2003, des portes de cellule dans les centrales de haute sécurité, supprimant ainsi, aux condamnés à de longues peines, la possibilité d'une petite autonomie préconisée par l'institution européenne. Evoquant des motifs de sécurité, Perben « *n'envisage pas* » de revenir sur la mesure. Lorsque le rapport du CPT avait été dévoilé en janvier, le garde des Sceaux l'avait minimisé, assurant qu'il contenait « *des erreurs et des approximations* ». Et sa réponse n'est guère moins désinvolte.

Dominique Simonnot, « Prisons : Perben prend des libertés avec la réalité », Libération, *28 février 2004.*

621 Qu'appelle-t-on les « Règles pénitentiaires européennes » ?

Les Règles pénitentiaires européennes ont été instaurées en 1973 par le Conseil de l'Europe dans le but d'établir des principes communs aux Etats membres en matière de politiques pénale et pénitentiaire. A l'origine, ces Règles sont la version européenne de l'Ensemble des règles minima pour le traitement des détenus, un texte adopté par les Nations unies en 1955. Révisées une première fois en 1987, ces Règles font actuellement l'objet d'une nouvelle actualisation qui devrait se terminer en décembre 2005. Elles doivent être mises en conformité avec les diverses résolutions et recommandations émises depuis quinze ans par le Conseil de l'Europe. Elles devront également prendre en compte « *le travail accompli par le CPT, les développements de la jurisprudence de la CEDH et le résultat des activités du Comité directeur pour les Droits de l'Homme (CDDH) relatives à un projet de Protocole à la Convention européenne des Droits de l'Homme, visant à garantir certains droits complémentaires aux personnes privées de liberté* ». Pour le Conseil, « *un objectif de premier ordre* » de cette mise à jour « *consistera à souligner les exigences liées aux droits de l'homme et à la dignité des détenus et à établir des normes permettant une gestion pénitentiaire humaine et efficace visant, entre autres, à préparer les prisonniers à vivre dans le respect de la loi après leur libération et à assurer la sécurité des détenus, du personnel pénitentiaire et de la société* ». Les Règles pénitentiaires européennes visent à établir un ensemble de règles minima qui sont essentielles pour assurer « *des conditions humaines de détention et un traitement positif dans le cadre d'une système moderne et progressif* ». Pour autant, les principes qu'elles contiennent ne sont pas juridiquement contraignants pour les Etats membres. Ils n'ont qu'une valeur incitative. Néanmoins, elles exercent une influence importante sur les normes morales et pratiques qui régissent l'administration pénitentiaire et peuvent servir d'appui pour un détenu à l'occasion d'une demande ou d'un recours.

Résolution (73) 5 et recommandation (87) 3 du Conseil de l'Europe ; mandat occasionnel au conseil de coopération pénologique relatif à une mise à jour des Règles pénitentiaires européennes, 18 septembre 2002.

Quel rôle joue l'Assemblée parlementaire du Conseil de l'Europe concernant les droits des détenus ? 622

L'assemblée parlementaire a adopté en 1995 une recommandation relative aux conditions de détention dans les Etats membres du Conseil de l'Europe dans laquelle elle se déclarait préoccupée par « *la forte augmentation de la population pénitentiaire en Europe, par le surpeuplement qui en découle et par la détérioration des conditions de détention* ». Dans un rapport en date du 19 février 2004, sa Commission des affaires juridiques et des droits de l'homme « *constate avec inquiétude que la situation s'est aggravée, justifiant l'élaboration d'un cadre plus contraignant* ». Le 27 avril 2004, l'Assemblée parlementaire a estimé que « *Les conditions de vie de nombreuses prisons et maisons d'arrêt sont devenues incompatibles avec le respect de la dignité de la personne humaine. La nécessité d'harmoniser les conditions de détention et d'instaurer un contrôle extérieur permanent, qui implique aussi une harmonisation des délits et des peines, se fait sentir. L'élaboration d'un cadre général s'imposant à tous les Etats membres leur rappelant les droits et obligations des détenus devraient être rassemblées dans une Charte pénitentiaire européenne* ».

Rapport de Michel Hunault pour la Commission des affaires juridiques et des droits de l'homme, Situation des prisons et des maisons d'arrêt en Europe, 19 février 2004 ; Recommandation adoptée par l'Assemblée parlementaire du Conseil de l'Europe le 27 avril 2004.

Vers une charte pénitentiaire européenne

L'Assemblée parlementaire du Conseil de l'Europe a lancé un appel, le 27 avril 2004, pour l'établissement d'une Charte pénitentiaire européenne énonçant les droits et les obligations des détenus, qui constituerait un instrument contraignant pour tous les Etats membres. Elaborée en concertation avec l'Union européenne, la Charte contiendrait des règles concernant les conditions de détention, l'accès aux avocats et aux médecins, les droits en matière de visite et les activités de réadaptation et d'éducation. Cette initiative commune des deux institutions permettra à l'Europe de se doter, dans le domaine judiciaire et pénitentiaire, d'un système de contrôle permanent, garantissant une surveillance de l'ensemble des acteurs du système judiciaire pénal. Selon Michel Hunault, rapporteur de l'Assemblée parlementaire du Conseil de l'Europe sur la situation des prisons et des maisons d'arrêt en Europe, et MaurizioTurco, rapporteur du Parlement européen sur les droits des prisonniers dans l'Union européenne, les conditions de vie dans de nombreuses prisons et maisons d'arrêt sont incompatibles avec le respect de la dignité de la personne humaine et, dans la plupart des Etats membres du Conseil de l'Europe, il y a une tendance au surpeuplement. Pour M. Hunault, quelle que soit la gravité des actes commis, la sanction ne doit pas aller au-delà de la privation de la liberté. Le respect des droits de l'homme et plus particulièrement de la dignité humaine doivent être garantis à tout moment. M. Turco, dont le rapport a été adopté le 9 mars 2004, a pour sa part souligné que le Parlement européen avait fait le choix politique de faire appel au Conseil de l'Europe pour l'établissement de cette charte dans la mesure où cette organisation bénéfice déjà d'une grande expertise et des mécanismes adéquats - le comité anti-torture, la Cour européenne des droits de l'homme - dans ce domaine.

AFP, Initiative conjointe pour une Charte pénitentiaire européenne, *27 avril 2004.*

623 Quel rôle joue le Parlement européen concernant les droits des détenus ?

Le 9 mars 2004, dans le cadre d'une recommandation, le Parlement européen s'est prononcé de façon très claire sur la nécessité d'un meilleur respect des droits des détenus dans l'Union européenne. Il a ainsi rappelé que l'article 3 de la convention européenne de sauvegarde des droits de l'homme et des libertés fondamentales et la jurisprudence de la CEDH « *imposent aux États membres des obligations non seulement négatives en prohibant de soumettre les détenus à des traitements inhumains et dégradants, mais aussi positives en leur demandant de s'assurer que les conditions de détention soient conformes à la dignité humaine, et que des enquêtes approfondies et efficaces soient effectuées en cas de violation de ces droits* ». Le Parlement européen recommande une révision des Règles pénitentiaires européennes « *axée sur un degré de protection plus élevé sur la base des principes élaborés par le CPT et par la CEDH* », l'élaboration d'une « *charte pénitentiaire européenne commune aux pays membres du Conseil de l'Europe* [qui] *inclue des règles précises et obligatoires pour les États membres* » et a estimé que « *si une telle entreprise n'aboutit pas dans de brefs délais ou si le résultat n'est pas satisfaisant, l'Union européenne élaborera une charte des droits des personnes privées de liberté, contraignante pour les États et susceptible d'être invoquée devant la Cour de justice* ». Il a également invité les États membres à « *garantir aux députés européens la prérogative de visiter et d'inspecter les lieux de détention sur le territoire de l'Union européenne* », mais aussi à « *lutter contre le suicide dans les prisons et à mener systématiquement des enquêtes impartiales lorsqu'un détenu décède en prison* ». Enfin, le Parlement européen « *exhorte les États membres à ratifier le protocole optionnel à la convention contre la torture et autres peines ou traitements cruels, inhumains ou dégradants, qui établit un système de visites régulières sur les lieux de détention mis sur pied par des organes internationaux et nationaux indépendants, en confiant aussi à ces derniers des tâches de contrôle et de recours pour les détenus, et à élaborer un rapport annuel public à l'intention des parlements respectifs* ».

Recommandation du Parlement européen sur les droits des détenus dans l'Union européenne, 9 mars 2004.

624 Qu'appelle-t-on l'« Ensemble de règles minima pour le traitement des détenus » ?

Adopté à Genève en 1955 par le premier congrès des Nations Unies pour la prévention du crime et le traitement des délinquants, l'Ensemble de règles minima pour le traitement des détenus est considéré comme le socle du droit pénitentiaire.

Ces 95 règles n'ont pas pour objet de décrire un système pénitentiaire modèle, elles représentent les conditions minimales que souhaitent instaurer les Nations Unies en matière de détention. Concernant par exemple le statut du détenu, l'ONU pose le principe essentiel du droit au respect de la légalité. Les Etats doivent donc prévoir un droit prévisible et complet pour les personnes privées de liberté : les règles disciplinaires devront être particulièrement précises et permettre au détenu de jouir pleinement des droits de la défense et d'une procédure équitable. Toute personne privée de liberté doit pouvoir déposer une plainte et avoir les moyens d'être entendue par des autorités administratives ou judiciaires compétentes. Sont également affirmés le droit au maintien d'un bon état de santé, la possibilité de communiquer et de maintenir des liens familiaux et sociaux. Les Nations Unies insistent sur le fait que chaque Etat devra être particulièrement attentif en ce qui concerne la formation et le suivi de l'ensemble des personnels pénitentiaires. L'Ensemble de règles minima pour le traitement des détenus n'a pas force obligatoire pour les Etats, qui ne sont donc pas tenus d'en tenir compte en droit interne. Toutefois, leur contenu est un élément important pour juger le degré de respect des droits de l'homme par un Etat donné. Ces orientations visent à influencer non seulement les politiques pénales mais aussi les pratiques pénitentiaires.

Ensemble de règles minima pour le traitement des détenus, 1955 ; résolutions du Conseil économique et social des 31 juillet 1957 et 13 mai 1977.

Quels autres rôles jouent les Nations Unies concernant les droits des détenus ? 625

L'Assemblée générale des Nations Unies a adopté en 1988 un Ensemble de principes pour la protection de toutes les personnes soumises à une forme quelconque de détention ou d'emprisonnement. Dans sa résolution, l'ONU estime que l'expression « *peine ou traitement cruel, inhumain ou dégradant* » doit être interprétée de façon à assurer une protection aussi large que possible contre tous sévices, qu'ils aient un caractère physique ou mental, y compris le fait de soumettre une personne détenue ou emprisonnée à des conditions qui la privent temporairement ou en permanence de l'usage de l'un quelconque de ses sens, tels que la vue ou l'ouïe, ou de la conscience du lieu où elle se trouve et du passage du temps. Plus récemment, le 18 décembre 2002, l'Assemblée générale des Nations Unies a adopté un protocole optionnel annexé à la Convention contre la torture et les peines inhumaines et dégradantes. Dans ce protocole, l'ONU invite les Etats à mettre en place un ou plusieurs « *mécanismes nationaux de prévention indépendants* », chargés d'« *examiner régulièrement la situation des personnes privées de liberté* » afin d'« *améliorer le traitement et la situation des personnes privées de liberté* » et de « *prévenir la torture et autres peines ou traitements cruels, inhumains ou dégradants* ». Il a été ouvert à la signature le 1er janvier 2003 et entrera en vigueur à la vingtième ratification. Signé à l'heure actuelle par 21 Etats dont sept membres du Conseil de l'Europe, il a été ratifié par seulement trois pays. La France n'a ni signé ni ratifié ce protocole qui prévoit, outre la création au niveau national d'organismes indépendants chargés de surveiller la situation dans les lieux de détention, celle au niveau des Nations Unies d'un organe comparable au Comité de prévention de la torture.

Ensemble de principes pour la protection de toutes les personnes soumises à une forme quelconque de détention ou d'emprisonnement, 9 décembre 1988 ; protocole optionnel annexé à la Convention contre la torture et les peines inhumaines et dégradantes, 18 décembre 2002.

SORTIR DE PRISON

Après l'obsession du procès, vient celle de la sortie. La libération ne pourra avoir lieu qu'à l'expiration de la « période de sûreté » éventuellement fixée par la juridiction de jugement. Pendant cette période qui peut durer jusqu'à 30 ans, voire être perpétuelle, le détenu ne pourra sortir qu'en cas de circonstances exceptionnelles, pour une journée et accompagné d'une escorte. En l'absence de période de sûreté ou une fois celle-ci écoulée, le condamné peut prétendre à des sorties ponctuelles (permissions) puis à des régimes semi-ouverts (placements à l'extérieur, semi-liberté) ou à une véritable libération anticipée (libération conditionnelle). Mais pour obtenir l'une de ces mesures, tout détenu doit s'engager dans un long et laborieux parcours sans faute au cours duquel il devra apporter la preuve de ses « efforts de réinsertion ». Au bout du compte, plus de 80 % des condamnés libérés n'auront bénéficié d'aucune mesure d'aménagement de leur peine.

Les autorités responsables de l'aménagement des peines

Le droit pénal comporte le principe de l'individualisation des peines, dont les objectifs sont l'insertion du condamné et la prévention de la récidive. Des autorités judiciaires sont chargées d'adapter l'exécution de la peine à l'évolution et la situation du condamné. De plus en plus, leurs décisions intègrent les procédures de droit commun telles que le contradictoire et la possibilité de recours. Initiée par la loi du 15 juin 2000 « *renforçant la présomption d'innocence et les droits des victimes* », la juridictionnalisation de l'application des peines a été achevée par la loi du 9 mars 2004 « *portant adaptation de la justice aux évolutions de la criminalité* ». Cette loi entrera en application progressivement. Jusqu'au 1er janvier 2005, les compétences en matière d'individualisation de la peine se partagent entre le juge de l'application des peines et la juridiction régionale de la libération conditionnelle. Celle-ci sera ensuite remplacée par le tribunal de l'application des peines, ouvrant ainsi la possibilité d'un recours en cassation. Dès la fin 2005, toutes les décisions prises par les juridictions de l'application des peines seront ainsi susceptibles de recours. La personne condamnée bénéficie donc de garanties supplémentaires, notamment par la généralisation de son droit d'appel et de pourvoi en cassation. La réforme s'accompagne néanmoins d'un renforcement des obligations qui peuvent être imposées aux condamnés bénéficiant d'aménagements de peine. Le juge de l'application des peines bénéficie d'un contrôle plus élargi et contraignant, puisqu'il peut notamment délivrer des mandats d'arrêt ou d'amener.

Au bout de la peine, une réinsertion

« *L'individualisation des peines doit, chaque fois que cela est possible, permettre le retour progressif du condamné à la liberté et éviter une remise en liberté sans aucune forme de suivi judiciaire* ». Le retour progressif à la liberté est en effet de nature à favoriser l'insertion ou la réinsertion du condamné et à prévenir la récidive, ce qui correspond aux objectifs essentiels de l'individualisation des peines mentionnés par le deuxième alinéa de l'article 707, dans la droite ligne de la décision n° 93-334 DC du 20 janvier 1994 du Conseil constitutionnel selon laquelle « *l'exécution des peines privatives de liberté [...] a été conçue non seulement pour protéger la société et assurer la punition du condamné, mais aussi pour favoriser l'amendement de celui-ci et préparer sa réinsertion* ».

Observations du gouvernement sur les mémoires en réplique dirigés contre la loi portant adaptation de la justice aux évolutions de la criminalité devant le Conseil constitutionnel, 28 février 2004.

626 Qui décide des aménagements de peine ?

La plupart des aménagements de peine sont décidés par le juge de l'application des peines (JAP). La juridiction régionale de la libération conditionnelle (JRLC) et la juridiction nationale de la libération conditionnelle (JNLC) sont également compétentes. A partir du 1er janvier 2005, les attributions de ces deux juridictions sont exercées respectivement par le tribunal de l'application des peines (TAP) et la chambre de l'application des peines de la cour d'appel. Le directeur du service pénitentiaire d'insertion et de probation (DSPIP) dispose pour sa part, depuis la loi du 9 mars 2004, d'un large pouvoir de proposition en matière d'aménagement de peines. D'autre part, à compter du 1er janvier 2005, le juge des enfants exerce les fonctions du JAP à l'égard des mineurs condamnés, jusqu'à ce qu'ils aient atteint l'âge de 21 ans. En raison de la personnalité du mineur et de la peine prononcée, le juge des enfants peut se dessaisir au profit du JAP dès que le condamné atteint l'âge de 18 ans. En outre, le tribunal des enfants exerce les attributions du tribunal de l'application des peines et la chambre spéciale des mineurs celles de la chambre de l'application des peines.

Articles 712-1, 712-4, 712-7 du Code de procédure pénale et 20-9 de l'ordonnance du 2 février 1945 (à partir du 1er janvier 2005).

627 Qu'est-ce qu'un juge de l'application des peines ?

Le juge de l'application des peines est un magistrat du tribunal de grande instance. Il a pour mission de déterminer les modalités d'exécution des peines en fonction de la situation des condamnés. Ainsi a-t-il le pouvoir d'accorder, dans des conditions particulières, des mesures qui viennent abréger la durée de l'incarcération ou l'aménager sous d'autres formes. Le JAP peut également autoriser le condamné à sortir temporairement de l'établissement pénitentiaire où il est détenu. Il est assisté pour une partie de ses décisions par une commission de l'application des peines (CAP). Chaque tribunal de grande instance dispose d'au moins un JAP, dont la compétence s'étend sur tous les établissements pénitentiaires situés dans la circonscription territoriale du tribunal. Plusieurs JAP peuvent se partager la compétence pour certains établissements pénitentiaires, en raison du nombre important de détenus accueillis.

Articles 709-1 et 722 du Code de procédure pénale ; article 712-1 du Code de procédure pénale à partir du 1er janvier 2005.

628 Le condamné rencontre-t-il le JAP avant son incarcération ?

Lorsqu'une personne non incarcérée est condamnée à une peine égale ou inférieure à un an d'emprisonnement ou si la période de détention qui lui reste à subir est inférieure ou égale à un an, elle est convoquée par le JAP afin de déterminer les modalités d'exécution de sa peine. A partir du 1er janvier 2005, le condamné peut être informé de sa convocation devant le JAP par la juridiction qui prononce le jugement. A compter du 31 décembre 2006, il se verra obligatoirement remettre à l'issue de l'audience un avis de convocation à comparaître dans un délai qui ne pourra être inférieur à dix jours ni excéder trente jours.

Article D.49-1 remplacé à partir du 1er janvier 2005 par les articles 723-15 à 723-19 et 747-2 du Code de procédure pénale ; article 474 du Code de procédure pénale (à partir du 31 décembre 2006).

Que peut faire le JAP avant l'incarcération ? 629

Le JAP peut décider, en fonction du dossier qui lui est communiqué par le ministère public, par décision motivée et à l'issue d'un débat contradictoire, d'une mesure de placement à l'extérieur, de semi-liberté, de fractionnement ou de suspension de peine, de placement sous surveillance électronique ou de libération conditionnelle. A partir du 1er janvier 2005, il peut également, à l'issue d'un débat contradictoire, convertir une peine d'emprisonnement inférieure ou égale à six mois en peine d'emprisonnement avec sursis et obligation d'accomplir un travail d'intérêt général. Si la personne condamnée ne souhaite pas bénéficier de ces mesures, le JAP peut fixer la date d'incarcération. Lorsque le JAP constate au cours de la première convocation que le condamné ne remplit pas les conditions lui permettant de bénéficier de la mesure, il l'informe des modifications à apporter à sa situation pour en bénéficier et le convoque à nouveau. Si le JAP n'a pas pris sa décision dans un délai de trois mois (quatre mois à partir du 1er janvier 2005) après communication du dossier, le procureur ramène la peine à exécution par l'incarcération. Si la personne condamnée ne répond pas à la convocation du JAP, sans excuse légitime, sa peine est mise à exécution en établissement pénitentiaire.

Article D.49-1 remplacé à partir du 1er janvier 2005 par les articles 723-15 à 723-19 et 747-2 du Code de procédure pénale.

Que peut faire le JAP après l'incarcération ? 630

Le JAP peut accorder une mesure d'aménagement de peine à toute personne condamnée qui remplit les conditions légales (« bonne conduite », efforts « sérieux » de réadaptation sociale, délai...). Les condamnés à une peine inférieure ou égale à un an, ou dont la durée de peine restant à purger est inférieure ou égale à un an, peuvent demander à bénéficier d'une semi-liberté, d'un fractionnement ou d'une suspension de peine, d'une permission de sortir ou d'un placement à l'extérieur. Enfin, les demandes de libération conditionnelle ne peuvent être effectuées qu'à mi-peine pour les condamnés « primaires », ou aux deux tiers de la peine pour les condamnés en état de récidive légale.

La juridictionnalisation, un processus historique

En 1958, lors de l'adoption du Code de procédure pénale, le législateur a créé le juge de l'application des peines. [...] Au gré des lois, le juge de l'application des peines a vu ses compétences accrues en 1972 et 1975, puis réduites en 1978 et 1981. [...] Dans le même temps, en 1983, un projet de création de tribunaux de l'application des peines tentait de répartir les compétences entre le juge de l'application des peines et ces tribunaux. [...] Cependant, il n'a jamais été discuté. [...] On a ensuite assisté aux prémices de la juridictionnalisation par la loi du 31 décembre 1997 sur la surveillance électronique et la loi du 18 juin 1998 sur la délinquance sexuelle, qui ont toutes deux confié des pouvoirs juridictionnels au juge de l'application des peines. Ensuite, les travaux de la commission Farge sur la liberté conditionnelle [...], en même temps qu'ils procédaient à une juridictionnalisation des décisions du juge de l'application des peines, proposaient la création de juridictions spécialisées. Ces travaux ont abouti à la loi du 15 juin 2000. Une double forme de juridictionnalisation a été réalisée, même si elle n'est pas complète : juridictionnalisation de la plupart des décisions du juge de l'application des peines et création des juridictions spécialisées pour les libérations conditionnelles des longues peines, qui s'accompagne d'une suppression des pouvoirs du ministre. [...] Le projet de loi portant adaptation de la justice aux évolutions de la criminalité [...] représente la suite logique de l'évolution constatée et présente plusieurs nouveautés. La première de ces innovations concerne la création de tribunaux de l'application des peines, composés de trois juges de l'application des peines. [...] La deuxième nouveauté consiste en un début de juridictionnalisation pour les mesures d'administration judiciaire. L'ordonnance devra être motivée et un appel sera possible devant le président de la chambre de l'application des peines par une procédure écrite.

Pierre Couvrat, « Où vont les prisons : entre réalités et droits », colloque du Conseil national des barreaux, *20 novembre 2003.*

631 Comment obtenir un rendez-vous avec le JAP ?

Le détenu peut adresser au JAP un courrier clos (sous pli fermé), dans lequel il expose brièvement les motifs de sa demande d'entretien. Le juge a le choix de répondre ou non, par écrit ou en accordant une audience au détenu. En l'absence de réponse du JAP, le détenu peut écrire au président du tribunal de grande instance, garant du bon fonctionnement administratif de sa juridiction.

Articles D.116-1, D.262 du Code de procédure pénale et R.812-1 du Code de l'organisation judiciaire.

632 Quel est le rôle du directeur des services pénitentiaires d'insertion et de probation ?

Depuis l'entrée en vigueur d'une partie des dispositions de la loi du 9 mars 2004, le directeur des services pénitentiaires d'insertion et de probation dispose d'un très large pouvoir de proposition en matière de semi-liberté, de placement à l'extérieur ou de placement sous surveillance électronique. Afin de déterminer la mesure d'aménagement la plus adaptée à la personnalité des condamnés en fin de peine, les services pénitentiaires d'insertion et de probation (SPIP) doivent examiner le dossier de toute personne à laquelle :

- il reste trois mois d'emprisonnement à subir en exécution d'une ou plusieurs peines d'emprisonnement d'une durée supérieure ou égale à six mois et inférieure à deux ans ;

- il reste six mois d'emprisonnement à subir en exécution d'une ou plusieurs peines d'emprisonnement d'une durée supérieure ou égale à deux ans et inférieure à cinq ans.

Dans les trois mois précédant ces délais, le DSPIP peut faire une proposition de permission de sortir. Après avis du chef d'établissement, c'est également le DSPIP qui saisit le JAP d'une proposition d'aménagement de peine. A cette occasion, il peut mentionner une ou plusieurs obligations ou interdictions auxquelles le détenu pourrait être soumis : s'abstenir de paraître en tout lieu spécialement désigné, ne pas fréquenter les débits de boissons, ne pas détenir ou porter une arme, établir sa résidence en un lieu déterminé, indemniser la victime, ne pas entrer en relation avec elle… La saisine du JAP par le DSPIP n'est pas automatique. Elle peut ne pas être effectuée en cas de « mauvaise conduite » de la personne en détention, d'absence de projet « sérieux » de réinsertion, d'impossibilité matérielle de mettre en place une mesure d'aménagement ou de refus du condamné de bénéficier de la mesure proposée. Le DSPIP doit alors informer le condamné de l'absence de saisine.

Articles 723-20, 723-21 et 723-27 du Code de procédure pénale (à partir du 1er janvier 2005).

Le JAP est-il tenu de suivre les propositions du DSPIP ? 633

Le JAP dispose d'un délai de trois semaines après réception pour, après avis du procureur, accepter ou rejeter la proposition du DSPIP. Il peut également opter pour une autre mesure d'aménagement de peine. Le procureur de la République doit quant à lui faire parvenir son avis au JAP dans un délai de deux jours. En cas de rejet, le JAP doit rendre une ordonnance motivée susceptible de recours par le condamné et le procureur devant le président de la chambre de l'application des peines de la cour d'appel. En cas d'acceptation, l'ordonnance peut faire l'objet d'un appel suspensif de la part du procureur de la République devant le président de la chambre de l'application des peines de la cour d'appel. Cet appel sera considéré comme non avenu si l'affaire n'est pas examinée dans un délai de trois semaines. En l'absence de réponse de la part du JAP dans le délai imparti de trois semaines, le DSPIP peut décider de mettre la mesure préconisée à exécution. Il doit néanmoins en informer le JAP et le procureur.

Articles 723-22 à 723-28 du Code de procédure pénale (à partir du 1er janvier 2005).

Qu'est-ce que la commission de l'application des peines ? 634

Dans chaque établissement pénitentiaire, le JAP préside une commission de l'application des peines (CAP) chargée de l'assister dans certaines de ses décisions. La CAP est constituée du procureur de la République et du chef d'établissement (membres de droit), ainsi que de membres du service pénitentiaire d'insertion et de probation et du personnel de surveillance. La CAP intervient dans les décisions ne faisant pas l'objet de débat contradictoire, à savoir celles relatives aux réductions de peine, permissions de sortir et autorisations de sortie sous escorte. A partir du 1er janvier 2005, sa compétence en matière de réductions de peine ordinaires se limite aux cas où le JAP envisage de les retirer. La commission de l'application des peines ne donne que des avis consultatifs au JAP, qui n'est pas obligé de les suivre. En principe, le condamné peut être entendu par la commission pour défendre son dossier, mais la présence de son avocat n'est ni prévue ni admise. La CAP est saisie par le JAP en fonction des demandes présentées par les condamnés ou par le SPIP.

Articles 721, 721-1, 722 et 729 et suivants, D.152, D.162, D.117-1 et D.527 du Code de procédure pénale ; article 712-5 du Code de procédure pénale à partir du 1er janvier 2005.

635 Quelles sont les prérogatives des juridictions régionale et nationale de la libération conditionnelle ?

Instituées par la loi du 15 juin 2000, les juridictions de la libération conditionnelle sont compétentes, jusqu'au 1er janvier 2005, pour se prononcer sur les demandes de libération conditionnelle et de suspension de peine médicale, en cas de condamnation supérieure à dix ans d'emprisonnement ou lorsque la durée de détention restant à subir dépasse trois ans. La juridiction régionale de la libération conditionnelle est composée d'un magistrat de la cour d'appel (président de chambre ou conseiller de cour d'appel) et de deux juges de l'application des peines du ressort de la cour. La juridiction nationale de la libération conditionnelle examine en appel les décisions de la juridiction régionale. Elle est constituée de trois magistrats de la Cour de cassation (le premier président ou son représentant et deux magistrats du siège de la Cour), d'un représentant national des associations de victimes et d'un responsable d'une association de réinsertion des condamnés. Ses décisions ne sont pas susceptibles d'un pourvoi en cassation.

Article 722-1 du Code de procédure pénale.

La juridictionnalisation n'entraîne pas plus de libérations conditionnelles

L'élargissement de la compétence des juges de l'application des peines aux condamnés à cinq ans et plus a eu un effet direct sur cette catégorie de condamnés. En 2001, 5 680 libérations conditionnelles ont été accordées par les juges de l'application des peines, soit une augmentation de 6 % par rapport à l'année précédente (5 361 en 2000). L'augmentation totale des libérations conditionnelles de la compétence du juge de l'application des peines est liée à la seule augmentation des libérations conditionnelles accordées aux détenus de plus de cinq ans. Le nombre de libérations conditionnelles accordées à ces derniers a été multiplié par trois [...]. Au cours de l'année 2001, les juridictions régionales de la libération conditionnelle ont accordé 167 libérations conditionnelles à des condamnés à dix ans et plus et dont le reliquat de peine était supérieur à trois ans. En 2000, 206 libérations conditionnelles avaient été accordées par le garde des Sceaux dont 146 à des condamnés à une peine de plus de dix ans. [...] Ajoutons que 38 libérations conditionnelles ont été accordées, en 2001, à des condamnés à perpétuité (commuée ou non). Comparées aux 15 accordées en 2000, elles ont été multipliées par plus de deux. [...] Entre les quatre premiers mois de l'année 2001 et les quatre premiers mois de l'année 2002, le nombre d'aménagements octroyés a baissé de 8 %. Notamment, le nombre de libérations conditionnelles de la compétence du juge de l'application des peines a diminué de 2 125 au cours des quatre premiers mois de 2001 à 1 616 au cours des quatre premiers mois de 2002 : il retrouve ainsi le niveau atteint au cours des quatre premiers mois de 2000 où 1 668 libérations conditionnelles avaient été accordées par le juge de l'application des peines. Ajoutons que la baisse du nombre de libérations conditionnelles enregistrées a particulièrement touché les condamnés à une peine comprise entre cinq et dix ans (- 37 %, passant de 329 en 2001 à 206 en 2002). [...] Parallèlement le nombre de libérations conditionnelles accordées aux condamnés à plus de dix ans par les juridictions régionales s'établit à 57 au cours des quatre premiers mois de 2002 (34 en 2001, 46 en 2000). Ces premiers résultats suggèrent que l'année 2001 a été plutôt une année de rattrapage de dossiers sur lesquels la décision du garde des Sceaux n'avait pas encore été prise.

Maud Guillonneau, Loi du 15 juin 2000 : impact statistique sur les aménagements de peine, *bureau PMJ1, direction de l'administration pénitentiaire, juillet 2002.*

Qu'est ce qu'un tribunal de l'application des peines ? 636

Instauré par la loi du 9 mars 2004, le tribunal de l'application des peines est une juridiction dc l'application des peines établie auprès de chaque cour d'appel. Il est composé d'un président et de deux assesseurs désignés parmi les juges de l'application des peines. A partir du 1er janvier 2005, il reprend les attributions dévolues à la juridiction régionale de la libération conditionnelle. Il est également compétent pour se prononcer sur les mesures concernant le relèvement des périodes de sûreté. Le TAP peut être saisi sur demande du condamné, sur réquisitions du procureur de la République ou à l'initiative du juge de l'application des peines. Ses jugements sont rendus à l'issue d'un débat contradictoire et après avis du représentant de l'administration pénitentiaire.

Articles 712-3 et 712-7 du Code de procédure pénale à partir du 1er janvier 2005.

Qu'est ce que la chambre de l'application des peines de la cour d'appel ? 637

A partir du 1er janvier 2005, les appels contre des décisions du JAP ou du TAP sont portés devant la chambre de l'application des peines de la cour d'appel, à l'exception des réductions de peine, autorisations de sortie sous escorte, permissions de sortir et obligations accompagnant les aménagements de peine. Le délai pour faire appel devant la chambre est de dix jours à compter de la date de la notification de la décision. Cette juridiction de second degré est composée d'un président de chambre et de deux conseillers. Elle comprend également les responsables d'une association de réinsertion des condamnés et d'une association d'aide aux victimes pour l'appel à l'encontre de mesures du TAP (relèvement de la période de sûreté, libération conditionnelle, suspension de peine). Les décisions de la chambre sont prises à l'issue d'un débat contradictoire et peuvent fixer un délai pendant lequel toute nouvelle demande est irrecevable. Ce délai ne peut être supérieur au tiers du temps de détention restant à subir, ni supérieur à trois ans. Les décisions prises par la chambre sont susceptibles d'un pourvoi devant la Cour de cassation.

Articles 712-11 à 712-15 du Code de procédure pénale à partir du 1er janvier 2005.

638 Quel est le rôle du président de la chambre de l'application des peines de la cour d'appel ?

A partir du 31 décembre 2005, il est chargé d'examiner les appels concernant les réductions de peine, les permissions de sortir et les autorisations de sortie sous escorte, ainsi que ceux à l'encontre des décisions prises par le JAP ou le TAP modifiant ou refusant de modifier une mesure comme la semi-liberté, le placement extérieur ou les obligations liées à la mesure. L'appel doit être porté dans un délai de 24 heures à compter de la notification de la mesure. Les décisions prises par le président de la chambre peuvent faire l'objet d'un pourvoi en cassation.

Articles 712-11, 712-12 et 712-15 du Code de procédure pénale à partir du 1er janvier 2005.

Le risque d'une gestion collective des sorties de prison

Achevant une évolution commencée avec la loi sur la présomption d'innocence du 15 juin 2000, la loi Perben consacre et clarifie le rôle des juges de l'application des peines, traditionnellement mal considérés dans le monde judiciaire. Chargés de contrôler le respect des mesures de liberté surveillée, mais aussi de décider, en fonction de la situation de chaque condamné, des meilleures modalités d'exécution des peines prononcées par les tribunaux (100 000 peines de prison ferme en 2002), les JAP sont satisfaits de cette reconnaissance apportée par le législateur. Mais le texte donne aussi à l'administration un pouvoir d'impulsion, voire de décision, dans l'aménagement des peines de prison. Le directeur du service d'insertion et de probation devra proposer au juge, pour les détenus qui arrivent à trois ou six mois de leur fin de peine selon les cas, une mesure censée mieux préparer leur sortie : semi-liberté, placement à l'extérieur ou sous surveillance électronique. Si le juge ne répond pas dans les trois semaines, la proposition sera mise à exécution. [...] Les juges craignent, dans ce cadre, une gestion collective des sorties de prison. [...] « *La loi fournit un levier pour une politique de quotas, en matière de bracelet électronique par exemple* », précise Mickaël Janas, président de l'Association nationale des juges de l'application des peines (Anjap). « *Nous travaillons dans l'humain, nous essayons d'individualiser les mesures en fonction des efforts que les gens font, pour payer les victimes, suivre des soins, etc.*, explique Véronique Daniel, juge à Laval (Mayenne). *Il n'est pas question de faire de la masse dans ce domaine.* » Ces craintes s'appuient aussi sur le manque de moyens matériels que rencontrent les juges et les services d'insertion et de probation. Les responsables de l'administration pénitentiaire, à qui on a demandé d'être prêts à appliquer la loi Perben dès le mois d'avril, ne dissimulent pas la difficulté. De nouveaux postes de travailleurs sociaux ont été créés et sont très attendus. Mais leur nombre risque de ne pas suivre celui des détenus.

Nathalie Guibert, « Sorties de prison : les objectifs contestés de la loi Perben », Le Monde, *23 février 2004.*

Les intérêts de la victime ou de la partie civile sont-ils pris en compte dans la décision d'aménagement de peine ? 639

La loi du 9 mars 2004 a inséré des dispositions permettant de prendre en compte l'intérêt de la victime ou de la partie civile dans les décisions d'aménagement de peine. A partir du 1er janvier 2005, les juridictions de l'application des peines doivent ainsi tenir compte de l'intérêt de la victime ou de la partie civile avant de prendre une décision permettant au condamné de sortir de prison définitivement ou temporairement. Les juridictions peuvent ainsi demander à ce que soit diligentée une enquête, afin d'évaluer les conséquences de cette sortie pour la victime ou la partie civile. Avant toute décision, les juridictions de l'application des peines peuvent également informer la victime ou la partie civile de son droit de présenter des observations par écrit dans un délai de quinze jours. Enfin, les juridictions de l'application des peines peuvent décider d'assortir une mesure d'aménagement de peine de l'interdiction de recevoir, de rencontrer ou d'entrer en relation avec la victime. Dans ce cas, la victime et son avocat sont informés par un avis de la juridiction, à moins que la personnalité de la victime justifie qu'elle ne le soit pas, ou qu'elle ait fait savoir qu'elle ne souhaitait pas être avisée des modalités d'exécution de la peine.

Articles 712-16 et 720 du Code de procédure pénale à partir du 1er janvier 2005.

La période de sûreté

Véritable sujet de controverse, la période de sûreté a fait l'objet de nombreux débats politiques. Instituée par une loi du 22 novembre 1978, elle fait obstacle, pendant toute sa durée, au prononcé de mesures d'aménagement de peine, déniant par conséquent la dimension d'amendement dévolue à la peine. La réforme du Code pénal en 1994 est venue aggraver le dispositif en augmentant le nombre d'infractions pouvant être assorties d'une période de sûreté et en instaurant la période de sûreté incompressible, dite « perpétuité réelle ». C'est ainsi que la réclusion criminelle pour de très longues durées serait venue remplacer la peine de mort abolie en 1981.

640 Qu'est-ce qu'une période de sûreté ?

La période de sûreté est une phase durant laquelle un condamné à une peine de prison ne peut prétendre à aucune mesure d'individualisation, telles qu'une suspension ou un fractionnement de la peine, une semi-liberté, un placement à l'extérieur, une libération conditionnelle ou même une permission de sortir. Seule la suspension de peine pour raisons médicales peut lui être accordée. En outre, les réductions de peine auxquelles le condamné peut avoir droit ne se déduisent que sur la partie de la peine allant au-delà de la période de sûreté. Les dispositions relatives à la période de sûreté ne peuvent en aucun cas être appliquées aux mineurs.

Articles 132-23 du Code pénal, 720-4 du Code de procédure pénale et 20-2 de l'ordonnance du 2 février 1945 relative à l'enfance délinquante.

Un principe plus jamais remis en cause

Avec l'arrivée de Michel Poniatowski au ministère de l'Intérieur et d'Alain Peyrefitte à la Justice, le thème de l'insécurité prend une grande importance. C'est le moment où le présentateur du journal télévisé Roger Gicquel, à l'occasion d'un fait divers dramatique (un meurtre commis par un détenu nommé Maupetit qui avait bénéficié d'une permission de sortir, mesure instaurée depuis peu pour les détenus en fin de peine), prononce la phrase « la France a peur ». Dans ce contexte, est votée la loi de novembre 1978 instaurant la période de sûreté, qui correspond à l'idée qu'on ne peut pas faire confiance aux juges de l'application des peines, accusés de libérer n'importe qui, qu'il faut donc les contrôler. On fait entrer comme membre de droit dans la commission de l'application des peines, outre le directeur de l'établissement pénitentiaire, le procureur de la République, à qui on donne, et à lui seul, un droit de recours à l'encontre des décisions du juge de l'application des peines (le détenu n'ayant quant à lui, à cette époque, aucune possibilité d'appel). À cette époque, la gauche était opposée à la création de la période de sûreté. Mais, une fois voté, le principe de cette mesure ne sera plus remis en cause. Pour permettre une application immédiate, les dispositions sur la période de sûreté sont insérées, non dans le Code pénal comme il conviendrait d'une loi de fond, mais dans le Code de procédure pénale [...].Ce n'est qu'avec le nouveau code pénal entré en vigueur en 1994 que la période de sûreté est intégrée dans le Code pénal. [...] Ainsi, le nouveau Code pénal voté par une majorité dominée par les socialistes en 1992 va finalement entériner la réforme voulue par Alain Peyrefitte en 1978 et que les socialistes avaient combattue à l'époque... [...] En février 1994, c'est à nouveau un fait divers qui provoque un durcissement de la demande d'allongement des peines. Un enfant ayant été violé et tué par un criminel libéré avant la fin de sa peine, certains font valoir qu'en raison des réductions de peine et des libérations conditionnelles, les peines perpétuelles ne sont pas réellement exécutées ; il faut donc créer une période de sûreté perpétuelle, afin que les criminels coupables de viol suivi de meurtre sur mineur sachent qu'ils s'exposent à être définitivement emprisonnés.

Pierrette Poncela, « Perpétuité, sûreté perpétuelle », Hommes et libertés, *n°116, septembre - novembre 2001.*

Dans quels cas la période de sûreté est-elle obligatoire ? 641

La période de sûreté est systématique lorsque deux conditions sont réunies. L'infraction commise par le condamné doit tout d'abord faire partie d'une liste prévue par le Code pénal, qui comprend par exemple le meurtre aggravé comme l'assassinat, mais pas le meurtre simple. D'autre part, la condamnation prononcée par la juridiction (cour d'assises, cour d'appel ou tribunal correctionnel) doit être supérieure ou égale à dix ans d'emprisonnement ferme (sans sursis). Si ces deux conditions sont remplies, la période de sûreté s'applique automatiquement, même si la juridiction qui condamne ne le mentionne pas expressément. Par ailleurs, une période de sûreté est prévue par le Code pénal dans tous les cas où une peine de réclusion criminelle à perpétuité est encourue.

Article 132-23 du Code pénal.

Quelle est la durée de la période de sûreté obligatoire ? 642

La durée de la période de sûreté obligatoire est en principe de la moitié de la peine prononcée. Pour les condamnations à la perpétuité, elle est de dix-huit ans. Cependant, les juridictions qui prononcent la peine peuvent, par décision spéciale, réduire ces durées, voire les supprimer. Elles ont également la possibilité, toujours par décision spéciale, d'allonger la période de sûreté jusqu'aux deux tiers de la peine ou jusqu'à vingt-deux ans pour les condamnations à perpétuité. La Cour de cassation estime que les motifs des décisions de réduction ou d'allongement de la période de sûreté ne doivent pas nécessairement être énoncés. Enfin, dans les cas d'assassinat ou de meurtre précédé d'un viol, de tortures ou d'actes de barbarie sur un mineur de moins de quinze ans, la période de sûreté peut être fixée à trente ans, voire être « perpétuelle » si la peine prononcée est la réclusion à perpétuité.

Dans ce cas, la personne condamnée ne pourra bénéficier d'aucun aménagement de peine, à moins qu'elle ne bénéficie d'une mesure de relèvement.

Articles 132-23, 221-3 et 221-4 du Code pénal, arrêt de la chambre criminelle de la Cour de cassation du 23 octobre 1989.

« Vecteurs de désespoir et de carcéralisme »

Tous mes interlocuteurs étaient aussi opposés aux périodes de sûreté incompressibles qui assortissent la perpétuité. Contraires au principe de l'individualisation de la peine. Vecteurs de désespoir et de carcéralisme. Problématiques pour les surveillants comme pour les surveillés. Et sur le plan strictement sécuritaire, i-nu-ti-les. [...] « *On n'avait pas besoin de ces mesures,* m'avait déclaré la JAP de C. *; une libération conditionnelle, ça pouvait toujours se refuser. Maintenant on a figé la situation ; la Chancellerie a répondu à un besoin de sécurité du public à la suite de quelques affaires médiatisées.* » Quitte-t-on la perspective sécuritaire pour se placer dans une optique « soignante », le constat est tout aussi négatif. « *Ces périodes de sûreté,* observe le psychiatre de C., *rendent très difficile un travail thérapeutique digne de ce nom car le psychisme humain ne peut pas avaler n'importe quoi. Le soin psychologique ne s'envisage pas dans l'exclusion ; il prend son sens dans une perspective de vie libre.* »

Anne-Marie Marchetti, Perpétuités, le temps infini des longues peines, *Plon, 2001.*

643 Dans quels cas la période de sûreté est-elle facultative ?

Une période de sûreté peut également être décidée par la juridiction de jugement pour n'importe quelle infraction, à condition que la peine prononcée soit supérieure à cinq ans de prison sans sursis. Néanmoins, la période de sûreté ne peut pas dépasser les deux tiers de la peine, ou vingt-deux ans lors d'une condamnation à perpétuité.

Article 132-23 du Code pénal.

644 Comment la période de sûreté peut-elle être supprimée ou réduite ?

Avant le 1er janvier 2005, la personne condamnée peut demander au juge de l'application des peines (JAP) que sa période de sûreté soit réduite ou supprimée. Si le JAP estime que le détenu présente des « *gages sérieux de réadaptation sociale* », il peut saisir à titre exceptionnel la juridiction du lieu d'incarcération équivalente à celle qui a prononcé la peine (tribunal correctionnel, cour d'appel ou chambre de l'instruction de la cour d'appel pour une condamnation prononcée par une cour d'assises), afin de demander une réduction ou la suppression de la période de sûreté. Lorsque la période de sûreté a été fixée à trente ans, le condamné ne peut demander sa réduction ou suppression qu'après avoir accompli vingt ans d'emprisonnement. Si la cour d'assises a prononcé une période de sûreté « perpétuelle », le condamné ne peut faire une demande en relèvement qu'à l'expiration d'un délai de trente ans à compter du jour de la condamnation. A l'expiration de cette période de trente ans, les aménagements de peine ne sont envisageables qu'après trois expertises psychiatriques se prononçant sur la dangerosité du condamné. Une commission composée de cinq magistrats de la Cour de cassation se prononce alors sur la réduction ou la suppression de la période de sûreté « perpétuelle ». Après le 1er janvier 2005, le tribunal de l'application des peines (TAP), saisi sur demande du condamné, sur réquisitions du procureur de la République ou à l'initiative du juge de l'application des peines, est compétent pour prononcer, à titre exceptionnel, le relèvement total ou partiel de la période de sûreté. Lorsqu'elle a été fixée à trente ans, le condamné ne peut demander une réduction ou suppression de la période de sûreté qu'après avoir accompli vingt ans d'emprisonnement. Si la cour d'assises a fixé une période de sûreté « perpétuelle », le condamné doit attendre l'expiration d'un délai de trente ans d'incarcération subie, détention provisoire incluse. A l'expiration de cette période de trente ans, les aménagements de peine ne sont envisageables qu'après trois expertises psychiatriques sur la dangerosité du condamné. L'obtention d'une réduction ou d'une suppression de période de sûreté ne signifie pas que le détenu retrouve la liberté. Elle lui permet simplement de déposer des demandes d'aménagement de peine.

Articles 132-23, 221-3 et 221-4 du Code pénal, 720-4 du Code de procédure pénale ; articles 712-7 et 712-11 du Code de procédure pénale à partir du 1er janvier 2005.

Un recours est-il possible contre un refus de relèvement de la période de sûreté ? 645

Avant le 1er janvier 2005, le juge de l'application des peines n'est en aucun cas obligé de saisir la juridiction compétente pour statuer sur le relèvement de la période de sûreté. Si la juridiction est saisie par le JAP et refuse de réduire ou de supprimer la période de sûreté, le condamné ne dispose d'aucune voie de recours. Après le 1er janvier 2005, la décision de refus de relèvement de la période de sûreté peut être portée, dans un délai de dix jours, devant la chambre de l'application des peines de la cour d'appel, qui rend sa décision après un débat contradictoire au cours duquel sont entendus l'avocat du condamné et le procureur de la République. Lors de l'examen de l'appel, la chambre est composée, outre du président et des deux conseillers assesseurs, des responsables d'une association de réinsertion des condamnés et d'une association d'aide aux victimes. Si la chambre confirme le jugement du tribunal de l'application des peines refusant d'accorder cette mesure, elle peut fixer un délai pendant lequel toute nouvelle demande est irrecevable. Ce délai ne peut excéder ni le tiers du temps de détention restant à subir, ni trois années.

Articles 712-11 et 712-13 du Code de procédure pénale à partir du 1er janvier 2005.

Les réductions de peine

Décriées en raison du caractère quasiment systématique de leur octroi, les réductions de peine - notamment celles qui récompensent la « bonne conduite » du condamné - représentent un instrument utile afin de contrebalancer le mouvement d'allongement des peines issu des tribunaux. *A contrario*, elles ont un effet pervers sur le prononcé des peines lui-même, les jurés des cours d'assises étant invités à calculer le temps de prison que fera le condamné, réductions de peine déduites, avant de prendre leur décision. La loi du 9 mars 2004 tente de remédier à ces travers en revisitant considérablement le régime des réductions de peine. A partir du 1er janvier 2005, un « crédit de peine » est ainsi accordé à chaque condamné en fonction de la peine qu'il doit purger. Des parts de ce crédit peuvent lui être retirées en cas de « mauvaise conduite », aussi bien pendant la détention et qu'au cours de la période de libération équivalente aux réductions accordées.

Recul des pratiques d'individualisation au profit de mesures de masse

L'argument sur la concurrence des mesures d'aménagements non individualisées est particulièrement prégnante dans l'analyse de la situation française : tout concourt, sur près de vingt-cinq ans, à un recul des pratiques d'individualisation au profit de mesures de masse : raréfaction des mesures de libération conditionnelle, réduction en 1986 des possibilités légales d'individualisation en matière de réduction de peine, introduction et développement des périodes de sûreté, et, dans l'autre sens, octroi presque systématique des réductions de peine pour bonne conduite (et cela dès l'année 1973), recours annuel systématique, par le président de la République qu'il soit de gauche ou de droite, aux grâces collectives depuis 1991 à l'occasion de la fête nationale.

Pierre V. Tournier, « Les systèmes de libération sous condition dans les Etats membres du Conseil de l'Europe », Champ pénal, *volume 1, 2004.*

646 Qu'est-ce qu'une réduction de peine ?

La réduction de peine est une mesure prise par le juge de l'application des peines (JAP) qui permet de réduire la durée de la peine de prison. Elle ne peut être accordée qu'aux personnes condamnées définitivement, c'est-à-dire celles pour lesquelles les délais d'appel ou de pourvoi en cassation sont expirés ou qui ont déjà tenté ces recours. Les réductions de peine ne concernent que la partie de la peine qui n'est pas soumise à une période de sûreté. Les réductions octroyées se déduisent de la fin de la peine. Par conséquent, elles déplacent aussi les échéances pour avoir accès à certains aménagements de peine comme les permissions de sortir, la libération conditionnelle, la semi-liberté ou le placement à l'extérieur.

Articles 721 et 721-1 du Code de procédure pénale.

Quels sont les différents types de réductions de peine ? 647

Il existe deux catégories de réductions de peine : la réduction de peine ordinaire, accordée aux détenus faisant preuve d'une « *bonne conduite* », et la réduction de peine supplémentaire, accordée aux détenus qui fournissent des « *efforts sérieux de réadaptation sociale* ». La loi du 9 mars 2004 a créé une nouvelle catégorie : la réduction de peine exceptionnelle. Aucune réduction de peine n'est accordée automatiquement : son obtention n'est pas un droit pour le détenu. Le juge détient un pouvoir d'appréciation : il tient compte de la « bonne conduite » et des efforts de réinsertion du condamné. Il décide ou non d'accorder ou de retirer les réductions de peine, et détermine également leurs durées.

Articles 721 et 721-1 du Code de procédure pénale.

Que signifie une « bonne conduite » ? 648

Le comportement général du condamné, son « *assiduité* », son « *application au travail et, le cas échéant, aux études et à la formation professionnelle* », ainsi que son « *sens des responsabilités* » doivent être pris en considération dans la décision du juge. Dans les faits, les juges de l'application des peines se basent souvent sur l'existence ou non de sanctions disciplinaires prises à l'encontre du détenu par l'administration pénitentiaire pour déterminer s'il mérite tout ou partie des réductions de peine.

Articles 721 et D.253 du Code de procédure pénale.

La fonction disciplinaire du JAP est particulièrement mal venue

Le législateur a prévu, d'une part, que le principe de l'octroi des réductions de peine « ordinaires » visées à l'article 721 du Code de procédure pénale, soit exclusivement indexé sur la « bonne conduite » du détenu, et, d'autre part, que le JAP puisse refuser, retirer ou ajourner le bénéfice de ces mesures ainsi que, plus largement, de tout aménagement de peine en cas de mauvaise conduite. Par ailleurs, pour l'ensemble des mesures relevant de sa compétence, il est indubitable que le JAP prend en compte la conduite du condamné, parmi les éléments d'appréciation des efforts de resocialisation de ce dernier, notion qui est à la base de la plupart d'entre elles. La pratique a achevé de renforcer le soutien du JAP au maintien de l'ordre des établissements. L'on sait en effet que ce n'est plus tant la bonne conduite que l'absence de mauvaise conduite qui assoit généralement les réductions de peine ordinaires. Ceci permet de maîtriser des détenus qui, sans extérioriser un bon comportement, ne manifestent pas de mauvais comportement. Cette fonction indubitablement disciplinaire du JAP est particulièrement mal venue dans l'état actuel des choses.

M. Herzog-Evans et E. Péchillon, Le droit de l'exécution des peines, problèmes et enjeux d'une discipline juridique en formation, *Mission de recherche Droit et justice, avril 2003.*

649 Que signifient des « efforts sérieux de réadaptation sociale » ?

Ces efforts peuvent se traduire par le succès du détenu à un examen scolaire, universitaire ou professionnel ou par des progrès réels manifestés dans le cadre d'un enseignement ou d'une formation. Le juge de l'application des peines doit également se référer expressément à l'effort accompli pour indemniser les victimes. Les condamnés soumis à un suivi socio-judiciaire ne peuvent bénéficier de réductions de peine supplémentaires s'ils refusent de se conformer à l'injonction de soins dont ils font l'objet. Il ne s'agit là que d'exemples donnés par le Code de procédure pénale. D'autres éléments peuvent entrer en ligne de compte.

Article 721-1 du Code de procédure pénale.

650 Qu'est ce qu'une réduction de peine exceptionnelle ?

Créée par la loi du 9 mars 2004, la réduction de peine exceptionnelle peut être accordée à partir du 1er janvier 2005, aux personnes condamnées dont les déclarations faites à l'autorité administrative ou judiciaire, avant ou après leur condamnation, ont permis de faire cesser ou d'éviter la commission d'une infraction. Ces déclarations doivent concerner les infractions prévues aux articles 706-73 et 706-74 du Code de procédure pénale, à savoir un certain nombre de crimes ou délits commis en bande organisée tels que meurtre, tortures ou actes de barbarie, trafic de stupéfiants, enlèvement et séquestration, destruction, dégradation et détérioration d'un bien, délits en matière d'armes. Ces déclarations peuvent concerner des infractions commises en détention tels que des émeutes ou trafics de stupéfiants. La réduction de peine exceptionnelle ne peut être supérieure au tiers de la peine à laquelle la personne a été condamnée. Dans le cas d'une condamnation à la perpétuité, une réduction exceptionnelle du temps d'épreuve de cinq années maximum peut être prononcée. Cette réduction est accordée par le tribunal de l'application des peines (TAP), suite à un débat contradictoire.

Articles 706-73, 706-74 et 721-3 du Code de procédure pénale.

651 Comment se calculent les réductions de peine avant le 1er janvier 2005 ?

Annuellement, la situation de la personne condamnée est examinée pour l'année de détention en cours. Les réductions de peine accordées se déduisent de la date de fin de peine, qui est ainsi modifiée une fois par an. La réduction de peine ordinaire (RPO) ne peut excéder trois mois par année d'incarcération. Si la peine restant à purger est inférieure à une année, la réduction est de sept jours maximum par mois. Ainsi, un condamné exécutant une peine de deux ans d'emprisonnement n'aura pas six mois de réduction de peine ordinaire, mais trois mois pour la première année et soixante-trois jours pour les neuf mois restant de la seconde année. La réduction de peine supplémentaire (RPS) ne peut être accordée qu'après un an d'incarcération. Pour un détenu qui n'est pas récidiviste, elle est de deux mois maximum par an, ou de quatre jours maximum par mois lorsque la durée de la peine est inférieure à une année. Pour un détenu en état de « récidive légale », la réduction de peine supplémentaire ne peut excéder un mois par an (ou deux jours maximum par mois pour une peine à subir inférieure à une année). En cas d'exécution de plusieurs peines, il suffit que la récidive légale ait été retenue pour une seule peine pour que le maximum de toutes les réductions de peine supplémentaires soit limité à un mois par an ou deux jours par mois. Enfin, les personnes condamnées avant le 2 octobre 1986 sont soumises à un régime de réduction de peine supplémentaire différent. Elles peuvent obtenir une réduction de peine de trois mois pour « *gages exceptionnels de réinsertion* » et une réduction de peine exceptionnelle de trois mois pour « *succès à un examen* ». En pratique, les JAP ont tendance à leur égard à s'en tenir au maximum des réductions de peine pouvant être accordé aux autres condamnés. Cette disposition reste en théorie encore applicable à l'entrée en vigueur des nouvelles dispositions relatives aux réductions de peine.

Articles 721 et 721-1 du Code de procédure pénale, note DAP n°NORJUSE9640038C du 5 juillet 1996.

Le détenu « modèle », un détenu silencieux

Il faudrait que la vie en prison puisse être la plus proche possible de la vie à l'extérieur et que les critères d'insertion soient les mêmes pour le travailleur social que pour l'administration pénitentiaire. Or on en est loin. Pour l'administration pénitentiaire, un bon détenu est un détenu qui ne fait pas de bruit, qui ne réclame rien, qui reste dans sa cellule. Dans ces conditions, sans rien faire d'autre, il bénéficiera du maximum des réductions de peines, à savoir trois mois par an, trois mois supplémentaires au bout de la deuxième année et régulièrement maintenant, pour calmer les tensions, trois mois de plus tous les 14 juillet. Cela tombe systématiquement, sans faire aucun effort. Je ne suis pas du tout persuadé que ce soit de bons critères pour avoir des chances de s'insérer dans la société. Le détenu incarcéré doit garder son identité, il doit refuser d'entrer dans le moule de la machine.

Jacques Lerouge, ancien détenu, audition du 18 mai 2000, La France face à ses prisons, *Assemblée nationale, juillet 2000.*

Comment se calculent les réductions de peine à partir du 1er janvier 2005 ? 652

A partir du 1er janvier 2005, un crédit de réduction de peine est accordé à toute personne condamnée. Les réductions de peine ordinaires (RPO) sont calculées dès la mise à l'écrou, ou dès la mise à exécution de la condamnation pour les personnes déjà détenues. Le crédit est calculé sur la base de la condamnation prononcée. Toute personne condamnée bénéficie donc de trois mois de réduction pour la première année, de deux mois pour les années suivantes et de sept jours par mois pour une année incomplète. Cette base de calcul est plus avantageuse pour les personnes détenues et tout particulièrement pour les « longues peines », car elle intègre toute la durée de peine, dont la période de détention provisoire, et permet de rapprocher les délais d'éligibilité aux mesures d'aménagement de peine. Dès l'inscription de sa condamnation à l'écrou, le condamné est informé par le greffe de sa date prévisible de sortie, compte tenu de son crédit de réduction de peine et des possibilités de retrait. Par ailleurs, il n'est plus nécessaire d'attendre qu'un délai d'un an se soit écoulé pour bénéficier des réductions de peine supplémentaires (RPS). Lorsque la personne condamnée est en état de récidive légale, les RPS ne peuvent excéder une durée de deux mois par année d'incarcération et quatre jours lorsque la durée d'incarcération restant à subir est inférieure à un an. Dans les autres cas, les RPS ne peuvent excéder une durée de trois mois par année d'incarcération et sept jours lorsque la durée d'incarcération restant à subir est inférieure à un an. Les réductions de peine supplémentaires sont accordées après avis de la commission de l'application des peines. Ce nouveau mode de calcul des RPO et des RPS s'applique à partir du 1er janvier 2005 à tous les condamnés, qu'ils soient incarcérés avant ou après cette date et quelle que soit la date de l'infraction et de la condamnation. Lorsqu'un condamné a déjà bénéficié de réductions de peine, le crédit de peine est alors calculé sur la période de la peine restant à subir n'ayant pas fait l'objet d'un examen par le JAP.

Exemple : Une personne est placée en détention provisoire le 1er janvier 2003 et est condamnée à une peine privative de liberté de sept ans au début de l'année 2004. Cette personne se voit accorder, au cours de l'année 2004, sept mois de réductions de peine (on imagine trois mois de RPO pour l'année de détention provisoire en 2003 auxquels s'ajoutent trois mois de RPO et un mois de RPS pour l'année 2004 en cours). En 2004, sa date de fin de peine est donc la suivante : 1er juin 2009. A partir de 2005, son crédit de peine va être calculé sur la base de la période restant à subir et n'ayant pas fait l'objet de réduction, c'est-à-dire sur une base de quatre années et cinq mois (du 1er janvier 2005 au 1er juin 2009). Ainsi, à raison de deux mois par année et sept jours par mois pour les mois de janvier à mai 2009, le crédit de peine est de huit mois et trente-cinq jours. La date de fin de peine est donc le 27 août 2008, sous réserve que le JAP ne lui retire pas une partie de ces réductions (ce qui repousserait cette date), ou qu'il lui accorde des RPS (ce qui rapprocherait la date de fin de peine).

Articles 721 et 721-1 du Code de procédure pénale à partir du 1er janvier 2005.

Une manière de réintroduire une part d'individualisation

Le changement de perspective induit par le crédit de réduction de peine, qui consiste à donner au condamné la date de sa sortie, une fois déduites les réductions de peine ordinaires, sachant que cette date pourra évoluer par le biais des réductions de peine supplémentaires ou, à l'inverse, en cas d'incident en détention, peut permettre aux personnes incarcérées de se projeter vers la fin de la peine et d'entrer dans une dynamique de préparation à la sortie. On peut toutefois craindre que les juges et les jurés en tiennent compte dans leurs verdicts et prononcent des peines plus longues. Le corollaire de ce dispositif est le suivi post-pénal que le JAP pourra imposer à certains condamnés, les obligeant à respecter un certain nombre d'obligations à leur sortie sous peine de retourner en prison pour la durée des réductions de peine dont ils ont bénéficié. De telles obligations pourront concerner l'interdiction de rencontrer la victime, par exemple. Ce peut être une manière de réintroduire une part d'individualisation et d'inciter les condamnés à demander des mesures d'aménagement de peine, puisqu'ils subiront de toute façon un contrôle, même s'ils attendent leur fin de peine.

Pascal Faucher, « Tout dépendra des juges », Dedans dehors, *n° 41, janvier 2004.*

Dans quels délais sont examinées les réductions de peine avant le 1er janvier 2005 ? 653

L'examen est réalisé en une seule fois si l'incarcération à subir est inférieure à un an. Si l'incarcération est d'un an ou plus, l'examen est effectué pour une période de douze mois. Chaque période doit être examinée de manière à ce que le condamné puisse bénéficier de la totalité des réductions de peine auxquelles il pourrait prétendre. Ainsi, la situation d'un condamné à une peine de douze mois d'emprisonnement devra être examinée avant la fin du huitième mois, puisqu'il peut lui être accordé jusqu'à trois mois de réductions de peine. Le greffe de la prison tient un registre particulier pour sortir les dossiers individuels au moment requis.

Articles 721 et D.152 du Code de procédure pénale, circulaire du 14 mai 1995.

Dans quels délais sont examinées les réductions de peine à partir du 1er janvier 2005 ? 654

A partir du 1er janvier 2005, toutes les réductions de peine ordinaires (RPO) sont accordées, pour les années à venir, sous forme de crédit dès le prononcé de la condamnation. Lors de sa mise sous écrou, le condamné est informé par le greffe de la date prévisible de sa libération et des possibilités de retrait, en cas de « mauvaise conduite » ou de commission d'une nouvelle infraction après sa libération, de tout ou partie de ce crédit. Cette information lui est à nouveau communiquée au moment de sa libération. Lorsque la personne doit exécuter un reliquat de peine inférieur ou égal aux réductions de peine susceptibles d'être octroyées, le JAP peut accorder cette mesure sans que la personne soit à nouveau écrouée. Les délais d'examen des réductions de peine supplémentaires (RPS) demeurent inchangés. Celles-ci sont prononcées en une seule fois si l'incarcération est inférieure à une année et par fraction annuelle si l'incarcération est supérieure à un an.

Articles 721 et 721-1 du Code de procédure pénale.

Les prévenus peuvent-ils bénéficier de réductions de peine ? 655

Les mesures d'aménagement de la peine ne peuvent en principe concerner que les condamnés. Jusqu'au 1er janvier 2005, les réductions de peine ordinaires peuvent être accordées pour toute la période exécutée sous le régime de la détention provisoire, quelle que soit sa durée. Les réductions de peine supplémentaires ne peuvent être en principe accordées qu'après un an de détention. Néanmoins, il existe dans ce domaine des pratiques divergentes de la part des juges. Certains refusent d'accorder à la personne condamnée le bénéfice des RPS pendant toute la période de la détention provisoire qu'elle a subi, d'autres acceptent après une année de détention provisoire de faire bénéficier le condamné de ces réductions. Le juge de l'application des peines doit décider d'accorder ou non les réductions de peine dans un délai de deux mois à compter de la date où la condamnation est devenue définitive. Une circulaire recommande cependant aux JAP de se prononcer en une seule fois (au lieu de deux) si la peine est inférieure à un an. Ce mode de calcul est plus favorable au condamné. A compter du 1er janvier 2005, le crédit de réduction de peine est calculé sur la durée de la condamnation, il couvre donc la période de détention provisoire. Les réductions de peine supplémentaires sont accordées sans condition de délai. Elles peuvent ainsi être accordées de façon rétroactive sur la période de détention provisoire.

Article 721 du Code de procédure pénale, circulaires du 6 septembre 1984 et du 26 novembre 1992 ; article 721-1 du Code de procédure pénale à partir du 1er janvier 2005.

656 Qu'en est-il des réductions de peine lorsque la période d'incarcération à subir est inférieure à un mois ?

La loi ne prévoit pas d'interdiction particulière mais la Cour de cassation a considéré que les peines inférieures à un mois de prison - ou trente jours - ne pouvaient donner lieu à des réductions de peine pour « bonne conduite ». Toutefois, il arrive que des juges de l'application des peines passent outre et accordent des réductions de peine. Pour un condamné à quinze jours de prison par exemple, il n'y aura pas de réduction de peine possible. Mais pour un condamné à deux peines de quinze jours d'emprisonnement, soit trente jours au total, des réductions de peine sont possibles.

Arrêt de la chambre criminelle de la Cour de cassation du 1er février 1990.

657 Que se passe-t-il si la personne a purgé une partie de sa peine à l'étranger ?

Si une condamnation est prononcée à l'étranger, que la personne y subit une partie de sa détention et qu'elle est par la suite transférée en France pour y subir son reliquat de peine, le JAP ne peut accorder de réduction de peine que pour la période de détention subie en France, qui inclut les délais de transferts. Néanmoins, lorsqu'une personne est incarcérée à l'étranger en raison d'une demande d'extradition, cette période d'emprisonnement à l'étranger vaut détention provisoire et doit être assimilée à cet égard à la peine exécutée en France. Ainsi, la personne peut, une fois condamnée, se voir attribuer des réductions de peine pour cette période.

Arrêt de la chambre criminelle de la Cour de cassation du 18 décembre 1996, arrêt de la Cour d'appel de Lyon du 4 juin 2003.

658 Quelles obligations accompagnent les réductions de peine ?

La loi du 9 mars 2004 a introduit une disposition permettant de soumettre la personne qui a bénéficié de réductions de peine ordinaires et supplémentaires à des obligations après sa libération. Ainsi, le JAP peut décider, après débat contradictoire, d'interdire à la personne de recevoir, de rencontrer ou d'entrer en relation avec la victime ou la partie civile, pendant une période qui ne peut excéder la durée des réductions de peine accordées. Cette interdiction peut s'accompagner d'une obligation d'indemniser la partie civile. La décision doit être prise avant la libération du condamné. A partir du 1er janvier 2005, les décisions du JAP modifiant ou refusant de modifier ces obligations doivent être prises par ordonnance motivée et peuvent faire l'objet d'un appel dans un délai de vingt-quatre heures devant le président de la chambre de l'application des peines. En cas d'inobservation de ces obligations, le JAP peut ordonner la suspension de la mesure et l'incarcération provisoire de la personne. Néanmoins, si aucun débat contradictoire n'est intervenu dans un délai de quinze jours à compter de l'incarcération, la personne est remise en liberté, à moins qu'elle ne soit détenue pour une autre raison. En outre, la violation par le condamné d'une obligation peut donner lieu à une décision de retrait après la date d'expiration de la mesure lorsque le JAP a été saisi ou s'est saisi au plus tard dans un délai d'un mois.

Articles 712-20 et 721-2 du Code de procédure pénale à partir du 1er janvier 2005.

Le retrait d'une réduction de peine accordée est-il possible ? 659

Jusqu'au 1er janvier 2005, les réductions de peine pour « bonne conduite » peuvent être retirées par le juge de l'application des peines dans l'année qui suit leur attribution, en cas de « mauvaise conduite » du condamné. En ce qui concerne le retrait des réductions de peine supplémentaires, les pratiques sont diverses. A partir du 1er janvier 2005, en cas de « mauvaise conduite », le JAP peut être saisi par le chef d'établissement ou par le procureur de la République afin de retirer les réductions accordées, à hauteur de trois mois par an et sept jours par mois maximum. Les décisions de retrait des réductions de peine doivent être prises, sauf urgence, après avis de la commission de l'application des peines. Ces décisions ne font pas l'objet d'un débat contradictoire. Par ailleurs, lorsqu'un détenu commet un crime ou un délit à l'occasion d'une permission de sortir, la juridiction qui le condamne pour ces faits peut lui retirer les réductions de peine qui lui ont été accordées antérieurement. Enfin, postérieurement au 1er janvier 2005, si la personne commet une nouvelle infraction à sa libération et pendant toute la période équivalente au temps des réductions de peine dont elle a bénéficié, la juridiction de jugement peut ordonner leur retrait en totalité ou en partie. Cette juridiction peut ainsi ordonner la mise à exécution de l'emprisonnement correspondant à la période des réductions de peine retirées. La personne doit dès lors purger dans un premier temps la période équivalente au retrait, puis la peine à laquelle elle a été condamnée par cette même juridiction. Lors de sa libération, le condamné doit être informé de cette modalité par le greffe de l'établissement.

Articles 721 et 723-5 du Code de procédure pénale ; article 721-2 du Code de procédure pénale à partir du 1er janvier 2005.

Un exemple flagrant du manque de discernement des juges

Eric L., un pote rencontré en quartier d'isolement, nouvellement arrivé à la maison centrale de Lannemezan, a vu son dossier étudié pour le bénéfice annuel des remises de peine. Comme tout détenu, il pouvait ainsi glaner cinq mois de remises diverses de peine. Il ne bénéficiera en fin de compte que de trois mois sur cinq. Les deux mois manquants sont justifiés par le fait qu'Eric n'a pas travaillé durant cette année écoulée. La commission de l'application des peines (CAP) n'a pas jugé bon de prendre en considération le fait qu'Eric est maintenu à l'isolement total depuis plusieurs années. Il s'est donc toujours trouvé dans des conditions, imposées par l'administration pénitentiaire, interdisant le travail au détenu. Voilà l'exemple flagrant du manque de discernement dans le jugement de ces magistrats (JAP) et autres personnalités composant la CAP.

Gabi Mouesca, Prisons@net, journal d'un longue peine, *Gatuzain, 2001.*

660 Un recours est-il possible en matière de réduction de peine ?

Jusqu'au 31 décembre 2005, le détenu ne dispose pas de voie de recours pour contester le refus du JAP de lui accorder un nombre quelconque de jours de réductions de peine. Seul le procureur de la République peut contester une décision d'octroi. A partir du 31 décembre 2005, les décisions du juge de l'application des peines en matière de réductions de peine sont susceptibles d'appel devant le président de la chambre de l'application des peines de la cour d'appel, dans un délai de vingt-quatre heures après notification de la décision. Il statue alors par décision motivée au vu des observations écrites du ministère public et du condamné.

Article 733-1 du Code de procédure pénale ; articles 712-5, 712-11 et 712-12 du Code de procédure pénale à partir du 31 décembre 2005.

661 Que faire en cas d'erreur du greffe concernant le calcul de la durée de la peine ?

Il arrive que des erreurs soient commises dans la mise à jour de la situation pénale de la personne détenue. S'agissant d'un document administratif, la communication de cette fiche peut être demandée au greffe pour que le détenu s'assure de la régularité des opérations réalisées par ce service. Si une erreur est constatée, il peut demander au procureur du lieu de détention ou de la juridiction d'y remédier. Si le procureur refuse de faire droit à cette demande sans motif juridiquement fondé, le détenu pourra saisir la juridiction qui l'a condamné d'un incident d'exécution de peine. La décision de cette juridiction est susceptible d'appel ou d'un pourvoi en cassation, suivant qu'il s'agit d'un tribunal correctionnel ou d'une cour d'appel.

Article 710 du Code de procédure pénale.

Les permissions et autorisations de sortie

Afin de préserver le lien familial, de rencontrer d'éventuels employeurs, de bénéficier d'un suivi médical spécialisé, la seule solution satisfaisante est d'effectuer des sorties régulières du monde carcéral. Les permissions de sortir devraient être le moyen ordinaire de préparer un retour à la vie du dehors pour tous les condamnés. Au lieu de cela, elles sont accordées avec parcimonie, toujours aux mêmes détenus et uniquement en fin de peine. Pourtant, le taux de non-retour est dérisoire : 148 évasions ont été dénombrées sur un total de 31 777 permissions accordées en 2002, soit 0,5 %.

Qu'est-ce qu'une permission de sortir ? 662

Une permission de sortir est une autorisation d'absence temporaire de l'établissement pénitentiaire accordée à une personne condamnée. Pendant ce laps de temps, la peine d'emprisonnement n'est pas suspendue et continue de s'écouler. La permission est accordée par le juge de l'application des peines (JAP), après avis de la commission de l'application des peines, sauf en cas d'urgence. Elle ne fait pas l'objet d'un débat contradictoire. Le JAP doit ordonner une expertise psychiatrique des personnes condamnées pour certaines infractions (infractions à caractère sexuel, meurtre ou assassinat d'un mineur précédé d'un viol ou d'actes de barbarie), avant de décider de leur accorder ou non une permission de sortir. Cette démarche exige environ deux à trois mois. La décision d'octroi d'une permission désigne un lieu, obligatoirement situé sur le territoire français, où le condamné est autorisé à séjourner. Quelle que soit la durée de la permission, un délai de route peut être accordé au bénéficiaire, compte tenu du temps de trajet et des moyens de transports utilisés. La permission de sortir peut être assortie d'un certain nombre d'obligations (par exemple, s'abstenir de se rendre dans certains lieux ou se soumettre à des soins) ou d'interdictions (par exemple, fréquenter certaines personnes).

Articles 722, 723-3, 723-4 et D.142 du Code de procédure pénale.

Un recours est-il possible contre un refus de permission de sortir ? 663

Les permissions de sortir sont qualifiées de mesure d'administration judiciaire, c'est-à-dire qu'elles ne sont pas susceptibles de recours. La loi du 9 mars 2004 a néanmoins introduit une possibilité d'attaquer ces décisions de refus, à la fois pour le procureur de la République (à compter du 1er janvier 2005) et pour le condamné (à partir du 31 décembre 2005). L'appel doit être fait dans un délai de vingt-quatre heures à compter de la notification de la décision. Il est porté devant le président de la chambre de l'application des peines de la cour d'appel qui statue par ordonnance motivée au vu des observations du condamné (ou de son avocat) et du procureur de la République.

Articles 722 et 712-5 du Code de procédure pénale, articles 712-11 et 712-12 du Code de procédure pénale qui entrent en vigueur le 1er janvier 2005 pour le droit d'appel du procureur et le 31 décembre 2005 pour le droit d'appel du condamné.

« Date de libération définitive trop proche ! »

K. est à trois mois de la libération définitive. Voilà plus de dix-huit mois qu'il demande à bénéficier d'une permission de sortir pour passer quelques jours dehors. Il a toujours essuyé des refus sous le prétexte qu'il était trop loin de la date de libération définitive pour pouvoir bénéficier d'une permission. Il vient à nouveau de présenter une demande de permission. Nouveau refus. Raison avancée cette fois-ci : « *date de libération définitive trop proche !* » Apprenant la nouvelle, K. s'en est allé silencieusement faire quelques longues séries de pompes. Magistrats et fonctionnaires n'imaginent pas quelle somme d'énergie négative, quel capital de haine ils ont donné et produit chez des adeptes des pompes *intra muros*, du fait des injustices dont ils se sont rendus coupables.

Gabi Mouesca, Prisons@net, journal d'une longue peine*, Gatuzain, 2001.*

664 Quels sont les différents types de permissions de sortir ?

Il existe trois types de permissions de sortir selon leur objectif : celles qui sont destinées au maintien des liens familiaux ou à la réinsertion sociale, celles qui doivent permettre d'accomplir une obligation à l'extérieur et celles données à l'occasion de circonstances familiales graves.

Articles 723-3, D.143 à D.146, D.425 du Code de procédure pénale.

665 Qui peut bénéficier d'une permission de sortir ?

Certaines catégories de détenus ne peuvent pas bénéficier d'une permission de sortir. Il s'agit des prévenus (détention provisoire), des condamnés qui accomplissent une période de sûreté et des condamnés à la réclusion criminelle à perpétuité qui ne peuvent bénéficier d'une permission de sortir - d'après la Cour de cassation - qu'à partir du moment où une libération conditionnelle leur a été accordée. En cas de nécessité, le juge de l'application des peines pourra cependant accorder à ces personnes détenues une « autorisation de sortie sous escorte ». Les détenus faisant l'objet d'une mesure d'interdiction du territoire français peuvent bénéficier d'une permission de sortir dans le cadre de la préparation à une requête en relèvement.

Articles 723-3 et D.142-1 du Code de procédure pénale, 131-30 du Code pénal.

666 Qu'est-ce qu'une permission pour « maintien des liens familiaux ou préparation de la réinsertion sociale » ?

Ce type de permissions est prévu pour les condamnés qui ont exécuté au moins la moitié de leur peine (calculée en tenant compte des réductions de peine) et qui n'ont plus à subir qu'un temps de détention inférieur à trois ans. Certains condamnés ont droit à une permission de sortir sans condition de délai. Il s'agit des condamnés qui exécutent une ou plusieurs peines d'emprisonnement dont le total n'excède pas un an, ceux qui sont incarcérés dans les centres pour peines aménagées et ceux pour lesquels les juridictions de l'application des peines ont décidé de subordonner l'octroi d'une libération conditionnelle à la condition d'avoir bénéficié d'une ou plusieurs permissions. Quant aux condamnés incarcérés en centre de détention, ils peuvent obtenir une permission de sortir dès lors qu'ils ont exécuté le tiers de leur peine. Ces permissions peuvent être accordées par le juge de l'application des peines pour une durée maximale de trois jours, à laquelle est ajouté éventuellement le temps de transport nécessaire pour se rendre au lieu désigné. Lorsque le condamné est détenu en centre de détention, il peut obtenir une permission d'une durée maximale de cinq jours, voire, une fois par an, de dix jours. Pour sa décision d'octroi ou de refus, le JAP doit en principe prendre en compte un certain nombre d'éléments, tels que la nature des relations familiales, les risques d'incidents au sein de la famille et la proximité de la fin de peine. Mais le comportement du détenu en détention, le motif de l'incarcération et le risque supposé d'incident au cours de la permission sont les éléments les plus déterminants. Un certificat d'hébergement est généralement demandé par le JAP. Une enquête préliminaire peut être réalisée par les services de police sur les conditions d'accueil du permissionnaire.

Articles D.116-1, D.142, D.145, D.146 et D.146-1 du Code de procédure pénale, circulaire DAP 88-06 G1 du 10 mai 1988.

La longue liste des bonheurs recouvrés

Le temps des permes (surtout quand c'est la première) est un temps particulier. Se télescopent le retour en arrière et le grand bond en avant. D'où des sentiments d'exaltation, d'abrutissement, de déphasage et parfois de souffrance. Surtout si le détenu a peu vu ses proches au parloir ! Une fois dans sa famille il risque en effet de retrouver – à côté d'un ou deux fidèles (mère, sœur...) – ceux qui lui ont tourné le dos et là, les relations ne seront pas simples à gérer. Et puis ce retour chez soi peut impliquer – si le détenu n'est pas interdit de séjour – un retour sur les lieux du crime et des retrouvailles avec des personnes et des lieux témoins d'une violence que l'éloignement spatio-temporel avait progressivement édulcorée. [...] Retrouvailles avec la souffrance mais aussi avec les plaisirs perdus : relations sexuelles, contact avec la nature, vision d'un monde en mouvement... La liste des bonheurs recouvrés serait longue. Du coup la plupart des détenus vivent ces quelques jours de façon plus intense que le quotidien carcéral. [...] Ceux qui n'ont pas su donner de sens au temps qui leur était confisqué ont aussi plus de mal à occuper cet intervalle de liberté. Ainsi, dans chaque établissement me citera-t-on le cas d'un détenu rentré plus tôt de permission tant il s'était senti perdu hors les murs.

Anne-Marie Marchetti, Perpétuités, le temps infini des longues peines, *Plon, 2001.*

667 Qu'est-ce qu'une permission pour « accomplir une obligation à l'extérieur » ?

Il s'agit d'une permission accordée pour permettre au détenu d'accomplir à l'extérieur un acte pour lequel sa présence est nécessaire : un entretien avec un employeur en vue d'une libération conditionnelle, d'une semi-liberté ou d'un placement à l'extérieur ; un examen qui ne peut se dérouler en prison ; une consultation dans un centre de soins ; la pratique d'activités culturelles ou sportives organisées par le service pénitentiaire d'insertion et de probation ; l'accomplissement d'une formalité militaire ; une comparution devant une juridiction. Ce type de permissions est aussi utilisé dans le cadre d'une semi-liberté ou d'un placement à l'extérieur sans surveillance pour permettre aux condamnés d'être libres les samedi, dimanche et jours fériés. Ces permissions sont accessibles aux condamnés à une peine de prison inférieure ou égale à cinq ans et à ceux qui ont été condamnés à plus de cinq ans d'emprisonnement mais qui ont exécuté la moitié de leur peine. Ces permissions ne peuvent durer plus d'une journée.

Article D.143 du Code de procédure pénale.

668 Qu'est-ce qu'une permission pour « circonstances familiales graves » ?

Il s'agit d'une permission accordée à un détenu pour se rendre auprès d'un membre de sa famille proche, gravement malade ou décédé. Pour pouvoir bénéficier de cette permission, la personne doit être condamnée à une peine de prison inférieure ou égale à cinq ans ou bien avoir exécuté la moitié de sa peine si elle a été condamnée à plus de cinq ans d'emprisonnement. La durée maximale de cette permission est de trois jours, auxquels s'ajoute éventuellement un délai de route.

Articles D.142, D.144 et D.425 du Code de procédure pénale.

669 Quelle est la fréquence possible des permissions de sortir ?

Il n'y a pas de règle posée par la loi, à l'exception d'un cas : les permissions de sortir de dix jours accessibles aux condamnés incarcérés en centre de détention ne peuvent être accordées qu'une seule fois par an. Pour le reste, les pratiques des juges de l'application des peines peuvent varier d'une prison à l'autre. En pratique, il s'est constitué pour les longues peines un usage largement répandu en vertu duquel trois mois séparent chaque permission. Quant aux permissions accordées dans le cadre de la semi-liberté ou le placement à l'extérieur, elles sont le plus souvent hebdomadaires.

Article D.146 du Code de procédure pénale.

670 Qui doit prendre en charge les frais occasionnés par la permission de sortir ?

Le condamné doit pouvoir supporter les frais qui vont résulter de son séjour hors de l'établissement, notamment la prise en charge de ses moyens de transport. S'il ne peut pas le faire, ou s'il ne peut pas justifier de possibilités de transport et d'hébergement, il ne pourra pas sortir. Cependant, le service pénitentiaire d'insertion et de probation du lieu d'incarcération doit, lorsque le motif de la permission apparaît sérieux et que le détenu est démuni, lui accorder une aide et éventuellement un bon de transport.

Article D.147 du Code de procédure pénale, circulaire DAP 88-06 G1 du 10 mai 1988.

Quelles obligations peut se voir imposer un permissionnaire ? 671

De façon générale, la personne qui bénéficie d'une mesure de permission de sortir est soumise au régime disciplinaire relatif aux détenus. Toute inobservation ou manquement peut entraîner le retrait de la mesure. Le juge de l'application des peines peut ordonner dans sa décision que le détenu se présente une ou plusieurs fois aux services de police ou de gendarmerie au cours de la permission. Cette obligation est particulièrement destinée aux condamnés auxquels il reste plus de trois ans à purger. Pour conduire un véhicule automobile au cours de sa permission de sortir, le condamné doit en principe obtenir l'autorisation expresse du JAP. L'ordonnance du magistrat (dans laquelle il accorde la permission de sortir) vaut comme pièce d'identité et, le cas échéant, comme permis de conduire. Elle est cependant quelque peu invalidante lorsque le détenu est à la recherche d'un emploi. Le condamné peut donc demander au JAP de lui faire remettre, pour sa permission, les originaux de la carte d'identité et du permis de conduire. En outre, la décision d'octroi d'une permission de sortir peut être assortie d'une ou plusieurs obligations particulières. Le JAP peut ainsi décider de subordonner la mesure aux conditions suivantes : s'abstenir de paraître dans un lieu déterminé, se soumettre à des examens ou des soins médicaux, ne pas conduire certains véhicules déterminés, ne pas fréquenter les débits de boissons, s'abstenir d'entrer en relation avec certaines personnes… Au 1er janvier 2005, de nouvelles obligations pourront également être prévues par le JAP. Il pourra s'agir notamment de répondre aux convocations de ce magistrat ou à celles d'un travailleur social désigné, de recevoir les visites du travailleur social et lui communiquer les renseignements ou documents de nature à permettre le contrôle des moyens d'existence et de l'exécution des obligations, de prévenir le travailleur social des changements d'emploi et des changements de résidence…

Articles D.123, D.124, D.142 du Code de procédure pénale, circulaire DAP 88-06 G1 du 10 mai 1988 ; article 723-4 du Code de procédure pénale à partir du 1er janvier 2005.

Un syndicat de policiers s'oppose aux « allègements de peine »

Le Syndicat national des officiers de police (SNOP) de Meurthe-et-Moselle a condamné « *l'incroyable permission de sortie accordée à Alain T., assassin d'un policier* » qui n'a pas regagné dimanche le centre de semi-liberté à Maxéville près de Nancy dont il dépendait. Dans un communiqué, le syndicat majoritaire dénonce également « *l'inconsistance d'un juge de l'application des peines* » qui a conduit « *cet individu dans la nature* ». Alain T., 58 ans, condamné en 1989 en France à la réclusion à perpétuité pour le meurtre d'un policier en 1975, ne s'est pas présenté depuis dimanche soir au centre où il a été placé en décembre dernier après avoir bénéficié d'un allègement de peine, selon la police. [...] Au parquet de Nancy, on indiquait que l'individu a déjà effectué 27 ans de détention au total. « *Il n'y a rien de judiciairement choquant dans cette affaire. Même en cas de perpétuité, la justice doit laisser à l'individu espérer un avenir* », a indiqué le procureur.

AFP, Détenu disparu : les policiers dénoncent « l'inconsistance » de la justice, *27 février 2003.*

672 Que se passe-t-il en cas de non respect des obligations par le permissionnaire ?

En cas de non-respect des obligations, le juge de l'application des peines peut ordonner le retrait d'une permission de sortir en cours d'exécution et ordonner la réincarcération immédiate du condamné. Cette décision de retrait doit intervenir après avis de la commission de l'application des peines, mais aucun débat contradictoire n'est prévu. Depuis décembre 2000, le juge de l'application des peines peut décerner un mandat d'arrêt ou d'amener à l'encontre des condamnés placés sous son contrôle, afin de mettre à exécution sa mesure de retrait. Par ailleurs, en cas de « mauvaise conduite » au cours d'une permission de sortir, le JAP peut décider du retrait des réductions de peines précédemment accordées.

Articles D.117-2, D.124, D.142 du Code de procédure pénale.

673 Que se passe-t-il en cas de non réintégration du permissionnaire ?

En cas de non-réintégration au sein de l'établissement pénitentiaire ou s'il se soustrait au contrôle auquel il est soumis, le condamné en permission de sortir est considéré comme un évadé. Le délit d'évasion est punissable de trois ans d'emprisonnement et de 45 000 euros d'amende. Cette peine se cumule avec celle qu'il avait à exécuter sans qu'une confusion des deux condamnations ne soit possible. Il encourt encore les sanctions disciplinaires prévues pour l'évasion, notamment le placement en cellule disciplinaire pour une durée maximale de quarante-cinq jours. La part disponible du compte nominatif d'un détenu évadé est appliquée d'office à l'indemnisation des parties civiles.

Articles 434-27, 434-29 et 434-31 du Code pénal, D.249-1, D.251, D.251-3 et D.323 du Code de procédure pénale.

674 Que se passe-t-il en cas d'infraction commise par le permissionnaire ?

En plus de poursuivre le détenu permissionnaire pour l'infraction commise, la juridiction saisie - tribunal ou cour d'assises - peut décider de lui retirer l'ensemble des réductions de peine qui lui ont été accordées avant l'infraction.

Article 723-5 du Code de procédure pénale.

Qu'est-ce qu'une autorisation de sortie sous escorte ? 675

L'autorisation de sortie sous escorte est la possibilité pour toute personne détenue de quitter temporairement la prison, encadré par des personnels de police, de gendarmerie ou de l'administration pénitentiaire. Les motifs d'une telle mesure doivent être exceptionnels et sont laissés à l'appréciation des juges compétents. N'entraînant pas de libération immédiate, elle peut être accordée sans expertise psychiatrique.

Articles 148-5, 722, 723-6 du Code de procédure pénale.

Développer les autorisations de sortie

Il se trouve que les sorties en détention provisoire ne peuvent se faire que sous escorte. Il m'est arrivé d'en organiser, pas très souvent car bien souvent le prévenu renonce lui-même, mais dans des cas de décès par exemple, nous donnons une autorisation de sortie sous escorte, donc avec des gendarmes. Le prévenu, le jour venu, à l'idée d'arriver entre deux gendarmes à l'église pour les obsèques devant sa famille, y renonce souvent. Pour des cas aussi criants, ce n'est peut-être pas forcément une bonne chose, mais peut-être pour d'autres petites choses, cela pourrait être important d'assouplir cette mesure, ne serait-ce que pour aller rendre visite à un parent malade ou pour des choses un peu exceptionnelles qui pourraient se faire plus discrètement qu'une cérémonie publique.

Sophie-Hélène Château, Association française des magistrats instructeurs, audition du 24 mai 2000, La France face à ses prisons, *Assemblée nationale, juillet 2000.*

Comment obtenir une autorisation de sortie sous escorte ? 676

L'autorisation de sortie sous escorte peut être accordée à toute personne détenue, même si elle est incarcérée dans le cadre d'une détention provisoire. Le prévenu devra demander l'autorisation au juge d'instruction ou à la juridiction de jugement. Pour ce qui est des condamnés, l'autorisation de sortie sous escorte peut être donnée y compris pendant la période de sûreté. Le condamné doit s'adresser au juge de l'application des peines qui décide après avoir pris l'avis de la commission de l'application des peines. Jusqu'au 31 décembre 2005, la décision du JAP ne peut faire l'objet d'aucun recours de la part du condamné. A partir du 31 décembre 2005, elle est susceptible d'appel devant le président de la chambre de l'application des peines de la cour d'appel, qui statue par ordonnance motivée au vu des observations du condamné (ou de son avocat) et du ministère public. Le délai pour faire appel de cette décision est de vingt-quatre heures à compter de la notification de la décision. L'autorisation de sortie sous escorte peut être accordée par le JAP alors que le condamné avait demandé une permission de sortir. Dans ce cas, le détenu peut toujours refuser cette mesure.

Articles 148-5, 722 et 723-6 du Code de procédure pénale ; articles 712-5 et 712-12 du Code de procédure pénale qui entrent en vigueur le 1er janvier 2005 et article 712-11 qui entre en vigueur le 31 décembre 2005.

677 Comment se déroule une autorisation de sortie sous escorte ?

L'escorte peut être composée de gendarmes, de policiers et de membres de l'administration pénitentiaire, y compris du service pénitentiaire d'insertion et de probation. Ces personnels peuvent être dispensés de porter l'uniforme sur décision du magistrat qui a accordé l'autorisation. La décision du port des menottes ou des entraves est de la seule compétence du chef d'escorte. Si la personne détenue est considérée comme dangereuse ou si elle doit faire l'objet d'une surveillance particulière, le chef d'établissement donne tous les renseignements et avis nécessaires au chef de l'escorte.

Articles 803, D.294 et D.426 du Code de procédure pénale.

Ma première permission au bout de 10 ans et demi

Condamné à 20 ans de réclusion, j'ai obtenu ma première permission d'une journée au bout de 10 ans et demi, pour aller participer à un tournoi. Trois jours après je repartais pour passer les fêtes en famille. Ces permissions m'ont beaucoup aidé à renouer avec ma famille, qui ne pouvait pas venir en visite à cause de l'éloignement géographique. J'ai été libéré sous conditions au bout de 14 ans. Pour obtenir les permissions, il fallait avoir une personne qui accepte de vous prendre en charge, qui vienne vous chercher, qui vous ramène à la prison. Une enquête policière était faite à chaque fois sur cette personne, en l'occurrence ma compagne. Pendant la permission, je devais aller chaque jour au commissariat pour « pointer ». Une fois, les policiers m'ont cherché des « noises ». Après, je n'y allais plus tout seul.

Thierry B., courrier à l'OIP, juillet 1999.

Permission de sept heures et 600 kilomètres à parcourir.

On est réduit au découragement quand on accumule les refus de permissions, de conditionnelles, sans aucune explication. Une fois, j'ai obtenu un rendez-vous avec un employeur. Le juge m'a donné 7 heures de permission alors que l'entreprise se situait à 300 kilomètres de la prison. J'avais déjà 6 heures de transport aller-retour. Lors de l'entretien, j'ai juste eu le temps de me présenter et je devais partir. En rentrant, j'ai expliqué le problème au juge. Quand j'ai fait une nouvelle demande pour retourner voir l'employeur, le JAP m'a donné une autre permission... de 7 heures. Alors, j'ai laissé tomber.

Karim F., courrier à l'OIP, juillet 1999.

La suspension ou le fractionnement de peine

La suspension et le fractionnement de la peine permettent une réelle souplesse dans l'exécution de la peine lorsque le condamné doit faire face à des problèmes familiaux, médicaux ou professionnels importants. La peine peut être suspendue pendant un temps ou exécutée par fractions, ce qui permet d'alterner les périodes dedans et dehors. Ces mesures restent cependant très peu utilisées. Quant à la suspension de peine pour raisons médicales, créée par la loi du 4 mars 2002 afin d'éviter aux malades en fin de vie de mourir au sein d'un établissement pénitentiaire, elle se heurte dans son application à un certain nombre d'obstacles.

Qu'est-ce qu'une suspension ou un fractionnement de la peine ? 678

C'est la possibilité pour le juge de l'application des peines (JAP) ou le tribunal correctionnel d'interrompre l'exécution d'une peine d'emprisonnement. Pendant l'interruption, le condamné est libre, mais à son retour en prison, il la reprend là où elle avait été interrompue. Ces mesures permettent de différer l'accomplissement d'une partie de la peine de prison. Le fractionnement consiste à faire exécuter la peine par fractions dont chacune ne peut être inférieure à deux jours. La suspension consiste à suspendre l'exécution de la peine pendant une durée limitée. Ces mesures ont pour but de permettre au condamné de faire face à des problèmes familiaux, médicaux ou professionnels importants. La durée totale de l'exécution de la peine, en prison et les interruptions, ne peut pas dépasser trois ans.

Articles 720-1 du Code de procédure pénale et 132-27 du Code pénal.

Fraction d'une peine

Le navigateur français Philippe M., condamné le 22 avril à six mois de prison ferme pour conduite en état d'ivresse, a bénéficié d'un fractionnement de sa peine, afin de pouvoir courir les grands prix de voile. Il est sorti de prison samedi 7 juin et réintégrera sa cellule le 17 juin, afin de pouvoir dans un premier temps participer à l'épreuve de Cagliari, prévue le week-end prochain. Il bénéficiera ensuite de deux autres fractionnements de sa peine, l'un pour Marseille du 4 au 6 juillet, et l'autre fin août pour Fécamp.

La Lettre du Sport, *n° 281, 11 juin 2003.*

Qui peut bénéficier d'une suspension ou d'un fractionnement de la peine ? 679

Seules peuvent en bénéficier les personnes condamnées en matière correctionnelle, auxquelles il reste à subir une peine d'emprisonnement inférieure ou égale à un an. La personne condamnée par une cour d'assises ne pourra pas obtenir de suspension ou de fractionnement de sa peine, même si la période qui reste à exécuter ne dépasse pas un an. Seuls des motifs graves d'ordre médical, familial, professionnel ou social peuvent justifier ces mesures. Ceux-ci ne sont pas définis par la loi. Ils sont laissés à l'appréciation du juge de l'application des peines ou du tribunal correctionnel. Si le détenu a été condamné pour certaines infractions d'ordre sexuel, une expertise psychiatrique doit être réalisée avant que la décision de fractionnement ou de suspension soit mise en œuvre.

Articles 720-1 et 722 du Code de procédure pénale, arrêt de la chambre criminelle de la Cour de cassation du 5 février 1979.

680 Qui décide de suspendre ou de fractionner une peine ?

Le fractionnement de la peine peut être décidé par le tribunal correctionnel au moment où il prononce la peine. Le juge de l'application des peines peut ensuite être saisi pour apporter, s'il le faut, des modifications. Le fractionnement peut également être décidé par le JAP alors que le condamné a déjà commencé à exécuter sa peine. La suspension de peine ne peut être prononcée qu'à partir du moment où le condamné a commencé à exécuter sa peine. Avant de prendre une décision de suspension ou de fractionnement de la peine, le JAP doit entendre le détenu (et/ou son avocat) ainsi que le procureur de la République. Il peut toutefois, avec l'accord de ces derniers, octroyer l'une de ces mesures sans débat contradictoire. La décision du JAP d'ajourner, de refuser, de retirer ou de révoquer une telle mesure doit être motivée. Les personnes détenues disposent d'un recours contre la décision du JAP devant la chambre des appels correctionnels, dans un délai de dix jours à compter de la notification de la décision. A compter du 1er janvier 2005, l'appel est porté devant la chambre de l'application des peines de la cour d'appel qui rend une décision motivée, après un débat contradictoire au cours duquel est entendu le procureur de la République et l'avocat de la personne condamnée. Cette dernière n'est pas auditionnée par la cour.

Articles 132-27 du Code pénal, 720-1 et 722 du Code de procédure pénale ; articles 712-6 et 712-13 du Code de procédure pénale à partir du 1er janvier 2005.

681 Quelles obligations entraîne une suspension ou un fractionnement de la peine ?

A partir du 1er janvier 2005, l'octroi d'une mesure de suspension ou de fractionnement de la peine peut être subordonné au respect d'obligations particulières. Il peut s'agir de répondre aux convocations du juge de l'application des peines ou du travailleur social désigné, de recevoir les visites du travailleur social et lui communiquer les renseignements ou documents de nature à permettre le contrôle des moyens d'existence et de l'exécution des obligations, de prévenir le travailleur social des changements d'emploi, d'exercer une activité professionnelle ou de suivre un enseignement ou une formation professionnelle, d'établir sa résidence en un lieu déterminé, de se soumettre à des mesures d'examen médical, de s'abstenir de conduire certains véhicules… Les décisions du JAP modifiant ou refusant de modifier ces obligations doivent être prises par ordonnance motivée et peuvent faire l'objet d'un appel dans un délai de vingt-quatre heures devant le président de la chambre de l'application des peines. En cas d'inobservation de ces obligations, le JAP peut ordonner l'interruption de la mesure et l'incarcération provisoire de la personne. A défaut d'un débat contradictoire dans un délai de quinze jours à compter de l'incarcération, la personne est remise en liberté (si elle n'est pas détenue pour une autre cause). En outre, la violation par le condamné d'une obligation peut donner lieu à une décision de retrait après la date d'expiration de la mesure lorsque le JAP a été saisi ou s'est saisi au plus tard dans un délai d'un mois.

Articles 132-44 et 132-45 du Code pénal, 712-19 et 720-1 du Code de procédure pénale ; articles 712-8, 712-19 et 712-20 du Code de procédure pénale à partir du 1er janvier 2005.

Que se passe-t-il en cas de non réintégration volontaire d'un détenu bénéficiant d'un fractionnement de la peine ? 682

Le cas échéant, la non-réintégration au sein de l'établissement pénitentiaire d'un condamné qui bénéficie d'une mesure de fractionnement de la peine est considérée comme une évasion. Le délit d'évasion est punissable de trois ans d'emprisonnement et de 45 000 euros d'amende. Cette peine se cumule avec celle qu'il avait à exécuter sans qu'une confusion des deux condamnations ne soit possible. Il encourt encore les sanctions disciplinaires prévues pour l'évasion, notamment le placement en cellule disciplinaire pour une durée maximale de quarante-cinq jours. La part disponible du compte nominatif d'un détenu évadé est appliquée d'office à l'indemnisation des parties civiles.

Articles 434-27, 434-29 et 434-31 du Code pénal, D.249-1, D.251, D.251-3 et D.323 du Code de procédure pénale.

Qu'est ce que la « suspension de peine pour raisons médicales » ? 683

La suspension de peine pour raisons médicales, créée par la loi du 4 mars 2002, permet aux personnes atteintes d'une « *pathologie engageant leur pronostic vital* » ou présentant « *un état de santé durablement incompatible avec leur maintien en détention* » de bénéficier d'une suspension de peine. Ces deux conditions sont alternatives : le détenu doit se trouver dans l'une ou l'autre de ces situations. Par ailleurs, elle est accordée quelle que soit la nature (criminelle ou correctionnelle) et la durée de la peine ou du reliquat restant à purger. Elle peut ainsi bénéficier aux personnes dont la peine est assortie d'une période de sûreté. Cette mesure ne peut en aucun cas bénéficier aux personnes atteintes de troubles mentaux : elle concerne uniquement les problèmes somatiques.

Article 720-1-1 du Code de procédure pénale.

Un amendement au projet de loi sur le droit des malades...

La suspension de peine pour les détenus en fin de vie vient enfin d'être instaurée. Sur proposition du sénateur Pierre Fauchon (UDF), un amendement a été ajouté au projet de loi sur le droit des malades, adopté définitivement le 19 février 2002. [...] Réclamée par les deux missions parlementaires sur les prisons, figurant dans la loi pénitentiaire renvoyée aux oubliettes, l'amendement vient, rappelle son auteur, « *mettre fin à la situation si cruelle d'un certain nombre de détenus en fin de vie ou dont l'état de santé appelle des soins qu'ils ne peuvent recevoir en prison* ».

OIP, « Sauvetage des détenus en fin de vie orchestré par le Sénat », Dedans dehors, *n° 30, mars 2002.*

684 Qui décide d'une suspension de peine pour raisons médicales ?

La personne détenue doit faire une demande de suspension de peine pour raisons médicales auprès du JAP lorsque la peine privative de liberté prononcée est d'une durée inférieure ou égale à dix ans ou que, quelle que soit la peine initialement prononcée, la durée de détention restant à subir est inférieure ou égale à trois ans. Dans les autres cas, la demande doit être effectuée auprès de la juridiction régionale de la libération conditionnelle (jusqu'au 1er janvier 2005) et auprès du tribunal de l'application des peines (au-delà de cette date). La demande peut être accompagnée d'un certificat médical du médecin traitant de l'hôpital, indiquant que le pronostic vital est engagé ou que l'état de santé est durablement incompatible avec le maintien en détention. Ce certificat ne peut en aucun cas se substituer aux expertises demandées.

Articles 720-1-1, 722 et 722-1 du Code de procédure pénale.

685 Quels sont les critères d'octroi de la suspension de peine pour raisons médicales ?

La suspension de peine pour raisons médicales ne peut être accordée qu'à la condition que deux expertises médicales distinctes établissent de façon concordante l'incompatibilité de l'état de santé avec le maintien en détention ou l'engagement du pronostic vital de la personne détenue. La juridiction n'est toutefois pas liée par ces expertises. Si le détenu a été condamné pour certaines infractions d'ordre sexuel, une expertise psychiatrique doit être réalisée avant que la décision de suspension soit mise en œuvre. La décision est rendue à l'issue d'un débat contradictoire au cours duquel sont présents le procureur de la République, le condamné et son avocat. Seule la condition relative à l'état de santé est requise pour accorder la suspension de peine. Les juridictions de l'application des peines ne peuvent en aucun cas retenir une éventuelle dangerosité, un risque de trouble à l'ordre public ou une absence de gages « sérieux » de réinsertion pour la refuser. Mais en pratique, les décisions de rejet sont régulièrement motivées par un risque pour l'ordre public. En ce sens, une circulaire du ministère de la Justice du 7 mai 2003 rappelle d'ailleurs que les parquets conservent la faculté, dans leurs réquisitions, de s'opposer à toute mesure qui leur paraîtrait de nature à compromettre l'ordre public. Mais la circulaire ne lie pas les juges de l'application des peines. Les juridictions n'ont pas à déterminer, dans leur décision d'octroi, la durée de la suspension de peine, celle-ci dépendant de l'évolution de l'état de santé du condamné.

Articles 720-1-1, 722 et 722-1 du Code de procédure pénale, circulaire du ministère de la Justice sur la « suspension de peine pour raisons médicales » du 7 mai 2003, arrêt de la chambre criminelle de la Cour de cassation du 13 février 2003.

La loi s'applique à M. Papon comme à tout détenu malade...

La Cour de cassation a confirmé la remise en liberté de Maurice Papon prononcée le 18 septembre 2002 par la Cour d'appel de Paris, en rejetant les arguments du pourvoi formé contre cette décision par le procureur général de Paris. [...] M. Papon, 92 ans, condamné à 10 ans de réclusion le 2 avril 1998 pour complicité de crimes contre l'humanité, incarcéré depuis octobre 1999, a bénéficié des dispositions de la loi du 4 mars 2002 relative aux droits des malades. Cette loi est l'effet de plusieurs condamnations de la France par la Cour européenne des droits de l'homme qui considérait le maintien en détention des malades comme un traitement inhumain et dégradant, avait expliqué l'avocat général. Le premier argument de M. Nadal, relatif au trouble à l'ordre public qu'aurait pu causer la remise en liberté de M. Papon, ne tient pas, a estimé la Cour présidée par Bruno Cotte, car la loi relative aux droits des malades ne prend pas cette notion en considération. Elle prévoit la suspension, « *quelle que soit la nature de la peine ou la durée de la peine restant à subir, et pour une durée qui n'a pas à être déterminée* ». Et, ajoute la Cour de cassation, elle « *ne fixe aucune condition tenant à la nature des infractions sanctionnées ou à l'existence d'un risque de trouble à l'ordre public* ». La loi s'applique donc à M. Papon comme à tout détenu malade, a dit en substance la Cour.

AFP, La Cour de cassation confirme la remise en liberté de Maurice Papon, *13 février 2004.*

Un recours est-il possible contre un refus de suspension de peine pour raisons médicales ? 686

Avant le 1er janvier 2005, les décisions de refus d'octroi d'une suspension de peine pour raisons médicales de la compétence du juge de l'application des peines sont susceptibles d'un recours devant la chambre des appels correctionnels, dans un délai de dix jours à compter de la notification de la décision. Les décisions prises par la juridiction régionale de la libération conditionnelle (JRLC) peuvent faire l'objet d'un recours devant la juridiction nationale de la libération conditionnelle (JNLC), dans les dix jours de leur notification. Après le 1er janvier 2005, l'appel des jugements du juge de l'application des peines et du tribunal de l'application des peines (TAP) est porté, dans un délai de dix jours, devant la chambre de l'application des peines de la cour d'appel, qui rend sa décision après débat contradictoire. Lors de l'examen de l'appel du jugement du tribunal de l'application des peines, la chambre sera composée, outre du président et des deux conseillers assesseurs, d'un responsable d'une association de réinsertion des condamnés et d'un responsable d'une association d'aide aux victimes.

Articles 722 et 722-1 du Code de procédure pénale ; articles 712-6, 712-7 et 712-13 du Code de procédure pénale à partir du 1er janvier 2005.

687 Dans quelles conditions peut-il être mis fin à une suspension de peine pour raisons médicales ?

L'exécution de la peine n'étant que suspendue, les juridictions compétentes peuvent à tout moment ordonner une expertise médicale à l'égard du condamné. S'il s'avère que les conditions tenant à l'état de santé de la personne ne sont plus remplies, il peut être mis un terme à la suspension de peine pour raisons médicales. A partir du 1er janvier 2005, l'octroi de cette mesure peut être subordonné au respect d'obligations telles que : répondre aux convocations du juge de l'application des peines ou du travailleur social désigné, recevoir les visites du travailleur social, établir sa résidence en un lieu déterminé, se soumettre à des examens médicaux… Les décisions modifiant ou refusant de modifier ces obligations doivent être prises par ordonnance motivée et peuvent faire l'objet d'un appel dans un délai de vingt-quatre heures devant le président de la chambre de l'application des peines. En cas de non respect des obligations prescrites, le JAP qui a ordonné la mesure (ou celui du lieu où se trouve le condamné) peut ordonner son incarcération provisoire, après avis du procureur de la République. Si aucun débat contradictoire n'a eu lieu dans un délai de quinze jours après l'incarcération, la personne doit être libérée, à moins qu'elle ne soit détenue pour une autre cause. Lorsque les obligations ont été fixées par le tribunal de l'application des peines, c'est à lui de prononcer l'incarcération provisoire et le débat contradictoire doit se tenir dans un délai d'un mois.

Articles 720-1-1, D. 147-1 et D.147-2 du Code de procédure pénale, note du 28 octobre 2002 relative à la présentation de la suspension de peine pour raisons médicales ; articles 712-6, 712-7 et 712-19 du Code de procédure pénale à partir du 1er janvier 2005.

La semi-liberté et le placement à l'extérieur

Mesures qui permettent à un condamné de sortir de prison afin de suivre une activité professionnelle ou formatrice, la semi-liberté et le placement à l'extérieur sont insuffisamment utilisés par les magistrats, qui les réservent trop souvent à des personnes déjà insérées socialement. Depuis la loi du 15 juin 2000, ce sont des mesures juridictionnelles, prises après consultation du détenu et de son avocat, et susceptibles de recours en cas de refus.

Le manque de places de semi-liberté et la diminution des placements extérieurs

En raison du nombre insuffisant d'établissements ou de quartiers de semi-liberté dans certaines régions, notamment la région parisienne, la semi-liberté est peu prononcée en tant qu'aménagement des modalités d'exécution de la peine (environ 6 300 décisions par an depuis 1987). Ce chiffre a toutefois légèrement augmenté en 2002, puisqu'il est passé à 6 527. [...] Il convient donc d'augmenter considérablement le nombre des établissements de semi-liberté, en y incluant quelques places à destination des mineurs. [...] La diminution des placements extérieurs est également inquiétante, car elle est régulière depuis plusieurs années : dans les années 90 la moyenne annuelle des placements extérieurs prononcés était de 3 300 ; elle est tombée à 2 550 en 2002. Si l'on parvenait à retrouver le niveau initial, cela signifierait que 750 personnes de plus, à leur sortie de prison, retrouveraient un emploi ou bénéficieraient d'une formation, sachant que là encore, le taux de révocation des placements extérieurs pour cause de nouvelle infraction est faible.

Jean-Luc Warsmann, Les peines alternatives à la détention, les modalités d'exécution des courtes peines, la préparation des détenus à la sortie de prison, *rapport de mission parlementaire, 28 avril 2003.*

Qu'est-ce que la semi-liberté ? 688

La semi-liberté est une mesure qui permet à un condamné de sortir de l'établissement pénitentiaire sans surveillance pour exercer des activités. Lorsque celles-ci sont interrompues, le condamné réintègre la prison. Les activités peuvent être un travail salarié ou une activité industrielle, commerciale ou agricole exercée par le condamné pour son propre compte ; un enseignement à suivre ou une formation professionnelle ; un stage ou un emploi en vue d'une insertion sociale (contrat emploi-solidarité, contrat d'apprentissage ou de retour à l'emploi, etc.). Il a même été admis, sous certaines conditions, que le condamné pouvait effectuer sous le régime de la semi-liberté une activité non rémunérée au profit d'une association, suivre un traitement médical, ou encore assurer une participation essentielle à la vie de famille. Ce dernier motif est surtout utilisé pour permettre à un père ou une mère de famille de subvenir aux besoins de ses enfants.

Articles 132-25 du Code pénal, 723-1, D.118 et D.137 du Code de procédure pénale.

689 Le directeur du service pénitentiaire d'insertion et de probation peut-il proposer une mesure de semi-liberté ?

Depuis la loi du 9 mars 2004, le directeur du service pénitentiaire d'insertion et de probation (DSPIP) peut proposer au JAP une mesure de semi-liberté pour un certain nombre de condamnés. Ceux auxquels il reste trois mois d'emprisonnement à subir en exécution d'une ou plusieurs peines d'emprisonnement d'une durée supérieure ou égale à six mois et inférieure à deux ans. Et ceux auxquels il reste six mois d'emprisonnement à subir en exécution d'une ou plusieurs peines d'emprisonnement d'une durée supérieure ou égale à deux ans mais inférieure à cinq ans. Il peut proposer d'assortir la mesure d'obligations. La saisine du JAP par le DSPIP n'est pas automatique. En effet, il peut ne pas le faire en cas de « mauvaise conduite » de la personne en détention, d'absence de projet « sérieux » de réinsertion, d'impossibilité matérielle à mettre en place une mesure d'aménagement ou de refus par le condamné de bénéficier de cette mesure. Dans l'hypothèse où le DSPIP ne saisit pas le JAP, il doit en informer le condamné. Le JAP dispose d'un délai de trois semaines pour prendre une décision motivée, qui peut en cas de refus, faire l'objet d'un recours devant le président de la chambre de l'application des peines de la cour d'appel. En l'absence de réponse du JAP dans le délai imparti de trois semaines, le DSPIP peut décider de mettre à exécution la mesure. Il doit en informer le JAP et le procureur. Lorsque le JAP est saisi, il peut décider de substituer la semi-liberté proposée par une mesure de placement à l'extérieur ou de placement sous surveillance électronique.

Articles 723-20 à 723-28 du Code de procédure pénale à partir du 1er janvier 2005.

690 Qui décide d'une mesure de semi-liberté ?

La semi-liberté peut être décidée par la juridiction de jugement lorsqu'elle prononce la peine. Une seule condition est nécessaire (outre le fait que le condamné doit justifier d'une des activités décrites ci-dessus) : la peine ne peut pas être supérieure à un an d'emprisonnement. La Cour de cassation a décidé qu'en cas de peine mixte - peine composée d'une partie ferme et d'une partie avec sursis - le tribunal correctionnel ou la cour d'assises peut prononcer la semi-liberté si la partie ferme de la peine n'est pas supérieure à un an d'emprisonnement. Dans l'hypothèse où la semi-liberté est prononcée par la juridiction de jugement, il appartient, après le 1er janvier 2005, au juge de l'application des peines (JAP) de fixer dans un délai de quatre mois les modalités de l'exécution de la mesure. Cette décision n'est pas susceptible de recours. Il peut également substituer à la mesure initialement prévue une autre mesure (placement à l'extérieur ou sous surveillance électronique) si elle lui paraît plus adaptée à la personnalité du condamné. La semi-liberté peut également être décidée par le JAP soit avant l'incarcération du condamné si ce dernier doit subir d'une durée maximale d'un an, soit lorsque le condamné a commencé à exécuter sa peine, mais que le temps de la détention restant à subir n'excède pas un an. Dans ce dernier cas, le JAP doit, préalablement à sa décision, entendre les parties (détenu et procureur) et demander l'avis d'un représentant de l'administration pénitentiaire. Si le condamné a été emprisonné pour certaines infractions d'ordre sexuel ou pour le meurtre ou l'assassinat d'un mineur précédé ou accompagné d'un viol ou d'actes de barbarie, une expertise psychiatrique doit être demandée par le JAP avant qu'il ne prenne sa décision. Les juridictions de l'application des peines peuvent, lorsqu'elles accordent une libération conditionnelle à un condamné, décider que celui-ci devra d'abord être soumis, pendant une période déterminée, au régime de la semi-liberté. Lorsqu'une libération conditionnelle a été accordée à un condamné à une peine de réclusion à perpétuité assortie d'une période de sûreté supérieure à quinze ans, un stage préalable de semi-liberté d'un à trois ans est obligatoire.

Articles 132-23 et 132-25 du Code pénal, 720-5, 722, 723 et suivants, D.49-1, D.119, D.120, du Code de procédure pénale, arrêt de la chambre criminelle de la Cour de cassation du 6 décembre 1994.

Comment se déroule une semi-liberté ? 691

Dans tous les cas, le juge de l'application des peines détermine les conditions dans lesquelles la semi-liberté va s'effectuer. Il fixe les dates et les heures d'entrée et de sortie, en fonction du temps nécessaire au condamné pour exercer son activité à l'extérieur. Le détenu demeure soumis à la discipline pénitentiaire. Il n'est cependant pas soumis à une surveillance continue : ses activités à l'extérieur de la prison se déroulent en dehors du contrôle du personnel pénitentiaire. Le JAP accorde les éventuelles autorisations dont le condamné a besoin pour effectuer son activité (par exemple pour conduire un véhicule). Le condamné en semi-liberté est soumis aux mêmes conditions de travail et de rémunération que les travailleurs libres. Son salaire est versé sur un compte extérieur dont il est titulaire, sauf instruction contraire du juge. Par ailleurs, il peut être autorisé à détenir l'argent nécessaire à ses dépenses extérieures, comme les repas et le transport. C'est le chef d'établissement qui apprécie le montant de ces sommes. Le condamné en semi-liberté est dispensé de la constitution d'un pécule de libération, mais reste redevable de la part réservée à l'indemnisation des parties civiles et aux créanciers d'aliments (pensions alimentaires).

Articles D.103, D.121 et suivants du Code de procédure pénale.

Dans quels locaux se déroule une semi-liberté ? 692

Un condamné en semi-liberté sort la journée pour accomplir ses activités, mais réintègre le soir venu soit le quartier de semi-liberté d'une maison d'arrêt, soit un centre autonome de semi-liberté. Le week-end et les jours fériés, il peut bénéficier d'une permission de sortir. La semi-liberté peut également s'effectuer dans un centre pour peines aménagées. L'affectation dans ce centre ne peut être décidée qu'avec l'accord de la personne condamnée. La personne ne peut pas recevoir de visites au sein de ce centre, mais elle peut bénéficier de permissions de sortir.

Articles D.70, D.119 et suivants et D.143-1 du Code de procédure pénale.

Il est vrai que ça n'a rien d'une prison

Trois mois à rentrer tous les soirs, trois mois à sortir chaque matin, trois mois à frapper à la porte pour rentrer dormir et à sortir du centre tous les jours. Il est vrai que ça n'a rien d'une prison, cela ressemble à s'y méprendre à un foyer de travailleurs sauf que la réception est faite par des bleus. C'est difficile à vivre, parce que chaque jour, je me sépare d'Amara. Je consulte ma montre toutes les secondes, le temps vole nos retrouvailles. En fait, ces trois mois parachèvent leur besoin de me contraindre, l'exigence issue de leurs analyses, de leurs statistiques et de leur volonté de garder le contrôle sur mon retour au monde. Pour eux, il est impensable de laisser un individu recouvrer la liberté d'un seul coup et ils se sentent le devoir de « m'aider » par touches homéopathiques. Les trois mois de semi-liberté sont prescrits comme tels. Je sais pertinemment que je ne serai jamais accepté comme pleinement libre.

Joël Troussier, J'aurais préféré que l'on me tue..., *Presses de la Renaissance, 2000.*

693 Quelles obligations entraîne le régime de semi-liberté ?

Le condamné doit continuer à respecter le régime disciplinaire de l'établissement pénitentiaire où il se trouve, même lorsqu'il s'agit d'un centre autonome de semi-liberté. D'autres obligations particulières peuvent être fixées, au cas par cas, par le juge de l'application des peines ou l'autorité qui a octroyé la mesure de semi-liberté. Par exemple, le détenu peut avoir l'obligation de payer les sommes dues aux victimes de l'infraction, de se soumettre à des soins médicaux, de ne pas fréquenter certains condamnés, de ne pas fréquenter les débits de boissons... La loi du 9 mars 2004 a allongé la liste des obligations potentielles. Par ailleurs, le condamné ne peut se trouver à l'extérieur que pour exercer l'activité qui lui a permis de bénéficier de la semi-liberté. Il ne peut se livrer à aucune autre activité et ne peut pas effectuer des déplacements non justifiés par celle-ci. Dès que son activité est terminée, il doit regagner la prison. Si, pour une raison quelconque, l'activité est interrompue, la personne sera tenue de rester à l'établissement pénitentiaire. C'est le cas notamment des périodes de congé ou des arrêts maladie. De même elle doit strictement respecter les horaires fixés par le JAP. Elle doit toujours être munie d'un document lui permettant de justifier la régularité de sa situation. Les décisions des juridictions de l'application des peines modifiant ou refusant de modifier les obligations auxquelles le condamné est soumis doivent être prises par ordonnance motivée et peuvent faire l'objet d'un appel dans un délai de vingt-quatre heures devant le président de la chambre de l'application des peines. En cas d'inobservation de ces obligations, le JAP peut ordonner la suspension de la mesure et prononcer l'incarcération provisoire de la personne. Néanmoins, si aucun débat contradictoire n'est intervenu dans un délai de quinze jours, la personne est remise en liberté, à moins qu'elle ne soit détenue pour une autre raison.

Articles D.123, D.124, D.138 et D.536 du Code de procédure pénale ; article 723-4 du Code de procédure pénale à partir du 1er janvier 2005.

Quels sont les motifs de retrait d'une semi-liberté ? 694

Une semi-liberté peut être retirée si les conditions d'octroi ne sont plus remplies, si le condamné ne respecte pas ses obligations ou s'il fait preuve d'une « mauvaise conduite ». En cas d'urgence, et en attendant que l'autorité compétente se prononce sur un éventuel retrait de la semi-liberté, le chef d'établissement peut ordonner la réintégration immédiate du condamné en détention. Le juge de l'application des peines peut prononcer la révocation de la semi-liberté qu'il a lui-même accordée. Il est cependant obligé de motiver sa décision de révocation et d'entendre les parties (détenu avec son avocat et procureur) avant de la prendre. Le détenu dispose également d'un recours devant la chambre des appels correctionnels de la cour d'appel qu'il doit effectuer dans un délai de dix jours après la notification de la décision par le JAP. A partir du 1er janvier 2005, l'appel de la décision du JAP doit se faire dans un délai de dix jours devant la chambre de l'application des peines de la cour d'appel. Jusqu'au 1er janvier 2005, lorsque la semi-liberté est prononcée par la juridiction régionale de la libération conditionnelle (JRLC), cette dernière est compétente pour décider ou non du retrait de la mesure. Cette décision peut faire l'objet d'un recours devant la juridiction nationale de la libération conditionnelle (JNLC), dans un délai de dix jours. A compter du 1er janvier 2005, lorsque la semi-liberté est prononcée par le tribunal de l'application des peines (TAP), ce dernier est compétent pour en prononcer le retrait. L'appel contre cette décision doit être porté devant la chambre de l'application des peines de la cour d'appel, qui statue après débat contradictoire. Seule la juridiction de jugement du lieu de détention de la personne détenue peut, sur rapport du JAP, décider de retirer une semi-liberté qu'elle a elle-même accordée. En cas d'urgence, avant que la juridiction ne se prononce, le JAP peut prononcer la suspension de la semi-liberté. Mais le tribunal doit alors prendre sa décision dans les cinq jours. S'il ne statue pas dans ce délai, le condamné doit être remis en semi-liberté.

Articles 720-5, 722, 722-1, D.117-2 et D.124 du Code de procédure pénale ; articles 712-6, 712-7 et 712-13 du Code de procédure pénale à partir du 1er janvier 2005.

Que se passe-t-il en cas de non réintégration volontaire du détenu en semi-liberté ? 695

En cas de non-réintégration au sein de l'établissement pénitentiaire ou s'il se soustrait au contrôle auquel il est soumis, le condamné en semi liberté est considéré comme un évadé. Le délit d'évasion est punissable de trois ans d'emprisonnement et de 45 000 euros d'amende. Cette peine se cumule avec celle qu'il avait à exécuter et au titre de laquelle il avait été placé en semi-liberté, sans qu'une confusion des deux condamnations ne soit possible. Il encourt encore les sanctions disciplinaires prévues pour l'évasion, notamment le placement en cellule disciplinaire pour une durée maximale de quarante-cinq jours. La part disponible du compte nominatif d'un détenu évadé est appliquée d'office à l'indemnisation des parties civiles.

Articles 434-27, 434-29 et 434-31 du Code pénal, D.249-1, D.251, D.251-3 et D.323 du Code de procédure pénale.

696 Qu'est-ce que le placement à l'extérieur ?

Le placement à l'extérieur est une mesure qui permet à un condamné incarcéré d'être employé en dehors d'une prison avec ou sans surveillance du personnel pénitentiaire. En cas de placement à l'extérieur sous surveillance, le condamné est employé à des travaux contrôlés par l'administration pénitentiaire ; il est sous la surveillance continue du personnel pénitentiaire. Le placement à l'extérieur sans surveillance permet quant à lui de travailler (y compris de façon temporaire) ou de suivre un enseignement, une formation, un stage… Le régime de cet aménagement est assez proche de celui de la semi-liberté. Le détenu qui en bénéficie ne subit pas la surveillance du personnel pénitentiaire durant sa journée de travail ou pendant l'activité. Les chantiers constituent sans doute la forme la plus courante du placement à l'extérieur. Les travaux qui donnent lieu à l'ouverture d'un chantier doivent être réalisés pour le compte d'une administration, d'une collectivité publique, d'une entreprise, d'une association ou d'une personne physique. Lorsqu'il s'agit d'une association, elle doit être agréée par le ministère de la Justice.

Articles 723, D.126, D.127, D.130, D.133 et D.136 du Code de procédure pénale.

Le nettoyage des plages est interdit aux particuliers, mais pas pour les détenus

Le ministre de la Justice, Dominique Perben, a annoncé jeudi qu'il souhaitait que certains détenus des prisons du Sud Ouest puissent aller nettoyer les plages polluées par le pétrole du Prestige, favorisant leur « *réinsertion* » tout en participant à « *un effort national* ». Seuls des détenus volontaires, ayant moins d'un an de reliquat de peine et dont le comportement en détention est compatible, pourront demander à leur juge de l'application des peines de participer à ces chantiers écologiques. Sur les plages, ils seront surveillés par des personnels de l'AP et placés sous la responsabilité du préfet coordonnateur. Ils seront rémunérés quinze euros, ce qui correspond au tarif habituel du travail en détention augmenté d'une prime puisqu'il est effectué à l'extérieur. « *Toutes les précautions nécessaires en matière sanitaire seront prises* », a assuré M. Perben. Du fait de la dangerosité potentielle du pétrole du Prestige, le nettoyage des plages est interdit aux particuliers.

AFP, Des détenus volontaires pour nettoyer des plages polluées par le Prestige, *6 février 2003.*

697 Qui peut bénéficier d'un placement à l'extérieur ?

Aucun placement ne peut être accordé aux condamnés soumis à une période de sûreté. Si le condamné a été incarcéré pour certaines infractions d'ordre sexuel ou pour le meurtre ou l'assassinat d'un mineur précédé ou accompagné d'un viol ou d'actes de barbarie, le juge de l'application des peines doit obligatoirement ordonner une expertise psychiatrique avant de prendre sa décision.

Articles 720-2 et 722 du Code de procédure pénale ; article 712-6 du Code de procédure pénale à partir du 1er janvier 2005.

Qui peut bénéficier d'un placement à l'extérieur sous surveillance ? 698

Le placement à l'extérieur sous surveillance de l'administration pénitentiaire est réservé à trois catégories de condamnés :
- ceux dont la peine restant à exécuter est égale ou inférieure à cinq ans et qui n'ont pas été condamnés antérieurement à une peine de plus de six mois de prison ;
- ceux qui remplissent les conditions de délai pour obtenir une libération conditionnelle, quel que soit leur passé pénal ;
- ceux qui remplissent les conditions de délai pour se voir accorder une mesure de semi-liberté c'est-à-dire les personnes condamnées à une peine égale ou inférieure à un an d'emprisonnement.

Le Code de procédure pénale précise que, parmi les condamnés qui remplissent l'une ou l'autre de ces conditions, seuls doivent être choisis ceux qui, d'après leur personnalité et leur conduite en détention, paraissent présenter des garanties suffisantes pour la sécurité et l'ordre public. Les détenus étrangers qui font l'objet d'une mesure d'éloignement du territoire et les détenus exécutant une contrainte par corps peuvent bénéficier d'un placement sous surveillance.

Article D.128 du Code de procédure pénale.

Qui peut bénéficier d'un placement à l'extérieur sans surveillance ? 699

Le placement à l'extérieur sans surveillance de l'administration pénitentiaire est réservé à trois catégories de condamnés :
- ceux dont la peine restant à exécuter est inférieure ou égale à un an ;
- ceux qui ont été admis à la libération conditionnelle sous la condition de faire l'objet au préalable d'un placement à l'extérieur ;
- ceux qui sont dans les délais pour bénéficier d'une libération conditionnelle et dont la peine restant à subir est inférieure ou égale à trois ans.

L'interdiction du territoire français ne fait pas obstacle à ce que la personne, soumise à cette mesure, bénéficie d'une mesure de placement à l'extérieur afin de préparer sa demande en relèvement.

Article D.136 du Code de procédure pénale.

Qui décide d'une mesure de placement à l'extérieur ? 700

Lorsqu'une juridiction de jugement prononce une peine d'emprisonnement égale ou inférieure à un an, elle peut décider que cette peine sera exécutée sous le régime du placement à l'extérieur. Pour bénéficier de cette mesure, la personne condamnée doit justifier d'une activité professionnelle, du suivi d'un enseignement ou d'une formation professionnelle, de la nécessité de subir un traitement médical… Dans l'hypothèse où le placement à l'extérieur est prononcé par la juridiction de jugement, il appartient, après le 1er janvier 2005, au juge de l'application des peines de fixer dans un délai de quatre mois les modalités de l'exécution de la mesure. Cette décision n'est pas susceptible de recours. Il peut également substituer à la mesure initialement prévue une autre mesure (semi-liberté ou placement sous surveillance électronique) si elle lui paraît plus adaptée à la personnalité du condamné. Le placement à l'extérieur peut également être décidé par le juge de l'application des peines. Il doit entendre les parties (détenu avec son avocat et procureur) avant de prendre sa décision et demander l'avis d'un représentant de l'administration pénitentiaire. Le détenu dispose d'un recours contre une décision de refus, d'ajournement ou de révocation dans un délai de dix jours à compter de la notification de la décision, qui doit par ailleurs être motivée. Les recours doivent être adressés, jusqu'au 1er janvier 2005, à la chambre des appels correctionnels de la cour d'appel du lieu de détention. A partir du 1er janvier 2005, ils doivent être portés devant la chambre de l'application des peines de la cour d'appel. Le directeur du service pénitentiaire d'insertion et de probation dispose également d'un pouvoir de proposition pour les mesures de placement à l'extérieur dans les mêmes conditions que pour la semi-liberté. La juridiction régionale de la libération conditionnelle (JRLC) peut également décider d'un placement à l'extérieur sans surveillance, mais uniquement comme préalable à une mesure de libération conditionnelle. A partir du 1er janvier 2005, le tribunal de l'application des peines est compétent dans ce cas.

Articles D.119, D.120 et D.535 du Code de procédure pénale.

« Nous ne nous contentons pas de donner une activité aux détenus »

L'association APRES, née en 1988, s'occupe du placement à l'extérieur de détenus. […] En douze ans, plus de 1 500 détenus ont été suivis par l'association, pour un accueil moyen de 120 détenus par an, soit 10 % de l'ensemble des mesures de placement extérieur… Cela signifie que de telles mesures ne sont pratiquement pas utilisées. Nous suivons en permanence de 25 à 30 détenus et une quinzaine d'anciens détenus. Le cadre concret est le suivant : le matin au travail, le plus souvent dans le cadre d'un CES, utilisé comme outil d'insertion et non comme une finalité ; l'après-midi à l'association ; le soir, hébergé dans un appartement de l'association, avec obligation d'y résider à heures fixes. Notre mission consiste en réalité à préparer la réinsertion des personnes par un suivi et un accompagnement psycho-socio-éducatif. Nous ne nous contentons pas de donner une activité aux détenus : nous mettons en place des parcours évolutifs s'inscrivant dans la durée.

Yves Lechopier, « L'action de l'association « Après » à Amiens », Revue nationale des Barreaux, *n°63-64, janvier-juin 2001.*

Comment sont rémunérés les détenus qui travaillent à l'extérieur ? 701

Pour les placements à l'extérieur sous surveillance de l'administration pénitentiaire, le détenu ne bénéficie pas de contrat de travail, sauf décision spéciale du juge de l'application des peines. Le condamné est supposé recevoir un salaire équivalent au travailleur libre. Ses rémunérations sont versées à l'administration pénitentiaire, qui les inscrit au compte nominatif. Lorsque le détenu bénéficie d'un contrat de travail, ses rémunérations sont versées sur son compte à l'extérieur, sauf décision contraire du JAP. En ce qui concerne les placements à l'extérieur sans surveillance, les détenus ont systématiquement un contrat de travail et un salaire équivalent à celui des salariés libres. Les rémunérations sont directement versées sur un compte à l'extérieur dont le condamné est titulaire, sauf instruction contraire du JAP. Les détenus qui bénéficient d'un placement à l'extérieur sans surveillance sont dispensés de la constitution du pécule de libération, mais restent redevables de la part réservée à l'indemnisation des parties civiles et aux créanciers d'aliments.

Articles D.121, D.126 et D.134 du Code de procédure pénale.

Comment se déroule le placement à l'extérieur sous surveillance ? 702

Le condamné sort de prison en journée le temps d'accomplir son activité. Il est en principe placé dans les mêmes conditions de travail et d'horaires que le travailleur libre. Mais il demeure soumis à la discipline pénitentiaire et à la surveillance effective du personnel pénitentiaire, présent sur les lieux du travail. Le soir, le condamné regagne la prison sauf si le juge de l'application des peines en décide autrement sur proposition de l'administration pénitentiaire.

Articles D.124, D.130 et D.135 du Code de procédure pénale.

Comment se déroule le placement à l'extérieur sans surveillance ? 703

L'encadrement du détenu est assuré par l'employeur ou le directeur de l'établissement de formation ou de soins. Ces personnes doivent informer sans délai le représentant de l'administration pénitentiaire de tout incident concernant le détenu, notamment de toute absence, quelle qu'en soit la durée. Aucune règle particulière n'est prévue en ce qui concerne les obligations du détenu le soir. En pratique, le régime du placement à l'extérieur sans surveillance est très proche de celui de la semi-liberté : le condamné regagne le soir la maison d'arrêt, sauf décision contraire du JAP. Il est fréquent que le détenu soit autorisé à rester à l'extérieur pour la nuit, par exemple au centre de formation. Le JAP peut également imposer au condamné des obligations similaires à celles qui existent en matière de semi-liberté et de libération conditionnelle, par exemple ne pas fréquenter de débits de boissons, ne pas rencontrer certaines personnes, indemniser la victime… La loi du 9 mars 2004 a allongé la liste des obligations potentielles. A partir du 1er janvier 2005, les décisions du JAP modifiant ou refusant de modifier ces obligations doivent être prises par ordonnance motivée et peuvent faire l'objet d'un appel dans un délai de vingt-quatre heures devant le président de la chambre de l'application des peines. En cas d'inobservation de ces obligations, le JAP peut ordonner la suspension de la mesure et prononcer l'incarcération provisoire de la personne. Néanmoins, si aucun débat contradictoire n'est intervenu dans un délai de quinze jours, la personne est remise en liberté, à moins d'être détenue pour une autre cause. Autre similitude avec la semi-liberté, les détenus peuvent être autorisés à conserver l'argent nécessaire à leurs dépenses extérieures. Les incidents survenus à l'occasion d'un placement à l'extérieur sont régis selon les mêmes règles que pour la semi-liberté.

Articles D.122, D.125, D.136 et D.536 du Code de procédure pénale.

D'excellentes mesures d'adaptation à la vie libre, en fin de peine

Paradoxalement, le sort le moins enviable est celui du semi-libre ou du placé à l'extérieur sans surveillance. C'est que les praticiens s'accordent à penser que les mesures en milieu semi-ouvert ne sont pas viables sur une longue durée et plus précisément que quelques mois sont un maximum. L'alternance schizophrène entre, d'une part, vie ordinaire et libre, et d'autre part, vie carcérale contraignante, génère rapidement des tensions très fortes et une difficulté croissante à retourner en prison ou dans le centre de semi-liberté. C'est pourquoi il est aberrant que la durée possible de ces mesures soit de plusieurs années. Elles ne devraient à notre sens pas pouvoir excéder six mois ou, exceptionnellement, pour de courtes peines, un an. Bien conçues, elles ne dureront que quelques mois et verront le condamné méritant passer d'un régime plus strict (avec retour en prison le soir et le week-end), à un régime plus souple (permissions de sortir le week-end, puis quelques soirs par semaine...). Dans un tel esprit, elles constitueront d'excellentes mesures d'adaptation à la vie libre, en fin de peine, particulièrement utiles pour de longues peines. Pour de courtes peines, elles pourront durer un peu plus longtemps, mais conserver cette progressivité dans le degré de liberté accordé.

Martine Herzog-Evans, Droit de l'application des peines, *Dalloz, 2002.*

La libération conditionnelle

Créée par une loi du 14 août 1885, la libération conditionnelle est une mesure en voie de disparition. La loi du 15 juin 2000 a apporté des garanties procédurales à la personne détenue en supprimant, en particulier, la compétence du garde des Sceaux pour les longues peines et en prévoyant une possibilité de recours à l'encontre des décisions de refus. Néanmoins, le nombre de personnes bénéficiant de cette mesure est en baisse constante. Il a pourtant été démontré que les personnes libérées dans le cadre d'une libération conditionnelle récidivent moins que celles libérées en fin de peine.

Une des mesures les plus efficaces et les plus constructives

Le comité des ministres du Conseil de l'Europe a adopté, le 24 septembre 2003, une recommandation incitant ses quarante-cinq Etats membres à réduire la durée de la détention des condamnés en utilisant davantage la libération conditionnelle. Celle-ci « *est l'une des mesures les plus efficaces et les plus constructives pour prévenir la récidive et pour favoriser la réinsertion sociale des détenus dans la société* », affirme le texte. Et d'ajouter : « *La législation devrait prévoir la possibilité pour tous les détenus condamnés, y compris à la perpétuité, de bénéficier de la libération conditionnelle.* » Selon PierreTournier, criminologue, « *en France, 80 % des condamnés libérés n'ont bénéficié ni d'une libération conditionnelle, ni d'un placement à l'extérieur, ni d'une semi-liberté* ». Un bien mauvais chiffre au regard des pourcentages affichés par nos voisins européens : si les libérations conditionnelles ne représentent que 9 % des sorties de prison des condamnés en France, elles constituent 25 % des sorties en République tchèque, en Estonie ou au Portugal, 30 % en Allemagne, 40 % en Hongrie, 57 % en Pologne, et même 100 % en Suède et en Finlande où la libération conditionnelle est accordée d'office à tous les condamnés. Considérée comme un signe de laxisme judiciaire en France, la libération conditionnelle est pourtant un élément de protection de la société : le taux de récidive des libérés en conditionnelle est deux fois moins élevé que parmi ceux libérés en fin de peine. Malgré la juridictionnalisation de l'octroi des libérations conditionnelles introduite par la loi du 15 juin 2000, ces mesures ont diminué de 20 à 25 % entre 2001 et 2002 et leur baisse semble se poursuivre ces derniers mois.

■ *OIP, « Le conseil de l'Europe en faveur de la libération conditionnelle »,* Dedans dehors, *n° 39, septembre 2003.*

Qu'est-ce que la libération conditionnelle ? 704

La libération conditionnelle est un dispositif qui permet à un condamné de sortir de prison avant la fin de sa peine. La personne en liberté conditionnelle doit respecter un certain nombre d'obligations pendant une période de temps déterminée (délai d'épreuve) et se soumettre à des mesures d'aide et de contrôle. Si le condamné respecte ces obligations, la peine sera considérée comme définitivement terminée à la fin du délai d'épreuve. Si au contraire il ne respecte pas ces obligations, il perd le bénéfice de la libération conditionnelle et doit retourner en prison pour terminer sa peine.

Articles 729 et suivants, D.520 et suivants du Code de procédure pénale.

705 Quand peut-on demander une libération conditionnelle ?

La libération conditionnelle peut être accordée aux condamnés qui ne sont pas en état de récidive légale lorsqu'ils ont exécuté au moins la moitié de leur peine. Les récidivistes peuvent, quant à eux, obtenir une libération conditionnelle après avoir accompli les deux tiers de leur peine. Ces délais se calculent en fonction des réductions de peine et des grâces accordées qui modifient la date de fin de peine. Lorsqu'un condamné exerce l'autorité parentale sur un enfant de moins de dix ans, et à condition que cet enfant ait eu sa résidence habituelle chez lui, il peut prétendre à une libération conditionnelle sans attendre la moitié ou les deux tiers de la peine. Il faut pour cela que la peine prononcée soit inférieure ou égale à quatre ans, ou bien qu'il lui reste moins de quatre ans d'incarcération à subir. Ce régime n'est cependant pas applicable aux personnes condamnées pour un crime ou un délit commis à l'encontre d'un mineur.

Articles 132-23 du Code pénal, 720-5, 729 et 729-3 du Code de procédure pénale.

706 Quels délais particuliers s'imposent aux personnes condamnées à la réclusion à perpétuité ?

Les personnes condamnées à une peine de réclusion à perpétuité doivent purger quinze années d'incarcération avant de pouvoir déposer une demande de libération conditionnelle. Néanmoins, si lors de la condamnation une période de sûreté supérieure à quinze ans a été prononcée, la personne doit attendre la fin de cette période de sûreté ou demander son relèvement avant de pouvoir prétendre à une libération conditionnelle. Par ailleurs, en cas de réclusion à perpétuité assortie d'une période de sûreté de plus de quinze ans, la libération conditionnelle doit être précédée d'une semi-liberté d'une durée d'un à trois ans.

Articles 132-23 du Code pénal, 720-5, 729 et 729-3 du Code de procédure pénale.

« Ceux qui s'en sortent sont ceux qui ont connu desparcours de révolte »

Après vingt-deux ans d'enfermement – hormis ses sept mois de cavale en 1979 – Philippe Maurice a été définitivement libéré le 8 mars 2000 au matin. En juin, il aura 44 ans. « *Parfois,* confie-t-il, *il m'arrive de rêver que je suis encore en détention. En prison, c'était l'inverse. Parfois, il me prenait l'envie de rêver que j'étais libre. C'était trop dur. J'avais appris à sortir de mes rêves.* » Début novembre 1999, le détenu a appris un mercredi qu'il était placé le lundi suivant pour quatre mois sous un régime probatoire de semi-liberté et pour dix ans en libération conditionnelle. Cinq jours à se préparer, pour en ponctuer huit mille. Pour éviter les remous autour d'un dossier jugé « symbolique », le ministère de la Justice a imposé que la procédure ne traîne pas. On a demandé à l'intéressé – condition *sine qua non* – s'il disposait toujours... d'un emploi pour se réinsérer. A l'université de Tours, où la communauté scientifique souhaitait depuis longtemps utiliser ses compétences, on s'est plié en quatre pour sonder les budgets dans l'urgence. On lui trouva une vacation sur six mois, un poste d'assistant de recherche dans une association d'archéologie urbaine qui mène, sur des crédits régionaux, un travail sur « la Loire et les hommes au Moyen-Age ». Depuis, ce contrat a été prolongé de deux mois. On lui dénicha aussi un bureau, légèrement isolé. Puis, on constata sa ponctualité, sa cordialité, sa volonté d'échanges et de partage des connaissances, la difficulté peut-être aussi, les premières semaines, à mesurer le temps, à quitter son travail, le soir, pour rentrer en détention. Mais surtout, on observa son « étonnante » faculté d'adaptation. « *Je suis convaincu*, dit-il, *que les études sont la plus sûre garantie qu'un détenu puisse avoir de s'insérer socialement. Je pense que ceux qui s'en sortent sont aussi ceux qui ont connu des parcours de révolte. Dans ma tête, j'ai toujours refusé la prison.* »

Jean-Michel Dumay, « Philippe Maurice ou le temps retrouvé », Le Monde, *25 mai 2000.*

Qu'est-ce que la réduction du temps d'épreuve ? 707

La réduction du temps d'épreuve est un aménagement de peine exclusivement réservé aux réclusionnaires à perpétuité non soumis à une période de sûreté supérieure à quinze ans, dont le délai d'épreuve est en principe de quinze ans. Le juge de l'application des peines (JAP) peut octroyer des réductions du temps d'épreuve d'un mois maximum par année d'incarcération, ou vingt jours si le condamné est en état de récidive légale. Pour les condamnations intervenues avant le 11 septembre 1986, la durée maximale de la réduction du temps d'épreuve est de quarante-cinq jours par an, y compris si le condamné est en état de récidive légale. Les condamnés qui font l'objet d'une période de sûreté peuvent demander une réduction du temps d'épreuve qui ne peut se déduire que sur la partie de la peine supérieure à la période de sûreté. Ainsi, les réductions éventuellement accordées ne diminueront pas la période de sûreté.

Articles 729 et 729-1 du Code de procédure pénale.

Quels sont les critères d'octroi de la réduction du temps d'épreuve ? 708

Les critères sont les mêmes que ceux requis pour les réductions de peine. Le détenu doit présenter des preuves suffisantes de « *bonne conduite* » ou avoir accompli « *des efforts sérieux de réadaptation* ». Il en est ainsi lorsque sont réunis un ensemble d'éléments qui permettent au juge de l'application des peines de considérer qu'il existe des chances de réinsertion : acquisition de compétences professionnelles, suivi d'une scolarité ou d'une formation, suivi d'un traitement médical, comportement en détention, perspectives de sortie... A partir du 1er janvier 2005, seul le critère « *d'efforts sérieux de réadaptation* » est retenu.

Article 729-1 du Code de procédure pénale.

709 Quels sont les critères d'octroi de la libération conditionnelle ?

Le condamné doit manifester « *des efforts sérieux de réadaptation sociale* ». C'est le cas notamment lorsqu'il suit avec assiduité une formation professionnelle, un enseignement, un stage ou un emploi temporaire « *en vue de sa réinsertion sociale* ». C'est également le cas lorsqu'il apporte la preuve qu'un emploi lui est destiné à l'extérieur (mais il ne s'agit pas d'une condition obligatoire), que sa participation à la vie de sa famille est essentielle ou qu'il doit suivre un traitement médical. Le juge doit aussi prendre en compte l'effort accompli pour indemniser les victimes. Il ne s'agit là que d'exemples fournis par la loi. L'autorité compétente peut s'appuyer sur d'autres considérations plus subjectives. Dans tous les cas, le fait de remplir ces critères ne procure pas au condamné le droit d'obtenir une libération conditionnelle, dont l'octroi est laissé à la libre appréciation de l'autorité compétente.

Article 729 du Code de procédure pénale.

710 Qui décide d'une mesure de libération conditionnelle ?

Le juge de l'application des peines est compétent pour accorder la libération conditionnelle lorsque la ou les condamnation(s) prononcée(s) n'excède(nt) pas dix ans d'emprisonnement ou, quelle que soit la peine prononcée, lorsque la durée de détention qui reste à subir ne dépasse pas trois ans. La juridiction régionale de la libération conditionnelle (JRLC) est compétente jusqu'au 1er janvier 2005 en ce qui concerne les personnes condamnées à plus de dix ans de prison et auxquelles il reste plus de trois ans de détention à subir. A partir du 1er janvier 2005, la JRLC est remplacée par le tribunal de l'application des peines (TAP). La saisine de ces juridictions a lieu soit à la demande du condamné, soit sur réquisitions du procureur. Les décisions en matière de libération conditionnelle doivent être motivées et précédées d'une procédure contradictoire (audience du condamné assisté de son avocat et audience du procureur de la République). Néanmoins, le JAP peut, avec l'accord du procureur de la République et celui du condamné ou de son avocat, octroyer cette mesure sans procéder à un débat contradictoire. Le JAP et le TAP doivent également entendre l'avis d'un représentant de l'administration pénitentiaire (directeur d'établissement, responsable du service pénitentiaire d'insertion et de probation, ou autre). La juridiction régionale doit, quant à elle, demander l'avis de la commission de l'application des peines.

Articles 722 et 730 du Code de procédure pénale ; articles 712-6 et 712-7 du Code de procédure pénale à partir du 1er janvier 2005.

711 Un recours est-il possible contre un refus de libération conditionnelle ?

Jusqu'au 1er janvier 2005, les décisions de refus de libération conditionnelle émanant du juge de l'application des peines peuvent faire l'objet d'un recours devant la chambre des appels correctionnels, dans un délai de dix jours. L'appel des décisions relevant de la compétence de la JRLC peut être porté devant la juridiction nationale de la libération conditionnelle (JNLC), dans un délai de dix jours. A partir du 1er janvier 2005, les décisions de refus du JAP et du TAP sont portées devant la chambre de l'application des peines de la cour d'appel, dans un délai de dix jours. Cette chambre peut fixer un délai pendant lequel toute nouvelle demande tendant à l'octroi est irrecevable. Par ailleurs, lors de l'examen de l'appel du jugement du TAP, la chambre est composée, outre du président et des deux conseillers assesseurs, d'un responsable d'une association de réinsertion des condamnés et d'un responsable d'une association d'aide aux victimes.

Articles 722 et 722-1 du Code de procédure pénale ; article 712-13 du Code de procédure pénale à partir du 1er janvier 2005.

Le plus ancien détenu de France, 37 ans de détention, doit rester en prison

Ainsi en a décidé la juridiction régionale de la libération conditionnelle (JRLC) de Douai le 6 juillet dernier. Réunie le 5 février 2001 au centre de détention de Bapaume (Pas de Calais), la commission de l'application des peines avait une fois encore émis un avis favorable à la treizième demande de libération de Lucien Léger. Le représentant du ministère public, la direction pénitentiaire, les services socio-éducatif et le personnel de détention étaient unanimes : il fallait libérer Lucien Léger dont on soulignait à la fois le bon comportement en prison et l'absence de problèmes relationnels. Le conseiller d'insertion et de probation avait également conclu sa synthèse socio-éducative par un avis « très favorable ». Le dernier rapport d'expertise psychiatrique des Dr Archer, Thévenon-Gignac et Zagury du 4 octobre 1999 indiquait : « *Le risque de récidive criminelle sur la personne d'un enfant ne paraît pas présent. Une libération conditionnelle n'est pas contre-indiquée par les éléments qui se dégagent de l'examen clinique* ». Enfin, Lucien Léger disposait d'un projet de sortie cohérent avec un hébergement et un emploi assurés à sa sortie de prison. Les juges ont pourtant considéré « *que la position de Lucien Léger à l'égard des faits commis excluaient tout travail psychothérapeutique et empêchaient de considérer qu'il manifeste des efforts sérieux de réadaptation sociale au sens de l'article 729 du Code de procédure pénale* ». Autrement dit : faute d'aveux, pas de libération.

Me Adeline Plichard, « Faute d'aveux, pas de libération », Dedans dehors, *n° 27, septembre 2001.*

Le détenu peut-il refuser une libération conditionnelle ? 712

La libération conditionnelle repose, dans son principe, sur la participation active du condamné. Dans la plupart des cas, la demande de libération conditionnelle est formulée par le condamné lui-même. Elle peut également être requise par le procureur de la République qui saisit alors l'autorité compétente. Le juge de l'application des peines peut aussi se saisir de lui-même. Il est tenu d'examiner, au moins une fois par an, la situation de tout condamné qui remplit les conditions de délai pour obtenir une libération conditionnelle. Cette règle ne signifie pas que la mesure peut être accordée à un détenu sans son consentement. Son acceptation est indispensable au moment de la décision, en sorte qu'il peut s'y opposer.

Articles 722, 729-2, 730 et D.531 du Code de procédure pénale.

713 Quel contrôle s'impose à tout condamné libéré sous conditions ?

A sa sortie, le libéré conditionnel dispose d'un délai de vingt-quatre ou quarante-huit heures pour se présenter au juge de l'application des peines désigné pour suivre la mesure. Il s'agit en général du JAP du lieu de résidence du condamné. Ce délai est indiqué sur la carte de libéré conditionnel remise à la sortie de prison. Une fois libéré, le condamné est placé sous la surveillance et le contrôle du JAP et du service pénitentiaire d'insertion et de probation. Le juge le reçoit, lui rappelle ses obligations et lui indique les mesures de surveillance dont il fera l'objet. Un travailleur social du SPIP rencontre périodiquement le libéré conditionnel et s'assure du respect de ses obligations. Le condamné doit habiter au lieu fixé par la décision de libération et répondre aux convocations du JAP ou du SPIP. Il doit également recevoir les visites du travailleur social et lui communiquer tous les documents et renseignements qui permettent de vérifier le respect des obligations. Il doit prévenir le travailleur social de tout changement d'emploi et obtenir l'autorisation du JAP quand le changement d'emploi envisagé peut empêcher le bon déroulement des obligations. Enfin, le libéré doit obtenir l'autorisation du JAP pour tout déplacement supérieur à quinze jours, ainsi que pour tout déplacement à l'étranger. Le SPIP peut aider le condamné à réaliser certaines démarches, ainsi que lui accorder une aide matérielle ou demander à tout organisme d'assistance de le faire.

Articles 731, D.532 à D.534 du Code de procédure pénale.

714 Quelles obligations particulières peuvent s'imposer à un condamné libéré sous conditions ?

Aux obligations générales qui imposent au condamné de répondre à un certain nombre de convocations et de ne pas changer de domicile ou de travail sans autorisation, peuvent s'ajouter des obligations particulières fixées par l'autorité qui a accordé la mesure. Celle-ci choisit parmi les obligations suivantes : s'abstenir de paraître dans tout lieu précisé par l'autorité ; suivre un enseignement ou une formation professionnelle ; se soumettre à des mesures d'examen, de contrôle, de traitement ou de soins médicaux, même sous le régime de l'hospitalisation ; justifier qu'il contribue aux charges familiales ou s'acquitte régulièrement des pensions alimentaires dont il est redevable ; payer les sommes dues à la victime de l'infraction ; payer les sommes dues au Trésor public ; ne pas conduire certains véhicules ; ne pas fréquenter les casinos et autres lieux de jeux d'argent ; ne pas fréquenter les débits de boissons et s'abstenir de tout excès de boisson alcoolisée ; ne pas fréquenter certains condamnés ; s'abstenir d'entrer en relation avec certaines personnes, notamment la victime de l'infraction ; ne pas détenir ou porter une arme. Il arrive également que la libération conditionnelle soit accordée à condition que le condamné effectue une période préalable de semi-liberté ou de placement à l'extérieur, qu'il remette tout ou partie de son pécule en dépôt au service pénitentiaire d'insertion et de probation, qu'il s'engage dans l'armée ou qu'il quitte le territoire français s'il est étranger (libération-expulsion). Ce dernier cas est d'ailleurs le seul pour lequel le consentement du condamné n'est pas requis.

Articles 723-1, 729-2, 731, 732, D.535 et D.536 du Code de procédure pénale.

Les obligations imposées au condamné peuvent-elles être modifiées ? 715

Le juge de l'application des peines qui suit le condamné pendant la durée de son délai d'épreuve peut modifier la décision en imposant par exemple des obligations nouvelles, même si la décision de libération conditionnelle a été prise par un autre JAP. Le magistrat doit consulter le service pénitentiaire d'insertion et de probation (SPIP) avant de prendre sa décision. Lorsque la libération conditionnelle a été accordée par une juridiction régionale de libération conditionnelle, les obligations du condamné sont modifiables par une juridiction identique, sur proposition du JAP. A partir du 1er janvier 2005, le tribunal de l'application des peines peut, sur proposition du JAP, modifier la décision de libération conditionnelle qu'il a prononcée. Les décisions prises par le JAP ou par le TAP modifiant ou refusant de modifier les obligations auxquelles la personne est soumise peuvent être portées en appel devant le président de la chambre de l'application des peines dans un délai de vingt-quatre heures à compter de la notification de la décision.

Articles 732 et D.536 du Code de procédure pénale, arrêt de la chambre criminelle de la Cour de cassation du 19 décembre 1991 ; article 712-8 du Code de procédure pénale à partir du 1er janvier 2005.

La vie des nouveaux libérés ne sera ni libre ni facile

Compte tenu de la longueur de leur peine, les perpètes ne peuvent guère espérer sortir en dehors du cadre très surveillé d'une libération « conditionnelle ». Mesure qui est de plus en plus difficile à obtenir. En 1999, seuls quatre détenus condamnés à perpétuité ont obtenu leur libération conditionnelle. A titre d'exemple, à la centrale de Saint-Maur, établissement qui accueille à l'heure actuelle le plus de perpètes en France, une seule libération conditionnelle a été octroyée lors des cinq dernières années. Vont jouer leur profil, le « projet » (emploi-logement) qu'ils auront élaboré avec un travailleur social, la médiatisation de leur affaire et, surtout, le contexte politique et sécuritaire du moment. Ainsi, la vie des nouveaux libérés ne sera-t-elle ni libre ni facile ; ce sera plutôt une « semi-liberté ». Rendez-vous réguliers avec un éducateur du comité de probation, justificatifs (fiches de paie, par exemple) à fournir, liberté de mouvement limitée par d'éventuelles interdictions de séjour dans certains lieux ou régions de France... Les liste des restrictions qui pèseront sur eux peut être longue. Sans compter la surveillance policière qui s'attachera plus particulièrement à leurs faits et gestes.

Anne-Marie Marchetti, Perpétuités, le temps infini des longues peines, *Plon, 2001.*

716 Qu'est-ce que le « délai d'épreuve » ?

Le délai d'épreuve est le temps pendant lequel le libéré conditionnel est placé sous le contrôle du juge de l'application des peines et soumis à des obligations. La durée du délai d'épreuve est au moins égale au temps de détention que le condamné avait encore à subir le jour de sa libération. Le délai d'épreuve peut se poursuivre au maximum un an au-delà de la fin de peine. En aucun cas, la totalité du délai d'épreuve ne peut dépasser une durée de dix ans, même si le temps de peine qui restait à exécuter est supérieur. Pour les condamnés à la réclusion criminelle à perpétuité, le délai d'épreuve est obligatoirement compris entre cinq et dix ans. A la fin du délai d'épreuve, la libération devient définitive. Le condamné est considéré comme ayant accompli la totalité de sa peine.

Article 732 du Code de procédure pénale.

717 Que se passe-t-il à la fin du délai d'épreuve ?

Si aucune révocation n'est intervenue, le condamné est définitivement libre au terme du délai d'épreuve. Néanmoins, à partir du 1er janvier 2005, la violation par le condamné des obligations auxquelles il est soumis peut donner lieu à la révocation de la mesure après la fin du délai d'épreuve si la juridiction de l'application des peines compétente a été saisie ou s'est saisie à cette fin au plus tard dans un délai d'un mois après la date de son expiration. Passé ce mois, si l'on s'aperçoit *a posteriori* que le condamné n'a pas respecté ses obligations pendant le délai d'épreuve, la libération conditionnelle ne peut plus être révoquée. La peine est dès lors réputée s'être terminée au jour de la libération conditionnelle. Cela signifie notamment que les délais pour demander la réhabilitation judiciaire débutent au jour où le condamné est sorti de prison (et non le premier jour après la fin du délai d'épreuve). Les étrangers condamnés à une peine privative de liberté assortie d'une interdiction du territoire français et ayant bénéficié d'une mesure de libération conditionnelle voient la mesure d'interdiction du territoire relevée si la mesure de libération n'a pas été révoquée.

Articles 729-2 et 733 du Code de procédure pénale.

718 Quels motifs peuvent entraîner une révocation de la libération conditionnelle ?

La libération conditionnelle peut être révoquée si le condamné, pendant la durée du délai d'épreuve, ne respecte pas ses obligations, s'il fait l'objet d'une nouvelle condamnation ou s'il fait preuve « *d'inconduite notoire* ». La décision de révocation n'est jamais automatique, même en cas de nouvelle condamnation. Il s'agit simplement d'une faculté laissée à l'appréciation de l'autorité compétente.

Article 733 du Code de procédure pénale.

719 Qui peut révoquer une libération conditionnelle ?

Avant le 1er janvier 2005, lorsque la libération conditionnelle a été décidée par un juge de l'application des peines, seul le JAP chargé du suivi du libéré sous conditions peut ordonner sa révocation, après avoir consulté le service pénitentiaire d'insertion et de probation. La juridiction régionale de la libération conditionnelle peut, sur proposition du JAP, décider la révocation d'une libération conditionnelle relevant de sa compétence. La décision de révocation peut concerner soit une partie, soit la totalité de la peine restant à subir. Le condamné est alors réincarcéré pour une période déterminée à la fin de laquelle il sera de nouveau remis en liberté conditionnelle. En cas d'urgence, le JAP du lieu où se trouve le libéré conditionnel peut ordonner l'arrestation provisoire du condamné, jusqu'à ce que l'autorité compétente se prononce sur la mesure à prendre. Un débat contradictoire sur l'éventuelle révocation de la libération doit intervenir dans un délai d'un mois à compter de la date d'incarcération si la décision relève du JAP, et dans un délai de deux mois si la décision relève de la JRLC. A l'expiration de ce délai, en l'absence de débat contradictoire, la personne doit être mise en liberté à moins qu'elle ne soit incarcérée pour une autre cause. Le JAP peut également délivrer un mandat d'amener ou d'arrêt à l'encontre de la personne afin de la retrouver. Une fois le mandat mis à exécution, une décision d'incarcération provisoire doit être prise dans un délai de vingt-quatre heures à quatre jours. En cas de non-respect de ces délais, la personne doit être mise en liberté. Après le 1er janvier 2005, lorsque la libération conditionnelle a été décidée par un juge de l'application des peines, seul le JAP chargé du suivi du libéré sous conditions peut ordonner sa révocation. Si elle a été décidée par le tribunal de l'application des peines, la révocation relève de sa compétence. En cas d'inobservation des obligations, le JAP peut ordonner l'incarcération provisoire, après avis du procureur de la République. Cette décision peut être prise par le JAP du lieu où se trouve le condamné. La décision de révocation éventuelle de la libération doit faire l'objet d'un débat contradictoire qui doit intervenir dans un délai de quinze jours suivant l'incarcération. Si la révocation de la libération conditionnelle est de la compétence du tribunal de l'application des peines, ce délai est porté à un mois. Ces décisions doivent être prises après avis d'un représentant de l'administration pénitentiaire. Le JAP peut également délivrer un mandat d'amener ou un mandat d'arrêt à l'encontre de la personne.

Articles 722-1, 722-2, 733, D.540 et D.541 du Code de procédure pénale.

Révocation d'une liberté conditionnelle pour un « parloir sauvage »

Un Rémois de 27 ans a été condamné mardi à deux mois de prison avec sursis pour « parloir sauvage », mais devra purger une peine de deux ans et demi de prison, la nouvelle condamnation ayant entraîné la révocation d'une mesure de liberté conditionnelle dont il bénéficiait. Sorti de prison le 16 juillet, l'homme s'était fait piéger cinq jours plus tard par le nouveau système de vidéo-surveillance de la prison de Reims, alors qu'il tentait de communiquer par dessus le mur d'enceinte avec un ancien codétenu. Il a été condamné mardi pour « *infraction au règlement sur la communication en maison d'arrêt* », autrement dit pour « parloir sauvage ». C'est la première fois qu'un tel délit est sanctionné par le tribunal correctionnel de Reims.

AFP, Condamné pour « parloir sauvage », il retourne pour deux ans et demi en prison, *12 août 2003.*

720 Quels sont les effets d'une révocation de la libération conditionnelle ?

Le condamné dont la libération conditionnelle a été révoquée réintègre un établissement pénitentiaire. Il doit alors exécuter la totalité ou une partie de la peine qui lui restait à subir au moment de sa sortie en liberté conditionnelle. Si le condamné a été arrêté provisoirement sur décision du juge de l'application des peines, le temps passé en état d'arrestation provisoire est comptabilisé comme temps de détention effectué. Si une nouvelle condamnation a été prononcée contre le libéré sous conditions, elle s'ajoute à celle qui reste à purger en raison de la révocation. Dans ce cas, aucune confusion des deux peines n'est possible.

Articles 722-1 et 733 du Code de procédure pénale.

721 Un recours est-il possible contre une révocation de libération conditionnelle ?

Avant le 1er janvier 2005, le condamné dispose d'un recours contre une décision de révocation de la libération conditionnelle, devant la chambre des appels correctionnels pour une décision prise par le JAP, et devant la juridiction nationale de libération conditionnelle pour une décision de la juridiction régionale. Après le 1er janvier 2005, les décisions de retrait du JAP ou du TAP sont portées en appel devant la chambre de l'application des peines de la cour d'appel, dans un délai de dix jours. La décision de révocation est exécutoire par provision, ce qui signifie qu'un recours contre une révocation n'a pas pour effet la libération du condamné.

Articles 722-1, 730 et 733 du Code de procédure pénale.

Le placement sous surveillance éléctronique et le suivi socio-judiciaire

L'extension de la répression pénale et l'augmentation du nombre de détenus ont fait émerger de nouvelles formes de contrôle et d'exécution des peines. Avec le bracelet électronique, les autorités espèrent réduire le nombre de détenus tout en garantissant à la population un contrôle total sur les agissements du condamné. En réalité, les pays qui utilisent ce procédé ne réduisent pas la surpopulation carcérale et se contentent d'étendre le champ du contrôle social. En France, le « placement sous surveillance électronique » (PSE), issu d'une loi de 1997, n'est utilisé que depuis la fin de l'année 2000. La loi du 9 septembre 2002 a supprimé les dispositions permettant d'y avoir recours à l'encontre des personnes prévenues. Néanmoins, cette loi permet d'exécuter un contrôle judiciaire sous placement électronique ; cette nouvelle disposition a pour effet de considérablement alourdir les modalités du contrôle judiciaire, la surveillance étant dans cette hypothèse continue. Au 1er mars 2004, 424 placements sont en cours. Une autre forme de contrôle est apparue avec l'explosion du nombre de condamnés pour des infractions sexuelles. Face aux « insuffisances » de la peine de prison pour ces personnes, il est apparu judicieux d'y ajouter une obligation de suivi médical à leur sortie, pouvant durer jusqu'à vingt ans. On espère ainsi « guérir » de force des personnes après les avoir punies. En cours de détention, on leur aura déjà fait subir un certain chantage : « *si vous ne suivez pas de traitement, vous n'obtiendrez aucune réduction de peine* ». On a peine à imaginer comment de telles mesures, purement démagogiques, pourraient s'avérer efficaces en termes de réinsertion et de non récidive.

Qu'est-ce que le « placement sous surveillance électronique » (PSE) ? 722

Le « placement sous surveillance électronique » est une forme d'exécution des peines privatives de liberté dans un cadre autre qu'un établissement pénitentiaire. Le lieu d'assignation peut être le domicile de la personne ou un lieu d'accueil privé ou public. Le condamné porte à la cheville ou au poignet un dispositif électronique relié à une ligne téléphonique, qui permet aux autorités pénitentiaires de s'assurer de sa présence dans le lieu ou le périmètre dont il n'est pas autorisé à sortir. Le contrôle à distance de la présence ou de l'absence du condamné est assuré par des personnels de l'administration pénitentiaire qui sont autorisés dans le cadre de cette mission à mettre en œuvre un traitement automatisé de données nominatives (fichiers).

Articles 723-7 et suivants, R.57-11 du Code de procédure pénale.

On en revient au boulet

Le placement sous surveillance électronique est une possibilité supplémentaire au sein des aménagements de peine. Cependant, il implique des contraintes dont les personnes concernées doivent être conscientes. C'est le rôle du service d'insertion et de probation d'induire une réflexion à ce sujet. Par exemple, la mesure n'est pas neutre pour la famille. En donnant son accord, elle s'engage à prendre en charge la personne qui, le plus souvent, posait des problèmes en raison de son comportement délinquant ou de sa toxicomanie. Elle accepte d'exercer une certaine responsabilité. C'est une manière de transférer à la famille une part du contrôle. Elle doit en être consciente, de même que le condamné doit se rendre compte des contraintes inhérentes à cette mesure. Symboliquement, le bracelet électronique a des implications que n'ont pas les autres mesures d'aménagement des peines. D'une certaine manière, on en revient au boulet puisque l'on touche au corps de la personne. En outre, il fait entrer la vie de chacun dans une certaine norme. L'activité de la personne placée sous surveillance se limite à aller travailler et s'occuper de sa famille. On n'évoque jamais un aspect culturel, par exemple. Je n'ai jamais vu aucun juge de l'application des peines prévoir des heures de sortie le soir pour aller au cinéma ou au théâtre. La personne doit entrer dans un cadre prédéfini.

Laurent Maynaud, SNEPAP, ancien conseiller d'insertion et de probation à Lille, Dedans dehors, *n°36, mars 2003.*

723 Qui peut bénéficier d'un PSE ?

La mise en liberté sous surveillance électronique est possible dans trois hypothèses :
- si la peine ou la totalité des peines infligées au condamné ont une durée inférieure ou égale à un an ;
- si la durée d'incarcération qui reste à exécuter est d'un an maximum ;
- comme condition préalable à l'octroi de la libération conditionnelle. Dans ce cas, le placement sous surveillance électronique ne peut pas excéder un an.

Il n'y a pas de « profil » particulier auquel doit correspondre le condamné pour bénéficier d'un placement sous surveillance électronique. Le juge apprécie uniquement sa capacité à se plier aux conditions particulières de cette mesure. Par ailleurs, la loi du 9 septembre 2002 prévoit que le juge d'instruction ou le juge des libertés et de la détention peut prononcer à l'encontre d'une personne mise en examen un contrôle judiciaire qui peut s'exécuter dans le cadre d'un placement sous surveillance électronique.

Articles 138 et 723-7 du Code de procédure pénale.

724 Qui décide d'une mesure de PSE ?

A partir du 1er janvier 2005, lorsqu'une juridiction de jugement prononce une peine d'emprisonnement égale ou inférieure à un an, elle peut décider que cette peine sera exécutée sous le régime du placement sous surveillance électronique. Pour bénéficier de cette mesure, la personne condamnée doit justifier d'une activité professionnelle, du suivi d'un enseignement ou d'une formation professionnelle, de la nécessité de subir un traitement médical... Le juge de l'application des peines (JAP) est également compétent pour décider de cette mesure. Il doit impérativement recueillir au préalable le consentement du condamné, donné obligatoirement en présence de son avocat. Si le condamné ne nomme pas d'avocat, le bâtonnier doit lui en désigner un d'office. Lorsque la mesure concerne un mineur, les titulaires de l'autorité parentale doivent également donner leur accord.

Articles 132-26-1 du Code pénal et 723-7 du Code de procédure pénale.

Le directeur du SPIP peut-il proposer un PSE ? 725

Depuis la loi du 9 mars 2004, le directeur du service pénitentiaire d'insertion et de probation (DSPIP) peut proposer au JAP une mesure de placement sous surveillance électronique en faveur de plusieurs catégories de condamnés. Ceux auxquels il reste trois mois d'emprisonnement à subir en exécution d'une ou plusieurs peines d'emprisonnement d'une durée supérieure ou égale à six mois et inférieure à deux ans. Et ceux auxquels il reste six mois d'emprisonnement à subir en exécution d'une ou plusieurs peines d'emprisonnement d'une durée supérieure ou égale à deux ans mais inférieure à cinq ans. Dans tous les cas, il peut proposer d'assortir la mesure d'obligations. La saisine du JAP par le DSPIP n'est pas automatique. En effet, il peut ne pas le faire en cas de « mauvaise conduite » de la personne en détention, d'absence de « projet sérieux » de réinsertion, d'impossibilité matérielle de mettre en place une mesure d'aménagement ou de refus par le condamné de bénéficier de cette mesure. Dans l'hypothèse où le DSPIP ne saisit pas le JAP, il doit en informer le condamné. Après saisine, le JAP dispose d'un délai de trois semaines pour rendre une décision motivée qui peut, en cas de refus, faire l'objet d'un recours du condamné et du procureur de la République devant le président de la chambre de l'application des peines de la cour d'appel. En cas d'acceptation, l'ordonnance peut faire l'objet d'un appel suspensif de la part du procureur de la République devant le président de la chambre de l'application des peines de la cour d'appel. En l'absence de réponse du JAP dans le délai imparti, le DSPIP peut décider de mettre à exécution la mesure. Il doit en informer le JAP et le procureur. Lorsque le JAP est saisi, il peut décider de substituer la mesure proposée par une mesure de placement extérieur ou de semi-liberté.

Articles 723-20 à 723-28 du Code de procédure pénale à partir du 1er janvier 2005.

Un recours est-il possible contre un refus de PSE ? 726

La décision de refus d'octroi d'un placement sous surveillance électronique est, jusqu'au 1er janvier 2005, susceptible d'appel devant la chambre des appels correctionnels, dans un délai de dix jours. A partir du 1er janvier 2005, elle peut faire l'objet d'un recours devant la chambre de l'application des peines de la cour d'appel, dans un délai de dix jours à compter de la notification de la décision.

Articles 712-11 et 712-12 du Code de procédure pénale à partir du 1er janvier 2005.

727 Quelles obligations sont associées au PSE ?

L'obligation principale et systématique est l'interdiction de s'absenter de son domicile ou du périmètre déterminé par le juge, sauf à certaines heures durant lesquelles le condamné doit aller travailler, suivre une formation... Le juge de l'application des peines détermine les horaires que le condamné est dans l'obligation de respecter en tenant compte de plusieurs critères :

- l'exercice d'une activité professionnelle ;
- le suivi d'un enseignement, d'un stage ou d'une formation ;
- la participation à la vie de famille ;
- la prescription éventuelle d'un traitement médical.

D'autres obligations laissées à l'appréciation du JAP peuvent s'y ajouter. Elles sont à peu près identiques à celles qui peuvent s'imposer à un condamné en libération conditionnelle : interdiction de rencontrer certaines personnes (victime, complices...), de se rendre dans certains lieux (débits de boissons, établissements de jeux...), obligation de suivre certaines activités ou soins... Les obligations du condamné peuvent être modifiées en cours d'exécution de la mesure. Les décisions modifiant ou refusant de modifier ces obligations peuvent faire l'objet d'un appel devant le président de la chambre de l'application des peines de la cour d'appel, dans un délai de vingt-quatre heures.

Articles 723-7, 723-10 et 723-11 du Code de procédure pénale, 132-43 à 132-46 du Code pénal ; articles 132-26-2 et 132-26-3 du Code pénal à partir du 1er janvier 2005.

Malgré les contraintes, c'est une meilleure solution que la prison.

J'ai été incarcéré pour purger une peine d'un an. Au bout de neuf mois, j'ai demandé à être placé sous surveillance électronique. Le juge de l'application des peines me l'a accordé car j'avais un logement et une promesse d'embauche. D'autre part, je vis en concubinage et j'ai deux enfants, ce qui a joué en ma faveur. J'ai donc porté le bracelet pendant un mois et vingt-cinq jours. Le juge m'a fixé un emploi du temps en fonction de mon travail et de mes activités. J'étais autorisé à sortir de 6 heures à 17 h 30 en semaine, le samedi de 10 heures à midi et de 14 heures à 17 heures et le dimanche de 15 heures à 18 heures. La semaine, j'allais travailler toute la journée. A 16 h 30, j'allais chercher mes enfants à l'école, après, je devais rentrer chez moi. Je n'ai été en retard qu'une fois à cause d'un contrôle d'identité, mais j'ai immédiatement prévenu mon référent. J'avais un référent surveillant chargé de contrôler ma présence et un travailleur social qui est venu me chercher à ma sortie de prison et a installé le récepteur. Ensuite, je ne les ai revus que pour leur rendre le matériel. Mais j'avais un numéro de téléphone à appeler en cas de problème. Le bracelet en lui-même n'est pas gênant. Je l'avais fait poser à la cheville afin de le cacher. On finit par l'oublier. En revanche, les contraintes horaires sont difficiles à supporter. En sortant de prison, on a envie de profiter de sa liberté mais la surveillance électronique ne laisse pas cette possibilité. Et au quotidien, c'est parfois dur à gérer. Une fois, par exemple, mon fils est tombé dans la rue. Il a fallu l'emmener à l'hôpital mais je n'ai pas pu l'accompagner, car une heure plus tard je devais être chez moi. C'est pareil pour les réunions à l'école : je ne pouvais pas y assister puisqu'elles ont lieu en fin d'après-midi. Malgré les contraintes, c'est une meilleure solution que la prison. Quand on est incarcéré, on ne sert à rien. Avec le bracelet, j'ai pu recommencer à travailler et m'occuper de ma famille. J'aurais préféré le porter pendant un an plutôt que goûter à la prison.

Courrier de Yanis H., Dedans dehors, *n°36, mars 2003.*

Quels contrôles peuvent être opérés au domicile du condamné en PSE ? 728

Les agents de l'administration pénitentiaire peuvent se rendre au lieu de séjour du condamné (son domicile ou son lieu d'accueil) pour s'assurer de sa présence aux heures et jours fixés par le JAP. En revanche, ils ne peuvent pas pénétrer dans le domicile des personnes chez qui le contrôle est effectué sans leur accord ou en dehors des heures pendant lesquelles le condamné doit s'y trouver. Les agents doivent avertir le JAP de toute absence constatée. Les services de police peuvent également constater l'absence du condamné et la signaler au magistrat. Les personnels des entreprises privées qui peuvent être chargés de la mise en œuvre du dispositif ne gèrent que l'aspect technique du système de surveillance et doivent prévenir les agents de l'administration pénitentiaire si l'alarme se déclenche. Ils ne peuvent pas effectuer eux-mêmes de contrôles.

Article 723-9 du Code de procédure pénale.

Quels motifs peuvent justifier le retrait d'un PSE ? 729

Le juge de l'application des peines peut retirer la décision de placement sous surveillance électronique dans cinq cas :

- le condamné ne respecte pas les conditions liées à la mesure (il n'est pas à son domicile quand il doit y être) ;
- il ne respecte pas les conditions spécialement notifiées par le juge (comme ne pas se rendre dans un débit de boissons) ;
- il est condamné pour une nouvelle infraction ;
- il refuse une modification des conditions d'exécution de la mesure que le JAP estime nécessaire ;
- il demande l'arrêt de la mesure.

Dans chacun de ces cas, le retrait peut être ordonné par le JAP après un débat contradictoire faisant intervenir le condamné et son avocat, ainsi que le procureur de la République. Un recours contre cette décision de retrait est possible dans un délai de dix jours devant la chambre des appels correctionnels de la cour d'appel. A partir du 1er janvier 2005, l'appel est porté devant la chambre de l'application des peines de la cour d'appel. Lorsqu'il est mis fin à la mesure, le condamné est incarcéré. La durée de l'emprisonnement restant à subir est précisée dans la décision du JAP. Le temps passé sous surveillance électronique est pris en compte, de telle sorte que le condamné ne devra pas exécuter en détention la partie de la peine effectuée sous ce régime.

Article 723-13 du Code de procédure pénale ; articles 132-26-2 et 132-26-3 du Code pénal à partir du 1er janvier 2005.

La qualification juridique du délit pourrait prêter à sourire...

Il semble bien que ce soit une première depuis l'arrivée en septembre 2000 du placement sous surveillance électronique. Une femme de 43 ans a été condamnée lundi, à Angers (Maine-et-Loire), à deux mois de prison pour « évasion » après avoir coupé le bracelet électronique qu'elle avait accepté de porter pour purger une condamnation. La qualification juridique du délit pourrait prêter à sourire. C'est pourtant bien celle qu'a retenue le tribunal correctionnel d'Angers. Enseignante, affectée par des problèmes psychologiques et d'alcool, la détenue avait été condamnée il y a deux semaines à quinze jours d'emprisonnement suite à une récidive de conduite en état alcoolique. Son désir de purger sa peine sous surveillance électronique avait été accepté après audition devant le juge de l'application des peines. Mais mercredi, l'enseignante, victime selon son avocate, d'une crise d'angoisse, a arraché et jeté son bracelet. Introuvable durant quatre jours, elle finit par prévenir elle-même l'administration pénitentiaire le dimanche. A l'audience, l'enseignante a reconnu sa faute, considérant comme un « privilège » l'alternative qui lui avait été accordée. Pas suffisant, cependant, pour gagner la clémence du tribunal, qui l'a renvoyée pour deux mois à la maison d'arrêt pour femmes de Nantes. A Angers, site pilote du Grand Ouest pour la surveillance électronique, l'affaire embarrasse. Sur 85 placements prononcés depuis le lancement du dispositif en octobre 2002, seulement trois retraits avaient été effectués mais pour des non-respects d'horaires.

Yves Boiteau, « Elle avait brisé son bracelet électronique », Le Parisien, *10 mars 2004.*

730 Qu'est-ce que le suivi socio-judiciaire ?

Le suivi socio-judiciaire est une mesure destinée aux personnes condamnées pour une infraction sexuelle. L'objectif poursuivi est de prévenir la récidive des délinquants sexuels, notamment en les « incitant » fortement à suivre un traitement. Le suivi socio-judiciaire est prononcé par la juridiction de jugement en complément ou à la place de la peine de prison. Il implique que le condamné devra se soumettre, immédiatement ou à sa sortie de prison s'il est incarcéré, à un suivi judiciaire, social et éventuellement médical. La durée du suivi est de dix ans en matière correctionnelle et peut être portée à vingt ans par décision spécialement motivée. En matière criminelle, la durée du suivi est en principe de vingt ans. La loi du 9 mars 2004 a considérablement allongé les périodes de suivi socio-judiciaire susceptibles d'être imposées au condamné. Ainsi, lorsqu'il s'agit d'un crime puni de trente ans, la durée du suivi est portée à trente ans. Enfin, lorsque le crime est puni de la réclusion criminelle à perpétuité, la juridiction de jugement peut décider que le suivi s'applique sans limitation de durée. Dans cette hypothèse, seul le tribunal de l'application de la peine est en mesure de mettre fin à la mesure dans un délai de trente ans. La juridiction de jugement détermine également la durée de l'emprisonnement encourue par le condamné en cas d'inobservation de ses obligations : trois ans maximum pour un délit et sept ans pour un crime. En cas de récidive, le condamné doit subir la période de détention prévue par la mesure de suivi, en plus de la nouvelle condamnation prononcée, sans confusion de peine possible.

Articles 131-36-1 à 131-36-8 du Code pénal.

Qui peut se voir ordonner un suivi socio-judiciaire ? 731

Le suivi socio-judiciaire est encouru en cas de meurtre ou assassinat précédé ou accompagné d'un viol, de tortures ou d'actes de barbarie, en cas d'agression sexuelle (y compris l'exhibition sexuelle), de corruption de mineur, d'enregistrement de l'image pornographique d'un mineur, de diffusion de messages violents ou pornographiques et d'atteintes sexuelles sur mineur. Lorsque la juridiction de jugement est le tribunal correctionnel, cette mesure peut être prononcée comme peine principale. La mesure concerne aussi bien les majeurs que les mineurs. En revanche, la juridiction qui prononce une peine de prison assortie, en totalité ou en partie, d'un sursis avec mise à l'épreuve ne peut ordonner un suivi.

Articles 131-36-1, 131-36-6 et 131-36-7, 221-9-1, 222-48-1 et 227-31 du Code pénal.

Qui décide de la mesure de suivi socio-judiciaire ? 732

Seule la juridiction de jugement peut ordonner une mesure de suivi socio-judiciaire. Le juge de l'application des peines du lieu de résidence du condamné assure ensuite l'exécution de la mesure. Si la personne concernée est mineure, le suivi est mis en œuvre par un juge des enfants, qui assume alors le rôle du JAP. Il peut néanmoins se dessaisir au profit du JAP. Ce dessaisissement peut notamment intervenir lorsque le mineur a atteint la majorité.

Articles 131-36-1 du Code pénal, 763-1, 763-3 et 763-8 du Code de procédure pénale ; articles 712-11 et 712-12 du Code pénal à partir du 1er janvier 2005.

Quelles sont les obligations associées au suivi socio-judiciaire ? 733

La personne condamnée à un suivi socio-judiciaire se voit soumise à un certain nombre d'obligations. Certaines mesures sont imposées de plein droit (répondre aux convocations du JAP, recevoir les visites du travailleur social et le prévenir de ses changements d'emploi, de résidence…). La juridiction de condamnation, puis le JAP, peuvent également y ajouter d'autres obligations. Certaines sont spécifiques au suivi socio-judiciaire :

- ne pas aller dans des endroits désignés par la juridiction, et notamment les lieux accueillant habituellement des mineurs ;
- ne pas fréquenter ou entrer en relation avec certaines personnes ou certaines catégories de personnes, et notamment des mineurs, à l'exception éventuellement de ceux désignés par la juridiction ;
- ne pas exercer une activité professionnelle ou bénévole impliquant un contact habituel avec des mineurs.

Pendant la durée du suivi socio-judiciaire, le JAP peut décider, après audition du condamné et avis du procureur, de modifier ou de compléter ces obligations.

Jusqu'au 1er janvier 2005, cette décision peut être soumise par le condamné à l'examen du tribunal correctionnel. A partir du 1er janvier 2005, l'appel est porté devant le président de la chambre de l'application des peines de la cour d'appel. Enfin, le condamné peut être soumis à l'obligation de suivre un traitement médical : il s'agit de l'injonction de soins. Pour donner l'illusion que le principe de l'adhésion aux soins est respecté, le président de la juridiction indique « *qu'aucun traitement ne pourra être entrepris sans son consentement, mais que, si le condamné refuse les soins qui lui seront proposés, l'emprisonnement prononcé pourra être mis à exécution* ». Il doit également avertir solennellement l'intéressé des sanctions qu'il encourt en cas de manquement à ses obligations.

Articles 131-36-2, 131-36-4, 132-44 et 132-45 du Code pénal ; articles 763-3 et 712-8 du Code de procédure pénale à partir du 1er janvier 2005.

734 Qu'implique une injonction de soins pendant la détention ?

Lorsque le suivi socio-judiciaire comprend une injonction de soins, la personne condamnée doit théoriquement exécuter sa peine dans un établissement pénitentiaire permettant un suivi médical et psychologique adapté. En outre, elle est informée par le président de la juridiction de jugement puis par le juge de l'application des peines de la possibilité d'entreprendre un traitement. Si la personne refuse d'y consentir, la proposition doit lui être renouvelée par le JAP au moins tous les six mois. Ce refus n'est pas sans conséquences. En principe, le condamné ne pourra pas bénéficier de réduction de peine supplémentaire (RPS), ni d'une semi-liberté ou d'une libération conditionnelle, en raison du manque « *d'efforts sérieux de réadaptation sociale* » dont elle témoigne en refusant d'entreprendre un traitement. Le JAP garde cependant la possibilité d'accorder ces aménagements de peine à une personne refusant de suivre des soins, même si elle est peu utilisée. Il peut également ordonner une expertise médicale avant la libération des condamnés soumis à une injonction de soins. Cette expertise est d'ailleurs obligatoire lorsque la condamnation remonte à plus de deux ans.

Articles 131-36-4 et 131-36-5 du Code pénal, 721-1, 763-7 du Code de procédure pénale.

735 Qu'implique une injonction de soins après la libération ?

Lorsque le suivi socio-judiciaire accompagne une peine privative de liberté, il s'applique pour la durée fixée par la décision de condamnation, à compter du jour où la privation de liberté a pris fin. C'est donc à partir de la libération que l'injonction de soins prend véritablement effet. Le condamné doit se rendre aux convocations d'un « médecin coordonnateur » désigné par le juge de l'application des peines. Ce médecin lui explique les modalités d'exécution de la mesure et lui demande de choisir un médecin traitant. Lorsque la personne concernée est mineure, le choix du médecin est effectué par ses parents ou, s'ils n'ont pas l'autorité parentale, par le juge des tutelles. Le médecin coordonnateur peut refuser le choix du médecin traitant quand il est évident qu'il n'est pas en capacité de prendre en charge les délinquants sexuels. Le médecin traitant choisi est informé du cadre légal dans lequel se déroule le traitement et il reçoit le dossier du patient. La personne condamnée peut demander au médecin coordonnateur de changer de médecin traitant. Au cours de l'exécution d'un suivi socio-judiciaire comportant une injonction de soins, le médecin coordonnateur convoque le condamné régulièrement et au moins une fois par an pour dresser un bilan de sa situation. Il délivre les attestations de suivi de traitement qui permettent au condamné de justifier auprès du JAP de l'accomplissement de l'injonction. Le JAP ne peut en aucun cas intervenir dans le déroulement des soins décidés par le médecin traitant. Toutefois, ce dernier a la possibilité d'informer directement le JAP de l'interruption du traitement.

Articles L.3711-1, L.3711-2, R.3711-12, R.3711-19, R.3711-20 et R.3711-21 du Code de la santé publique.

Des obligations difficiles à appliquer

A l'intérieur des établissements, les effectifs de personnels de santé mentale ne tiennent pas compte du nombre de délinquants sexuels présents. La formation à cette prise en charge est embryonnaire, si bien que l'existence d'un « *suivi médical et psychologique adapté* » ne peut être partout considérée comme acquise, notamment dans les établissements pour peines. A l'extérieur de la prison, la mise en œuvre du suivi socio-judiciaire avait à peine démarré début 2001. 72 condamnations avaient été recensées au niveau national en 1999. Seul le parquet de Paris avait réussi, non sans difficultés, à établir une liste de 16 médecins coordonnateurs. La sortie retardée de l'arrêté définissant les modes de rémunération n'a pas facilité la mobilisation. Mais surtout plusieurs éléments interviennent pour rendre ces obligations difficiles à appliquer :

- le partage des responsabilités respectives du médecin traitant et du médecin coordonnateur et leurs relations avec le juge de l'application des peines inquiètent les psychiatres ;
- les traitements ne font pas l'objet de consensus et sont mal codifiés ; les méthodes restent individuelles et une démarche scientifique commune manque ;
- du fait de l'incertitude qui règne sur l'efficacité des traitements, certains psychiatres attendent la demande expresse pour proposer un suivi. Or, les personnes qui consentent le plus facilement aux soins sont souvent les moins dangereuses à leur sortie ;
- le manque d'outils et d'indicateurs permettant d'apprécier l'efficacité du dispositif ne permet pas de connaître l'impact réel des traitements sur les détenus une fois libérés.

Inspection générale des affaires sociales (IGAS)/Inspection générale des services judiciaires (IGSJ), L'organisation des soins aux détenus : rapport d'évaluation, *La Documentation française, 2001.*

736 Le JAP peut-il ordonner lui-même une injonction de soins ?

Le JAP peut décider une injonction de soins à l'égard d'une personne condamnée à un suivi socio-judiciaire qui ne comporte pas d'aspect médical. Il faut pour cela qu'une expertise réalisée après la condamnation démontre qu'un traitement est possible. Cette expertise est effectuée par deux experts en cas de condamnation pour meurtre ou assassinat d'un mineur accompagné d'un viol, de tortures ou d'actes de barbarie.

Article 763-3 du Code de procédure pénale.

737 Quelle est la sanction d'un suivi socio-judiciaire non respecté ?

Si le condamné ne respecte pas ses obligations (et en cas d'injonction de soins, s'il ne se fait pas soigner régulièrement), le juge de l'application des peines ordonne l'exécution d'une partie ou de la totalité de l'emprisonnement qui avait été prévu par la juridiction de condamnation. Cette décision intervient après un débat contradictoire entre le procureur, le condamné et son avocat. A partir du 1er janvier 2005, à défaut de la tenue d'un débat dans un délai de quinze jours suivant l'ordonnance d'incarcération provisoire, la personne doit être remise en liberté. La décision de retrait de la mesure peut faire l'objet d'un recours devant la chambre des appels correctionnels de la cour d'appel dans un délai de dix jours. A partir du 1er janvier 2005, l'appel est porté devant la chambre de l'application des peines de la cour d'appel. Lorsque le JAP ordonne l'incarcération de la personne à plusieurs reprises au cours du suivi, la durée totale des périodes de détention ne peut excéder le maximum prévu par la juridiction de condamnation.

Article 763-5 du Code de procédure pénale.

738 Le condamné peut-il être libéré de ses obligations avant la fin du suivi socio-judiciaire ?

Le condamné peut demander que le suivi socio-judiciaire prononcé à son encontre soit interrompu (« relèvement »). Pour cela, il doit s'adresser au juge de l'application des peines qui fait réaliser une expertise psychiatrique, puis transmet la demande accompagnée de son avis à la juridiction de condamnation (ou à la chambre de l'instruction de la cour d'appel si la personne a été jugée par une cour d'assises). Cette demande ne peut pas intervenir dans l'année qui suit la condamnation. Par la suite, elle ne pourra être effectuée qu'une seule fois par an. Le condamné peut faire appel d'une décision de refus de la juridiction.

Articles 703 et 763-6 du Code de procédure pénale.

La pénurie de psychiatres

Le peu de peines avec suivi socio-judiciaire prononcées (75 en 1999, 265 en 2000, 417 en 2001) montre, comme l'explique un magistrat du parquet de Paris, que « *les juges hésitent à sortir des sentiers battus. Ils préfèrent encore le sursis avec mise à l'épreuve et obligation de soins, plus facile à mettre en œuvre mais seulement valable pour trois ans. Par ailleurs, cette loi n'est pas rétroactive et ne concerne donc pas les faits antérieurs à 1998. Et puis elle a tardé à entrer en vigueur, d'où un effet démobilisateur* ». Mais le plus gros obstacle à sa mise en œuvre réside dans la pénurie de psychiatres : « *On connaît depuis longtemps la misère en prison, avec seulement 26 services médico-psychologiques pour 185 établissements et, surtout, le sous-effectif chronique des professions psychiatriques* », fulmine le Dr Evry Archer, médecin-chef de Loos lès Lille. A l'extérieur, la situation n'est guère plus satisfaisante. Certains médecins coordonnateurs ne sont toujours pas nommés. Exemple à Angers (Maine-et-Loire), comme le déplore Me Pascal Rouiller, avocat d'un pédophile présumé: « *Certains individus impliqués dans le réseau pédophile et déjà condamnés à un suivi socio-judiciaire n'étaient pas pris en charge, faute de juges de l'application des peines, débordés, et de médecins.* » Hormis les précurseurs, en effet, « *peu de praticiens et d'experts - qui recommandent l'injonction de soins avant le jugement - sont formés à la délinquance sexuelle* », renchérit le Dr Gérard Dubret, chef de service à l'hôpital de Pontoise. De fait, la prise en charge de ces sujets est délicate. « *On court le risque d'être manipulé et de se voir imputer la récidive. D'où les réticences...* », avance le Dr Pierre Sabourin, psychiatre au centre des Buttes-Chaumont, à Paris. A ces carences le ministère de la Santé apporte un début de réponse: en lançant, depuis 2002, des formations censées toucher chaque année 200 praticiens. Au final, s'il n'existe pas, en France, de statistiques fiables sur la problématique des soins et de la récidive, l'obligation de traitement semble donc une avancée positive, du moins pour ceux qui ont une réelle envie de se soigner ou qui se laissent prendre dans les rails du suivi socio-judiciaire.

Delphine Saubaber, « Prévenir la récidive », L'Express, *18 septembre 2003.*

Les grâces et les amnisties

Bien qu'elles ne soient, en théorie, pas automatiques, les grâces collectives du 14 juillet sont renouvelées chaque année depuis 1991. Les pouvoirs publics y voient en effet un moyen de désengorger les établissements pénitentiaires. Elles excluent cependant certaines catégories d'infractions et ne représentent qu'une réduction de peine supplémentaire qui s'applique sans distinction pour les condamnés qui en bénéficient.

739 Qu'est-ce qu'une grâce ?

La grâce est une mesure décidée par le président de la République. Elle dispense le condamné d'exécuter la totalité ou une partie de sa peine. Il existe deux types de grâce : la grâce collective et la grâce individuelle. La grâce est susceptible de concerner toutes les condamnations et les catégories de condamnés. Pour y avoir droit, le détenu doit être jugé définitivement, c'est-à-dire que la condamnation ne doit pas pouvoir faire l'objet d'un recours. En conséquence, la personne qui attend le résultat d'un appel ou d'un pourvoi en cassation en est exclue. Par ailleurs, la grâce ne s'applique pas pour les dommages-intérêts ou les sanctions disciplinaires.

Articles 17 de la Constitution, 133-7 et 133-8 du Code pénal, arrêt de la chambre criminelle de la Cour de cassation du 20 octobre 1992.

Un soulagement éphémère pour des prisons surpeuplées

Les grâces collectives du 14 juillet devraient permettre à environ 3 500 détenus de sortir de prison plus tôt que prévu au cours des prochaines semaines mais il s'agira d'une bouffée d'oxygène éphémère pour des prisons en proie à une surpopulation record. Le décret signé mercredi par Jacques Chirac prendra effet le 16 juillet et les premières sorties anticipées auront lieu dans les jours qui suivent. Au total, le nombre de détenus qui bénéficieront d'une remise de peine devrait atteindre 26 000 cette année contre 25 000 l'année dernière, selon la même source. « *Il ne faut pas se leurrer. Le décret de grâce ne va pas soulager les établissements pénitentiaires. C'est une goutte d'eau* », a déclaré à l'AFP le secrétaire général de l'UFAP, Frédéric Grandcolas. « *Il n'y a pas de préparation à la sortie, la prison ne remplit pas son rôle de réinsertion. Résultat : un certain nombre de détenus libérés vont rapidement revenir à la case départ. En outre, il y a une délinquance qui est liée au phénomène des vacances, comme les cambriolages, et les prisons vont de nouveau se remplir* », a ajouté le responsable syndical. FO a regretté le caractère « *automatique* » des grâces du 14 juillet qui ont ainsi perdu toute valeur pédagogique.

Françoise Michel, Grâces collectives : un soulagement éphémère pour des prisons surpeuplées, *AFP, 10 juillet 2003.*

Qu'est-ce qu'une grâce collective ? 740

La grâce collective bénéficie à de larges catégories de condamnés à l'occasion d'un événement exceptionnel, comme le 14 juillet ou l'élection présidentielle. Elle ne nécessite pas de démarches de la part des personnes qui en bénéficient. En revanche, les auteurs de certaines infractions en sont chaque année exclus. Ainsi, le décret de grâce du 9 juillet 2003 a exclu les personnes détenus pour l'exécution d'une peine prononcée notamment pour des crimes ou délits constitutifs d'une atteinte à la personne d'un mineur de moins de quinze ans, terrorisme, trafic de stupéfiants, crime contre l'humanité, violences sur agents de l'administration pénitentiaire ou de la force publique, rébellion, évasion, homicide involontaire à l'occasion de la conduite d'un véhicule. Les détenus en état d'évasion au jour d'application du décret n'en bénéficient pas. Le décret de grâce collective prévoit une remise partielle de la peine. Pour les peines inscrites à l'écrou, elle est calculée en fonction de la durée de l'incarcération restant à subir. Par exemple, pour la grâce du 14 juillet 2003, elle a été de sept jours par mois de détention, dans la limite de quatre mois maximum. Pour les peines non portées à l'écrou, c'est-à-dire qui n'ont pas encore été communiquées à l'établissement pénitentiaire par le parquet, le *quantum* de la remise est fixe, quelle que soit la durée de la peine concernée. Pour l'année 2003, elle a été de deux mois. La grâce s'applique à la date fixée par le décret du président de la République.

Comment sont prises en compte les infractions exclues en cas de pluralité de peines ? 741

La Cour de cassation a posé le principe selon lequel une peine prononcée pour une infraction exclue du bénéfice des grâces ne peut plus être prise en compte pour l'application du décret de grâces collectives dès lors qu'elle a été intégralement purgée. En revanche, la Cour a estimé que la peine prononcée pour une infraction exclue du bénéfice des grâces dont l'exécution n'a pas encore débuté, parce que le condamné purge actuellement une autre peine, empêche l'intéressé de bénéficier de la grâce. Autrement dit, la peine à subir dans l'avenir, touchée par l'exclusion, « contamine » la peine en cours d'exécution au jour du décret de grâces collectives. Cette règle est contenue dans les décrets de grâces collectives de 2002 et 2003. Elle pose de graves problèmes d'égalité devant la loi, la portée de l'exclusion variant suivant l'ordre dans lequel les peines sont exécutées. Par exemple, une personne subissant une peine de 15 ans de réclusion pour vol à main armée, suivie d'une peine d'un an d'emprisonnement pour détention de stupéfiants (peine exclue du bénéfice de la grâce) ne bénéficiera d'aucune remise gracieuse pendant toute sa détention. En revanche, si la peine prononcée pour l'infraction à la législation sur les stupéfiants est purgée en premier, le condamné bénéficiera des grâces pendant toute la durée de l'exécution de la peine de 15 ans de réclusion. Pour les années antérieures, cette règle n'est prévue que par les circulaires du ministère de la Justice. En toute logique, la Cour de cassation devrait invalider les dispositions concernées de ces circulaires.

Cour de cassation, arrêt Bidault du 20 juin 2001.

742 Comment sont prises en compte les infractions exclues en cas de confusion de peines ?

Lorsque plusieurs peines s'exécutent dans la limite du maximum légal prévu pour l'infraction la plus grave (« réduction au maximum légal »), l'exclusion qui affecte l'une des peines s'étend à toutes les autres. Lorsqu'une peine est absorbée par une autre, en vertu d'une décision de confusion, l'exclusion qui affecte l'une des peines s'étend à l'autre. Si une peine de 6 mois prononcée pour infraction à la législation sur les stupéfiants (peine touchée par l'exclusion) est absorbée par une peine de quinze ans prononcée pour un vol à main armé (peine non touchée par l'exclusion), le condamné ne pourra pas bénéficier des grâces collectives pour toute la durée de l'exécution de la peine de quinze ans. Bien que contestable d'un point de vue juridique, ce principe a été récemment validé par la Cour de cassation.

Cour de cassation, arrêt du 11 septembre 2002.

743 Qu'est-ce qu'une grâce individuelle ?

La grâce individuelle implique que le condamné présente une requête, appelée « recours en grâce ». Ce recours peut être effectué par le condamné lui-même, son conjoint, un ami, une association, le procureur de la République... Les demandes doivent être adressées au président de la République. Elles sont centralisées à la direction des affaires criminelles et des grâces du ministère de la Justice qui instruit le dossier. Le garde des Sceaux prend une première décision et peut de sa propre initiative rejeter certaines demandes. Les avis de certaines autorités judiciaires et de l'administration pénitentiaire peuvent être demandés. C'est le président de la République qui prend la décision finale d'accorder ou non la grâce. S'il le fait, il signe le décret qui est notifié au bénéficiaire par le procureur du lieu d'incarcération. Aucun recours n'est ouvert contre cette décision devant les juridictions administratives.

Conseil d'Etat, arrêt d'Assemblée du 28 mars 1947, Gombert.

744 Quels motifs peuvent être invoqués à l'appui d'un recours en grâce ?

La requête peut invoquer tout élément de fait : la personne détenue peut faire état de sa « bonne conduite », de sa mauvaise santé, etc. En pratique, la grâce est surtout accordée dans deux hypothèses : pour un motif humanitaire (grâce médicale, par exemple) ou pour remédier à une injustice. Si un précédent recours en grâce a été tenté, il est préférable d'invoquer un élément de fait nouveau. Sinon, il est fréquent que le nouveau recours soit simplement ajouté au dossier du requérant sans être examiné.

745 Quels sont les effets de la grâce ?

Une grâce dispense le condamné de l'exécution d'une partie ou de la totalité de sa peine. Elle peut aussi être totale conditionnelle, c'est-à-dire accordée à condition qu'il n'y ait pas de nouvelle condamnation pendant un certain délai. Lorsqu'une grâce partielle est accordée, elle a pour effet de déplacer la date de libération et, du même coup, la date à laquelle le temps d'épreuve prend fin. Sauf disposition contraire du décret de grâce, la période de sûreté cesse ou est réduite. Une remise gracieuse de quatre mois entraîne une réduction de deux mois de la période de sûreté.

Articles 133-7 du Code pénal et 720-2 du Code de procédure pénale.

Clémence relative en faveur de Bové

Dans un décret de grâce individuel, Jacques Chirac a accordé au porte-parole de la Confédération paysanne une remise de peine de deux mois. Conformément à l'article 17 de la Constitution, cette grâce est une prérogative exclusive du président de la République qui n'a pas à la motiver. Cette remise de peine vient s'ajouter aux deux mois de réduction de peine dont José Bové bénéficie par ailleurs dans le cadre de la grâce collective accordée par le chef de l'Etat à l'occasion du 14 juillet. Il devrait ainsi pouvoir passer Noël en liberté. D'autant qu'il pourrait bénéficier de mesures d'aménagement (régime de semi-liberté, liberté conditionnelle, réduction de peine pour bonne conduite), s'il en fait la demande au juge de l'application des peines.

AFP, Chirac fait le choix d'une clémence relative en faveur de Bové, *10 juillet 2003.*

Qu'est-ce qu'une amnistie ? 746

L'amnistie est une loi exceptionnelle votée par le Parlement qui supprime le caractère illicite de certains faits. L'amnistie fait cesser les poursuites pénales et l'exécution de la peine. L'amnistie peut intervenir alors qu'aucune peine n'a été prononcée. Les poursuites pénales qui ne sont pas encore engagées ne peuvent dès lors plus l'être. La personne déjà mise en examen bénéficie d'un non-lieu du juge d'instruction ou d'une relaxe de la juridiction saisie. L'amnistie peut également intervenir après une condamnation définitive. Pour déterminer le champ d'application de l'amnistie, le législateur s'attache parfois à la nature des infractions, au *quantum* de la peine encourue ou prononcée. Les personnes détenues dont la peine est amnistiée sont alors immédiatement remises en liberté et les condamnations amnistiées sont effacées du casier judiciaire. Enfin, un sursis qui aurait été révoqué par une condamnation amnistiée est rétabli. Cependant, le condamné ne peut être indemnisé pour le temps passé en prison et ne peut pas non plus se faire rembourser l'amende qui a été payée.

Articles 133-9 à 133-11 du Code pénal.

La dernière journée de prison

La libération intervient lorsque la peine fixée par la juridiction a été exécutée (en tenant compte des réductions de peine obtenues) ou lorsque la personne détenue a bénéficié d'une mesure aboutissant à une libération anticipée (libération conditionnelle, grâce...). Le jour de la sortie, le service du greffe procède à la levée d'écrou et délivre un billet de sortie au prisonnier. L'argent du détenu et ses objets personnels lui sont restitués. Une aide matérielle dérisoire est prévue pour ceux qui sont dépourvus de ressource.

747 Qu'est-ce que la levée d'écrou ?

La levée d'écrou est la formalité par laquelle l'administration pénitentiaire met fin à l'écrou d'une personne. La date de sortie du détenu, ainsi que l'éventuelle décision ou le texte de loi motivant la libération font l'objet d'une mention sur l'acte d'écrou. Les personnes qui bénéficient d'une mesure de placement à l'extérieur, de placement sous surveillance électronique, en semi-liberté ou en permission de sortir ne font l'objet d'une levée d'écrou qu'après avoir fini d'exécuter la mesure.

Article D.149 du Code de procédure pénale.

Les portes s'ouvrent successivement...

Une panoplie de sourires faux-cul m'attend à chaque entrebâillement. Le visage de mes proches est déformé par la dernière vitre qui nous sépare. Ils ne me voient pas. Je pousse un caddie où sont entassées quelques affaires, le minimum, juste de quoi ne pas être à poil. Pour le reste, tout a été laissé à mes compagnons d'infortune. Je pense encore à eux malgré l'immense bonheur qui m'envahit peu à peu. Je sais que je ne me retournerai pas, j'ai trop peur d'être changé en statue de sel ! [...]Tout se confond dans mon souvenir. Plus aucune distance entre le jour de mon entrée et celui de ma sortie. Je suis en un point de fusion qui dissout le temps. [...] Je me suis fait tout un scénario avant de franchir l'ultime porte vers le monde libre. Aucune ligne de ce que j'ai pu écrire dans ma tête ces derniers jours ne correspond à ce que je vis.Tout se passe dans l'intimité, loin du fantasme espéré. Décidément, je ne sors pas indemne de cette longue gestation carcérale où je fus attaqué, broyé, moulu et liquéfié. Sorti de l'univers carcéral, je vais être suivi pendant cinq ans. Je devrai me rendre chez un juge de l'application des peines qui me demandera des comptes sur ce que je fais quand il le voudra. Pour un rien de travers, je pourrai être remis en détention. J'ai l'impression que quoi que je fasse, je ne serai jamais quitte de ma dette, même après avoir passé toute ma jeunesse en prison. Je n'aurai pas assez de ma vie pour ce qu'on estime devoir me faire rembourser. Je suis redevable même au-delà de ma mort.

Joël Troussier, J'aurais préféré que l'on me tue..., *Presses de la Renaissance, 2000.*

Qu'est-ce que le billet de sortie ? 748

Au moment de la levée d'écrou, chaque libéré doit se voir remettre un « billet de sortie ». Ce document permettra à l'ancien détenu de justifier de la régularité de sa libération (il est indispensable de conserver cet exemplaire car il est difficile d'en obtenir un nouveau). Le billet de sortie indique l'état civil du libéré, son numéro d'immatriculation à la sécurité sociale, la mention des ressources financières dont il dispose à sa sortie, l'adresse à laquelle il a déclaré loger à sa sortie, les secours dont il a éventuellement pu bénéficier lors de sa libération et l'adresse du service pénitentiaire d'insertion et de probation (SPIP), de l'ANPE et des ASSEDIC de son lieu de résidence. Un certificat de présence destiné aux ASSEDIC est joint au billet de sortie. Il fait état de la durée de l'incarcération et de l'éventuelle exclusion pour le détenu du bénéfice de l'allocation d'insertion.

Articles D.288, D.479 et D.480 du Code de procédure pénale.

Que devient l'argent du détenu au moment de sa libération ? 749

Chaque détenu libéré reçoit les sommes qui résultent de la clôture de son compte nominatif. Les pièces justificatives du paiement des sommes qu'il a versées pour l'exécution de ses condamnations pécuniaires doivent également lui être remises (il faudra le plus souvent demander un récapitulatif des sommes versées et des sommes encore dues). Les pièces qui justifient des sommes versées par le détenu pour l'indemnisation des parties civiles lui sont remises à la levée d'écrou. Le détenu peut également demander un état des sommes prélevées sur ses rémunérations en guise de participation à ses frais d'entretien (ces frais ne sont plus prélevés depuis septembre 2002), ainsi qu'un état des sommes épargnées pour le pécule de libération et des sommes prélevées pour les cotisations sociales. Les feuilles de paie doivent obligatoirement être remises aux libérés qui doivent les conserver car elles serviront de justificatifs de cotisations sociales et de revenus (pour les demandes de RMI par exemple). Si un compte d'épargne a été ouvert pour le détenu par l'établissement pénitentiaire et qu'il n'a pas été clôturé avant la libération, un récépissé est fourni au détenu pour lui permettre de récupérer le solde du compte auprès de l'organisme gestionnaire. Si l'intéressé doit, après sa libération, être remis à une escorte (mesure d'éloignement du territoire, hospitalisation psychiatrique d'office), les fonds et les pièces justificatives appartenant au détenu doivent être remis au responsable de l'escorte.

Articles D.334 et D.483 du Code de procédure pénale.

Que deviennent les effets personnels des détenus libérés ? 750

A leur libération, les détenus doivent se voir remettre les bijoux, valeurs, vêtements et effets personnels qui leur avaient été retirés au moment de la mise sous écrou. Si le libéré refuse de les emporter, ils sont remis à l'administration des domaines. Si l'administration pénitentiaire se trouve dans l'incapacité de rendre ces objets parce qu'ils ont été perdus, elle doit rembourser au détenu, ou à ses ayants droit, la valeur estimée de chaque pièce disparue. En pratique, il arrive que les personnes détenues ne parviennent ni à récupérer l'ensemble de leurs affaires, ni à se faire indemniser. Dans ce cas, la voie d'un recours en responsabilité est ouverte devant le tribunal administratif.

Articles D.336 et D.340 du Code de procédure pénale.

751 Quelles sont les aides matérielles prévues au moment de la levée d'écrou ?

L'administration pénitentiaire prévoit une aide matérielle pour les détenus sans ressources afin de leur permettre de rejoindre le lieu où ils ont déclaré se rendre. Elle peut procéder à l'achat complet ou partiel du titre de transport des personnes qui ne disposent pas de la somme nécessaire sur leur compte nominatif. L'établissement pénitentiaire fournit également « *dans toute la mesure du possible* » des vêtements aux détenus qui n'en possèdent pas et sont dépourvus de ressources suffisantes pour en acheter. La plupart des services pénitentiaires d'insertion et de probation fournissent un « kit » aux sortants de prison qui comprend un titre de transport, une carte téléphonique, des chèques-service ainsi que des informations concernant les dispositifs sociaux. Par ailleurs, le détenu qui n'est pas assuré d'un gîte ou d'un moyen de transport immédiat peut demander par écrit à reporter son élargissement du soir au lendemain matin.

Articles D.481 à D.484 du Code de procédure pénale.

Libérée à 3 heures du matin...

Une jeune femme cubaine, enceinte de quatre mois, libérée à 3 heures du matin de la maison d'arrêt de Fleury-Mérogis (Essonne), a dû passer la nuit du 31 janvier au 1er février sous la neige. Aucune disposition n'ayant été prise pour son hébergement, Madame C. bénéficie gratuitement du trajet en taxi jusqu'à la porte d'Orléans, selon la procédure mise en place à Fleury-Mérogis pour les libérations survenant après 22 heures. Paniquée à l'idée de se retrouver à la rue alors qu'il neige, qu'elle ne parle pas un mot de français et que son passeport ne lui a pas été rendu, elle réussit à convaincre le chauffeur du taxi de la ramener à la prison, espérant pouvoir y dormir au chaud. Accès refusé. Elle sera découverte sur un banc, le lendemain matin, devant le local d'accueil des familles, par des religieuses intervenant à la maison d'arrêt. Un « dysfonctionnement » que la direction régionale des services pénitentiaires ne parvient pas à s'expliquer puisque l'article D 484 du Code de procédure pénale permet aux détenus qui en font la demande de demeurer dans l'établissement jusqu'au lendemain matin.

OIP, Dedans dehors, *n°36, mars 2003*

752 Quelles sont les interventions de l'ANPE à l'égard des personnes en voie d'être libérées ou libérées ?

Une soixantaine d'agents de l'Agence nationale pour l'emploi (ANPE) sont chargés de suivre les condamnés incarcérés ; ce sont les « correspondants

ANPE/Justice ». Ils interviennent au sein des établissements pénitentiaires en collaboration avec les services pénitentiaires d'insertion et de probation (SPIP). Chaque SPIP est chargé d'informer les détenus de toute intervention de ces correspondants et de repérer les personnes concernées. Préalablement à la libération et lorsque l'administration pénitentiaire met en place un dispositif de préparation à la sortie, les agents de l'ANPE assurent des entretiens individuels avec les détenus intéressés dans les trois mois qui la précèdent. Chaque entretien se conclue par un diagnostic de la situation professionnelle de la personne et des propositions d'action. Le détenu qui souhaite obtenir un entretien avec l'ANPE doit s'adresser au SPIP, qui centralise et valide les demandes avant de les transmettre au correspondant ANPE/Justice. Le SPIP transmet également à cet agent toutes les informations qu'il possède, à l'exception de celles à caractère judiciaire ou confidentiel, afin de l'aider dans l'entretien qu'il aura avec le détenu. En retour, le correspondant ANPE/Justice informe le SPIP des conclusions de l'entretien (diagnostic et propositions). L'ANPE peut également intervenir dans le cadre de la préparation d'un aménagement de peine (libération conditionnelle, placement à l'extérieur, placement sous bracelet électronique, semi-liberté) pour aider le détenu à obtenir une promesse d'embauche ou de formation. Après la libération, l'ANPE peut fournir un accompagnement personnalisé lors de la recherche d'emploi des anciens détenus, en principe considérés comme prioritaires dans le cadre des stages de formation à l'emploi. Les agences locales pour l'emploi recevant des libérés définitifs ou des personnes sous main de justice peuvent contacter le SPIP qui les a suivis pour recueillir les informations susceptibles de faciliter la réinsertion ou prendre la suite des démarches enclenchées. En Ile-de-France, il existe une agence de l'ANPE spécialisée pour les sortants de prison (Espace liberté emploi), unique structure de ce type sur tout le territoire national.

Circulaire relative aux relations des SPIP avec les autres services pénitentiaires et leurs partenaires du 1er juillet 1999, convention cadre nationale de collaboration ANPE/Administration pénitentiaire du 1er juillet 1999.

Quelles sont les aides prévues par l'administration pénitentiaire après la sortie de prison ? 753

Pendant les six mois suivant sa libération, toute personne peut bénéficier, à sa demande, de l'aide du service pénitentiaire d'insertion et de probation du département de son lieu de résidence. Le SPIP doit notamment s'assurer de la continuité des actions d'insertion engagées en détention, en particulier dans le cadre de la formation professionnelle. Les 102 SPIP ont pour vocation d'assurer une continuité du suivi entre le milieu fermé et le milieu ouvert. Le nombre insuffisant de travailleurs sociaux entraîne cependant une moindre présence de ces personnels au sein des établissements pénitentiaires, où leur disponibilité était déjà insuffisante.

Articles D.573 du Code de procédure pénale, 37 du décret n°99-276 du 13 avril 1999.

754 Comment est organisée la continuité du suivi médical des détenus libérés ?

Les unités hospitalières (UCSA) en milieu pénitentiaire ont pour mission de responsabiliser les détenus sur la nécessité de soins réguliers à poursuivre après l'incarcération. Le SPIP et les services administratifs de chaque prison doivent prévoir avec le détenu de rassembler l'ensemble des documents qui lui seront nécessaires pour bénéficier après sa sortie d'un suivi médical et social (carte d'identité, attestation d'affiliation et d'ouverture des droits...). Au terme de l'incarcération, le service médical doit en principe remettre au patient une lettre destinée au médecin de son choix (hospitalier ou libéral) comportant le nom et les coordonnées du médecin traitant en milieu pénitentiaire et les données médicales essentielles le concernant. Par ailleurs, tous les détenus doivent recevoir à leur sortie un document (remis par le greffe de l'établissement et établi par le service hospitalier) leur permettant de connaître leurs droits en matière d'accès aux soins et les adresses des dispositifs hospitaliers, des consultations médicales gratuites mises en place par les organismes humanitaires, des centres médico-psychologiques, des centres spécialisés en matière de sida, d'alcoolisme et de toxicomanie. Concernant les détenus sous traitement, une ordonnance doit leur être remise par le médecin afin d'éviter une rupture dans les soins. Dans certains cas, l'UCSA peut remettre à la personne certains médicaments, le temps pour elle de rencontrer son médecin traitant. Lorsqu'un suivi psychiatrique a été entrepris en détention et qu'il s'avère nécessaire de le poursuivre, le service médico-psychologique régional (SMPR) doit contacter le secteur de psychiatrie générale correspondant au lieu de résidence du futur libéré afin de faciliter la poursuite des traitements. Ces dispositions restent parfois, dans certains établissements, à l'état de vœux pieux, les détenus étant libérés sans les ordonnances nécessaires à la poursuite d'un traitement en cours ou les médecins ne prenant pas contact avec les structures de droit commun pour s'assurer d'une continuité du suivi.

Circulaire n°45 DH/DGS/DSS/DAP du 8 décembre 1994 relative à prise en charge des détenus et à leur protection sociale.

755 L'affiliation à la sécurité sociale est-elle maintenue à la sortie de prison ?

Les détenus et leur famille (ayants droit) demeurent affiliés au régime général de la sécurité sociale pendant trois ans après la levée d'écrou. Ils bénéficient donc pendant cette période des prestations en nature de l'assurance maladie et maternité. La carte d'assuré social et/ou la carte vitale, jusque-là conservée au greffe de la prison, est remise à la personne détenue lors de la sortie. Pour la renouveler dans le délai d'un an, elle doit se présenter munie de son « billet de sortie » à la caisse primaire d'assurance maladie. Ce maintien des droits ne s'applique pas aux détenus étrangers en situation irrégulière.

Articles D.334 du Code de procédure pénale, L.164-13 et L.381-30-1 du Code de la sécurité sociale.

Une demande de RMI peut-elle être effectuée par les détenus avant leur libération ? 756

Si la durée de détention effectuée est inférieure à quatre mois, le détenu qui bénéficiait du RMI avant d'être incarcéré n'a pas été rayé du dispositif. Les versements ont simplement été suspendus. Il doit informer de sa libération l'organisme payeur en apportant son billet de sortie. Le versement du RMI reprend le premier jour du mois suivant la libération. Pour les autres détenus qui entrent dans les critères d'octroi (notamment avoir plus de 25 ans), un dossier de demande du RMI doit en principe être constitué par le SPIP un mois avant la libération et transmis à la caisse d'allocations familiales (CAF). En pratique, même si le dossier est parfois préparé avant la sortie du détenu, il n'est souvent déposé à l'organisme payeur qu'à la libération effective. Les préfectures et les CAF peuvent convenir d'un circuit permettant aux détenus de percevoir une avance sur leurs droits le jour de leur sortie ou quelques jours plus tard s'ils changent de département. Mais en pratique, cette procédure est très rarement mise en œuvre et le sortant de prison devra attendre trois semaines à six mois avant de percevoir le premier versement.

Décret n°88-1111 du 12 décembre 1988, circulaire DIRMI n°93.94 du 27 mars 1993, article 2 loi n°88-1088 du 1er décembre 1988.

« Comment je fais pour vivre ? »

Je suis sorti, je suis parti en postcure dans le Sud, ce qui m'a fait du bien. Même là-bas, je cherchais un travail pour éviter de revenir dans le Nord, parce que tous les gens que je connais, ils sont dans la drogue, sans exception. [...] Quand je suis revenu, franchement, j'ai craqué ; tout de suite. Mais direct, dans ma tête je me suis dit « *ah non, si je commence à reprendre l'habitude, d'ici un mois et demi deux mois, ça y est, je suis en prison, c'est pas la peine* ». C'est pour ça, j'avais été voir un médecin, j'ai pris un traitement au *Subutex*. J'en avais marre, et je me suis dit « *je vais toucher le RMI* ». Mais entre-temps de sortir de prison, et tout ça, et de faire le dossier de RMI, il se passe deux mois. Pendant deux mois, comment je fais pour vivre ? Moi je peux plus aller chez ma mère, ça fait que je suis SDF, pas de ressources, pendant deux mois, rien, pas un franc dans les poches. Donc il faut bien que je vive, et obligatoirement j'ai volé. J'ai pas le choix, faire la manche je peux pas, je pourrais jamais, c'est impossible, j'y arriverai pas.

Témoignage de François, Gilles Chantraine, Par-delà les murs, *PUF, 2004.*

Qu'est-ce que l'allocation d'insertion ?

Certains libérés peuvent percevoir une allocation spécifique de solidarité : « l'allocation d'insertion ». Son versement est cependant limité par de nombreuses restrictions légales. Les détenus doivent avoir effectué au moins deux mois de prison et s'être inscrits comme demandeur d'emploi dans un délai de douze mois à compter de leur libération. Ils peuvent être exclus du bénéfice de cette allocation en raison du motif de leur condamnation, disposition scandaleuse s'agissant de personnes qui ont purgé leur peine. Il s'agit des infractions de trafic de 757 stupéfiants (sauf si l'auteur était mineur au moment de l'infraction), d'enlèvement et séquestration de mineur de moins de quinze ans, de détournement d'un moyen de transport public (détournement d'avion, de navire...) et de proxénétisme. Les libérés ayant été condamnés à deux peines de réclusion criminelle ne peuvent pas non plus bénéficier de l'allocation d'insertion. L'allocation est par ailleurs soumise à une condition de ressources : les personnes bénéficiant de ressources supérieures à un plafond fixé régulièrement (en janvier 2003, 872,10 euros et 1 744,20 euros pour un ménage) ne peuvent y prétendre. C'est le chef d'établissement pénitentiaire qui établit à la levée d'écrou un certificat attestant que le détenu ne fait pas l'objet d'une exclusion légale, en se basant sur la fiche pénale. Munie de ce certificat, la personne libérée doit s'adresser aux ASSEDIC, qui font le nécessaire pour l'ouverture des droits. L'allocation d'insertion ne peut être accordée qu'une seule fois dans la vie, par période de six mois et pour une durée maximale d'un an. Une personne qui a bénéficié une première fois de l'allocation d'insertion pendant six mois peut y accéder une deuxième fois quelques années plus tard, mais pendant six mois seulement. Les versements sont de 9,55 euros par jour.

Articles L.351-9, R.351-6 et R.351-9 du Code du travail, circulaire DAP du 19 juillet 1991.

758 Comment le « sortant de prison » peut-il obtenir un hébergement ?

Les centres d'hébergement et de réinsertion sociale (CHRS) constituent la solution la plus courante aux problèmes de logement pour les personnes en grande difficulté. Les anciens détenus peuvent y être accueillis pour une période n'excédant pas six mois et y bénéficier d'un suivi éducatif et social. Par ailleurs des associations (ARAPEJ notamment) offrent également des services en matière de logement et de réinsertion. En principe, les SPIP sont en contact avec ces structures et peuvent les recommander aux libérés. Les CHRS ont souvent des procédures d'admission longues qui nécessitent des entretiens préalables et les délais d'attente peuvent être longs. C'est pourquoi, il est préférable d'informer le travailleur social suffisamment longtemps à l'avance de problèmes d'hébergement éventuels. En Ile-de-France, le service régional d'accueil, d'information et d'orientation des sortants de prison (SRAIOSP) a pour mission l'aide et l'orientation des libérés sans domicile qui ne font plus l'objet d'une mesure judiciaire et sont en situation régulière au regard de la législation sur les étrangers.

Le casier judiciaire

Véritable peine après la peine et boulet pour la réinsertion, le casier judiciaire est notamment prévu dans le but de sanctionner plus sévèrement d'éventuels récidivistes et d'accorder plus de clémence aux prévenus « primaires ». Cette mémoire des parcours individuels matérialisée par le casier judiciaire peut s'effacer avec le temps ou, à certaines conditions, sur requête de l'intéressé.

« L'administration de la République pourrait donner l'exemple »

Il ne peut y avoir réinsertion s'il y a une stigmatisation à perpétuité de l'ancien condamné. La réinsertion implique une démarche responsable du détenu libéré mais exige aussi un devoir de pardon de la part du corps social. C'est dans ce cadre-là que se pose la question de l'inscription des condamnations au casier judiciaire de l'ancien condamné. « *L'administration de la République pourrait donner l'exemple en levant l'interdiction d'engager dans les administrations en qualité de fonctionnaires et à tous les postes administratifs des personnes inscrites au casier judiciaire. Si l'administration ne le fait pas, on ne peut attendre des entreprises qu'elles engagent des personnes dotées d'un casier judiciaire. [...] Sur le second point, je considère que si nous-mêmes, le service public étant la quintessence de la République, après nous être interposés entre une victime et un délinquant, après avoir arbitré leur différend de façon collective, après avoir trouvé au nom de tous, une modalité de réparation pour la victime et pour la personne, si alors nous ne pensons pas possible de faire entrer cette personne dans notre administration, nous sommes fous. Ou bien alors cela signifie que la réparation ne nous intéresse pas.* » (Nicolas Frize, responsable de la commission prison de la ligue des droits de l'homme). Un des problèmes les plus fréquemment rencontrés par les anciens détenus est la permanence de leur condamnation (même légère) sur leur casier judiciaire, très longtemps après que la peine a été purgée. Ceci est un frein authentique à la réinsertion, et donc, indirectement, une sorte d'incitation lointaine à la récidive. Il faut donc trouver tout moyen de mettre en place la réconciliation civique, au moyen de l'effacement des peines sur le casier judiciaire.

■ *Sénat,* Prisons : une humiliation pour la République, *juillet 2000.*

Qu'est-ce que le casier judiciaire ?

759 Le casier judiciaire est un registre national automatisé des condamnations pénales et de certaines décisions judiciaires. Les informations ainsi centralisées font l'objet de trois bulletins (B1, B2, B3). Elles peuvent être communiquées à certaines personnes mais leur contenu varie en fonction de la qualité de leurs destinataires. Le bulletin n°1 (B1) comprend toutes les fiches, c'est-à-dire les mentions des condamnations prononcées (accompagnées ou non d'interdictions et d'incapacités), les sanctions disciplinaires, administratives ou judiciaires

(par exemple, la révocation de fonctionnaire), les déchéances de l'autorité parentale, les faillites ou règlements judiciaires des commerçants et les arrêtés d'expulsion. Le B1 est exclusivement destiné aux autorités judiciaires. Mais l'intéressé peut demander au procureur de la République à en prendre connaissance. Cette communication se fera par oral. Le bulletin n°2 (B2) est une version allégée du casier judiciaire qui ne comporte qu'un nombre limité de décisions judiciaires. Il est destiné à certaines administrations. Le bulletin n°3 (B3) est encore plus allégé. Il ne comporte que les interdictions, déchéances ou incapacités sans sursis et les peines d'emprisonnement de plus de deux ans qui ne comportent aucun sursis. Seule la personne concernée peut se procurer le B3 (gratuitement). C'est également ce bulletin qui peut être demandé par certains employeurs pour juger de la « moralité » d'un candidat à l'embauche. Pourtant, la chambre sociale de la Cour de cassation a très clairement affirmé que le salarié « *n'avait pas l'obligation de faire mention de ses antécédents judiciaires* ».

Articles 768 et suivants du Code de procédure pénale, arrêt de la chambre sociale de la Cour de cassation du 25 avril 1990.

760 Dans quelles conditions les condamnations peuvent-elles être effacées du casier judiciaire ?

Les fiches correspondant à des condamnations amnistiées sont retirées du casier judiciaire. Il en est de même des condamnations réhabilitées et de celles vieilles de 40 ans (hormis pour des faits imprescriptibles) si elles n'ont pas été suivies d'autres condamnations. En ce qui concerne les mineurs, les mesures ou sanctions éducatives qui peuvent leur être appliquées sont effacées du casier judiciaire à l'expiration d'un délai de trois ans à compter du jour où la mesure a été prononcée, si la personne n'a pas, pendant ce délai, fait l'objet d'autres condamnations. Depuis la loi du 9 mars 2004, les règles relatives à l'effacement des condamnations pénales à l'égard de mineurs sont les mêmes que celles applicables aux majeurs.

Article 769 du Code de procédure pénale.

761 Qu'est-ce que le relèvement ?

Le relèvement a pour objet de priver d'effet les interdictions, déchéances et incapacités induites par la condamnation ou prononcées à titre de peine complémentaire. Il ne « nettoie » donc pas le casier judiciaire : les condamnations y demeurent, seules les interdictions sont neutralisées. La procédure du relèvement diffère suivant que l'interdiction, la déchéance ou l'incapacité est comprise dans la condamnation ou résulte d'une peine complémentaire. Dans le premier cas, le relèvement peut être demandé par l'avocat lors du jugement. Dans le second cas, la demande ne peut intervenir qu'après un délai de six mois. Dans les deux cas, les demandes peuvent être renouvelées tous les six mois. Elles sont adressées au procureur de la République qui les transmet à la juridiction de condamnation. Le procureur, le condamné ou son avocat doivent être entendus. La juridiction doit, pour se prononcer, tenir compte de la conduite de l'intéressé et de sa dangerosité.

Le condamné à une peine de suivi socio-judiciaire doit adresser sa demande de relèvement au juge de l'application des peines (JAP). Cette demande ne peut pas intervenir dans l'année qui suit la condamnation. Par la suite, elle ne peut être renouvelée qu'une seule fois par an. En matière de droit des étrangers, seules les personnes dont l'interdiction du territoire français constitue une peine complémentaire à la peine d'emprisonnement peuvent faire une requête en relèvement. Pour faire cette requête, il faut obligatoirement se trouver dans l'une des situations suivantes : être assigné à résidence par décision du ministère de l'Intérieur ; être en détention ; être hors du territoire français. Toute requête présentée moins de six mois après la condamnation est irrecevable.

Articles 132-21 du Code pénal, 702-1, 703 et 763-6 du Code de procédure pénale, 28 bis de l'ordonnance du 2 novembre 1945.

Qu'est-ce qu'une dispense d'inscription des condamnations aux B2 et B3 ? 762

La juridiction peut, soit dans le jugement de condamnation, soit sur requête ultérieure du condamné, accorder une dispense d'inscription de la condamnation aux bulletins n°2 et 3. Si plusieurs condamnations ont été prononcées, la juridiction compétente est la dernière ayant statué. La dispense d'inscription entraîne le relèvement des incapacités, interdictions et déchéances comprises de plein droit dans la condamnation. Elle est donc sans effet sur les incapacités, interdictions et déchéances prononcées par la juridiction en complément de la peine principale. La juridiction de jugement ne peut prononcer une telle dispense à l'égard de personnes condamnées pour les infractions de meurtre ou d'assassinat d'un mineur précédé ou accompagné d'un viol, de tortures ou d'actes de barbarie ou pour les infractions d'agression ou d'atteintes sexuelles ou de recours à la prostitution d'un mineur.

Articles 702-1, 703, 775-1 et 777-1 du Code de procédure pénale, arrêt de la chambre criminelle de la Cour de cassation du 5 février 1990.

« des mémoires parallèles qui ne pratiquent pas l'oubli,ni l'amnésie volontaire »

Les exemples sont nombreux du leurre (certaines parlent même de « farce ») que représente la réinsertion pour qui s'intéresse de près à l'institution pénitentiaire. Après six ans d'emprisonnement, relate *Libération*, Jean-Pierre est sorti avec 750 francs en poche. Son casier judiciaire lui a fait perdre cinq emplois successifs, notamment un poste de barman dans un café à Rodez dont le patron a demandé à un ami policier de se renseigner sur les antécédents judiciaires de son tout nouvel employé, et un poste de vigile dont il a été licencié « grâce » à l'action de la préfecture cette fois, car les professions de gardiennage sont interdites à toute personne condamnée. Et le journaliste de souligner que, en sus du casier judiciaire officiel, existent « *des mémoires parallèles qui ne pratiquent pas l'oubli, ni l'amnésie volontaire : les bureaux d'ordre des tribunaux* » qui « *recensent toutes les plaintes, poursuites ou procédures d'enquête* », ainsi que « *les sommiers* [registres] *de police qui répertorient les personnes simplement soupçonnées* ». La possibilité de passer entre les mailles de ces différents filets est très tenue.

Dominique Vernier, Peines perdues. Faut-il supprimer les prisons ?, *Fayard, 2002.*

763 **Qu'est-ce que la réhabilitation ?**

La réhabilitation entraîne l'effacement de la peine prononcée. Il en existe deux types : la réhabilitation de plein droit et la réhabilitation judiciaire. La réhabilitation de plein droit est automatique. La réhabilitation judiciaire doit être demandée à la chambre de l'instruction de la cour d'appel. Leurs effets sont identiques.

Articles 133-12 et suivants du Code pénal, 782 et suivants du Code de procédure pénale.

764 **Quand peut-on bénéficier d'une réhabilitation de plein droit (ou réhabilitation légale) ?**

Une personne qui a été condamnée à une peine d'amende sera automatiquement réhabilitée trois ans après le paiement de l'amende ou à l'expiration de la contrainte judiciaire. Une personne qui a fait l'objet d'une seule condamnation inférieure à un an d'emprisonnement sera réhabilitée cinq ans après l'exécution de sa peine ou de sa prescription. Une personne qui a été condamnée à une peine inférieure à dix ans ou à plusieurs peines dont le total est inférieur à cinq ans sera réhabilitée dix ans après l'exécution de ses peines ou l'accomplissement de la prescription. Les peines dont la confusion a été accordée sont considérées comme constituant une peine unique en ce qui concerne la réhabilitation. La peine de prison est considérée comme exécutée à compter de la libération, définitive ou conditionnelle. De plus, il est bien évidemment nécessaire de ne pas avoir été à nouveau condamné à une peine criminelle ou correctionnelle durant ces délais. Enfin, pour les personnes condamnées à une peine de suivi socio-judiciaire, les délais de réhabilitation ne débutent qu'à compter de la fin de cette mesure. Lorsque la peine est assortie de sursis, la condamnation est automatiquement retirée du casier judiciaire dans des délais identiques calculés à compter du jour où le délai d'épreuve prend fin.

Articles 133-13 et 133-16 du Code pénal, 769 du Code de procédure pénale.

765 **Quand peut-on solliciter une réhabilitation judiciaire ?**

Les délais pour former la demande varient selon la nature de la peine prononcée, la situation du condamné du point de vue de la récidive, la prescription ou l'exécution de la peine. Lorsque la peine a été exécutée, la demande de réhabilitation ne peut intervenir qu'après un délai d'un an pour une contravention ; de trois ans pour un délit ; de cinq ans pour un crime ; de six ans pour les récidivistes qui n'ont subi aucune peine criminelle et les condamnés qui, après avoir été réhabilités, ont encouru une peine délictuelle ; de dix ans pour les récidivistes qui ont exécuté une peine criminelle, et les réhabilités qui ont encouru une condamnation criminelle. Ce délai se compte à partir du jour où la peine privative de liberté a pris fin ou du jour de la libération conditionnelle lorsque celle-ci n'a pas été révoquée. Le condamné doit justifier du paiement des amendes ou dommages-intérêts.

Articles 769, 786, 788 et 789 du Code de procédure pénale.

A qui doit-on adresser une demande de réhabilitation judiciaire ? 766

Le condamné doit adresser sa demande au procureur de la République de son lieu de résidence ou, s'il demeure à l'étranger, au procureur de la République de sa dernière résidence en France ou, à défaut, à celui du lieu de condamnation. La demande doit préciser la date de la condamnation et les lieux où le condamné a résidé depuis sa libération. Elle doit par ailleurs porter sur l'ensemble des condamnations prononcées qui n'ont pas déjà fait l'objet d'une réhabilitation.

Articles 785 et 790 du Code de procédure pénale.

Qui instruit le dossier de demande de réhabilitation judiciaire ? 767

Le procureur de la République instruit le dossier. Il demande l'avis du juge de l'application des peines et peut s'entourer de tous renseignements utiles aux différents endroits où le condamné a pu séjourner. Il se fait par ailleurs délivrer un extrait du registre des lieux de détention où la peine a été subie faisant mention de la conduite du condamné. Ensuite, il transmet le dossier avec son propre avis au procureur général. Ce dernier saisit la chambre de l'instruction qui doit statuer dans les deux mois. Le requérant peut adresser directement à la cour tous les éléments qu'il juge utiles. Son avocat ou lui-même doivent être entendus. La chambre de l'instruction a l'obligation de motiver sa décision sur la conduite du condamné pendant le délai d'épreuve. Elle peut cependant rejeter comme prématurée une demande de réhabilitation en se fondant sur la gravité des faits qui ont motivé la condamnation. Le seul recours possible contre l'arrêt de la chambre de l'instruction est un pourvoi en cassation.

Articles 791, 792 à 795 du Code de procédure pénale.

Peut-on faire une nouvelle demande de réhabilitation judiciaire après un rejet ? 768

Il est possible faire une nouvelle demande de réhabilitation après un rejet mais il faut attendre un délai de deux ans. Il n'existe qu'une seule exception à cette règle : lorsque la chambre de l'instruction a motivé son rejet sur le fait que la première demande a été introduite avant l'expiration du délai d'épreuve. Le condamné peut alors déposer une nouvelle requête dès l'expiration de ce délai.

Article 797 du Code de procédure pénale.

Quels sont les effets de la réhabilitation ? 769

La réhabilitation efface du casier judiciaire les condamnations prononcées ainsi que toutes les incapacités et déchéances qui résultent de la condamnation. En outre, il est interdit à toute personne qui pourrait prendre connaissance du passé pénal de l'intéressé à l'occasion de ses fonctions d'en rappeler l'existence sous quelque forme que ce soit ou d'en laisser subsister la mention dans un document quelconque.

Articles 133-16, 133-10, 133-11 du Code pénal.

770 Qu'est-ce que le fichier judiciaire national automatisé des auteurs d'infractions sexuelles ?

Le fichier judiciaire national automatisé des auteurs d'infractions sexuelles est tenu par le service du casier judiciaire sous l'autorité du ministre de la Justice et le contrôle d'un magistrat. Il reçoit, conserve et communique les informations relatives aux auteurs d'infractions sexuelles. Il doit permettre d'identifier les auteurs de ces infractions et d'éviter le renouvellement de celles-ci. Sont fichées l'identité et les adresses successives des personnes, même mineures, auteurs ou présumées auteurs des infractions de meurtre ou d'assassinat d'un mineur précédé ou accompagné d'un viol, de tortures ou d'actes de barbarie, de recours à la prostitution d'un mineur et d'agressions ou d'atteintes sexuelles. Les décisions concernant les délits pour lesquels une peine inférieure ou égale à cinq ans est encourue ne sont pas inscrites sur le fichier. Sont donc concernées les personnes ayant fait dans ce domaine l'objet d'une condamnation même non encore définitive ; d'une composition pénale ; d'une décision de non-lieu prononcée à l'égard d'une personne atteinte au moment des faits d'un trouble psychique ayant entraîné une altération de son discernement ; d'une mise en examen assortie d'un placement sous contrôle judiciaire ; d'une décision prononcée par une juridiction étrangère qui a fait l'objet d'un avis aux autorités françaises ou qui a été exécutée en France à la suite d'un transfèrement. Les données recueillies sont retirées du fichier lors du décès de l'intéressé ou à l'expiration d'un délai de trente ans s'il s'agit d'un crime ou d'un délit puni d'au moins dix ans d'emprisonnement ou d'un délai de vingt ans dans les autres cas. L'amnistie ou la réhabilitation et les règles propres à l'effacement des condamnations n'entraînent pas l'effacement de ces informations. Ces données sont aussi retirées du fichier en cas de décision définitive de relaxe, de non-lieu ou d'acquittement et en cas de cessation ou de main-levée du contrôle judiciaire.

Article 706-53-1 à 706-53-3 du Code de procédure pénale.

Et pour quel profit, cette nouvelle double peine, exécutée pendant des décennies ?

Au départ, le projet de loi Perben II ne comportait aucune disposition nouvelle concernant un fichier de délinquants sexuels. Dans ce domaine, les instruments ne font pas défaut en France. C'est alors que le ministre de l'Intérieur et non le garde des Sceaux annonça qu'il avait décidé, à l'instar du Royaume-Uni, de la création, en France, d'un fichier judiciaire automatisé des auteurs d'infractions sexuelles qui permettrait de protéger les « victimes potentielles ». [...] La Commission nationale consultative des droits de l'homme, après examen du texte, déclara qu'il porterait « *une atteinte excessive et disproportionnée à la protection de la vie privée et au droit à l'oubli garantis par la loi* ». Il n'en a pas moins été adopté par la majorité parlementaire. [...] Selon ses promoteurs, il doit favoriser l'identification des suspects. En clair, toute personne fichée doit pouvoir être aussitôt interpellée par la police. Il faut donc que son adresse soit connue, à tout moment. [...] Par exemple, un homme fiché à l'âge de 17 ans devra, alors qu'il est devenu adulte, s'est marié, a des enfants, faire savoir à la police qu'il n'a pas changé d'adresse, qu'il est à sa disposition. Il se remémorera, à cette occasion, l'infraction qu'il a commise, même si la mention de la condamnation ne figure plus à son casier judiciaire. Belle façon de favoriser la réinsertion sociale, ou le traitement psychologique nécessaire ! [...] Et pour quel profit, cette nouvelle double peine, exécutée pendant des décennies ? En termes d'efficacité, croit-on sérieusement que le tueur ou le violeur en série ira docilement confirmer, tous les six mois, qu'il n'a pas changé d'adresse avant d'aller commettre son crime ? Ou que cette obligation retiendra la terrible pulsion mortelle qui le hante ? [...] Nous sommes entrés dans des temps où le délinquant sexuel, quoi qu'il ait fait, est considéré comme l'être asocial, le porteur de dangerosité par excellence. Nous avons déjà une des législations les plus répressives d'Europe dans ce domaine. Et maintenant voici revenu, pour eux, le temps de la stigmatisation, comme dans un passé qu'on croyait révolu.

Robert Badinter, « Un singulier fichier », Libération, *9 février 2004.*

Quelles obligations s'imposent aux personnes inscrites sur ce fichier ? 771

La personne inscrite au fichier judiciaire national automatisé des auteurs d'infractions sexuelles doit justifier de son adresse une fois par an et déclarer ses changements d'adresse dans un délai de quinze jours après le changement. Les personnes condamnées pour un crime ou un délit puni de dix ans d'emprisonnement doivent justifier de leur adresse tous les six mois en se présentant à la gendarmerie ou auprès d'un service désigné par la préfecture. Le non respect de ces obligations est puni de deux ans d'emprisonnement et de 30 000 euros d'amende. La personne qui ne se trouve plus à l'adresse indiquée est inscrite par le procureur sur le fichier des personnes recherchées.

Articles 706-53-4 à 706-53-8 du Code de procédure pénale.

Qu'est ce que le fichier national automatisé des empreintes génétiques ? 772

Le fichier national automatisé des empreintes génétiques (FNAEG) est destiné à centraliser les empreintes génétiques des personnes condamnées pour certaines infractions. Les empreintes génétiques de personnes à l'encontre desquelles il existe des indices graves ou concordants rendant vraisemblable le fait qu'elles aient commis une infraction peuvent également être conservées sur décision d'un officier de police judiciaire. Il s'agit, dans cette hypothèse, de personnes qui n'ont pas encore été condamnées pour les faits qui leur sont « reprochés » et qui devraient normalement bénéficier de la présomption d'innocence. Le fichier contient les empreintes génétiques issues de traces biologiques recueillies à l'occasion des procédures de recherche des causes de la mort ou de recherche des causes d'une disparition, ainsi que les empreintes susceptibles de correspondre aux personnes décédées ou recherchées. L'objectif visé par la mise en place d'un tel fichier est de faciliter l'identification et la recherche des auteurs de certaines infractions en faisant procéder à des rapprochements entre les empreintes génétiques des auteurs et celles retrouvées sur les lieux d'un crime ou d'un délit. Les informations enregistrées ne peuvent être conservées plus de 40 ans, soit à compter du jour où la condamnation devient définitive et sans que cette durée puisse dépasser la date du quatre-vingtième anniversaire du condamné ; soit à compter de la date d'identification des empreintes relevées sur le lieu d'un crime.

Articles 706-54, R.59-9 à R.53-21 du Code de procédure pénale.

773 Quelles infractions entraînent l'inscription dans ce fichier ?

Le fichier national automatisé des empreintes génétiques (FNAEG) centralise les traces et les empreintes génétiques concernant les infractions suivantes : les infractions de meurtre ou d'assassinat d'un mineur précédé ou accompagné d'un viol, de tortures ou d'actes de barbarie, celles d'agression ou d'atteintes sexuelles ou de recours à la prostitution d'un mineur ; les crimes contre l'humanité, crimes ou délits d'atteintes volontaires à la vie, tortures et actes de barbarie, violences volontaires, trafic de stupéfiants, proxénétisme, exploitation de la mendicité ; crimes et délits de vols, d'extorsions ou escroqueries ; les atteintes aux intérêts fondamentaux de la nation et actes de terrorisme ; les infractions de recel ou blanchiment du produit de l'une des infractions citées précédemment.

Article 706-55 du Code de procédure pénale.

Un objectif de 600 000 à 700 000 empreintes

Le FNAEG, prochainement grossi de 1 300 empreintes de détenus, est censé être une arme décisive pour les enquêteurs mais il est contesté par la plupart des défenseurs des libertés et de la présomption d'innocence. Créé par une loi de 1998 sur les infractions sexuelles, il a été étendu aux suspects de certaines infractions par la loi pour la sécurité intérieure du 18 mars 2003 de Nicolas Sarkozy, répondant à une demande des enquêteurs et des associations de victimes. Jusqu'à présent, le fichier ne pouvait stocker que les profils ADN des personnes définitivement condamnées pour les infractions à caractère sexuel (exhibition, agression, viol) et la plupart des crimes (meurtre, vol avec violence). La loi prévoit désormais que « *les empreintes génétiques des personnes à l'encontre desquelles il existe des indices graves ou concordants rendant vraisemblable qu'elles aient commis* » certaines infractions « *sont également conservées dans ce fichier* ». Il s'agit notamment des infractions de nature sexuelle, des crimes et délits d'atteintes volontaires à la vie de la personne, trafic de stupéfiants, proxénétisme, crimes et délits de vols, actes de terrorisme. [...] « *Il y a un risque de ficher des suspects sur des dénonciations qui se révéleront infondées. On oublie que la police est humaine et peut faire des erreurs* », souligne Dominique Barella, le président de l'Union syndicale des magistrats (USM, modérée) qui avait souhaité que ce fichier reste strictement limité aux condamnés. Le FNAEG comptait au 1er octobre 2003 près de 12 000 profils génétiques et traces relevées sur des scènes de crime: environ 8 000 profils génétiques de condamnés, 500 traces ainsi qu'environ 3 200 profils génétiques de mis en cause qui seront enregistrés lorsque les décrets d'application de la loi auront été pris. L'objectif est qu'il contienne 600 000 à 700 000 empreintes.

AFP, Le fichier génétique : un outil contesté au service des enquêteurs, *20 octobre 2003.*

Une personne peut-elle refuser de se soumettre au prélèvement biologique ? 774

Le fait de refuser de se soumettre au prélèvement biologique est puni d'un an d'emprisonnement et de 15 000 euros d'amende. Lorsque le refus émane d'une personne condamnée pour crime, la peine est de deux ans d'emprisonnement et l'amende de 30 000 euros. Il est nécessaire de préciser que lorsque la personne a été condamnée pour un crime ou un délit puni de dix d'emprisonnement, le prélèvement peut être effectué sans l'accord de l'intéressé. Ces peines ne peuvent en aucun cas faire l'objet d'une confusion de peine. La personne doit, dans un premier temps, finir de purger la première peine à laquelle elle était condamnée (qui peut être celle sanctionnant l'infraction qui donne lieu au prélèvement) avant de purger celle résultant de son refus de se soumettre au prélèvement. Enfin, lorsqu'une personne condamnée refuse le prélèvement, toutes les réductions de peine dont elle a bénéficié sont retirées de plein droit et l'octroi de nouvelles réductions de peine est interdit.

Article 706-56 du Code de procédure pénale.

Sortir et en sortir

Beaucoup d'hommes, après leur libération, emportent leur prison avec eux à l'air libre, la cachent comme une tare secrète en leur cœur, et, finalement, comme de malheureuses bêtes empoisonnées, se terrent dans un trou et meurent... La société s'arroge le droit d'infliger d'effroyables châtiments à l'individu, mais elle a aussi ce vice suprême d'être superficielle... Quand l'homme a purgé sa peine, elle l'abandonne à lui-même, c'est-à-dire au moment où commence le plus haut devoir qu'elle ait envers lui. Elle a vraiment honte de son acte et elle fuit ceux qu'elle a punis, comme on évite un créancier envers lequel on ne peut se libérer, ou l'homme à qui l'on doit infliger un tort irréparable, irrémédiable.

Oscar Wilde, De profundis, *1905.*

ANNEXES

Adresses utiles

PARLEMENT

Assemblée nationale
Palais Bourbon
126 rue de l'Université
75007 Paris
www.assemblee-nationale.fr

Sénat
Palais du Luxembourg
15 rue de Vaugirard
75006 Paris
www.senat.fr

MINISTÈRES

Ministère de la Justice
13 place Vendôme
75042 Paris Cedex 01
www.justice.gouv.fr

Ministère de l'Education nationale, de l'enseignement supérieur et de la recherche
110 rue de Grenelle
75007 Paris cedex 07
www.education.gouv.fr

Ministère des Affaires étrangères
37 quai d'Orsay
75007 Paris
www.diplomatie.gouv.fr

Ministère de la Santé et de la protection sociale
8 avenue de Ségur
75007 Paris
www.sante.gouv.fr

Ministère de l'Emploi, du travail et de la cohésion sociale
127 rue de Grenelle
75007 Paris
www.travail.gouv.fr

INSTANCES JUDICIAIRES ET ADMINISTRATIVES

CADA (Commission d'accès aux documents administratifs)
35 rue Saint-Dominique
75700 Paris 07 S.P.
Tél. : 01 42 75 79 99
Fax : 01 42 75 80 70
www.cada.fr

CNCDH (Commission nationale consultative des droits de l'homme)
35 rue Saint-Dominique
75007 Paris
Tél. : 01 42 75 77 13 / 01 42 75 77 06
Fax : 01 42 75 77 14
www.commission-droits-homme.fr/fr.htm

CNDS (Commission nationale de déontologie de la sécurité)
62 Boulevard de la Tour Maubourg
75007 Paris
Tél. : 01 53 59 72 72
Fax : 01 53 59 72 73
www.cnds.fr

Commission nationale d'indemnisation en matière de détention provisoire
Cour de Cassation
5 Quai de l'Horloge
75055 Paris R.P.

Conseil d'Etat
Section du contentieux
1 place du Palais royal
75100 Paris 01 S.P.
Tél. : 01 40 20 87 50
Fax : 01 40 20 80 08
www.conseil-etat.fr

Cour de Cassation
5 quai de l'Horloge
75055 Paris R.P.
Tél. : 01 44 32 50 50
www.courdecassation.fr

Médiateur de la République
7 rue Saint-Florentin
75008 Paris
Tél. : 01 55 35 24 24
Fax : 01 55 35 24 25
www.mediateur-de-la-republique.fr

INSPECTIONS ADMINISTRATIVES

Inspection des services pénitentiaires
Direction de l'administration pénitentiaire
8/10 rue du Renard
75004 Paris
Tél. : 01 49 96 28 64
Fax : 01 42 71 06 44

Inspection générale des services judiciaires
Ministère de la Justice
13 place Vendôme
75042 Paris Cedex 01
Tél. : 01 44 77 60 60
Fax : 01 44 77 78 78

IGAS (Inspection générale des affaires sociales)
25/27 rue d'Astorg
75008 Paris
Tél. : 01 40 56 60 00
Fax : 01 40 56 67 01
www.handicap.gouv.fr/ministere/organigram3.htm

INSTANCES EUROPÉENNES

Commissaire aux droits de l'homme
Bureau du Commissaire aux Droits de l'Homme
Conseil de l'Europe
F-67075 Strasbourg Cedex
www.coe.int/T/f/commissaire_d.h

Cour européenne des droits de l'homme
Allée des droits de l'homme
67000 Strasbourg
Tél. : 03 88 41 20 18
Fax : 03 88 41 27 30
www.echr.coe.int

CPT (Comité européen de prévention de la torture et des peines ou traitements inhumains ou dégradants)
Conseil de l'Europe
67075 Strasbourg Cedex
Tél. : 03 88 41 39 25
Fax : 03 88 41 27 72
www.cpt.coe.int/fr

AVOCATS

Conférence des bâtonniers de France et d'Outre-mer
12 place Dauphine
75001 Paris
Tél. : 01 44 41 99 10
Fax : 01 43 25 12 69
www.avocatfrance.com

Conseil national des barreaux
23 rue de la Paix
75002 Paris
Tél. : 01 53 30 85 60
Fax : 01 53 30 85 61 / 62
www.cnb.avocat.fr

SAF (Syndicat des avocats de France)
21 bis rue Victor Macé
75009 Paris
Tél. : 01 42 82 01 26
Fax : 01 45 26 01 55
www.lesaf.org

UJA (Union des jeunes avocats de Paris)
Palais de justice
4 boulevard du Palais
75001 Paris
Tél. : 01 43 25 58 11
Fax : 01 43 25 06 43
www.uja.asso.fr

MAGISTRATS

ADAP (Association des avocats pénalistes)
116 boulevard Saint-Germain
75006 Paris
Tél. : 01 40 51 24 24
Fax : 01 46 33 93 02

AFMI (Association française des magistrats instructeurs)
TGI de Paris
2 boulevard du Palais
75001 Paris
Tél. : 01 44 32 55 73
Fax : 01 43 25 28 22

ANJAP (Association nationale des juges de l'application des peines)
Tribunal de grande instance de Paris
4 boulevard du Palais
75055 Paris
jap_anjap@yahoo.fr

ENM (Ecole nationale de la magistrature)
10 rue des Frères Bonie
33080 Bordeaux
Tél. : 05 56 00 10 10
Fax : 05 56 00 10 99
www.enm.justice.fr

ENM Paris
8 rue Chanoinesse
75004 Paris
Tél. : 01 44 41 88 20
Fax : 01 44 41 88 21

IHEJ (Institut des hautes études de la justice)
8 rue Chanoinesse
75004 Paris
Tél. : 01 40 51 02 51
Fax : 01 44 07 13 88
www.ihej.org

SM (Syndicat de la magistrature)
BP 155
75523 Paris cedex Cedex 11
Tél. : 01 48 05 47 88
Fax : 01 47 00 16 05
www.syndicat-magistrature.org

USM (Union syndicale des magistrats)
33 rue du Four
75006 Paris
Tél. : 01 43 54 21 26
Fax : 01 43 29 96 20
usm2000.free.fr

SORTIE DE PRISON

AFPA (Association de formation professionnelle pour adultes)
112 avenue Philippe Auguste
75011 Paris
Tél. : 01 55 25 18 00
www.afpa.fr

ANPE Espace Liberté Emploi
75 rue Rochechouart
75009 Paris
Tél. : 01 53 20 68 18
Fax : 01 48 74 43 03

ARAPEJ (Association réflexion action prison et justice d'île-de-France)
66/68 rue de la Folie-Régnault
75011 Paris
Tél. : 01 43 56 94 70
Fax : 01 43 56 93 70
www.arapej.org

Armée du Salut
60 rue des Frères Flavien
75976 Paris cedexCedex 20
Tél. : 01 43 62 25 00
www.armeedusalut.fr/home.html

Emmaüs France
179 bis quai de Valmy
75010 Paris
Tél. : 01 46 07 51 51
Fax : 01 46 07 69 10
www.emmaus-france.org

FARAPEJ (Fédération des associations réflexion action prison et justice)
68 rue de la Folie-Régnault
75011 Paris
Tél. : 01 55 25 23 75
Fax : 01 55 25 23 76
perso.wanadoo.fr/farapej/accueil.htm

FNARS (Fédération nationale des associations d'accueil et de réadaptation sociale)
76 rue du Faubourg Saint-Denis
75010 Paris
Tél. : 01 48 01 82 00
Fax : 01 47 70 27 02
www.fnars.org

DROITS DE L'HOMME

ACAT (Action des chrétiens pour l'abolition de la torture)
7 rue Georges Lardennois
75019 Paris
Tél. : 01 40 40 42 43
Fax : 01 40 40 42 44
www.acat.asso.fr

LDH (Ligue des droits de l'homme)
138/140 rue Marcadet
75018 Paris
Tél. : 01 56 55 51 00
Fax : 01 42 55 51 21
www.ldh-france.org

ASSOCIATIONS HUMANITAIRES

Croix Rouge française
1 place Henry Dunant
75008 Paris
Tél. : 01 44 43 11 00
Fax : 01 44 43 11 01
www.croix-rouge.fr

Secours catholique - Service prison
106 rue du Bac
75007 Paris
Tél. : 01 45 49 73 00
Fax : 01 45 49 94 50
www.secours-catholique.asso.fr

Secours populaire français
9/11 rue Froissart
75003 Paris
Tél. : 01 44 78 21 00
Fax : 01 42 74 71 01
www.secourspopulaire.asso.fr

INTERVENANTS EN PRISON

ANVP (Association nationale des visiteurs de prison)
7 bis rue du Paradis
75010 Paris
Tél. : 01 55 33 51 25
Fax : 01 55 33 15 33
www.anvp.org

Aumônerie nationale catholique des prisons
106 rue du Bac
75341 Paris cedex 07
Tél. : 01 45 49 73 46
Fax : 01 45 49 94 50
www.cef.fr/catho/endit/prison

Aumônerie nationale israélite des prisons
Synagogue de Sarcelles
74 avenue Paul Valéry
95200 Sarcelles
Tél. : 06 80 59 39 63

Aumônerie nationale protestante des prisons
47 rue de Clichy
75311 Paris Cedex 09
Tél. : 01 44 53 47 00
Fax : 01 42 81 40 01
perso.wanadoo.fr/fpf/service/juspri.html

CLIP (Club informatique pénitentiaire)
4/14 rue de Ferrus
75014 Paris
Tél. : 01 45 88 56 00
Fax : 01 45 88 94 62
perso.club-internet.fr/assoclip/pres.html

Le Courrier de Bovet
B.P. 300 Etoile
75770 Paris Cedex 16
Tél. : 01 40 67 11 98 (du lundi au vendredi de 14h00 à 17h00)
Fax : 01 40 67 11 37
perso.club-internet.fr/cdbovet

UFRAMA (Union nationale des fédérations régionales des associations de maisons d'accueil de familles et proches de personnes incarcérées)
8 passage Pont Amilion
17100 Saintes
Tél. : 05 46 92 11 89
Fax : 05 46 92 11 89

GENEPI (Groupement étudiant national d'enseignement aux personnes incarcérées)
4/14 rue Ferrus
75014 Paris
Tél. : 01 45 88 37 00
Fax : 01 45 88 96 87
www.genepi.asso.fr

Relais Enfants-Parents
4 rue Charles Floquet
92120 Montrouge
Tél. : 01 46 56 79 40
Fax : 01 46 56 29 10

ENSEIGNEMENT

Auxilia
102 rue d'Aguesseau
92100 Boulogne-Billancourt
Tél. : 01 46 04 56 78
Fax : 01 46 04 18 22
perso.club-internet.fr/auxiliab

CNED (Centre national d'enseignement à distance)
Boulevard Léonard de Vinci
BP 60200
86980 Futuroscope Cedex
Tél. : 05 49 49 94 94
Fax : 05 49 49 96 96
www.cned.fr

GRETA
Top formation
70 boulevard Bessières
75017 Paris
Tél. : 01 44 85 85 41
www.education.gouv.fr/fp/greta.htm

DÉFENSE DES ÉTRANGERS

ANAFE (Association nationale d'assistance aux frontières pour les étrangers)
21 ter rue Voltaire
75011 Paris
Tél. / Fax : 01 43 67 27 52
www.anafe.org

CIMADE
176 rue de Grenelle
75007 Paris
Tél. : 01 44 18 60 50
Fax : 01 45 56 08 59
www.cimade.org

FASTI (Fédération des associations de solidarité avec les travailleurs immigrés)
58 rue des Amandiers
75020 Paris
Tél. : 01 58 53 58 53
Fax : 01 58 53 58 43
www.fasti.org

GISTI (Groupe d'information et de soutien aux travailleurs immigrés)
3 Villa Marcès
75011 Paris
Tél. : 01 43 14 84 84
Fax : 01 43 14 60 69
Permanences juridiques : 01 43 14 60 66
www.gisti.org

MRAP (Mouvement pour le rapprochement et l'amitié entre les peuples)
43 boulevard de Magenta
75010 Paris
Tél. : 01 53 38 99 99
Fax : 01 40 40 90 98
www.mrap.asso.fr

SOS Racisme
21 avenue de Flandre
75019 Paris
Tél. : 01 40 35 36 55
Fax : 01 40 35 74 10
www.sos-racisme.org/home.php3

SSAE (Service social d'aide aux émigrants)
58A rue du Dessous des Berges
75013 Paris
Tél. : 01 40 77 94 00
Fax : 01 45 86 84 96
www.ssae.asso.fr/sommaire.php3

SANTÉ

ACT UP
BP 287
75525 Paris Cedex 11
Tél. : 01 48 06 13 89
Fax : 01 48 06 16 74
www.actupparis.org

AIDES
Tour Essor
14 rue Scandicci
93508 Pantin Cedex
Tél. : 01 41 83 46 46 / 0 820 160 120
Fax : 01 41 83 46 49
www.aides.org

ANIT (Association nationale des intervenants en toxicomanie)
28 chemin des Moulins
69230 Saint-Genis-Laval
Tél. : 04 78 50 78 50
fax : 04 78 50 78 76
www.anit.asso.fr

APF (Association des paralysés de France)
17 boulevard Auguste Blanqui
75013 Paris
Tél. : 01 40 78 69 00
www.apf.asso.fr

ASUD (Auto-support des usagers de drogue)
23 rue de Château Landon
75010 Paris
Tél. : 01 53 26 26 53
Fax : 01 53 26 26 56
www.asud.org

Sida Info Service
190 boulevard de Charonne
75020 Paris
Tél. : 01 44 93 16 16 / 0 800 840 800
Fax : 01 44 93 16 00
www.sida-info-service.org

SYNDICATS PÉNITENTIAIRES

CFDT justice
47/49 avenue Simon Bolivar
75019 Paris
Tél. : 01 42 38 64 10
Fax : 01 42 38 18 15

UGSP-CGT (Union générale des services pénitentiaires CGT)
263 rue de Paris
Case 542
93514 Montreuil Cedex
Tél. : 01 48 18 82 42 ou 82 32 ou 82 56
Fax : 01 42 18 82 50
www.ugsp-cgt.org

SNP FO (Syndicat national pénitentiaire Force ouvrière)
79 route de Grigny
Centre d'affaires les Iris
91136 Ris Orangis Cedex cedex
Tél. : 01 69 43 00 44
Fax : 01 69 43 63 62
www.snp-fo.net

UFAP (Union fédérale autonome pénitentiaire)
85 route de Grigny
91170 Ris Orangis
Tél. : 01 69 02 41 41
Fax : 01 69 06 36 07
www.ifrance.com/ufap/accueil.htm

SNEPAP FSU (Syndicat national de l'ensemble des personnels de l'administration pénitentiaire)
25/27 rue de la Fontaine au Roi
75011 Paris
Tél. : 01 40 21 76 60 ou 01 48 05 70 56
Fax : 01 48 05 60 61

ASSOCIATIONS À VOCATION INTERNATIONALE

Amnesty International
76 boulevard de la Villette
75019 Paris
Tél.: 01 53 38 65 65
Fax : 01 53 38 55 00
www.amnesty.asso.fr

FIDH (Fédération internationale des droits de l'homme)
17 passage de la Main d'Or
75011 Paris
Tél. : 01 43 55 25 18
Fax : 01 43 55 18 80
www.fidh.org

FIL (Français incarcérés au loin)
4 rue du Vert Galant
72000 Le Mans
Tél. : 01 49 11 47 37
www.fil.asso.fr

PRI (Penal Reform International)
40 rue du Château d'eau
75010 Paris
Tél. : 01 48 03 90 01
Fax : 01 48 03 90 20
www.penalreform.org/francais/frset_pre_fr.htm

L'administration pénitentiaire

Abréviations

CD	*centre de détention*
CJD	*centre de jeunes détenus*
CP	*centre pénitentiaire*
CSL	*centre de semi-liberté*
DR	*direction régionale*
MA	*maison d'arrêt*
MAF	*maison d'arrêt des femmes*
MAH	*maison d'arrêt des hommes*
MC	*maison centrale*
SPIP	*service pénitentiaire d'insertion et de probation*

LA DIRECTION DE L'ADMINISTRATION PÉNITENTIAIRE

Adresse postale
13 place Vendôme
75042 PARIS Cedex 01

Bureaux
8-10 rue du Renard
75004 PARIS
Tél. : 01 44 77 60 60
Fax : 01 49 96 28 69

Gestion informatisée des détenus en établissements (GIDE)
17/21 rue Saint-Fiacre
75002 PARIS
numéro vert : 0800 312 940
Tél. : 01 53 00 79 47
Fax : 01 55 34 23 97

Service de l'emploi pénitentiaire (SEP)
11 rue Louisa-Paulin
19015 TULLE
Tél. : 05 55 29 99 29
Fax : 05 55 29 99 39

Ecole nationale de l'administration pénitentiaire (ENAP)
440 avenue Michel Serres
BP 28
47916 AGEN
Tél. : 05 53 98 98 98
Fax : 05 53 98 98 99

LES DIRECTIONS RÉGIONALES DES SERVICES PÉNITENTIAIRES

Bordeaux
05 57 81 45 00
87 rue de l'Abbé de l'Epée
33000 BORDEAUX
Fax : 05 56 96 18 32

départements rattachés
Gironde, Charente, Charente-Maritime, Corrèze, Creuse, Deux-Sèvres, Dordogne, Haute-Vienne, Landes, Lot-et-Garonne, Pyrénées-Atlantiques, Vienne

établissements rattachés
Agen, Angoulême, Bayonne, Bédenac, Bordeaux-Gradignan, Eysses, Guéret, Limoges, Mauzac, Mont-de-Marsan, Neuvic-sur-l'Isle, Niort, Pau, Périgueux, Poitiers, Rochefort-sur-Mer, Saintes, Saint-Martin-de-Ré, Tulle, Uzerche

Dijon

03 80 72 50 00

72 A rue d'Auxonne
BP 1531
21033 DIJON Cedex
Fax : 03 80 67 20 55

départements rattachés
Côte d'Or, Ardennes, Aube, Doubs, Haute-Marne, Haute-Saône, Jura, Marne, Nièvre, Saône-et-Loire, Territoire de Belfort, Yonne

établissements rattachés
Auxerre, Belfort, Besançon, Châlons-en-Champagne, Charleville-Mézières, Chaumont, Clairvaux, Dijon, Joux-la-Ville, Lons-le-Saunier, Lure, Montbéliard, Nevers, Reims, Troyes, Varennes-le-Grand, Vesoul, Villenauxe

Lille

03 20 63 66 66

5 rue Gauthier de Châtillon
BP 765
59034 LILLE Cedex
Fax : 03 20 54 40 64

départements rattachés
Nord, Aisne, Eure, Oise, Pas-de-Calais, Seine-Maritime, Somme

établissements rattachés
Amiens, Arras, Bapaume, Beauvais, Béthune, Château-Thierry, Compiègne, Douai, Dunkerque, Evreux, Haubourdin, Laon, Le Havre, Liancourt, Longuenesse, Loos, Lille, Maubeuge, Rouen, Val-de-Reuil, Valenciennes

Lyon

04 72 91 37 37

1 rue du général Mouton Duvernet
BP 3009
69391 LYON Cedex 03
Fax : 04 72 34 55 64

départements rattachés
Rhône, Ain, Allier, Ardèche, Cantal, Drôme, Haute-Loire, Haute-Savoie, Isère, Loire, Puy-de-Dôme, Savoie

établissements rattachés
Aiton, Aurillac, Bonneville, Bourg-en-Bresse, Chambéry, Clermont-Ferrand, Grenoble, Le-Puy-en-Velay, Lyon, Montluçon, Moulins-Yzeure, Privas, Riom, Saint-Étienne, Saint-Quentin-Fallavier, Valence, Villefranche-sur-Saône

Marseille

04 91 40 86 40

4 traverse de Rabat
BP 121
13277 MARSEILLE Cedex 09
Fax : 04 91 40 08 87

départements rattachés
Bouches-du-Rhône, Alpes de Haute-Provence, Alpes-Maritimes, Corse du Sud, Haute-Corse, Hautes-Alpes, Var, Vaucluse

établissements rattachés
Aix-Luynes, Ajaccio, Arles, Avignon, Borgo, Casabianda, Digne, Draguignan, Gap, Grasse, Marseille, Nice, Salon-de-Provence, Tarascon, Toulon

Paris
01 46 15 91 00
3 avenue de la Division Leclerc
BP 103
94267 FRESNES Cedex
Fax : 01 43 50 16 97 ou 01 46 15 90 56

départements rattachés
Val-de-Marne, Cher, Essonne, Eure-et-Loir, Hauts-de-Seine, Indre, Indre-et-Loire, Loiret, Loir-et-Cher, Paris, Seine-et-Marne, Seine-Saint-Denis, Yvelines

établissements rattachés
Blois, Bois-d'Arcy, Bourges, Chartres, Châteaudun, Châteauroux, Corbeil, Fleury-Mérogis, Fresnes, Gagny, Meaux, Melun, Montargis, Nanterre, Orléans, Osny, Paris-la-Santé, Poissy, Saint-Maur, Tours, Versailles, Villejuif, Villepinte

Rennes
02 99 26 89 00
18 bis rue de Châtillon
BP 3105
35031 RENNES Cedex
Fax : 02 99 53 86 27

départements rattachés
Ille-et-Vilaine, Calvados, Côtes d'Armor, Finistère, Loire-Atlantique, Maine-et-Loire, Manche, Mayenne, Morbihan, Orne, Sarthe, Vendée

établissements rattachés
Alençon, Angers, Argentan, Brest, Caen, Cherbourg, Coutances, Fontenay-le-Comte, La Roche-sur-Yon, Laval, Le Mans, Lorient-Ploemeur, Nantes, Rennes, Saint-Brieuc, Saint-Malo, Vannes

Strasbourg
03 88 56 81 00
19 rue Eugène Delacroix
BP 16
67035 STRASBOURG Cedex
Fax : 03 88 28 30 65

départements rattachés
Bas-Rhin, Haut-Rhin, Meurthe-et-Moselle, Meuse, Moselle, Vosges

établissements rattachés
Bar-le-Duc, Briey, Colmar, Ecrouves, Ensisheim, Epinal, Maxeville, Metz, Montmédy, Mulhouse, Nancy, Oermingen, Saint-Mihiel, Sarreguemines, Strasbourg, Toul

Toulouse
05 62 30 58 13
Boulevard Armand Duportal
BP 837
31015 TOULOUSE Cedex 6
Fax : 05 62 30 58 03

départements rattachés
Hautc-Garonne, Ariège, Aveyron, Aude, Gard, Hérault, Lot, Lozère, Hautes-Pyrénées, Pyrénées-Orientales, Tarn, Tarn-et-Garonne

établissements rattachés
Albi, Arles, Béziers, Cahors, Carcassonne, Foix, Lannemezan, Mende, Montpellier, Montauban, Muret, Nîmes, Perpignan, Rodez, Saint-Sulpice-la-Pointe, Tarbes, Toulouse, Toulouse-Seysses, Villeneuve-les-Maguelonne

Mission des services pénitentiaires de l'Outre-mer

01 45 15 19 40
48 rue Denis Papin
94200 IVRY SUR SEINE
Fax : 01 45 15 19 68

départements rattachés
Guadeloupe, Guyane, Martinique, Mayotte, La Réunion, Nouvelle-Calédonie, Polynésie Française, Wallis et Futuna

établissements rattachés
Baie-Mahault, Basse-Terre, Ducos, Faa'a-Nuutania, Le Port, Majicavo, Mata-Utu, Nouméa, Rémire-Montjoly, Saint-Denis, Saint-Pierre, Saint-Pierre-et-Miquelon, Taiohae, Uturoa-Raïatea

LES ÉTABLISSEMENTS PÉNITENTIAIRES

MA Agen

Service parloir : 05 53 77 43 99
Tél. : 05 53 77 43 90
Fax : 05 53 66 84 21
44 rue Montaigne
BP 327
47008 AGEN Cedex
DR : Bordeaux

CP Aiton

Service parloir : 04 79 36 32 01
Tél. : 04 79 36 27 08
Fax : 04 79 36 34 57
Les Gabelins
BP 2
73220 AITON
DR : Lyon

MA Aix-Luynes

Service parloir : 04 42 39 72 30
Tél. : 04 42 37 93 00
Fax : 04 42 37 93 16
2285 route de l'Enfant
13085 AIX-EN-PROVENCE Cedex 02
DR : Marseille

MA Ajaccio

Service parloir : 04 95 20 98 57
Tél. : 04 95 23 78 00
Fax : 04 95 23 43 41
9 boulevard Masséria
BP 260
20180 AJACCIO Cedex 1
DR : Marseille

MA Albi

Service parloir : 05 63 43 24 71
Tél. : 05 63 43 24 70
Fax : 05 63 54 20 17
Chemin André Imbert
BP 154
81005 ALBI Cedex
DR : Toulouse

MA Alençon
Service parloir : 02 33 80 43 67
Tél. : 02 33 80 43 60
Fax : 02 33 26 73 74
49 rue du Château
61014 ALENCON Cedex
DR : Rennes

MA Amiens
Service parloir : 03 22 66 65 66
Tél. : 03 22 66 65 65
Fax 03 22 66 65 68
85 avenue de la Défense Passive
BP 3005
80030 AMIENS Cedex 1
DR : Lille

MA Angers
Service parloir : 02 22 66 65 66
Tél. : 02 22 66 65 65
Fax : 02 45 95 82 57
1 place Olivier Giran
BP 4134
49041 ANGERS Cedex 01
DR : Rennes

MA Angoulême
Service parloir : 05 45 94 92 20
Tél. : 05 45 92 02 44
Fax : 05 45 95 82 57
112 rue Saint Roch
BP 1358
16016 ANGOULEME Cedex
DR : Bordeaux

CD Argentan
Service parloir : 02 33 67 64 62
Tél. : 02 33 36 35 00
Fax : 02 33 36 35 06
Le Frichot
Route de Tercey
61891 ARGENTAN COULANDON
Cedex 09
DR : Rennes

MC Arles
Service parloir : 04 90 99 07 21
Tél. : 04 90 99 07 00
Fax : 04 90 99 07 09
Rue Nicolas Copernic
BP 241
13637 ARLES Cedex
DR : Marseille

MA Arras
Service parloir : 03 21 23 08 13
Tél. : 03 21 21 34 00
Fax : 03 21 21 34 06
12 rue des Carabiniers d'Artois
BP 915
62022 ARRAS Cedex
DR : Lille

MA Aurillac
Service parloir : 04 71 48 74 49
Tél. : 04 71 43 08 00
Fax : 04 71 48 95 10
20 place du Square
15000 AURILLAC
DR : Lyon

MA Auxerre
Service parloir : 03 86 96 05 66
Tél. : 03 86 94 28 28
Fax : 03 86 48 35 70
13 avenue Charles de Gaulle
BP 23
89010 AUXERRE Cedex
DR : Dijon

CP Avignon-le-Pontet
Service parloir : 04 90 03 30 01
Tél. : 04 90 03 30 00
Fax : 04 90 03 30 16
90 rue Panisset
BP 92
84135 LE PONTET Cedex
DR : Marseille

CP Baie Mahault

Service parloir : 05 90 25 11 39
Tél. : 05 90 25 11 13
Fax : 05 90 25 11 36
Fonds Sarail
BP 43
97122 BAIE MAHAULT
Guadeloupe
DR : Outre-mer

CD Bapaume

Service parloir : 03 21 15 38 87
Tél. : 03 21 60 10 10
Fax : 03 21 60 10 34
Chemin des Anzacs
62451 BAPAUME Cedex
DR : Lille

MA Bar-le-Duc

Service parloir : 03 29 79 16 65
Tél. : 03 29 76 12 80
Fax : 03 29 76 69 38
24 place Saint Pierre
BP 279
55006 BAR-LE-DUC Cedex
DR : Strasbourg

MA Basse-Terre

Tél. : 05 90 99 44 20
Fax : 05 90 81 62 74
6 boulevard Félix Eboué
BP 86
97103 BASSE-TERRE Cedex
Guadeloupe
DR : Outre-mer

MA Bayonne

Service parloir : 05 59 50 62 01
Tél. : 05 59 50 62 00
Fax : 05 59 55 18 06
44 rue Charles Floquet
BP 718
64107 BAYONNE Cedex
DR : Bordeaux

MA Beauvais

Tél. : 03 44 06 19 30
Fax : 03 44 48 63 32
2 rue Bossuet
BP 80698
60006 BEAUVAIS Cedex
DR : Lille

MA Bédenac

Tél. : 05 46 04 38 31
Fax : 05 46 04 33 15
BP 9
17210 BEDENAC
DR : Bordeaux

MA Belfort

Tél. : 03 84 28 06 81
Fax : 03 84 22 00 27
1 rue des Boucheries
90000 BELFORT
DR : Dijon

MA Besançon

Service parloir : 03 81 41 41 97
Tél. : 03 81 41 41 90
Fax : 03 81 52 89 69
5 rue Pergaud
25031 BESANCON Cedex
DR : Dijon

CSL Besançon

Tél. : 03 81 88 10 37
Fax : 03 81 53 06 28
8 bis rue Eugène Savoye
25000 BESANCON
DR : Dijon

MA Béthune

Service parloir : 03 21 63 15 89
Tél. : 03 21 63 15 70
Fax : 03 21 63 15 59
106 rue d'Aire
62407 BETHUNE
DR : Lille

MA Béziers
Service parloir : 04 67 49 88 15
Tél. : 04 67 49 88 18
Fax : 04 67 28 53 17
1 square Saint Louis
BP 4215
34544 BEZIERS Cedex
DR : Toulouse

MA Blois
Service parloir : 02 54 58 86 56
Tél. : 02 54 55 37 00
Fax : 02 54 55 37 11
25 rue Marcel Paul
41016 BLOIS Cedex
DR : Paris

MA Bois d'Arcy
Service parloir : 01 34 60 61 41
Tél. : 01 30 23 30 30
Fax : 01 30 58 53 04
5 bis rue Alexandre Turpault
78390 BOIS D'ARCY
DR : Paris

MA Bonneville
Service parloir : 04 50 97 15 23
Tél. : 04 50 25 70 28
Fax : 04 50 25 61 01
Bois Jolivet
171 avenue Mozart
74136 BONNEVILLE Cedex
DR : Lyon

MA Bordeaux-Gradignan
Service parloir MA : 05 56 89 47 30
Service parloir CJD : 05 57 96 57 59
Tél. : 05 57 96 57 57
Fax : 05 56 75 19 26
17 rue du Chouiney
BP 109
33170 GRADIGNAN
DR : Bordeaux

MA Borgo
Service parloir : 04 95 38 35 08
Tél. : 04 95 36 05 00
Fax : 04 95 36 09 72
BP 16
20290 BORGO Cedex
DR : Marseille

MA Bourg-en-Bresse
Service parloir : 04 74 23 16 35
Tél. : 04 74 45 24 50
Fax : 04 74 22 44 24
6 rue du Palais
01011 BOURG-EN-BRESSE
DR : Lyon

MA Bourges
Service parloir : 02 48 23 40 18
Tél. : 02 48 23 40 23
Fax : 02 48 70 84 33
Le Bordiot
BP 631
18014 BOURGES Cedex
DR : Paris

MA Brest
Service parloir : 02 98 41 43 12
Tél. : 02 98 41 55 97
Fax : 02 98 41 24 30
171 rue du Général Paulet
BP 217
29804 BREST Cedex 9
DR : Rennes

CSL Briey
Tel. : 03 82 46 03 26
Fax : 03 82 20 20 09
4 avenue du roi de Rome
BP 46
54152 BRIEY Cedex
DR : Strasbourg

CP Caen
Tél. : 02 31 26 42 00
Fax : 02 31 26 42 21
35 rue du Général Moulin
BP 6257
14065 CAEN Cedex
DR : Rennes

MA Caen
Tél. : 02 31 75 13 18
Fax : 02 31 75 13 29
10 rue du Général Duparge
BP 6193
14064 CAEN Cedex
DR : Rennes

MA Cahors
Service parloir : 05 65 35 31 06
Tél. : 05 65 35 31 06
Fax. : 05 65 35 81 75
1 rue du Château du Roi
BP 245
46005 CAHORS Cedex
DR : Toulouse

MA Carcassonne
Service parloir : 04 68 47 68 70
Tél. :04 68 25 12 26
Fax : 04 68 47 56 64
3 avenue du Général Leclerc
BP 120
11022 CARCASSONNE Cedex
DR : Toulouse

CD Casabianda
Tél. : 04 95 57 00 02
Fax : 04 95 57 09 04
20270 ALERIA
DR : Marseille

MA Châlons-en-Champagne
Service parloir : 03 26 66 18 10
Tél. : 03 26 65 17 87
Fax : 03 26 65 90 67
1 boulevard Anatole France
51022 CHÂLONS-EN-CHAMPAGNE Cedex
DR : Dijon

MA Chambéry
Service parloir : 04 79 96 96 07
Tél. : 04 79 96 12 02
Fax : 04 79 69 08 86
151 rue Belledonne
BP 1144
73011 CHAMBERY Cedex
DR : Lyon

MA Charleville-Mézières
Tél. : 03 24 36 67 70
Fax : 03 24 33 30 75
21 place Winston Churchill
BP 487
08109 CHARLEVILLE-MEZIERES
DR : Dijon

MA Chartres
Service parloir : 02 37 84 07 15
Tél. : 02 37 84 07 10
Fax : 02 37 21 14 11
8 rue des Lisses
BP 405
28018 CHARTRES Cedex
DR : Paris

CD Châteaudun
Tél. : 02 37 97 55 00
Fax : 02 37 45 05 60
Route d'Orléans
BP 129
28205 CHÂTEAUDUN Cedex
DR : Paris

CP Châteauroux
Tél. : 02 54 53 40 00
Fax : 02 54 27 68 32
Rue Charles Cros
BP 549
36021 CHÂTEAUROUX Cedex
DR : Paris

CP Château-Thierry
Tél. : 03 23 84 27 50
Fax : 03 23 84 27 51
54 avenue de Soissons
BP 228
02401 CHÂTEAU-THIERRY Cedex
DR : Lille

MA Chaumont
Tél. : 03 25 35 30 08
Fax : 03 25 03 69 92
27 rue du Val Barizien
BP 551
52012 CHAUMONT
DR : Dijon

MA Cherbourg
Tél. : 02 33 78 22 60
Fax : 02 33 08 13 33
2 rue Vastel
BP 733
50107 CHERBOURG Cedex
DR : Rennes

CP Clairvaux
Tél. : 03 25 92 30 30
Fax : 03 25 27 83 05
Ville sous la Ferté
10310 BAYEL
DR : Dijon

MA Clermont-Ferrand
Tél. : 04 73 98 32 00
Fax : 04 73 98 32 17
1 rue de la Prison
BP 126
63033 CLERMONT-FERRAND Cedex
DR : Lyon

MA Colmar
Tél. : 03 89 20 14 20
Fax : 03 89 20 14 29
1 rue des Augustins
BP 485
68020 COLMAR Cedex
DR : Strasbourg

MA Compiègne
Service parloir : 03 44 20 76 24
Tél. : 03 44 40 07 29
Fax : 03 44 40 08 63
3 avenue de la Résistance
BP 37
60321 COMPIEGNE Cedex
DR : Lille

CSL Corbeil
Tel. : 01 64 96 02 55
Fax : 01 64 96 20 06
26 rue Féray
91108 CORBEIL-ESSONNES Cedex
DR : Paris

MA Coutances
Tél. : 02 33 76 77 88
Fax : 02 33 76 77 85
3 rue de la Verjusière
BP 702
50207 COUTANCES Cedex
DR : Rennes

MA Digne-les-Bains
Service parloir : 04 92 31 68 70
Tél. : 04 92 31 01 25
Fax : 04 92 32 30 12
Montée Saint Charles
BP 131
04004 DIGNE-LES-BAINS Cedex
DR : Marseille

MA Dijon
Service parloir : 03 60 66 09 80
Tél. : 03 80 66 47 32
Fax : 03 80 67 20 57
72 bis rue d'Auxonne
BP 1505
21033 DIJON Cedex
DR : Dijon

MA Douai
Service parloir : 03 27 71 32 10
Tél. : 03 27 71 32 00
Fax : 03 27 71 32 15
505 rue de Cuincy
BP 707
59507 DOUAI Cedex
DR : Lille

CP Draguignan
Service parloir : 04 94 60 65 13
Tél. : 04 94 60 65 00
Fax : 04 94 60 65 18
395 avenue Pierre Brossolette
BP 297
83308 DRAGUIGNAN Cedex
DR : Marseille

CP Ducos

Service parloir : 05 96 77 06 79 ou 07 47
Tél. : 05 96 77 18 88
Fax : 05 96 77 30 40
Quartier Champigny
BP 18
97224 DUCOS
Martinique
DR : Outre-mer

MA Dunkerque

Service parloir : 03 28 51 90 37
Tél. : 03 28 51 90 30
Fax : 03 28 51 90 31
62 rue Henri Terquem
59140 DUNKERQUE
DR : Lille

CD Ecrouves

Service parloir : 03 83 63 25 08
Tél. : 03 83 65 85 85
Fax : 03 83 64 18 38
323 route de Pagney
BP 311
54200 ECROUVES
DR : Strasbourg

MC d'Ensisheim

Service parloir : 03 89 83 47 99
Tél. : 03 89 83 47 83
Fax : 03 89 83 47 84
49 rue de la 1ère Armée
68190 ENSISHEIM
DR : Strasbourg

MA Epinal

Service parloir : 03 29 31 31 37
Tél. : 03 29 31 25 24
Fax : 03 29 31 92 87
13 rue Jean Villard
BP 598
88021 EPINAL Cedex
DR : Strasbourg

MA Evreux

Service parloir: 02 32 39 84 88
Tél. : 02 32 39 84 84
Fax : 02 32 38 24 19
92 rue Pierre Sémard
BP 3125
27031 EVREUX Cedex
DR : Lille

CD Eysses

Service parloir : 05 53 36 22 21
Tél. : 05 53 36 22 22
Fax : 05 53 40 23 52
Rue des Martyrs de la Résistance
BP 315
47307 VILLENEUVE SUR LOT Cedex
DR : Bordeaux

CP Faa'a Nuutunia

Tél. : 00 689 82 00 15
Fax : 00 689 85 50 38
BP 60127
98702 FAA'A CENTRE
Polynésie Française
DR : Outre-mer

MA Fleury-Mérogis

Service parloir MAF : 01 60 16 82 22
Service parloir MAH : 01 69 72 31 12 et 0820 320 786
Service parloir CJD : 01 60 16 82 83
Tél. : 01 69 72 30 00
Fax : 01 69 46 03 36
7 avenue des Peupliers
91705 SAINTE-GENEVIEVE-DES-BOIS Cedex
DR : Paris

MA Foix

Service parloir : 05 34 09 03 89
Tél. : 05 61 05 01 50
Fax : 05 61 02 93 09
26 avenue du Général-de-Gaulle
BP 62
09008 FOIX Cedex
DR : Toulouse

MA Fontenay-le-Comte

Service parloir : 02 51 51 13 47
Tél. : 02 51 69 03 09
Fax : 02 51 69 23 92
30 rue Rabelais
BP 123
85203 FONTENAY-LE-COMTE Cedex
DR : Rennes

MA Fresnes

Service parloir : 01 49 84 39 99
Tél. : 01 49 84 38 00
Fax : 01 43 50 40 08
Allée des Thuyas
94261 FRESNES Cedex
DR : Paris

Etablissement Public de Santé National de Fresnes

Tél. : 01 49 84 71 17
Fax : 01 49 73 98 08
Allée des Thuyas
94261 FRESNES Cedex
DR : Paris

CSL Gagny

Tél. : 01 43 81 82 16
Fax : 01 43 02 25 03
38-42 rue Aristide Briand
93220 Gagny
DR : Paris

MA Gap

Tél. : 04 92 53 20 90
Fax : 04 92 53 48 74
1 place Grenette
BP 60
05007 GAP Cedex
DR : Paris

MA Grasse

Service parloir : 04 93 09 60 32
Tél. : 04 93 40 36 70
Fax : 04 93 40 36 75
55 avenue des Genêts
06130 GRASSE
DR : Marseille

CSL Grenoble

Tél. : 04 76 21 51 91
Fax : 04 76 49 42 69
51 rue Abbé Grégoire
38000 GRENOBLE
DR : Lyon

MA Grenoble-Varces

Service parloir : 04 76 72 97 02
Tél. : 04 76 73 29 50
Fax : 04 76 72 90 81
BP 15
38763 VARCES Cedex
DR : Lyon

MA Guéret

Service parloir : 05 55 41 13 58
Tél. : 05 55 52 00 31
Fax : 05 55 52 86 47
9 avenue de la République
BP 251
23005 GUERET Cedex
DR : Bordeaux

CSL Haubourdin

Tél. : 03 20 07 13 41
Fax : 03 20 44 76 51
33 rue Vanderhagen
59320 HAUBOURDIN
DR : Lille

CD Joux-la-Ville

Service parloir : 03 86 33 68 48
Tél. : 03 86 33 61 06
Fax : 03 86 33 63 67
Poste aux Alouettes
89440 JOUX-LA-VILLE
DR : Dijon

MA La Roche-sur-Yon

Service parloir : 02 51 24 17 09
Tél. : 02 51 37 14 70
Fax : 02 51 37 93 06
20 boulevard d'Angleterre
BP 635
85016 LA ROCHE-SUR-YON Cedex
DR : Rennes

CP Lannemezan
Tél. : 05 62 50 13 20
Fax : 05 62 98 54 32
Rue des Saligues
BP 166
65307 LANNEMEZAN Cedex
DR : Toulouse

CP Laon
Tél. : 03 23 23 60 60
Fax : 03 23 23 60 69
Rue des Epinettes
02007 LAON Cedex
DR : Lille

MA Laval
Service parloir : 02 43 66 12 37
Tél. : 02 43 66 19 79
Fax : 02 43 68 37 04
20 boulevard Frédéric Chaplet
BP 1325
53013 LAVAL Cedex
DR : Rennes

MA Le Havre
Tél. : 02 35 41 27 34
Fax : 02 35 22 00 13
25 rue Lesueur
BP 39
76084 LE HAVRE Cedex
DR : Lille

MA Le Mans
Tél. : 02 43 24 07 85
Fax : 02 43 23 28 77
1 rue du Vert Galant
BP 27033
72007 LE MANS Cedex 1
DR : Rennes

CP Le Port
Tél. : 02 62 42 72 07
Fax : 02 62 42 28 88
Rivière des Galets
97823 LE PORT Cedex
La Réunion
DR : Outre-mer

MA Le Puy-en-Velay
Service parloir : 04 71 05 47 40
Tél. : 04 71 09 09 45
Fax : 04 71 05 52 73
37 boulevard Bertrand
BP 334
43012 LE PUY Cedex
DR : Lyon

CD Liancourt
Service parloir : 03 44 28 82 11
Tél. : 03 44 73 03 13
Fax : 03 44 73 06 88
Rue Jules Michelet
BP 30259
60332 LIANCOURT Cedex
DR : Lille

MA Limoges
Service parloir : 05 55 77 98 58
Tél. : 05 55 77 53 34
Fax : 05 55 79 03 72
17 bis place Winston Churchill
87032 LIMOGES Cedex
DR : Bordeaux

CP Longuenesse
Service parloir : 03 21 38 83 02
Tél. : 03 21 38 83 83
Fax : 03 21 38 83 53
Plateau des Bruyères
BP 19
62965 LONGUENESSE Cedex
DR : Lille

MA Lons-le-Saunier
Tel. : 03 84 86 06 10
Fax : 03 84 24 70 90
2 place de la Chevalerie
BP 472
39007 LONS-LE-SAUNIER Cedex
DR : Dijon

CD Loos
Service parloir : 03 20 07 68 03
Tél. : 03 20 07 12 12
Fax : 03 20 07 95 11
1 avenue du Train-de-Loos
BP 79
59373 LOOS Cedex
DR : Lille

MA Loos
Service parloir : 03 20 10 10 60
Tél. : 03 20 10 10 50
Fax : 03 20 10 10 59
2 avenue du Train-de-Loos
BP 29
59374 LOOS Cedex
DR : Lille

CP Lorient-Ploemeur
Tél. : 02 97 86 30 00
Fax : 02 97 86 07 16
Kerbrient
BP 72
56275 PLOEMEUR Cedex
DR : Rennes

MA Lure
Tél. : 03 84 30 09 39
Fax : 03 84 62 88 43
33 rue de la Font
BP 5
70201 LURE Cedex
DR : Dijon

CSL Lyon
Tél. : 04 72 71 53 70
Fax : 04 72 71 53 72
20 rue Pierre Sémart
69007 LYON
DR : Lyon

MA Lyon-Perrache Saint-Paul et Saint-Joseph
Tél. : 04 72 77 04 40
Fax : 04 72 41 06 87
12 quai Perrache
69272 LYON Cedex 2
DR : Lyon

MA Lyon-Montluc
Service parloir : 04 72 33 01 60
Tél. : 04 78 53 28 83
Fax : 04 78 53 31 92
1 rue J. Hachette
BP 1
69391 LYON Cedex 3
DR : Lyon

MA Majicavo
Tél. : 02 69 62 01 22
Fax : 02 69 61 09 51
Place de la maison d'arrêt
BP 360
Kaweni-Mamoudzou
97600 MAMOUDZOU
Mayotte
DR : Outre-mer

CP Marseille
Service parloir : 04 91 40 44 12
Tél. : 04 91 40 81 00
Fax : 04 91 40 81 92
213 Chemin de Morgiou
13404 MARSEILLE Cedex 3
DR : Marseille

MA Mata-Utu
Gendarmerie de Mata-Utu
BP 8
98600 UVEA
Wallis-et-Futuna
DR : Outre-mer

CP Maubeuge
Service parloir : 03 27 69 12 83
Tél. : 03 27 69 12 00
Fax : 03 27 69 12 93
475, route d'Assevent
BP 239
59603 MAUBEUGE Cedex
DR : Lille

CD Mauzac
Service parloir : 05 53 61 37 09
Tél. : 05 53 73 55 00
Fax : 05 53 24 68 03
24150 MAUZAC ET GRAND CASTANG
DR : Bordeaux

CSL Maxeville
Tél. : 03 83 35 28 67
Fax : 03 83 30 34 49
63 rue de la République
54320 MAXEVILLE
DR : Strasbourg

MA Meaux
Service parloir : 01 64 33 77 15
Tél. : 01 60 25 31 21
Fax : 01 60 09 39 03
2 bis rue des Cordeliers
BP 168
77335 MEAUX Cedex
DR : Paris

CD Melun
Tél. : 01 64 10 24 60
Fax : 01 64 39 89 43
10 quai de la Courtille
77011 MELUN Cedex
DR : Paris

MA Melun
Tél. : 01 60 56 51 30 et 01 60 56 51 39
Fax : 01 64 09 62 66
12 rue du Président Despatys
77012 MELUN Cedex
DR : Paris

MA Mende
Tél. : 04 66 65 17 21
Fax : 04 66 49 01 94
37 chemin de Sejalan
BP 133
48005 MENDE Cedex
DR : Toulouse

MA Metz-Queuleu
Service parloir : 03 87 52 33 33
Tél. MA : 03 87 52 33 00
Tél. CSL : 03 87 37 06 29
Fax : 03 87 50 21 54
1 rue de la Seulhotte
BP 5020
57071 METZ Cedex 3
DR : Strasbourg

MA Mont-de-Marsan
Service parloir : 05 58 46 12 48
Tél. : 05 58 46 69 00
Fax : 05 58 46 69 96
4 rue Armand Dulamon
BP 383
40012 MONT DE MARSAN
DR : Bordeaux

CSL Montargis
Tél. : 02 38 85 25 46
Fax : 02 38 93 94 03
7 cours Jean Dupont
45200 MONTARGIS
DR : Paris

MA Montauban
Service parloir : 05 63 92 68 50
Tél. : 05 63 92 68 50
Fax : 05 63 92 68 58
250 avenue Beausoleil
BP 362
82033 MONTAUBAN Cedex
DR : Toulouse

MA Montbéliard
Service parloir : 03 81 91 86 16
Tél. : 03 81 91 06 69
Fax : 03 81 91 08 63
2 rue du Bois Bourgeois
BP 62
25206 MONTBELIARD
DR : Dijon

MA Montluçon
Tél. : 04 70 05 00 56
Fax : 04 70 05 42 17
3 rue du Château
BP 3135
03105 MONTLUCON Cedex
DR : Lyon

CD Montmédy
Service parloir : 03 29 80 12 71
Tél. : 03 29 80 17 37
Fax : 03 29 80 14 75
8 rue du Commandant Ménard
BP 19
55600 MONTMEDY
DR : Strasbourg

CSL Montpellier
Tél. : 04 67 12 80 65
Fax : 04 67 58 12 88
6 rue Donnat
BP 20136
34003 MONTPELLIER
DR : Toulouse

CP Moulins-Yzeure
Service parloir : 04 70 35 51 08
Tél. : 04 70 35 15 00
Fax : 04 70 34 00 20
Les Godets
BP 24
03401 YZEURE Cedex
DR : Lyon

CP Mulhouse
Service parloir : 03 89 36 34 01
Tél.: 03 89 36 34 00
Fax : 03 89 36 34 39
59 avenue Robert Schuman
BP 3129
68063 MULHOUSE Cedex
DR : Strasbourg

CD Muret
Tél. : 05 61 56 67 00
Fax : 05 61 56 70 72
Route de Seysses
BP 312
31605 MURET Cedex
DR : Toulouse

MA Nancy
Service parloir : 03 83 30 92 12
Tél. : 03 83 30 92 00
Fax : 03 83 22 28 05
2 rue de l'Abbé Didelot
BP 9
54035 NANCY Cedex
DR : Strasbourg

MA Nanterre
Service parloir : 01 47 29 75 12
Tél. : 01 47 29 75 75
Fax : 01 47 29 75 10
133 avenue de la Commune de Paris
BP 1414
92014 NANTERRE Cedex
DR : Paris

CP Nantes
Service parloir : 02 40 59 92 81
Tél. : 02 40 16 45 00
Fax : 02 40 59 92 81
68 boulevard Albert Einstein
BP 71636
44316 NANTES Cedex 3
DR : Rennes

CD Neuvic
Service parloir : 05 53 81 50 27
et 05 53 81 37 51
Tél. : 05 53 80 82 00
Fax : 05 53 80 82 15
Le But
BP 01
24190 NEUVIC
DR : Bordeaux

MA Nevers
Service parloir : 03 86 71 62 84
Tél. : 03 86 71 62 75
Fax : 03 86 59 48 96
13 bis rue Paul Vaillant Couturier
BP 82
58020 NEVERS Cedex
DR : Dijon

MA Nice
Service parloir : 04 93 92 58 80
Tél. : 04 93 13 64 64
Fax : 04 93 13 64 96
12 rue de la Gendarmerie
BP 1709
06012 NICE Cedex 1
DR : Marseille

MA Nîmes
Service parloir : 04 66 27 44 58
Tél. : 04 66 02 12 50
Fax : 04 66 27 64 60
131 chemin de Crezan
BP 3010
30002 NÎMES Cedex 6
DR : Toulouse

MA Niort
Service parloir : 05 49 73 25 95
Tél. : 05 49 73 30 78
Fax : 05 49 73 64 45
1 rue du Sanitat
BP 519
79022 NIORT Cedex
DR : Bordeaux

CP Nouméa
Tél. : 00 687 27 25 27
Fax : 00 687 28 55 42
Camp Est
BP 491
98845 NOUMEA Cedex
Nouvelle Calédonie
DR : Outre-mer

CD Oermingen
Tél. : 03 88 00 59 00
Fax : 03 88 00 51 21
Route de Kalhausen
67970 OERMINGEN
DR : Strasbourg

MA Orléans
Service parloir : 02 38 78 01 18
Tél. : 02 38 78 01 00
Fax : 02 38 78 01 03
55 boulevard Guy Marie Riobé
BP 2517
45038 ORLEANS Cedex
DR : Paris

MA Osny Pontoise
Service parloir : 01 34 25 92 19
Tél. : 01 34 25 47 47
Fax : 01 34 25 47 26
RD 927 BP 32
95524 CERGY PONTOISE Cedex
DR : Paris

MA Paris La Santé
Service parloir : 01 45 87 60 61
Tél. : 01 45 87 60 60
Fax : 01 45 87 60 66
42 rue de la Santé
75674 PARIS Cedex 14
DR : Paris

MA Pau
Service parloir : 05 59 02 93 11
Tél. : 05 59 02 38 54
Fax : 05 59 02 17 97
14 bis rue Viard
BP 1616
64037 PAU Cedex
DR : Bordeaux

MA Périgueux
Service parloir : 05 53 08 11 06
Tél. : 05 53 08 11 06
Fax : 05 53 08 57 84
2 place Beleyme
BP 9064
24019 PERIGUEUX
DR : Bordeaux

CP Perpignan
Service parloir : 04 68 68 37 00
Tél. : 04 68 68 37 37
Fax : 04 68 68 37 22
Chemin des Mailloles
BP 945
66945 PERPIGNAN Cedex
DR : Toulouse

MC Poissy
Service parloir : 01 30 06 28 43
Tél. : 01 30 06 28 40
Fax : 01 30 06 28 42
17 rue de l'Abbaye
78303 POISSY Cedex
DR : Paris

MA Poitiers
Service parloir : 05 49 44 09 74
Tél. : 05 49 44 01 15
Fax : 05 49 44 24 99
209 faubourg du Pont Neuf
86000 POITIERS
DR : Bordeaux

MA Privas
Service parloir : 04 75 64 77 37
Tel. : 04 75 64 22 10
Fax : 04 75 64 54 60
1 place des Récollets
BP 704
07077 PRIVAS Cedex
DR : Lyon

MA Reims
Service parloir : 03 26 09 76 87
Tél. : 03 26 09 37 83
Fax : 03 26 09 76 88
23 boulevard Robespierre
51090 REIMS Cedex
DR : Dijon

CP Rémire-Montjoly
Tél. : 05 94 35 58 35
Fax : 05 94 35 58 29
La Matourienne
BP 150
97394 REMIRE-MONTJOLY Cedex
Guyane
DR : Outre-mer

CP Rennes
Service parloir : 02 23 36 06 43
Tél. : 02 99 26 89 00
Fax : 02 99 26 85 44
18 bis rue de Châtillon
BP 3107
35031 RENNES Cedex
DR : Rennes

MA Rennes
Service parloir : 02 99 22 23 86 et 02 99 22 26 71
Tél. : 02 99 22 23 70
Fax : 02 99 50 26 82
56 boulevard Jacques Cartier
BP 3106
35031 RENNES Cedex
DR : Rennes

CD Riom
Service parloir : 04 73 63 18 71
Tél. : 04 73 64 48 40
Fax : 04 73 64 48 49
17 rue Soubrany
BP 38
63201 RIOM Cedex
DR : Lyon

MA Riom
Tél. : 04 73 63 48 48
Fax : 04 73 63 48 40
5 place des Martyrs de la Résistance
BP 32
63201 RIOM Cedex
DR : Lyon

MA Rochefort
Service parloir : 05 46 99 56 80
Tél. : 05 46 99 56 80
Fax : 05 46 99 04 96
11 ter rue du Maréchal Gallieni
BP 141
17306 ROCHEFORT Cedex
DR : Bordeaux

MA Rodez
Tél. : 05 65 75 47 00
Fax : 05 65 75 47 01
7 rue François Mazeng
BP 718
12007 RODEZ Cedex
DR : Toulouse

MA Rouen
Tél. : 02 32 18 01 00
Fax : 02 32 18 01 19
169 boulevard de l'Europe
76038 ROUEN Cedex
DR : Lille

MA Saint-Brieuc
Service parloir : 02 96 61 21 81
Tél. : 02 96 61 90 42
Fax : 02 96 33 25 47
1 rue des Fusillés
BP 2228
22022 SAINT-BRIEUC Cedex
DR : Rennes

MA Saint-Denis
Tél. : 02 62 90 29 89
Fax : 02 62 90 29 80
43 bis rue Juliette Dodu
97488 SAINT-DENIS Cedex
La Réunion
DR : Outre-mer

MA Saint-Etienne
Service parloir : 04 77 41 99 61
Tél. : 04 77 47 69 80
Fax : 04 77 47 50 76
Rue de la Sauvagère
BP 540
42355 LA TALAUDIERE
DR : Lyon

MA Saint-Malo
Service parloir : 02 99 56 13 62
Tél. : 02 99 56 12 43
Fax : 02 99 56 12 99
10 rue Emile Brindejonc
BP 20
35401 SAINT-MALO Cedex
DR : Rennes

CP Saint-Martin-de-Ré
Tél. : 05 46 09 20 42
Fax : 05 46 09 29 30
17410 SAINT-MARTIN-DE-RE
DR : Bordeaux

MC Saint-Maur
Tél. : 02 54 08 29 00 ou 02 54 07 62 40
Fax : 02 54 29 30 93
Bel Air
36255 SAINT-MAUR Cedex
DR : Paris

CD Saint-Mihiel
Tél. : 03 29 90 32 00
Fax : 03 29 90 91 22
8 route de Commercy
BP 5
55300 SAINT-MIHIEL
DR : Strasbourg

MA Saint-Pierre
Service parloir : 02 62 35 35 70
Tél. : 02 62 96 16 16
Fax : 02 62 25 69 60
1 rue de Cayenne
BP 458
97448 SAINT-PIERRE Cedex
La Réunion
DR : Outre-mer

CP Saint-Pierre-et-Miquelon
Tél. : 05 08 41 27 55
Fax : 05 08 41 29 41
Rue Emile Sasco
BP 270
97500 SAINT-PIERRE-ET-MIQUELON
DR : Outre-mer

CP Saint-Quentin-Fallavier
Service parloir : 04 74 94 23 73
Tél. : 04 74 95 95 10
Fax : 04 74 95 95 11
Lieu dit « Le Biais »
BP 66
38077 SAINT-QUENTIN-FALLAVIER
DR : Lyon

CD Saint-Sulpice-la-Pointe
Service parloir : 05 63 40 14 30
Tél. : 05 63 41 81 57
Fax : 05 63 41 84 60
17 chemin Les Pescayres
81370 SAINT-SULPICE-LA-POINTE
DR : Toulouse

MA Saintes
Service parloir : 05 46 92 29 81
Tel. : 05 46 92 18 04
Fax : 05 46 92 21 76
59 bis rue de l'Arc de Triomphe
BP 311
17107 SAINTES Cedex
DR : Bordeaux

CD Salon-de-Provence
Service parloir : 04 90 42 03 46
Tél. : 04 90 44 61 00
Fax : 04 90 44 61 19
BP 369
13668 SALON-DE-PROVENCE
DR : Marseille

MA Sarreguemines
Tél. : 03 87 98 41 53
Fax : 03 87 95 05 48
9 rue Victor Hugo
BP 31107
57216 SARREGUEMINES
DR : Strasbourg

CSL Souffelweyerscheim
Tél. : 03 88 20 55 81
Fax : 03 88 20 53 45
8 route de Bischwiller
BP 12
67460 SOUFFELWEYERSHEIM Cedex
DR : Strasbourg

MA Strasbourg
Service parloir : 03 88 30 19 99
Tél. : 03 88 30 05 55
Fax : 03 88 30 90 48
6 rue Engelmann
BP 25
67035 STRASBOURG Cedex 2
DR : Strasbourg

MA Taiohae
Tél. : 00 689 92 01 64
98742 NUKU-HIVA
Iles Marquises
Polynésie Française
DR : Outre-mer

CD Tarascon
Service parloir : 04 90 91 14 91
Tél. : 04 90 99 10 00
Fax : 04 90 99 10 14
Quart Radoubs
BP 82
13155 TARASCON Cedex
DR : Toulouse

MA Tarbes
Service parloir : 05 62 34 97 40
Tél. : 05 62 44 03 03
Fax : 05 62 93 38 94
17 rue Eugène Tenot
BP 1332
65013 TARBES Cedex 9
DR : Toulouse

CD Toul
Tél. : 03 83 65 28 08
Fax : 03 83 65 28 17
804 rue du Maréchal Lyautey
BP 305
54201 TOUL Cedex
DR : Strasbourg

MA Toulon
Tél. : 04 94 18 50 30
Fax : 04 94 18 50 44
2 place Léon Blum
BP 5503
83097 TOULON Cedex
DR : Marseille

CSL Toulouse
Tél. : 05 34 31 75 60
Fax : 05 34 31 75 65
18 bis grand rue Saint Michel
31400 TOULOUSE
DR : Toulouse

MA Toulouse-Seysses
Service parloir : 0 820 81 00 82
Tél. : 05 61 56 68 68
Fax : 05 61 56 68 05
Rue Danielle Casanova
ZA Segla - BP 85
31605 MURET Cedex
DR : Toulouse

MA Tours
Service parloir : 02 47 60 12 85
Tél. : 02 47 60 12 80
Fax : 02 47 20 33 57
20 rue Henri Martin
BP 3413
37034 TOURS Cedex
DR : Paris

MA Troyes
Service parloir : 03 25 80 00 89
Tél. : 03 25 80 63 83
Fax : 03 25 80 24 23
1 bis rue Hennequin
BP 363
10025 TROYES Cedex
DR : Dijon

MA Tulle
Service parloir : 05 55 26 63 62
Tél. : 05 55 26 63 70
Fax : 05 55 26 65 68
26 rue Souham prolongée
BP 180
19005 TULLE Cedex
DR : Bordeaux

MA Uturoa-Raiatea
Tél. : 00 689 66 32 26
98735 UTUROA-RAIATEA
Iles sous le vent
Polynésie Française
DR : Outre-mer

CD Uzerche
Service parloir : 05 55 98 48 10
Tél. : 05 55 73 87 00
Fax : 05 55 73 79 83
Route d'Eyburie
BP 02
19140 UZERCHE
DR : Bordeaux

CD Val-de-Reuil
Service parloir : 02 32 63 37 85
Tél. : 02 32 63 37 40
Fax : 02 32 59 35 72
Les Vignettes
Chaussée de l'Andelle
27107 VAL-DE-REUIL Cedex
DR : Lille

MA Valence
Service parloir : 04 75 55 99 14
Tél. : 04 75 82 16 00
Fax : 04 75 56 20 70
79 avenue de Chabeuil
BP 2139
26021 VALENCE Cedex
DR : Lyon

MA Valenciennes
Tél. : 03 27 46 42 25
Fax : 03 27 45 13 60
75 rue Lomprez
BP 455
59322 VALENCIENNES Cedex
DR : Lille

MA Vannes
Tél. : 02 97 47 22 01
Fax : 02 97 47 54 01
12 place Nazareth
BP 560
56017 VANNES Cedex
DR : Rennes

CP Varennes-le-Grand
Tél. : 03 85 44 16 44
Fax : 03 85 44 16 41
Route de la Ferté
71241 SENNECEY-LE-GRAND Cedex
DR : Dijon

MA Versailles
Tél. : 01 30 83 13 60
Fax : 01 39 51 24 23
28 avenue de Paris
BP 1103
78011 VERSAILLES Cedex
DR : Paris

MA Vesoul
Service parloir : 03 84 76 53 52
Tél. : 03 84 76 05 54
Fax : 03 84 76 10 32
9 place Beauchamp
BP 401
70014 VESOUL Cedex
DR : Dijon

MA Villefranche-sur-Saône

Service parloir : 04 74 60 46 65
Tél. : 04 74 60 31 46
Fax : 04 74 62 32 39
Rue Lavoisier
BP 482
69665 VILLEFRANCHE-SUR-SAÔNE
DR : Lyon

CSL Villejuif

Tél. : 01 47 26 58 35
Fax : 01 47 26 09 24
44 avenue de Paris
94800 VILLEJUIF
DR : Paris

CD Villenauxe-la-Grande

Tél. : 03 25 21 02 81
Fax : 03 25 21 38 98
Route Sezanne
10371 VILLENAUXE-LA-GRANDE
Cedex
DR : Dijon

MA Villeneuve-les-Maguelonne

Service parloir : 04 67 69 31 29
Tél. : 04 67 07 80 00
Fax : 04 67 07 80 01
Avenue du Moulin de la Jasse
34753 VILLENEUVE-LES-MAGUELONNE
DR : Toulouse

MA Villepinte

Service parloir : 01 49 63 09 92
Tél. : 01 49 63 75 75
Fax : 01 49 63 75 96
Avenue Vauban
93422 VILLEPINTE Cedex
DR : Paris

Index

Les chiffres indiqués renvoient aux numéros des questions, et non à ceux des pages. Lorsqu'ils sont en gras, ils indiquent que l'ensemble d'un chapitre traite de ce thème.

S

T

U

V

Table des matières

ENTRER EN PRISON

Les statuts du prisonnier

Les établissements pénitentiaires

Les personnels de l'administration pénitentiaire

La première journée de prison

ÊTRE JUGÉ

La détention provisoire

VIVRE EN PRISON : le quotidien carcéral

Les activités socioculturelles

Le sport

La religion

La lecture

La télévision et la radio

L'ordinateur

L'enseignement

Le travail

Les réductions de peine

Les permissions et autorisations de sortie

La suspension ou le fractionnement de la peine

La semi-liberté et le placement à l'extérieur

L'OIP

L'Observatoire international des prisons (OIP) veille au respect des droits fondamentaux et des libertés individuelles des personnes incarcérées. L'action de l'OIP consiste à faire connaître le sort réservé aux personnes privées de liberté et interpeller les pouvoirs publics sur les abus et mauvais traitements dont elles peuvent faire l'objet. Parallèlement, l'OIP fait connaître leurs droits aux prisonniers et les aide dans leurs démarches pour les faire valoir. Pour exercer son mandat, l'OIP s'appuie sur un réseau de groupes locaux d'observation qui assurent une veille informative autour de chaque établissement pénitentiaire.

L'efficacité de l'OIP repose sur la médiatisation systématique des dysfonctionnements du « service public pénitentiaire » et l'interpellation permanente des autorités concernées sur les manquements au droit. En donnant la plus large publicité à tout ce qui porte atteinte à la dignité inhérente à la personne humaine, l'OIP concourt à rompre le silence qui entoure le monde carcéral. En demandant l'application du droit commun en prison, l'OIP contribue à combattre l'arbitraire qui caractérise le fonctionnement de toute institution pénitentiaire.

Quelques questions à l'Observatoire

L'OIP se bat pour détruire et vider les prisons ?

L'Observatoire constate à la fois l'atteinte à la dignité de la personne que constitue la peine d'emprisonnement et l'échec de son objectif de réinsertion. En conséquence, l'OIP demande la diminution du nombre de personnes détenues, la limitation du recours à l'incarcération, la réduction de l'échelle des peines, le développement d'alternatives aux poursuites pénales et de substituts aux sanctions privatives de liberté.

L'OIP défend des violeurs et tueurs d'enfants ?

L'action de l'Observatoire concerne l'ensemble des personnes détenues, quel que soit le motif de l'incarcération. Elle s'inscrit dans le cadre des textes internationaux qui prévoient que nul ne peut être soumis à des traitements cruels, inhumains ou dégradants et que l'objectif premier de toute sanction est la réinsertion. Pour l'OIP, la nature du délit ou du crime ne doit pas avoir d'incidence sur le sort réservé en prison à son auteur.

L'OIP s'en prend aux surveillants ?

L'Observatoire considère que son action militante ne l'oppose, par principe, ni aux surveillants ni à leurs représentations syndicales. Convaincu que sa démarche en faveur du droit des détenus rejoint l'intérêt des personnels de l'administration pénitentiaire de promouvoir des pratiques démocratiques, l'OIP est en relation avec les organisations professionnelles qui entendent participer à l'évolution de l'institution carcérale vers un service public respectueux du droit commun.

D'où vient l'argent de l'OIP ?

Les ressources de l'Observatoire proviennent des cotisations de ses membres, des dons et subventions. L'OIP accepte l'ensemble des soutiens financiers, publics ou privés, à l'exception notable de subventions émanant du ministère de la Justice ou de l'administration pénitentiaire.

Outre les personnes détenues et leurs proches, l'OIP regroupe en son sein l'ensemble des acteurs du monde carcéral (avocats, magistrats, visiteurs de prison, aumôniers, enseignants, personnels de santé, surveillants, travailleurs sociaux...) et, plus largement, tous ceux qui citoyens ordinaires - souhaitent agir en faveur du respect des droits de l'homme en prison.

Initiée à Lyon en 1990, l'action entreprise par l'OIP est indépendante des pouvoirs publics. Association régie par la loi du 1er juillet 1901, l'OIP est une organisation non gouvernementale qui dispose d'un statut consultatif auprès des Nations-Unies depuis 1995.

Pour mener à bien sa mission, la section française de l'OIP, créée à Paris en 1996, ne sollicite ni mandat officiel ni autorisation d'accès aux établissements pénitentiaires. Elle ne se constitue ni en service social-bis ni en comité de soutien à tel ou tel prisonnier. Elle ne se substitue pas à l'avocat dans le dossier pénal de la personne détenue et ne s'apparente ni à un comité d'experts, ni à une association caritative.

Agir avec l'OIP

❐ j'adhère à l'OIP

(l'adhésion comprend l'abonnement à *Dedans dehors* et la réception de la *Lettre de l'Observatoire*, informant des activités de l'association)

❐ 25 € adhésion à tarif réduit : détenu, chômeur, RMIste ou étudiant
❐ 50 € adhésion simple
❐ 100 € adhésion de soutien
❐ et je veux participer aux activités de l'OIP
(au sein du groupe local d'observation proche de mon domicile, ou en relation avec le secrétariat national, basé à Paris)

❐ je fais un don à l'OIP

(voici quelques exemples d'actions selon le montant du don)

❐ 15 € coût d'une diffusion nationale d'un communiqué d'alerte de l'OIP
❐ 25 € coût d'un abonnement annuel pour une personne détenue
❐ 50 € coût journalier moyen d'une assistance juridique auprès d'un détenu ou d'une famille
❐ 100 € coût journalier moyen de la coordination nationale des groupes locaux
❐ 150 € coût journalier moyen d'une mission d'enquête sur le terrain
❐ autre montant : ....€

Nom.. Prénom................................
Profession...
Organisme ....
Adresse...
....
Code postal ....Ville ....
Tél... Fax ....
ci-joint mon règlement par chèque à l'ordre de OIP-SF,
d'un montant de .... €

Bon à renvoyer à
Observatoire international des prisons – section française
31 rue des Lilas
75019 Paris
Tél. 01 44 52 87 90 Fax 01 44 52 88 09
e-mail : contact@oip.org

S'informer

avec la revue *Dedans dehors*

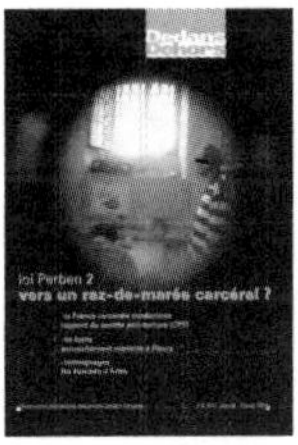

Dedans dehors est la revue bimestrielle de l'Observatoire international des prisons. Elle est destinée à tous ceux qui souhaitent être informés de l'actualité carcérale. Analyses, chroniques, entretiens, témoignages et tribunes fournissent au lecteur une information complète sur les prisons françaises. Dans chaque numéro, un dossier de 16 pages aborde les grands débats qui traversent le monde judiciaire et pénitentiaire, comme les différents aspects de la vie quotidienne en détention.

❒ je m'abonne à *Dedans dehors* (six numéros par an. 30 €)

avec le rapport : *Les conditions de détention en France, en 2003*

L'OIP dresse un état des lieux de la vie dans les cachots de la démocratie française, issu de ses observations sur l'année 2002 et le premier semestre 2003. Après un rappel et une mise en perspective des politiques pénales et pénitentiaires en vigueur, l'ouvrage produit un tableau précis et documenté des lieux et des conditions de détention : intimité et liens familiaux, accès aux soins, régime disciplinaire etc.

❒ je commande le *rapport 2003* de l'OIP (22 € frais de port compris)

Nom... Prénom...............................

Profession...

Organisme...

Adresse..

....

Code postal ....Ville ....

Tél... Fax ....

ci-joint mon règlement par chèque à l'ordre de OIP-SF,
d'un montant de .... €

Bon à renvoyer à
Observatoire international des prisons – section française
31 rue des Lilas
75019 Paris
Tél. 01 44 52 87 90 Fax 01 44 52 88 09
e-mail : contact@oip.org

Achevé d'imprimer en mai 2004
par l'imprimerie France Quercy
Dépot légal : juin 2004
N° d'impression 41315/
Imprimé en France